《苏州通史》编纂委员会 ◇ 编

苏州通史

中华民国卷

朱小田　汪建红 ◇ 主编

学术总顾问

戴　逸

学术顾问

李文海　张海鹏　朱诚如　汝　信

茅家琦　段本洛　熊月之

总主编

王国平

苏州大学出版社
Soochow University Press

图书在版编目(CIP)数据

苏州通史.中华民国卷/《苏州通史》编纂委员会编;朱小田,汪建红主编.—苏州:苏州大学出版社,2019.3
ISBN 978-7-5672-2509-1

Ⅰ.①苏… Ⅱ.①苏… ②朱… ③汪… Ⅲ.①苏州—地方史—民国 Ⅳ.①K295.33

中国版本图书馆 CIP 数据核字(2018)第 270132 号

苏州通史 中华民国卷

主　　编	朱小田　汪建红
篆　　刻	陈道义
责任编辑	刘　海　孙志涛
装帧设计	唐伟明　吴　钰
出版发行	苏州大学出版社
地　　址	苏州市十梓街1号
邮　　编	215006
电　　话	0512-67481020　65222617(传真)
网　　址	http://www.sudapress.com
邮　　箱	sdcbs@suda.edu.cn
印　　刷	苏州工业园区美柯乐制版印务有限责任公司
开　　本	787 mm×1 092 mm　1/16　印张 29.5　字数 530 千
版　　次	2019年3月第1版 2019年3月第1次印刷
书　　号	ISBN 978-7-5672-2509-1
定　　价	150.00元

版权所有　侵权必究

本卷作者

朱小田　汪建红　王　仲　汪湛穹　岳钦韬

方旭红　杨大春　李尚全　沈　骅

序

在苏州市委、市政府领导和市委宣传部的组织实施下,经过长达十年的努力,皇皇16卷本的《苏州通史》即将出版,实在可喜可贺。

盛世修史,是中华民族的优良传统。伴随着经济的发展和社会的进步,2002年8月,党中央、国务院郑重做出了启动国家清史纂修工程的重大决定。在国家清史纂修工程的成功示范下,不少地方政府也开始组织力量,对本地区的历史文化进行深入挖掘和梳理,编纂区域性通史即是其中的重要途径。

苏州是我国重要的历史文化名城,在2 500多年的发展史上,苏州先民创造了光辉灿烂的地方文化,成为中华文化的重要组成部分。宋代以来,苏州就有"人间天堂"的美誉。明清时期的苏州,在很多方面都达到了中国封建社会发展的顶峰。当今的苏州,作为改革开放的前沿,在经济、社会和文化诸方面都取得了令人瞩目的成就,综合实力位居全国前列。深入挖掘苏州的历史文化内涵,总结苏州发展的得失成败,是历史赋予当今苏州人的光荣使命。《苏州通史》在这种背景下应运而生。

十年来,在苏州市委、市政府和市委宣传部的大力支持下,总主编王国平教授带领课题组的数十位专家学者,心怀高度的历史责任感,反复切磋,努力钻研,通力合作,高质量地完成了《苏州通史》的撰写,堪称"十年磨一剑"。可以说,这部《苏州通史》系统地厘清了苏州发展的历史脉络,全面展现了苏州丰厚的文化积淀,是第一部完全意义上的苏州通史。我认为,这部《苏州通史》不但可以作为苏州城市的文化名片,也可以作为爱国主义教育的乡土教材。

古人云:"鉴于往事,有资于治道。"对于一个国家如此,对于一个地区何尝不是如此。相信《苏州通史》的出版,必将会为苏州的进一步发展提供强大精神力量。

苏州是我魂牵梦萦的家乡。八年前,我曾为《苏州史纲》作序;八年后的今天,又躬逢《苏州通史》出版的盛事,何其幸哉!对于家乡学术界在苏州历史文化研究方面取得的历史性跨越,我感到由衷的喜悦,故赘述如上,谨以为序。

戴逸

2017 年 10 月 25 日

绪 言

苏州是中国重要的历史文化名城。早在一万多年前,太湖的三山岛就已出现了光辉灿烂的旧石器文化,成为中华文明的摇篮之一。商代末年,泰伯奔吴,带来了先进的中原文化。此后,吴国在此立国。吴王阖闾时期,兴建了吴大城,吴国也渐臻强盛,最终北上称霸。秦汉时期,今苏州地区纳入统一王朝的治理,经过孙吴政权的经营和东晋南朝的发展,到唐代中叶,苏州已经成为中国的经济中心之一。宋元时期,苏州的经济文化得到长足发展。到明清时期,苏州的发展水平已臻历史巅峰,成为全国著名的经济和文化中心,影响直至今日。晚清至民国时期,苏州逐渐从传统走向现代。中华人民共和国成立后,特别是改革开放以来,苏州再度强势崛起,成为当今中国发展最快、率先基本建成高水平全面小康社会的地区之一,创造了新的奇迹。这是苏州历史进程的主要脉络,构成了《苏州通史》的主线。

作为第一部完全意义上的苏州通史,我们希望能够以16卷的体量,系统完整地厘清苏州历史发展的脉络,全方位地展现苏州政治、军事、经济、社会、文化各方面的历史风貌。《苏州通史》撰写所涉及的主要内容与问题说明如下:

一、《苏州通史》的时空界定

1. 时间界定:苏州的历史包括这一区域的史前史。今日苏州所辖吴中区的太湖三山岛,早在一万多年前就出现了旧石器文化,这就成了《苏州通史》的起点。《苏州通史》的时间下限为公元2000年。

2. 政区空间界定:兼顾政区空间的现状与历史,以现行行政区域为基准,详写;历史行政区域超越现行行政区域部分,在相关历史时期中略写。

二、《苏州通史》的体例

参照中国传统史书编撰体例,借鉴国家清史纂修工程的《清史》主体设计,《苏州通史》主体部分为导论以及从先秦至中华人民共和国时期的历史(分为若干阶段的断代史),另设人物、志表、图录等三部分。人物、志表、图录中的内容是对通史部分相关内容的补白与补强。

《苏州通史》共分16卷。第1卷为导论卷,第2卷为先秦卷,第3卷为秦汉至隋唐卷,第4卷为五代宋元卷,第5卷为明代卷,第6卷为清代卷,第7卷为中华民国卷,第8卷为中华人民共和国卷(1949—1978),第9卷为中华人民共和国卷(1978—2000);第10卷为人物卷(上),第11卷为人物卷(中),第12卷为人物卷(下),第13卷为志表卷(上),第14卷为志表卷(下),第15卷为图录卷(上),第16卷为图录卷(下)。

三、"导论卷"的结构与内容

"导论卷"为丛书首卷,包括苏州历史地理概要、苏州史研究概述以及苏州史论三个部分。

"导论卷"上篇为苏州历史地理概要。在对苏州各历史时期地理环境要素演变做分期分类的基础上,重点对苏州历史沿革地理和苏州历史自然地理演变做概要性叙述,主要包括苏州历史气候与生态变迁、苏州地质与地貌变迁、苏州古城水道变迁、苏州历史建置沿革以及苏州城池防务沿革。

"导论卷"中篇为苏州史研究概述。《苏州通史》是学术界业已取得的研究成果的集中体现。对于苏州各个时期历史的研究,学术界已有或多或少的成果,并以著作、论文等为载体展现世间。《苏州通史》的作者们充分关注和汲取了这些宝贵的学术营养。"导论卷"的苏州史研究概述,分别列举并适当评述了先秦、秦汉至隋唐、五代宋元、明代、清代、中华民国、中华人民共和国等历史时期苏州史的研究成果。

"导论卷"下篇为苏州史论。按照通史的体例,正文中不可能就论题展开详细的专题性论述,这些相关论述即构成了"导论卷"下篇的苏州史论。这些专题论述有:《春秋吴国国号及苏州城市符号的"吴"及其溯源》《秦汉至隋唐时期吴城所辖行政区域及政治地位的变迁》《五代宋元时期来苏移民问题》《明代苏州地位论纲》《晚清苏州的现代演进》《民国以降苏州经济社会发展的传统规定性》《人民公社时期苏州农村社队工业的兴起与发展》《改革开放时期苏州经济发展的三次跨越》,大体上覆盖了苏州历史发展进程中的一些重要节点。

四、自先秦至中华人民共和国各卷的章节体系

自先秦至中华人民共和国各卷是通史的主体,分为8卷断代史。各卷采用纵横结合的结构,根据本卷所跨时段的政治经济发展状况,划分若干客观发展阶段为若干章,主要写政治、军事、经济状况;另设社会一章,主要写整个时段苏州人口家族、宗教信仰、民风节俗等;另设文化一章,主要写科学技术、教育、文化艺术等。这样,以"X+2"模式架构和贯通8卷断代史。

自先秦至中华人民共和国共8卷的章节体系,展示了苏州历史进程的主要脉络,体现了《苏州通史》的主线。各卷设章如下:

先秦卷 第一章,远古文明;第二章,泰伯南奔与立国勾吴(泰伯至寿梦);第三章,从徙吴至强盛(诸樊至吴王僚时期);第四章,"兴霸成王"与吴大城建筑(阖闾时期);第五章,从称霸到失国(夫差时期);第六章,战国时期的吴地;第七章,吴国社会状况;第八章,吴国的文化。

秦汉至隋唐卷 第一章,秦汉时期的苏州;第二章,六朝时期的苏州;第三章,隋唐时期的苏州;第四章,秦汉至隋唐时期的苏州社会;第五章,秦汉至隋唐时期的苏州文化。

五代宋元卷 第一章,五代苏州从混战走向稳定;第二章,北宋苏州的稳固与发展;第三章,南宋苏州的复兴与繁华;第四章,元代苏州的持续发展;第五章,五代宋元时期苏州的社会组织与社会生活风俗;第六章,五代宋元时期苏州的文化。

明代卷 第一章,洪武时期苏州社会恢复性发展;第二章,建文到弘治时期苏州社会持续性发展;第三章,正德到崇祯时期苏州社会转型性发展;第四章,明代苏州社会生活;第五章,明代苏州文化。

清代卷 第一章,恢复、发展与繁荣(顺治至乾隆年间);第二章,衰退与剧变(嘉庆至同治初年);第三章,变革与转型(同治初年至宣统年间);第四章,社会风貌;第五章,文化成就。

中华民国卷 第一章,民初情势;第二章,革命洗礼;第三章,近代气象;第四章,战争浴火;第五章,社会生活;第六章,文化教育。

中华人民共和国卷(1949—1978) 第一章,向社会主义过渡;第二章,全面探索的十年;第三章,"文化大革命"的十年内乱;第四章,在徘徊中前进的两年;第五章,社会变迁;第六章,文教、卫生事业的曲折发展。

中华人民共和国卷（1978—2000） 第一章,全面拨乱反正和改革开放启动时期;第二章,推进改革开放和加快发展时期;第三章,深入改革开放和现代化建设勃兴时期;第四章,和谐多彩的社会生活;第五章,与时俱进的文化建设。

五、人物、志表、图录各卷的编排

人物卷 《苏州通史》第10—12卷为人物卷（上）（中）（下）,所录人物共1 600余人（含附传）,包括苏州籍人士、寓居苏州有影响的非苏州籍人士,以及主要活动在外地的有影响的苏州籍人士。所录人物主要按人物生卒年排序。

志表卷 《苏州通史》第13—14卷为志表卷（上）（下）,志表合一,分为建置、山川、水利、城市、街巷桥梁、园林、乡镇、人口、财政、职官、教育、藏书、文学、新闻出版、绘画、书法篆刻、音乐、昆曲、评弹、工艺美术、宗教、物产、风俗、古建筑、会馆公所、古迹等共26章。

图录卷 《苏州通史》第15—16卷为图录卷（上）（下）,所录历史图片按政区舆图、军政纪略、衙署会所、城池胜迹、乡镇名景、水陆交通、市政设施、农林水利、工矿企业、店铺商社、苏工苏作、园林园艺、科学技术、科举教育、文学艺术、报纸杂志、书法绘画、文献藏书、文化设施、文娱体育、医疗卫生、风俗民情、宗教信仰、慈善救济、人物图像、故居祠墓等共26类编排。各类图片基本按图片内容发生时间排序。图录卷共收录图片2 000余幅,每幅图片均附扼要的文字说明。

《苏州通史》的人物、志表、图录等卷与其他相关的人物传记、方志、专业志、老照片等著作体裁有别,详略不同,其内容取舍取决于丛书的学术需求。

六、苏州元素的体现

苏州通史,所以能区别于其他地区的通史,在于展现了苏州悠久的历史发展过程中形成的历史文化特色,这些特色又是通过其独特的元素来体现的。为此,《苏州通史》的撰写,对历史进程中的苏州元素予以重点关注与剖析。诸如三山旧石器文化、太湖与苏州水系、伍子胥建城、三国东吴、范仲淹与"先天下之忧而忧,后天下之乐而乐"、苏州府学、"苏湖熟,天下足"、"上有天堂,下有苏杭"、吴门画派、吴门医派、昆曲评弹、园林、丝绸、顾炎武与"天下兴亡,匹夫有责"、姑苏繁华、明清苏州状元、苏福省、冯桂芬与"中学为体,西学为用"、苏州洋炮局、东吴大学、社队企业、"苏南模式"、苏州工业园区等,都会在相关各卷进行重点论述。

绪 言

从 2007 年撰写《苏州史纲》算起,至 2010 年《苏州通史》立项,再至 2018 年《苏州通史》付梓,整整十一年。若谓十年磨一剑,绝非虚语。

十余年里,我们怀抱美好的愿望,希望这部《苏州通史》能够成为第一部完全意义上的苏州通史,系统完整地厘清苏州历史发展的脉络,全方位地展现苏州政治、军事、经济、社会、文化各方面的历史风貌。希望这部《苏州通史》能够成为苏州城市的一张靓丽名片,展现苏州历史文化的丰厚积淀,展现当今苏州发展的辉煌成就,也在一定程度上展现苏州社会科学界在本土历史文化研究方面的学术成就。希望这部《苏州通史》能够成为苏州历史文化资源开发利用的一个坚实基础。

为此,《苏州通史》作者力求城市通史体系创新,力求新史料应用及史实考证的创新,力求观点提炼与论述创新,力求《苏州通史》能够达到同类通史的最高水平。

为此,《苏州通史》作者严格把握了保障学术水平的几个环节,诸如开题研讨、专题研讨、结项研讨、书稿外审、总主编审定、编委会审定等。在通史撰写过程中,熊月之、崔之清、姜涛、周新国、范金民、李良玉、戴鞍钢、马学强、张海林、王健、王永平、孟焕民、徐伟荣、汪长根、吴云高、卢宁、邓正发、涂海燕、陈其弟、陈嵘、尹占群、林植霖、张晓旭等专家学者参与了书稿的审阅,并提出了宝贵的意见与建议。

为此,苏州市领导还聘请了全国史学界及相关领域权威学者戴逸、李文海、张海鹏、朱诚如、汝信、茅家琦、段本洛、熊月之等先生担任学术顾问,并聘请戴逸先生担任总顾问。非常感谢他们听取相关事宜的汇报,并不吝赐教。

《苏州通史》作为市属重大社科研究项目,十余年来,得到苏州市委、市政府的高度重视和大力支持。先后担任中共苏州市委书记的王荣同志、蒋宏坤同志、石泰峰同志、周乃翔同志,以及先后担任苏州市市长的阎立同志、曲福田同志、李亚平同志等,都对《苏州通史》的研究编纂工作给予关心、指导和帮助。作为《苏州通史》编纂的主管部门,苏州市委宣传部历任部长徐国强同志、蔡丽新同志、徐明同志、盛蕾同志、金洁同志,历任分管副部长高志罡同志、孙艺兵同志、陈雪嵘同志、黄锡明同志等接续发力,从各方面为《苏州通史》编纂团队排忧解难,提供条件,创造了从容宽松的工作氛围。苏州市委宣传部副部长、市文明办主任缪学为同志和市社科联主席刘伯高同志积极支持项目立项和研究,并从资金等方面提供保障。苏州市委宣传部工作人员洪晔、吕江洋、徐惠、刘纯、刘锟、陆怡、盛征、陈华等同志先后参与了具体组织和协调推进工作。谨此致谢。

《苏州通史》杀青之际,掩卷而思著作之艰辛,能不感慨系之?感慨于《苏州通史》课题组各位同仁十余年来付出的难以言表与计量的刻苦与辛劳,感慨于众多学者专家审读各卷书稿所给评价与建议的中肯与宝贵,感慨于苏州市委宣传部历任领导对《苏州通史》从立项到出版全程的悉心呵护与大力支持,感慨于苏州大学领导从我们承接任务到付梓出版所给予的支持和关心,感慨于社会各界对《苏州通史》方方面面的关注与期待。

　　历经十余年打磨,《苏州通史》即将面世。果能得如所愿,不负领导希望,不负社会期待,不负同仁努力,则不胜欣慰之至!

王国平

2018年10月于自在书房

目录

第一章　民初情势（1912—1927）/ 001

第一节　军阀恣睢的年代 / 004
一、社会党昙花一现 / 004
二、反对袁世凯独裁 / 007
三、齐卢军阀祸害地方 / 009

第二节　在反帝浪潮中 / 014
一、从"五四"到"五卅" / 015
二、反帝斗争中的地方主题 / 022

第三节　大革命洪流席卷苏州 / 027
一、大革命思潮起伏 / 028
二、工农觉悟起来 / 036

第四节　地域经济的艰难转型 / 043
一、多元经济结构的形成 / 043
二、民初时势与经济转型 / 052

第二章　革命洗礼（1927—1937）/ 061

第一节　工农革命风潮 / 063
一、工潮：以铁机丝织业为中心 / 064
二、农潮与农民运动 / 082

第二节　在民族危亡时刻 / 104
一、国难渐深渐近 / 104

二、苏州耆绅的抗日呼号 / 107
三、营救"七君子" / 110

第三章　近代气象（1927—1937）/ 119

第一节　经济结构的近代性 / 121
一、城乡工业的发展 / 122
二、村落女红的特质 / 127
三、特色产品的价值 / 140

第二节　社会组织的近代功能：以商会为中心 / 146
一、苏州商会的近代转型 / 146
二、苏州商会与乡村发展 / 150
三、苏州商会与地方治理 / 153

第三节　计划变迁：乡村改进 / 157
一、徐公桥：教育的力量 / 158
二、唯亭山："社会福音" / 177

第四章　战争浴火（1937—1949）/ 205

第一节　苏州抗日烽火 / 208
一、苏州的沦陷 / 208
二、"江抗"在东路 / 214
三、反"清乡"斗争 / 219

第二节　窳败不堪的经济与社会 / 224
一、日伪势力的摧残 / 224
二、走入绝境的百姓生计 / 231

第三节　国民党统治在苏州的终结 / 237
一、武装反抗 / 237
二、民主运动 / 240
三、走向新时代 / 245

第五章　社会生活(1912—1949) / 255

第一节　苏式生活的沿袭与变异 / 258
　　一、茶馆生涯 / 258
　　二、庙会生活 / 264
　　三、婚姻俗例 / 286

第二节　根深蒂固的宗教信仰 / 301
　　一、道教的影响力 / 301
　　二、佛教的世俗化 / 307
　　三、基督教的渗透 / 314

第三节　近代生活方式的成长 / 323
　　一、物质生活的洋化 / 323
　　二、休闲生活的新趋向 / 330
　　三、公共卫生事业的提倡 / 334

第六章　文化教育(1912—1949) / 339

第一节　传统艺术的坚守 / 342
　　一、昆曲的传习 / 342
　　二、评弹及其教化 / 345
　　三、宝卷的宣讲 / 353

第二节　民国文化的苏州性格 / 356
　　一、闲适的市民文化 / 357
　　二、革命的文化思潮 / 369

第三节　教育事业的更新 / 377
　　一、近代苏州教育体系 / 378
　　二、教育对象的平民性 / 380
　　三、教育理念的近代性 / 389
　　四、教育理想的民族性 / 395

结　语 / 403

大事记 / 406

参考文献 / 415

后　记 / 452

第一章 民初情势(1912—1927)

第一章 民初情势(1912—1927)

1912年元旦,中华民国成立,苏州进入民国时代;民国苏州更紧密地与整体世界连为一体。一方面,从民初[1]开始,苏州历史的演变与整体中国的历史走向相呼应。这主要体现在政治生活层面。辛亥革命打破了历代王朝更易的历史循环,两千多年的专制皇权体制一变而为民主政体。革命的果实虽一时落入北洋军阀头子袁世凯的手中,但在与袁氏的交涉和斗争中,新政府颁布了具有资产阶级性质的《中华民国临时约法》,在某种意义上确认了辛亥革命所取得的民主政治成果,也为日后全国人民抵制袁世凯帝制自为的倒行逆施提供了法律武器;民国伊始,包括资产阶级革命党人在内的各政党虽缺乏民主政治的经验,但他们不乏追求民主政治的理想与热忱,从而在民初政治舞台上上演了一幕幕尝试政党政治的活剧;孙中山领导的南京临时政府存在仅三个月,一些内政改革措施"虽一时未能贯彻实行,社会观感则逐渐转变,平等自由思想遂以普及"[2]。民初发生的以反抗军阀统治和帝国主义霸权为主要内容的民族民主革命,特别是五四、五卅运动,国共合作的大革命,都在宏观上炫示了中国政治的时代节奏,在中观上爆发为一次次地域政治事件。另一方面,与前近代及晚清时期相比,民国苏州更频繁地与西方资本主义世界处于不断的互动之中,从而导致了苏州传统经济结构的变异。这种变异"由环境因素(自然的或超机体的)引导和驱使,它的发展速度和成功都被环境变化的程度和特征决定着"[3]。伴随着外国资本主义的经济渗透,清末民初苏州城乡的资本主义工场手工业和机器大工业出现后,小手工业时代就已存在的家庭劳动,以与近代工业形式的联系被赋予了资本主义生产关系的性质。苏州地域经济格局因为新的生产关系的出现而被重新建构,并在民初开始了艰难的近代转型历程。

---

[1] 这里指1912—1927年间,约当于北京政府统治时期。
[2] 郭廷以:《近代中国史纲》,格致出版社、上海人民出版社2009年,第283页。
[3] [美]托马斯·哈定等:《文化与进化》,浙江人民出版社1987年,第46页。

政治斗争与经济转型相辅相成,共同烘托了民初苏州的地域情势,其中真正体现地域社会存在价值的是凸显于民初情势中的地方发展主题。

第一节 军阀恣睢的年代

1911年11月初苏州光复,年底草桥中学监督袁希洛作为苏州代表,应邀至南京参加临时大总统选举。1912年元旦孙中山就任临时大总统,宣告中华民国成立。8日袁希洛从南京归来,与毕业班学生合影留念。平日里身着长袍马褂的同学认为,清朝政权被推翻,"革命算是成功",一定要换了西装拍照,也是"咸与维新"之意。[1]然而,清明的政治却不是朝夕之间的事,民国不久便进入了军阀恣睢的年代。

一、社会党昙花一现

民国肇兴,推行民主政治,促成政党之发展。孙中山认为:"一个国家的政治进步与否,主要取决于有无政党,若无政党政治,必愈形退步,将至江河日下之势,流弊所及,恐不能保守共和制度,将渐变为专制。"[2]于是各种新政党应时而起,苏州迎来了中国社会党。社会党首领江亢虎素抱社会主义主张,曾周游列国专门考察,归国后竭力鼓吹,在上海创立中国社会党,并很快在南京和苏州建立了支部,陈翼龙被委派为苏州支部的主任干事。苏州不少青年人对社会党颇感兴趣,1月14日参加支部成立大会者达六七百人,江亢虎连续演讲四个钟头,首述社会主义境界:"宗教家之所谓极乐世界,所谓天堂,皆以人生最完美之幸福属之于理想界,而不知实可得之于真实界。社会主义即欲得此最完美之幸福于人世;而且并非臆想,其实实事也";次论社会主义之进行方法,以"破除世袭遗产之制度"最关键:"世袭之制去,斯无贵贱之阶级;遗产之制去,斯无贫富之阶级;提倡社会教育,则同胞之程度齐;提倡工商实业,则同胞之经济裕。于是绝对的平等、绝对的自由方达。"在介绍了各国社会党的状况后,江亢虎认为,中国最适合于实行社会主义。[3]

实际上江亢虎的所谓社会主义,不过是第二国际的社会主义,是歪曲了的社

---

[1] 叶圣陶:《辛亥革命前后——日记摘抄(二)》,1912年1月14日,《新文学史料》1983年第2期。
[2] 《孙中山选集》(上),中华书局1981年,第84页。
[3] 叶圣陶:《辛亥革命前后——日记摘抄(二)》,1912年1月14日,《新文学史料》1983年第2期。

会主义,只有一部分民主主义和改良主义的内容。[1]然而这些内容对于一部分具有民主革命思想倾向的人来说,有些吸引力。18岁的叶圣陶在当天的日记中表达了对江的钦佩,称"其语详括简要,条理明晰,不愧为此主义之先觉者"[2]。50多年后历史学家顾颉刚回忆说,江亢虎鼓吹"教育平等,遗产归公",为消灭阶级做准备,这一说法似乎"比三民主义进步",听起来让人"满意"。[3]苏州青年是通过上海《社会报》接触社会党的。上海离得近,函购报纸方便,他们私下阅读,相互交流和推介,"社会主义之流行乃速于置邮",一星期之间苏州便有两百多人加入了社会党。[4]新社会党人一开始对于自己的党抱有不小的期望。来自劳动界的袁大文,业机织,"素持社会主义,肯牺牲其一切权利为社会主义之发展"。1月21日,社会党人谈话会在阊门外姚家街利济寺召开,他在会上呼吁:干社会主义"非徒挂之口舌者,必须用力去做。明知万难,然三月以前中国无所谓社会党,至今日已各地大放光明;准此比例,则欲达吾社会党之目的,当亦非难。"[5]当时的顾颉刚意气高涨,以为天下无难事,最美善的境界只要有人去提倡,立刻就会实现。种族革命算得了什么?要达到无政府、无家庭、无金钱的境界,方才尽了革命的任务。因为他醉心于这种最高的理想,所以那时有人发起社会党,就加入了。在这一年半之中,他"是一个最热心的党员,往往为了办理公务,到深夜不眠"[6]。顾颉刚希望一步登天,在民族革命与政治革命之后,把社会革命这个最高的阶段就在他们手里完成。[7]

壬子年(1912)的新年快到了,在苏州,年后三天通常为社会游散之期,"工辍其业,商停其市,相与嬉敖于通都之衢",在社会党议事会上,有人建议,可以利用这个机会在两三个闹热街区举行演讲会,大力鼓吹社会主义。众皆赞成。[8]一时间,政党政治令苏州一部分人异常兴奋。在茶馆中,学生们"刺刺谈政党内阁不休。……一入政党便富于感情"[9]。顾颉刚"自以为懂得社会主

---

[1] 陈辽:《叶圣陶传记》,江苏教育出版社1986年,第46页。
[2] 叶圣陶:《辛亥革命前后——日记摘抄(二)》,1912年1月14日,《新文学史料》1983年第2期。
[3] 顾颉刚:《我辜负了陈翼龙烈士的重托》,中国人民政治协商会议全国委员会文史资料研究委员会:《文史资料选辑》第75辑,文史资料出版社1981年,第61页。
[4] 叶圣陶:《辛亥革命前后——日记摘抄(二)》,1912年1月21日,《新文学史料》1983年第2期。
[5] 叶圣陶:《辛亥革命前后——日记摘抄(二)》,1912年1月21日,《新文学史料》1983年第2期。
[6] 刘俐娜:《顾颉刚自述》,河南人民出版社2005年,第35页。
[7] 刘俐娜:《顾颉刚自述》,河南人民出版社2005年,第27页。
[8] 叶圣陶:《辛亥革命前后——日记摘抄(二)》,1912年2月14日,《新文学史料》1983年第2期。
[9] 商金林:《叶圣陶年谱》,江苏教育出版社1986年,第43页。

义",常常作文极力鼓吹。[1]加入了社会党的叶圣陶,满脑子社会主义观念,对其他思想常常不以为然。2月2日参加东吴学堂毕业典礼,听到有毕业生慷慨陈说什么耶教教旨怎样的纯正,耶稣被钉死在十字架上又如何复活,耶稣的牺牲精神何等伟大,叶圣陶则以为,宗教之中倒是佛教略胜一筹,因为佛教的终极追求在于"极乐黄金世界",依其教义,这是可以达到的境界。不过,随着世界的进化,任何宗教都是赘疣,都可能归于消亡,而如今的社会党人抱持佛教的理念却非佛教徒,不依赖宗教之力,而依恃自身的力量,日积月累,所以"社会主义发展于现世界,日进万里。社会主义遍布地球之日,即一切宗教消灭之日矣"[2]。他文兴勃发,将这些想法写成《宗教果必须有乎?》,与陈翼龙商讨,陈对此深表赞同,并答允将此文代投于《社会报》。

只是在苏州,像顾颉刚和叶圣陶这样的"博学的文豪"[3]太少了。陈翼龙说,在苏州支部中,"党员约三百多人,而能明社会主义者亦仅二三十人"[4]。入党一段时间之后顾颉刚发现:

> 一班同党渐渐地不像样了。他们没有主义,开会演说时固然悲壮得很,但会散之后就把这些热情丢入无何有之乡了。他们说的话,永远是几句照例话,谁也不想把口头的主义作事实的研究。他们空闲时,只会围聚了长桌子坐着谈天、讲笑话,对于事业的进行毫没有计划。[5]

渐渐地,苏州对政党政治的热情降温了,与此同时,全国政治环境也急剧恶化。1912年9月23日江亢虎被捕,1913年3月正在为政党政治奔波的革命家宋教仁在上海火车站被暗杀。最让苏州人震惊的是,陈翼龙在1913年夏末秋初被害,顾颉刚的父亲从报上读到这则消息,"手中的水烟筒不知不觉地跌到地上"。那时的顾颉刚在北京大学读预科班,父亲生怕他"也做了革命党,到北京去送命"[6]。叶圣陶得知陈翼龙被捕,感愤至极,直觉"鬼魅当途,妖氛蔽日"[7]。紧接着,袁世凯通令在全国查禁中国社会党,社会党烟消云散了。

---

[1] 顾颉刚:《我辜负了陈翼龙烈士的重托》,中国人民政治协商会议全国委员会文史资料研究委员会:《文史资料选辑》第75辑,文史资料出版社1981年,第61页。
[2] 叶圣陶:《辛亥革命前后——日记摘抄(二)》,1912年2月2日,《新文学史料》1983年第2期。
[3] 顾颉刚:《顾颉刚自传》,北京大学出版社2012年,第36页。
[4] 叶圣陶:《辛亥革命前后——日记摘抄(二)》,1912年2月7日,《新文学史料》1983年第2期。
[5] 刘俐娜:《顾颉刚自述》,河南人民出版社2005年,第36页。
[6] 顾颉刚:《顾颉刚自传》,北京大学出版社2012年,第47页。
[7] 商金林:《叶圣陶年谱》,江苏教育出版社1986年,第44页。

二、反对袁世凯独裁

1912年3月,袁世凯在北京就任中华民国临时大总统,建立起北洋军阀在中国的统治。这是以孙中山为首的南方革命派与北方袁世凯势力相妥协的产物。

武昌起义后,受到内外胁迫的革命派做出让步,表示只要清帝退让,袁世凯赞成共和,即举袁为大总统。在袁世凯看来,让清帝退让并不难,但对曾经的主子还得讲"恩义",不愿"欺人孤儿(宣统)寡妇(隆裕)",蒙篡夺恶名,[1]因而主张给清帝及其皇室以特殊优待,提出所谓《优待条例》。根据这个条件,退位后的清帝仍能保持一定的尊荣,并在生活上受到民国政府的充分照顾。2月初,南京临时政府参议院正在筹划优待方法,上海《天铎报》中人发起"国事纠正会",第一要着即为反对优待清帝条件。苏州竟有人为清帝鸣不平,觉得《天铎报》"绝人太甚",叶圣陶则认为,清帝无条件退位应该毋庸置辩:"民国之中固人人平等,无或超出者也。清帝既逊位,则只居于齐民之列;既齐民矣,何以曰优待,优待即不平等也。岂以巨数金钱作其甘心自退之报酬乎?"[2]袁世凯挟清帝以居,要求优待及厚礼,"无非以示自己之威耳"[3]。

尽管"南人之心有大不服袁世凯者",但是时局似乎已经无法挽回。2月16日,叶圣陶得知南京临时参议院即将选举袁世凯为临时大总统,更加愤慨:"以专制之魔王而任共和国之总统,吾不知其可也!……更可恶者则为参议院,选举而可预先约通,则何必选举哉?此中人大半皆清廷政界走狗,今则改面易目,居然民国议员,可鄙!"此等行径不免令热心民主政治之人顿感心灰:"如火如荼之革命,大雄无畏之革命家,竖自由旗,策国民军,血花飞舞,城市灰烬,乃其结果则为不三不四之和议,为袁世凯任大总统。呜呼!吾希望者已失望矣!"[4]失望之余,在2月18日的社会党人会议上叶圣陶主张:"用激烈之手段先致袁氏于死,再则运动军队及全国同胞以解散现今之参议院,更由全国人民公举议员以举定大总统。"看起来,"第二次革命"难免了。[5]

"二次革命"在袁世凯指使暗杀宋教仁后很快发生了。4月8日,国民党苏州支部在沧浪亭集会追悼宋教仁,到会者1 600多人,愤怒声讨袁世凯的恐怖活

---

[1] 郭廷以:《近代中国史纲》,格致出版社、上海人民出版社2009年,第284—285页。
[2] 叶圣陶:《辛亥革命前后——日记摘抄(二)》,1912年2月13日,《新文学史料》1983年第2期。
[3] 叶圣陶:《辛亥革命前后——日记摘抄(二)》,1912年2月16日,《新文学史料》1983年第2期。
[4] 叶圣陶:《辛亥革命前后——日记摘抄(二)》,1912年2月16日,《新文学史料》1983年第2期。
[5] 叶圣陶:《辛亥革命前后——日记摘抄(二)》,1912年2月18日,《新文学史料》1983年第2期。

动。7月,孙中山、黄兴号召南方各省奋起反袁,掀起"二次革命"。对于地方而言,"战鼓一鸣,骨肉横飞,昔年兵祸,行复重睹",叶圣陶长叹,"此何可哉?!"〔1〕7月,黄兴入南京,与程德全会晤,查办宋案,公布证据,揭露袁世凯的阴谋,并宣布江苏独立。常熟新庄钱育仁奋袂响应,亦以新庄乡公所董事名义宣布独立,并在《新常熟》和《自由报》上通电讨袁。不久,袁军攻入南京,黄兴出走,程德全至常州天宁寺当了和尚;钱育仁则"遁居某邑农家斗室,黑暗不见天日;一灯荧然,读书自遣"〔2〕。

袁世凯镇压"二次革命"后,准备复辟帝制。苏州张一麐力阻其事。张一麐(1867—1943),字仲仁,人称"仲老"。辛亥革命前在苏州养疴,10月武昌起义爆发,清廷起用袁世凯为湖广总督,张入其幕。袁世凯任中华民国临时大总统时,张一麐任总统府秘书兼政事堂机要局长。袁世凯欲称帝,左右承旨劝进,但张一麐入谏,反复陈说利害,终不能阻,并以"怯懦怕事"见弃。1915年初日本以支持袁世凯称帝为条件,提出灭亡中国的"二十一条"。5月9日,除第五条部分内容以后再议外,袁世凯接受了"二十一条"的其他全部要求,是为"五九国耻"。奇耻大辱,激起全国公愤,僻处东南的吴江同里小镇,亦由"丽则女学"发起抗议活动,当天晚上,全体师生在陈家牌楼的一所厅堂内召开"声讨袁贼大会",师范班班主席殷同薇慷慨陈词,历数日本帝国主义侵华罪行和袁贼的卖国行径,并当众咬破手指,展示白绢,书"誓雪国耻"。师范班学生也纷纷以指代笔,用殷红的热血书下"卧薪尝胆""洗雪国耻"的条幅。场面之悲壮,情绪之激昂,足令山河饮泣,大地战栗;最后师生议决,在校园内植碑以志。碑由著名学者钱基博撰文,秋瑾烈士挚友、女书法家吴芝英手书:

> 唯中华民国四年五月七日,东人不德,实启戎心,要盟是利,以蔑我宗邦,为号五,为件二十有一。我国人无拳无勇,亦既爱和平而薄武力,相忍为国,越三日诺焉。于是诸姑姊妹耻之,乃买石置础于校之南方,颜曰:"五月九日国耻纪念之碑",以明耻也。……兹者强邻不戢,日蹙国百里。岂唯吾党二三子之耻,抑亦诸姑姊妹之忧也。往者斯巴达妇人逢战争时,辄以盾与爱儿,曰:"以此尸敌而归,否则尸汝而归。"呜乎,此斯巴达之所以地方不逾百里,而兵无敌于天下者也。唯诸姑姊妹

---

〔1〕 商金林:《叶圣陶年谱》,江苏教育出版社1986年,第44页。
〔2〕 沈芳畦、陆孟芙:《二次革命时期的常熟》,常熟政协文史资料研究委员会:《文史资料辑存》第5辑,1964年初印,1982年重印,第20页。

实图利之。[1]

1915年底,袁世凯改中华民国为"中华帝国",准备元旦登极,年号"洪宪"。那年,著名革命烈士张应春12岁,在吴江黎里女子小学读书。当时教室设有"课堂日志",须每日填写,校方迫于政治压力,要求班级值日生将日志上的"民国"纪年改为"洪宪",轮到应春和柳均权(柳亚子之弟)值日时,他俩悄悄一商量,在日志上赫然填上了"民国五年"四字,并在大庭广众之中大骂袁贼,在校中造成很大影响。[2]应春之父张农"多隐德,抗豪宗,庇农佃"[3],亦作《端阳杂咏·蒲剑》以抒愤:不是干将与镯镂,青蒲三尺影飕飕。尽它驱得妖魔尽,难斩人间国贼头。[4]

袁世凯的倒行逆施,遭到举国反对。孙中山号召人民维护共和,1916年护国军起,反袁浪潮日高。胆大妄为的袁世凯不得不求"怯懦怕事"的张一麐为其起草撤销帝制电令:"余昏聩,不能早听汝之言,以至于此。故此申令,非汝作不可。"[5]袁世凯众叛亲离,被迫于当年3月22日取消帝制,不久在绝望中死去。

三、齐卢军阀祸害地方

袁世凯一死,帝国主义列强失去了统治中国的共同代理人,便各自寻找新的工具,扶植不同的军阀派系。盘踞在江南的军阀分属于不同派系:江苏为直系军阀所控制,以英美帝国主义为靠山,而浙江和安徽为皖系军阀所控制,以日本帝国主义为靠山。1923年,经过第一次直奉战争,奉系败北,北京中央政权继续被控制在直系军阀曹锟、吴佩孚手中,这意味着英美帝国主义的暂时得势。当时盘踞江苏的直系军阀齐燮元,为夺取盘踞浙江的皖系军阀卢永祥控制的上海地盘,燃起战火,史称"江浙战争"。

1923年夏秋间,齐燮元与卢永祥调兵遣将,纷集昆山、上海等地。时任上海市董的昆山寓公李平书与苏州士绅张仲仁、黄以霖、沈恩孚等奔波于沪、宁、杭之

---

[1] 赵承祖:《任传薪与同里丽则女学》,苏州市地方志编纂委员会办公室:《苏州史志资料选辑》第1辑,1996年,第34—35页。
[2] 柳静(柳均权):《忆同窗好友张应春烈士》,吴江县政协文史资料研究委员会:《吴江文史资料》第1辑,1983年,第57页;吕泉根、沈泾潜:《分湖长忆碧血花——张应春烈士六十周年祭》,《苏州杂志》1991年第3期。
[3] 柳亚子:《秋石女士传》,柳亚子文集编辑委员会:《磨剑室文录》(下),上海人民出版社1993年,第1067页。
[4] 张农:《葫芦吟草》,大众文艺出版社2007年,第132—133页。
[5] 毛羽满:《记苏垣爱国耆绅张仲仁先生》(上),苏州市政协文史资料研究委员会:《苏州文史资料选辑》第10辑,1983年,第28页。

间,泣血谋和平。8月21日,双方签订《江浙和平公约》:

> (1)江浙两省人民,因时局漂摇,谣言四起,两省军民长官有保境安民之表示,但尚无具体之公约共同宣言,仍不足以镇定人心,迭经两省绅商驰电呼吁,仿前清东南互保成案,请求两省军民长官双方订约签字,以尊重地方公意,脱离军事漩涡为目的。(2)江浙两省军民长官,徇地方人民之公意,对于两省境内保持和平,凡足以引起军事行动之政治运动,双方须避免之。(3)在两省辖境毗连之处,如有军队换防之事,足以引起人民之惊疑者,两省军事长官须避免之,其两省以外客军如有侵入两省,或通过等情,由当事之省负防止之责任。于各保其境各安其民之中,仍为精神上之互助。(4)两省内各通商口岸,为中外人民生命财产所托。上海尤为亚东最大市场,应由两省军民长官饬由各交涉员将此约通告各领事,对于外侨力任保护。凡租界内足以引起军事行动之政治问题,及为保境安民之障碍者,均一律避免之。(5)此项草约经江浙两省军民长官之同意签字后,由两省绅商宣布之。[1]

据事后传说,仲老(张一麐)集江浙人士奔走京杭间,"垂涕阻双方出兵",为两省六千万民众请命,齐、卢称:"决不开第一枪。"[2]在苏浙两省绅商呼吁之下,齐燮元不得不在公约上签名。

但1924年9月,齐卢战祸还是降临了。9月初,齐军从南京开赴苏州、昆山、太仓、嘉定,以昆山为总兵站,向卢军进攻。苏州绾毂沪宁,夙称殷富,军队过境需索百端。张一麐和费树蔚等士绅日出阊门,劳心焦思,有时亲招骄悍将士,晓以大义,薄犒善遣,以谋庇护地方。当时直系将士皆北洋昔日之弁目,对张一麐心存敬惮,犒劳之下,皆帖然而去。卢军从浙江驱兵青浦、松江、金山,齐、卢双方在嘉定黄渡、太仓浏河一带相持,战区之内的百姓苦不堪言。据载,齐军五团于8月25日夜半至昆山,城内外富户及小康之家纷纷避沪,"车站上皮箱堆积如山,开沪列车几无容足地。……后至者尚络绎不绝。站长乃命将车站电灯一律暂熄,后至者始返去,车乃得开。"当天南京运来200多箱子弹至吴江平望,士兵

---

[1]《江浙和平公约成立》,中国第二历史档案馆:《中华民国史档案资料汇编》第3辑《军事》(三),江苏古籍出版社1991年,第142页。

[2] 黄炎培:《张仲仁先生传》,张一麐:《古红梅阁笔记》,上海书店出版社1998年,第65页;毛羽满:《记苏垣爱国耆绅张仲仁先生》(下),苏州市政协文史资料研究委员会:《苏州文史资料选辑》第11辑,1983年,第76页。

即在马路上拉夫扛运,"穿长衫者亦拉去,嗣拉夫不敷,用马车十余辆运送"[1]。几日里,市肆被洗劫一空,街上行人稀少。一妇人谓:"丈夫爱子皆被兵士拉去,已有二日不归,今日家中器具,又被兵士捣毁,粒米无存,势将饿毙。"[2] 得以避兵他乡者亦仓皇失措:"骨肉皆分散,乡关付棘荆;姑胥权寄迹,梦里常心惊。"[3]

9月11日,齐军败退,溃兵经过苏州时抢掠杀戮,石路、大马路一带160多家被抢。自17日起,浏河、黄渡再度发生激战,浏河镇被打烂,居民死伤500多人。这时,盘踞福建的直系军阀孙传芳率兵入浙,浙江警务处处长夏超等起为内应,卢永祥兵败,在上海被迫宣布下野。

10月,战争结束不久,叶圣陶来到浏河采访,那里的人们似乎形成了一个"新习惯":不管遇见谁,"就把自己的伤心从头讲"。在弹痕累累的镇上,一位身着"劳工装"的妇人凄悒地陈诉:

> 阿呀,怕死人呢,这种匪兵与打仗!子弹怎么不生眼,是兵不是兵它总是乱撞,这家死了夫妻俩,那家女人死了,男人就发狂;尸身躺着没人收,直到大前天,才有红十字会抬着去埋葬。那边一家两个乖觉的孩子都打死,他们的爷娘不知逃避到何方。我们总算走得快,拾回了性命却遗失了包囊!现在一点生活没得做;几天来的西风又着实凉……阿呀,怕死人呢,这种动兵与打仗!

妇人音调哀酸,叶圣陶一行只能默默地听着她诉说,但愿她们:

> 随时随地总是逞意地讲,不要讲向大帅的辕门,不要讲向土王的号房,不要讲向避居租界的豪富翁,不要讲向挂起洋旗的假洋商:他们具有别样的心,怎能了解一般的肝肠!只要讲向同运命的男和女,只要讲向近身旁的火(伙)伴行……[4]

卢永祥的失利惊动了远在东北的奉系军阀张作霖。张作霖举兵策应卢永祥,于9月15日进攻山海关。吴佩孚自任讨逆军总司令,布兵迎战,第二次直奉战争爆发。10月23日,在国民革命形势和反直浪潮的推动下,直系将领冯玉祥

---

[1] 古蓨孙:《甲子内乱始末纪实》,中华书局2007年,第160页。
[2] 杨其民:《甲子风云忆鹿城》,昆山政协文史征集委员会:《昆山文史》第1辑,1983年,第33页。
[3] 邱樾:《关于齐卢之战的诗稿一束》,昆山政协文史征集委员会:《昆山文史》第1辑,1983年,第40页。按:邱樾(1867—1937),昆山人,有《修竹庐诗稿》等遗世。
[4] 叶绍钧:《浏河战场》,《小说月报》1924年第15卷第11期。

发动北京政变,吴佩孚下台。张作霖入关与冯玉祥共推皖系段祺瑞为执政,段祺瑞任命卢永祥为江浙宣抚使。卢永祥东山再起,组织"宣抚军",以奉军张宗昌为总司令,力图夺回被齐燮元占据的江苏地盘,于是1925年1月9日爆发了第二次江浙战争。齐燮元纠集残部,在镇江与南下的张宗昌部发生激战。不数日,齐部即被击溃东遁,来到苏州。齐燮元一至苏州火车站,仲老便赶到:

> 齐燮元此时穷若丧家之犬,衣一厚呢之黑色大衣卧于稻草堆中。……仲老开口即曰:"闻抚万兄(齐燮元号)至,特来饯行。"请燮元下车,至车站候车室进餐。齐坚辞。仲老乃命人以正康事前准备之"宴月楼"京菜一席送至车上。……(仲老)曰:"阁下在江苏数载,虽无惠政于民,亦无甚恶感。今辽沈直皖,迭为雄长,今日胜者,明日或为败者。我劝抚万兄留一点去思,为后来与江苏人相见之余地。"齐默然不语。此时仲老声色俱厉语齐曰:"难道你欲糜烂我苏州地方吗?"齐燮元见仲老发怒,始言"决无此事"。仲老谢之,且促其即去上海。齐乃送仲老出铁棚车,下令赴沪。[1]

故当时苏州流传"张仲老车站驱逐齐燮元"之说。齐燮元败退上海,逃往日本,溃兵则在苏州斜塘、外跨塘、陆墓、横泾、浒墅关、望亭、蠡口和湘城等处大肆抢劫,过常熟的溃兵又向县里勒索了九万大洋才开路。[2]

当齐燮元率残部离苏未久,苏州火车站电报房接无锡车站电报,张宗昌已统兵乘铁甲车自无锡站开苏。张宗昌部之王栋、程国瑞旅,皆属土匪收编,纪律松懈。张仲仁与张宗昌相熟,故会同地方若干绅士劝说其约束无行之士卒,严禁劫掠。妇女们闻奉军将至,有的匿于基督教堂。待张部至浒关站停车,张仲仁遂登车与之会晤。张宗昌抵苏第一日,即命成立军警执法处,整顿军纪。[3]驻苏若干日即率部至上海。江浙战争至此结束。[4]

---

[1] 毛羽满:《记苏垣爱国耆绅张仲仁先生》(下),苏州市政协文史资料研究委员会:《苏州文史资料选辑》第11辑,1983年,第79—80页。
[2] 朱红:《话本苏州简史》,古吴轩出版社2006年,第311页。
[3] 毛羽满:《记苏垣爱国耆绅张仲仁先生》(下),苏州市政协文史资料研究委员会:《苏州文史资料选辑》第11辑,1983年,第80页。
[4] 江浙间的战火虽息,但驻兵未撤,百姓畏之如虎,奔避无宁日。太湖流域的名绅商家睹此时艰,倡立"太湖流域联合自治会",拟以苏松常镇太杭嘉湖旧府州八属为特别区,实行自治。张仲仁在苏州首起响应。1925年3月间他奔波于江浙省府,吁恳迅予撤兵,同时派人去北京请愿。苏南驻兵始陆续撤离。在张仲仁等一批开明士绅赞助下,5月24日,"太湖流域联合自治会"在上海成立,以期息内争、谋自卫、保和平、筹休养。沈慧瑛:《军阀混战谋自治》,《苏州杂志》1991年第2期。

齐卢军阀混战祸害苏州非轻。太仓全县26市乡,此次"未遭兵灾者,仅腹地之王秀、三老、方家桥三乡"[1]。尤其浏河,其为齐军和卢军力争之地,历四十昼夜,受灾最重,"全镇精华化为灰烬"[2],"弥望瓦砾"[3]。战事结束不久,在浏河西北二图的宋家宅,据一位中年妇女说:齐军9月5日来村放火烧屋,"她的丈夫跪在兵士的前面,哀求说:这屋子新造,为了造屋,欠人家的钱还没有还偿清,你们不要烧罢!那些兵士不但不理会他,把枪口对他威吓;他就逃去,这新造的华屋,便成灰烬了。"[4]紫藤栅与宋家宅相邻,当时兵祸调查者在与乡人闲谈中听说:

> 有一个木匠叫做朱道清,他不许兵士抢劫他的东西,就被枪死。那时家人都逃了,他的尸身横在屋子里,有一个多月;臭不堪闻!等到战事平定后,才收拾去。三图包家宅包阿龙,兵士教他烧茶,他答没有柴料,也没有茶叶,也被枪死。
>
> 有二个逃难来的女子,被兵士拉到阿金茶店里,轮奸了一夜。寄住在阿金茶店的侧屋里的崇明老妇人年四十余岁,有二个孩子,一十九岁,一十四岁,她也被兵士强奸,后来逃得不知去向。[5]

昆山全县"被灾者凡九"[6],其中,昆山城厢为苏军后方总兵站,前后驻军约计11万人,床铺、被褥、粮草等需用浩繁,供应不易,财力人力均感困苦;兵士肆行掳掠。一时秩序大乱,人避一空。[7]据宋琨辑江浙战争调查,太仓、昆山两县基本损失情况如下:

表1-1 齐卢混战中太仓、昆山损失情况一览表

损失项目 \ 县份	太仓	昆山
田亩	838 745 亩	1 084 000 亩
人口	269 672 人	278 730 人

---

[1] 宋琨:《江苏兵灾调查纪实——太仓、昆山》,苏州市地方志编纂委员会办公室、苏州市档案局、苏州市政协文史编辑室:《苏州史志资料选辑》第2辑,1990年,第86页。
[2] 娄东、傅焕光、黄允之等:《江苏兵灾调查纪实:太仓县》,江苏兵灾各县善后联合会1924年编印,第1页。
[3] 章有义:《中国近代农业史资料》第2辑,生活·读书·新知三联书店1957年,第610页。
[4] 滕固、友惠、公敢等:《战场北部兵祸记》,《孤军》(临时增刊)1925年第2期。
[5] 滕固、友惠、公敢等:《战场北部兵祸记》,《孤军》(临时增刊)1925年第2期。
[6] 宋琨:《江苏兵灾调查纪实——太仓、昆山》,苏州市地方志编纂委员会办公室、苏州市档案局、苏州市政协文史编辑室:《苏州史志资料选辑》第2辑,1990年,第95页。
[7] 《江浙大战记》,上海共和书局1924年,第3页。

(续表)

损失项目＼县份	太　仓	昆　山
伤亡	死约200人,受伤及失踪者约500人	30余人
被灾市乡	88.5%	50%
市村损失	11 712 400元	3 060 000元
农田损失	2 252 420元	3 040 000元
损失合计	14 664 820元	6 100 000元

资料来源：宋琨辑：《江苏兵灾调查纪实——太仓、昆山》，苏州市地方志编纂委员会办公室：《苏州史志资料选辑》1990年第2辑。

江浙战争是专制军阀为争夺利益而进行的混战，而站在军阀背后的帝国主义势力则"从中取渔人之利"。柳亚子分析道："反动的军阀，既有金钱，又有军械，当然可以招兵买马，积草屯粮。而吃尽当光的无产阶级，为了每日几毛钱的口粮，也就不得不钻到军阀的圈套中间去，替他们做屠戮人民的刽子手了。……试问，齐燮元不是靠温世珍、郭秉文的牵线，勾通英、美领事，他敢以上海为根据地，向卢永祥挑衅，开第二次江浙的战祸吗？"[1]军阀混战的最终受害者则是地方社会，是生活于一方土地上的百姓。

第二节　在反帝浪潮中

20世纪初期，西方资本主义已经发展至垄断阶段，即所谓帝国主义。在此阶段，与商品输出和资本输出同时并行的殖民瓜分更加疯狂，而资本输出也就有了特别重要的意义。"帝国主义的对象，便是殖民地"[2]，处于世界经济一体化格局中的古老中国，处境更为艰难。针对这种资本主义列强新的侵略方式，苏州地方精英人士解释道："凡属甲国用任何侵略方法到乙国，是以亡人国，破人家，统统叫做帝国主义"，而帝国主义对待其被侵略征服的任何国家，"不单用武力政策来解决"，更多的是经济文化肆虐；比如中国，自从中英《南京条约》签订之后，"每次战争的结果，条约苛刻，如茧自缚，罪孽深重，如海益深，所谓不平等条约，包括关税协定，设立外人居留地，取得领事裁判权在内，无一不可斫丧国脉，

---

[1] 柳亚子：《对于上海大惨剧的感想》，柳亚子文集编辑委员会：《磨剑室文录》(上)，上海人民出版社1993年，第853—854页。

[2] YT(柳亚子)：《什么叫帝国主义》，《新黎里》1925年8月1日。

摇动国本"[1]。日益觉醒的中华儿女无法忍受帝国主义的猖狂侵略,反帝的浪潮澎湃于民国初年的中国社会,而苏州自有其地方主题。

一、从"五四"到"五卅"

1919年初,第一次世界大战的战胜国在巴黎召开和平会议,中国政府代表提出:废除帝国主义国家在中国的一切特权,取消"二十一条",收回日本在大战时夺去的德国在山东的特权。美英等国操纵会议,无理拒绝了中国人民的正义要求。北洋军阀代表竟然准备在丧权辱国的条约上签字。5月4日,北京大学等校3 000多名学生在天安门前示威游行,高呼"外争主权,内除国贼""废除二十条"等口号,一致要求惩办卖国贼。北洋军阀政府进行镇压,逮捕了许多学生。

1. 五四运动的苏州反应

五四运动的消息传到苏州,苏州各界愤恨异常:

> 豺狼当道横,荆棘随处生;悲风动地来,白日少人行。内讧靡有已,外患勃然兴;倭奴实贪狠,逼处在东邻。条件二十一,孰敢与抗争!辱国将丧邦,约定兆民惊。青岛小邑耳,实为国藩屏;一失不再得,彼此强弱形。华夷难杂处,引虎入门庭;嗟彼执政者,狗苟与蝇营。轻义而重利,社稷任凭陵;嗟彼济济士,空抱不平鸣。工商亦宣言,众志可成城;警告时散布,纸纸染血腥。国人齐下泪,江湖顷刻盈;匹夫亦有责,谁不愿牺牲。[2]

学生首起响应。5月6日,苏州学界吴研因[3]等向全国发出通电,旗帜鲜明地表示:"章宗祥该死,卖国贼该死,大学生举动,全国赞成";并提出:"当卖国贼群小危害我大学生,全国学校应俱散学,全国学生应与俱死"。[4]5月9日是四年前袁世凯接受日本灭亡中国"二十一条"的国耻纪念日,苏州各大中小学校纷纷集会纪念。清晨,省立二中、桃坞、晏成、萃华、英华、东吴六校学生代表齐集遂园开会,议定合城各校联电政府:和会外交失败,宁撤专使,不签丧失国权之约。武人不谙政治,强行干涉,致权奸得试其伎,宜从此严禁,以清祸源。请释学生,惩奸以谢天下。午后,学生们由公共体育场出发,绕城游行。书业纷纷向

---

[1] 更生:《五卅惨案的追想》,(吴江)《大分湖》1925年8月1日。
[2] 徐蓬轩:《时事感言》,《苏州杂志》1993年第2期。
[3] 吴研因时为江苏省立第一师范学校小学部主事。
[4] 《苏州学界声援北京学生五四爱国游行致全国的通电》,《民国日报》1919年5月8日。

游行队伍发放传单,向市民们介绍"五九国耻"之由,如"二十一条款中华民国四年曹汝霖签约""海陆军协约,中华民国七年章宗祥签约"等。[1]苏州第二女子师范附属学校在大礼堂开会,演说国耻痛史,编发国耻反省问题,逐条提问;下午游行示威:手执白旗,高唱国歌,直赴青旸地日本租界,经过日本领事署衙折返。[2]22日是阊门外西津桥何山庙迎神赛会的日子,"一时红男绿女,观者异常拥挤"。附近省立第二农校师生150多人利用机会在庙会上散发传单,设台演讲,其中四位来宾登台演说,"竟至痛哭流涕";沿途游行者,高举国旗,手击铜鼓,直呼"同胞速醒"。[3]

身处苏州周边城镇的青年致力于唤起乡民的爱国热情。5月中旬,太仓省立第四中学学生成立"救国团",决定组成宣传队深入各乡镇进行爱国宣传。他们兵分数路,每至一地,就在闹市、菜场、茶肆、酒坊、街头巷尾,向各界群众宣传五四运动的意义,发动学生进行反日游行,号召商民抵制日货。[4]"学生救国团"的行动将五四运动从大中城市纵深至四乡八村,以此焕发底层民众的民族国家意识,赋予此次爱国运动以更加深远的意义。

在声援北京爱国学生的过程中,5月10日"苏州学生联合会"成立,以"联络全国学界,共策进行"[5]。5月中下旬北洋军阀政府两次颁布弹压学生令,引起全国民众更大的反感。5月26日上海学生联合会因呼吁无效而决定罢课,给正在酝酿罢课中的苏城学生以很大的促动。苏州学联认为,"外交失败,内政日紊,学生等呼吁无效,杞忧难已,望绝路穷,痛深哀切",决定全市中等以上学校自28日起一律罢课,希望罢课期内"于一切服务社会之事,以皆积极进行,旧受学业仍照常自修,约法订章,共同遵守"[6]。第二天,全市20余所学校万余名学生开始罢课。江苏省立第二女子师范学校平日里门禁极严,即便在星期日和假日,学生也不得自由走出校门。得到学联的罢课通知后,学生们纷纷冲出校门,摇旗呐

---

[1]《申报》1919年5月11日;苏州市地方志编纂委员会办公室、苏州市档案局:《苏州史志资料选辑》第1辑,1984年,第2—3页。

[2]《地方通信·师范学校之国耻纪念》,《申报》1919年5月12日。

[3]《地方通信·利用赛会演讲》,《申报》1919年5月25日。

[4] 中共太仓县委党史工作委员会:《太仓人民革命斗争史(1919—1949)》,南京大学出版社1991年,第20页。按,宣传队分为四路:一路去城厢、毛市、双凤、直塘,二路至浏河、新塘、浮桥、牌楼、岳王,三路赴沙溪、璜泾、归庄、鹿河,四路往西郊、东郊、南郊、陆渡等。

[5] 龚振黄:《青岛潮》,苏州市地方志编纂委员会办公室、苏州市档案局:《苏州史志资料选辑》第1辑,1984年,第5页。

[6]《苏州学生联合会关于罢课的通知》(1919年5月27日),苏州市地方志编纂委员会办公室、苏州市档案局:《苏州史志资料选辑》第1辑,1984年,第10页。

喊。她们缝制了许多手帕和端午节的香袋等小玩物,其上绣制有"抵制日货""毋忘国耻""毋忘五九"等字眼;用面粉制成象征曹汝霖、陆宗舆和章宗祥等卖国贼的油煎食品,欲使人食其肉而后快。[1]江苏省立苏州中学校长禁止罢课,学生杨松年庄严宣誓:如不允许罢课,今晚自杀,以提醒国人。校长只好答应"罢课与否我不过问"[2]。

全苏学生的罢课和爱国宣传引起了苏州地方当局的恐慌,苏常镇守使、苏常道尹、苏州警察厅和吴县知事等力图阻止学生的爱国行动。江苏省教育厅先是饬令学校教职员工对学生"剀切劝导,克期上课",无果;6月7日便以"学生在外已有逾越轨范举动",训令各校提前放假。江苏省立医专校长蔡文淼一直"兢兢以爱国宗旨,训勉后生,以图报称",此刻接令,愤而抗议:"此次北京学生,愤慨国事,激而罢课,京外各省俱受影响。本校学生为义愤所激,亦一致行动。若论求学时期,干涉政治,未免逾越范围,然揆诸心理,仍属出于爱国热诚,设或过于抑遏,恐更轶出常轨。"面对教育部提前放假的命令,蔡文淼完全站在学生一边,提出辞呈:"(学)生等因请求各条,政府一无表示,不愿即行归里。现在一体在校,谨守秩序,以待解决。校长奉职无状,深自愧悚,甘引咎戾,退贤让能。"[3]这样的态度一方面使当政者非常尴尬,同时也是对爱国青年的一种鼓励。

五四运动至6月初转入一个新的阶段。6月3日,北京学生在街头演讲时遭到北洋政府的疯狂逮捕和野蛮囚禁,北京学联被迫发出通电,吁请全国声援;发展至"六三"阶段的五四运动"不但是知识分子,而且有广大的无产阶级、小资产阶级和资产阶级参加,成了全国范围的革命运动了"[4]。自6月5日起,为支援学生的爱国斗争,上海工人开始罢工,商人罢市,运动的中心由北京移到了上海,工人阶级开始登上政治舞台。苏州的工厂工人、人力车工人、码头工人、搬运工人、车站工人等相继参加到罢工行列中。10日上午9时起,横经苏州城北的沪宁铁路工人开始罢工,路局在公函中称:"沪宁……贯接江汉,上海又通商要埠,忽而停工,中外各界,必蒙极大影响,关系殊非浅鲜。"[5]可见工人阶级在五四

---

[1]《俞钰关于苏州学生参加五四运动的记述》(1980年),苏州市地方志编纂委员会办公室、苏州市档案局:《苏州史志资料选辑》第1辑,1984年,第26—27页。

[2]《冯达关于省立苏州中学学生参加五四运动的回忆》(1960年3月25日),苏州市地方志编纂委员会办公室、苏州市档案局:《苏州史志资料选辑》第1辑,1984年,第25页。

[3]《五四爱国运动档案资料》,苏州市地方志编纂委员会办公室、苏州市档案局:《苏州史志资料选辑》第1辑,1984年,第104、106、107页。

[4] 毛泽东:《新民主主义论》,《毛泽东选集》(一卷本),人民出版社1964年,第660页。

[5] 转引自吴竞:《五四运动在苏州东吴大学》,周建屏、王国平:《苏州大学校史研究文选》,苏州大学出版社2008年,第451页。

运动中的关键作用。人力车夫在车子背后贴着标语,勉励学生"坚持到底,勿要五分钟热度"。本来,苏州总商会对于罢市很不积极,在学生的一再要求和附近大中城市罢市风潮的影响下,才决定8日下午3时全面罢市,但同时通告:"罢市后各业工人仍照常工作。"[1]此举激怒了爱国的苏州市民。从6月10日致苏州总商会意见书中不难体会市民的反感情绪:"今各商号负罢市之虚名,失罢市之实际,不以国家及国民永久幸福上着想,徒欲谋蝇头之微利,是则此次罢市,完全当商人之依附性质,非出于本人之真热血、真良心、真真之自动力,诚可耻也!"[2]为了使爱国热情持续下去,苏州"救国恒志团"为警惕国人起见,特制对联数十副,分送各公共场所悬挂,故近日茶楼、酒店均悬有"忍辱含羞,人心不死;报仇雪恨,国耻莫忘"及"痛定思痛,五月九日;忍无可忍,万众一心"诸联语,亦可见该团之救国恒志矣。[3]

事实上,工人行动之后,学生运动仍在进行,而且渗透面更广。吴县甪直小镇的教师们从报纸上看到北京和各地集会游行及罢课罢市的情形,非常激奋,都说应当唤起民众,于是在学校门前开了一个会。"这样的事在甪直还是第一次,镇上的人来的不少。"[4]日作夜息的镇民们为时代的氛围所激奋。6月16日,上海《时事新报》上赫然刊载着《甪直高小国民学校宣言》,这是叶圣陶与甪直另外两个小学共同拟定的:

> 政府横肆摧残,务拂民请,吾三校感此潮流,五中愤结。……顾倒行逆施,曾不少悛,吾三校忍无可忍,于六月十一日一致罢课,非特为对待日本之表示,作释放学生之要求,根本解决乃在满足民众之希望。标的既悬,誓必践之。[5]

事实上,北京政府已于6月7日释放了被捕学生,6月10日罢免了曹汝霖、陆宗舆和章宗祥的官职,6月28日中国代表也未在巴黎和约上签字,从而实现了五四运动的直接斗争目标。这一切当然是在全国反帝浪潮中实现的,

---

[1]《苏州总商会紧要通告稿》(1919年6月8日),马敏、祖苏:《苏州商会档案丛编》第二辑,华中师范大学出版社2004年,第685页。
[2]《市民为苏商罢市致苏州总商会意见书》(1919年6月10日),马敏、祖苏:《苏州商会档案丛编》第二辑,华中师范大学出版社2004年,第686页。
[3]《时报》1919年7月2日,见苏州市地方志编纂委员会办公室、苏州市档案局:《苏州史志资料选辑》第1辑,1984年,第66页。
[4] 吴泰昌:《忆"五四",访叶老》,《文艺报》1979年第5期。
[5] 叶圣陶:《甪直高小国民学校宣言》,叶至善、叶至美、叶至诚:《叶圣陶集》第五卷,江苏教育出版社1988年,第12页。

而澎湃于苏州的反帝浪潮给地方民众以革命的洗礼,唤醒了他们的现代民族国家意识。

2. 五卅运动的苏州反应

继五四运动之后的又一波反帝浪潮是五卅运动。1924年1月国民党"一大"的召开,标志着国共合作的革命统一战线正式建立,国民革命高潮随之到来;"打倒列强"成为人民的迫切要求。1925年5月15日,上海日本纱厂资本家枪杀中国工人、共产党员顾正红,打伤工人数十人;以此为导火线,全国掀起了一个以工人阶级为主力的反帝爱国高潮。5月30日,上海学生数千人在上海公共租界散发传单,介绍顾正红被害经过,租界当局遂大肆捕人,仅南京路老闸捕房就拘捕了100多名学生。闻讯而至的万余群众愤怒抗议,要求释放被捕学生。英国巡捕竟然向示威群众开枪,打死10多人,致伤数十人,轻伤无数,制造了震惊全国的惨案。

五卅惨案将帝国主义的面目暴露无遗。"在孙先生提倡打倒帝国主义的时候,有许多自命知识阶级的人,都起来反对,说他是无病呻吟,无的放矢,……但现在是事实摆在前面了。"[1]五卅惨案发生的当晚,中共中央召开紧急会议,决定建立各阶级的反帝统一战线,发动工人罢工、学生罢课、商人罢市的"三罢"斗争,并将这次运动推向全国。翌日清晨,中共党员、国民党江苏省党部秘书长姜长林从上海来到苏州,与乐益中学教师叶天底(中共党员)、苏州工专学生秦邦宪、博文中学教师许金元取得联系,传达中国共产党的指示,决定迅速行动起来,发动苏州人民,扩大反帝爱国运动。共产党员顾容川(1897—1931)等组织同志给苏州工人教唱《五卅烈士纪念歌》:

> 豺狼当道,猛虎横行,害我中华,几阵枪声,满街热血,一场惨杀,此仇不报还成什么国家。有志竟成,休让英魂含冤泉下,热泪抛抛,太烦恼,心头的火烧,有仇必报。
>
> 烈士至今,百岁千秋,阴魂不休,此时此刻,万众一心,破釜沉舟,违抗强权,事必待命擒寇,内谋国事,洗清污垢,重振沉舟,热泪抛抛,太烦恼,心头的火烧,有仇必报。[2]

5月31日下午,苏州学联集合东吴大学等13校学生近800人,假北局青年

---

[1] 柳亚子:《对于上海大惨剧的感想》,柳亚子文集编辑委员会:《磨剑室文录》(上),上海人民出版社1993年,第853页。

[2] 邬西濠:《大革命时期苏州丝织工人的罢工斗争》,江苏人民出版社1958年,第5页。

会召开紧急会议,听取上海学联代表报告五卅惨案的过程,与会者无不义愤填膺,嗣后决定:自即日起罢课示威。第二天,各校学生在各热闹街市、茶馆散发传单,发表演讲,鼓动人们的反帝斗志。[1]6月2日,20多所学校2000名学生集会公共体育场,只见:"旌旗招展,精神磅礴,真苏州未有的盛况!最足以钦佩的,是乐益女子中学的同学,个个精神饱满,步伐整齐,而口中却不绝地喊着'打倒英日帝国主义'、'收回司法权'、'援助上海失业工人'、'废除不平等条约'和其他刺人耳鼓的精短演辞。"[2]6月5日,苏州总商会等20个团体组织联席会议,一致主张本案交涉当以惩凶、赔偿、谢罪为最低之要求,以取消领事裁判权为根本之解决。[3]6月6日,中国"孤星社"委员长安剑平在东吴大学礼堂发表演讲,认为此次五卅运动较之辛亥革命和五四运动,"其意义迥不相同,我们中国这次断不能退让下来,若退让下来除非亡国"[4]。听者为之震动。第二天,苏州学联组织了三四千人的大游行。

上海五卅惨案发生后,死伤者急需抚恤,罢工者亦待救济,苏州人民吁请爱国志士慷慨捐助,支援上海同胞,慰其为国牺牲之热忱。东吴绸厂向全市工人发出节省伙食费支援上海工人的《同胞注意》倡议书:

> 各地学生、商会等已经募捐接济上海的工人,我们厂里的工人,于昨日已经商议决定,并得到本厂帐房的许可,即日起将荤素菜一概除去,改吃咸菜十天,将省下来的钱,接济上海的工人,这是敝同人微细的能力,亦盼望各厂同胞,吃用中积(节)省一些,接济上海的同工,使其不致为"五分钟的热度"……

全市36家丝织厂工人群起响应,一致决定,半月之内以酱油汤、萝卜干代替荤菜,共节约菜金2 200多元。[5]学生们每日臂缠黑纱,出外演讲与募捐,10天下来,便募得6 000大洋,解送上海总商会。[6]商界由西中市祥大布号发起,函

---

[1]《地方通信·学生联合会第四次会议》,《申报》1925年6月2日。
[2] 秦邦宪:《病榻琐记——五卅惨案苏州运动中之几节片段回忆》,苏州市地方志编纂委员会办公室、苏州市档案局:《苏州史志资料选辑》第1辑,1984年,第151页。
[3]《苏州各界联席会议关于主张取消领事裁判权为根本解决的声援代电》,《申报》1925年6月10日。
[4] 剑平:《我对于沪案之观察并告公正外人——六日苏州东吴大学讲演》,苏州市地方志编纂委员会办公室、苏州市档案局:《苏州史志资料选辑》第1辑,1984年,第147页。
[5] 邹西濠:《大革命时期苏州丝织工人的大罢工》,江苏人民出版社1958年,第5—6页。
[6]《苏州总商会为解送苏州募捐款项致上海总商会函》,苏州市地方志编纂委员会办公室、苏州市档案局:《苏州史志资料选辑》第1辑,1984年,第178页。

请商会通告各商店节省端午节筵资援沪。[1]苏州评弹光裕书社会书3天,所得收入悉数接济上海工人。[2]上海学生联合会邀请苏州新舞台全体剧员到吴江、同里等地义务演出,筹款救济上海五卅案中的失业工人。[3]上海、苏州、吴江等地的反帝爱国运动已连成一片。6月30日,在公共体育场举行追悼五卅烈士集会,亦发起募捐。后以退回之捐款10 000元在体育场东侧筑路,定名为"五卅路",并立路碑,"以资纪念国耻"。

在地方知识精英集中的吴江,声援五卅运动颇有声势。1925年6月16日出刊的地方小报《新黎里》组织了"五卅"特刊,《中国国民党中央执行委员会对"五卅"事件宣言》《中国国民党上海执行委员会对"五卅"事件第二次宣言》和《中国国民党中央执行委员会对"五卅"事件通电》等着重向人民宣传革命政党对于帝国主义的态度,《上海学生市民工人反对帝国主义大运动宣言》《打倒帝国主义》《同胞注意》《日本资本家屠杀华工惨况》和《我们的要求和努力》等传单,重点阐扬全国民众尤其是上海人民的爱国行动,在以上烘托的基础上,对吴江境内声援五卅运动的报道则将地方社会的行动赋予了更多的民族精神元素。在黎里小镇,成立了"国民外交后援会",以"取消不平等条约,收还全国租界及租借地为宗旨"[4]。地方领袖柳亚子发表社论《对于上海大惨剧的感想》,简述五卅运动的意义:

> 帝国主义者的屠戮我们,何止南京路上,苏州河中几堆赤血?从鸦片战争五口通商以来,我们中国人在有形无形中,死于帝国主义者直接间接的侵略政策下面的,正不知有无穷无尽的数目!……中国国民党第一个主张,就是打倒帝国主义,其目的在取消不平等条约,收还全国租界及租借地。其方法在唤起民众,及联合世界上以平等待我之民族,共同奋斗。至于罢市罢工罢学,和经济绝交,不买外国货等,都不过是手段中的一节罢了。……我们的根本主张,终是万万不可抛弃的,也就是万万不容抛弃的,因为倘然再不把帝国主义打倒,就是他们不来屠戮

---

[1]《江浙各界对于沪案之援助·苏州》,《申报》1925年6月13日。
[2]《苏州总商会收到光裕书社会书募款致苏州学生联合会函》,苏州市地方志编纂委员会办公室、苏州市档案局:《苏州史志资料选辑》第1辑,1984年,第182页。
[3] 中共吴江县委党史工作委员会:《吴江人民革命斗争史(1919—1949)》,中央党史出版社1991年,第15页。
[4] 俞前:《毛啸岑》,吴江县政协文史资料研究委员会:《吴江文史资料》第19辑,2000年,第48页。

我们,我们也快要活活的饿死了!〔1〕

在地方小报林立的常熟,创刊于1923年的《民气》报一向将"救国"视为"唯一之宗旨"。上海五卅惨案发生后,常熟市民对日外交大会在《民气》出版"大流血惨案专号",报道上海、全国以及常熟的五卅反帝浪潮,以鼓励民气。〔2〕

从"五四"到"五卅",在全国范围内,反帝的声浪日高一日,蔚成时代的主题。苏州以其自身的切实行动留下了清晰的时代印痕。

二、反帝斗争中的地方主题

五四运动和五卅运动首先是全国性的政治革命,客观地说,无论是从城市的政治地位,还是从其与革命焦点的关系来说,苏州都是作为整体合力的一部分在发挥作用,尽管在某些方面发挥了某些关键性的作用。真正体现苏州本身存在和发展价值的,是凸显于两次反帝斗争中的地方主题。这便是苏州社会在"抵制外货,提倡国货"口号下关于地方实业发展问题的谋划。

五四行动中对外货的抵制主要针对日货。苏州抵制日货之举是受上海商界影响而起。5月8日苏州总商会接到"上海商业公民"的传单,传单上列有对付日货的三项办法:"不装日本船,不用日本货,不用日本纸币",苏州总商会决定将上海的意见转告苏州商民,在当天下午召开的商会会员大会上,大家"一致站起赞成",并表示,既经议定抵制办法,当永远进行;"若有贪利忘义,而暗中私售日货,或私自收用日本纸币者,吾各界当共弃之"〔3〕。

在接下来的一周里,苏州热心学生结成团体,分头演讲,劝人不购日货,不用日币,不与日本人交易。5月16日,阊门外萃英中学学生在日人开设的"东洋"茶馆对面向市民演讲日人对我种种之野心以及将来亡国之惨痛,听者莫不动容。旋见有人在"东洋"茶馆啜茗,亦即晓以大义,劝令此后勿进。又劝各商勿进日货,已进者速为收藏,勿令留在眼前,见而生痛。宣传的学生至深夜而返。〔4〕苏州学生联合会(以下简称"苏州学联")在"六三"之后,将督促商界抵制日货作为重要事项提上议事日程。6月下旬,苏州学联议决八项抵制日货办法,供商会公

---

〔1〕 柳亚子:《对于上海大惨剧的感想》,柳亚子文集编辑委员会:《磨剑室文录》(上),上海人民出版社1993年,第853—858页。

〔2〕 沈秋农:《常熟老报刊》,广陵书社2007年,第262页。

〔3〕 《苏州总商会为抵制日货召开紧急会议》,苏州市地方志编纂委员会办公室、苏州市档案局:《苏州史志资料选辑》第1辑,1984年,第52—53页。

〔4〕 《民国日报》1919年5月17日;苏州市地方志编纂委员会办公室、苏州市档案局:《苏州史志资料选辑》第1辑,1984年,第54—55页。

议,商会迅速议决"不用仇货"八条。7月中旬,学联又议决查禁日货五项办法,与商会相商。[1]此后,学商两界就抵制日货事宜保持着密切的沟通,一直持续至1919年年底。

在抵制日货行动中,为爱国热情所感染的商家们积极呼应学界号召。如茶叶业,包装茶叶的皮纸向例为日本商标的大开纸,从6月5日起,茶商代表汪文海首先改用塔牌国货纸,并劝导同业一律行动。[2]戎镒昌皮件店戎法琴时刻不忘五九国耻,特以"5月9日(国耻纪念日)"字样制成图案,烙印于商品之上,并设为该店的注册商标。[3]时有百货业董事江锦州编成抵制日货的白话宣传韵文,通过总商会广为印送:

> 国亡家不保,爱家先爱国。政府不可恃,人民当自决。武力既不能,克刚柔第一。日常须用品,最好用本国。万一不能免,切弃仇敌物。依此办法做,热心加毅力。三年五载后,成效不可说。即使彼强权,自然生畏怯。一切欺人约,不醒恐不及。……此种劝告文,更宜贴墙壁。每日诵一遍,其志永不失。[4]

这段白话韵文,通晓易懂,曾在本地所产的纸质团扇和折扇上刊印,流传非常广。有些学校曾将韵文选作音乐教材;童子们的朗朗歌声,更加激发了苏州人民的反帝爱国热情。[5]

不过,商家中亦有少数"丧失良心,罔顾大局"的"奸徒",[6]他们玩弄种种花样:或改头换面,将日货充西货;或凭借外商名义,倚势强运;或私运夹带,借拍卖之名,行销售之实;或抬价销售国货。[7]为此,苏州于5月19日仿照上海办法,组成"救国十人团","以文明之手段",在车站、码头、商店等场所检查到埠

---

[1] 苏州市地方志编纂委员会办公室、苏州市档案局:《苏州史志资料选辑》第1辑,1984年,第67—70页。

[2] 苏州市地方编纂委员会办公室、苏州市档案局:《苏州史志资料选辑》第1辑,1984年,第62页。

[3] 陶景瑗:《反帝爱国革命运动中的苏州工商业界》,中国人民政治协商会议江苏省委员会文史资料研究委员会:《江苏文史资料选辑》第10辑,江苏人民出版社1982年,第122页。

[4] 《苏州总商会关于抵制日货会议的通告》(1919年5月19日),马敏、祖苏、肖芃:《苏州商会档案丛编》第二辑,华中师范大学出版社2004年,第694—695页。

[5] 陶景瑗:《反帝爱国革命运动中的苏州工商业界》,中国人民政治协商会议江苏省委员会文史资料研究委员会:《江苏文史资料选辑》第10辑,江苏人民出版社1982年,第120页。

[6] 苏州市地方志编纂委员会办公室、苏州市档案局:《苏州史志资料选辑》第1辑,1984年,第70页。

[7] 陶景瑗:《反帝爱国革命运动中的苏州工商业界》,中国人民政治协商会议江苏省委员会文史资料研究委员会:《江苏文史资料选辑》第10辑,江苏人民出版社1982年,第124页。

商品及存货等。[1]一旦发现问题,即行查封。因为日货向以女子购用为多,"服用之品几乎触目皆是",7月则有女学生发起"女子爱国十人团","联络女界广行劝导各家庭,提倡国货,抵制日货",很为《时报》称道:"想苏州女界,素号文明,赞成者当必居多数也。"[2]与外货关系密切的女界主要为中产阶级女子,所以1924年邵力子在苏州绸都盛泽演讲时,特别指出中产阶级与民族工业的关系:

> 我国中产阶级竞效资本阶级之奢华,视国货若敝屣,以洋货为至宝。不观夫我国今日中产阶级之男女青年乎?盛泽、杭州等地之绸货,未尝不美观坚致也,然而以其中国货,弃之不用,宁愿以价高出国货数倍之纱布。日用起居,所需物品亦无不以洋货为高贵,为漂亮,为时髦。甚至洋人制窗帘之纱,亦穿之身上,以炫新奇。[3]

从中产阶级的崇洋心理说明外货之猖獗,更多的是出于爱国热情的愤激之论。

提倡国货与抵制日货是同时并举、相辅相成的。提倡国货的建议是由江苏省立第一师范的师生在5月8日首先提出的。在致苏州总商会的函中,他们希望"一致提倡国货,以为外交后盾"[4]。在各界竭诚劝导下,国货销路渐广,至6月份,"价值骤昂,以致热心购用者不免因而障碍"。苏州总商会便致函中华国货维持会,请求"设法劝令平价,以利推销"[5]。1920年苏州成立国货维持会,提出以发扬国货、改良工艺为宗旨,持久抵制日货,[6]打算以市场经济法则作为维持国货之法。

从消极的抵制和口头的提倡到积极的实业振兴行动,地方发展的时代主题逐渐清晰起来。在五卅运动中吴县教育会认识到,西捕之所以敢于迭次枪杀学生、工人,是因为中国国势衰弱,而中国国势衰弱之根本在于实业不振,因此,"为

---

[1]《民国日报》1919年5月24日;苏州市地方志编纂委员会办公室、苏州市档案局:《苏州史志资料选辑》第1辑,1984年,第57页。按,参加"救国十人团"的团体为学生联合会、教育会、教职员会、大学联合会、女子公益团、救火联合会、爱国恒社团、恒心爱国团和警钟社(即运输公所)和总商会等10个团体。

[2]《时报》1919年7月19日;苏州市地方志编纂委员会办公室、苏州市档案局:《苏州史志资料选辑》第1辑,1984年,第66页。

[3] 转自李炳华:《绸都赋》,古吴轩出版社2005年,第58页。

[4] 苏州市地方志编纂委员会办公室、苏州市档案局:《苏州史志资料选辑》第1辑,1984年,第52页。

[5] 苏州市地方志编纂委员会办公室、苏州市档案局:《苏州史志资料选辑》第1辑,1984年,第65页。

[6] 陶景瑗:《反帝爱国革命运动中的苏州工商业界》,中国人民政治协商会议江苏省委员会文史资料研究委员会:《江苏文史资料选辑》第10辑,江苏人民出版社1982年,第125页。

救国根本计,亟宜提倡国货"。于是致函商会,要求"劝告各商,对于国货一致积极提倡"[1]。叶天底暗中潜入苏纶、鸿生几家大厂,与厂里劳工代表秘密联络,发起成立"苏州各界联合会"。[2]联合会对提倡国货深表赞同:"此举不特为抵抗外力侵略之有效办法,且于杜绝漏卮推广国产,均有裨益,自救之道,莫善于此。"[3]6月13日召开联席会议,决定即日起"对英、日两国实行经济绝交",并马上查货,对"彰明较著之英、日货,如大英牌香烟、仁丹之类",请求商会劝告该业停止进货。[4]26日,汪巨川则建议由商会刷印通告"不与仇人交易,不进仇货",张贴于各商店门前。[5]在各界联合会和学联的敦促下,苏州总商会7月7日拟出了抵制外货的具体办法。与此同时,苏州总商会将中华国货维持会拟定的"服用国货办法"及"誓书"样式分送社会各界,广为宣传。[6]在商会7日拟定的提倡国货办法中,特别引人注目的一条是,会员们发起集股组设国货商场,[7]后未告成。[8]

苏州绸业重镇盛泽的知识人,从激荡于全国的"五卅"怒涛中发现了地方民族工业的发展生机。徐蘧轩在《新盛泽》发文指出:"'五卅'惨案发生后,全国人民莫不痛心,一方面力主严重交涉,要求取消不平等条约;一方面提倡国货,拒绝外货,以挽救实际上经济的压迫,这是盛泽人一个绝好的新生机。"这新的生机便是:"发展绸业,整顿出口"。为此他提出三点建议:第一,要统计全国全省

---

[1]《吴县教育会为提倡国货致苏州总商会函》,苏州市地方志编纂委员会办公室、苏州市档案局:《苏州史志资料选辑》第1辑,1984年,第154页。
[2] 李纪福:《古城火种——文化沧浪的红色记忆》,上海文艺出版社2011年,第38页。
[3]《苏州各界联合会为敦促商界切实抵制仇货致苏州总商会函》,苏州市地方志编纂委员会办公室、苏州市档案局:《苏州史志资料选辑》第1辑,1984年,第157页。
[4]《苏州各界联合会关于抵制英日货致苏州总商会函》,苏州市地方志编纂委员会办公室、苏州市档案局:《苏州史志资料选辑》第1辑,1984年,第154页。
[5]《汪巨川为商店张贴标语致苏州总商会函》,苏州市地方志编纂委员会办公室、苏州市档案局:《苏州史志资料选辑》第1辑,1984年,第137页。
[6]《中华国货维持会为分发誓用国货办法及誓书致苏州总商会函》,苏州市地方志编纂委员会办公室、苏州市档案局:《苏州史志资料选辑》第1辑,1984年,第162页。
[7]《苏州总商会为各业议决提倡国货施行办法复苏州各界联合会函》,苏州市地方志编纂委员会办公室、苏州市档案局:《苏州史志资料选辑》第1辑,1984年,第158页。
[8] 按,1916—1927年间,苏州工商界经营三、蔡奎卿、吴菊臣、殷静之等曾发起筹设苏州兴业有限公司,选择北局,创办"劝业场",拟集资6万元,发起人认定了4万元,余拟招股,但未成,五卅运动期间虽有动议,仍未告成。1931年吴县商会下设"提倡国货委员会",筹建国货商场成为主要议题,历时3年,直至1934年9月国货商场终至成立。见臧寿源:《苏州国货商场(人民商场)筹建始末》,苏州市地方志编纂委员会办公室、苏州市档案局:《苏州史志资料选辑》2004年刊,第183—187页;陶景瑷:《反帝爱国革命运动中的苏州工商业界》,中国人民政治协商会议江苏省委员会文史资料研究委员会:《江苏文史资料选辑》第10辑,江苏人民出版社1982年,第127页。

有能力穿绸的人的数量,以明白盛泽丝绸的发展前景;第二,要调查各地人民的穿着爱好,以确定盛绸出产的厚薄、长短、阔狭、颜色、花样等等;第三,要组合大公司,多设机厂,多设分销处,仿效商务印书馆、南洋兄弟烟草公司的做法。[1] 徐蔚南也将筹组国货商场作为抵制外货的办法,大力宣扬国货的优点:"若上海模范工厂之出品,有铁工品、橡皮物、地毯、毛刷、玩具、印花品……,亦极精美,可敌外货,又若香烟、袜子、雨伞、帽子等都有极佳的国货。"[2] 值得指出的是,徐蔚南对待国货的态度非常清醒:

> 有人说,那么我们只要不买外国货好了。我不是代表外国人推销生意,只是不买外国货是办不到的,譬如说一只面盆,洋瓷的只要三角小洋,又轻又灵便,白铜的非二三块钱不办,磁的非一元不行。人人都要省俭的、轻便一点的,于是都买洋瓷面盆,就是都买外国货,就是中国人的钱给外国人拿去,所以只是不买外国货是做不到的事,我们还须想个办法出来抵制外国货,代替外国货才行。[3]

也就是说,积极的抵制外货办法是提高民族工业的水平以及竞争能力,而这,恰为"五卅"怒涛之后中国工商业界孜孜以求之处。

在抵制外货的过程中,关税自主问题渐渐引起商界和学界的关注。1842年中英《南京条约》规定,英国商人应纳货税"均宜秉公议定则例",这就意味着,中国海关无权自行确定进口货物税率,必须与英国共同议定,此所谓"协定关税"。苏州总商会在1925年7月8日致北京段祺瑞执政府的电文中一针见血地指出:依此项单方协定关税之条约,中国"对外既受苛税之拒绝,对内又受洋货之攘夺,华商立足天地皆受此不平等条约中单方协定税之毒害也。按国际公理,通商税利,无不以双方交换互让为报,此等不【平等,作者加注】交换之条约,实属违背国际公理";1922年华盛顿会议订《九国公约》关于中国事件适用原则及政策称,应"尊重中国之主权与独立暨领土与行政之完整";苏州总商会认为,"关税为行政之一,又为独立国之主权;……前项不平等条约,实无存在之余地",故特此"声请修改",希望"严重交涉","据理坚持,以伸公理,而维主权"[4]。苏州学联为此出版"关税自主专刊",并于11月22日下午延请上海对于关税问题素

---

[1] 徐蓬轩:《盛泽人今后的新生机》,《新盛泽》1925年7月11日。
[2] 徐蔚南:《国货商店》,《新盛泽》1925年9月21日。
[3] 徐蔚南:《送旧迎新》,《新盛泽》1926年1月1日。
[4] 《苏州总商会为力争关税自主致北京段祺瑞执政府电》,苏州市地方志编纂委员会办公室、苏州市档案局:《苏州史志资料选辑》第1辑,1984年,第189—190页。

有研究之萧楚女和姜长林来苏州进行专题演讲,青年会礼堂"一时座位极为拥挤"[1]。12月26日,学联再次致电段祺瑞执政府称:"关税自主,非但不容任何条件,尤应从速实行";要"保护本国工商业之发展,非关税自主不可。关税自主与否,实我国民族经济解放之第一重要关键"[2]。

这样的热情,应当以怎样的方式延续下去?1926年5月五卅运动一周年之际,苏州学联开始注意到这一问题:"起视国人,去年热烈之悲怀,今不复见,而被难烈士之窀穸,犹未安焉。呜呼!勿稍存偷安之念,应人具奋斗之心,无蹈'五分'之诮,当作万里之友,国人其继起乎?"[3]

1925年五卅事件发生时,叶圣陶就在上海直接受到"五卅"急雨的泼浇。五卅运动一周年之际,他发表纪念文章指出:

> 苏州邻近上海,交通便利,每逢全国有一种什么运动,苏州也往往响应得很早的⋯⋯五卅运动断非上海一隅的事,也不是去年"五卅"一时的事,是几十年来中国人民生活凋敝,精神痛苦,受足内压外侵后的一点挣扎的呼声,这意义是确定不移的。所以"五卅"事件虽发生于上海,而全国人民应当一致声援;"五卅"流血,虽已事过境迁,而我们当永远继续此种精神。[4]

受不断高涨的民族精神所激励,叶圣陶与王芝九等人于1926年初创办《苏州评论》,以期唤起普通民众,革新苏州社会,将全民族的精神转化成地方发展的动力。

第三节　大革命洪流席卷苏州

1924年1月在国民党第一次全国代表大会上,孙中山确定了联俄、联共、扶助农工的革命政策,重新解释了三民主义,改组国民党,实现了与中国共产党的合作。由此至1927年间,国共两党合作起来,轰轰烈烈地进行反对帝国主义和专制主义的大革命。

---

[1] 《苏州明报》1925年11月23日。
[2] 《苏州学生联合会为力争关税自主致北京段祺瑞执政府电》,苏州市地方志编纂委员会办公室、苏州市档案局:《苏州史志资料选辑》第1辑,1984年,第192页。
[3] 《苏州学生联合会为纪念五卅一周年的通电》,《苏州明报》1926年5月26日。
[4] 叶圣陶:《"五卅"纪念与苏州》,叶至善、叶至美、叶至诚:《叶圣陶集》第五卷,江苏教育出版社1988年,第224—225页。

  1926年7月,国民革命军兵分三路,誓师北伐。北伐军所向披靡,第三路军经闽浙入江苏,次年3月19日到达吴江,进逼苏州。驻苏州的一部分军阀是直系孙传芳所属上官云相部及直鲁联军程国瑞部,面对北伐军摧枯拉朽之势,他们困兽犹斗,调兵遣将,增援吴江守敌。双方在吴江、苏州间的龙王庙、瓜泾桥和尹山一带展开激战,孙军败绩,上官逃走。3月21日下午,苏州各界民众数千人在公共体育场召开欢迎北伐军莅苏大会,会后组织游行,队伍经过观前街、护龙街,一路高呼"打倒帝国主义""打倒军阀"的口号,分两路出盘门和胥门迎接北伐军。入夜,国民革命军第21师师长严重进入苏州,至26日,北伐军肃清苏州全境军阀残余。北洋军阀在苏州的统治就此终结,大街小巷到处唱着《国民革命歌》:"打倒列强,除军阀,国民革命成功,齐欢唱。"

  大革命时期苏州社会涌现出一批民主斗士,他们深入民间,为民众申言;觉悟了的普罗大众应和着时代节奏,汇聚成一股反对恶势力的革命洪流。

一、大革命思潮起伏

  经过五四运动的洗礼,工人阶级显示出强大力量,苏州一些先进知识青年意识到,要反对强大的帝国主义和专制主义势力,必须唤起工农群众的觉悟。因此,他们来到工农群众之中,宣传革命思想。

  五四运动之后,苏州一批进步青年结社团、办夜校、出刊物,传播先进思潮。省立第一师范学校学生华有文和省立第一中学教员张建初等人关心国家民族命运,经常聚谈时事政治,并组成反帝反专制的思想共同体"人社",还结识了陈独秀、邵力子等民主革命先锋。陈独秀力图给"人社"以正确的政治导向,热情地向"人社"提供《新青年》《劳动界》《劳动与妇女》《共产党宣言》等革命书刊,张建初等将这些书刊出售或租借给学生,以马克思主义的世界观和人生观影响具有革命理想的学生。1921年,东吴大学学生徐雉委托华有文等在潘儒小学开办工人夜校,徐雉经常到校对工人们进行马克思主义的启蒙教育。

  1919年下半年,江苏省立一师学生汪伯乐(1900—1926)出席江苏学联会议,接受"通俗演讲和开办平民学校"两项重要事业,会后约集刘铭九等数名同学在旧学前文山小学创办义务平民学校,"夜间授课的,他每夜尽心教授"[1],附近的店员和木机工人踊跃报名入学。次年报名人数骤增,他们又在城西和葑

---

[1] 叶圣陶:《汪伯乐烈士传略》,叶至善、叶至美、叶至诚:《叶圣陶集》第五卷,江苏教育出版社1988年,第285页。

葭巷设立了分校。平民学校既是革命青年向工人们宣传新思想、普及新文化的阵地,又给革命青年提供了难得的了解社会现实、接近工农大众的机会。

叶圣陶可以说是新文化运动的直接参与者。他对陈独秀1915年在沪上创办的《青年杂志》(《新青年》前身)极为关注:"每期必购,每篇必读"。1918年,叶圣陶加入北大学生组织的新文学团体"新潮社"。五四运动时期,叶圣陶积极参与了妇女问题的讨论。1919年2月,他提出,在所谓"节烈问题"和"贞操问题"之外,妇女的"人格问题"更重要。从当年5月发表的《吾人近今的觉悟》中能够明显看出他所受到的"俄国十月革命"的深刻影响:"我们恃自觉的奋斗精神,凡是和'庶民主义'、'社会主义'相背的,都要去反对他。"〔1〕1920年5月,叶圣陶在苏州编辑出版《妇女评论》,就妇女解放问题组织充分讨论。同时,自撰评论、诗文和小说,刊登正在苏联访问的瞿秋白的专稿,转载《新青年》论文,介绍苏联妇女、儿童的幸福生活,称颂"俄罗斯苏维埃共和国实开数百年无数社会主义者理想成功的创始人的第一个国"〔2〕。

1923年底,苏州城北小学教师顾容川、东吴大学学生费青和宗教界人士毛吟槎等在丝织工人聚居地濂溪坊创办"苏州第一工人俱乐部",从外地回到苏州的中共党员潘志春等人通过俱乐部向工人们传播革命思想。1924年初,俱乐部邀请共产党员恽代英等人前来演讲,培养了葛秉元、张春元、舒正基和陈长和等一批工人骨干。1925年4月4日,苏州各界3 000多人在公共体育场举行孙中山先生追悼会,恽代英发表演讲。当年聆听过恽代英演讲的老人回忆道:

> 他穿着那时还不多见的洋装,显得英姿勃勃。演讲时抑扬顿挫,很有鼓动力。我记得他说过这样的话,"失败是成功之母。我们一定要从中学到东西,完成中山先生未竟的事业。我们吃得苦中苦,而我们的后一代就可以享得福中福。为了我们最崇高的理想,我们是舍得付出代价的,甚至生命的代价。"当他讲到这里时,全场爆发出雷鸣般的掌声。〔3〕

这一年,地方绅士张一麐获得省里一笔兴办地方教育的经费,汪伯乐和顾容川出面争取,在宫巷天主教堂乐群社办起"大苏平民夜校",向工人、店员和失学

---

〔1〕 叶圣陶:《吾人近今的觉悟》,叶至善、叶至美、叶至诚:《叶圣陶集》第五卷,江苏教育出版社1988年,第11页。
〔2〕 转引自中共苏州市委党史工作办公室:《中共苏州地方史》(第一卷),中央党史出版社2001年,第14页。
〔3〕 转引自李纪福:《古城火种——文化沧浪的红色记忆》,上海文艺出版社2011年,第37—38页。

青年宣讲革命道理,培养积极分子。[1]

1923年,杭州之江大学学生许金元发起组织旨在倡导革命文学的"悟悟社"。1924年夏,许金元回到苏州后,便成立"悟悟社"国民党苏州支部,编辑出版《悟悟》杂志。1924年下半年,在中国共产主义青年团发动的非基督教运动中,许金元于《悟悟》上发表了一系列文章,宣传民族自主自尊,抨击反动教会势力,在群众中产生了很大影响。[2]

在吴县乡下小镇,五四运动前后出现了一些反帝反专制的政治刊物,如《木铎周刊》《横豁旬刊》《浒墅周刊》等。1919年7月13日《木铎周刊》创刊号开宗明义地写道:"堂堂中华,几沦夷域,唤醒国民,金口木舌,创办周刊,热血和笔,一时纸贵,舆论洋溢,提倡国货,惩办国贼。"[3]

在常熟,五四运动之后,陈惺轩等人组成了以教员为主要成分的"己未俭德社",成员有130余人,他们利用露天演讲和夜校,向商店伙友、失学工人和贫苦市民"介绍新思想",以"共纾国难"[4],表明了鲜明的政治倾向。

在吴江,当20世纪20年代到来的时候,新文化运动风起云涌。"五四"运动前后一两年间,正是南社内部纷争最烈的时候。柳亚子因忙于南社事务,应该说,对于正在掀起的新文化思潮是注意不够的,但在思想观念上,还是表现出与新文化精神大体上的一致性。1916年底,南社社员徐梦鸥嗾拥柳亚子在"国教请愿"中签名,遭到柳亚子的严词拒绝:"国教请愿事,弟绝对的反对,因弟主张倒孔之一人也。贱名万勿假借,否则当提起诉讼,至要至要。愿件璧还,并奉劝足下勿为此无益之举。《新青年》杂志中陈独秀君巨著,宜写万本读万遍也。"[5]对于新的革命思潮,柳亚子也经历了一个认识过程。其在1923年5月的《〈吴根越角集〉后序》云:"虽醉心于马克司(思)之学说,布尔萨维克之主义,而道听途说,终在若明若昧之间。研究尚不足,矧云鼓吹而实行之耶!"[6]但第一次国共合作期间,柳亚子与中共党员保持着密切的联系。据不完全统计,当时应邀前往吴江的中共著名革命活动家就有侯绍裘、恽代英、萧楚女、向警予、陈望道、杨之华、沈

---

[1] 中共苏州市委党史工作委员会等编:《苏州革命烈士传·汪伯乐》(选编),1991年,第4页。
[2] 中共苏州市委党史工作委员会等编:《苏州革命烈士传·许金元》(选编),1991年,第16—17页。
[3] 宗瑞元:《"五四"时期的吴县〈木铎周刊〉》,吴县政协文史资料委员会:《吴县文史资料》第10辑,1993年,第157—158页;按:木铎,即木渎;横豁,即横泾。
[4] 陈惺轩:《"己未俭德社"纪事》,常熟政协文史资料研究委员会:《文史资料辑存》第11辑,1984年,第96—97页。
[5] 柳亚子:《致徐梦鸥》,《书信辑录》,上海人民出版社1985年,第16页。
[6] 《新黎里》1923年5月1日。

雁冰、董亦汀、杨贤江和刘重民等。他们或者是前往调查研究,或者是联袂参加国民党吴江县代表大会,[1]或者巡行黎里、盛泽、同里、震泽、平望等市镇讲习革命思想。[2]"思想完全跟柳亚子走的"毛啸岑"一再宣传共产党,是非安份(分)之徒"[3]。而对于革命思潮,柳亚子于研究的同时就在鼓吹了。在1924年4月1日《新黎里》半月刊发刊词中,我们发现了一个新生的柳亚子:"从前种种,譬如昨日死。以后种种,譬如今日生。此日新又新之说也。潮流澎湃,一日千里,吞养吐炭,舍故取新,苟非力自振拔,猛勇精进,欲不为时代之落伍者,乌可得哉。"创刊伊始,《新黎里》气势凌厉,接连推出旅大问题、婚姻问题和劳动纪念问题等特刊。为反映农民的困苦生活,柳亚子把《蚬江声》上的《田主与佃户》转载于《新黎里》:"我国田主的专横暴厉,恐怕要比西洋的资本家胜过十倍,那么佃户所受的痛苦,自然也要比西洋的劳工甚十倍了。……这种情形,住在城市里高唱社会主义的先生们,恐怕见不到。"[4]

跟着柳亚子的另一位吴江革命家张应春也倾心推动国共合作。1925年春,国民党吴江党部在黎里镇集会追悼孙中山先生,时为国民党员的张应春积极向公众宣传国共合作的道理:"没有中国共产党员协力同心,国民革命就不可能成功","国民党抛弃三大政策,就意味着背叛了孙中山的三民主义。"[5]会后游行,张应春和另一个国民党女党员捧着孙中山遗像走在队伍的最前头。有些小孩看到齐耳短发的张应春就大声嚷嚷:"快来看盛泽尼姑呀!"剪了发的女人在当时的乡下被看作与尼姑庵的尼姑一般,是个异类。听到孩子们的叫嚷,看到众人的追看,张应春神色不变,泰然自若地向前走着。柳亚子称赞她"是一个思想健全的进步分子"[6]。柳亚子后来回忆说,张应春"登坛誓众,陈词慷慨,一座尽惊",令人"心服",能"以党事相属"。是年夏,国民党江苏省党部成立,在柳亚子的推毂下,张应春被举为执行委员兼妇女部长。张应春还抽出时间前往上海

---

[1] 中共苏州市委党史工作办公室:《中共苏州地方史》(第一卷),中央党史出版社2001年,第16页。

[2] 柳亚子:《汪大千传略》,柳亚子文集编辑委员会:《磨剑室文录》(下),上海人民出版社1993年,第1140页。

[3] 毛啸岑:《我在大革命中》,中共吴江县委党史办:《吴江革命史料选》(内部资料),1988年,第12页。

[4] 亚子:《劳工与劳农》,《新黎里》1923年5月1日。

[5] 姜长林:《深切悼念张应春烈士》,吴江县政协文史资料研究委员会:《吴江文史资料》第1辑,1983年,第53页。

[6] 胡耐秋:《女革命战士张应春》,《江苏文史资料选辑》第10辑,江苏人民出版社1982年,第37页。

大学"研治社会科学"[1],经常听瞿秋白、恽代英等的讲课,提高自己的理论水平,并很快加入了中国共产党。在此时期她主要关注妇女解放问题,1926年3月8日在"国际劳动妇女节"这一天创办了《吴江妇女》,旨在"唤醒一般的妇女,来打倒一切压迫和束缚我们者"[2]。

马克思主义的传播,"五四""五卅"的浪潮,推动了苏州中共党组织的产生。1923年7月,中共上海地委在讨论外埠组织工作时,即将苏州列入建党计划。之后,陆续派出党员到苏州进行活动;苏州乐益女子中学成为早期党组织活动的主要据点。乐益女中为开明人士张冀牖创办。张家原为合肥大族,受晚清洋务思潮的影响,有志于教育救国,于五四运动后离开合肥迁居苏州,创办乐益,以期伸张女权。张冀牖既是一位教育家,又是一位思想家,非常关心国内外政治和社会新闻。据张冀牖妹夫韦布回忆,他每天看的报纸有《申报》《新闻报》《时事新报》《时报》《苏州明报》《吴县日报》,以及《晶报》《金刚钻》等各种有名的小报,差不多有二三十种之多。张冀牖还是一位藏书家,不仅藏线装古书,"五四"以来的著名文艺作品,都是他最新鲜、最富营养的精神食粮。比如,鲁迅先生的新著,保证一本不漏;其余创造社、狂飙社等许多流派的新书名著,可能别人没有,唯独张冀牖是一定有的,而且,他绝非买来作装饰品摆样子,而是认真地整部整本地读了过来。总之,他是"站在时代前站的思想新人。他可以说完完全全从平等、博爱、民主主义思想而同情普罗文艺思想新境界的站在时代尖端的新人物"[3]。如此,我们便不难理解乐益对中国共产党人的特别"宽容"了。张冀牖的女儿张寰和回忆说,"那些党员教师在校外的活动,父亲也略略知道一点的,他只是睁一眼闭一眼罢了。乐益的自由空气是很浓的,学生们都能自由发表意见"[4]。

1924年7月,中共党员叶天底(1898—1928)至乐益女校任教,以国民党员的身份团结了一批追求进步的青年知识分子。在乐益女中、江苏省立第一师范和省立工专等学校,他先后发展了一批社会主义青年团员及国民党员加入中共。据当时乐益女中初三学生沈延平回忆,第一个中共苏州支部成立于1925年1月初,叶天底为支书,沈延平和同班同学王明是仅有的两位党员。[5]另据1925年

---

[1] 柳亚子:《秋石女士传》,柳亚子文集编辑委员会:《磨剑室文录》(下),上海人民出版社1993年,第1068页。
[2] 张应春:《国际妇女纪念日与吴江妇女》,《吴江妇女》创刊号,1926年3月8日。
[3] 韦布:《追忆张奇友》(上),《苏州杂志》1995年第2期。
[4] 李纪福:《古城火种——文化沧浪的红色记忆》,上海文艺出版社2011年,第17页。
[5] 吴趋:《姑苏野史》,江苏文艺出版社1990年,第470页。

上半年中共上海地委记载:"苏州支部,陆秋心为候补委员。"[1]由于中国共产党处于秘密状态,时在苏州的叶天底尚未与陆秋心取得联系,力量分散而薄弱,五卅运动中,苏州党员的力量还未充分发挥出来。五卅运动结束不久,中共上海区委决定派人至苏州重新建立中共党的组织。一时间,乐益女中成为先进知识分子的集聚地。应邀来到乐益任校务主任的侯绍裘是中共党员,上海区委决定由他负责组建苏州党组织。1925年8月底,通过侯绍裘的努力,被邀集至乐益的有中共党员张闻天,共青团员张世瑜、徐镜平、沈霭春和沈联春姐妹等。9月初,中共苏州独立支部成立,成为当时中共上海区委下属的外埠9个独立支部之一。叶天底任书记兼组织工作,张闻天负责宣传工作,事务繁忙的侯绍裘担任委员。此后不久,苏州党的地方组织也相继建立。1926年2月,中共常熟特别支部成立,周文在任支部书记;当年秋天,中共昆山独立支部成立,王芝九任支部书记。

中共苏州地方组织成立后,党员们继续积极向广大民众宣传马克思主义和民族民主革命的思想,培养他们自觉的革命意识。在乐益女校,有个叫王遗珠的学生在作文《冲破罗网之后》中诉说,她是个遗腹女,在专制大家庭中没有任何地位,母女两人备受欺凌和压迫。叶天底非常同情她的不幸遭遇,就和侯绍裘一起用这件事来教育大家,要反对"三从四德"的孔教,争取妇女的平等权利。侯绍裘还建议那个女生把名字改为王伊珠,把"遗腹"的阴影从心里抹去。[2]1925年春加入国民党的汪伯乐,革命热情洋溢,常常与志同道合的朋友就国民革命和群众运动等问题秉烛夜谈,"他口里滔滔不绝的,往往是党义党务等等,只要有人与他相对,他就能谈一个整夜。历次民众运动,当然无不参加,又热烈又详明地当众演讲的总是他。苏州地方各色人的脑子里,都深深留着他的印象"[3]。当时东吴大学学生中有一批国家主义派分子,汪伯乐经常在讲台上与他们辩论,他的发言义正辞利、淋漓痛快,往往把对方驳得张口结舌、狼狈不堪,给国家主义派以有力的打击。[4]共产党员张应春在其主编的《吴江妇女》杂志上旗帜鲜明地指出:列宁"告诉我们说:'全世界的人类有两个阶级——压迫和被压迫',……我们妇女,处于现在的社会,要不要奋力的和他们——压迫阶级开战呢?"回答斩

---

[1] 苏州市地方志编纂委员会:《苏州市志》第三册,江苏人民出版社1995年,第4页。
[2] 李纪福:《古城火种——文化沧浪的红色记忆》,上海文艺出版社2011年,第26页。
[3] 叶圣陶:《汪伯乐烈士传略》,叶至善、叶至美、叶至诚:《叶圣陶集》第五卷,江苏教育出版社1988年,第285页。
[4] 中共苏州市委党史工作委员会等:《苏州革命烈士传·汪伯乐》(选编),1991年,第4页。

钉截铁:"我们吴江的妇女……要为自己的自由,为自己的经济独立,为社会上、法律上、教育上求种种的平等。"[1]

国民党左派在革命思想的宣传中发挥了非常积极的作用。1925 年 10 月 11 日,吴江震泽在体育场召开庆祝"双十节"大会:

> 与会者高呼口号:"打倒帝国主义!打倒军阀!中国国民党万岁!中华民国万岁!"柳亚子作演讲,杨剑秋是这次庆祝会主席。……晚上各校提灯游行庆祝,国民党参加,手提"三民主义宪法"之红灯,绕市一周而返。另一部分在城隍庙开映幻灯,并露天讲演,仍由杨剑桥君介绍,国民党江苏省党部特派姜长林来演讲。[2]

综观这一时期起伏于苏州的大革命思潮,不难发现地方革命领袖们所具有的世界眼光与悯民情怀。以柳亚子为例,1925 年在上海成立新南社时他宣称:"新南社的精神,是鼓吹三民主义,提倡民众文学,而归结到社会主义的实行。"[3]马克思主义理论家陈望道马上提醒柳亚子:"现在所急需的是多数的清乡委员,去剿各地的拖辫子;只要不怕无知的乡民纠众械阻,努力下去,辫子总可以少了几根的。"[4]因此他希望柳亚子"成为清乡委员的领袖",以新的革命文化净化乡间世界。柳亚子觉得,作为"清乡委员的领袖"首当具备世界眼光:

> 生在 20 世纪上中华民国内的黎里,就应该有三重人格,一重是黎里的市民,一重是中华民国的国民,还有一重是世界的公民,有了这三重人格,方才不做时代的反叛者。不然,狭小的眼光,所见不出本乡本邑,不独人格欠缺,而且对于本乡本邑的事情,也一定不能办理妥当,因为现在已经不是闭关自守的时代,一举一动,都要有世界眼光的了。[5]

具备世界眼光的"清乡委员"必须接受时代的讯息,"无论讲社会科学也好,讲自然科学也好,讲政治也好,讲教育也好,讲文学也好,讲哲学也好,讲主义也好,讲问题也好","陈义不嫌其高深,立论不嫌其繁复",吴江社会出现的新字号系列报纸就"是给知识阶级看的",是"清乡委员"的阵地。然而,在革命洪流澎湃的时代,还要有一"定盘心":

---

[1] 张应春:《国际妇女纪念日与〈吴江妇女〉》,《吴江妇女》创刊号,1926 年 3 月 8 日,第 4—6 页。
[2] 《新黎里》1925 年 10 月 15 日。
[3] 柳亚子:《南社纪略》,上海人民出版社 1983 年,第 100 页。
[4] 《新黎里》1925 年 7 月 16 日。
[5] YT(柳亚子):《〈新黎里〉周年纪念宣言》,《新黎里》1924 年 4 月 1 日。

所谓新的知识,平民的知识;就是提倡三民主义,宣传新文化,反抗旧势力;也就是研究农人工人商店学徒们种种痛苦的原因,和解放他们的方法罢了。话虽对最少数的知识阶级讲的,而着眼处却在最大多数的农人工人商店学徒,不过借知识阶级做一种传导体,或是一种工具罢了。[1]

辗转于世界与地方之间,"清乡委员"宁愿"做一种传导体,或是一种工具",为的是减缓"农人工人商店学徒们种种痛苦"。

从地方小报《吴江妇女》的议论可以看出,共产党员张应春具备同样的世界眼光和悯民情愫。当时在苏州的乡区比如吴江,普遍存在着两种影响妇女解放的论调,一种是,区区一县,大多数的农妇女工在自由地工作,还谈什么国际不国际的纪念日呢?另一种论调是,妇女运动就是赤化宣传,谈什么国际妇女节的示威游行恐怕连头颅都保不住!针对这两种论调,张应春首先要人们认识国际形势:"现在我们的生活,不是单独的一乡一隅一国的生活,而是全世界的共同生活!……三八节是世界各国妇女表示反抗压迫阶级,团结起来作示威运动的纪念之日,也就是检查我们全世界妇女运动的力量,考验我们有组织有能力的妇女究竟有多少?"地方社会的行动由此获得了世界性意义:"吴江虽然地方小,但是全国的一部分,也是全世界的一处,也有它相当的地位呢!况现在的生活都是国际化了,为什么谈不到国际呢?"环顾世界,地方社会的黑暗面就暴露无遗了。一方面农妇女工们并不能"自由地工作":

农工妇女,我更其觉得心酸了,他们一天到晚的作工,还是吃不饱、穿不暖,还要抚育儿女,烹调缝缀,做种种琐碎的事情,还要勉强出来工作,否则就不能生活,而还要受她丈夫的无理责骂!姊妹们!试问可以算得平等么?唉!不要说梦话罢,大家醒!醒!醒!醒醒罢!

另一方面,所谓"赤化"就是离间:

社会上的一班人,要自己隐去自己的罪恶,而进行压迫的手段,就不得不创出许多口号来离间我们,来消灭我们,并且联络军阀,以武力来威胁我们,要我们不声不响的做他们的被剥削被压迫者。于是动不动就说什么赤化啊,过激啊,共产啊,种种压迫的口号,简直闹得天翻地覆。喂!我被压迫的姊妹们!我们难道受他们离间么?难道我们是固

---

[1] YT(柳亚子):《报纸是给什么人看的》,《新黎里》1924年8月16日。

定的被压迫者吗?[1]

可以说,在民主革命风起云涌的时代,在革命领袖活跃的地方社会,浑浑噩噩、蝇营狗苟的普罗大众逐渐苏醒,旧的统治秩序正在被打破。

二、工农觉悟起来

五四运动以后,随着马克思主义在中国的传播,苏州工人的革命热情不断高涨。1920年6月15日,苏州10 000余名丝织木机工人为抗议资方拒不增加工资而举行罢工,以王义丰缎庄老板为首的云锦公所勾结警方进行弹压,并在市乡公报上攻击工人罢工是"无理取闹"。18日,工人冲进市乡公报报馆,与前来镇压的警察发生冲突。19日,数千名工人到王义丰缎庄示威,20多名工人遭警察和驻军逮捕。20日,工人们烧毁王义丰缎庄木机百余张以及一批绸缎。苏州军阀当局害怕事态进一步扩大,遂出面调解。王义丰被迫给工人增加工资。[2]此次罢工固然是工人出于"养家活口"的本能,但从他们的罢工《宣言书》可见其对于劳资双方关系的新认识:"他们资本家是万恶的、强权的、野蛮的。我们劳动家是神圣的、公理的、文明的。到了后来,总是公理的得了胜利。我们结很坚固的团体,决计和那辈恶魔奋斗!决计情愿牺牲!"[3]

中国共产党人非常关注苏州工人的革命斗争。1924年8月21日,由苏经绸厂工人发起怠工,36家绸厂工人陆续罢工,要求增加工资。工人代表聚集在工人俱乐部,议决由铁机工人代表张春山等带领500余人到吴县警察厅请愿,要求资方按米价增加工资。警方逮捕7名工人代表,资方企图通过工头以每人两元生活费补助敷衍了事。此刻中共党组织从上海派遣党员顾顺章来到苏州,与在苏的中共党员潘志春、周学熙等组织全市丝绸工人总罢工。8月24日,工人包围警察厅,迫使警方释放工人代表,木机、铁机资方也相继同意给工人增加工资。[4]在这期间,受中国共产党影响的工人俱乐部成为工人斗争的关键组织力量。"反大尺"斗争就是在工人俱乐部的领导下进行的。1925年4月间,振亚、三一等厂资方暗地里用卑鄙手段,造了一种比原来的尺宽出八分到一寸的假尺。

---

[1] 张应春:《国际妇女纪念日与〈吴江妇女〉》,中共吴江县委党史办公室:《吴江革命史料选》(内部资料),1988年,第6页。
[2] 阎志华、董柏年:《苏州市工会志》,江苏古籍出版社1993年,第115页。
[3] 《机业霞章公所(工人)继续罢工宣言书》(1920年6月23日),曹喜琛、叶万忠主编:《苏州丝绸档案汇编》(下),江苏古籍出版社1995年,第1125页。
[4] 阎志华、董柏年主编:《苏州市工会志》,江苏古籍出版社1993年,第115页。

这样,在不增加工资的情况下,工人在每尺织物里要多织八分到一寸。工人们虽然发现了这一鬼把戏,但由于当时正投身于五卅反帝斗争,暂时没有理会这事,贪婪的资本家以为工人不知道,就在各厂大事推行这种尺。直到那年中秋节,五卅运动已过去,全市工人突然一起罢工了,这使各厂资本家大吃一惊。罢工坚持了一个星期,结果,资本家因为自己理亏,不得不把换尺以来多织部分的工资补给工人。[1]中共苏州独立支部成立后,加强了对工人运动的领导。各厂工人党员利用结社的形式,在丝织工人中建立了工人同乐社、研究会和进德会等团体,团结起一大批工人群众。通过串联,各厂工人在斗争中相互支持,在全市掀起了一个斗争高潮。1925年5月25日至1926年12月28日,苏州(城区)发生丝厂、纱厂、布厂、邮电等38个行业的工人罢工51次,水木作、新衣帮、茶业、邮务等工人罢工的时间都持续在10天以上,进而形成了"减尺加薪"工潮。1925年12月,天孙丝厂一工人打碎一只饭碗,账房即罚洋一元,工人不服,激成罢工。成立仅两月余的独立支部闻讯而至,把饭碗问题转变成8个丝厂联合展开的"减尺加薪"工潮。警厅逮捕支持工潮的乐益女校学生顾凤鸣和4名工人代表。12月14日,工人和学生手执小旗,上书要求的条件,向警厅示威,结果被捕者获释,由警厅应允条件之半。[2]

在领导工人进行斗争的过程中,苏州独立支部深切认识到工人组织的重要性。1926年下半年,中共党员潘志春和工运骨干舒正基开始筹组苏州总工会,12月在城区北显子巷秘密成立了吴县总工会。1926年7月9日,广东国民政府开始北伐。苏州工人热烈欢迎北伐军的到来。次年3月27日清晨,当苏州城里听到北伐的炮声时,工人们十分激动。振亚工人高小喜、郭宝生等连忙找了几根大竹竿,用绳子绑起来,作为旗杆竖在工厂的花园里,把一面事先准备好的"镰刀锤子"大红旗高高升上半空。[3]北伐军到达苏州,3月31日苏州总工会成立,选举舒正基和葛秉元为总工会正副委员长。4月2日,总工会和铁机会组织全城工人举行北伐胜利庆功大会,事先苏州独立支部发动工人将大批传单分发至城市各个角落。《反英讨奉告苏州民众书》敬告苏州民众:"目前国民革命有两件极要紧的必须立刻用全力去进行的事,便是反英和讨奉。"之所以要反英,是因为:

长江以南,现在统已归国民革命势力范围以内,英国帝国主义的大

---

[1] 邹西濠:《大革命时期苏州丝织工人的大罢工》,江苏人民出版社1958年,第7页。
[2] 叶天底:《苏州特[独]支报告——一般政治状况及群运情况》(1926年1月),吴县政协文史资料委员会:《吴县文史资料》第8辑,1991年,第17页。
[3] 邹西濠:《大革命时期苏州丝织工人的大罢工》,江苏人民出版社1958年,第8页。

本营破坏了,他们因为十分恐慌,所以一方面勾结奉、鲁军阀,以图操纵新工具,一方面更大施炮舰政策,以图维持旧势力。

在反英的同时还要反日:

日本帝国主义者不愿中国的国民革命运动向北进展;阻碍其殖民政策,所以一方面极力扶植其工具,资助奉系军阀。另一方面,因为看出奉系军阀的实力单薄,便唆使其走狗杨宇霆、赵耿伯等,提出与南方温和派妥协的口号,以图离间我们的革命势力。[1]

北伐的胜利推动了苏州工人的革命热情。紧接着在不到20天的时间内,在总工会的组织下,相继成立铁机、人力车、印刷等40多个单位和行业的职工会、工友会、协会等团体,总计会员达30 000多人。苏州铁机工会根据中共苏州独立支部的指示,向资本家提出包括取消入厂保证金和各种罚款、增加五成工资、不得无故开除工人、每日工作10小时等12项条件,并派陈长和、刘旺兴等代表与资方代表谈判,资方被迫签订以满足工人提出的12项要求为主要内容的《协定新章》11条。有些资本家对工人的要求置若罔闻,工会就领导工人进行斗争。苏州鸿生火柴厂和苏经等绸厂工人要求增加工资,全市人力车工人要求降低租价等,这些要求在工会的支持下得到实现。

表1-2 1919年至1927年苏州城区的工人斗争

年份	1919.5—12	1920	1921	1922	1923	1924	1925	1926	1927.1—7	合计
次数	8	8	4	22	2	9	15	29	68	165

资料来源:苏州市工会志编纂委员会:《苏州市工会志》,第118页。

北伐军进驻常熟后,成立"临时行政委员会",支持工农运动。布厂职工屈雨时、裘衣业职工徐衡伯和朱劫庵秘密加入中国共产党,成为常熟工人运动的骨干。在中共常熟党组织的领导下,1927年4月常熟县总工会成立。接着工会组织和发动18家布店职工开展了震动全县的"争权利"斗争,罢工持续10天,工人的要求基本得到满足。昆山人力车工人于1926年1月为抗议业主提高车租进行总罢工,1927年4月理发业工人为要求加薪未遂而罢工。两次斗争基本取得胜利。[2]

当时影响最大的工人斗争当数由罢工浪潮引发的收回日租界的运动。1926

---

[1] 邬西濠:《大革命时期苏州丝织工人的大罢工》,江苏人民出版社1958年,第10—11页。
[2] 阎志华、董柏年:《苏州市工会志》,江苏古籍出版社1993年,第118页。

年 10 月,日资瑞丰丝厂一童工不慎弄脏丝经,被代理厂长拆井和日人松泽殴至重伤,全厂工人愤而罢工一星期。1927 年 4 月初,因厂主拒付积欠工资,工人们赴日本领事馆请愿,遭到雇佣流氓的武力镇压,工人愤而包围了领事馆,将日本人缴械。当时正值全国收回租界热潮,苏州总工会乘此提出收回日租界的宣言:现在全国一致要求收回日本租界,查苏州盘门外青旸地日本租界,是甲午年日本帝国主义威胁中国而开辟的。它若存在,真是我们苏州民众极大之侮辱。现在又向我们民众进攻,我们应该怎样去答复他们呢? 民众们! 这是我们民众收回日租界的大好机会,望一致奋起。我们的主张是:立即收回租界。4 月 12 日,苏州总工会召集各业工人代表 200 人大会,讨论收回日租界问题。然而就在这天,上海发生了"四一二"事变,收回租界的斗争暂作罢议。[1]

在启发广大民众革命觉悟的过程中,农民问题引起了党组织的重视。江浙素号富庶,"大家感觉得农民运动无发展的希望……党部力量,方集中于职工运动,一时不及顾到"。事实上,"农民所受苦痛,并不减于别处,最近数年来,江浙叠次战争,农民苦于兵灾,更是非常厉害"[2],具有发动农民运动的条件。介于澄、锡、虞三县交界处的顾山镇"大地主很多,压迫佃农很利(厉)害"[3],1925 年,留日学生周水平回到顾山,与孙逊群等人发动农民组织"佃户合作自救社","阻止业主欺百姓"[4]。周水平往来各村,宣讲农民痛苦声泪俱下,"顾山农民从者极众"。11 月 7 日,周水平在远近闻名的顾山沈舍里庙会上发表演讲,散发传单,号召"自救会"佃户团结一致,抗拒地主的压迫。三县地主豪绅联名向五省联军总司令孙传芳控告周水平,孙解散"自救会",并于第二年年初秘密处决了周水平:

> 当周水平灵柩回到顾山安置在他家里时,农民们每日成群到他灵前磕头,他们说:"周先生是为我们死的,我们要给他报仇!"今年大旱,稻收不好,农民又想起来要求减租。可见他们并不怕死,他们知道只有团结奋斗,以减少贪暴地主的剥削,才是他们的出路。[5]

---

[1] 徐云:《收回日租界的斗争》,《苏州杂志》1998 年第 4 期。
[2] 《江浙区农民运动委员会第一次会议决议案》(1926 年 12 月 1 日),江苏省档案馆:《江苏农民运动档案史料选编》,档案出版社 1983 年,第 9 页。
[3] 润之:《江浙农民的痛苦及其反抗运动》(1926 年 10 月),江苏省档案馆:《江苏农民运动档案史料选编》,档案出版社 1983 年,第 2 页。
[4] 孙逊群:《十哭周水平》,徐泉法:《金港镇发现"十哭"唱本及史料价值》,中共江苏省委党史办:《党史资料与研究》2013 年第 2 辑。
[5] 润之:《江浙农民的痛苦及其反抗运动》(1926 年 10 月),江苏省档案馆:《江苏农民运动档案史料选编》,档案出版社 1983 年,第 2 页。

周水平牺牲后,孙逊群写成五更调《十哭周水平》在当地传唱,表达了百姓的心声:

一哭周水平,大学学问好人品,生就一副慈善肠,又忧国家又忧民,又忧国家又忧民。

二哭周水平,江阴大地文曲星,计劝民众抗租粮,做了百姓的伸冤人,做了百姓的伸冤人。

…………

九哭周水平,澄锡虞三地落将星,市桥西塊明心志,无奈苍天难保命,苍天老爷不公平。[1]

1926年中共上海区委选派孙逊群等10名青年党员赴广州参加农民运动讲习所学习。在那里,孙逊群不仅聆听了毛泽东、彭湃、周恩来、萧楚女等革命家的讲课,而且跟随毛泽东到全国农民运动的先行地区韶关、海丰等地实习,还接受了严格的军事训练。同年9月,回到上海的孙逊群被任命为国民党江苏省党部农民运动特派员。他以毛泽东的革命实践为榜样,举办农民讲习所,培训农民骨干,深入农村调查,组建乡级农民协会,同土豪劣绅斗争。[2]1926年10月25日,中共中央机关报《向导》发表毛泽东的《江浙农民的痛苦及其反抗运动》,该文在介绍周水平为农民运动献身的事迹后写道:"江阴东乡有一名叫沙洲的地方,亦有农民反对地主的事。此地主苛例为交上期租,江苏人民所谓寅交卯种,是一件于农民经济上很痛苦的事。现在农民要求种出还租,正在那里奋斗。"[3]据史志工作者研究,毛泽东在广州农讲所向江浙一带学员做过详细的书面问卷调查,尤其是听取了孙逊群关于沙洲农村的情况汇报,留下深刻印象,于是写下了以上文字。[4]

与周水平同乡的共产党员谢恺继续着周的未竟事业,到处宣传孙中山的三大政策,团结农民,组织"农民协会"。1927年3月,北伐军到达澄锡虞地区,常熟城乡遍贴"打倒土豪劣绅""为周水平烈士报仇"的标语,谢恺则带了传单在顾山、王庄、大义召开的群众集会上进行鼓动,号召"打倒收租米的

---

[1] 孙逊群:《十哭周水平》,徐泉法:《金港镇发现"十哭"唱本及史料价值》,中共江苏省委党史办:《党史资料与研究》2013年第2辑。
[2] 徐社白:《毛泽东和沙洲农民运动》,《江苏政协》2000年第3期。
[3] 润之:《江浙农民的痛苦及其反抗运动》(1926年10月),江苏省档案馆:《江苏农民运动档案史料选编》,档案出版社1983年,第2—3页。
[4] 徐社白:《毛泽东和沙洲农民运动》,《江苏政协》2000年第3期。

人"。很快,附近的农民协会相继建立,控诉地主罪行,烧毁地契和租簿,土豪劣绅一时万状惊恐。[1]吴县各地的农民协会也纷纷建立。1927年初,张家港杨舍农民火烧"阎王殿"则是"由中国共产党直接领导发动的"。此前,杨舍镇革命青年郭电帮留学美国后返回家乡,与其就读于之江大学的弟、妹深入群众,号召革土豪劣绅之命。当时,杨舍镇有名的劣绅郭粹修曾在民国初向江阴县知事廉价买下杨舍城堡,拆毁城墙,建造豪宅,愤怒的百姓称其庄园为"阎王殿"。1927年农历二月初六,经过组织的四乡农民集会游行,将"阎王殿"付诸一炬。有意思的是,一部分参加暴动的群众把"打倒土豪劣绅"误传为"打倒土行里向",于是,同样为百姓所痛恨的西街"何信隆烟土行"等不法商人的商行一道被烧掉。[2]

  轰轰烈烈的大革命浪潮动摇了军阀统治的基础,引起他们的极大恐慌。1926年12月11日,军警督查处发现苏州中华体育专门学校唐觉民(系国民党员)"有信件涉及党事",立即将其拘捕;体专校长柳伯英"因疾痛首于当世之军阀",随后被捕。此即所谓"柳唐案";汪伯乐亦被牵连。14日晚,3人被解江宁;16日清晨,3人没有经过审判程序便被秘密杀害了。汪伯乐平时曾说过:能如刘华、周水平等为民众而死,就死得其所![3]

  大革命同时触犯了以蒋介石为代表的国民党右派的根本利益,他们开始密谋针对中国共产党及工农大众的反革命行动。1927年4月初,北伐军独立十旅旅长张镇被委任为苏州警备司令,声言对"反动分子"要"严加惩处",接着诬称瑞丰丝厂"反动分子煽动工潮,聚众闹事",为镇压革命制造舆论。4月10日,中共南京地委召开紧急会议,研究在白色恐怖形势下的应变措施。当晚,会场被国民党侦缉队包围,包括苏州革命志士侯绍裘、许金元、张应春、刘重民等在内的与会者10多人被捕,数天后被残忍杀害。叶圣陶著文回忆侯绍裘说,他"对于敌人可绝不宽容。有时为了维护革命立场,宁肯与人割断友情,不愿稍稍退让。……大概就因为他对于敌人绝不宽容,反动派恨透了他,非把他杀了不可。在他们反叛革命的前夕,罪恶的阴谋布置就绪的时候,他就在南

---

[1] 江苏省江阴市地方志编纂委员会:《江阴市志》,江苏人民出版社1992年,第1240页;中共苏州市委党史工作委员会等:《苏州革命烈士传·谢恺》(选编),1991年,第24页。
[2] 刘保洞:《火烧"阎王殿"》,张家港市政协文史资料研究委员会:《张家港文史资料选辑》第8辑,1989年,第18—19页。
[3] 叶圣陶:《汪伯乐烈士传略》,叶至善、叶至美、叶至诚:《叶圣陶集》第五卷,江苏教育出版社1988年,第286页。

京失踪,牺牲了"[1]。

4月12日,蒋介石在全国范围内疯狂屠杀中国共产党人及工农群众。次日,在苏州,张镇查封了总工会,命令通缉舒正基等工会负责人。由于苏州的共产党人对国民党右派的反革命阴谋有所防备,事变发生后应变及时,所以党团组织基本未遭破坏。

为进一步剪除异己,国民党右派迅速进行"肃清跨党分子及投机分子"的清党活动。一部分没有暴露身份的中共党员打入国民党内部,[2]一部分中共党员暂时撤离苏州。6月下旬,常熟著名农民运动领袖谢恺准备撤往武汉,临行前一天,被国民党右派分子王北山和宗锦痒等人诱骗杀害。[3]

吴江是国民党左派比较集中和活跃的地方,成为清党的重点。著名国民党左派柳亚子首当其冲。身历其境的柳无非(柳亚子之子)60年后回忆当时的情景时犹历历如同昨日:

> 5月8日夜半,我们一家人都已熟睡,忽然申姑母(适凌氏)手持烛台,走来告知父、母亲,外面有不寻常的叩门声。母亲思路灵敏,立刻意识到定是有人来抓父亲。她机智镇静,让父亲起床穿衣,藏身复壁。[4]

次日凌晨,柳亚子悄悄离开黎里。"四一二"政变发生前夕,侯绍裘和毛啸岑正在南京,面对暴行,他们并没有足够的思想准备,想召集群众大会,要求惩办凶手,索回被抓同志。10日上午会议即将召开时侯绍裘得到暴徒要暗杀他的报告,迅速越墙而去。临走时他郑重关照毛啸岑:如斗争失败,必须转回家乡,保存力量。侯遇害后,毛啸岑回到吴江。5月9日,正在吴江城隍庙召开反英讨奉群众大会时,反动政府派张镇来抓毛啸岑,他得到掩护,匿居盛泽妻家。两个月后风声稍平,毛啸岑潜赴上海,寻求组织关系未果,只好又回到盛泽妻家,后至吴江乡村师范当教员,参加江苏省革命行动委员会(农工民主党前身),在谭平山、邓

---

[1] 叶圣陶:《纪念侯绍裘先生》,《解放日报》1950年4月9日。
[2] 据马毓泉等《迟来的纪念》:1927年"四一二"事件后,顾容川因未暴露共产党员身份,仍进入"清党委员会"为主席团成员,他与打入"清党委员会"的另外两个共产党员——沈炳魁、郑醒夫利用这一身份了解敌情,掩护同志,进行秘密斗争;《中共苏州地方史》(第一卷)亦载:在"清党委员会"11名成员中,没有暴露身份的中共党员顾容川、沈炳魁、郑醒夫分别以国民党市党部党务委员及教育协会、商民协会负责人身份,被视为"忠实同志"而名列其中。两文分别见《苏州史志资料选辑》2000年刊第67页和《中共苏州地方史》(第一卷)第48页。
[3] 中共苏州市委党史工作委员会等:《苏州革命烈士传·谢恺》(选编),1991年,第25页。
[4] 柳无忌、柳无非、柳无垢:《我们的父亲柳亚子》,中国友谊出版公司1989年,第54页。

演达的领导下,号召反蒋。[1]以工农群众为主体的民族民主革命暂时处于低潮。

第四节　地域经济的艰难转型

19世纪末20世纪初,苏州随着通商口岸的开放,民族工业产生的历史条件日渐成熟。一些传统手工行业特别是织物业,发展为工场手工业,其中一部分采用机器生产和电气动力,向机器工业过渡。较著名者,在棉纺织业如苏城的苏纶纱厂、太仓沙溪镇的利泰纺织厂、常熟支塘镇的纺织公司等,在丝织业如苏州振亚织物公司、吴江盛泽镇的经成丝织有限公司等。这是与传统手工业不同的近代经济成分,表明了苏州地域经济的近代转型。

近代工业首要的也是最本质的特征是机器和非生物动力在生产中的运用。这场生产技术的革命与雇佣劳动关系相对应,构成近代生产关系,即资本主义生产。近代生产的典型形式是机器制造业,而工场手工业在生产关系上属于资本主义性质,是近代工业的初级形态。作为新质的经济要素,苏州城乡近代企业的出现改变了传统经济结构的面貌,沿袭数千年以小农经营为基础的单一的地域经济,自清末开始发生了根本变化,形成了多元经济格局,在民国新的时代条件下进行着艰难的近代转型。

一、多元经济结构的形成

放眼近代江南的都市,有论者发现,不同都市的地域经济基础存在很大的差异:上海的"经济制度建立于资本主义的",而"多数的苏州人家,经济制度建立于祖产"[2],所谓"祖产"主要指的是田产。苏州土地最得太湖之利,"雨多时靠它涵蓄,雨少时靠它灌溉,不愁水灾不愁旱灾,农业遂有所赖,稻麦蚕桑,即提供了美食锦衣;而水泽宜于养鸭,湖中饶有鱼虾,也正是肴馔的资源所在,再加沿湖河道复杂,舟楫往还无阻,产物的交换自更便利";处于这种生态环境中的苏州,农业特别发达,直到民国时代依然如此,近代苏州便以浓郁的乡土气息区别于长江三角洲的其他城市:上海的繁荣,依仗工商业;杭州的繁荣依仗游客;苏州的繁荣,却是依仗农业。[3]

---

[1]　毛啸岑:《我在大革命中》,中共吴江县委党史办:《吴江革命史料选》(内部资料),1988年,第16页。
[2]　留华:《苏州女儿》,《新女性》1944年创刊号。
[3]　陈醉云:《姑苏散曲》,《东方杂志》1933年第30卷第8号。

然而,19世纪中叶以来势头强劲的欧风美雨逐渐侵蚀着传统的苏州小农经济基础,自清末开始,一批地主和绅商将部分原本可以投入土地的资本转向近代企业,一部分传统手工作坊主为了应对竞争日益激烈的市场环境,尝试引进近代经营方式。这样,在苏州地域经济中出现了新质的经济成分。

新质经济成分最先出现在棉纺织业。1897年开工的苏纶纱厂直到1927年的30年间,曾先后五次易手,发展极不顺利。初起官办,1903年春由商人费承荫承租,经营颇有起色。1908年由老股东收回自营,苏纶成为完全商办性质的企业。辛亥革命前后,时局多变,市场疲软,至1909年底苏纶亏蚀累累。停工一年零七个月后,老股东们再次同意招商租办。1912年源记公司许松春租办,共四年零四个月,仍无起色。规模最大的苏州棉纺织企业的发展虽在徘徊中,但1913年,苏州益亚布厂经理何亚农首次仿造出日本脚踏铁木机,以脚踏飞轮为动力传动齿轮、杠杆,将开口、投梭等五大运动相互连锁,形成一体,效率比手拉梭织机增加两倍,日产布27至36米。旋即动力铁木辊和全铁机尾随而至,织布工艺始起质的变化。[1]

民初的苏纶纱厂屡经转手,直至1925年上海资本家严裕棠等数人组织洽记公司,以"苏纶洽记纱厂"之名承租经营。严裕棠自任总经理,稍后由长子严庆祥任经理,苏纶厂起死回生。租下苏纶厂不久,严裕棠向老股东提出停产修理厂房,费用由出租者负责,停产期间不付租金。老股东群起反对,指为违约之举,可老股东之一的张一鹏不这么认为:"老股东中确多巨富,拥资超严氏者不乏其人,惜苏人无意于投资工业,且无管理近代工业之才。如老股东收回自营,此富于历史之苏纶厂则彻底湮没必矣。不如由严氏取去,则尚有发展之望,可为苏州留下一脉工业。"当双方入讼法庭时,张一鹏作为辩护律师,不但未予充分陈述理由,反而劝说大股东:"我等既无营纱厂之想,而常受苏纶事务之累。不如出盘了事,倒是痛快了结之举。"[2]股东们这才将苏纶和苏经两厂以白银25.05万两卖给严氏(李仲斌占10%股份),严裕棠将厂名改为"光裕营业公司苏纶纺织厂"。[3]自此,苏纶纱厂进入稳定发展的时期。

常熟是苏州棉织业的中心,在第一次世界大战期间,常熟的一批棉织工场纷

---

[1] 卜鉴民主编:《拂去岁月的封尘:苏州市区民族工商业旧迹(上)》,文汇出版社2013年,第45页。
[2] 朱宏涌:《严裕棠先生事略》,苏州市政协文史资料委员会等:《吴中情思》(《苏州文史资料选辑》总第17辑),1987年,第32页。
[3] 徐仁官:《南国之花 誉满全球——记苏纶纺织厂的历史进程》,中国人民政治协商会议江苏省委员会文史资料委员会:《江苏文史资料》第31辑,1989年,第92页。一说严裕棠购买苏纶纺织厂的费用为银30万两。

纷添置新式织机。据不完全统计,1914年至1917年间,常熟各乡镇先后兴办了锦华、竞美、厚生、元通、华利、业勤、竞丰、永利、沪昌、善昌、永华、施华等40多家布厂,拥有铁织机、提花机、平布机约3 000台。其中以商人陈勤斋所办勤德织布厂资力最为雄厚,置有织机300余部,工场发展为4个,另外还置办了染整的各色机器,该厂染整的布匹质地匀洁,光泽鲜艳,在苏州地区颇负盛名。在棉纺织业历来发达的太仓,据1919年资料,直塘的新太织布厂雇佣女工100多人,置木织机80部,铁制独脚织机20部,全年产布约9 000匹,行销苏、沪各地。[1]

火柴业是苏州近代企业的又一典型。与棉纺织业相比,火柴业的外向移植性更为明显。也就是说,火柴业并非地域传统产业,而是来自对相对成熟的西方产业的模仿和引进,其近代化与传统经济的内部变化关系不大。1920年代创业于苏州的鸿生火柴厂便是这样。说到鸿生火柴厂,坊间常常津津乐道其戏剧性的创办过程:刘鸿生与当时上海燮昌火柴厂老板叶世恭之女叶素贞私议成婚,遭到叶世恭反对,他认为,刘鸿生只是一个买办,职业不稳定,不同意这门亲事,但叶素贞跟定了刘鸿生。年轻气盛的刘鸿生在新婚之夜发誓:将来一定要开一家火柴厂挤垮燮昌!刘鸿生研究专家张圻福和韦恒指出,刘鸿生创办火柴厂确有挤垮燮昌的想法,但这只是一个"触媒剂"罢了,其中更重要的原因是,1920年代以后,全国各阶层人民激于爱国义愤,纷起提倡国货,在此爱国热情的鼓舞下,刘鸿生仔细研究了投资火柴工业的形势,觉得创办火柴工业大有可为,但一开始刘鸿生有意避开燮昌等实力强的上海火柴厂的锋芒,将自己的厂开到了苏州。[2]苏州离上海很近,信息灵通,1920年前没有一家火柴厂,以此为基点,便于企业的扩展。1920年元旦,刘鸿生出资9万元,与其他6人合资12万元,正式成立华商鸿生火柴无限公司,当年10月1日正式生产。

从这一传奇般的创办过程就可看出,鸿生厂特别富有竞争意识。事实上这也是后来鸿生厂成功的关键所在。叶世恭听说刘鸿生的苏州火柴厂要与燮昌分庭抗礼,还在鸿生厂的筹建阶段,便于苏州胥门小日晖桥畔设立分厂,与之展开了竞争。当鸿生火柴厂将生产出的第一批火柴投放市场时,燮昌采取降价竞销的手段,企图将其扼杀在摇篮之中。刘鸿生苦苦支撑了3年多,至1924年燮昌厂便"因营业欠佳,资金短缺,无法维持"了。作为燮昌厂的股东之一,刘鸿生主张燮昌厂应行清理,遂与周仰山合伙购买了燮昌的上海、苏州两厂,燮昌厂的机

---

[1] 段本洛、张圻福:《苏州手工业史》,江苏古籍出版社1986年,第259—260页。
[2] 张圻福、韦恒:《火柴大王刘鸿生》,河南人民出版社1990年,第25—27页。

器、原料、商标悉数由鸿生火柴厂接收。据称,刘鸿生在伙买燮昌厂过程中还赚了20多万两银子。[1]其实,当时的刘鸿生并不把燮昌视作主要的对手。后来他回忆:鸿生火柴厂开办之时,市面上风行"凤凰牌"的瑞典火柴和"猴牌"的日本火柴。为了要和外国火柴竞争市场,他用高价请了化学工程师来改进技术,提高质量。[2]1924年以后,中国火柴市场上充斥着的是瑞典火柴。瑞典火柴大多采用机器制造,为了独霸中国市场,跌价倾销,对中国的民族火柴业构成了极大威胁。事实上,鸿生的"宝塔"火柴在质量上也存在明显不足:一是火柴头经不起潮湿空气的影响,容易自行脱落;二是磷面粗糙,容易闭火,阊门一带的马车工人甚至将宝塔火柴戏称为"烂糊火柴"。刘鸿生高价聘请技师林天骥悉心研究,6个月后,鸿生厂经理致函刘鸿生道:"美国晒胶,于夏历五月初旬装到苏州,时值霉令,还潮甚烈,而林君制造之火柴并不还潮,药头亦极坚固,与未用该胶之出品比较,优劣顿判。……目下磷边亦颇细腻,不如前之粗糙矣。"[3]至1929年,"宝塔"完全改变了自身形象,以名牌货享誉于消费者之间。刘鸿生将火柴厂维持到国民党统治在大陆的终结。

苏州丝织业以其特殊的技艺在晚清仍然维持着传统的经营方式,但在西方资本主义经济的不断渗透下,无法一直独善其身下去,终于在民国建立之初开始了近代变革。民国建立前后,西方资本主义国家人造丝与蚕丝交织产品减产,对华输入日减,中国的民族丝织业获得了难得的发展机会。苏州丝织业向以散放丝经的纱缎庄(俗称"账房")经营为主,在此形势下,1912年纱缎同业公推永兴泰文记纱缎庄经理谢瑞山引进新式机器。当年,谢瑞山向上海日商小林洋行购到武田式手拉铁机2台,附带200针提花机龙头,随即派专人去上海学习铁机制织技术。次年将铁机运回苏州,按式仿制铁件,正式安装使用。[4]苏州丝织业由此开启了机器生产的新阶段。1915年谢瑞山联合王介安、杭柏华等多家纱缎庄庄主,在齐门路大街置办铁机,共同创设苏经纺织绸缎厂。该厂在创办时已拥有手拉提花机100台,此后不断增加,1919年达160台,至1922年增至300台。[5]

---

[1] 浦鉴初:《鸿生火柴厂简史》,苏州市地方志编纂委员会办公室、苏州市档案局:《苏州史志资料选辑》第6辑,1986年,第39页。

[2] 刘鸿生:《我为什么拥护共产党》,《新闻日报》1956年10月4日。

[3] 浦鉴初:《鸿生火柴厂简史》,苏州市地方志编纂委员会办公室、苏州市档案局:《苏州史志资料选辑》第6辑,1986年,第54页。

[4]《苏州市丝绸工业志》(稿本),转引自王翔:《中国传统丝织业走向近代化的历史过程》,《中国经济史研究》1989年第3期。

[5] 卜鉴民:《拂去岁月的封尘:苏州市区民族工商业旧迹(上)》,文汇出版社2013年,第45页。

苏经厂改变了纱缎庄的商业资本经营方式,成为苏州最早的集中生产的资本主义丝织工场。据1927年统计,从民元开始,苏州纱缎业先后设立铁机厂"招工织造"、专织"改良纱缎"的计有苏经、振亚、天孙、三星、延龄、东吴、天一德成、大陆、三吴、天成、瑞兴泰、大同、坎陆、三一福、三鼎、武林、裕成及其他零星小厂,共50余家。[1]

继苏经厂而起的近代丝织工场是开设于1916年的振亚织物公司。振亚前身是华纶福纱缎庄,在苏经厂的示范下,娄凤韶、陆季皋等合伙人决定扩大股本,采取工厂形式生产,厂址设于仓街通济桥南堍。厂主以"振兴东亚实业,发挥中华国光"为宗旨,故所取厂名含"振亚"二字。初办时仅手拉机20台,1923年增至180台。[2]1918年延龄纱缎庄购置织机,建"延龄冠记绸厂",置手拉机40台,另设染色工场1处,1920年再添工场1所。随后,东吴厂、天孙厂、经成厂、耀华厂、程裕源、大陆厂相继开设。1921年苏经厂购入日制电力铁木丝织机,尝试以柴油机发电为动力,以引擎传动,将铁木手拉机改为电力机,未能成功。1926年,振亚绸厂使用电力织绸获得成功,成为苏州真正意义上的近代工厂。[3]据1926年统计,苏州新型的丝织企业"营业兴盛,工厂林立",城厢内外"数近百家"[4]。

吴江盛泽夙为产绸之区,其出产之绸大都沿袭旧法。1916年2月间始经袁仲瑞、沈鹏、张文蔚等集资创立"经成丝织有限公司"。该公司设厂于华阳街,开业时置日本提花手拉机24台,雇佣男女工130多名,改以新法织造。所出产品如华丝葛、香云纱、横罗、直罗、生丝熟纤纱,均极花样翻新,光彩夺目。按照农商部"发明或改良各种便利实用之工艺品者视其种类有一、二特色以上得(者),给予奖章"的规定,经成丝织厂因发明新式丝绸四五种,曾得到农商部的奖励。[5]1917年,织机增至24台,1924年后一度增机至53台,分设3个工场,1928年停闭。除经成丝织厂外,盛泽的丝织工场还有4个。[6]

以纱缎庄为主体,传统苏州丝织业在民初激烈的市场竞争中开始了向近代

---

[1]《苏州铁机丝织业资方告各界书》(1927年10月13日),曹喜琛、叶万忠:《苏州丝绸档案汇编》(下),江苏古籍出版社1995年,第1151页。
[2] 徐新吾:《近代江南丝织业工业史》,上海人民出版社1991年,第130页。
[3] 卜鉴民:《拂去岁月的封尘:苏州市区民族工商业旧迹(上)》,文汇出版社2013年,第52、55页。
[4] 段本洛:《中国资本主义的产生和早期资产阶级》,苏州大学出版社1996年,第284页。
[5]《江苏省实业视察报告书》,吴江县,1919年;转引自吴根荣、徐友春:《吴江蚕丝业档案资料汇编》,河海大学出版社1989年,第33页。
[6] 小田:《江南乡镇社会的近代转型》,中国商业出版社1997年,第56页。

转型的艰难历程。以东吴丝织厂为例,其前身"上久坎"纱缎庄经营有年,民初因产品不合时尚,为时人所不取,在国际市场上受"排挤日甚,而渐入困境",只能另辟蹊径。当时苏经厂创制于前,振亚厂建立于后,将纱缎庄改为丝织厂成为趋势,"上久坎"庄主陶耕荪就与相知有素的管受之合资4万元,于1920年创办东吴丝织厂,翌年3月正式开业,陆续开动铁木手拉机20台,出品铁机纱、铁机缎、花累线、纯经缎等,远销广东、西藏、北京和上海等地。[1]

苏州近代造纸业在民初的成长非常值得一提。1917年,曾从事土特产品海运贸易的旅日华侨蔡际云(号仲麟)和葛士尊、沈少庭等5人设立"华盛纸版厂股份有限公司"进行招股,共筹集资金30万银圆。位于枫桥凤凰桥塽的华盛造纸厂经两年施工,于1919年3月开工投产,注册"凤凰"牌商标。在1920年至1923年间,产品畅销印度、印尼及我国香港等13个国家和地区,始创苏州近代造纸业。由无锡商人祝兰芳于1920年创办的"华章造纸股份有限公司",厂址设于浒墅关镇,所有设备均为从德国Wabner厂购得,开苏州机器造纸先河。[2]

从上述近代企业的成长历程不难看出,民初丝织业的变革在苏州近代企业的转型中最具代表性。首先,民初丝织业的近代转型是对晚清丝织业的继续革命。众所周知,苏州纱缎庄的商业资本从流通领域进入生产领域,通过包买产品的方式控制了丝织品生产的主要环节,"商人直接支配生产"[3],出现了资本主义家庭劳动。也就是说,纱缎庄经营从生产关系上是资本主义的,而在劳动形式上仍然呈现为分散的家庭劳作,而与传统小农家庭手工业和小作坊经营极其相似。时至民初,近代生产工具的引用迅速促成了丝织业的变革。最初是手拉机[4]的引用。中国丝织业最早采用手拉机的企业是1912年开办的杭州纬成丝绸公司,是年,该厂从日本引进法国式手拉机10台。手拉机大大减轻了操作者的劳动强度,提高了生产效率。据称,它比旧式木机的抛梭效率高出1倍。旧式木机的素织物织造每分钟可织40梭左右,花织物仅25梭左右,而手拉机可织达

---

[1] 陶景瑷:《记东吴丝织厂》,中国人民政治协商会议江苏省委员会文史资料委员会:《江苏工商经济史料》(《江苏文史资料》第31辑),江苏文史资料编辑部,1989年,第101页。
[2] 卜鉴民:《拂去岁月的封尘:苏州市区民族工商业旧迹(上)》,文汇出版社2013年,第47、50页。
[3] 马克思:《资本论》第三卷,人民出版社1975年,第373页。
[4] 手拉机在各种史料中使用名称繁多,每易混淆。手拉机的主要特征是从"手抛梭"改变为"手拉打梭",所以江南丝织业通称为"手拉机",或简称"拉机";因从国外引进,又称"洋机",亦有称为"提花织机"者;又以其有铁制零件,称为"铁机"或"铁木机";这种织机国外称为"Hand Loom"(手织机),故中国也有译作"手织机"的。为区别于中国古老的手抛梭织机,专家认为,以使用"手拉机"为合适。见徐新吾:《近代江南丝织业工业史》,上海人民出版社1991年,第117—118页。

60梭左右。[1]最重要的是,手拉机的使用改变了机户分散经营的形式,变家庭劳作为工场集体操作,因此,民初出现的新式丝织企业大都是资本主义性质的手工工场。由于手拉机仍然以手工操作为主,新设的丝织工场虽说已经跃迁为近代工业,但处于近代工业的较低层级。

真正意义上的近代丝织业紧随其后。1915年,上海肇新绸厂引进德国产电力织机9台,是为中国首家使用动力织机的丝织厂。电力机[2]与手拉机具有本质的不同。电力机属于工具机,不过,"现在它们已经不是人的工具,而是一个机构的工具或机械工具了"[3]。电力机摆脱了手工工具所受到的人体器官的限制,使劳动生产率得到进一步的提升,对苏州丝织工场主形成了更大的吸引力。1921年苏经绸厂首先开始试装"电力机",1926年振兴绸厂正式使用电动力。1929年苏州共有丝织电力机800台。[4]毫无疑问,已经采用电力织机的丝织业成为名副其实的近代机器工业。

其次,民初丝织业的近代转型拓展了丝织业持续发展的空间。这主要表现在丝织生产原料的改变上。据王翔的归纳,民初苏州丝织生产原料发生了两次重要的新陈代谢。起先是厂丝的采用。过去,中国丝织业的原料完全是蚕区农民手工缫制的土丝,而土丝"条份不匀,或粗或细;线支多病,质脆易断;丝身不净,常杂乱头;扎缚不合,丝纹错乱",在韧力、条分、色泽等方面均不如机器缫制的厂丝。新式织机的推广应用对丝织原料提出了新的要求,促使中国丝织业开始抛弃沿用了数千年的土丝,寻找新的适用原料,首先选择和接受了厂丝。1913年后,江浙各地绸厂陆续采用厂丝作为原料,到1920年代初,厂丝用量逐渐增加为丝织业原料的多数。这可以说是中国丝织业生产原料的第一次新陈代谢。[5]接着是人造丝的使用。过去丝织业长期使用的唯一原料是天然蚕丝,但在20世纪之交,国外一种新型的丝织原料——人造丝开始输入中国。人造丝之特长有二,曰色泽光亮,曰连续不断,一丝到底。市场畅销人造丝,而蚕丝反退处于附属

---

[1] 徐新吾:《近代江南丝织业工业史》,上海人民出版社1991年,第118页。
[2] 电力机由于它一般使用电动机驱动而得名,但其亦可用蒸汽机或柴油机等来驱动,故比较正确的名称应为力织机,或动力织机(Power Loom)。一般通称的电力机都是指自动织机以前的力织机。见徐新吾主编:《近代江南丝织业工业史》,上海人民出版社1991年,第119页。
[3] 马克思:《资本论》第一卷,人民出版社1975年,第410页。
[4] 朱宏涌:《近代苏州丝绸生产的沿革与发展兴衰》,苏州市政协文史资料研究委员会:《苏州文史资料选辑》第18辑,1988年,第26—30页。
[5] 王翔:《中国传统丝织业走向近代化的历史过程》,《中国经济史研究》1989年第3期。

地位。[1]出于降低成本、提高质量、与外货展开竞争的需要,苏州于1913年开始试用人造丝,但尚"用途细微,年仅数百磅而已"。嗣后逐年增加,到20年代初,"推行于梭织、针织、编织、刺绣各业,其消费之量已达数万磅,进步之速,出于意表"。将动物性的蚕丝与植物性的人造丝糅为一体,质既柔韧,色亦鲜艳,而且降低了生产成本,收到了物美价廉之效。这可以说是民国初年丝织原料的第二次新陈代谢,它引起了中国丝织原料结构的根本性变化,改变了中国丝绸织造的落后工艺,成为苏州传统丝织业改造更新的一个重要方面。[2]

需要特别指出的是,在苏州,大机器工业的诞生并不意味着低层次生产方式的消亡。从棉纺织业看,一方面有苏州苏纶纱厂、常熟勤德布厂、太仓济泰纱厂和新太布厂这样的大中型近代工业,另一方面则工场手工业星罗棋布于苏州城乡。仅1911年和1912年的两年里,常熟就新建了华利、善昌、维新、华昌、振新、丰裕、永兴等7家企业,昆山新建了华纶布厂。这些布厂仍然使用铁木织机,手工织造。[3]民初近代工场大多采用资本主义家庭劳动的经营形式,将众多的小农家庭手工业组合成加工定货的场外部分,虽说在生产关系上属于资本主义性质,但在形式上仍然停滞在个体家庭手工业阶段。常熟"放机布"的生产突出反映了资本主义性质的集中棉纺工场与分散的家庭土布织造之间互相依存的关系;依靠这样的关系,作为资本主义家庭劳动的土布业在近代中国市场中获得了一席之地。即使与近代企业没有隶属关系的家庭棉纺织手工业也仍然有很大的存在空间。以输入外洋棉纱布最多而又是中国棉纺织厂最大集中地的上海来说,据1928年对沪郊农村的一份调查资料可知,棉纺织业还是各区普遍的农家副业,其中,东郊的真茹、蒲松两区年产值且在10万元以上。[4]上海东郊如此,与之相连的苏州昆山、太仓、常熟等棉区的家庭棉纺织业不会小于这一规模。丝织业的情况也大体如此。电力机已经在一些丝厂使用,但并不能完全排挤木机。

---

[1] 汪存志:《葵盦年谱》,苏州市地方志编纂委员会办公室、苏州市档案局:《苏州史志资料选辑》第2辑,1984年,第83页。

[2] 王翔:《中国传统丝织业走向近代化的历史过程》,《中国经济史研究》1989年第3期。

[3] 段本洛:《历史上苏南多层次的工业结构》,《历史研究》1988年第5期。在动力织机不能完全排挤手工织机的原因中,不能忽略当时基础设施薄弱的因素,如电力供应问题。在苏州,1921年起绸厂开始试用电力机,但苏州电厂并不供应日电,能源不能配套,绸厂只能自己设法解决。苏经厂自置的引擎发电不匀,产品质量受到影响,且电力成本亦高。1926年振亚织物厂要求苏州电厂供应工业用电。电厂初仅答允夜间供电,经再三洽商,始在电费每度增加1分、朔望(农历初一、十五)停电的条件下正式日夜供应。这已落后于上海11年之久了。参见朱宏涌:《近代苏州丝绸生产的沿革与发展兴衰》,《苏州文史资料选辑》第18辑,1988年,第26页;徐新吾:《近代江南丝织业工业史》,上海人民出版社1991年,第133页。

[4] 严中平:《中国棉纺织史稿》,商务印书馆2011年,第320页。

作为一种古老的丝织生产工具,木机有其特点和长处,特别是它尤其适合于小资本生产者。即使在绸厂林立、电力机广泛使用的情况下,木机依然存在。[1]从生产关系看,1920年代中期之后,苏州丝织手工业的一部分向机器工业过渡,但是丝织业的绝大部分仍然停滞于手工操作阶段;而且,丝织手工业中的大部分又控制在"经造纱缎账房"手中,纳入资本主义的家庭劳动。自购丝经自织的现卖机户日渐减少,大都"兼织各缎庄定货",实际上通过"定货"受到"账房"的控制。[2]具体情况可见下表:

表1-3　1919年苏州纱缎庄与绸厂数量

	绸　厂	纱　缎　庄
户数	10户	80余户
机台	手拉机800台	木机3 600台(料机)
年台产量	30匹	20匹
总年产量	24 000匹	72 000匹
每匹平均价	36元	30元
年总产值	864 000元	2 160 000元

资料来源:徐新吾主编:《近代江南丝织业工业史》,上海人民出版社1991年,第131页。

表中,10户绸厂是:苏经、振亚、延龄、耀华、陇华、宏富、经成、程裕源、大源、鸿兴。当时平均每户只有手拉机80台;账房80余户,平均每家放机40余台。[3]

至此,近代苏州多层次的工业结构在民初基本形成。段本洛指出:"在半殖民地半封建社会的历史条件下,发展不充分的城市大型民族工业,不可能充分发挥机器工业摧毁手工业的历史作用,全部剥夺工场手工业和个体手工业的市场;相反,不仅需要中小民族工业、工场手工业以及个体手工业作为补充,而且还要以其作为生存和发展的条件,由此形成一个多层次的工业结构。"[4]这种多层次的工业结构与更加广泛的家庭农场经营等其他经济成分一道,构成了多元的地域经济结构。

---

[1] 朱宏涌:《近代苏州丝绸生产的沿革与发展兴衰》,苏州市政协文史资料研究委员会:《苏州文史资料选辑》第18辑,1988年,第23页。
[2] 段本洛、张圻福:《苏州手工业史》,江苏古籍出版社1986年,第234页。
[3] 徐新吾:《近代江南丝织业工业史》,上海人民出版社1991年,第130页。
[4] 段本洛:《历史上苏南多层次的工业结构》,《历史研究》1988年第5期。

二、民初时势与经济转型

这里的时势包括世界和国内两个方面。从世界时势看,这一时期对苏州企业的近代转型影响最明显的因素莫过于第一次世界大战。第一次世界大战常常被称为民族资本主义发展的黄金时代。欧战爆发后,西方列强无力向中国大量倾销棉纺织制品,进口洋纱迅速跌落,纱、布市价突飞猛涨。依16支纱成本看,1914年每生产1包尚能盈利14两,1915年亏折3.13两,1916年情形转佳,盈利5.45两,1917年起纱价飞速提高,至1921年下半年的4年间,每生产16支纱1包,最少可获利15.33两,最多高达50.55两,"这可算是中国自有纱厂以来绝未曾有的厚利"[1]。优厚的利润刺激着民族资本的发展。原有的纱厂纷纷增资扩建,新建纱厂亦时有所闻。一直不景气的苏纶纱厂当时正由宝通公司刘伯森租办,5年租期中获得大利。租约期满,雄心勃勃的刘伯森离苏赴沪开办宝成纱厂。民族资本纺纱厂的建立和发展进一步摧毁了手纺业,为棉织手工业的发展扫除了障碍,不仅使棉织工场手工业获得充足的原料,而且供应高支棉纱,棉织工场手工业因此而有了向机器工业过渡的可能。所以欧战期间,民族资本主义纱厂的进一步发展,是苏州棉织工场手工业发展的重要因素。[2]

一次大战对近代民族资本企业的有利影响主要是通过市场价格的变化起作用的。中国国内市场价格一向受国际市场的影响。大战爆发后发生金贵钱贱的现象,造成白银购买力大幅下降,也就是中国货币对外汇价贬值。加上战时海运运费骤增,使得进口货在中国市场上的价格十分高昂,从而带动国内工业品价格上涨,对企业十分有利。1915年以后,英、美、日等国物价都猛涨,超过金银比价的变动幅度,中国市场上进口货价格仍持续高昂,继续维持着对中国工业的利好形势。不过这样的有利形势只是针对民族资本而言的,普通的工农大众并没有因此而受惠。有论者指出,一次大战期间,国内物价变动受进出口价格剪刀差的影响,工业品价格的上升幅度远大于农产品价格。由于工业原料主要是农产品,这就使制造成本相对降低,十分有利于工业的发展。近代纺织工业等因此而盈利累累,其中很大部分是由于原料相对便宜,换言之,这是以牺牲农民利益为代价的。同时,工人也没有从中分享到利益。物价上升的时候,工资水平总是落后于物价,尤其落后于工业品价格,可以说,一次大战时期民族资本的高额利润实

---

[1] 严中平:《中国棉纺织史稿》,商务印书馆2011年,第231页。
[2] 段本洛、张圻福:《苏州手工业史》,江苏古籍出版社1986年,第260—261页。

际上是靠牺牲工人的利益赚取的。从一次大战影响民族资本主义的作用机制不难看出,在半殖民地半地主制的历史条件下,中国市场特别容易受到国际时势的影响,也就是说,"它是一种临时起作用的因素";一旦战事过去,国际市场恢复正常,其刺激作用也就随之消失。[1]

与"临时性因素"相比,影响苏州企业近代转型的常态国际因素,是晚清以来不断丧失的海关主权及其经济控制力。当时的中国生丝以洋商为最大主顾,外国洋行居间于中外交易。设于上海口岸的外国洋行对于生丝出口"任意操纵,气焰万丈",民族资本丝织业既不能依质定价,更难以预测世界蚕丝业的走势,苏州丝厂的命运只能随着世界蚕丝市场的颠簸而起起伏伏。如1923年丝价涨至每担一千五六百两,而鲜茧价则随涨至每担百元,厂商判断此种高价极不正常,纷纷抛出远期。及至冬间,丝价果然下降,各洋行即多方挑剔,拒不收货。迨至1924年春,丝价狂跌至每担800两,且无市面,丝厂无不大受打击。[2]

作为临时起作用的因素,一次大战对近代民族资本的影响还表现在战争结束后外国列强对华进行的报复性经济侵入。战后帝国主义挟持种种特权,逐年增加对中国的人造丝织品输入数量。1919年输入人造丝制品值银183 400余两,至1924年激增至一百五六十万两。[3]在人造丝织物以及蚕丝与人造丝电力交织品的挤压下,苏州丝织品的出口和国内市场不断缩小,一些丝织手工工场不得不进行生产设备的改革,进行抗争。至1926年,苏州丝织工场中普通使用了铁木织机,个别工场还使用了电力织机,这表明了资本主义工场手工业向机器工业的过渡。

从国内时势看,这一时期对苏州企业近代转型影响明显的因素约为如下数端:

首先是民族革命运动的作用。辛亥革命推翻了君主专制统治,但民初政权便落入北洋军阀之手,帝国主义势力仍然严重束缚着民族资本主义的力量。总体说来,民族资本企业的发展自1911年起便处于低潮,直到第一次世界大战爆发之后情况才有所改观。但我们在说明此一时期影响民族资本企业发展的因素时,也不能低估辛亥革命的历史作用。它所唤起的爱国热情和点燃的民主思想火花,给中国社会带来了深远的社会影响,是使中国步入近代化的"潜在力量",

---

[1] 许涤新、吴承明:《中国资本主义发展史》第二卷,人民出版社2003年,第866—870页。
[2] 汪存志:《蓉鑫年谱》,见苏州市地方志编纂委员会办公室、苏州市档案局:《苏州史志资料选辑》第2辑,1984年,第82页。
[3] 《浙省桑蚕茧丝绸状况调查录》,《中外经济周刊》1926年第185期。

只是在世界大战爆发之后,民族资本所处的时代环境改变了,"这种力量才在经济上发挥出来"[1]。事实上,民国建立之后民族革命思潮并未稍息,特别是由一次大战引发的"五四"及其后的"五卅"爱国运动等,一直影响着民族资本主义的发展进程。在这些民族革命运动中发出的"提倡国货"和"抵制外货"诉求,蔚然而成为一种社会环境,影响着苏州近代企业的转型。

民国建立伊始的提倡国货跟当时的服制改易直接相关。变易服饰是南京临时政府蠲除旧俗的一项重要举措。昔日御用服饰被弃若敝屣,王公大臣的官衣命服、翎领朝珠,被尽行废止。同时民间服装亦大事改革,西式服装畅销一时,新进人士"趋改洋服洋帽,其为数不知凡几"[2]。这一服制变易风潮对传统丝织业构成了不小的冲击。在苏州,"纱缎市销锐减,纱类缎类问津乏人。市价惨跌,仅值原价之三分之一",经此风浪,李宏兴祥记纱缎庄亏蚀银将近15万;"同业关歇者,亦不在少数",当时纱缎行业中具有规模者不及30家,而先后宣告停业者有11家。[3]面对此一严峻形势,苏州丝织业起而自救。他们集会结社,以团体的力量向政府施加压力。1912年初在上海组织中华国货维持会,半年后苏州云锦公所建立中华国货维持会苏州支部。云锦公所在上维持会的"丝织业意见书"中建议:中华民国建立后,请于规定服式时宣布,一律服用本国各项丝织原料,以重国粹;政府成立后,呈请总统及政府首领、各省都督,均以各项丝织原料制用常服、礼服,为齐民之倡。国货维持会依言禀报沪军都督、苏浙都督和临时大总统:"一俟临时政府成立,即行提议服式。其礼服及外交、军警界各装,无论如何改易,均求早颁定式,统以国货制成。"6月底,苏州丝织业致电工商部称:"制服需用原料,关系工商民命,颁布时恳求大总统、国务院、参议员,注意国货绸缎。务乞主持,以定人心。"经过多方努力,署理工商总长王正廷终于在七月二日批复称:"服制现经国务院议定,仍以维持本国绸业为宗旨。俟参议院议决后,即可颁布。"这一番努力在10月份参议院颁布的《服制案》中得到了结果:服制明确规定各种大礼服、常礼服、大礼帽、常礼帽等"料用本国丝织品"。看得出来,此一服制之订,"本提倡国货之旨,寓救济实业之心"。苏州丝织业重视舆论导向,他们四出宣传,"使人人皆以国货为心,不以爱学时髦为念",还到处散发劝用国货传单,"以期挽回人心,维持国货"。另有人建议,以苏州丝织品"仿制四季衣

---

[1] 许涤新、吴承明:《中国资本主义发展史》第二卷,人民出版社2003年,第865页。
[2] 《潘月樵请用国货》,《申报》1912年3月4日。
[3] 陶景瑗:《记东吴丝织厂》,中国人民政治协商会议江苏省委员会文史资料委员会:《江苏工商经济史料》(《江苏文史资料》第31辑),江苏文史资料编辑部,1989年,第100页。

服,于相当处所陈列观瞻,并平价出售,以为爱用国货之倡……陈列所除于申地先行设立外,其省内各埠,一律仿照办理"[1]。

"提倡国货"与"抵制外货"是一个问题的两面,而"抵制外货"的吁求更明显地体现了民族革命的思潮。抵制日资振兴电业、成立苏州电厂是民初苏州抵制洋货运动中的显著成果。

振兴电业最早是从1906年底上海怡和洋行买办蒉敏伯开办的"生生电灯公司"开始的,这是苏州第一家经营电业的企业。次年无锡富商祝大椿入股生生,不久将其改名为"苏州振兴电灯公司"。1918年祝大椿资金遇到困难,暗中与公益公司签订了一个转让合同,以公司总额75万元作为标的,用逐年交付的方式转让股权,但表面上依然以振兴电灯公司经营。据了解内情的公司经理蒉敏伯透露,公益公司的真正后台是日商大仓洋行和兴业会社。蒉敏伯反对无果,愤而辞职,并公开了祝大椿的出卖行为。[2]一时间苏州群情鼎沸,将振兴公司的行为视同卖国。

到五四运动爆发,在抵制日货的浪潮中,振兴再次被置于舆论的风口浪尖。苏州总商会认为,"果欲抵制日货,当自电灯始",振兴公司"电灯亦属日货之一种,应劝各界停燃,为不用日货之创始"[3]。居民和商家群起响应,纷纷剪去振兴灯线,学生食堂亦均将电线自行割断。二女师师生自备小马达发电,解决校内用电问题。学生们在大礼堂暗淡的蜡烛光下撰写请愿血书,反对教育厅提前放假的诡计。[4]当然也不免有"不知羞耻,甘为凉血动物,仍旧点燃者",对此,有署名"触目惊心人"者致函苏州总商会指出,"在点燃者之心理,不过因贪图便宜,总[纵]然受人唾骂,奈彼面皮之厚,无可如何",因此,商会应该担起责任,寻求一"彻底根本的办法"。[5]实际上,与电灯相比,"燃点油灯或煤气灯,颇形不便",于是,苏州市民公社社长宋友裴等8人发起组织自办电灯公司。[6]商会遂拟招股集资30万元,由地方政府拨租胥门外枣市桥桥堍建设厂房。圣约翰大学驻苏学生会为创办苏州电灯公司到处发放募股传单,把认股与爱国联系起来:

---

[1] 以上关于苏州丝织业在服饰变易压力下组织自救活动的内容以及相关的未注档案资料,均见王翔《民初"服制改革"对苏州丝织业的影响》,《历史研究》1986年第4期;特此说明。
[2] 谭金土:《觅渡青旸》,苏州大学出版社2009年,第92页。
[3] 《地方通信·总商会之特别会议》,《申报》1919年5月17日。
[4] 《冯达关于省立苏州中学学生参加五四运动的回忆》(1960年3月25日),苏州市地方志编纂委员会办公室、苏州市档案局:《苏州史志资料选辑》第1辑,1984年,第27页。
[5] 苏州市地方志编纂委员会办公室、苏州市档案局:《苏州史志资料选辑》第1辑,1984年,第63页。
[6] 《中外纪闻:苏州新建电灯厂》,《电气》1920年第27期。

"爱国有积极的与消极的二种,剪断电线,不点振兴电灯,乃消极的爱国;自己创办电灯公司,乃积极的爱国。积极的爱国尤为爱国,且只剪电线,购备小机,不自创办巨大公司以济社会之用,外人将笑吾无能者。常(长)此以往,终难久持,一旦抵制失败实不亦可耻哉!所以奉劝同胞快买股子,为我苏人争气也。"[1]数月内,市民认股甚为踊跃,11月已近足额,1920年5月27日"苏州电气股份有限公司"召开成立大会,1921年2月正式供电营业,开始了与振兴电灯公司的营业竞争。

由于缺乏管理经验和相互间的沟通协调,两家电灯公司用电事故频发,纠纷不断。苏州商会态度明显偏袒苏州电气厂,建议民国政府交通部吊销振兴电灯公司的营业许可。经过一段时间的调查,1922年8月交通部宣告"真相已毕尽",提出处理意见:"祝大椿在江皖两省所办实业甚多,究系江苏绅士,若过伤其体面,恐影响其他营业,转非官厅保护实业,息事宁人之意。部批可只言交由苏州电气厂收买,不言撤销其营业,也即所以顾全祝绅之体面。若遽行撤销其营业,则振兴公司一切物产变卖甚艰,损失甚巨。虽曰羼有日股,然其中又何尝无中国人之资本。官厅保护人民,似不宜出此卤莽命令。"言下之意是让苏州电气厂收购振兴电灯公司。为劝说祝大椿接受让苏州电气公司收购的建议,1923年3月14日民国交通部致电振兴公司:"该公司抵售外商一事,经本部查明属实,又因该公司与苏州地方感情既恶,且苏州市公所已证实声明,拟到期收回该公司在苏州立杆之权,此后已难继续营业,本部为体恤商艰起见,兹令该公司将一切必要产业,如房屋、地亩、机器、料件、用具等,交由苏州电气厂公平估价收买。……收买事务,由批令之日起,限二个月内一律清结,倘有延抗情形,定即撤销其营业。"[2]部电中所谓"与苏州地方感情既恶",明显包含着对振兴公司转股日本人的不满,这是抵制日货运动中政府的基本态度。1924年2月19日,振兴电灯公司最终以80万元价格归入苏州电气公司。苏州绅商借助民族革命取得了电业自办权,可以看作近代民族工商业采取的一种有效生存策略。

五四运动和五卅运动期间,"抵制外货"之声更为高涨。五卅惨案发生以后,汉口、广州惨事继起,全国人民一方面力主严肃交涉,借此要求取消不平等条约,一方面力主提倡国货,拒绝外货,以减轻经济压迫。1925年,多年来不断易手、经营不善的苏纶厂转归严裕棠承租。其时虽受企业人事纠纷的困扰,但在国内

---

[1]《圣约翰大学驻苏学生会为创办苏州电灯公司募股的传单》,苏州市地方志编纂委员会办公室、苏州市档案局:《苏州史志资料选辑》第1辑,1984年,第94—95页。
[2] 谭金土:《觅渡青旸》,苏州大学出版社2009年,第94页。

抵制洋货运动的刺激下,严氏初租时期的苏纶纱厂经营颇为看好。[1]在丝绸产区的盛泽,人们认为这是发展丝织业的"一个绝好的生机"。时人在地方报刊《新盛泽》发文指出,"近年来外货的充斥,日日吸收人民的脂膏,言之可怕。我中国的人日常所用的,十有八九是洋货。……外国人经济侵略,不但是升堂入室,简直是与君共居。将来再要反客为主,人民的生机在那(哪,作者注)里!"在他们看来,"外货畅销,便是国货受制,渐归消灭",因此抵制外货实际上是"代国货抵制的挡箭牌"。要"保护盛泽人的新生机",必须"严密调查洋货的来源,实行制止起来",希望各界爱国爱乡之人,共同联合成一团体,"永久劝人拒用洋货,并要劝醒做洋货生意的人",不要助纣为虐,转而从事国货生意。此番抵制外货运动在盛泽取得了明显实效,竟使当地丝织品"供不应求",稍具清醒头脑者,"没有一个不以穿外国货为耻辱,穿国货为有人格的人,所以丝织品,价格日增"[2]。

中国的民族革命运动"对于宣传国货、振兴人心、发展实业,自有重要作用",可以看作"支持民族资本发展的长期性因素",但论者认为,"对抵货之实效,不能估计过高"[3]。以苏州土布的生产为例,在五四运动时期抵制外货口号的鼓舞下,一些织布工场将土布打上"爱国布"的旗号,扩大生产,积极推销。但青年学生所抵制的外货也包括洋纱,这使得以洋纱为原料的改良布生产进退两难。苏州布业公会于1919年6月7日发布的一份通函透露了当时一些织布工场的为难之处。震丰、公民、兴业、一新、慎昌、兄弟等6家工场主函称:

> 抵制日货经学界提倡以来,渐及各界,已有一致之现象。所最困难者,莫如我布厂所及之经线。查此项双股线,本国出品只有四家,日夜赶做,不及二十包之数,而各厂所用未及十分之一,已势不能全用国货。然爱国之心,人人皆有,自然先尽国货,实在不敷,而又迫于忍辱含垢,补用东货。然则制造纱线厂家,亦宜体此艰难竭力推广出数,以救时局。此两利之道也。即各纱线号、各纱线贩户掮客,苟有天良,亦当共体此心,集合团力,坚持平价,断不可使国货之价高出东货之上,隐为东人解围。乃今日接到上海纱线报告,蓝鱼、双鹿向为东货之好牌子,市价叁百念两,双喜、文明为国货牌子,向来价格在鱼鹿二牌之下约四五两左右,今竟售至叁百念捌两,高出东货至八两之多。试思布厂家有此

---

[1] 徐仁官:《南国之花 誉满全球——记苏纶纺织厂的历史进程》,中国人民政治协商会议江苏省委员会文史资料委员会:《江苏工商经济史料》(《江苏文史资料》第31辑),1989年,第92页。
[2] 蓬轩:《盛泽人今后的新生机》,《新盛泽》1925年7月11日。
[3] 许涤新、吴承明:《中国资本主义发展史》第二卷,人民出版社2003年,第871—872页。

便宜,谁复肯牺牲成本,坚持到底,抵制之初心,是为渊驱鱼,为丛驱爵,仍在吾中国同胞也。[1]

由通函看出,苏州震丰布厂等为了提高市场竞争力,向来以日货中的蓝鱼、双鹿等"好牌子"纱线作原料,但日货被查禁,只能转用质量较次之双喜、文明等牌国货纱线,因为供不应求,这些质次的国货售价却高出了质优的日货,结果布厂的生产成本增加,产品质量却下降了。于是布厂对于抵制外货能否"坚持到底"提出了怀疑。由此表明,简单抵制外货不是发展民族工业的根本办法,从企业的角度计,唯有生产设备的改进和技术水平的提高才能增强企业的市场竞争力。盛泽丝绸业逐渐意识到企业的出路所在。本来,盛泽丝绸是纯粹自然蚕丝出品,自从洋货畅销,这种丝织品便受到了影响,1920年代盛泽出现了以"半丝出品"来抵制洋货的做法。《新盛泽》对此颇为欣赏:"推广国货,我盛泽人工商业,宣传出去,不能不令人认为满意,而加以赞美。假使各省各地的人,能够处处像盛泽工商业一般,那外货便可不如此充斥了。"[2]数年后更有建议,设一工商研究所,"将申地之光怪陆离舶来品以及全国所出之各种绸缎,由绸商搜罗,分别陈列所中,然后聚绸商、机户于一室,时常研究,将来必可驾舶来品而上"[3]。所谓"舶来品",即人造丝与蚕丝电力交织物。面对人造丝的源源输入,盛泽丝绸不是抱怨,不是抵制,而是从容面对,模仿学习,所以"苏省之盛泽镇各机织家搀用(人造丝)尤多"。[4]

其次是军阀战争的破坏。民国建立不久便开始了北洋军阀的统治,军阀割据及其战争成为民族企业发展的严重阻碍。亲历过苏经丝厂兴亡(1896—1928)全过程的汪存志感慨道:"吾国丝业,每遇战争一次,即受打击一次",即就民元以来,"欧洲战争以至江浙战争、北伐之役,战祸频仍,不得休息"[5]。其中,对于这一时期的苏州企业而言,影响最大的是齐卢江浙战争。1925年汪存志在《日记》中记道:"江浙战事未了,丝业受亏。"寥寥数句,隐藏着他对军阀战争的无奈:

> 时会转移,事变靡常,自国内外战祸迭起,不景气状况弥漫于全世界,而丝业首当其冲。余虽坚(艰)苦奋斗,屡踬屡兴,然以人力之微,不足以抗激流之汹涌。至是,而余所营之事业,终于金戈铁马声中从而摧

---

[1] 谭金土:《觅渡青旸》,苏州大学出版社2009年,第160页。
[2] 蘧轩:《盛泽人今后的新生机》,《新盛泽》1925年7月11日。
[3]《盛泽丝绸亟宜改良之管见》,《新盛泽》1925年8月1日。
[4] 段本洛、张圻福:《苏州手工业史》,江苏古籍出版社1986年,第356页。
[5] 苏州市地方志编纂委员会办公室、苏州市档案局:《苏州史志资料选辑》第2辑,1984年,第83页。

折殆尽,求欲再图恢复,以伸吾志者不可得矣。[1]

实际上除了发生在苏州地域的军阀战争,在其他地方发生的军阀战争也会间接地影响苏州经济。比如1923年前后在北方发生的直奉战争、在西南川粤发生的战争,便对盛泽丝绸的销售市场造成了影响:

> 盛泽以出绸著,曩昔之时,四方商贾之辇金至至者,无虚日。近闻每年绸市统计,销售各地,约七八百万元,内以广东为尤伙。近来国中战云迷漫,兵燹频仍,生涯乃大减色。故绸业中人,一闻奉直川粤等处战争发生,无不颦眉蹙额,忧形于色。其望南北和议盖实较普通人民为甚。[2]

1926年湘鄂战争发生,盛泽绸市深受影响,"畅销长沙等处之华丝布、毛葛等,竟无交易,价亦渐跌。丝织品滞销已久"[3]。总之,在1928年底蒋介石政府完成形式上的统一之前,近代企业就在这样的乱世环境中艰难发展着。

---

[1] 苏州市地方志编纂委员会办公室、苏州市档案局:《苏州史志资料选辑》第2辑,1984年,第70页。
[2] 徐因时:《各区通讯》,《新黎里》1923年6月1日。
[3] 《盛泽区要闻》,《新盛泽》1926年9月21日。

◎ 第二章 革命洗礼（1927—1937）◎

第二章　革命洗礼(1927—1937)

1927年4月18日蒋介石在南京建立国民政府,12月底东北张学良通电宣布"服从国民政府,改旗易帜",南京国民政府在形式上获得全国统一。由此直至1937年7月抗日战争全面爆发,10年里蒋介石政府的政治中轴基本上围绕着"安内"与"攘外"在旋转。"安内"早在1927年四一二"清党"行动之后就开始了,国共两党曾经合作开展的国民革命就此失败。有论者注意到,"北伐的胜利实赖革命的武力与民众运动的结合。武力握于国民党之手,民众运动大都由中共领导"[1]。大革命失败后,共产党人不忘初心,在革命根据地继续开展打土豪、分田地,废除专制剥削的斗争,是为土地革命,即工农民主革命。而占据统治地位的国民党政权则以剿灭中共和粉平工农为内政工作之中心。1931年"九一八"事变后,面对日益深重的民族危机,蒋介石于1933年明确提出以"攘外必先安内"作为国民政府的基本国策,此举遭到全国人民的反对,也迫使共产党人积极从事反蒋抗日、争取民族自由的革命斗争。因此,国共十年对峙实际上反映了近代中国民族民主革命的阶段性主题。仅仅从空间格局上看,无论是工农革命还是民族解放,苏州并不处于革命斗争的最前沿,却自觉投身于时代洪流之中,为自身的生存和自由,以显明的地方性留下了异彩炫目的篇章。

第一节　工农革命风潮

1927年4月至1937年7月间,构成国民党政权统治基础的城市资产阶级和乡村豪绅阶级对"工农阶级的经济的剥削和政治压迫比以前更加厉害"[2],劳资之间、业佃之间的矛盾依然存在,时常激化。经过国民革命的洗礼,生活于社

---

[1] 郭廷以:《近代中国史纲》,格致出版社、上海人民出版社2009年,第387页。
[2] 毛泽东:《中国的红色政权为什么能够存在?》(1928年10月),《毛泽东选集》(一卷本),人民出版社1964年,第47页。

会底层的苏州工农大众,从各种途径感受着来自近代世界的民主气息,逐渐萌生了改变自身命运、改造不平等的社会现实的愿望,并且斗争的意志愈益坚强。就具体的斗争目标而言,苏州工农大众更多的是为生存而抗争,但在革命民主主义思想的影响下,在联合抗争中,他们凝聚起越来越浓厚的阶级意识。

一、工潮:以铁机丝织业为中心

国民党右派实施"清党"之后,苏州许多厂主纷纷撕毁此前与工人签订的劳动协议,激起了工人们的愤怒。仅从1927年4月下旬至7月底,城区就发生工人斗争45起。[1]1928年初至1930年底,国民党右派逐步完成清党整理任务,大批共产党员和工人骨干被从国民党政权机关和工会组织中清理出去。1930年10月,国民党苏州市党部下令各民众团体一律停止活动。至此,整个苏州的工人运动进入低潮。据可查资料,从1927年8月至1937年7月苏州城区共发生工人斗争近140次:[2]

表2-1　1927年8月—1937年7月苏城工人斗争

时间	1927.8—12	1928	1929	1930	1931	1932	1933	1934	1935	1936	1937.1—7	合计
次数	26	30	19	11	1	2	3	11	20	7	7	137

资料来源:阎志华、董柏年主编:《苏州市工会志》,江苏古籍出版社1993年,第120—125页。

在革命实践中,苏州产业工人逐渐意识到本阶级的共同利益,在此基础上,强化了对所属阶级的自觉认同和心理归属感。这样的阶级意识促进了他们由自在阶级向自为阶级的转变,并以团体的力量积极争取自身的生存权利。

1. 劳资冲突:阶级斗争的近代现实

1927—1937年间苏州规模最大的工人斗争,是发生于1927年下半年的铁机丝织工潮。这次工潮大致可分为三个阶段:

---

〔1〕阎志华、董柏年:《苏州市工会志》,江苏古籍出版社1993年,第118页。
〔2〕除最大规模的铁机丝织工人大罢工外,1927年5月至1937年7月间在苏州发生的规模较大的工人斗争还有:1927年5月下旬东吴丝织厂工人的加薪斗争,1927年7月城区木机业工人的加薪斗争,1927年7—8月间日资瑞丰丝厂工人的反迫害斗争,1927年下半年城区香业职工的反解雇、反迫害斗争,1927年10月城区人力车工人大罢工,1928年秋后常熟电话业职工持续两个月的反解雇斗争,1929年6月昆山绸布业职工罢工,1930年常熟棉织业工会组织的反解雇斗争,1931年4月太仓利泰纱厂工人反暴斗争,1933年5月苏州铁路饭店职工的反解雇斗争,1934年城区人力车万名工人罢工,1935年10月城区米厂职工的反解雇斗争,等等。参见阎志华、董柏年:《苏州市工会志》,江苏古籍出版社1993年,第120—125页。

第一阶段从 10 月 2 日至 10 月 15 日,工潮渐起。是年 9 月底华阳桥柏家巷三星绸厂厂主突然宣告停业,工人为维持生活计,于 10 月 2 日起罢工。6 日,同业苏经厂工人午后也停工,以示声援,次日苏州铁机丝业全体罢工。延至 15 日,由国民党市党部牵头召开团体联谊会议,议决:1、由总商会于三日内负责找回各厂主,对于各厂主之安全,由铁工联负责保障,三天内厂主仍不回苏,工友如有意外行动,由各厂主负责;2、双方待遇问题,待厂主回苏后再行磋商办法;3、此二天内之工友伙食,设有不足,由总商会设法维持。[1]事态暂得平息。期间,工人提出复工条件 16 条,资方置之不理,避走上海。双方形成僵持状态。

第二阶段从 10 月 18 日至 10 月末,工潮扩大。18 日总商会未能履行找回厂主、维持工友伙食的承诺,数百名工人当天下午闯入商会办公地,毁断电话线,将商会会长和商团团长等 14 人反缚双手,一路经观前闹市等,拥赴到市党部。经市党部工农部长赵介文调解,商定解决办法:凡被捕者一律释放;由市党部工农部向商会借洋 5 000 元,分发各工人以资糊口。[2]工人冲击商会的举动引发轩然大波。资方纷纷致电各级政府机关及党部,要求严惩肇事工人。10 月 24 日,苏州公安局拘捕工人领袖王靖和陈长和,在振亚厂工人的保护下,另一工人领袖张春山脱身离苏。当晚全城戒严。[3]铁工联号召工人"以待中央党部解决",在工潮未解决之前"格外安分守己,以避他人乘隙藉口"[4]。如此迁延至 10 月末。

第三阶段从 11 月 1 日至 11 月 28 日,工潮平息。11 月 1 日中央党部联席会议决定,由中央和省相关部门组织苏州丝织工潮调解委员会专事调解。此后双方斗争的中心转移至南京。经过多次调解,11 月 18 日代表工方的铁机工人联合会和代表资方的铁机丝织同业公会达成 12 项协定条件,21 日劳资争议解决办法在南京签字,27 日两名工人领袖被释放,28 日多数工厂复工,[5]持续 50 余日的工潮始告结束。

苏州铁机丝织工潮发生后,超麟在中国共产党机关刊物《布尔什维克》发文

---

[1]《铁机工友总罢工(八)》,《苏州明报》1927 年 10 月 16 日。
[2]《苏州铁机工潮愈演愈剧》,《申报》1927 年 10 月 20 日。按,关于冲击商会工人的人数,苏州总商会一直声称有 2 000 多人,但苏州市党部纠正道:"到商会去的工人,实数只有二、三百人,并无二千"。笔者认为,此处工人人数,以市党部所言"二、三百人"较为合理,亦较为可信,故以"数百人"行文。参见《苏州市党部宣传部告全市民众书》(1927 年 10 月),曹喜琛、叶万忠:《苏州丝绸档案汇编》(下),江苏古籍出版社 1995 年,第 1168 页。
[3]《苏州铁机工潮发生变化》,《申报》1927 年 10 月 25 日。
[4]《铁机工友总罢工(二十三)》,《苏州明报》1927 年 10 月 31 日。
[5]《苏城铁机工潮全部解决》,《申报》1927 年 11 月 29 日。

称:"国民党否认阶级斗争,而此次工潮恰正是资产阶级有组织的有计划的向工人阶级施行阶级斗争。"[1]此次工潮中的劳资双方以激烈的冲突生动展现了近代阶级斗争的场景。

首先,彼此对立的阶级阵线。罢工起于三星绸厂"拟图停业""酌拟放机办法",铁工联得此消息,认此为"破坏团体,立即创议罢工抵制"[2]。这是厂主始料未及的。在他们看来,关厂放机不过是营业方式问题,且已"先期报告","不意不蒙见谅于工方,致以罢工对待"[3]。10月5日市党部召集双方会议,劝导工人先于次日复工,但列席会议的苏经厂工人代表回厂便开始组织罢工。受到牵及的苏经厂厂主向市党部叫苦不迭:"各厂有各厂之关系,甲厂有交涉,尽可向甲厂交涉,不应牵动乙厂……事为三星厂而起,但三星厂自有三星厂工代表,偕联会直接交涉,不应牵涉他厂,似乎迹近聚众要挟"[4]。

显然,苏经厂工人已经将三星厂的事情当作自己的事情了。不唯苏经厂,7日更牵及全城大小各厂一律罢工,以示声援,且提出16条条件,要求资方承认。丝织业资方以行业之名13日通过《吴语》表示对工方的不满:"三星厂停业问题早由市党部工商两部议有办法,本无所用其援助。即退一步言,工方以三星厂之停业为不是,尽可听候市党部调查后,再行解决,又何必全体停工,累及他厂;更不必提出苛酷条件要求他厂承认,致厂方一无着手。"[5]

事实上两者相较,强势的是资产阶级阵线。13日,"铁机丝织业全体各厂谨告"社会各界,列数工方的不是:

> 六日为三星厂复工之期,未见执行。而下午苏经厂忽又罢工,经该厂报告市党部。至七日各厂又相率罢工,问其原因,云为援助三星工友的动作。两日间,商民协会均经市党部请维持原议案,工、商两部均先照办。无知工方别有用意,致使原案仍未执行。[6]

---

[1] 超麟:《苏州铁机工潮之悲愤》,《布尔什维克》1927年第1卷第2期。
[2] 《苏州铁机丝织业资方告各界书》(1927年10月13日),曹喜琛、叶万忠:《苏州丝绸档案汇编》(下),江苏古籍出版社1995年,第1151页。
[3] 《铁机丝织公会为三星厂工人罢工致商民协会函》(1927年10月9日),曹喜琛、叶万忠:《苏州丝绸档案汇编》(下),江苏古籍出版社1995年,第1149页。
[4] 《铁机丝织公会为请饬令罢工工人上工致苏州市党部函》(1927年10月6日),曹喜琛、叶万忠:《苏州丝绸档案汇编》(下),江苏古籍出版社1995年,第1147页。
[5] 《苏州铁机丝织厂全体紧要启事》,《吴语》1927年10月13日。
[6] 《苏州铁机丝织业资方告各界书》(1927年10月13日),曹喜琛、叶万忠:《苏州丝绸档案汇编》(下),江苏古籍出版社1995年,第1152页。

总之,资方将罢工一概归咎于工人,于是他们"离乡背井,避免危险"。[1]这就是工潮第一阶段资方的基本态度:相互串通,避走沪上,藐视工人,有意拖延。饔飧不继的工人被激怒了,于10月18日冲击商会。事件发生后,声称"立于第三者地位,并非资方代表"[2]的苏州总商会以受害者的身份与工人开始了较量。事件发生当天,总商会便致电南京国民政府军事委员会和民政厅:

> 乃巧日午后,铁机工人聚集二千余拥入本会,割断话线,毁门搜索,不由分辨,逢人捆缚,本会会长、职员及商团团长、团副、各职员共十四人,均被反缚游行城市,沿途殴辱,并大呼打倒口号。至市党部后,复禁闭一室。经军警得讯,前来调护,市党部亦竭力担承,始各松缚。伏思厂方因迫于工潮,全体赴省请愿,非本会所能阻止。工人举动殊出轨外,必有反动分子从中乘机煽惑,意图扰乱后方治安,为害党国。[3]

电文不只在叙说自身所受到的"殴辱",更重要的是表明其对于劳资双方的不同态度:资方"迫于工潮"而"请愿",而劳方"举动殊出轨外,……为害党国"。在第二天致南京中央党部的电文中,商会又增加了对市党部的不满,称市党部"勒限"商会"筹垫洋五千元,强迫会长签字,始得解缚"[4]。

20日苏州总商会通告沪宁通等地商会,一方面说明自己的"居间"地位:"此次罢工交涉,立于对峙地位者,原系资、工两方,商会为顾全两方起见,居间调停,完全出于第三人之好意,有何罪恶之可言?"同时希图获得长三角地区商会的支持:"第思商会机关遍于全国,前车可鉴,后患堪虞,敢不披露详情,伫候明教。对于敝会现受之痛苦,如何表示?对于商会将来之保障,如何规划?诸公识宏力伟,必有嘉谋。"[5]苏州总商会登高一呼,周边城市声气相求。[6]在厂主所避居的上海,各

---

[1]《苏州铁机丝织业资方告各界书》(1927年10月13日),曹喜琛、叶万忠:《苏州丝绸档案汇编》(下),江苏古籍出版社1995年,第1153页。

[2]《苏州总商会、商团团本部敬告各界书》(1927年10月29日),曹喜琛、叶万忠:《苏州丝绸档案汇编》(下),江苏古籍出版社1995年,第1163页。

[3]《苏总商会致国民政府军事委员会、民政厅电稿》(1927年10月18日),曹喜琛、叶万忠:《苏州丝绸档案汇编》(下),江苏古籍出版社1995年,第1157页。

[4]《总商会呈中央党部电》(1927年10月19日),《苏州明报》1927年10月20日。

[5]《苏总商会为铁机工人凌辱商会职员告各地商会书》(1927年10月20日),曹喜琛、叶万忠:《苏州丝绸档案汇编》(下),江苏古籍出版社1995年,第1161页。

[6] 冲击商会事件发生后,上海总商会、上海特别市商民协会、全国商会联合会江苏省事务所、南京总商会、镇江商会、武进县商会、(南京)下关商埠商会、无锡商民协会、杭县商民协会、江浙丝绸机织联合会、中华国货维持会和南京特别市商民协会等江浙商人团体分别致函,纷纷向苏州总商会表示声援。参见冯筱才:《劳资冲突与"四一二"前后江浙地区的党商关系》,《史林》2005年第1期。

公团反应尤其强烈。上海商民协会电南京国民政府中央党部、民政厅、建设厅称:

> 苏州机工风潮逾越常轨,竟捆绑商会会长,游行示威,迹其狂暴,令人发指。当此北伐进展时代掀动风波,小之影响治安,大之阻碍军事,显系有人煽惑,别具深心。海上商民既痛同舟之谊,复切党国之忧,群情异常愤激,务祈迅派专员严查彻究,相机制止,即日复工,以安商业而维秩序。[1]

上海中华国货维持会、苏州旅沪商界青年协会等纷纷附和苏州总商会,称苏州铁机工人"横暴已极"[2]。在这里,长三角地区的商会和资本家已经形成了基本一致的立场。10月19日,总商会收到避居沪上厂主们的信函:

> 奉苏总商会登报通告(返苏),即于啸日(十八日)具函并登报声复,一面推出代表李斑、吕绍昌两人并由全体交与委托函证,于是日午车赴苏,先行接洽。讵知车到苏州,迳赴商会,适被工人等捣乱会场,捆绑商会会长、会董及商民协会常务委员暨商团团长、办事员等十余人。秩序大乱,全常警惶。该代表等恐危及自身,退至金阊城外,明知一时无所接洽,不得已将委托函就近挂号邮寄商会,即行回沪。[3]

根据这种说法,工潮之扩大完全是因为工方冲击商会所致。苏州总商会完全相信此番说辞,并在29日向社会公布:

> 本月十五日由市党部、公安局召集各界代表开会集议,敝会亦经派员列席,当时议决办法四条(已详见本报不赘),敝会照议决案登报通告厂方依期回苏。迨第三日(十八日)午刻见沪上报载,厂方答复有准备派代表到苏各语,……翌晨,始悉昨日下午厂方代表吕兆昌、李班两君确系乘车到苏,闻惊折回,深为可惜。[4]

这其实是在向社会各界坦白:商会并非"第三者",它与资方站在同一条战线上,而与工方相对立。工方同样结成了自己的阵线。当时成立的苏州各业工会纷纷表示对铁机工人及其铁工联的支持。期间,城区人力车工人与铁机丝织

---

[1]《沪公团对苏州铁机工潮之反响》,《申报》1927年10月21日。
[2]《沪公团对苏州铁机工潮之反响》,《申报》1927年10月21日。
[3]《沪公团对苏州铁机工潮之反响》,《申报》1927年10月21日。
[4]《苏州总商会、商团团本部敬告各界书》(1927年10月29日),曹喜琛、叶万忠:《苏州丝绸档案汇编》(下),江苏古籍出版社1995年,第1162页。

工人配合，多次举行罢工。全市各业工人组织慰问队，送米、送钱慰问罢工工人。[1]周边城市的工人团体也纷纷表态。上海工会统一委员会表示支持苏州铁机丝织工人，南京特别市总工会也发表宣言，通电全国，号召各界对苏州罢工工人"以切实的援助"，予反动势力以"迎头痛击"。江浙地区商工两界形成一定程度的对抗。[2]

其次，两造对立的阶级利益。成长于近代中国社会的民族资本家，民主意识淡薄，为了追求更多的剩余价值，常常漠视工人的权益。在苏州丝织企业，任意剥夺工人劳动所得的现象非常普遍。当时丝织厂有这样的厂规：工人进厂要交一笔押金，一般为25~50银圆，为了保证工人在三到五年里能扣交押金，并保证被保人5年不出事故，工人得寻找一户殷实铺保作为担保。[3]另一规定是，进厂时须无偿试织一段时间，工徒一般是三个月到半年，在此期间没有工钱；期满后，还得正式试织3匹，然后每织一尺只给一角钱。至于艺徒，更要替资本家织满300丈，在此期间，每尺只有一分到二分钱的"津贴"，以后，才得按照工徒的标准获得工钱。[4]工人在劳作过程中如果违反了相关规定，则会被处以名目繁多的罚款。[5]所有这些陋规，在1927年北伐军停留苏州的3—4月间，遭到工人的强烈反对。4月1日，在总工会、市党部、市商会、公安局、律师等各方面代表的参与下，铁工联与资方组织的铁机丝织公会订立《协定新章》，主要内容为取消并退还不合理的陋规、罚款与保证金，增加工人工资三至四成，厂方不得无故开除工人、滥罚工资，发给工人医药费和工伤抚恤金，每日工作10小时、童工酌减等。[6]资方当初"完全签字承认"这些条件，却不认真执行，所以半年来"仍复风潮迭起"[7]，10月初更酿成大规模的铁机工潮。三星厂工人在工潮中向资方提出的16条要求，主要增加了针对厂方随意"放机关厂"的条款：（1）如厂方无意营业而停厂者，需发给工友6个月工资（每

---

[1] 阎志华、董柏年：《苏州市工会志》，江苏古籍出版社1993年，第121—122页。
[2] 冯筱才：《劳资冲突与"四一二"前后江浙地区的党商关系》，《史林》2005年第1期。
[3] 邹西濠：《大革命时期苏州丝织工人的大罢工》，江苏人民出版社1958年，第1页；阎志华、董柏年：《苏州市工会志》，江苏古籍出版社1993年，第107页。
[4] 邹西濠：《大革命时期苏州丝织工人的罢工斗争》，江苏人民出版社1958年，第1—2页。按，工徒是由手工操作木机转过来的熟练工，艺徒是新学艺的青年工人。
[5] 如，迟到罚工资或不准上工；上工讲话罚1角到2角；上工时抽烟罚2角；3人同时上厕所者各罚1角；上工时看家信罚1角到2角；织品出现油迹者罚5角；织品到边未及时打印者罚5角到2元；出现断纱罚5角；农历初二、十六请假者罚双工；男女工一起走者罚；有机器损伤者罚；等等。见阎志华、董柏年：《苏州市工会志》，江苏古籍出版社1993年，第108页。
[6] 王翔：《中国丝绸史研究》，团结出版社1990年，第462—463页。
[7] 《铁机丝织公会为缕陈罢工情形致吴县县政府函》（1927年10月14日），曹喜琛、叶万忠：《苏州丝绸档案汇编》（下），江苏古籍出版社1995年，第1155页。

日1元计算);(2)如厂方故意延宕致发生意外,或全体停工援助者,均归三星厂负完全责任,并赔偿各工友停工期内损失(不论男、女、童工每天大洋1元计算);(3)停工后各厂藉词闭歇,自解决日起赔偿半年工资(每日以1元计算);(4)失业工友由厂方负责维持,其生活每月每人津贴大洋6元;(5)各厂须建设工房,无条件给工友住宿。[1]面对可能受损的利益,资方反应非常强烈,他们指斥工人"步步进迫",故有此16条之提出,简直"诛求无厌"[2]。在向社会发布的告示中,资方极力夸说自己的"难处",认为工方"所提条件,实置厂方于死地。况厂方现在地位,无一不同困于交通阻塞,金融竭蹶,存货积搁,工本浩大,本已到山穷水尽之地步。为特竭诚劝告各工友谅解,万勿长此不决,致厂方益形损失"[3]。究其实,还是自身的利益"损失"。与此相对的是罢工工人的利益诉求。10月18日,铁工联通过报纸向全国发出通电:

> ……我苏铁机工友,为谋自身保障起见,组织铁机工人联合会,不意受厂方任意摧残,一再蹂躏,始则向工会仇视,以逞破坏,继则操停业政策,软化工友,最近妙想天开,愈趋愈横,三星厂首创放机并须加保,以击破工人团结,不啻置我工人于死地,凡工友因事关切身,未便缄默,故与三星厂主据理力争,不得效果,而各厂变态,又不可理喻,一味凶蛮,动辄以停业关厂之词压倒工友,忍无可忍,耐无可耐,故于本月一日,一致罢工,静待解决,岂知苏州市党部、工商部屡次召集仲裁,资方佥避不出席,置我三千工友之生命于死地,可以概见是非曲直,自有公论。[4]

劳资双方各诉"苦衷",表明他们是相互对立的两造,存在着难以调和的阶级矛盾。

在工潮扩大阶段,表面上胶着于对工方冲击商会事件的处理,暗中却在为预期利益的分配进行着博弈。当11月18日劳资双方达成12条协定条件时,博弈有了结果,工潮遂得平息。对于这次工潮的最终结局,人们(包括学术界)存在

---

[1]《铁机工人总罢工》,《苏州明报》1927年10月8日。
[2]《铁机丝织公会为缕陈罢工情形致吴县县政府函》(1927年10月14日),曹喜琛、叶万忠:《苏州丝绸档案汇编》(下),江苏古籍出版社1995年,第1155页。
[3]《〈吴语〉载苏州铁机丝织厂全体紧要启事》(1927年10月13日),曹喜琛、叶万忠:《苏州丝绸档案汇编》(下),江苏古籍出版社1995年,第1150—1151页。
[4] 邬西濛:《大革命时期苏州丝织工人的罢工斗争》,江苏人民出版社1958年,第18—19页。

不同的看法：或言其失败，或称其胜利。[1]"失败""胜利"云云，不过是对工人所获利益的度量，这其中涉及最初的目标设定，而目标本身是不断变化的，因此，失败论或胜利论当然都可以找到据以结论的论据。不过，我们更关注的是劳资双方为之博弈的实际利益。一是劳动力价格的争议。此次协定条件的大部分内容与此相关。第1条规定："取消入厂保证金及半工资三匹"；第2条规定："工资织工加三成，帮机、摇纡统加四成"；第3条规定："米价以最高最低折中，……由厂方每月预付一次"；第4条规定："较准裁尺"；第8条规定：工人"实在必须休养者，由联合会承担医药费，厂方每天织工给工资大洋五角"；第9条规定：学徒"自学织起，织货六匹给半月工，自吃饭，每匹五丈计，以前倘有织满三百丈或二百丈者，随时给还工资四分之一"。从总体趋势看，工人劳动所得得到了提高，也就是说，资本家的劳动力成本增加了。丝织业劳资之间的历次争议就是围绕着这些利益进行的。就此次工潮而言，它的直接起因是"放机关厂"。此一问题的实质在于，资方为了最大限度地降低生产成本，而劳方力求保障自身的劳动权利，即保证比较稳定的劳动收入。针对这一方面，协定条件第6条规定："厂方不得无故开除工人、滥罚工资……以后添歇工人、工徒等细则，由中央工、商两部及江苏省党部规定"；第11条规定："未成年工人较成年工人减少二小时，以补养育"；第12条规定："缩减机数，须于两日前呈报当地党部，市商民协会及总工会（如总工会未成立前须函知铁机工会），调查确实情形，得其证可，否则不能缩减。对缩减机数只准价卖，不能另行放出。惟买机铁机工人有优先购买权。放机则须当地党部、市商民协会及总工会（如总工会未成立前便函知铁机工会）之同意（已经放出者不在此例）。"[2]第12条是关键性的，在11月21日签订的劳资争议解决办法中重申："厂方不得放机。"[3]这一规定很明显

---

[1] 前揭超麟《苏州铁机工潮之悲愤》是时人根据"最近消息"做出的判断："显然工人已受国民党政权的压迫而处于必败之势了。……资产阶级有武装（商团），有政权（县政府公安局……），有同阶级的协助（上海南京的商会），有宣传的机关（报纸），工人阶级有的是甚么？只有赤手空拳来抵抗。如此安得不失败！"此种看法着眼于双方力量的对比，而冯筱才《劳资冲突与"四·一二"前后江浙地区的党商关系》）的分析直接针对协定条件："不仅比罢工开始时工联会提出的16条大退步，而且一些条款上还不如原来的11条。据说此一调解条件系原资方所提14条修正而成。签字的工人代表由于失去了实力的支援，面对中央党部的催逼与军警的威胁，惟有赶快签字脱身。"王翔在相关论著中（《中国丝绸史研究》，团结出版社1990年，第472—473页）具体分析协定条件后指出："这次罢工取得了一定成果，达到了预定目标，应该说是一次胜利的罢工。"

[2] 《苏州铁机工人联合会、苏州铁机丝织同业公会双方协定条件》（1927年11月18日），曹喜琛、叶万忠：《苏州丝绸档案汇编》（下），江苏古籍出版社1995年，第1179页。

[3] 《苏州铁机丝织业劳资争议解决办法》（1927年11月21日），曹喜琛、叶万忠：《苏州丝绸档案汇编》（下），江苏古籍出版社1995年，第1180页。

地有利于劳方。无论是劳动力价格还是生产成本,在工潮中都体现为实际利益的争端,说明了资本家与工人之间存在的阶级斗争。

最后,完全对立的阶级行动。在铁机工潮期间,利益对立的劳资双方完全撕破了日常人际关系中虚于应付的面纱,展开了你死我活的斗争。罢工初起,资方只见工人"手持木棍,巡视各厂附近,声势之汹,莫之敢撄,致各厂职员全行逃匿"[1]。从中可见工人之愤怒。为了击破资方阴谋分化罢工工人的企图,10月5日铁工联赴厂调查,"追究赞成放机之工人六名,逮捕至公安局"[2]。在当日由市党部召集的调解会议上,"工方集合数十人,言语嘈杂,无从讨论,气焰之盛,莫之敢撄"[3]。10月18日冲击商会事件更是让"资方畏之如虎"[4]。这些说法可能包含着资方为了博得社会同情而故作自怜的成分,实际上真正值得同情的弱势群体是工人。资方串通避沪时,便给工人停薪、停伙,并密请总商会通知饭店不准赊欠,典当一律止当,想以饥饿胁迫工人屈服。当时工会揭露:"资方旋即远遁,置我数千工友生命不顾,其手段之毒辣,想各界人士概可想见矣。其远避之方针有二:(一)与工方无磋商之余地,迁延日久,工方为生计起见,自行软化上工;(二)置诸不理,使工方无法可想,致有轨外行动,可由军警弹压,那时可以藉口。"[5]果如资方所料,冲击商会事件给了他们要挟当局的藉口:"若不择尤先惩一二,人人心寒。不特资方难以出席,即所谓第三方面,恐亦不敢负此调解责任。长此以往,凶暴伊何底止。应请划分一种办法,先惩反动分子,再论调解条件。"[6]其中的"反动分子",暗指共产党人。这让当局非常紧张。苏州公安局"奉民政厅来电,饬究铁机工潮中之反动分子",10月24日晨,侦探队拘捕了铁工联执行委员王靖和陈长和。王、陈二人皆系江宁客籍,放机关厂意味着他们就要失业。王靖"上有老母,年将古稀(现年六十九岁),身多疾病,中有妻室,下有幼女",陈长和"上有老母(现年六十八岁),中有妻室及弱弟,同是一

---

[1]《铁机丝织公会为三星厂工人罢工致商民协会函》(1927年10月9日),曹喜琛、叶万忠:《苏州丝绸档案汇编》(下),江苏古籍出版社1995年,第1149页。

[2]《苏州铁机丝织业资方告各界书》(1927年10月13日),曹喜琛、叶万忠:《苏州丝绸档案汇编》(下),江苏古籍出版社1995年,第1152页。

[3]《铁机丝织公会为缕陈罢工情形致吴县县政府函》(1927年10月14日),曹喜琛、叶万忠:《苏州丝绸档案汇编》(下),江苏古籍出版社1995年,第1155页。

[4]《苏州市商民协会铁机丝织业分会刍言》(约1927年10月中旬),曹喜琛、叶万忠:《苏州丝绸档案汇编》(下),江苏古籍出版社1995年,第1159页。

[5] 苏州档案馆藏:《开源电机工会代铁机工会工友呼吁之通告》,转引自王翔:《中国丝绸史研究》,团结出版社1990年,第466页。

[6]《铁机工友总罢工(十六)》,《苏州明报》1927年10月24日。

家四口,皆赖力赡养,是因一人之羁押,必绝全家之生活"。[1]在逮捕张春山时,附近振亚厂工人闻讯赶来,"夺下"张春山,并扣留了探士薛义钧、许楹、林钟仁3人。至8时许,各厂工人约2 000余人均已得悉此讯,一齐赶至振亚厂内。东区警署立派警士一排至振亚厂门口维持秩序,紧接着各区警署及骑巡、保安、水巡各大队均派通班队士赶赴弹压。驻苏军队亦派队前往。"一时仓街一带军警云集,气象非常严重,交通凡为之断绝"。工人与军警对峙了三个多小时,在公安局长当场承认逮捕工人存在"误会",并允诺保释被捕工人的情况下,双方才"相继散归"[2]。当晚,公安局特令各城门警卫所:"各城门一律提早两小时关闭,城内晚间十时后特别戒严,如有形迹可疑之人往来,均须搜查。保安、骑巡各队协同驻军特务团通宵游巡,以防万一。"[3]阶级斗争进入白热化阶段。

由于时局的变化,苏州铁机工潮不久便平息下来,工人的一些权益也因此获得了一定程度的保障,但这只是劳资双方在一个时期内的博弈,由于阶级利益的对立,其间的矛盾不但一直存在,且在一定的条件下存在激化的可能,劳资双方的博弈亦将进行下去。

2. 劳工阶级背后的党派立场

苏州铁机丝织工潮是近代地域社会经济发展的必然产物。清末以来,在近代化程度较高的丝棉纺织业,产业工人人数有较快的增长。据1923年《江苏省政治年鉴》载,苏州城区当时有纱缎厂47家、布厂11家、肥皂等厂3家,共有工人9 467人。至1931年,据《吴县附刊》户口分类统计,从事丝织、棉纺生产的工人达26 000余人。[4]仅铁机丝织工人,在1920年代中期已达4 000多人。[5]工人阶级的存在便决定了民国苏州阶级斗争的新内容,使得他们"不自己起来斗争就不可能有出路";面对这一阶级斗争的现实,已经成长起来的近代政党"必须直率而公开地站到一定社会集团的立场上"[6],表明自己的态度。事实上在这次工潮中,劳资双方背后的党派立场隐然可见,其中最值得玩味的是国民党苏州市党部的立场。

国民党苏州市党部的作为集中在工潮的前两个阶段。工潮初起时,资方对市党部存有很高的期望。三星厂罢工后,在10月5日由市党部召集的劳资两方

---

[1]《铁机工友总罢工(二十四)》,《苏州明报》1927年11月1日。
[2]《苏州铁机工潮发生变化》,《申报》1927年10月25日。
[3]《苏州铁机工潮尚未了》,《申报》1927年10月26日。
[4] 阎志华、董柏年:《苏州市工会志》,江苏古籍出版社1993年,第101页。
[5] 王翔:《中国丝绸史研究》,团结出版社1990年,第461页。
[6] 列宁:《民粹主义的经济内容》(1894年),《列宁全集》第1卷,人民出版社1955年,第379页。

会议上，甫桥西街三一厂（福记、禄记和寿记之合称）厂主刘孚卿为三星厂帮腔称："该厂之停业，实亦出于不得已，否则厂主方面，其停业后之损失，亦颇可观，即以建筑费一项，已完全无用。今自愿停业，其苦心已表见。"[1]对于刘孚卿的"苦衷"，市党部心知肚明，因为"放机关厂"的主意最早（5月）就是由刘氏兄弟抛出来的，他们想以此推翻先前国共合作革命时期劳资双方已经洽议的条件，嗣后四个月间，刘孚卿一直声言要全面实行"倒本关厂"[2]。苏经厂厂主得知本厂工人准备声援三星厂的消息后，即刻通过铁机丝织公会请求市党部"饬令（工人）上工，秉公解决"[3]。市党部并未偏听资方，8日再一次召集会议进行调解，厂主以缺席表示不满。就是在这次会议上，工方提出解决劳资争议十六条，声言"如不依照条件，即取自由行动"，资方觉得此条件实属"变本加厉"，甚至较大革命时期提出的条件"尤为酷虐"[4]。这时资方已经不相信市党部能够"秉公调解"了，且认为市党部"亦无法制止风潮扩大"，决定越过市党部，通过铁机丝织公会"赴省请愿，以期解决"[5]。

当资本家们相率避走上海后，市党部认此为消极抵制，便动员铁机工人集体示威。9日下午，丝织工人1 000余人在公共体育场集会。市党部工农部部长赵介文"当众演说，至为沉痛，言毕流泪不置"，铁工联代表则安慰赵"不必灰心"，表示铁机工人"自当一体拥护"。旋即公推赵介文等7人代表工人赴公安局请愿。在公安局赵介文指出，此项纠纷"实因三星厂方屡次失约，显是故意为难，如此全无信用"，而有罢工发生；市党部已经无力调解，要求公安局"于最短时间妥为解决"[6]。其态度完全倾向于工人。在10月18日工人冲击商会事件发生后的第二天，赵介文赴商会索要商会答应的工人救济费。据事后市党部的说法，赵在商会遭到数百名"武装而来"的商团团员的包围质问，"情形极为激昂"，赵介文只能"至商会楼上暂避"，后由人护送离开。[7]但苏州总商会却公开批评市党部在此事件中的所作所为，声言商会会员被"禁锢"于市党部，市党部大有助纣

---

[1]《三星纺织厂停止纠纷记》，《吴县市乡公报》1927年10月6日。
[2] 邬西濠：《大革命时期苏州丝织工人的罢工斗争》，江苏人民出版社1958年，第14—16页。
[3]《铁机丝织公会为请饬令罢工工人上工致苏州市党部函》（1927年10月6日），曹喜琛、叶万忠：《苏州丝绸档案汇编》（下），江苏古籍出版社1995年，第1147页。
[4]《苏州铁机丝织业资方告各界书》（1927年10月13日），曹喜琛、叶万忠：《苏州丝绸档案汇编》（下），江苏古籍出版社1995年，第1152页。
[5]《铁机丝织公会为拟赴省请愿致苏总商会函》（1927年10月9日），曹喜琛、叶万忠：《苏州丝绸档案汇编》（下），江苏古籍出版社1995年，第1150页。
[6]《铁机工人总罢工（三）》，《苏州明报》1927年10月10日。
[7]《苏州铁机工潮愈演愈剧》，《申报》1927年10月20日。

第二章 革命洗礼(1927—1937)

为虐之嫌：

> 由工农部赵介文引至他处，为工人勒索巨款，每人五元，计需一万二千五百元。一再减至每人二元计五千元，限令翌日午刻必须交齐。其时已近午夜，经赵部长亲笔拟立字据，强迫会长签字后，各职员等方得一律解缚。[1]

在商会协会、铁机丝织业分会发表的"刍言"中，资方更将工潮扩大的原因直指市党部："苏州铁机工人发生罢工，由一厂而延及全体，由工潮而牵动治安，甚至目无法团，目无官长，聚众劫犯，抗令拒捕，是谁操纵，任意横行，明眼人自能知之。"[2]至此，市党部无法忍受了，在工潮第二阶段通过党部的宣传部告白苏州全市民众，明确表明了对于此次工潮的态度："从前的劳方每用罢工的方略，去抵抗资方的压迫；现在的资方每用停业政策，去克制劳方，以致劳资两方各走极端，所生的纠纷愈形难以解决。这一次苏州铁机业的劳资冲突绵延不决，原因也是如此。"[3]表面看来，市党部认为，对于此次工潮，"双方各有错误，双方均须负责"，实际上通过对工潮真相的分析，市党部表达了与工方相近的立场。

关于工潮的起因，如果"用客观的公正的态度去分析"，市党部认为，"每次工潮的起因，大半都是因为社会生活程度日高，劳方所得的工资，不得维持生活，及资方待遇劳方，过于压迫，劳方不得已，而发生罢工。我们以为，假使工人所得的工资，能够维持生活，厂主所订的待遇，能够一律平等，工潮一定是不会发生的。"具体到此次工潮，"其原因实在是三星厂拟实行放机而激起，是资方压迫劳方，并非劳方藉端为难资方。三星厂的所以要实行放机，自然是向劳方进一步压迫，以期获得整个的利益，绝对不是因为'营业不振'、'货匹存搁'、'金融匮乏'等事。"[4]为了证实这种说法的合理性，市党部引用了国民党中央工人部委员陈个民和商人部科长董光乎二人的调查报告。陈个民的结论是："此次工潮，确系厂主方面准备放机所激起……因厂主不顾工人利益所至(致)。"具体说来：

---

[1]《苏州总商会、商团团本部敬告各界书》(1927年10月29日)，曹喜琛、叶万忠：《苏州丝绸档案汇编》(下)，江苏古籍出版社1995年，第1162页。
[2]《苏州市商民协会铁机丝织业分会刍言》(约1927年10月中旬)，曹喜琛、叶万忠：《苏州丝绸档案汇编》(下)，江苏古籍出版社1995年，第1159页。
[3]《苏州市党部宣传部告苏州全市民众书》(1927年10月)，曹喜琛、叶万忠：《苏州丝绸档案汇编》(下)，江苏古籍出版社1995年，第1163页。
[4]《苏州市党部宣传部告苏州全市民众书》(1927年10月)，曹喜琛、叶万忠：《苏州丝绸档案汇编》(下)，江苏古籍出版社1995年，第1163、1167—1168页。

三星厂藉口经济窘迫,准备放机,实则该厂最近尚添购新机四十架,每架约值三百元,全数已值一万二千,至于配置费尚未核算在内,故该厂经济是否确属困难,殊可怀疑!至于放机一层,尤属于不顾工人利害。放机之例,日本有之。但按诸苏州情形,断不能仿效日本。盖放机既须工人先备押款,复须工人先期准备购料资本,此外工人尚须有配置机器之高大房屋,并须从事掘沟配带等重大工程。苏州丝织工人除少数本地人外,尽属外来工人,试问彼辈焉能应付此重大担负?工人既无能力领机,势必流于失业,彼辈为维持生活计,故不得已而出于罢工之一途。[1]

董光孚着重从丝织工人的来源强调了工厂放机与工人失业的必然关系:"放机虽系提倡家庭工业,第亦有地方情形之不同。因苏城丝织工人,以客帮为多,厂方放机,须有切实担保,而领机者须有高大房屋,并须家在本城,方能领机。现在该处工人均系宁、镇帮,一旦各厂纷纷放机,则客帮工友势必失业"。因此,董光孚的结论同样有利于工人:"彼等为谋本身生活计,故出诸罢工之手段也。"以上结论是如何得出来的呢?陈个民透露,他抵苏州后,"即向市党部询问一切,并赴各工厂视察罢工情形"。看得出来,国民党中央相信市党部的判断,而市党部又声称,中央的结论来源于实地考察。换句话说,国民党中央与地方的看法基本一致:"劳方罢工实系不得已的苦衷,并非工联会诬资方为破坏团体,立即创议罢工抵制,多数被迫,全体煽动。资方实行放机,并非为工人的生活谋增进,实是一种压迫工人的新政策。更其不是振兴实业的计划。"[2]如果对照一下此前资方公开发布的"刍言",人们更能体会市党部驳斥的说服力。就其中最关键的"放机"一事,资方辩解道:

工方据为口实者曰放机,三星厂因停业而有放机之缓冲,非以放机为停业之初步,事实所在,不容倒置。即以放机言,为苏缎史上最久之习惯,于社会状况、地方情形,最为适合的办法。丝织大宗,不外江、浙、宁、镇、湖、盛,皆丝织最盛之区,即放机最多之处。故放机是宽筹工友的生路,并非断绝工友的生路;是推广先总理民生主义,不是反对先总

---

[1]《苏州市党部宣传部告苏州全市民众书》(1927年10月),曹喜琛、叶万忠:《苏州丝绸档案汇编》(下),江苏古籍出版社1995年,第1163—1164页。
[2]《苏州市党部宣传部告苏州全市民众书》(1927年10月),曹喜琛、叶万忠:《苏州丝绸档案汇编》(下),江苏古籍出版社1995年,第1163—1164页。

理民生主义,不可误会。至于工人团体之厚薄,在手工业之盛衰,不在人众之聚散。……盖营业自由,本不以厂为主体。厂方对于停业及放机,视为两事,本为明白晓畅;工方则以放机与停业并为一谈,藉此利用机会,而不知三星之停业,本有秩序可循。同业之放机,且有充分理由,愿质诸江、浙两省丝织业,付诸公断也。厂方出资营业,丧失自由,冠以万恶之衔,置于打倒之列,口头禅语,不再置辩。[1]

资方说辞何其振振！不明苏州丝织业的营业特点和细节者,觉得亦颇有理有据。市党部则从专业技术和行业习惯等方面驳斥了资方的所谓"放机系营业自由"之说,对资方的驳斥自然是对工方的同情。

关于工潮之扩大,市党部以工潮亲历者及调停主持者的身份揭示了个中之由:"这次全体罢工,实由于资方没有诚意,并非劳方不实行决议案;实因资方避不见面,并非劳方别有用意;实因资方故弄狡猾,并非劳方煽动;实系工人自觉之表现与不得已之苦衷,并非盲从。"[2]那么,对于工潮的扩大,工方有没有错误呢？市党部轻描淡写地说了一句:"反缚商会职员,自然是错误",紧接着便强调:"酿成这些事变的原因,却在于总商会本身",这么说,是以事实作依据的：

> 因为十五日各界援助工友联席会曾经议决:"此三日之伙食设有不足,由总商会设法维持。"第三日(十八日,作者注)清晨,振亚厂因没有食米,就用电话报告市党部,市党部就转报总商会,总商会却扬言"现在不负责"。因之就激动公愤,群往总商会责问,酿成这次轨外行动。闯事者固须依法严办,但是总商会自身之欺骗及厂方之避不见面,亦应担负相当责任。[3]

总之,资方以"偏面的,不合事实的呈文"有意掩盖此次工潮的事实真相,欺瞒苏州社会,必须"驳斥指正"。市党部俨然成为工人的代言人:"历年来只有劳方受资方之压迫,决没有资方受劳方之侮辱。"[4]

---

[1]《苏州市商民协会铁机丝织业分会刍言》(约1927年10月中旬),曹喜琛、叶万忠:《苏州丝绸档案汇编》(下),江苏古籍出版社1995年,第1159—1160页。
[2]《苏州市党部宣传部告苏州全市民众书》(1927年10月),曹喜琛、叶万忠:《苏州丝绸档案汇编》(下),江苏古籍出版社1995年,第1165页。
[3]《苏州市党部宣传部告苏州全市民众书》(1927年10月),曹喜琛、叶万忠:《苏州丝绸档案汇编》(下),江苏古籍出版社1995年,第1168页。
[4]《苏州市党部宣传部告苏州全市民众书》(1927年10月),曹喜琛、叶万忠:《苏州丝绸档案汇编》(下),江苏古籍出版社1995年,第1166页。

在第二阶段,市党部赵介文、姚绩安两部长为调解此次铁机工潮"奔走呼号,煞费苦心"[1]。市党部的努力一直持续到10月末工潮第二阶段结束,突然在30日"奉江苏省党部训令,……停止工作,听候命令改组"[2]。11月13日,江苏省水陆公安管理处密令苏州公安局将赵介文和另一名国民党员陆怡然逮捕,"据闻此举与苏城铁机丝织工潮有关",也有人说是"鼓动工潮"[3]。

在"清党"之后爆发的铁机工潮中,国民党苏州市党部为什么还如此明显地表现出同情工人的立场？时人曾提出,苏州国民党市党部"同情"工人"只有二种假设是可能的":第一,国民党市党部是故意这样来敷衍欺骗工人的,那么这个党部本身也就是资产阶级斗争的一种工具而已；第二,国民党市党部是诚意的,但因地方官厅和公安局要压迫工人,故也有心无力,那么这个所谓党部根本就是国民党军阀官僚所不值一顾的机关,其同情于工人亦只"同情"而已。[4]

对于这种说法,王翔认为,"这一判断与历史不符。在罢工过程中,市党部在许多问题上实际上是为罢工工人说话的。……事实说明,当时国民党内部一些基层单位和个人是具有一定的正义感的"[5]。对苏州铁机工潮中的党商关系进行过专门研究的冯筱才认为,这"是坐在上海的亭子间里写的",言外之意是,此种说法与事实不符。冯氏指出:

> "四一二"之前,江浙地区工人运动的最显要的主角无疑是共产党人及其地方组织,其目标也在通过打击"资本家"以达到动员、组织工人群众,并与国民党的"阶级调和"政策相对立。工人运动也是证明其存在及发展的一个重要工作。但是我们也不得不注意到国共斗争的同时,他们也存在共同面对的敌人。尤其是对于试图打破原有地方秩序建构,抢占既有地方资源的党人而言,"土豪劣绅"、"买办"、"资本家"无论是对共产党,还是国民党,同样是需要去打压的对象。"四一二"后,这种情形便更加明显,由于清共,一些共产党人隐于国民党地方党部及其他团体之中,对于地方上的党人而言,国共矛盾表面上已不再存在,而党绅矛盾、党商矛盾便上升为地方的主要群体对立关系。国民党

---

[1]《铁机工友总罢工(十六)》,《苏州明报》1927年10月24日。
[2]《市党部奉令停止工作》,《苏州明报》1927年10月31日。
[3]《赵介文昨被逮捕解宁》,《吴语》1927年11月14日；《赵陆被捕缘因如是我闻》,《吴语》1927年11月18日。
[4] 超麟:《苏州铁机工潮之悲愤》,《布尔什维克》1927年第1卷第2期。
[5] 王翔:《中国丝绸史研究》,团结出版社1990年,第477页。

地方党部及所属的工人团体通过发动罢工,及其他劳资对立事件来对商人及所在团体如商会、行业公会等施加强大压力,并试图对后者加以改造。[1]

冯氏提到的另一个结论其实更值得重视:"清党"发生后,中共虽然被置于"反动派"的地位,但"扶助农工"的政策并未立即为国民党所抛弃。[2]这里实际上包含两个需要进一步展开论证并强调的方面:一方面,"四一二"之后,在国民党地方党员中至少有一部分人仍然坚持"扶助农工"思想。工潮中的苏州市党部曾向苏州社会表达了这样的态度:

> 从前在孙传芳、张宗昌等军阀淫威之下,厂方每藉军阀的恶势力,尽量的压迫工人,那时工人所得的工资,尚不能一饱,只因在万恶的军阀势力之下,不能起来自救。我们只须把以前各工厂所订的规约等考察一下,就能断定二十年前工方的受压迫是事实,并非无稽之谈。现在在这国民党指导之下,一切事物都须根据平等的原则执行,各工厂不平等的待遇,不平等的规约,自然都须修改,另行订立双方互惠的条件。根据事实来断定,现在资方并未受有压迫,……凡是明了现代劳资情况的,都不会被资方所欺瞒。[3]

这简直如国共合作时期的国民革命宣言一般,在这里,国民党苏州党人的革命性毫不含糊。另一方面,"四一二""清党"之后的一段时间里,中国共产党人仍然在基层政权中与一部分"具有一定的正义感的"国民党人一起,以各种途径和方式继续支持工农革命,苏州铁机丝织工潮中的共产党人就这样存在着。

事实上,共产党人对铁机工潮一直发挥着巨大的影响力。"清党"发生之后,苏州尚有一批未暴露身份的共产党员,[4]有的仍在国民党市党部和其他部门任职,更重要的是控制了苏州铁工联。早在北伐军来到苏州之前,铁机业中一部分具有革命思想和阶级觉悟的工人,如振亚厂的葛炳元、张春山、王靖,天孙厂的陈

---

[1] 冯筱才:《劳资冲突与"四一二"前后江浙地区的党商关系》,《史林》2005年第1期。
[2] 冯筱才:《劳资冲突与"四一二"前后江浙地区的党商关系》,《史林》2005年第1期。
[3]《苏州市党部宣传部告全市民众书》(1927年10月),曹喜琛、叶万忠:《苏州丝绸档案汇编》(下),江苏古籍出版社1995年,第1168页。
[4] 据阎志华、董柏年主编《苏州市工会志》(江苏古籍出版社1993年,第120页):据1927年6月4日中共上海区委主席团会议记录,当时中共苏州县委报告,中共苏州组织有党支部22个,其中工人支部10个,店员支部7个;中共党员160人,其中工人党员100人,店员党员30人。冯筱才据《吴县党务概况》(《江苏党声》1928年第9期)指出:苏州属于"自动清党",清党委员会成立后似乎并没有做多少工作。

长和、舒正基等都加入了共产党。1927年3月铁工联成立时,张春山、王靖、陈长和等即为执行委员。"清党"时铁工联并没有被查封,而且在此后一两年的时间里仍然在工人运动中发挥着领导作用。5月当三一厂放出"放机关厂"的风声时,铁工联马上通知厂主"不准关厂"。在市党部召开的劳资冲突仲裁会上,王靖和共青团员刘旺兴代表铁工联严厉痛斥资本家"破坏工会、倒本关厂"等罪状,结果当场被捕,另一位共青团员亢子鸿次日去公安局与其评理亦被捕。地方当局因为"从他们身上得不到线索,而又无法证实他们是共产党",才交保释放了他们。[1]

10月初的铁机工潮就是由铁工联主导的。工人在生活难以为继的情况下坚不让步,甚至还发展到冲击商会的地步,资方及其苏州商会便怀疑其中可能存在蹊跷,在10月18日致电国民政府军事委员会和民政厅时,苏州总商会即有谓:"工人举动殊出轨外,必有反动分子从中乘机煽惑,意图扰乱后方治安,为害党国。"[2]所谓"反动分子",即暗指共产党人。此后他们在各种场合多次提及"显有反动分子从中乘机煽惑"之事,[3]在10中旬苏州商民协会、铁机丝织业公会发表的"刍言"中,资方直接就将工潮的矛头指向共产党人:"今工人无轨道之可循,心醉苏俄,甘被操纵,安有实业之可言。……请其密查共党巢穴,惩办捣乱首领"[4]。工潮进入第三阶段,资方更确信他们的判断:"除非受共党之嗾使,实属无从索解"[5]。苏州资方的一再提醒,让江苏省政府主席钮永建后来也相信:铁机工人"持众妄为,不堪理喻,其中难保无反动分子从中煽动"[6]。

共产党人在铁机工潮中的主导角色让资方倍感恐惧。当苏州资本家将地方工潮与整体时局相互联系起来的时候,资本家的恐惧心理便由国民党政权分担了,因为后者也正为自身统治的摇晃而担忧。由此,迁延日久的苏州工潮被视为

---

[1] 邬西濠:《大革命时期苏州丝织工人的罢工斗争》,江苏人民出版社1958年,第17页。
[2] 《苏总商会致国民政府军事委员会、民政厅电稿》(1927年10月18日),曹喜琛、叶万忠:《苏州丝绸档案汇编》(下),江苏古籍出版社1995年,第1157页。
[3] 《苏总商会致南京中央党部电稿》(1927年10月19日)、《苏总商会为铁机工人凌辱商会职员告各地商会书》(1927年10月20日)、《丝织业避沪厂主致市党部、县政府、公安局、商民协会、总商会电》(1927年10月24日),分别见曹喜琛、叶万忠:《苏州丝绸档案汇编》(下),江苏古籍出版社1995年,第1158、1161、1161页。
[4] 《苏州市商民协会铁机丝织业分会刍言》(约1927年10月中旬),曹喜琛、叶万忠:《苏州丝绸档案汇编》(下),江苏古籍出版社1995年,第1160页。
[5] 《苏州商团团本部为机工罢工累及商团呈江苏省政府特派调委会节略》(约1927年11月3日),曹喜琛、叶万忠:《苏州丝绸档案汇编》(下),江苏古籍出版社1995年,第1176页。
[6] 《钮永建等为据报苏州铁机工潮扩大致国民政府呈(抄件)》(1927年11月3日),曹喜琛、叶万忠:《苏州丝绸档案汇编》(下),江苏古籍出版社1995年,第1174页。

第二章　革命洗礼(1927—1937)

影响政治秩序的重要事件而由国民党中央和省级部门介入处理。苏州铁机工潮发生之时,正值国民党内部因激烈的派系角逐而导致政局动荡。1927年9月,宁(蒋介石)汉(汪精卫)沪(西山会议派)国民党名义上统一起来,成立了"中国国民党特别委员会",作为行使党权的临时最高机构,改组国民政府。但不久后新的纷争又起,汪精卫重返武汉与唐生智成立政治分会,与中央特委会分庭抗礼。10月,南京中央决定西征,讨伐唐生智。陷入工潮困境中的苏州总商会很能揣摩国民党的统治心理,10月30日致中央党部、军事委员会、江苏民政厅称:

> 际此西征、讨共之时,后方万分重要。而工人捣乱不已,其中显有共党分子从中煽惑。此来谣诼纷纭,有劫械起事种种风说,且经官厅查获可疑文电两通。城厢内外,密设机关,潜谋不轨,官厅亦所深悉。……苏州民风良善,工人亦纯谨者多,无如共产〔党〕混入,多方教唆,拔本塞源,不能不深望主持也。[1]

从中可以看出,苏州资方以及地方当局也已经将工潮与共产党人的活动联系起来了。苏州市公安局局长殷石笙以此次工潮之发生"定有共党分子从中煽动",特派大批督察员在苏城各处严密调查,并于10月26日傍晚在电报局查获由苏拍发之可疑电报二则,夜半查获嫌疑人员两名。[2]如果说10月份共产党人在苏州工潮中的"煽动"还属于他们的地方潜伏行动,那么,11月上旬为贯彻八七会议精神,江苏省委在苏州成立的"党团行动委员会"确有将苏州铁机工潮扩大为全市性总罢工的计划,同时还准备组织农民暴动。[3]因此江苏省委称:苏州有共产党员百余人,共青团员300人,农民运动刚开始不久,但"铁机工人全在我们领导之下"[4]。

国民党当局如临大敌,11月上旬开始了严防共产党人的活动。[5]在此形势下,组织工潮的铁工联通过"合法"的途径,接受了国民党中央党部等组织的调

---

〔1〕《苏总商会等为请惩办扰乱分子致中央党部等呈稿及批令》(1927年10月30日),曹喜琛、叶万忠:《苏州丝绸档案汇编》(下),江苏古籍出版社1995年,第1171页。
〔2〕《苏城铁机工潮成相持状态》,《申报》1927年10月28日。
〔3〕中共江苏省委党史工作委员会、江苏档案馆:《江苏革命斗争纪略》,档案出版社1987年,第286页。1927年9月底,根据江苏省委要求,中共苏州市委新任书记周学熙回苏后迅速组织和领导城市暴动,半个月后流产,并付出了沉重代价:指挥部成员遭到逮捕,参与暴动的铁机厂工人有的被厂方开除,有的被警署抓捕;苏州地下党组织也几乎陷入瘫痪,一直要到1930年才恢复活动。见李纪福:《古城火种:文化沧浪的红色记忆》,上海文艺出版社2011年,第62—64页。
〔4〕《江苏农民运动之第三次计划》(1927年12月5日),江苏省档案馆:《江苏农民运动档案史料选编》,档案出版社1983年,第77页。
〔5〕《苏垣严防共党》,《申报》1927年11月5日。

解。同时,共产党人表达了苏州铁机工人的悲愤:

> 本来在豪绅资产阶级新统治底下,资本的进攻已经是家常便饭了,资本家及其政权机关,除了经常惯用的镇压手段而外,此时又加上了一种绝妙的手段,即任意指定罢工是有"共产党"或"不良份子"或"反动分子"等类的人在里面活动,则凭你工人方面理由如何充足,工人领袖必定要被捕,罢工必定要被镇压下去的。[1]

事实上,资本家的指责并不完全为无中生有,因为共产党人确实在此工潮中一直同情和支持着工人阶级。共产党人在这里表达的悲愤正体现了它与工人阶级的一致立场,"因为没有一个活着的人能够不站到这个或那个阶级方面来(既然他懂得了它们的相互关系),能够不为这个或那个阶级的胜利而高兴,为其失败而悲伤,能够不对于敌视那个阶级的人,对于散布落后观点来妨碍其发展以及其他等等的人表示愤怒"[2]。

铁机工潮之后,苏州资本家有恃无恐,苏经、延龄、天孙、天一、振亚、三一等绸厂的厂方再次纷纷毁约,致使大量工人失业。400余名绸厂工人拥至国民党吴县县党部请愿,未获结果。木机工人向江苏省政府请愿,也拖延不复。中共苏州党组织于1928年6月18日和7月17日两次发动全市万余名木机工人大罢工。[3] 共产党人与工人阶级依然站在同一条阵线与资本家阶级进行抗争。只是随着工人运动转入低潮,共产党人领导工人阶级的方式更为隐蔽。

二、农潮与农民运动

在近代文明世界里,科学的发达、交通的便利和物质的丰富逐渐惠及社会大众,但对于广大中国百姓来说,这一切似乎还遥不可及,尤其是生活于社会底层的中国农民,在不平等的世界政治经济格局和传统社会制度中,依然承受着极大的苦痛。物不得其平则鸣。无法生存的苏州农民在世界经济不景气年代澎湃成一股怒潮,是为"农潮",苏州最汹涌的潮头是20世纪30年代前期发生在东乡的"打催甲"。苏州"打催甲"集中反映了国民党政权建立后最初10年的整体政治经济情势和地方社会生态。

---

[1] 超麟:《苏州铁机工潮之悲愤》,《布尔什维克》1927年第1卷第2期。
[2] 列宁:《我们究竟拒绝什么遗产?》(1897年),《列宁全集》第2卷,人民出版社1959年,第471页。
[3] 阎志华、董柏年:《苏州市工会志》,江苏古籍出版社1993年,第122页。

1. 20世纪30年代的"打催甲"

所谓"催甲",又称"催子""催主",是地主所雇佣的向佃户催租的人。[1]苏州"打催甲"非始于20世纪30年代。车坊镇葫芦桥浜催甲姚温良家的房屋曾在清末和1918年两次被焚,1934年已是第三次。[2]20世纪30年代苏州东乡农潮的打击对象很明确,即"居间作恶、地主们之走狗的催甲",兼及极少部分的乡长、镇长。据称,1934年乡民所摧毁的房屋"从无累及无辜;近百多家被灾住户里也从没有一家是冤枉受害的,甚至连不是'业已发迹'的大催甲都极少",可见乡民"对于对象的认识,已充分了"[3]。当时《吴县日报》载,在焚烧房屋时,如系催甲独宅居住,即纵火焚毁;如有邻家毗连,恐殃及池鱼,则先将催甲房屋拆移,然后付诸一炬。[4]

苏州乡民为何专门针对催甲?这与地方社会的租佃惯例相关。民国年间苏州租佃关系发达。据20世纪30年代中期田赋征收处报告,吴县佃耕地约当全部田亩的70%~78%,[5]在常熟,地主和农民的所有地分别占总耕地的72%和28%。[6]换句话说,苏州农民所种的田地,大多是向地主承租而来的。在此次发生农潮的苏州东乡,"那里自耕农不多,差不多都是佃农",一年要还两次租。[7]苏州佃耕地中,以永佃居多:租田分为田底、田面,地主享有所有权,称"田底",而佃农只有耕种权,称"田面"。在永佃制下,业佃关系非常淡薄。根据苏州的习惯,业佃双方互不通知,私相转移田底权和田面权,其结果,佃户不认识业主,业主亦无从知晓佃户,租簿上的佃户姓名早经顶替继承而失真了。这样,苏州地主就必须雇用催甲之类的代理人才能收取地租。催甲便利用这个机会压迫农民,"平日间农民一口冤气,正觉无处可诉,都趁这时候爆发出来了"[8]。

苏州地主大多居住在城里或镇上。除了苏沪城里之外,他们也乐居交通便利、生活闲适的江南市镇。在吴江同里小镇,特别显眼的是在高大的旧式屋子之

---

[1] 鹿平:《苏州的收租米》,《农业周刊》1934年第3卷42期;元:《苏州农民又发生抗租风潮》,《现世界》1937年1卷第12期;钱志超:《苏州的农潮》,《生活知识》1936年第2卷第2期;房龙:《苏州农民暴动的经过与前瞻》,《劳动季报》1935年第4期。
[2] 吴大琨:《最近苏州的农民闹荒风潮》,《东方杂志》1935年第32卷第2号。
[3] 房龙:《苏州农民暴动的经过与前瞻》,《劳动季报》1935年第4期。
[4] 张溪愚:《旱荒声中的农民暴动》,《华年》1934年第3卷第44期。
[5] 洪瑞坚:《苏州抗租风潮之前因后果》,《地政月刊》1936年第4卷第10期;英:《苏州农潮之因果及其解决途径》,《农业周报》1936年第5卷第16期。
[6] 殷云台:《常熟农村土地生产关系及农民生活》,《乡村建设半月刊》1935年第5卷第3期。
[7] 铁道:《苏州农村杂写》,《申报月刊》1935年第4卷第7号。
[8] 洪瑞坚:《苏州抗租风潮之前因后果》,《地政月刊》1936年第4卷第10期。

间"参错不齐的夹着几所洋房,这些,就是地主们的'贵宅'"[1]。悠闲自在地生活于城镇的地主,对于田地的坐落、佃户的姓名大都是不知道的,收租的事情一定要雇用熟习四乡佃户的催甲来专门办理。催甲"在乡村跑惯了,对于农民田地的情形,非常熟悉,业主就利用他们,替自己催收田租"[2],所以苏州有许多人以此为职业。根据时人的观察,地主的居住地点与租风有一定的关系。比如,苏州东乡的地主大多住在苏沪城内,与佃户疏离,而西乡地主多住在乡间,业佃接触的机会较多,所以"西乡欠租抗租的情事,比东乡少得许多"[3]。

苏州地主设立租栈收租。[4]每年霜降后,租栈派催甲向农人遍发"租由",知照交租。[5]本来催甲发放租由仅负通知之责,而地主们往往为贪便起见,索性连收租的事情也让催甲代理;离城远的农民省得跑远路去完租,倒也觉得便利,催甲收租之后,汇解地主。[6]

催甲"没有固定薪水"[7],其报酬按所发租由的亩数确定,大约每亩大洋1角。"信用可靠的"催甲甚至可以催至几万亩,"每年催租收入,计数千元"。仅此"正经的收入",他们已经可以享受优裕的生活而有余了,可是催甲的实际收入并不止此。他们常常在催租过程中上下其手,"瞒过业主,欺诈农民,获得不少额外收入"[8]。比如,催甲在地主面前谎称,某佃户"租米已清的,说他留欠,或者指欠少的,说他欠多,反正收租向来不给凭证,佃户是没法抗辩的,业主只顾生活舒适,收租方便,其他一概不管,平日所听到,只是催甲一边的话,农民的下情,无由上达,虽是催甲同农民已经是仇深冤结,业主还是茫无所知"[9]。

苏州收租在时间上设立限期,共四期。在正式规定收租日期以前三日,谓之"飞限",在此期限内完租,除了有特别折扣而外,另有贴饭、贴酒等补偿。其后

---

[1] 佩珊:《荒僻的乡镇(同里通讯)》,《人言周刊》1934年第1卷第7期。
[2] 洪瑞坚:《苏州抗租风潮之前因后果》,《地政月刊》1936年第4卷第10期。
[3] 洪瑞坚:《苏州抗租风潮之前因后果》,《地政月刊》1936年第4卷第10期。
[4] 租栈是苏州的收租组织。据1936年资料,吴县一共有三四百家租栈,有的一户业主设一栈,有的几家合设一栈,普通要有五六百亩田地以上才有资格设栈,因为太少了不经济。有些不在地的业主把田地委托给亲戚、房族或朋友的租栈代收,大概是每千元田租抽50元给该经手人作为酬劳。因此大的租栈有收几万亩田租的,规模甚为可观。参见洪瑞坚:《苏州抗租风潮之前因后果》,《地政月刊》1936年第4卷第10期。
[5] 租由,通知农人缴租之文书,其中载明开栈日期、催甲姓名号数、佃户所在之图圩地点,其姓名及其承租之亩分,以及应缴数量。参见仲:《论苏州佃农之暴动》,《农业周报》1934年第3卷第42期。
[6] 洪瑞坚:《苏州抗租风潮之前因后果》,《地政月刊》1936年第4卷第10期。
[7] 吴大琨:《最近苏州的农民闹荒风潮》,《东方杂志》1935年第32卷第2号。
[8] 洪瑞坚:《苏州抗租风潮之前因后果》,《地政月刊》1936年第4卷第10期;枫隐:《一个催甲的写真》,《新声》1921年第3期。
[9] 洪瑞坚:《苏州抗租风潮之前因后果》,《地政月刊》1936年第4卷第10期。

每10日为一限,曰"头限""二限""三限"。[1]期内完租的,给以些微折扣,以示优待;过期缴纳的,照例加罚若干,以示惩戒。[2]"农民深非不得已的时候,谁都要讨这个便宜,所以过去苏州收租,是最简便快当不过的,除非年成不好,或者有些延欠"[3]。过了三限不缴,租栈就派催甲下乡催缴。当佃户因年成荒歉、婚丧人情等事积欠稍多可能无力清偿,甚至还要拖欠新租时,地主就会想出一些特殊方法来追租,比如"割稻头":让催甲督率长工到佃户所种的地里把稻禾割下挑回,倘若数目还不够,再记一笔宕账,下年再来一次。[4]

催甲催讨无着,则开具"切脚"(其效力实等于法院里的拘票)由追租委员会同催甲武力收租,或牵牛作抵,或撑船代偿。如果牛或船或水车等有点价值的农具都没有的,则拘押以儆,[5]即所谓"押追"。押追即将佃农拘押于"田租处分所",进行超经济勒逼。[6]民初吴江盛泽《盛湖竹枝词》云:"巣将新谷典春衣,三日还租限趁飞。哪讲终年妻子食,免教开欠入圜扉。"[7]为了获得一点优惠,佃户们哪怕典当春衣,也要极力在"飞限"期内完租;若迟迟不交,即所谓开了"租欠",免不了押追入狱。以下是1936年5月21日"金催甲"在苏州乡下"押追"的写实。在佃户王小全家的稻场上:

> 人都纷乱地围聚在小全门口的场上,这一句那一句的都替小全诉苦恳求。那差人吓吓的嘲笑声使人难过而怒恨。……红面娘说:"你要人,不过叫他去吃掉几碗饭,总要你到金先生那边去说说,譬如行好事;阿全实在苦楚。你看——指两个孩子——如果他去了,剩下这两个小孩子怎么过活,他的老婆不死,那里会弄到这样,他是从来没有欠过租米的。人是大家知道好人,阿弥陀佛。"小全这时流泪了,但还是不响。

在作为临时办公地的茶馆里,金催甲拿着一本厚厚的画着红线的簿子翻着,

---

[1] 房龙:《苏州农民暴动的经过与前瞻》,《劳动季报》1935年第4期。
[2] 鹿平:《苏州的收租米》,《农业周刊》1934年第3卷第42期。
[3] 洪瑞坚:《苏州抗租风潮之前因后果》,《地政月刊》1936年第4卷第10期。
[4] 钱志超:《苏州的农潮》,《生活知识》1936年第2卷第2期。
[5] 房龙:《苏州农民暴动的经过与前瞻》,《劳动季报》1935年第4期。
[6] "田租处分所"是"苏州业主催租的组织",隶属于"吴县县政府田租处分办公处"。办公处专以解决业佃间田租纠纷事宜,设四股一所,所即"处分所",担任佃户收释及所内一切管理事宜。参见洪瑞坚:《苏州抗租风潮之前因后果》,《地政月刊》1936年第4卷第10期。
[7] 沈云:《盛湖竹枝词》(1918),沈莹宝:《沈云〈盛湖竹枝词〉新注》,古吴轩出版社2012年,第197页。

突然抬头说：

"王小全共十八元七角六分"。……

"我没有钱。"这几个字的声音很低，几乎不能听到。

"嗄唷！"金催甲如听到了报死的消息，然后以最怒的暴声说："那是你不要还了，这样没有，那样没有，你大约存心想赖掉了。"

……终于无救，小全到底南桥（拘押处）去了。[1]

催甲凭借他们的身份与经验，常常在乡村作威作福："倘若他偶然走到管辖下的农家去，农民必须十分恭敬的款待，四时八节，送礼成为农民应有的义务。"平时农民敢怒而不敢言，但遇到了连年灾荒的袭击，眼见终年辛劳尽付东流，而租税依然沉重地压来，可能就会铤而走险了。[2]进入20世纪30年代，世界资本主义经济危机影响中国，不景气年代到来，苏州乡民的完租发生很大的困难。首先是与市场联系紧密的副业失败。苏州租佃关系的正常维持，有赖于发达的乡村副业。苏州南园的农民租种东乡娄葑地主的田地种植芡实、茭白、荸荠等经济作物，"每年总有盈余，到还租时也很踊跃，一些也不畏缩"[3]。如果仅是一般农作物，完租则显困难。在常熟，有人算过一笔账，五口之家，种着10亩田，平均每亩田收白米2石，共计20石，还地主租米大概6石至10石，剩下来的米，要供一家五口的食粮，有时还恐不足，至于种子以及肥料等资本，差不多要完全落空。五口之家，老老小小辛苦了一年，结果仅足以糊口。[4]所以在苏州乡民生计中，蚕业占有非常重要的地位。蚕业所得，一方面"可在青黄不接的时候调剂一下。如果隔年向地主拖欠了佃租，这时脱售去了茧子，也可勉为偿清一些"。但自从世界经济不景气以来，"养蚕已趋于末路了"[5]。常熟的西北乡有时靠些蚕桑，在东南乡，靠做花边的工作来扶助，可是这两种副业，进入30年代，"因受整个社会不景气的影响，获利亦非常微薄了"[6]。时人指出，苏州农村凋敝之最大因子，"不在农业之衰颓，而在副业之失败。昔藉副业所入以完租者，兹尽为洋机制品所夺去，物价下落，金融复枯，生产不加多，支出无所减，无力完租，情岂得

---

[1] 素人：《催租》，茅盾主编：《中国的一日》，生活书店1936年，第26—29页。
[2] 《苏州农潮》，《申报周刊》1936年第1卷第26期。
[3] 曼明：《南园生活调查报告》，《振华女学校季刊》1935年第1卷第4期。
[4] 姚心垂：《常熟县农民生活特写》，《江苏时事月刊》1937年第6卷。
[5] 金霁虹：《农村破产后的春蚕》，《苏州乡村通讯》1934年第1卷第11期。
[6] 姚心垂：《常熟县农民生活特写》，《江苏时事月刊》1937年第6卷。

已?"[1]唯亭附近村落向以织绸为副业,几乎每家有织机,"好的时候,每一织工每天工资的收入,约有两元之谱,全镇可有六七十万元的收入",至 1930 年代中期,家庭织绸"大多无工可做,同时工资也比前减低,每天一人至多只能赚五六角,因此,许多生利者,变为分利者,再加以年成不好,真的无法可以完租"[2]。其次是资金挹注渠道堵塞。过去,苏州一般农民所以能够正常还租,常常是靠着挪借的。一方面是向地主借贷,后来农民因为无力归还本利,加以田租无着,一般地主也没有余钱可以出借,即使有钱也不敢再借给农民。银行的信用放款,数目不够,还带些抵押性质。最致命的要算"会钱",决不能因米贱而减短,一年的收入都用来缴"会钱"还不够,"田租当然置之度外了"[3]。

在不景气的年代里,平日里耀武扬威的催甲依然我行我素,便成为乡民首先攻击的对象。打催甲开始了,诱因是 1934 年苏州大旱。

在灾荒年头,催甲有决定地租减让之权。1934 年亢旱成灾后,吴县政府和市党部照例组织"秋勘委员会"加以踏勘,以确定收租及纳税标准。秋勘委员由政府机关代表和地主组成:机关代表都是有资产者,生长在城市,对于农村实况及民间疾苦不甚了了,勘灾工作"全本外行",故不免敷衍塞责;而地主委员又不亲自下乡,"全将其权付之于催甲"。这样,秋勘委员"假手于乡长、村长及催甲等自由估计,于是冤毒之气,都呵于乡、村长及催甲身上"[4]。据当时地方报纸报道:

> 今年夏间,久旱成灾,影响秋收,灾情奇重,全县被灾田亩达四十余万亩,为三十年来所未有,县府特组勘灾会,勘察灾况,以定成色。本月八日,分头出发勘灾。乡民因勘灾委员莅乡时,本偕同区公所及催甲等同来,事后对所拟之成色,认为太大,要求催甲转请重勘,催甲等以早经勘定,且得各人同意,何能重勘,拒绝未允,于是乡民迁怒于催甲及乡镇长副,谓系不帮乡人之忙,不幸事件乃种因于此。[5]

乡民不是无端迁怒催甲,而是催甲在勘灾过程中确实不公。1934 年乡民潘

---

[1] 英:《苏州农潮之因果及其解决途径》,《农业周报》1936 年第 5 卷第 16 期。
[2] 洪瑞坚:《苏州抗租风潮之前因后果》,《地政月刊》1936 年第 4 卷第 10 期。
[3] 任祖述:《农民"抗租"地主"欠赋"问题(吴江通讯)》,《国讯》1935 年第 96 期。按,会钱指民间加入摇会等信用组织的成员按期平均交纳的款项。
[4] 张溪愚:《旱荒声中的农民暴动》,《华年》1934 年第 3 卷第 44 期;仲:《论苏州佃农之暴动》,《农业周报》1934 年第 3 卷第 42 期。
[5] 吴大琨:《最近苏州的农民闹荒风潮》,《东方杂志》1935 年第 32 卷第 2 号。

长根称,他们到外跨塘翁家浜烧房子,是因为"看荒催甲陆家夫不平等,有面子的减成色,无面子的就要十足,所以我们愤恨的。"陈应龙供称:"因为看荒的不平,所以要放火,我们的田只能收四成,他们催甲要勘六成,不是叫我们没有生路了吗"?[1]而且,乡民与催甲之间的矛盾非止一日,"历年收租时,催甲多迁怒贫民,近日勘灾委员会下乡勘灾,又均用催甲领看,对于所批成数不能满意,致一般农民均迁怒催甲,遂演成此番恶剧"[2]。也就是说,灾荒只是1934年"打催甲"的一个诱因而已,平常年景里的苏州乡民与催甲积怨已深。在苏州,催甲被看作"为虎作伥,专门以欺凌敲诈为业的"人,[3]他们下乡催讨,"倚势逼索","向启农人之怀恨,而今岁旱魃为患,秋收欠佳,租由即至,无法缴纳,积忿生怨,遂有发生纠众焚毁催甲居家之暴动"[4]。此次被焚去的许多催甲家里"大多非常富足,足见催子平日搜刮的厉害,乡民因为平日与催子本有积怨,再加以这次勘荒不公,所以烧催甲房屋的事情,才会一唱百和,在一个极短期间中蔓延于苏州的大半乡村"[5]。

20世纪30年代"打催甲"事件集中在三个时段:第一时段在1934年10月中下旬,基本情况见下表:

表2-2　1934年10月中下旬"打催甲"事件

时　　间	地　　点	行　　动	备　　注
约15日	外跨塘	捆打催甲沈梅祥	
约17日	斜塘上二十五都金城乡	包围勘灾船,勒写减成单据	
19日10时起	外跨塘木乡港、西益村、二十图	数百农民先后焚毁催甲邢姓、宁南副镇长朱姓、枫泾乡副乡长魏姓、催甲璩姓家房屋	
19日傍晚	娄门外附郭凤泾乡	焚烧南洋泾催甲朱福昌房屋	
19日夜10时起至20日下午	外跨塘下塘,斜塘附近村落	毁烧催甲邱子根等六七家	19日夜县警察队严守娄门外永安桥;20日下午截获纵火二地保

---

[1]《谈苏州农民事件与民众教育》,《教育与民众》1934年第6卷第3期。
[2] 傅玉符:《苏州农民暴动》,《妇女共鸣》1934年第3卷第10期。
[3] 元:《苏州农民又发生抗租风潮》,《现世界》1937年第1卷第12期。
[4] 仲:《论苏州佃农之暴动》,《农业周报》1934年第3卷第42期。
[5] 吴大琨:《最近苏州的农民闹荒风潮》,《东方杂志》1935年第32卷第2号。

(续表)

时　间	地　点	行　动	备　注
20日凌晨2时起至天明	斜塘南小庄等	焚毁南小庄、鸭城里、陈岐墩村、墩头和凤圩村催甲9家房屋数十间	
20日上午	外跨塘金家桥、翁家浜	七八百乡民焚烧翁家浜催甲林海生、林长根、陆家夫等房屋、船棚等	唐巡官弹压,缉获乡民10名
20日下午2时起	车坊葫芦浜	先抢后烧催甲姚金标房屋10间;骚扰镇东梢催甲傅溥泉	县政府急电省府民政厅派员来苏
20日	娄门外黄石桥	500人焚烧催甲房屋	当地警士驰往弹压
20日晚7时	斜塘	龚巷村和斜步圩发生焚屋事件	
20日晚9时	外跨塘杨家前后村、宋庄等地	乡民焚毁催甲房屋	
21日上午	唯亭横塘村	焚毁催甲吴梅溪、富民陈筱云、张介东家房屋数十间	
21日晚7时	甪泾北	三四百乡民焚毁西娘乡尹鲁峰、李家浜王梅村、西溇里村陈子琴、朱家舍催甲胡俊德、肖泾乡马琴伯、甪泾镇浦浩奎等催甲家房屋	省保安大队,县公安局前往弹压
21日夜8时起至天明	从外跨塘下塘东南村落起	焚烧宋庄村催甲毛云泉家、西村催甲顾云祥家、前庄村催甲沈梅祥家、东珠港催甲杨世德家、杨家庄催甲朱松山和朱叙山家房屋数十间	
21日晚9时	唯亭萧泾	数百乡民捣毁查、顾两姓催甲房屋	
21日夜9时起	外跨塘	百余乡民至外跨塘方泾村拟拆催甲陈绍林房屋,抵陆泾村,拟焚烧催甲查凤奎房屋	官府捕获10余人,包括"主犯"陆根寿等7名;省保安大队200人到苏镇摄
22日下午1时	湘城太平乡	五六百人焚毁王竹浜催甲张忆云房屋	省保安大队前往弹压,捕获凌金狗等4人

资料来源:《一部乡农因勘灾问题发生聚众闹荒风潮》,《苏州明报》1934年10月21日;《闹荒风潮余波未息》,《苏州明报》1934年10月23日;《苏州娄门外农民聚众暴动》,《申报》1934年10月21日;《苏州农民暴动》,《申报》1934年10月22日;《苏州农民暴动风潮平息》,《申报》1934年10月23日;《湘城农民暴动,催甲张忆云家被焚》,《申报》1934年10月24日。

据统计,1934年10月中下旬"打催甲"事件所造成的损失主要有:涉及催甲四五十家,焚烧房屋一百四五十间之多,损失近10余万元。[1]湘城地方损失尤巨,

---

[1] 吴大琨:《最近苏州的农民闹荒风潮》,《东方杂志》1935年第32卷第2号;张溪愚:《旱荒声中的农民暴动》,《华年》1934年第3卷第44期。

"约有三万元之谱"[1]。风潮似乎很快过去了,但人们注意到,这次闹荒的农民除了焚烧催甲的房屋以满足他们原始的报复欲望外,对于勘荒纳租本身却没提出什么要求。勘灾委员会没有重新勘荒,吴县政府也未改善催甲制度。因此这一次苏州农民的闹荒虽然平静了,但"造成这些风潮的原因却还是存留着"[2]。正如人们的预料,一个月后的12月上下旬,几乎在同一个地区,第二时段的"打催甲"开始了:

表2-3　1934年12月上下旬"打催甲"事件

时间	地点	行动	备注
2日7时起	甪直	焚烧林家港催甲吴通源、西河角催甲孙姓三家、桃浜催甲邢荣根、陆巷催甲蒋荣夫等家房屋	3日夜省保安大队布防于甪直四乡
4日晚间	齐门外塘角	农民劝阻来城完租之佃农	
7日晚9时起	尹山	焚毁夹浦桥焚烧催甲住屋	县保安大队赶赴平息
9日晚8时	郭巷	在石灰港、张墓等地焚毁陈、汤催甲房屋数十间	
12月29日晨2时	唯亭一带	焚毁杨家甸催甲张建卿房屋,金妙乡2000余乡民赴区公所请愿,要求削减收租成色,勿滥捕佃农	驻守该地土地桥的保安队开枪示威

资料来源:《甪直农民聚众放火》,《苏州明报》1934年12月4日;《吴江境内亦发生风潮》,《苏州明报》1934年12月10日;《唯亭闹荒风潮继起》,《苏州明报》1934年12月30日;《乡民闹荒焚屋抗租》,《申报》1934年12月5日。

第三时段是1936年春季,基本情况见下表:

表2-4　1936年春季"打催甲"事件

时间	地点	行动	备注
2月28日	斜塘目莲乡	三四百乡民持火把游行,高喊"拼死不还租"口号,反对"联合收租处"下乡收租	斜塘保安队出动,发生"激战"
4月16日	唯亭夷陵乡	催甲顾凤生押追生病佃农,数百人欲与之"评理",发生骚乱	县保安大队20人前往弹压
4月24日	斜塘金妙乡	500名农妇至乡长家要求贷款	

---

[1]《闹荒风潮之损失调查》,《苏州明报》1934年11月2日。
[2] 吴大琨:《最近苏州的农民闹荒风潮》,《东方杂志》1935年第32卷第2号。

第二章 革命洗礼(1927—1937)

(续表)

时　间	地　点	行　动	备　注
4月24日	斜塘下庄乡	2 000名农妇至乡长家要求贷款	
4月27日	斜塘连同乡	数百乡民游行高喊"我们大家请愿减租去"口号,后发展至2 000人	斜塘保安队开枪示威,与乡民发生"猛烈的冲突"

资料来源:钱志超:《苏州的农潮》,《生活知识》1936年2卷第2期;房龙:《天堂的毁灭》,《劳动季报》1936年第9期。

反观20世纪30年代"打催甲"事件,不难发现以下几个明显的特点:

一是自发性。"打催甲"事件的发生不过是苏州乡民寻找生路而不得的情绪爆发。本来,农民是很容易满足的。1920年后期,苏州东乡的农民,"秋收忙了一阵,便没事了。卖米的钱还租剩下的钱,地上的出息,将零碎债还了,大家便都笑嘻嘻了"。这当然是"他们还有饭吃"的年成,至1934年大旱灾发生,生活无法维持了,"田里没有东西,水一点也没有,……地里也不能种菜和茄子。那时整顿的饭是可以说没得吃了,只吃些'南瓜糊'或是小麦屑糖糠皮的薄浆。年青的都进城做工去了。女人'看蚕'也没'出息',因为辛苦了一阵,茧子还是没人要;只得做三个小钱一双的袜底,每天倒有十双可做,有的轮不到东西做,只得坐在家里想心事,拜菩萨"[1]。1935年《大公报》某记者在苏州实地调查时记载了一个场景:有某大地方领袖闯入一个农家,劝告他们纳租。那农民引这位领袖参观他的家庭布置,真所谓室如悬磬,绝无长物。最后跑到他的卧房,床铺已没有了,打了一个大地铺,下面用稻草衬底,上面盖的也是稻草。他揭开一层草,向地方领袖说:"先生,你还是捐衬去缴租米?"记者按语:苏州的农民虽不一定都是穷困到如此地步,但是至少我们可以承认,苏州农民抗租的骚动绝不是"阴谋煽乱",实在是为了"生存挣扎"[2]。数年来的贫困、饥饿、荒歉"使农民失掉了忠厚的德性,他们已是典质殆尽,穷无所归,铤而走险者,日繁有徒"[3]。

二是广泛性。从第一次的怒潮中我们便看到,"在斗争中集众鸣锣的是农妇、大众,老的小的,全走在生死的挣扎线上"[4]。1936年,斜塘金妙乡又发生"打催甲"事件。先是租差下乡催租提人,农民鸣锣聚众,捣毁催甲房屋,要求释放被捕佃农,与公安分局发生冲突,警察开枪误伤乡民。乡民并不畏惧,4月下

---

[1] 铁道:《苏州农村杂写》,《申报月刊》1935年第4卷第7号。
[2] 《苏州农潮》,《申报周刊》1936年第1卷第26期。
[3] 姚心垂:《常熟县农民生活特写》,《江苏时事月刊》1937年第6卷。
[4] 冈:《不断的轰雷》,《妇女生活》1936年第3卷第1期。

旬,又有老妇 500 余人结队赴乡长住所,要求贷款购稻种,同时下方乡农妇亦聚众 20 余人,作同样的举动。[1]女人的参与,让一部分激进民主主义者为之振奋:"女人再不是羔羊了,她们用最后一点力气抵抗吸血鬼。她们知道奴隶的末日已经来临,挺起了身子,负起了反封建和间接反帝的任务。……妇女大众们也要活,也要厮杀!而且是已经排演着这伟大的历史剧底序幕了!轰雷是要继续下去,而且扩散到全中国的农村,它要轰炸掉这多年的不平。"[2]

三是愈演愈烈。1934 年初冬苏州第一次"打催甲"事件发生,前后时断时现,连绵两个月,"虽然并没有发生更大的流血,但在苏州县志书上,已是从未曾有的空前大变乱了"。1936 年春天农潮再次发生时,情况更加骇人,它不同于前一次仅仅焚毁居间为虐的催甲房屋来泄愤,而是进一步地要求救济了,甚至有包围当地公安局的行为。[3]在唯亭"打催甲"事件中,开枪击伤乡民之巡长陆振家被殴伤甚重,警察方面曾被夺走 5 支步枪,弃掷河中。[4]按照这一趋势,有人惊呼:农民们"已经不是要暂时的泄愤,而是要博得最后的胜利"[5]。

但事实上,20 世纪 30 年代苏州"打催甲"没有更多的政治目标,只是乡民为生存而进行的抗争。这样的抗争一直延续至抗日战争全面开始。1937 年 1 月 12 日夜 7 时,成规模的"打催甲"事件再次发生。斜塘莲目乡农民百余人各举火把分赴金庙等各乡镇,宣传抗租。同时车坊也有同样事件发生。[6]13 日晨 7 时乡民千余人冲至车坊镇,拆毁谢姓催甲房屋一所。迄晚 6 时许,葑门外黄石桥附近又有乡民集聚,拆毁催甲房屋一间。[7]在尹山双庙乡,更有农民 300 余人于是夜 8 时许拥至催甲谢某家中,不问情由,将家具尽行捣毁而去。这次"打催甲"过后,人们提出了一个问题:去年(1936)秋收丰稔,且粮价高涨,农民应该得到了好处,农民的生活应该也得到了改善,但是为什么还要抗租呢?问题在这里,丰收是事实,粮价高涨也是事实,但得到好处的却不是农民,"中国社会的半封建半殖民地性,使农民大众受着帝国主义,买办资本以及封建性的高额地租,苛捐杂税,高利贷印子钱……等重重的剥削,早已体无完肤,一遇荒年,不待说是成千成万的农民因饥饿而死亡。即使在丰年,他们同样的要在饥饿线上打滚,这是因为

---

[1] 洪瑞坚:《苏州抗租风潮之前因后果》,《地政月刊》1936 年第 4 卷第 10 期。
[2] 冈:《不断的轰雷》,《妇女生活》1936 年第 3 卷第 1 期。
[3] 房龙:《天堂的毁灭》,《劳动季报》1936 年第 9 期。
[4] 《催租激成民变》,《生活知识》1936 年第 1 卷第 7 期。
[5] 钱志超:《苏州的农潮》,《生活知识》1936 年第 2 卷第 2 期。
[6] 元:《苏州农民又发生抗租风潮》,《现世界》1937 年第 1 卷第 12 期。
[7] 《苏州农民闹租风潮》,《申报》1937 年 1 月 14 日。

他们所身受的是一种超经济的剥削,他们不是好处的享得者,而是损失的被转嫁者"[1]。也就是说,农潮的发生与年成好坏并没有必然的联系,实际的原因在于近代中国的特殊社会制度,灾荒不过是农潮发生的一个诱因而已。

2. 农民运动的两种路径

20世纪30年代前期发生在苏州东乡的"打催甲"其实是当时农民运动的一个侧面。跟一般的理解不同,1938年吴觉农对农民运动的界定更具包容性和适切性。他认为,所谓农民运动,具体地说:"是拥护农民自己的权利,增进自己的地位,改善社会组织,并在合理的社会方针之下,作政治的、经济的及技术的一种团体运动。"从动力源上说,民国时期的农民运动有不同的主体:或者是自动的"农民自己来活动",苏州"打催甲"便是;或者是"他动的代农民设法进行除去物质上及精神上的一切苦痛,当然都是人权上及人道上所必需的了"。实际上,"他动的"农民运动"因指导者和国情的关系",存在两个不同的主体,"组织上便有不同的倾向:左倾的急进的农民运动,主张与都会的工业劳动者相联合,采直接行动的阶级斗争,以达到无产者的专政",这一主体以中国共产党为代表。另一主体是中国国民党,国民党希望在"政府的指导之下,组织有规律的团体,使内部十分的巩固,俾直接参与政治监督行政,并随时革新经济上的制度为目标"[2]。吴觉农认为,无论是中国共产党还是中国国民党,在农民运动中都应标举"生产的合理化"和"分配的正当化"的旗帜,具体的目标约略有:(1)土地收回运动。只有"耕者有其田",才能有合理的生产,农民"不能不以此为第一目标"。(2)资本改善运动。如果地主在放弃土地的同时仍旧利用流动资本剥削农民,那是"换汤不换药",因此应当通过国家组织地方农民银行,予以低利的流通资金,这是第二个目标。(3)打倒贪官土豪。从前的土豪仍旧"摇身一变,组织团体,参加运动";从前的贪官仍旧"摇尾乞怜,继续往昔的勾当",他们便是农民的"仇敌",必须打倒。(4)农产物的联合贩卖,以"打破中间商人的居奇垄断,这也是农民运动中所应该注意的"。(5)教育与技术的改良。[3]

这些目标在20世纪20年代中期国共合作大革命时期已基本确立。国共分裂之后,农民运动仍在继续,但在实现目标的步骤,特别是达成目标的路径方面,

---

[1] 元:《苏州农民又发生抗租风潮》,《现世界》1937年第1卷第12期。
[2] 吴觉农:《农民运动的意义与方针》,中国茶业学会:《吴觉农选集》,上海科学技术出版社1987年,第474、476、479页。
[3] 吴觉农:《农民运动的意义与方针》,中国茶业学会:《吴觉农选集》,上海科学技术出版社1987年,第481页。

两党的理念及其行动存在根本差异,而在 1927—1937 年间日益明显。

1927 年春南京国民政府建立后,国民党中央及省党部继续倡导农民运动。此时国民党所谓的农民运动,"就是使农民解除所感受束缚的痛苦。而增进其福利的运动"[1]。国民党认为当时农村"风俗颓败",农人"不学无术;改良也,增进也,不得不居于被动之地位,而有赖在上者之提倡焉"[2],国民党的农民运动便在这样的背景和理由下开始。

农民运动的主要工作在地方。国民党政权着力在苏州社会启发以下一些基本认识:首先,关于农民在整个社会中的地位。就人数来说,当时全国人口 80%以上是农民,农民的一举一动事关国家全局;以贡献说,粮食、衣料都靠农民种植出来,所以没有农民,社会就不能生存,其他住、行、工、商,亦要靠农业作基础;从负担看,田赋直接取于农民,其他一切杂税,亦以农民担负为最多。据此,农民本身应意识到,作为"中华民国最多数的主人,不可自居于奴隶的,被压迫的地位,应一致起来,共谋中国之自由平等"[3]。其次,关于农民苦痛之由。常熟从事农民运动者指出,民元以来,农村教育未能普及,现代农业知识亦未传播,农事未见改良,农夫依然穷蹙和愚昧;至于农村组织,"情状如满盘之散沙,无团结力,无特立性,故虽处于层层迫压之下,而忍而终古,莫敢谁何?"[4]所有这些苦痛,都是"从帝国主义及其工具来的"。具体说来,在苏州农民之上主要有四重压迫:帝国主义—军阀—土匪;帝国主义—贪官污吏—土豪劣绅;帝国主义—资产阶级—大地主;帝国主义—买办阶级—奸商。因此,农民要一致起来,对外打倒帝国主义,对内打倒帝国主义的工具,然后农民才能得到解放。[5]第三,农民运动是国民革命的重要组成部分。在国民党看来,国民革命的主要成分是农民,革命运动的中心是乡村,"农民如能得到解放。才算国民革命的真正成功"。要使农民得到解放,非从事"农民运动"不可。[6]国民党政纲便有"改良农村组织,增进农人生活"[7],因此,农民应信仰中国国民党之主义及政纲,并努力赞助国民革命;国民革命成功,农民才能得到幸福。[8]第四,农民协会是农民的正

---

[1] 何赓虎:《吴县农民》(未刊),1928 年,上海图书馆藏,"言论"第 1 页。
[2] 常熟农民协会:《常熟农民》过探先序(未刊),1928 年,上海图书馆藏。
[3] 何赓虎:《吴县农民》(未刊),1928 年,上海图书馆藏,"会务"第 34—35 页。
[4] 《〈常熟农垦〉发刊词》,常熟农民协会:《常熟农民》(未刊),1928 年,上海图书馆藏。
[5] 何赓虎:《吴县农民》(未刊),1928 年,上海图书馆藏,"会务"第 36 页。
[6] 何赓虎:《吴县农民》(未刊),1928 年,上海图书馆藏,"言论"第 1 页。
[7] 常熟农民协会:《常熟农民》过探先序(未刊),1928 年,上海图书馆藏。
[8] 何赓虎:《吴县农民》(未刊),1928 年,上海图书馆藏,"会务"第 36 页。

当组织。有组织才有呼声,可以"公共说话",如向政府提出要求、请愿等;有组织才有力量,做个人所不能做的事,因此须在国民党指导之下把农民协会组织起来。[1]国民党认为,农民运动的方式,一是到农村去为农民直接谋福利,二是到农村去唤醒他们起来为自身谋福利。[2]而农民协会正是农民为自己谋幸福的组织。但苏州农民性格"习懦而耐劳,食税衣租,恃强顽抗之风卒鲜,然不及早教训,开其风气,通其鄙塞,以求为有组织有秩序之纯粹团体,无法脱鞿轭"[3]。在这里,农民协会"于解放农民负有专责","其所以清醒农民之感觉,与长成其意识者,则全恃各县农民协会筹备诸同志之下层工作"[4]。

1927年上半年江苏省组设农民协会筹备会,夏间,省农会命各县设立县协会筹备会。苏州农民运动"成绩尤以昆山常熟诸邑为最"[5]。在农民协会的领导下,农民运动以期在以下方面有所作为:在消极的方面是去除障碍,如去除贪官污吏的压迫,免受土豪劣绅的欺侮,防止土匪的骚扰,取消一切苛捐杂税,设法废除一切妨碍农民的制度;[6]从积极的方面包括,经济上增加农民收入,知识上"开通民智"[7]。

苏州农民运动从积极的方面富有成效地开展了一些工作。在吴县,如郭巷乡之修筑塘路,东桥乡之疏浚河道,光福乡之设立育蚕指导所,莳区乡之设立稻作指导所,西跨塘等处之设立农民夜校等。吴县农民协会为改良稻作计,拟在各乡村开办稻作指导所,"以已经成功之科学方法,并参以当地习惯,指导农民改良稻作,增加农田生产率及农民收入"。1928年3月中旬,莳南新开村农民协会会员张根生等"奋起响应",莳南稻作指导所开办,受指导的6位农户共有地42亩有余。指导所常派指导员二人"或常驻指导,或川流视察",指导耕作和经营,负担相关费用,"生产收获,除留少量以作标本外,仍归各户农民"。从后来的"视察报告"中可见莳南稻作指导所的工作情形:

---

[1] 何赓虎:《吴县农民》(未刊),1928年,上海图书馆藏,"会务"第36页。
[2] 何赓虎:《吴县农民》(未刊),1928年,上海图书馆藏,"言论"第1页。
[3] 常熟农民协会:《常熟农民》发刊词(未刊),1928年,上海图书馆藏。
[4] 常熟农民协会:《常熟农民》田士捷序(未刊),1928年,上海图书馆藏。
[5] 常熟农民协会:《常熟农民》过探先序(未刊),1928年,上海科文馆藏。
[6] 何赓虎:《吴县农民》(未刊),1928年,上海图书馆藏,"会务"第36页。
[7] 具体地说,经济上,(1)农民银行,(2)耕种合作社,(3)作物改进会,(4)生产消费合作社,(5)副业竞进会,(6)育蚕指导所,(7)劳资协作会,(8)义务律师代办所;知识上,(1)义务学校,(2)平民学校,(3)书报社,(4)通俗演讲会,(5)农民自治讲习社,(6)娱乐社,(7)农民自卫。这些方法与同时期一些知识精英在民间开展的乡村改进工作有很大的相似之处。见何赓虎:《吴县农民》(未刊),1928年,上海图书馆藏,"言论"第4—5页。

农民知识简陋,对于农事改良之重要,旧法之劣弊与新法之优良,尚盲然不解。此则农民虽能绝对服从指挥,而于工作仍不明其所以然。故指导员在驻乡期间,利用时间,或乘农忙之暇,或于晚凉之际,瓜棚豆架之下,随时随地,将农业弱微与国家凌弱之危险;旧法不良,生产收获减少,因之米价昂贵,影响及社会之治安;应用合于学理之新法,改良耕作之方式,可以增加收量,提高生活等等,就事实引例,用浅显言语,委宛达出,务使对于农业必须改良之原因,与新法所以优胜于旧法之耕作,彻底明了,俾将来脱离指导所,亦能自动的做去,完成一个新农业之农民。[1]

1928年3月下旬,吴县光福迁里养蚕指导所成立,旨在劝导农户注意改良养蚕方法,使用优良蚕种,实行消毒,举行共同暖种、稚蚕共育等有利于蚕农的合作事业。该地已有农民协会,指导所聘请浒墅关蚕校卒业生金绮云、吴景蕴主其事。因为指导事业"事属创举,该村农民目为异事",当指导员分赴各处宣讲劝导加入时,"非斥为邪说,即掉头不顾,言者谆谆,听者藐藐,其结果愿来加入者,仅得百分之一二而已,而即此次加入稚蚕共育之十七户,亦泰半具怀疑态度而仅尝试性质者。故于饲育期间,稍涉新法而若辈视为奇异者,即或则犹豫延滞,或则固执不遵,舌焦唇疲,宛转劝导,千方百计,设法通融,始获勉强遵行"。经过指导员的一番努力,蚕农不断加入稚蚕共育,订购消毒种,这使指导员"认识指导所之任务与性质,及消除对于改良新法之怀疑与土种过分之信仰,可堪自信"。指导所认为,若能继续举办数年,"前途进展,非可逆料"[2]。

此一时期国民党政权指导下的农民运动基本上就是对于乡村生产生活的改良,至于更为根本的如土地制度、土豪劣绅等问题,地方当局的态度是明确的。1934年10月苏州"打催甲"事件发生时,吴县县长在《劝告农民书》中说:"你们要知道,种田不完租,是共产党骗人的口号。……你们都是安分的良民,何苦受这种欺骗,步江西安徽的后尘,来自讨苦吃呢。……要知道种田的完租,收租的完粮,这是一定不移的公理。"[3]某些实际从事农民运动的知识人在思想上的认识则不同。1928年言微在为常熟协会宣传册《常熟农民》作序时道:

自有秦专横,商鞅毁古制而变新法,专制相沿,数千年来养成地主

---

[1] 何赓虎:《吴县农民》(未刊),1928年,上海图书馆藏,"事业"第3—10页。
[2] 何赓虎:《吴县农民》(未刊),1928年,上海图书馆藏,"事业"第32页。
[3] 《闹荒风潮昨已平静》,《苏州明报》1934年10月24日。

之弊。夫生产者在农。而农民每年劳苦之收入,反以太平归入地主。而地主既不生产,又不劳力,坐收其利。养成其子弟奢侈淫欲之风,于国家社会有百害而无一利。果欲解放农民,须变更地主之权,使农民纳税直接公家,方为根本之计画。他如节制地主之收入,救济农民之经济,改良农事之耕作,助长农民之知识亦治标之一法也。[1]

对于近代中国乡村的根本问题所在,对于农事改良的有限作用,上述认识应该说相当深刻,但在实践上他们则无法突破。比如对于乡村社会中的土豪劣绅,时人认为:"土豪劣绅之在农村中作恶,贻害更巨。土豪劣绅的力量,是很雄厚的,较之他省均要剧烈多了。"[2]依常熟的情形,一般地主"另外具备着一种势力,拥有一种特殊的政治势力","凡是大的地主,都是做过官的,官越做得大,田地越占的多,田地越多的人,越会做官"[3]。国民党对于土豪劣绅的态度变化,张家良在1934年的一段描述颇能反映国民党政权所主导的农民运动的实质:

> 在国民党初夺政权的时候,土豪劣绅,曾经有一次敛迹,民国十六年到十七年上季,打倒土豪劣绅举动,随时随地都有,近年来因政治上渐入轨道,凡是有妨碍社会秩序,扰乱社会安宁的行动,都慢慢的消灭了,到而今土豪劣绅,在农村中的力量,已经恢复了原状,而对于农民的压迫,有的地方,或者较之过去,还要进一层,凡是农村中有剥削农民金钱的行为,均与豪绅有关,实际上就是他们玩的把戏。[4]

文中所提到的打倒土豪劣绅的行动,未必"随时随地都有",但在苏州乡村确实发生过。据当时参与昆山农协会的陆传镛回忆:1928年下半年农协会到四城门外市梢头小茶馆里宣传"二五减租",称:今年交租跟过去不一样,可以打七五折,如果地主不肯,你们可以将钱交到农协来,由我们农协负责办理;农民种田应该有田,田不是地主的。如果地主不愿意照二五减租办,我们可以把他们关起来。有一天,一个农民拿了10多元钱到我们分会来说,他那个地主不同意减租,说他这些钱"还去年欠帐还不够呢",这个农民急了,跑到协会来,要求代办。农协说:"你可以再去一次,说是我们叫你去的,必须按二五减租办法办,不准违

---

[1] 常熟农民协会:《常熟农民》言微序(未刊),1928年,上海图书馆藏。
[2] 张家良:《江苏农村崩溃之原因及其解决途径》,《苏声月刊》1935年第2卷第3期。
[3] 姚心垂:《常熟县农民生活特写》,《江苏时事月刊》1937年第6卷。
[4] 张家良:《江苏农村崩溃之原因及其解决途径》,《苏声月刊》1935年第2卷第3期。

抗。"他听了农协的话,第二次再去,那地主就不敢再抗拒了。[1]1928年3月间,苏州农民运动"奉省令停止,乃从事建设"[2]。实际上,在1930年代前后南京国民政府开展的经济社会建设运动中,苏州乡村的改进试验仍在既定的轨道上进行,一些近代社会改革家亦将之视为农民运动。[3]1932年,国民党中央在"农村破产"声中通令地方党政机关特别注意乡村改进工作。1933年7月,常熟拟定《乡村改进试验实施办法》,试验内容不外乎农民运动中一直提倡的"振兴教育、增加生产、融裕经济、发挥自治"等。[4]

合作事业是1927—1937年间苏州农民运动的重要事项。1920年代由华洋义赈会推动的农村合作运动在华北地区开展得如火如荼,引起了国民党政权的注意。1927年10月国民党中央确认合作运动为国策运动之一。[5]但由于国民党政权醉心于武力统一全国,无心于乡村建设,合作运动基本上停留于理论阐述上。苏州的合作事业发轫于1928年,至1937年一直进展缓慢。据1935年底统计,昆山共有合作社118个。就数量言,不为不多,但从质的方面说,不是有名无实,就是与"所期望之标准相差甚远"。考其原因,地方人士认为,一由于农村经济之衰落,二由于农民知识之浅陋,三则在于合作指导人员之缺少。[6]在常熟,前后成立的合作社有97处,至1937年尚存85处,在农村经济衰落之际,"有赖以调剂者殊深,诚为农村社会中之重要组织"。不过办理者承认,数年中合作事业之推进"时感困难",其主要障碍在两个方面:一是流动资金停滞,二是簿册记载难求完善。[7]苏州的这种状况具有普遍性。对此,从事农民运动者认为,"合作是先靠人与人的互相联合,要全赖各人明白合作事业的重要,自己有能力来参加合作事业的能力,才能使合作事业有充分的效果。……如果像中国农民的地位,像中国农民的生计,像中国农民的知识,是不会信仰合作事业的重要,与参加什么信用合作、贩卖合作的能力的。所以要谋农村合作事业的发展,不能不先使

---

[1] 陆传镛:《忆一九二七年昆山农民协会》,昆山政协文史资料委员会:《昆山文史》第3辑,1984年,第82—83页。
[2] 何赓虎:《吴县农民》(未刊),1928年,上海图书馆藏,"事业"第34页。
[3] 吴觉农:《农民运动的意义与方针》,中国茶业学会:《吴觉农选集》,上海科学技术出版社1987年,第474—481页。
[4] 希益:《改进乡村的具体办法》,《常熟教育》1932年刊。
[5] 国策运动共七项内容:合作、提倡国货、卫生、保甲、筑路、造林、识字。见张士杰:《中国近代农村合作运动的兴起和发展》,《民国档案》1992年第4期。
[6] 沈桂祥:《昆山县合作事业概况》,《农行月刊》1936年第3卷第9期。
[7] 沈白:《常熟县合作事业概述》,《江苏合作》1937年第18期。

农民的生计及知识有相当的地位"[1]。由此,农民运动仍然集中在对于农民生计的改善和科技常识的普及方面。

需要指出的是,南京国民政府主导下的农民运动带有很明确的抵制和防范中国共产党领导的农民运动的目的。1928年就有人"敬告"正在常熟从事农民运动的国民党同志:

> 青天白日旗下尚有此赤色恐怖之象,时隐而时见,忽明而忽灭,凡我革命同志,非具有精锐之目光,鲜不为其所瞽惑。……农民协会之组织,其所以协助党化速之流行。盖中国人类,农为最多,以百分计,实居八十二以上,团体之大,无与为匹,而抗租抗粮之举,最为无知识之农民所乐闻,一般捣乱分子,往往假此以为煽惑之工具,宜兴无锡,前鉴不远,凡我农运同志,安可不于此三致其意,处处宣传,处处防共,斯漫无拘束之农民,皆引导以入于正轨。[2]

1930年代,随着农村经济的破产,业佃矛盾日益加剧,各地农民的抗租斗争不断,最为国民党当局恐惧的就是共产党所领导的土地革命。国民党认为,农村经济破产为共产党的活动提供了"客观条件","本党除了努力治标清除共匪之外",还须"治本",[3]即挽救农村经济,以消除共产党得以生存的环境。以此,否认阶级差别、幻想以消费者自助互助的力量解决社会问题的合作事业,引起南京国民政府的兴趣和关注,农村合作事业随之成为此一时期农民运动的内容。

与国民党政权主导下的农民运动不同,作为近代中国民主革命的重要组成部分,中国共产党领导的农民运动显示了坚实的理论基础和清晰的行动路线。

中国共产党关于农民运动的基本理论是基于对乡村阶级关系的分析。地主与农民是近代中国农村的两大对立阶级。依据毛泽东的分析,地主"占有土地,自己不劳动,或只有附带的劳动,而靠剥削农民为生"[4],他们是帝国主义统治中国的主要的社会基础,是用封建制度剥削和压迫农民的阶级,是在政治上、经

---

[1] 吴觉农:《农民运动的意义与方针》,中国茶业学会:《吴觉农选集》,上海科学技术出版社1987年,第477页。
[2] 薛蛰庐:《敬告农运诸同志》,常熟农民协会:《常熟农民》(未刊),1928年,上海图书馆藏,"言论"第4页。
[3] 《中国国民党历次代表大会及中央全会资料》(下册),光明日报出版社1985年,第218页。
[4] 毛泽东:《怎样分析农村阶级》(1933年10月),《毛泽东选集》(一卷本),人民出版社1964年,第113页。

济上、文化上阻碍中国社会前进而没有丝毫进步作用的阶级。因此,作为阶级来说,地主阶级是革命的对象。[1]至于那些"帮助地主收租管家,依靠地主剥削农民为主要的生活来源……应和地主一例看待"。在全国人口中约占百分之八十的农民,特别是半自耕家和贫农,因为没有土地或土地不足,"一般都须租入土地来耕,受人地租、债利和小部分雇佣劳动的剥削"[2],"所谓农民问题,主要就是他们的问题",农民运动依赖于他们的革命性。因为半自耕农和贫农的经济状况"仍有上、中、下三个细别",其革命性会有些微的不同:

> 半自耕农,其生活苦于自耕农,因其食粮每年大约有一半不够,须租别人田地,或者出卖一部分劳动力,或经营小商,以资弥补。春夏之间,青黄不接,高利向别人借债,重价向别人籴粮,较之自耕农的无求于人,自然景遇要苦,但是优于贫农。因为贫农无土地,每年耕种只得收获之一半或不足一半;半自耕农则租于别人的部分虽只收获一半或不足一半,然自有的部分却可全得。故半自耕农的革命性优于自耕农而不及贫农。贫农是农村中的佃农,受地主的剥削。其经济地位又分两部分。一部分贫农有比较充足的农具和相当数量的资金。此种农民,每年劳动结果,自己可得一半。不足部分,可以种杂粮、捞鱼虾、饲鸡豕,或出卖一部分劳动力,勉强维持生活,于艰难竭蹶之中,存聊以卒岁之想。故其生活苦于半自耕农,然较另一部分贫农为优。其革命性,则优于半自耕农而不及另一部分贫农。所谓另一部分贫农,则既无充足的农具,又无资金,肥料不足,土地歉收,送租之外,所得无几,更需要出卖一部分劳动力。荒时暴月,向亲友乞哀告怜,借得几斗几升,敷衍三日五日,债务丛集,如牛负重。他们是农民中极艰苦者,极易接受革命的宣传。[3]

中国共产党领导的农民运动以武装暴动为主要方式。面对国共分裂后的革命形势,1927年7月中共中央明确提出,中国革命进入到新的土地革命阶段。所谓土地革命,就是通过农民暴动"消灭豪绅阶级对农民的封建的剥削"[4]。

---

[1] 毛泽东:《中国革命和中国共产党》(1939年12月),《毛泽东选集》(一卷本),人民出版社1964年,第601页。

[2] 毛泽东:《怎样分析农村阶级》(1933年10月),《毛泽东选集》(一卷本),人民出版社1964年,第113—115页。

[3] 毛泽东:《中国社会各阶级的分析》(1926年3月),《毛泽东选集》(一卷本),人民出版社1964年,第6—7页。

[4] 毛泽东:《中国的红色政权为什么能够存在》(1928年10月5日),《毛泽东选集》(一卷本),人民出版社1964年,第48页。

以8月7日召开的中共中央紧急会议(即八七会议)为标志,中国共产党"在广大区域中准备农民的总暴动";苏州也是其中的一个区域。

按照中央的指示,中共江苏省委于9月制定了农民运动工作计划,要求在江南先努力开展减租抗租运动,并在有可能的地方发动农民暴动。从"农民运动的便利真切起见",全省被划为13个区,苏州属于无锡区。省委指出,此地农民田赋之重甲于全国,所受痛苦加甚;地主能指挥当地的官厅,帮助他们压迫农民,任意鱼肉;佃农特多,他们除忍受年年有增无减的田租束缚以外,还有种种额外的敲诈和欺骗;绅富受官厅的勒捐以后,往往取价于田租,所以蠲免田租与反抗豪绅是此地农民唯一的希求;近年江南战乱频增,土匪数量突增,其大本营在太湖。鉴于以上原因,此地"应视为江南农运最重要的区域,促成为农民暴动的中心区域"[1]。江苏省委紧急决议,在11月15日前组织全省暴动,指示在江南要造成整个"农民骚动"的局面,到处掘断铁路,割断电线,截劫火车,尽可能占领县城,包缴驻军武装,捣毁财政机关,以动摇反革命国民党政府的统治权。无锡区江阴、无锡、宜兴、苏州、常州尤宜互为呼应,尽量发动,尽可能占领县城,万一不能守则退入乡村,但不是退而固守,而应时进时退,往来飘忽,太湖匪最近之行军策略可以采用。[2]

11月1日和9日宜兴和无锡农民先后暴动,中国共产党机关报《布尔什维克》发文指出,这"不过是江南农民大暴动的开始,亦是全国农民大暴动的一部分。自从代表豪绅资产阶级之国民党政权开始屠杀工农以来,全国各地都不断的有农民暴动发生,自两湖至广东,自陕豫至直鲁,如今已蔓延及于素称富庶之江南了"[3]。江苏省委认为,目前正当农村中秋收还租纠纷最多的时期,接着又是冬天农闲匪多之时,而宁汉军阀战争又于此时开始,这都是造成我们在农村中煽动组织农民暴动最便利的条件。我们应该在这几个月内加紧工作,造成乡村中普遍农民的骚乱,号召农民暴动抗租抗税,没收地主土地,杀掉豪绅官吏,消灭军阀战争,实行耕者有其田,建设乡村革命政权,组织农民革命军,实行一切乡村政权归"农民委员会"[4]。一个月过去了,江苏并未出现"理想的江南江北广大暴动的局面",在苏州,"一部分同志"决心"拼命的孤注一掷",结果,"刚刚派人

---

[1]《江苏农民运动计划》(1927年9月),《中央政治通讯》1927年第18期。
[2]《江苏省委紧急决议案——组织全省暴动计划》(1927年11月9日),江苏省档案馆:《江苏农民运动档案史料选编》,档案出版社1983年,第49—50页。
[3]《江南农民大暴动之开始》(1927年11月),《布尔什维克》1927年第4期。
[4]《江苏农民运动计划》(1927年11月),江苏省档案馆:《江苏农民运动档案史料选编》,档案出版社1983年,第63页。

下乡开始煽动即遭逮捕"[1]。事实上，从1928年7月8日的江苏省委通告中可以看出，全省的农民运动并不活跃：江苏农民没有得到党的关于土地革命和苏维埃政权的教育，没有深切认识农民革命的出路，所以农村还没有广大的群众斗争。[2]

农民运动的客观现实迫使江苏省委在1928年5月承认，几个月来的农民运动犯了"不顾群众，不审度客观环境的盲动主义"的错误。[3]这是与八七会议以来中国共产党对整个中国革命形势的判断密切相关的。在八七会议批判右倾机会主义的同时，人们被蒋汪镇压激起的义愤和急于革命的情绪增长，错误地估计了敌我力量对比，过分强调进攻和革命在短期内的重新高涨，因而助长了在农民运动中的冒险主义和命令主义的倾向。

与此同时，国民党政权在江苏农村主导的农民运动，包括"佃租仲裁""地税不得超过地价百分之一""乡村自治""荒年减成收租"等，"企图以改良主义来减轻农村的矛盾"，中国共产党认为，"改良欺骗因实际上丝毫不能兑现而很快的揭破，所以国民党决无法阻止农民斗争的兴起"[4]。1929年，苏州秋收减至三成，而一般地主商议结果仍欲强收六成二。洞庭西山农民七八百人捣毁区公所，殴伤公安局长、地主等。[5]据报道，"此次佃户暴动，大多青年份子，且有口操客音者数人，似在从中指挥一切。"西山第十二分局局长认定，内中一定有地下党参与了策划。江苏省委立即指示，党必须加紧扩大这次斗争，从洞庭西山扩大到四周，让农民起来斗争。尹山及龙登山等处党的支部应立刻去开会，鼓动洞庭西山的群众斗争，并且从抗租抗税斗争联系到反征工筑路和年关的抗债斗争。在斗争中要加紧组织农民，建立农民协会，加紧武装农民，如建立农民自卫军、赤卫队等组织，因为这个斗争继续向前发展，"不可避免的要走向武装冲突，党必须坚决准备领导武装冲突"[6]。

---

[1]《江苏农民运动之第三次计划》(1927年12月5日)，江苏省档案馆：《江苏农民运动档案史料选编》，档案出版社1983年，第71页。

[2] 江苏省档案馆：《江苏农民运动档案史料选编》，档案出版社1983年，第445页。

[3]《江苏农民秋收斗争决议案》(1928年7月)，江苏省档案馆：《江苏农民运动档案史料选编》，档案出版社1983年，第184页。

[4]《农民运动决议案——中国共产党江苏省第二次代表大会通过》(1929年11月)，江苏省档案馆：《江苏农民运动档案史料选编》，档案出版社1983年，第257—260页。

[5]《□□□殴伤公安局长》(1929年12月27日)；《西山农民聚众抗租二志》，《苏州明报》1929年12月28日。

[6]《江苏省委给苏州县委的信 省字第十八号苏字第四号——关于洞庭西山的农民斗争的指示》(1929年12月28日)，江苏省档案馆：《江苏农民运动档案史料选编》，档案出版社1983年，第268页。

但是,苏州农民运动仅仅停留于自发的抗租风潮,并没有真正地"走向武装冲突"。1934年10月19日夜间,苏州东乡到处人声鼎沸,火光烛天,杂以火把飞舞,金鼓乱鸣,俨如古战场中两军对垒。当局者中一些人觉得"三吴民风,素极敦厚","不相信连农民也会得暴动",故口口声声地说,此中必另有"主使人在",掺杂着"政治意味",等等。[1]其中的"主使人"暗指共产党。这种说法不过是"藉口共匪捣乱"而欲掩盖"政治失败"之事实而已。[2]据被捕乡民张根大供词:"此次放火是鸣锣为号的,所以并无为头召集之人的";钱阿前供:"是小福生叫我去的"[3]。这完全是"临时集聚,陆续纠合,没有一定组织的行动,他们因愤激而生变,向催甲与乡长寻衅,这是他们平日所憎恨的对象。决不能疑心他们有什么背景!决不能抹杀了他们的痛苦,说是被人利用了"[4]。事实上,"打催甲"事件就是苏州乡民自发的为生存而进行的斗争。

尽管20世纪30年代苏州乡民的"打催甲"事件并没有共产党的介入,但时人还是对国民党当局提出了警告:"苏州的当局以武力坐催以及拘捕的手段去强制缴租,我们觉得不是一个好办法,结果恐怕只有多酿成几回惨痛的纠纷。……造成今日苏州农民不断骚动最严重的因素,在我们看来,莫过于土地问题,而国内连年来普遍的农村不安,土地问题实在是最大的一个原因。为了希望当局从根本上解除农民的痛苦,消灭农民的骚动,我们敢特别提出孙中山先生'耕者有其田'的主张来。"[5]实现"耕者有其田",对于国民党政权来说是个不切实际的主张,而更切合实际的另外一些人的呼吁:"时至今日,农村破产,国家社会已经是百孔千疮,随时有发生暴动的可能,如果政府当局与田主们不欲使阶级革命阶级斗争之说侵入于农村,不欲使劳资阶级的关系达于尖锐化的地步,那么便当注力于资劳间感情的培植与夫生产的协力改进,苟不此之图,后患曷极!"[6]对于"劳资感情的培植与夫生产的协力改进"以及相应的农事改良等事项,应该说,在国民党政权主导下的农民运动中得到了相当的实施,也在某种程度上缓和了业佃之间的矛盾。

历史的事实是,1927—1937年间苏州业佃之间的斗争既没有因为国民党政权的农民运动而风平浪静,也没有因为共产党领导的农民运动而激至白热化的

---

[1] 张溪愚:《旱荒声中的农民暴动》,《华年》1934年第3卷第44期。
[2] 傅玉符:《苏州农民暴动》,《妇女共鸣》1934年第3卷第10期。
[3] 《苏州农民暴动详记》,《农业周刊》1934年第3卷第42期。
[4] 灵修:《苏州农民暴动》,《现代新闻》1934年第1卷第3期。
[5] 《苏州农潮》,《申报周刊》1936年第1卷第26期。
[6] 《苏州的农民暴动》,《华年》1934年第3卷第43期。

程度,而是在当时的历史条件下,按照特定的历史逻辑以"打催甲"的方式表达了底层民众的日常诉求。

第二节　在民族危亡时刻

中国的抗日战争从局部开始到全面爆发,差不多 6 年,其间以多次"事变"为节点,国人不断掀起救亡图存的波澜。处于江南的苏州民众随着国难的日益深重和步步逼近,一次次发泄着怒火,一次次发出决死的誓言,一次次做出为国纾难的行动,以前所未有的心态和姿态面对个体与民族的关系。

一、国难渐深渐近

1931 年"九一八"事变发生,虽远在东北,但全中国震惊了,苏州人愤怒了。9 月 21 日苏州各界成立反日救国会,庄严声明:"我苏州百万民众,甘以生命寄托之躯干,与海内外同胞共赴国难。"热血沸腾的苏州学生走在最前头。11 月下旬和 12 月中旬,东吴大学、苏州高中、黄埭乡师、太仓中学等校数百名大中学生组成请愿团,赴南京要求政府出兵抗日。第一次晋京的学生听到了蒋介石的亲口保证:"三天后一定派兵抗日,学生务必回校,安心读书。"半个月过去了,学生们不见动静,决定再次赴京请愿。12 月 17 日,来到南京的全国各地学生游行示威,遭到国民党当局的镇压,酿成血案。次日,国民政府以武力相加,严令外地学生即刻离京,苏州学生随后两天分批返苏。赴京示威的学生中有一位苏高中的学生,名吴大琨,他在返苏后连续在《苏中校刊》上发文,敬告给"吓得手足无所措"的国人:"中国是有着四万万七千万的同胞,若一旦豁然大悟,上下通力合作,也许能够在最短期间内,充实我们的力量去和日本人决一死战;可是别忘记再去犯那些要面子、健忘、懒惰的劣根性。"[1]"劣根性"云云,当由愤激而生,不过是当时民情之表露,倒是其中"日本这次突然在东三省暴动,置国际法于不顾,他们并不是一时的闯祸,是一种有计划有组织地实现'大陆政策'"之语,愤激之间有静思,引人以深,尤其出自一个 15 岁龄学生之口,似可言苏州人甚至中国相当一部分人对于国难已有相当的认识深度了。

1932 年 1 月 2 日日军侵入锦州,整个东北在 100 天内全部沦陷。"大陆政

---

[1] 吴大琨:《国难声中别忘记我们的劣根性》,蔡大镛、张昕:《道山情怀——苏州中学的千年传奇故事》,古吴轩出版社 2010 年,第 238 页。

策"一步步按既定步序在实施。从"九一八"至锦州沦陷,日本军舰纷纷驶向中国口岸,而以上海及长江一带为多。苏州人意识到,国难已经近在眼前了。1月28日日军突然进攻上海,蓄意制造了"一·二八事变"。蔡廷锴、蒋光鼐率领的十九路军奋起抵抗,序战即告大捷。苏州高中同学对十九路军的英勇抗战非常激奋,决定派代表携带日用物品去前线劳军。首先由大家分别到各处收集慰劳品,包括各工厂、商店和爱国人士捐赠的罐头食品、球鞋和毛巾等生活用品,数量相当可观,大约可装满半节车皮。苏州高中和东吴大学选派代表专程将捐赠物品送往上海前线,并与十九路军军长蔡廷锴将军取得联系,称:苏州爱国学生拟组织一批志愿人员前来帮助十九路军做后勤和战地救护等服务工作。蔡将军表示欢迎。当时正值寒假,苏州21所大中学校的留苏学生组成战地服务团,立即来到设在暨南大学的十九路军临时指挥部报到。由于战事紧张,暨南大学解散,学生已经回家了,苏州学生志愿者就住在空着的学生宿舍里。樊炳培回忆:

> 我们在暨南大学学生宿舍大概住了十天,曾数次到前线抬担架。……暨大曾有一所房屋被日机炸毁,该店有个女店主也被倒塌的屋梁击中头部,全身被掉下的瓦片压住,当场受伤身死。我们连同十九路军的后勤人员去帮助清理现场,把尸体拖去掩埋。……在真如即将被日军包围时,十九路军在暨南大学的指挥部也决定撤离,因此就通知我们赶快撤退到苏州去……在严冬深夜,天上还在飘着雪花时在机车的煤堆上,或坐或立,有时还站到靠近锅炉门旁去取暖,在后半夜两点左右到达苏州站。[1]

中国军民的正义抵抗得到世界爱好和平人士的支持。2月22日下午,6架日机飞至苏州南郊,轰炸葑门机场。其时,美国飞行员罗伯特·肖特(Robert Short)正单独驾驶波音P-12E型飞机飞过苏州之西,见而大愤,乃疾驶至葑门机场上空,向日机开火,重创敌机1架,击毙日军少尉小阁。战10多分钟后,终因力量悬殊,肖特所驾座机被击中,坠毁于吴县车坊乡境内,罗伯特·肖特遇难。应国民政府之邀赴沪参加葬礼的肖特之母说:"余子之死,虽甚悲惨,余亦不免心中戚戚,但为友邦人民而牺牲,亦属义举。"[2]

十九路军的英勇抵抗,打乱了日军的布署。日军从本土抽调兵力组成上海

---

〔1〕 蔡大镛、张昕:《道山情怀——苏州中学的千年传奇故事》,古吴轩出版社2010年,第94—95页。
〔2〕 吴县政协文史办公室:《美国飞行员肖特在吴县殉难前后》,苏州市政协文史资料研究委员会:《苏州文史资料选辑》第14辑,1985年,第51页;邹志一、吴根生:《异国英魂——美国飞行员肖特在吴县殉难记实》,《苏州杂志》1989年第5期。按,1932年4月28日苏州各界人士万余人在公共体育场隆重追悼罗伯特·肖特,当年7月,在车坊罗伯特·肖特殉难处竖立了近3米高的花岗石纪念柱。

派遣军,于3月1日在中方兵力薄弱的太仓浏河附近登陆,迅即攻占浮桥、茜泾两镇。2日至6日又先后攻占浏河、新塘、陆渡等集镇,焚毁700多户民宅,杀死、烧死200多人,致使3 500余人流离失所。[1]日军在浏河登陆后,上海的中国军队由于腹背受敌,撤离阵地。司令部转移到昆山正仪镇,后又转移到苏州。

在"一二八"淞沪抗战中,苏州民众组织起来,赶制寒衣、捐款献物、运送军需、收容伤员……声援和慰问前线勇士。昆山组成的抗战后援会总人数达万人次以上,成员主要是农民,几乎涉及每个农家。他们"自吃饭吭工钿",在枪林弹雨中日夜苦战。镇上的大饼店和点心店事先赶制好大饼、馒头、包子储存在后援会,只要一声令下,后援会立即装上这些干粮,由义务黄包车夫送往火车站,慰问从前线来此休息的官兵们。傍晚时分,集合号响,汽笛长鸣,在学生和童子军抗日歌声中,官兵们又一次奔赴杀敌的前线。[2]所有这些,对于苏州民众来说,更多的是一种国难教育。对此,《古城火种》的作者有如下评说:

> 参加战地服务的年轻学生,虽然没有拿起枪和敌人面对面地打仗,但也见到了血,嗅到了火药味和血腥味,摆脱了书斋生活,精神上成长了不少。……"一·二八"淞沪抗战,客观上起了一个很好的动员作用。特别是战争后期日军在太仓一带的种种暴行,让苏州人感觉到做亡国奴的危险已经近在眉睫。[3]

苏州是"一·二八"抗战的后方重地。在邻近沪郊的各县,建有钢骨水泥混凝土碉堡数百座,每隔200米1座,从苏州、常熟、昆山、太仓直至沿江,号称东方"马奇诺防线"。战争紧张时,张治中在常熟开会,有人当面问他:"常熟有无危险?"张回答:"从上海到常熟,共有二十一条防线。"大家听了,认为防线固若金汤,可以高枕无忧,很乐观。民众们哪里料到,这些"坚固的碉堡",虽然花了不少力量,实际并未一用,因为碉堡的钥匙据说是交给省保安队的,临时没有移交,等到兵临城下时,只能弃而不用。[4]英勇作战的十九路军提振了苏州民众的抗敌信心。淞沪抗战时,正值中国的农历年节。年关将近,苏州人在纷起的谣言中勉强过了年,年后,时常盘旋在苏州上空的敌机让人甚感不安。至3月中旬,前

---

[1] 陆泰:《太仓人民革命斗争史(1919—1949)》,南京大学出版社1991年,第37页。
[2] 童友仁:《回忆抗战后援会》,昆山市政协:《昆山文史选辑》,古吴轩出版社2008年,第216—217页。
[3] 李纪福:《古城火种——文化沧浪的红色记忆》,上海文艺出版社2011年,第129页。
[4] 曹师柳:《淞沪之役大军云集常熟时的片断回忆》,常熟政协文史资料研究委员会:《文史资料辑存》第2辑,1984年重印,第18页。

线中国军队开始退守。

"一·二八"抗战打破了日本皇军不可战胜的神话,迫使日本暂时缩回伸入上海的魔爪。5月5日中日订立《淞沪停战协定》。自此,在昆山的中小学里,每星期一集会,师生们必大唱《养气歌》:

> 大好金瓯将破碎,黑水白山尽魑魅;青年肝胆郁风雷,健儿身手英雄队。复兴民族舍我们其谁?奋起!奋起!努力求学新知培,养成实力大无畏。准备!准备!看我们十年后,发扬祖国的光辉![1]

《养气歌》唱了不到两年,便被更高亢的《义勇军进行曲》取代了。中华民族确实到了最危险的时刻。1937年"七七事变"发生。7月中旬,日本驻上海舰队司令建议东京,不宜将战场局限于华北,应同时攻取上海、南京,置中国于死地。8月13日中日上海大战揭幕;两个月后苏州沦陷。

二、苏州耆绅的抗日呼号

日本强盗的铁蹄踏破了苏州的宁静,隐息于苏州的耆老们,心情无法平静。1921年返里的张一麐立志不问世事,但面对军阀混战,他无法袖手旁观。为了父老乡亲,他以自己的操望作资本,重托门生故旧,周旋于莽夫悍将之间,苏州因此有惊无险。1925年,苏州又来了一位绅老,人称"印老"。印老名李根源,字印泉,云南腾冲人,辛亥志士,官至北洋政府农商总长和代总理,因不愿同流合污,毅然弃官离京,来到苏州。于是,吴中有二老:仲老因文显,印老以武著;一者游子,风雪夜归;一者寓客,倦鸟栖林。他们因为性格特立,不愿随波逐流,不想随遇而安,一同想到了苏州。二老有过太多的社会阅历,也见多了人世间的纷扰,山柔水软的苏州,或许能给他们疲惫的心灵带来自然的熨帖。他们相识于民国初年的北京,故知相遇苏州,尤为投契。20年代末30年代初,二老投身于苏州西郊善人桥新村建设事业。不久,日本侵略者打到了上海。

1932年,"一二八"上海抗战,我十九路军壮士以竹笙单衣、窳劣武器而屡挫顽敌,伤亡惨重。印老在善人桥马冈山东麓建"英雄冢",营葬烈士忠骨,并书墓碑曰:

> 中华民国二十年九月十八日,日本陷我辽东三省。明年一月二十

---

[1] 顾庆中:《国破山河碎,师生爱国情》,昆山政协文史资料委员会:《昆山文史》第9辑,1990年,第68页。

八日,复犯我上海。我十九路军、第五军与之浴血鏖战至三月一日,援兵不至。日寇潜渡浏河,我军腹背受敌,二日全军退昆山。是役也,战死者万余人,异葬于苏州善人桥马冈山者七十八人。著姓氏于碑。题曰:英雄冢。[1]

迨1937年"八一三"淞沪抗战,我军阵亡甚多,二老组织红十字会赴前方抢救伤员,殡殓忠骸1200多具。因墓园已无隙地,尚有82具未能葬入,便另辟石码头砚山墓地,续葬立碑,当地人称为"伤兵坟"。二老执绋送葬,奉安英魂。印老赋诗以志伤悲:"霜冷灵岩路,披麻送国殇。万人争负土,烈骨满山香。"8月15日,二老赴上海南翔慰问前线将士,感奋不已。返苏后即倡议组织"老子军",仲老自任总司令,以印老为参谋长。冯英子曾亲闻仲老述其"老子军"之缘起:

天下兴亡,匹夫有责,吾虽老迈,不足与健儿并驾齐驱,斩将夺旗,然汪踦卫国,弦高却敌,吾等能自置于国民之外乎?且后方事多,无不可为,吾愿六十岁以上老人,视其力之所能者为之,咸来从戎,同此义举。[2]

虽未能成军,然"老子军"之名不胫而走,磅礴于天下。"国中初闻而骇然,继知其所以愧天下无抗战决心之人而发。"[3]

在苏州与"二老"同时奔走呼号的还有章太炎。太炎初名学乘,其改名是因为仰慕明末清初苏州昆山的爱国主义思想家顾炎武;顾氏名绛,章氏遂改名为绛,号太炎。章太炎是个学者,但其业绩"留在革命史上的,实在比在学术史上还要大",鲁迅先生说:"太炎先生虽先前也以革命家现身,后来却退居于宁静的学者。"[4]坐在宁静的书桌前,太炎先生的心情实在平静不下来。

1933年3月,蒋介石的对日不抵抗政策导致热河全省沦陷。章太炎怒不可遏,3月7日与张仲仁和李根源联名通电全国军民,呼吁共御外侮。电文首句即锋芒毕露:"国民政府成立以来,勇于私斗,怯于公战"。特别令国民党当局忌讳的是,文中指责"主持军事者,绝不关心于此(按,指抗日),反以'剿匪'名义,自图规避"。电文被严密控制,仅刊登在当时的《苏州明报》上,"国民政"三字被

---

[1] 金云良:《饮水思源忆印公》(内部资料),1998年,第42页。
[2] 冯英子:《吴宫花草》,古吴轩出版社1999年,第199页。
[3] 张君劢:《我所向往之仲仁先生》,张一麐:《古红梅阁笔记》,上海书店出版社1998年,第70页。
[4] 鲁迅:《关于太炎先生二三事》,《鲁迅全集》(第六卷),人民文学出版社1981年,第545页。

"□□□"代替了;其他报章一概不见。[1]

举国环顾,山河日非,太炎先生不能自已,对国民政府的批评日渐"出格"。4月1日遂有他与马良(相伯)、沈恩孚的《三老宣言》:今日急应一致奋起,予政府以有力之督促,务使东北半壁河山,不至自我沦亡,黑山白水,不至就此变易其颜色也。[2]

宣言发表后,马相伯以"国府委员"之名被软禁于南京。太炎先生亦受到弟子黄季刚的奉命之邀,说是已在中山陵麓特为其建筑房屋及讲学会场,太炎以苏州讲学事务较多相推辞。黄季刚返宁后,国民党中央又来电,敦请赴京讲学,太炎又以病拒绝。嗣后,国民党又派中央常委丁惟汾来到苏州,"致万金为疗疾费",太炎先生便将这钱充作国学会的助学金。[3]尽管拿了国民党的钱,但他光明磊落,对于将介石不抵抗政策的批评毫不嘴软。这就悖于蒋介石对他的暗示和希望了。

1935年12月9日,北平数千名大学生响应中国共产党民族团结、抗日救国的号召,举行声势浩大的示威游行,遭到军警们的血腥镇压,当场有百余人受伤,20多人被捕。"一二·九"运动自此风云涌动。1935年12月21日,获悉宋哲元拘捕学生,太炎先生亲自起稿,致电宋哲元:"学生请愿,事出公诚。纵有加入共党者,但问今之主张何如,何论其平素?执事清名未替,人犹有望,对此务宜坦怀。"就在前两年,日寇犯我长城各口,宋哲元以二十九路军军长之威率兵把守,太炎先生当时何等激动。时至今日,让他难以理解的是,荣膺抗日"清名"的宋某却把枪口对准了手无寸铁的学生。宋哲元23日的复电在欺骗搪塞:"苏州章太炎先生道鉴:马电奉悉。近来学生四出请愿,哲元为维持治安计,仅予以和平之劝导,惟各处报载多有失实之处。兹重以先生之嘱,自当遵办也。"[4]

为响应北平学生的爱国呼声,上海学生赴宁请愿,列车从上海北站开出,行至昆山站时遭到国民党的阻拦。学生强行把列车开至苏州,雨雪载道,备尝艰苦,而上海市市长潘公展等则诱骗镇压。太炎先生愤然对报界发表谈话,对学生爱国运动深表同情,认为政府当局应当妥善处理,不应贸然加以共党头衔,武力制止;尤其政府当局、教育当局,应对饥寒交迫之学生,负责接济粮食,并沿途妥

---

[1]《章太炎等为国事发指》,《苏州明报》1933年3月7日。
[2]《三老宣言》,《申报》1933年4月2日。
[3]《与王宏先书》(1935年4月5日),苏州市政协学习和文史资料研究委员会:《苏州文史资料选辑》第12辑,1984年,第27—28页。
[4]《章太炎电宋哲元坦怀对北平学生》,《申报》1935年12月24日。

为照料。[1]太炎即让夫人带了食品赶往车站,登车向爱国学生表示慰问,又派国学会代表携带面包、水果赴车站慰劳。

青年学生的救亡行动,激扬起一位老人壮美的爱国情怀。在民族危亡迫在眉睫的时刻,太炎先生但知有爱国与卖国之分,无论其路线和政党之别,对于中国共产党的抗日主张表示赞同。当时供职于南京当局的张继(字溥泉)是太炎先生在辛亥革命时的结拜兄弟,他生怕大哥再说出什么"疯话",便托人给太炎先生传话:"安心讲学,勿议时事"。太炎的答辞让张溥泉汗颜:"栋折榱崩,吾辈亦将受压。而弟欲使人人不言,得无效厉王之监谤乎?"[2]——仍革命家的气势。

在抗日救亡运动中,苏州耆绅发挥了特殊的作用。

三、营救"七君子"

1936年12月4日,全国各界救国联合会"六君子"被押解苏州,关押于苏州高等法院看守所。六位君子是:沈钧儒、章乃器、邹韬奋、李公朴、王造时和沙千里。在此之前的11月26日《申报》有他们被捕经过的介绍:"李公朴等自从非法组织所谓'上海各界救国会'后,托名救国,肆意造谣,其用意无非欲削弱人民对政府之信仰。近且勾结赤匪,妄倡人民阵线,煽动阶级斗争,更主张推翻国民政府,改组国防政府;竟复由言论而见诸行动,密谋鼓动上海总罢工,以遂其扰乱治安,颠覆政府之企图。"[3]

六君子由上海公安局派出的十几个"武装同志"押解。沪苏公路上,"专车"急速行驶,邹韬奋隔着玻璃窗向四野张望,感叹不已:如此大好河山,竟一天天受着侵略国的积极掠夺,而受着惨酷压迫的国家还未能一致对外,这是多么痛心的事情!李公朴先轻轻地唱起《义勇军进行曲》,大家跟着和起来,几十个人的声音汇成一片,越唱越响,激昂雄壮,有如怒涛汹涌。热烈的情绪"溶解了囚犯和解差的界石"。李公朴对同车的"武装同志"演讲国难的严重和救国会团结御侮的主张,讲到动情处,声泪俱下,有些"武装同志"的眼眶都湿润了,也跟着唱起了《义勇军进行曲》。[4]

一至苏州,六人分别地被审问,其内容便是以上列举的那些"罪行"。关于主

---

[1]《请愿学生抵昆苏后昨晚有一部学生返沪》,《申报》1935年12月26日。
[2] 沈延国:《章太炎先生在苏州》,苏州市政协文史资料研究委员会:《苏州文史资料选辑》第12辑,1984年,第59页。
[3]《本市新闻·市政府发表李公朴等被捕经过》,《申报》1936年11月26日。
[4] 邹韬奋:《经历》,1937年,第200页,见王稼句:《吴门柳——名人笔下的老苏州》,北京出版社2001年,第169页;沙千里:《漫话救国会》,文史资料出版社1983年,第43页。

张人民阵线,君子们答道:我们所主张的是民族阵线,未曾主张人民阵线;前者以拯救民族危亡为要旨,是一致来对外的,后者以阶级斗争为中心,含有对内意味。至于"颠覆政府",君子们更加义正词严:"我们的目的是要全国一致抗日,而且承认中央的领导权,没有推翻政府的意思。"[1]

六君子羁押在苏州的消息在社会上传开后,每日来探监的人络绎不绝。后来成为经济学家的吴大琨利用回苏州探望母亲的机会,冒称是章乃器的亲属,让母亲煮了一些小菜送去看守所慰问。[2]跟人们想象的不同,苏州监狱的气氛似乎过于宽松。沈钧儒等在上海被捕后就一致认为"六个人是一个人",坚决要求六人关在一起,并预先约定:倘若法院方面要强迫他们六个人分开羁押的话,就以绝食来抵抗。[3]1936年12月30日上午,史良到苏州的江苏省高等法院投案,于是有"七君子"。

不久,看守所的形势突然紧张起来!门口忽然增加了好几个武装的保安队,还有好几个监视的宪兵。沈钧儒在1937年1月5日给儿子的信中说:

> 在内一切起居、饮食,均尚自由,惟不准阅报,甚为苦闷。自十二月十二日起,又停止接见,并家属亦在禁止之列……今现已二十四日(今日一月五日也),屡次请求尚未获准许。……前途之艰难险阻,必将百倍于今日,此心尤惴惴勿获宁止,惟当鼓勇气以赴之耳。[4]

狱中气氛陡然紧张,是因为狱外世界风云突变。1936年12月12日,震惊中外的西安事变发生了。君子们的命运与中国的命运悬而未卜。那段时间里,他们与外界几乎隔绝了,什么消息也不知道,但内心是宁静而坦然的。他们曾考虑到万一被绑出去枪毙的问题。经过讨论,大家一致认为,应该从容就义,要高唱《义勇军进行曲》——"起来!不愿做奴隶的人们……"临刑时应该共同高呼"打倒日本帝国主义!民族解放万岁"等口号。[5]后来七君子了解到,国民党那时确实有决心杀害他们的打算。蒋介石被张学良、杨虎城扣押在西安之后,陈果夫、陈立夫等人提出:枪毙七君子,以警告张、杨。由于冯玉祥等人的坚决反对,未

---

[1] 邹韬奋:《经历》,1937年,第202页,见王稼句:《吴门柳——名人笔下的老苏州》,北京出版社2001年,第170页。
[2] 吴大琨:《回忆三十年代初期苏州的革命斗争》,苏州市地方志编纂委员会办公室、苏州市政协学习和文史委员会:《苏州史志资料选辑》2002年刊,第91页。
[3] 沈叔羊:《爱国老人沈钧儒》,浙江人民出版社1981年,第32页。
[4] 沈钧儒纪念馆:《沈钧儒家书》,群言出版社2008年,第178—179页。
[5] 沈叔羊:《爱国老人沈钧儒》,浙江人民出版社1981年,第33页。

能下手,但二陈不甘心,指令看守所禁止接见,让七君子与世完全隔绝,伺机动手。[1]

西安事变的和平解决,迫使蒋介石同意停止内战,联共抗日,释放爱国领袖及一切政治犯,从而成为时局的转折点。人们都认为七君子的出狱不成问题了。1937年4月3日,法定的羁押期已满,江苏省高等法院对七君子和罗青等13人以所谓危害民国为目的而组织团体并宣传与三民主义不相容之主义,依刑法第11条、第28条,系共犯《危害民国紧急治罪法》第6条之罪为辞,罗织成十大罪状,提起公诉,各大报刊纷纷将起诉书全文刊载,具体有所谓"企图颠覆政府""助中国共产党张目并与其勾结""煽动罢工""勾结军人,谋以轨外行动"云云。

如此倒行逆施,引起社会各界的愤慨,为"七君子"抗辩,律师界更是义不容辞。按照刑事诉讼规定,每个被告可聘请3名律师。当时救国公案的实际被告是10名,聘请了27名律师,很多司法界的老前辈和社会知名人士皆列名其中。据章百的考察,辩护律师中的三分之二与苏州有关系:陆鸿仪、吴曾善、刘祖望3人均为苏州律师,陈霆锐、汪葆楫虽为上海律师,但都是苏州人,江一平、鄂森、孙祖基3人是东吴大学法律系的毕业生,张志让、刘世芳、俞承修3人是东吴大学法律系的教授,罗青等3人的辩护人谢居三、朱公亮、敬树诚、庄骥、薄铸都是苏州律师,李文杰也是东吴大学法律系的毕业生。在辩护律师27人中,与苏州有这种或那种关系的,竟达17人之多。[2]

这不是一般的官司,为这种案子辩护,勇气可嘉。朱公亮是当时的辩护律师之一,他后来谈到:"律师是自由职业者,不算公职人员,没有薪金待遇。挺身而出,参与为这种政治大案担任辩护,甚而解囊垫款,而不顾及可能招致的政治风险"[3],是需要勇气的,但这是在为真正的君子辩护,非君子不与。

七君子的答辩状,由张志让律师主稿,洋洋两万字,对起诉书拼凑的那些牵强附会、故入人罪的条款,逐条逐项提出辩驳。蒙在鼓里的百姓方始明白:这是一桩冤狱。但爱国何得罹罪,让他们百思不得其解。翻开1937年5月16日的北平《晨报》,《论沈案与精神团结》一文写道:沈钧儒等之拘捕起诉,更和政府嘴里所说的相矛盾,而给全国及世界不朗印象。政府为增加御侮力量打算,虽外国尚须联合,虽外国人民的好感尚须取得,请问:自己的人民何以不速联合一

---

[1] 沙千里:《漫话救国会》,文史资料出版社1983年,第46页。
[2] 章百:《七君子案的律师辩护团》,《苏州杂志》1990年第4期。
[3] 朱公亮:《"救国会"案在苏州审判经过的回忆》,苏州市政协文史资料研究委员会:《苏州文史资料选辑》第11辑,1983年。

致？何以对于人民救国团体认为非法？对于从事救国者认为有罪？这是极难理解的。看来,君子蒙冤,不纯粹是或者说根本不是一个司法问题,而是政治问题。古来君子潜心研读圣贤之书,不闻窗外之事；为今之世,古老民族屡遭列强凌辱,一方书斋已放不下一张书桌,多少匹夫披肝沥胆请命于当道。书生君子披挂上阵,本属无奈,不意却干犯《危害民国紧急治罪法》。毕竟是君子,严词驳斥,酣畅淋漓。

七君子渐渐为苏州百姓、为全国百姓所熟悉。沈钧儒,七君子的领头人,浙江嘉兴人,1875年1月出生于苏州,1935年,率先响应中国共产党抗日民族统一战线的号召,组织上海文化界救国会和全国各界救国联合会,从事抗日救亡,因此入狱；章乃器,浙江青田人,银行家,主张对民族工商业实行保护主义的经济政策,民族危亡之际,因倡导救国被捕,时届不惑之年；邹韬奋,江西余江人,1935年8月从国外回来后,在上海、香港主编《大众生活》《生活日报》等,因领导上海各界救国会和全国各界救国会入狱,既是学者,又是一位革命家；李公朴,江苏扬州人,1936年,作为全国各界救国会的负责人之一,被国民党当局逮捕；史良,江苏常州人,一位正直的女律师,热心于为政治犯辩护,却因为创立妇女救国会,作为全国各界救国联合会的领袖人物被捕,成了政治犯；王造时,在大学里教书,宣传各种主义,国民党当局不让他教书,因为同情共产党的抗日民族统一战线政策,成了七君子之一；祖籍苏州的沙千里,1901年生于上海,是一位主持正义的律师,作为全国各界救国联合会的领袖,因为从事抗日救亡运动成为七君子之一。

1937年6月11日,七君子案在苏州高院刑事第一法庭公开审理。那天天气阴暗,淫雨霖霖,三辆汽车分载7人在苏州狭窄崎岖的街巷中驰行。当局五步一岗,十步一哨,荷枪实弹,如临大敌,更可笑的是,在每辆车的两旁踏板上各站一名荷枪的宪兵,手执窗框,"有如京官出巡,招摇过市"。原定下午2时开庭,法院门口早早聚集起数百名准备旁听的群众,他们当中有苏州当地人,也有许多是从上海和全国各地特地冒雨赶来的。其中还有不少年高德劭的社会名流,如张一麐、李根源、张菊生、沈卫、陶家瑶等老先生,都是70多岁的老人,他们跟年轻人一样站在雨地里,怒容满面,愤慨不平。当局原来宣称审判要公开进行,等门外围满人以后,法院却贴出布告："停止公开,所有已发出之旁听证一律无效"。大家看到这个布告都很气愤,议论纷纷,抗议国民党当局这种无理做法。有一位老先生说："岂有此理！为了爱国,竟要坐监牢,吃官司,我活了七十多岁,还是头一趟见到这样的怪事,真不像样子！"家属表示不信任法院的审判,坚持要参加旁听。候审的七君子同时提出了强烈抗议：不让旁听，这叫什么公审？必须坚持公审，如不公审，我们即不发言。辩护律师也表示要保持沉默。[1]正在闹得不可开交的时候，张一麐出来调解，向高等法院院长交涉，法庭被迫做出让步，准许被告家属和新闻记者入内旁听。[2]

由于禁止旁听，只有能够进入法庭的几十人有幸领略了七君子的风采：开庭时，七君子排列于前，衣着整齐，神态轩昂。沈钧儒、李公朴着长衫，史良是旗袍，其余的人都穿西装。一位在场律师后来说，这场审讯与其说是法庭在审问七君子，毋宁说是被告在审问法庭。七君子发言时，率皆背对法庭，面朝旁听席，说理简洁有力。审判长几次提出"你转过身来，转过身来"，他们悠悠转过一点，又慢慢转回身去。沈钧儒作为第一被告首先受审。

审判长问："你赞成共产主义？"

"赞成不赞成共产主义？这是很滑稽的。我请审判长注意这一点，就是我们从不谈所谓主义。起诉书竟指被告等宣传与三民主义不相容的主义，不知检察官何所论据？如果一定要说被告等宣传什么主义的话，那末，我们的主义，就是抗日主义，就是救国主义。"沈钧儒甩过话去。

"抗日救国不是共产党的口号吗？"

"共产党吃饭，我们也吃饭；难道共产党抗日，我们就不能抗日吗？审判长的话，被告不能明白。"

"那么，你同意共产党抗日统一的口号了？"

"我想抗日要求统一，当然是人人所同意的。如果因为共产党说要抗日，我们就要说'不抗日'，共产党说统一，我们就要说'不统一'，这一种的说法，是被告所不懂得的。"

……

"你知道你们被共产党利用么？"

"假使共产党利用我抗日，我甘愿被他们利用，并且不论谁都可以利用我抗日，我都甘愿被他们为抗日而利用。"

听到此，旁听席上的人无不为之动容，赞叹得发出声来。面对中国法学界、新闻界、著作界的佼佼君子，在真理、正义、事实和善良面前，审判长无以回对。

6月25日，第二次开庭。庭审中，七君子与检察官发生了激烈的辩论，理屈

---

[1] 沙千里：《漫话救国会》，文史资料出版社1983年，第63—64页。
[2] 胡子婴：《七君子狱中反诱降斗争》，全国政协文史资料委员会：《文史资料选辑》第82辑，文史资料出版社1982年，第92页。

词穷的审判推事以接受七君子要求,"允向军委会调查军法令案卷"为辞,下了台阶。当日,宋庆龄、何香凝等 16 人在上海发起"救国入狱运动",发表宣言及书面谈话,具状江苏省高等法院:爱国如竟有罪,则具状人等皆在,应与沈钧儒等同受制裁之列;七位先生事小,而抗日救国事大,救国有罪这一个恶例是万万开不得的。[1]《宣言》宣称:"我们准备去入狱,不是专为了营救沈先生等。我们要使全世界知道中国人决不是贪生怕死的懦夫,爱国的中国人决不仅是沈先生等七个;而有千千万万个。中国人心不死,中国永不会亡。"[2]10 天之后,不见答复,宋庆龄等 10 余人于 7 月 5 日特地赶往苏州,请求高等法院羁押审讯他们。那时宋庆龄患病,已几天没有吃饭,但她依然启程。[3] 宋庆龄因为喉炎,不能多讲话,但她"进出自己提衣箱,吃两毛大洋一碗的粗面",她已是快 50 岁的人了,"这天正好像她的仪态一样,一点也没有显得老气。"在法院有了初步答复后,宋庆龄一行才返回上海。救国入狱运动在社会上引起很大的震动和强烈的反响,全国各界纷纷响应,踊跃参加,视入狱如归。作家何家槐等 13 人于 7 月 2 日具状投案,愿为救国而与七君子们"负联带责任"。上海电影界著名导演和演员应云卫、袁牧之、赵丹、郑君里、白杨等 20 多人于 7 月 3 日具状江苏高等法院,请求收押,愿与七君子"同享自由或同受处罚"。[4]

事实上,自七君子爱国罪案发生,民众大营救运动就开始了。宋、何等人的"救国入狱运动"当然"是群众抗议的最有力的表现",各阶层人民的营救同时在进行。据 1937 年 7 月 20 日《救国时报》报道:

> 北方平津学生在审前二日,曾在服用国货运动的数千同学大示威上提出抗议,反对法院对于七领袖起诉和判罪。北方各界救国联合会并推出代表,赴苏州监审。代表经过天津、济南、保定时,沿途赴车站欢送的群众达数千人,莫不纷纷提出恢复七领袖自由的要求,请代表向苏州法庭转达。群众并有提出要求,请北平的著名律师组织辩护团赴苏州为七领袖辩护的,同时北方各界群众并纷起为七领袖募集讼费。
>
> 南方在本案开审前数日,广州有七千余同学签名提出要求,于力争实施国难教育,取消会考外,即提出爱国自由和七领袖应宣判无罪的要求;同时,全国救联会华南区总部也有代募讼费的活动,并发出长篇文

---

[1] 沈叔羊:《爱国老人沈钧儒》,浙江人民出版社 1981 年,第 37—38 页。
[2] 《救国入狱运动宣言》,中共苏州市委统战部等:《七君子在苏州狱中》,1986 年,第 111 页。
[3] 胡子婴:《回忆"一二八""七七"上海抗日救亡运动的发展》,《党史资料丛刊》1981 年第 1 辑。
[4] 沙千里:《漫话救国会》,文史资料出版社 1983 年,第 74—76 页。

电,号召全国同起营救。

西北、成都各界救国联合会、重庆各界救国联合会,在审判前皆有宣言和代电发表,主张法庭应将七领袖无条件释放,政府应切实取消爱国治罪的政策;同时并各就地进行系统的宣传,唤起民众,力争爱国自由。西北各界救国联合会的营救运动更为积极,同时,该会所在地区邻近苏区,因受红军抗日宣传之熏陶,人民爱国情绪万分高涨,故该会发起之运动规模极大。

上海为全国救联会所在地,苏州于六月十一日开审,上海于十三日下午即有五千人的市民抗议大会。……同时,在南京、苏州、无锡、镇江这些地方,同类的营救运动,也在开展中。[1]

中华职业教育社黄炎培等人准备派"一部分头面人物"发起慰问七君子。据他们估计,国民党是不可能让代表去苏州的,但可以运用这件事发动群众,揭露国民党。据当事人回忆:"我们准备了抗议国民党的传单、标语,把面包运到北火车站,动员群众到北站去欢送。国民党不让代表去,群众就坚持占据车站,从下午一直到晚上,火车停止行驶,群众在车站散发传单,贴标语,唱'枪口对外'的歌曲,影响很大。"[2]

1937年"七七"卢沟桥事变爆发,伟大的抗日战争全面开始。在全国人民的一致呼吁和要求下,南京当局不得不在7月31日恢复了七君子的自由。当他们走出看守所大门时,鹄立在烈日下等候已久的200多名民众清楚地领略了君子风采。沈钧儒代表七君子对各报记者发表谈话:"今天步出狱门,见抗敌之呼声,已普遍全国,心中万分愉快,当不变初旨,誓为国家民族求解放而斗争。"一时间军乐齐鸣、爆竹齐放。军乐声、爆竹声、欢呼声、口号声,伴随着抗日救亡歌曲声,高入云霄。离开看守所时,苏州各方面所派的代表及学生数十人各持旗帜列队前导,七君子坐人力车,家属和欢迎人群相随在后,后来七君子也下车步行。这支浩浩荡荡的队伍,高呼口号,高唱抗日救亡歌曲,出金门,经大马路,到达花园饭店,在此暂时休息,准备第二天乘火车去南京。晚七时,知名爱国人士李根源、张一麐等人在国货公司屋顶花园举行欢迎宴会。[3]苏州各界原预备在第二天举行庆祝大会,七君子婉谢了。第二天上午,七君子本想悄悄离苏回沪,想不到

---

[1]《国人纷起营救救联七领袖》,《救国时报》1937年7月20日。
[2] 雍文涛:《回忆上海各界救国会等的抗日救亡活动》,《党史资料丛刊》1981年第1辑。
[3] 沙千里:《漫话救国会》,文史资料出版社1983年,第78页。

到了北站,站上已有 100 多人在迎候。当天中午,在一家西餐馆举行联合欢宴,除胡愈之、张志让等救国会成员外,还来了 100 多名青年学生,大厅里站着几百个人,他们要七君子讲话。沈钧儒站起来说:"今天在国难严重时回到上海,心里异常悲愤。我们可以告慰大家的是,入狱出狱始终一样,没有改变我们的主张。"[1]

在那几个月里,苏州,曾因七君子而倍受世界瞩目。

---

[1] 胡子婴:《回忆"一二八""七七"上海抗日救亡运动的发展》,《党史资料丛刊》1981 年第 1 辑。

◎ 第三章 近代气象(1927—1937)◎

第三章 近代气象(1927—1937)

起始于西欧地区的近代化以工业革命为驱动,以民族国家为保护,近代以来不断地向世界其他国家和地区扩张,至20世纪已形成不可抗拒的潮流,任何国家或地区都不可避免地卷入其中,主动或被动地开始了向近代社会的转型。由于时空与生存环境的特殊性,历史文化积淀的差异性,发展理念和解决思路的不同,在世界范围内,各种地域发展模式异彩纷呈。日本社会学家鹤见和子指出,从事计划变迁的理论和实践家们必须依靠特定地域的人和集团,依据原有的自然生态环境,根据自己的文化遗产,参照外来文明,自律地进行创造,即所谓"内发型发展"。[1]同时,"原有的社会存在将根据能否适应工业文明而决定其取舍,不能适应者将消失,能够适应者经过改造而融入现代"[2],呈现出传统与近代相互交融的景象。从19世纪50年代开始,伴随着资本主义列强的经济渗透,近代中国的经济结构也逐渐向近代转型,处于近代化前沿的苏州,在1927—1937年间其经济—社会结构已经显示一派近代气象。而综观这一切不难看出,无论是自然嬗变还是计划变迁,苏州的近代化演进都与地方的自然、社会乃至思想的历史沉淀密切相关。在大机器工业和苏州商会的功能发挥方面,近代性非常明显;在村落女红和特色产品经营中,传统性比较显著;而在以昆山徐公桥和吴县唯亭共同体为案例的计划变迁中,传统与近代元素的融合方式和程度则成为近代发展的关键因素。

第一节 经济结构的近代性

在苏州,经过晚清数十年的艰难曲折,以近代工业的出现为标志,经济结构散发出浓郁的近代气息,这样的近代性在数百年前的西方工业革命中似曾相识,

---

[1] 费孝通、[日]鹤见和子等:《农村振兴和小城镇问题》,江苏人民出版社1991年,第44页。
[2] 钱乘旦:《现代化研究的理论与实践》,《光明日报》2016年7月6日。

与全国其他地域也有不少相似之处,然而,深入苏州经济结构内部却可以发现,苏州近代经济的发展并非异域或者他方的复制或模仿,而独具自身的发展演变逻辑。

一、城乡工业的发展

19世纪末20世纪初,苏州一部分工场手工业采用机器生产和电气动力,向完全意义上的近代工业过渡。但总体说来,苏州的近代工业并不发达。据1931年的调查,与苏南其他各地大型棉纺织厂的规模和生产能力相比,苏州瞠乎其后:

表3-1 1931年苏南大型棉纺织厂

地区	厂数	工人数	资本额	纱锭数(枚)
无锡	7	14 103	9 710 000元	198 168
常州	4	3 611	2 080 000元	46 504
苏州	1	3 130	600 000元	42 568
常熟	1	963	400 000元	12 740
太仓	1	1 534	1 000 000元	25 000
江阴	1	1 300	720 000两	15 000

资料来源:段本洛:《历史上苏南多层次的工业结构》,《历史研究》1988年第5期。

清末民初,苏州工业主要在织物和火柴两业使用机器生产,实现了生产力的根本跃升,过渡至近代工业阶段,但嗣后的发展过程并不顺利,这以从事棉纺生产的苏纶纱厂最为典型。苏纶纱厂自1925年由上海资本家严裕棠租办后,进入稳定发展的时期。严氏父子是具有近代科学素质的企业家,其经营特点约有如下数端:

第一,实行铁棉联营、多种经营,形成要素互补的企业结构。

严裕棠早期曾在十里洋场经营房地产,积聚了大量财富后,开始向棉纺织业发展,于1925年来苏州租办苏纶厂。严裕棠承租苏纶厂最初还与他在上海的大隆机器厂相关。大隆厂创设于1902年,当时中国厂家惯用进口机械,不敢轻易选用国产品牌,产品打不开市场,但"这个矛盾最后以严家租办苏州苏纶纱厂而暂时得到解决"。1927年之后,苏纶厂进行大整修并增置两万纱锭,"除一部分机器是进口的以外,都是大隆制造的";一方面苏纶为大隆提供了市场,反过来,苏纶也深深助益于大隆的发展。这一点,严庆祥深有体会:"在常人看来,大隆是大隆,苏纶是苏纶,不知没有大隆,就没有苏纶的产生,况现在的苏纶之所以不象普通纱厂者,正恃有大隆。……无论工务方面,人才方面,均不能不依赖于大隆。"与此同时,严氏家族在沪获利丰厚的地产经营,又给苏纶厂提供了资金挹注之便。这就是严裕棠的经营路线:销售靠铁棉经营,资金调剂靠房地产经营。[1]这条经营路线也反映了严氏家族企业结构的特色。

第二,革除传统官僚习气,实行近代科学管理。

严裕棠从上海来到苏纶,只见大门两侧挂着虎头牌、红黑棍;一进厂门,广警分作两行,垂手站立,突然"呼喳"一声,行礼致敬;办公室里,喳喳之声不绝。整个厂子一派官僚习气。严裕棠就此入手,实行改革。他同意厂长的建议,撤除"虎头牌"和"红黑棍",废除门房警卫站班之威仪,改由警卫一人轮班值勤。1925年重阳节,严裕棠以厚礼辞退老"总管",另用新人。"浓厚封建气息,顿时一扫而空。"[2]在1928年建造的办公楼的醒目位置,挂着一副对联:"创业同创军,一心一德,日新月盛致霞蔚;治厂如治家,以勤以俭,朝乾夕阳见精神",体现了近代经营理念。

不过,需要指出的是,在苏纶厂,作为企业管理重要组成部分的人才使用方式,也体现了某些东方式家族特征。对于苏纶厂的人才选用,严裕棠特别重视"足以依赖"理念,总理其事的是自己的儿子,各部门的主要人选不是严氏亲戚便是他的亲信,其中有不少是他的棉铁联营企业中培养出来的学生,这些学生大多是贫寒子弟,从小受到严家"恩泽",对严氏忠心耿耿。

第三,注重设备更新,提高技术含量。

1928年,经过整修后的苏纶重新投产,这时的苏轮厂拥有纱锭22 500余枚,全厂以600匹蒸汽引擎作传动,并兼带照明。次年,又在原轧花厂旧址扩建第二工场,增添纱锭20 000枚,同时创设织布车间,逐渐建成一个颇具规模的织布工场。[3]考虑到蒸汽引擎落后,动力不足,严氏向国外订购设备,自建发电厂,不但解决了全厂长期存在的动力不足问题,而且大大节约了成本。1930年前后,每度电耗煤0.42公斤,成本为0.03元,而市区电价为0.1元,数年后,已收回电厂总投资数。以上革新使苏纶的生产水平向前迈出了一大步,苏纶扩展为综合企

---

[1] 中国科学院上海经济研究所、上海社会科学院经济研究所:《大隆机器厂的发生发展与改造》,上海人民出版社1958年,第25—35页。

[2] 朱宏涌:《严裕棠先生事略》,苏州市政协文史委等:《吴中情思》(《苏州文史资料选辑》总第17辑),1987年,第31页。

[3] 浦亮元、徐鹤亭:《苏州纶纱厂的回顾》,苏州市政协文史资料研究委员会:《苏州文史资料选辑》第9辑,1987年,第7页。

业。至30年代初,全厂拥有职工3 000多人,年产棉纱3万余件,棉布11万匹,年获利润在银40万两左右。[1]

1937年下半年,日军日益逼近苏州,苏纶厂停产遣散。1941年太平洋战争爆发后,严氏"赎回"了苏纶厂,勉强维持到日军投降。抗日胜利后,严庆淇以苏纶为基础进行纱布投机,有"苏州纱布大王"之称[2],苏纶纱厂一度复苏,支撑至全国解放。

1927年前后,苏南地区的大型纺纱厂纷纷增产投资,获得较大发展,这为棉织业提供了充足的原料,促进了工场手工业和棉织厂的发展。1921年,常熟强华布厂采用新设备天津式铁木脚踏机70台,不久,业勤、中兴、辛峰等布厂进行设备改置,把铁木脚踏机改为动力机。动力机的使用表明了机器棉织业的真正诞生,但常熟大多数织布企业并未达到这样的层次。1927年前后,城厢内外乡镇置机织造的棉织手工工场不下30多家,共有织机7 300多台。规模最大的棉织工场拥有布机400余台,较小的工场也拥有布机四五十台。布机大多系手拉式,"并不借机器之力,有木机和铁机两种"[3]。至1937年,各乡镇布厂已有100多家。在全部织机中,动力机和铁木动力机384台,脚踏铁木机2 000台,手拉织机近5 000台;估计可以算作机器织布厂的也就是30多家。1937年,常熟各织布厂遭到日军劫掠。

比棉纺织业稍晚,民初以电力动力的使用为标志,苏州出现了真正意义上的机器丝织业。1929年苏州丝织电力机共800台。特别是1933年以后,丝织业市场竞争激烈,工场主认为,木机和铁机使用人力织造,成本过巨,产品质量较差,无法在竞争中继续生存,便纷纷改置电力织机。至1935年止,苏州城厢全部丝织业"有电力织机二千架,……木机尚有四、五百架,均系遗存之家庭工业。铁机则仅存百架"[4]。电力动力的引进从根本上改变了生产工具,苏州丝织业成为真正意义上的现代工业。需要指出的是,木机"即使在绸厂林立、电力机广泛使用的情况下,仍长期并存,少数的木机生产一直维持到"民国结束。不但如此,许多手工工场还通过"放机"方式支配着广大的家庭劳动者,工业资本与分散的小农家庭纠结在一起。这样,我们看到,苏州近代工业的出现并未摧毁传统丝织生

---

[1] 苏纶纺织厂:《苏纶纺织厂建厂一百周年纪念册》(内部资料),1997年9月。
[2] 中国科学院上海经济研究所、上海社会科学院经济研究所:《大隆机器厂的发生发展与改造》,第82页。
[3] 《常熟之经济状况》,《中外经济周刊》1927年第214期。
[4] 《国际劳工通讯》1936年第30号。

产方式,手工操作的木机和铁机仍然与电力织机同时使用,集中的工厂生产与分散的家庭劳动同时存在,形成一种多层次的丝织工业结构。这样的结构特征在丝绸重镇盛泽表现得也很明显。

盛泽电力织机的出现远远晚于上海,也晚于苏州。1929年美丽绸厂厂主诸凤春用柴油引擎发电驱动两台织机取得成功,引起模仿效应。1930年,郎梅春开设郎琴记绸厂,装置电力丝织机5台,此可视为盛泽近代工厂之始。至1933年,电力丝织厂已发展为8家,见下表:

表3-2 1933年盛泽电机厂统计

厂名	地点	创办人	创设时间	资金	性质	织机数	厂房数	备注
郎琴记	善嘉桥	郎梅春	1930	2 000元	独资	5	6	
美丽	西新街	诸凤春	1931.08	2 000元	合资	8	6	包机与沪两织绸厂
民生	沈新街	王鸣泉	1931.10	15 000元	合资	48	41	
三民	斜桥	仲耀初	1931.10	6 000元	有限公司	8	4	
勤业	西新街	王友三	1932.04	12 000元	合资	6	4	包机与沪绸庄
大中华	王家庄	王鸣泉	1932.07	5 000元	合资	18	18	
永祥	西新街	俞茂祥	1932.07	3 000元	合资	10	3	
仁记	西新街	陶桂青	1933	3 400元	合资	12	13	包机与沪绸庄

资料来源:何冰:《盛泽之纺绸业》,《国际贸易导报》1932年10月第4卷第5期,第33页;实业部国际贸易局:《中国实业志》(江苏省),实业部国际贸易局1933年,第202页;周德华:《吴江丝绸志》,江苏古籍出版社1992年,第125页。

1933年之后,盛泽机器丝织厂增设迅速,1937年达46家。其原因有三:一是"一·二八"事变后,上海局势变化,盛泽在沪绸商纷纷迁回故镇;二是随着电力供应的解决,在镇零散手织机户改装电力织机;三是农村现卖机户迁居乡镇,改织电机。至1937年,全镇电机增至1 145台,占当时江苏省织机总数的46.88%、全国织机数的6.76%。[1]尽管电机织绸出品美观,非手工织品所能企及,但在盛泽,丝织手工工场和家庭织户仍然大量存在,也表现出明显的多层次丝织工业结构,所不同的是,盛泽的家庭机户大多并未受到丝织工场的支配和控制,是"现卖机户",现卖机户是独立的小商品生产者。

电力织机在苏州的推广,使丝织业从作坊工场过渡到近代工厂,从手工织造

---

[1] 周德华:《吴江丝绸志》,江苏古籍出版社1992年,第126页。

过渡到使用机器体系的最后完成,完成了技术和劳动组织的巨大革命,实现了丝织业的近代化,但囿于丝织业自身的发展规律和半殖民地半专制的社会历史条件,苏州丝织业的近代转型不可能是彻底的。

与织物业不同,1920年出现于苏州的鸿生火柴厂是移植性近代工业,在数年的激烈竞争中崭露头角。南京国民政府成立后,为了增强与外国火柴业的竞争实力,刘鸿生开始谋求同业联合。1928年与上海荧昌火柴厂联合发起成立"江苏省火柴同业联合会",1929年该联合会发展成"全国火柴同业联合会"。同业联合会旨在以行业整体的力量向国民政府施加压力,请求限制瑞典火柴进口,提倡国产火柴,结果收效甚微。依靠政府不成,刘鸿生便利用市场的力量,于1930年正式合并鸿生、荧昌、中华3家火柴厂,成立大中华火柴有限公司。通过合并,既消灭了国内同业竞争对手,又增强了实力,提高了与国外企业的抗争力量。苏州鸿生厂由此提高了生产能力,除添置磨磷机、轧碎机、升降机、旋转理梗机等作业机外,还在各个部门添设了柴油引擎、蒸汽锅炉及发电机等动力设备。

至30年代中期,刘鸿生用10年的时间终于缚住了瑞典"凤凰"的翅膀,捆住了日本"猴子"的手脚,垄断了大半个中国的火柴市场。但这样的好景持续时间并不长,在民族火柴产品生产过剩、政府火柴统税急增和日本走私火柴的打击下,从1932年起,"大中华"的盈利逐渐下降,直到大量亏损。为了寻找出路、维护自身的优势地位,刘鸿生极力寻求外在力量干预火柴市场。1933年,他向全国火柴同业建议实行"火柴统制",不果,再寻求垄断。1936年3月,"中华全国火柴产销联营社"成立,参加者共48家,其中华商41家,日商7家。[1]

这种具有垄断性的组织,减少了同业竞争,有利于某些大型火柴厂和外资厂的发展,却牺牲了民族企业小厂的利益。如苏州民生火柴厂在参加联营社上海分社后,产量被核减了60%,他们向上海分社提出复议申请,却被总社一一驳回。欲私自增加产量,又领不到印花;欲提出退社,联营社章程又规定:"社员除自行解散或丧失制造权外,无论有何理由不得请求退社。"既无可奈何,又无法维持,最后苏州民生火柴厂只得宣告停工。[2]透过鸿生火柴厂竞争取胜的历程不难看出,在半殖民地半专制主义的历史条件下,民族工业的竞争常常是在一种缺乏宏观制度环境的无序的状态中进行的,竞争往往不择手段,最终不但损害其他民族企业的利益,实际上也削弱了自身的市场竞争力。这可以说是整个中国近

---

[1] 浦鉴初:《鸿生火柴厂简史》,苏州市地方志编纂委员会办公室、苏州市档案局:《苏州史志资料选辑》第6辑,1986年,第50页。

[2] 张圻福、韦恒:《火柴大王刘鸿生》,河南人民出版社1990年,第126页。

代民族工业发展面临的关键难题。

大体上与近代中国的整体状况相似,苏州近代工业在1927年至1937年全面抗战爆发这十年的时间里发展得最好,但毋庸讳言,无论在发展数量还是在发展层次上,都十分有限。鉴于大机器工业实在太少,1930年中期有人甚至认为"苏州的工业,连芽儿都没有一点"[1],因为"少见到工厂的煤烟飘在天空,少听得马达的声音震动云霄,在这古城里,一切都是平和的,幽闲的,岁月在这里像要拉长一些"[2]。然而,缺少大机器工业并不意味着苏州停滞于中世纪,事实上,民国苏州已经发生巨大变化,并以现代城乡的姿态和形象著称于时:"苏州的繁荣,是农业社会的残骸与资本主义的余气构造成功的。"[3]也就是说,苏州经济结构的近代性需要结合行业类型、市场体系和生产关系等多重因素,而不能仅仅以单一的生产力要素进行判断。在苏州,大机器工业的诞生并不意味着低层次生产方式的消亡。段本洛在考察近代苏南工业结构层次时指出:在半殖民地半专制社会的历史条件下,发展不充分的城市大型民族工业,不可能充分发挥机器工业摧毁手工业的历史作用,全部剥夺工场手工业和个体手工业的市场;相反,不仅需要中小民族工业、工场手工业以及个体手工业作为补充,而且还要以其作为生存和发展的条件,由此形成一个多层次的工业结构。[4]显然这是一个颇具特点的地方经济结构,此其一;更具特色的是其二,在近代苏州经济结构中,资本主义性质的家庭劳动面广量大,种类繁多,这从散布于苏州乡村的众多的村落女红中可以明显反映出来;其三,与地方环境和外部市场紧密结合的地方特色产品具有特殊的近代价值。后两者需要进行专门的考察。

二、村落女红的特质

清末民初苏州城乡的资本主义工场手工业和机器大工业出现后,小手工业时代就已存在的家庭劳动与近代工业形式发生了重要联系,"变成了工厂、手工工场或商店的分支机构。资本除了把工厂工人、手工工场工人和手工业工人大规模地集中在一起,并直接指挥他们,它还通过许多无形的线调动着另一支散居在大城市和农村的家庭工人大军"。从生产关系性质上说,这种家庭工业"与那种以独立的城市手工业、独立的农民经济,特别是以工人家庭的住宅为前提的旧

---

[1] 同兆:《论所谓天堂的苏州社会》,《妇女月报》1935年第1卷第5期。
[2] 兰:《杂记苏州》,《评论与通讯》1934年第1卷第1期。
[3] 范烟桥:《周末新村》,《礼拜六》1946年第15期。
[4] 段本洛:《历史上苏南多层次的工业结构》,《历史研究》1988年第5期。

式家庭工业,除了名称,毫无共同之处"[1];它被赋予了近代性。在苏州,此种劳作被人们视为千百年来女红[2]的衍生,乡村妇女们对此更是情有独钟。

1. 女红遍布城乡

近代性家庭劳作散布苏州城乡,进入千家万户,成为影响百姓生活不可小觑的日常经济行为。以纺织业为例,20世纪30年代中期近代机器生产已经动摇了传统手工操作的固有地位,但采用传统"放料收绸"经营方式的"账房"继续存在。据40年代日人小忍野的调查,"账房"的"经营规模显著缩小却没有就此消灭,现在苏州城内的'账房'设有四十多家,经营着在形式上与过去没有多大变化的纱缎庄"。小忍野的调查报告可以从档案材料得到印证:1926年苏州有新式绸厂49家,拥有电力织机800台和提花拉机1 200台;同时还有传统账房57家,控制着1 800台木机。到1936年,仍有20余家"账房"在开业。[3]居住在盘门外的83岁的季好婆回忆说:"我们家祖上有二台织机,靠脚踏纺织锦缎,织好的锦缎月底送到阊门外的德裕绸庄里去。"家里的吃用开销就靠这两台织机。[4]糊火柴盒也采取外发加工方式。承担鸿生火柴厂火柴盒糊制的,一般是贫苦人家的妇女和儿童。这项活计收入极低,但由于这些活一般都可以利用工余间隙和孩童进行,不少生活不富裕的人家还是乐于接受的。[5]苏州刺绣业分为顾绣和行头,包买商之中心在观前街及中市附近。行头有40余家。顾绣则更多,商店大者,雇佣工人在四五十名。此等工人,从事刺绣用布帛之裁剪、整理、缝缀等,而刺绣则于各女工之居宅进行,此谓之通常代绣。有特种商店,由制绣店接受"定货",再分发于各专门之女工,此等女工各以其自己之特技应商店之需,绣完后经刺绣商之手交至批发商,或定货客,或零售店。[6]

近代性家庭劳作在乡村更为普遍。吴县西部的浒墅关、木渎、光福及香山一

---

[1] 马克思:《资本论》第一卷(上),人民出版社1975年,第506页。
[2] 女红,顾名思义,女性劳作,故女红之"红"发为 gōng 音,训为"工",意为劳作,另作"女工";"红"又作"功",亦有"劳作"之义。既为女性之"红",一般指为适合女性特点的纺织、刺绣、针黹等劳作,但在实际生活中,女红的上述内涵依不同情况表现出广泛的外延。明末清初浙江桐乡张履祥《补农书》卷下所记几乎囊括了江南主要女红:"西乡女工,大概织棉绸素绢,绩苎麻黄草以成布匹;东乡女工或杂农桑,或治纺织。若吾乡(桐乡炉头)女工,则以纺织木棉与养蚕作绵为主。随其乡土,各有资息,以佐其夫。"
[3] 王翔:《中国丝绸史研究》,团结出版社1990年,第159页。按,小忍野的调查报告见于《苏州的纱缎业》(《满铁调查月报》1936年第22卷第6号),转引自王翔的论著。
[4] 李纪福:《古城火种——文化沧浪的红色记忆》,上海文艺出版社2011年,第13页。
[5] 张圻福、韦恒:《火柴大王刘鸿生》,河南人民出版社1990年,第28页。
[6] 琴章:《苏州之刺绣》,《国货评论刊》1928年第2卷第7期。按,顾绣是日常生活用的绣品,常被贵妇人用于制作上衣、床帘、桌围等,对配色及图案都很重视,而行头为舞台衣装之用,故后者比前者品质粗糙。

带村镇,民间妇女"类能操是业"[1]。在1930年代的光福,虽说"妇女也同男人一样的到田间工作;但大半时间,都做着刺绣。有人调查全村刺绣户数,除了在光福暂住的二个小学教师的家庭外,就找不出第三家不刺绣的了。她们的作品,都是合于实用的,销售的地方,以苏州城内为最多"[2]。在吴县东乡的唯亭,村妇们的主要女红称为"织机",就是用生丝在旧式的织机上织成绵缎,形式上与棉纱织布相同,但织的原料"由苏州的丝行按期发给机户,织成绵缎",属于包买性质。机户大都散居于乡落。在唯亭镇之北的泾上村,"几乎全是些织机和渔猎的住户"。在街镇上者,则仅在仁寿桥以西的几家罢了。[3]近代性家庭劳作在经典理论家那里被称为"现代家庭劳动"或"资本主义家庭劳动"[4]。从家庭劳作前的冠名可见,无论是"现代"还是"资本主义",都强调劳作的生产关系性质,更具体地说,着重于家庭劳作的近代性,即资本主义性质。苏州近代性家庭劳作亦可作如是观。据1934年的资料,在上海市场上销行着的顾绣,实际上全是苏州村落女人的出产。"绣庄派跑街下乡,把应做的工作交给伊们,约定时期再来收取。"[5]从村妇这方面说,她们受雇于绣庄,在家中刺绣,以成品从绣庄那里计件领取工价。[6]包买刺绣的商业资本家控制了刺绣生产环节,村妇们的刺绣女红因此而被赋予了近代性。常熟棉织业需要的手工布机常常由工场主提供,俗称"放机":将布机放于工人之家,例如布厂以布机100架,招女工100人,此百人具保将厂中之布机领去,而置于自己家中,随时交货。[7]如在常熟滨(长)江古镇福山,农家大多自备土纺土织工具,妇女们自种棉花,加工成絮棉,自纺自织;贫困之家少量自用,大部分销售给镇上商行"纱布庄"。从清末民初开始,镇西及西南各村妇女为棉织工场主所控制,盛行所谓"织交布"。福山镇规模最大的纱布庄是"吴大隆",稍后继起者有永丰、永盛、赵章记、谢宝泰、慎余、慎和、慎昌、洽和、曹芳记等。[8]花边出产程序与此类似:商人将已经印好花样的原料如竹或麻布(已印好花样)、花线等分发给村妇,村妇逐日编织,完工后交给花边

---

[1] 实业部国际贸易局:《中国实业志》(江苏省)第二编,实业部国际贸易局1933年,第74页。
[2] 赵丕钟:《苏州光福农民的副业》,《农报》1935年第2卷27期。
[3] 封熙卿:《京沪铁路唯亭站之经济调查》,《铁道》1933年第3卷第16期。
[4] 马克思在《资本论》中称"现代家庭劳动",列宁在《俄国资本主义的发展》中称"资本主义家庭劳动"。
[5] 朱维明:《苏州天平山下的抬轿妇女》,《申报》1934年8月11日。
[6] 实业部国际贸易局:《中国实业志》(江苏省)第二编,实业部国际贸易局1933年,第74页。
[7] 《常熟之经济状况》,《中外经济周刊》1927年第214期。
[8] (常熟)福山镇人民政府:《福山镇志》,东南大学出版社1992年,第197—198页。按,"交布"亦称"还娘布",即"放机布"。

商,领取工资。[1]常熟碧溪《担花边》谣道:"中华民国十三年,条条巷埭做花边。"[2]整个生产工序均由商人或工场主事先置备原料和工具,之后回收制成品,村妇因此丧失了生产的独立性,实质上无异于雇佣劳动者,不但产品完全为了出售,村妇的劳动力也变成了商品。家庭劳作的近代性以此体现出来。论及苏州的近代工业结构,苏纶纱厂、苏经厂、火柴厂等几个城区工业屈指可数,而勃勃发展的城乡近代性家庭女红则形成了一道别样靓丽的风景。

2. 作为农家经济结构的要素

确定村落女红的近代性,对于认识中国经济结构的性质,进而判明近代中国社会的性质无疑是有意义的,不过这样的意义是在一番理论推导之后。事实上,与近代性女红关系更实在也更为密切的毋宁是农家经济结构:近代性女红是农家经济结构的关键要素。这是近代苏州乡村经济生活的实态。

村落女红常常与多种劳作结合在一起,构成完整的农家经济结构。这些劳作包括:一是劳动力出卖。在苏州西郊山村,让走马观花的外乡游客意想不到的是,绣女们竟然备了抬人上山游玩的轿子:

> 等到[客人]一下车或船,路旁椅轿就靠着,同时有绣花的绷子架在一边放着,若是有了生意就停止绣花去抬轿,若是价钱说不好或没有客人来,她们就坐下来绣花,真是意想不到的那种出力的事和这些细工会在一个人身上同时具有的。[3]

与抬山轿相当的力气活是"拽石头"。附近焦山村妇"在樵柴煮饭,弄孩子,做农田工作之外,有空功夫,就得到(石)宕里来出卖她们多余的劳动力"。[4]

二是家庭农务。近代性女红以此附着于宗法性的自给生产之中。"此辈女轿夫,是只把抬轿,视作副业的,不过在春秋二季中,伺候伺候游人而已。……伊们的正当职业,是耕田,是像别处所在男子们的那么下田工作。"[5]了解情况者感慨:"苏州一般农妇,几乎比任何地方都劳苦。当秋收时候,乡村人家,打稻之声,陆续相闻。这声音并不来自田间,而来自户内;操这打稻的工作的,却全是妇女。"[6]在这里,促使女红与农务联结的生产关系因素是传统的土地分配制

---

[1] 华东军政委员会土地改革委员会:《江苏省农村调查》(内部资料),1952年12月,第408页。
[2] 殷业成:(常熟)《碧溪镇志》,百家出版社1995年,第360页。按,歌谣中的"担"意为交送。
[3] 杨步伟:《一个女人的自传》,岳麓书社1987年,第287页。
[4] 张潜九:《吴县焦山石宕访问记》,《东方杂志》1935年第32卷第16号。
[5] 周贤:《苏州的女轿夫》,《申报》1936年4月11日。
[6] 孟晖:《苏州散记——农业都市的剪影》,《民间》(北平)1936年第3卷第2期。

度。在半自耕农或佃农家庭,租佃关系中的农家不能专靠佃耕少量土地谋生,必须同时经营一些家庭副业作为补充,女红则是这样的副业,但在另外的意义上可以这么说,正是近代性女红维持着传统的租佃关系:"只有这种农工相混的乡土经济才能维持原有的土地分配形态,……同时也使传统的地主们可以收取正产量一半的地租,并不引起农民们的反抗。"[1]

三是简单商品经营。时人发现,在抬轿间隙,轿妇们还要"作些活计——砍柴织草鞋";"有些余钱的"便在山脚设摊,"卖自己把树枝砍成的手杖"等土产,为了"倾销自己的土产,招揽顾客",再搭卖些水果糕饼、正广和汽水、大英牌香烟之类。[2]这是传统时代就有的小商品经营。

近代各种性质的经济关系是基本的社会事实存在,它们以个体无法抗御的结构性力量,驱使着江南村妇编织劳作关系网络,以求自我保护。在日常经济生活中,这种力量实际凝聚为指向家庭生计的压力:众多劳作的任何一种都无法单方面满足居家生活的全部需要,对于整个家庭经济结构来说,各种劳作形式彼此需要;近代性女红就这样成为农家经济结构的关键要素之一。

结构性力量滋生的基本土壤是传统经济关系。需要追问的是,传统经济关系中内含什么样的因子长期滋长着结构性力量,从而让村妇将太平生计的念想寄托在女红上?依据以上分析,结合苏州的情形大体可以得知,这其中,既含自然的矛盾,如人多地少;亦因生产能力的制约,如农业技术;还有经济制度的成分,如土地分配;等等。[3]如果说传统经济关系给了女红以必要的驱使,那么,近代性经济关系则给女红的发育提供了可能性。因为大机器工业既不能完全摧毁手工业,村妇女红就有了生存和发展的条件和理由:"手工工场所以会产生,主要是由于资本家自己手里拥有能适应需求的每一变动的后备军,但这些手工工场又允许分散的手工业生产和家庭生产作为自己的广阔基础与自己一起并存下去。"[4]以苏州刺绣女红为例,1927年北伐战争后,全国统一市场初步形成,绣庄营业额达86万元,为1917年的4倍,绣工近2万人。刺绣业的发展需要大量的贡缎和锦缎作绣地,而绣地的手工真丝原料凭借其特殊技艺,一时还没有被机器工业替代,这就为手织真丝绸缎留出了广阔的市场,从社会需求看,在丝织领域内不同手工业种类之间形成了必要的互补关系。

---

[1] 费孝通:《乡土重建》,上海观察社1948年,第48页。
[2] 沈右铭:《山游拾得》,《十日谈》1934年第29期。
[3] 郭大力:《生产建设论》,经济科学出版社1947年,第234—235页。
[4] 马克思:《资本论》第一卷(上),人民出版社1975年,第517页。

经济关系的结构力量,不论传统的,还是近代的,当它们涌向村妇,渗入地域,影响到日常,就幻化为农家经济结构。通常的苏州农家,村妇劳作涉及一个家庭的全部劳作形式,如果将其全部劳作视为一个集域,村妇劳作的内部关系体现了一般农家的经济结构:勤快的苏州村妇分别扮演着地主的佃农、农场的农妇、袜庄的工人、育蚕的劳力……诸多角色,多种角色之间并不冲突,各种劳作错落而成一体,其中,近代性女红始终处于很关键的地位,而与其他劳作相互依存,稳定着家庭经济结构的基本样态。

作为苏州农家经济结构中的关键要素,近代性女红暴露出诸多传统性。村落女红的近代性主要是就其雇佣关系而言的,但它并非专业化生产,操作仍是手工的,工作场所在家庭,从形式上看,与简单商品生产几乎没有差别。这种中世纪式的近代性劳作,在19世纪末的俄国乡村已经出现过:恶劣的工作环境、冗长的工作日、非常便宜的工钱,等等。[1]同样的情形出现在20世纪30年代的苏州西部乡村:由于包买刺绣的商业资本家控制了刺绣生产环节,村妇的报酬自然"异常的低薄,统扯只二三百钱一天。所以伊们一见有游客上山,都抢着来抬轿子,虽则劳苦,至少终有几毛钱可得"[2]。

近代性女红的传统性在日常生活中发挥作用,成为村妇必须承受的沉重负担;而在社会结构中产生影响,则构成经济发展的障碍。就近代性女红的兼业化而言,"一个人兼做许多种事情的结果,是减少劳动的熟练,从而减少劳动的生产力。所以,工业发展的趋势,不是增加农村副业,只是农村副业从农民手中被剥夺"[3]。就村妇的工作环境和她们得到的可怜收入看,近代性女红最大限度地占有了她们的闲暇,牺牲了她们的健康,这样的占有和牺牲降低了近代性女红的产品成本,增强了它们对于近代工业的抵抗力,从这一意义上说,它壁立起资本主义扩张的一道障碍。在村妇的劳作空间上,近代性女红缩短了工作场所和生活空间的距离,同时也就更加离不开田间地头,不仅在生活社区中,更在抽象的经济学意义上将村妇束缚在土地上;村妇既无法像"飞鸟一样自由",便只能屈膝于地主面前任其盘剥。

近代性女红的传统性及其对村妇的无情姿态,引发了人们不断的訾詈,这些訾詈很大程度上意味着对近代性的肯定。传统性也好,近代性也罢,不过都是现代人的价值判断;对史学来说,比价值判断更重要的,是关于事物发生必然性的

---

[1] 列宁:《俄国资本主义的发展》,《列宁全集》第三卷,人民出版社1984年,第402—404页。
[2] 朱维明:《苏州天平山下的抬轿妇女》,《申报》1934年8月11日。
[3] 郭大力:《生产建设论》,经济科学出版社1947年,第235—236页。

探讨。

3. 村落女红与市场

女红在苏州乡村的普遍存在,体现了传统经济结构的一般特征,即小农业与家庭手工业的紧密结合,通常所谓的男耕女织,突出了家庭劳动的性别差异而显示的女红专门化,尤其适切近世以来的苏州乡村。更重要的是,苏州女红在农家经济结构中的地位非同一般:它不仅是地主制经济稳定运行必不可少的要素,也成为富足一方的利益驱动器。[1]

传统村落女红及其农家经济结构一直维持到晚清时期,随着外国资本主义经济势力的不断冲击而渐趋解体。传统女红的败落是必然的。在近代大机器工业面前,无论是制作成本、出品质量,还是审美意象,传统女红的劣势都是非常明显的,缺乏与机制品的竞争力。竞争的结果似乎不公平,但人们欲言又止,因为这是市场的铁律,非人格的力量,应该无话可说。任何经济人只有认可既已成为事实的制度环境,投身于逐渐形成的市场体系,舍此别无他途。当资本拥有者涉足市场时,败零的女红让一部分人倍感亲切,意欲支配它们。

大部分雇主明显是商人。在苏州传统的刺绣女红中,绣娘们所依附的是比较纯粹的商人。吴县光福有代绣店10余家,所得利益为卖于顾客之价额与付给女工金额之差,不啻为一介绍人之性质。光福附近之白马涧及向港二村落,妇女多从事刺绣,各村约有代绣店6家,女工为包工制,各于自己居宅刺绣。[2]至此,村妇的"经营虽还是手工业的,而且其历史也多半是封建时代传来,但他们早已为商业资本所买占,成为一种形式的手工工厂,而结合于资本主义经济体制了"[3]。

一些支配者是工场主。在此时期,一部分工场主在进行工厂经营的同时,还支配着村落女红。工场主本来就是工人的雇主,作为家庭女工的雇主,并不需要特别的身份转换。在1920年代的常熟棉织业中,有全部进行工场生产的,也"有完全放机者;有一半放机,一半自置厂内者"。其中,"完全放机者"与商行主无异,他们的工场"仅一小事务所,已足办理,并无厂屋,亦不见布机"[4];"一半放机"者应该是工场主,"完全放机者"则是包买商。支配者总是基于利益最大化原则,进行不同形态的资本运作。

在这里,对支配者进行身份的区分其实没有多少实质的意义,因为他们套用

---

[1] 小田:《江南乡村妇女职业结构的近代变动》,《历史档案》2001年第3期。
[2] 琴章:《苏州之刺绣》,《国货评论刊》1928年第2卷第7期。
[3] 汪疑今:《江苏的小农及其副业》,《中国经济》1936年第4卷第6期。
[4] 《常熟之经济状况》,《中外经济周刊》1927年第214号。

着相同的利润计算公式,而被称作资本家。包工制度,实是工场主多方权衡之后的行为:一方面省却了工场的基本设施和管理成本:"无须备巨大之厂屋,实际上得多数人之工作。……厂主只须备货栈数间,及批发所或发行所房屋三、四间耳,是不啻将工场分寄于各织户家庭间,厂主既不备巨大之厂屋,又无须多数管工之员司及杂费等项"[1],这样,业主"就可以不花费大量资本和很多时间去建造作坊等等,而把生产规模迅速扩大到自己所期望的程度"[2]。

农家在市场中的窘迫,对于支配者来说就是控制村落女红的机会。村妇在市场中的步步退却与支配者的步步为营贯穿了村落女红蜕变的全部过程。在苏州乡村,贫苦的农妇常常买不起洋纱,土布商便投其所好,将洋纱放给村妇加工定织,包买出品。这样就割断了村妇与原料市场及产品市场的两端联系。资本主义生产方式的产生离不开市场参与者的两极分化,过程是如此顺理成章,强势的资本对弱势的村妇不断进行生产资料的剥夺,最终迫使其就范。脱离市场的枢纽,无法形成支配者与村妇之间对立的两造关系。伴随着村妇的被支配,江南村落女红完成了从传统向近代的转换。

村落女红的存留完全取决于市场规则:"在小工业和大工业竞争市场时,便要被打倒。但如果小工业作为大工业的外在部分,则被维持或创造出来了。"[3]所谓创造,实际表现为传统女红的更生。这种更生不可能是别的,必须植根于既往的乡土,承袭传统的合理成分,而又有所变化。土布女红的根本性变化是其劳动关系以及相应的与市场的联系方式,但它的传统连续性让已经纳入近代经济范畴的村妇并无明显的不适,因为,农工相辅的格局使这一地区的农民以及他们的妻子、女儿过去都曾是加工业的劳动者,因此他们可以对工业的性质与现代技术的发展一无所知,但这丝毫不影响他们参加工业劳动的热情。因为在苏南农民最初的眼光里,乡村工业就是扩大了的家庭副业,是他们自认为非常熟悉的东西。[4]

在市场中实现近代转型后的村落女红,便成为近代世界市场体系中的一环。列宁曾感叹:没有大量商品经营资本和货币经营资本,发达的资本主义是不可想象的,"资本主义把这些市场联结起来,把它们结合成一个巨大的国内市场,以

---

[1]《浙江平湖织袜工业之状况》,《中外经济周刊》1926年第147号。
[2] 列宁:《俄国资本主义的发展》,《列宁全集》第三卷,人民出版社1984年,第406页。
[3] 汪疑今:《江苏的小农及其副业》,《中国经济》1936年第4卷第6期。
[4] 沈关宝:《一场悄悄的革命——苏南乡村的工业与社会》,云南人民出版社1993年,第118页。

后又结合成世界市场"[1]。

外部市场的种种需求是通过资本家传达给村落女红的,近代土布女红对土布庄的不同隶属便反映了外部世界市场的需求。苏州刺绣女红的特长很明显地在不同乡镇之间分别出来,绣庄便根据客户的需求支配不同乡镇的村妇。苏州绝大部分绣娘分布在西南各乡,各有所长:平金在横塘,打籽在蠡墅,刻鳞绣龙在向街、白马涧,袍褂铺子在善人桥,被面、枕套在光福、西华、东渚,寿衣、寿被在香山。[2]资本支配者正是在市场需求与女红产品的矛盾中应运而生的。"在大市场上,销售应当是大规模的、整批的。因此,生产的小规模性质同大规模的、整批销售的必要性产生了不可调和的矛盾",要解决这个矛盾,列宁认为,在近代社会经济条件下,在小生产者孤立和分化的情况下,"就只有由少数富裕者独揽销售,把销售集中起来"[3]。

事实上,面对如此复杂的外部需求、如此繁杂的村妇特长以及如此分散的空间格局,少数富裕者要想独揽销售,必须依靠层层负责的中间人。一个看起来并不复杂的火柴糊盒的发料加工,也有周密的网络:各发料点先将原料发给糊盒包头,再由包头将料发给城乡劳动者。[4]时人认为,苏州刺绣女红是"最为适当"的研究中(间)人制的实例。在苏州顾绣商号,锦绣先经号内工人剪裁整理,缀成各种品件之后,再分送于各种家庭女工刺绣。分送工作之事,往往由另一商号包揽,称为"代绣商号"。代绣商号"对于某妇娴于何等工作,以及各女工有无暇时之情形,知之甚悉"。所以,顾绣商号是通过代绣商号"再分配于技能适当之女工"的,"一俟各种货品制成之后,即由代绣商号交予顾绣商号,以便出售";代绣商号是其中的中间人。依顾绣商号"与中间人之工作契约论,中间人事实上为商人雇主(按:顾绣商号)之雇员,但有再与其他代理中间人或散处工人定立工作契约之自由"[5]。其中,"其他代理中间人"称"绣头",与村落女工直接接触。据清末绣头陶幼亭20世纪90年代初回忆,他专门承接宫廷订货。专办宫货的绣庄在北京有广源京庄,京庄在苏州设分庄。苏州绣庄承接宫货后,购料、打样、绘画,经朝廷钦差同意后,发画开料投产。绣庄制成绣片,交发绣人,有时发绣人委托绣头转发至村落绣户。[6]

---

[1] 列宁:《俄国资本主义的发展》,《列宁全集》第三卷,人民出版社1984年,第345页。
[2] 朱凤:《苏绣》,教育科学出版社1993年,第9页。
[3] 列宁:《俄国资本主义的发展》,《列宁全集》第三卷,人民出版社1984年,第325页。
[4] 张圻福、韦恒:《火柴大王刘鸿生》,河南人民出版社1990年,第28页。
[5] 彭泽益:《中国近代手工业史资料(1840—1949)》第三卷,中华书局1962年,第224页。
[6] 朱凤:《苏绣》,教育科学出版社1993年,第9页。

与近代性女红相关的繁缛环节是跟村妇的分散性联系在一起的,而分散性将近代性女红的"有害方面"暴露无遗:"家庭工人的分散性以及中间人的众多,自然要使盘剥盛行起来,要造成各种形式的人身依附。"[1]俄国曾经的情况在江南近代性女红中也不鲜见。常熟花边商可分三类:一类是现货花边商,自备材料,直接发出,直接运销;一类是定货花边商,即由出口商委托发放;另一类是花边代发商,即代以上两者发放,中间剥削最多:从花边商到农户,要经过两三层的中间剥削。[2]类似的材料并不稀见,这就是所谓"商业资本的盘剥"例证。

进入近代世界市场体系的村落女红,便随着这种制度环境的变化颠簸不已。其中,与外贸相关的草帽女红和花边女红表现尤为明显。以花边女红为例,民初三四年间,江南各地花边女红风起云涌,乃花边业全盛时代。第一次世界大战爆发后,花边业日形中落。大战告终,花边销路逐渐恢复,而尤以运美者为大宗。1922年后,美国政府采取关税保护政策,"成本既贵,销路随之困难"[3],江南花边业处于维持之中。20世纪30年代初期,常熟"梅李一带,开设花边行殊多",村妇以做花边为隙时唯一副业,嗣因供过于求,一度衰落,工价被压,村妇"已无余利,亦视此为鸡肋"[4];1936年左右,因上海洋庄畅销,急需各地供应,至1937年春天之"营花边者,犹如雨后春笋"。不意两个月后,销路呆滞,工价日跌:"致女工每日所得,尚不能维持生活,而经营者仍亏耗甚巨。"[5]1937年"八一三"淞沪抗战爆发,花边业出口一时中断;直至抗战结束后,销路才复畅。民国终结前,常熟每月输出花边价值15万美金,[6]接近太平洋战争爆发前正常年份的水平。

表面上,近代性女红的变化走势莫测高深,但其背后的决定性因素还是比较清楚的,主要有二:一为市场性因素,二为政治性因素。市场"无形之手"对近代性女红的影响体现了市场机制的作用,是市场经济的内中之义;而国际政治的变迁,亦不过是近代民族—国家间的利益之争。两者合而为一体,构成了近代经济生活的制度环境。处于这种制度环境中的江南村落女红,命运之多舛是注定了的。认命?还是应对?村妇们所能做的非常现实,因为她们把近代性女红当作一种日常生计方式。

---

[1] 列宁:《俄国资本主义的发展》,《列宁全集》第三卷,人民出版社1984年,第404页。
[2] 华东军政委员会土地改革委员会:《江苏省农村调查》(内部资料),1952年12月,第408页。
[3] 实业部国际贸易局:《中国实业志》(浙江省)第七编,1933年,第76页。
[4] 《花边业复兴》,《申报》1937年4月23日。
[5] 《花边业重遭败颓》,《申报》1937年6月8日。
[6] 华东军政委员会土地改革委员会:《江苏省农村调查》(内部资料),1952年,第58页。

4. 作为生计方式的女红

要素缠结的农家经济结构让村妇们无奈,云谲波诡的市场环境让村妇们焦虑,由此,村落女红若不是因为其沾染的近代色彩,似乎就没有多少探讨的价值,或者不过就是为揭示近代经济结构的"封建"以及批判外国列强经济殖民提供佐证。批判是必要的,改变不合理的社会结构需要这种批判,不过稍稍有些遗憾的是,倘若要寻找批判的素材,苏州村落女红实在说不上典型。就事情的本身来说,它不过是个村妇家庭的生计问题,而有关底层民众的生计论题更宜在日常生活的层面上进行探讨。所有的问题都可以归结为一个常识性的公理,即包括村妇在内的所有人都有生存的权利,她们为此而付出的努力总是在可以为他人理解的逻辑下进行的,所以,同情式批判不能替代同情式理解,社会史更需要后者。在村妇,经济结构或制度环境常常被视作毋庸考虑的自然事实,她们的常态行为总是表现为村妇与经济结构和制度环境的互动;而模式化的互动,便是日常生计方式。

对于村妇与经济结构和制度环境的关系,有两种不同的思路,一者注重后者对前者的制约,一者关注前者对后者的应对;或不妨分别为制约派和应对派。不同的思路对近代性女红的观点自然不一样,甚至截然相反。

在制约派看来,村妇手自编织的农家经济结构无异于作茧自缚。证据当然是十分有力的,因为在这样的经济关系中,村妇的工作环境是那样的恶劣,劳作时间是那样的漫长,酬劳是那样的微薄……总之,这是一个令人窒息的经济结构;变幻莫测的制度环境更让村妇们焦躁不堪。但另外的记录大为不同。20世纪30年代中期时人观察到,在农村经济破产的声浪中,多数乡村"完全卷入这破产旋〔漩〕涡;独苏州的光福,却保持着他固有的繁荣,并且在日日在进步着"。在这样一种情况下,怎么会有"这良好的农村呢"?原因之一是,"很多的副业,予他们经济收入上帮助不少",其中最重要者当有刺绣女红。[1]

在应对派看来,景气与萧条本来是经济和社会发展过程中的常态现象,没有一直的景气,也没有永远的萧条;这与成因无关。在任何情况下,生活总要继续,对于村妇来说,她们难得考虑生计以外的宏大经济问题。需要我们深思的是,在不景气的岁月里,村妇为什么还在既定的农家经济结构中谋生?不假思索的回答是,她们无可奈何;信哉!但还是制约派的思路。应对派认为,这其中定然存在可以谋生的空间。更进一步,如果把农家经济结构看作各种经济要素的

---

[1] 赵丕钟:《苏州光福农民的副业》,《农报》1935年第2卷第27期。

组合,作为组合者的村妇其实不是完全被动的,或者具体地说,包含近代性女红的农家经济结构并不是唯一可以选择的组合,但是这样的农家经济结构却也包含着应对外部环境的韧性。这样的韧性不啻自然经济的保护层,然而,谁又能说它不是经济萧条境况下村妇的生活掩体呢?

在近代历史条件下,充当掩体的苏州农家经济结构以其内部要素的权重变化不断进行着调节。近代工商业促进了农业的商品化和专门化,农民投身农业经营,同时前近代的很多传统女红"仍然是保存着的,所以一等到农业在其农业收入不能维持家庭时,手工业又博得器重了"[1]。传统女红中的一部分在器重中被赋予近代性。在这一意义上说,对于农家来说,专业性的强化意味着风险的增大,而兼业则降低了风险。将近代性女红置于这样一个农家经济结构中,并给予其一个不确定的地位,对于村妇来说,就是应对;看起来是对付外在的环境,根本的意义在于:经营属于自己的生活。孜孜矻矻的生活呈现为,村妇的应对是对身边生活矛盾的解决,比如,近代性女红的兼业化,内中固然有租赋的压力,但更便于解决日常经济生活的矛盾:农忙与农闲的矛盾;近代劳作与家务劳动的矛盾。

众所周知,农业劳动是有季节性的,农忙与农闲时间里的劳动力需求差别很大。传统土布女红之所以与农家生活紧密结合,是因为农事是有季节性的,冬季收成后农民有极长时间的余暇,利用余暇来做工作是最合理也是必然的结果,织布便是农隙工业之一,而因为习俗的重视,在各种农隙副业中尤占重要地位。[2]当土布女红被赋予近代性而整合于农家经济结构之中,仍然保持着季节性利用的特征。对于女红,村妇的姿态是主动的。

这种主动性同样有利于解决近代劳作与家务劳动的矛盾。所以,时人所称近代性女红惠及村妇及农家,不仅仅指工资,也包括了给家务劳动带来的便利:女红的工作场所既在庭院,照顾家庭、从事家务劳动便可同时进行。从应对的角度说,也是村妇对日常劳作环境的选择。苏州村妇将近代性女红纳入农家经济结构,也就意味着选择了一种劳作空间。近代社会为包括村妇在内的普通民众提供了许多新的职业,与宅院的分离是这些职业的一个基本特征,职业的流动与地理空间的流动相伴相随。因此,对劳作空间的选择从一个侧面表达了村妇对不同职业的看法,也体现了她对社会流动的态度。

---

[1] 汪疑今:《江苏的小农及其副业》,《中国经济》1936年第4卷第6期。
[2] 王子建:《中国土布业之前途》,千家驹:《中国农村经济论文集》,(上海)中华书局1936年,第138页。

与近代性女红不同的职业及其空间主要有两种类型可供村妇选择:一是江南大中城市,"伊们只能做女工佣妇"[1]。都市工业能容纳的女工实在有限,"在工厂找到女工工作,这要算是她们最大的幸运"[2]。在当地,也可以选择进厂做工。这一选择虽算不上异地流动,但与近代性女红相比,村妇们自有一番判断。一般村妇宁愿选择家庭女红,除非迫不得已。资本对村妇剥夺的结果可以为大工业提供自由的劳动力,但剥夺的过程是需要村妇们实际承受的;逃避这一过程是一种本能,更是一种理性的选择。所以,对常熟土布"放机制",调查者以为"法颇善也":在村妇方面,既可免除每日往返之劳,且可兼顾家事,利益均沾。[3]

家务兼顾,工资待遇,区位差异,人格意识……村妇们对劳作空间的选择,其实包含着丰富的内容。苏州村妇们的工作情状究竟怎样?这涉及村妇从事女红时的心态,历史学者不便臆测,但可以状描,在尽量逼近历史事实的状描中,村妇的生活观念得以显露。这是村妇应对外部环境的另一重表现。需要强调的是,这一应对无关乎社会发展的宏旨,其意义仍然局限于日常生活领域。

不妨从近代性女红的辐射过程展现村妇于此劳作的态度,探测其心态。以常熟花边女红在地方世界的传播为例。清光绪末年,上海徐家汇天主堂修女向"该地教民之妇孺"传授花边女红。[4]1917年,来自常熟北部问村的季根仙正在上海探亲,得便从外国修女那里学得花边工艺,回乡转授他人,附近的白宕、师桥、赵市等集镇最先受到影响。之后10年间,问村秦姓人家将绣法传给了梅李的陈月林,梅李的绣艺后又传入珍门。赵市的杨学仁在先生桥发放花边,扩散至塘坊桥、何村等地。1947年,先生桥有20余家花边商,营业范围东至塘桥、梅李,南达周行、何村,西至王市、邓市。一位亲历者回忆:梅李始有花边约在民国十五年(1926),有一潘家老太太,其胞妹是浒浦"罗生花边公司"的老板娘,一时取来部分样品,借潘家廊下"张启盛"猪行的多余房屋传播绣法。就这样,在常熟北部社区,花边商以镇为点,由点及村,连点成片,层层深入;村妇之间,亲友相传,妯娌相学,姑嫂相长,姐妹互帮,学做结合,遍布闾巷,成为一项与家庭生计关系不小的技艺。[5]

---

[1] 忽戈:《谈妇女职业》,《申报》1936年5月16日。
[2] 陈碧云:《农村破产与农村妇女》,《东方杂志》1935年第32卷第5号。
[3] 《常熟之经济状况》,《中外经济周刊》1927年第214期。
[4] 赵如珩:《江苏省鉴》(下册),上海大文印刷厂1935年,第155页。
[5] 浒浦镇人民政府编写组:(常熟)《浒浦志》(内部,1990年),第80页;《梅李镇志》编纂委员会编:(常熟)《梅李镇志·梅李卷》,上海辞书出版社2006年,第292页;(常熟)《梅李镇志·赵市卷》,上海辞书出版社2006年,第292页;(常熟)《梅李镇志·珍门卷》,上海辞书出版社2006年,第221页。

从花边女红的传播方式和乡村妇女的学习热情可以推知，村妇们对于花边业未必劳而无怨，但确实莫不乐为。常熟白茆山歌《窗前阿姐绣花边》咏唱劳作情景道：

> 一塘清水三分田/半亩竹园窗门前/窗前阿姐绣花边/小妹妹窗外衬丝线/针头戳出春风夏雨来/丝线穿过秋景冬雪去/小妹妹呀跟着姐姐学绣花/四季好花开在姐心里。[1]

源于社群生活的山歌所描述的工作环境应该是真实的，所透露的当地村民对花边女红的感受应该是真实的，而这种感受至少寄托了一部分村妇的生活希冀。在忙碌的操劳中，弥散于村妇心头的如果是生活的希冀，而不总是对于资本剥削的仇恨，那么，这便是村妇生活得以进行下去的生理和心理基础。

无数散居村落的妇女待在家里"加工从企业主那里领来的材料以取得计件工资"[2]，这种劳作几乎是一个世界性的历史现象：伴随资本主义发展的不同阶段，曾在西欧、在俄国、在中国广泛蔓延。作为近代资本附属物的家庭劳作，女红以其在近代中国经济结构中的一席地位早已受到特别关注，不过，这种关注基本上是在经典理论家的社会形态话语体系中进行的，由此而生的问题意识更多地围绕着近代经济结构的特征而展开。应该说，在近代中国经济结构中把握女红是完全必要的，倘若变换一下视角，在世界一体化市场体系中、在实际的地域生活中还原女红作为日常生计的本来面目及其固有特质，或许，对这一现象的叙述将更立体，对相关问题的理解会更全面，对相关史实的价值判断当更有利于认识当代中国道路的历史必然性。

三、特色产品的价值

地域经济结构是一个整体，但人们"大抵一说到工，往往着眼较大的工业，而忘却手工；一说到农，更易忘却……较为特殊的农业。其实果有可以凭借的地方，好好办起来"，"一方面安插人才，解决生计，一方面即开发地方产业"[3]。在民国苏州的经济结构中，不但有城镇的近代工业、城乡的女红，还应包括遍布乡村的特色产品。

---

[1] 江苏省常熟市文化局、江苏省常熟市文化馆：《中国·白茆山歌集》，上海文艺出版社2002年，第43页。

[2] 列宁：《俄国资本主义的发展》，《列宁全集》第三卷，人民出版社1984年，第401页。

[3] 黄炎培：《怎样办职业教育》，《职业与教育》1931年第127期。

所谓特色产品,是指在独特的自然和历史条件下,凭借独到的技艺所创造的具有特殊品质的产品。构成特色产品的必要条件并不是这些特殊性的全部,其中任何一种或几种特殊性都可以成为其存在的理由。

某些特色产品只能产生在一定的自然环境里。都说吴县金山出美石,是优质建筑材料,因为这里的花岗石色青质硬,晶粒细密,化学性质稳定,但苏州的澄泥砚能够取材的范围更小,最好的材质在灵岩山西的火烧弄、千人坑。草头,即苜蓿,是江南乡村常见的一种豆科类草本植物,但它对常熟鸳山脚下的土地似乎情有独钟:其他地方所结的草籽只有两盘半,且瘪的多,每个盘里只有两三颗籽;而种在常熟鸳山周围的草籽却有三盘半,饱满的籽粒有五至七颗。于是,从清咸丰年间开始,外地客商便闻风而来。说到泥人,江南人首先想到无锡惠山的"大阿福",其实,虎丘的泥人也曾名噪一时。虎丘捏相之泥俗谓"滋泥",滋润细腻,"风为上细泥人,大小绢人塑头,必此处之泥,称虎丘头"[1]。苏州农民大多种稻,只是在近城一带如葑门外的大荡、杨枝塘以及城内的南园,大部分农民却种"烂田",出产茭白、慈菇、荸荠、鸡头(即芡实),同时还兼营一两样副业——如杨枝塘及大荡的农民几乎家家做"蒲包",或者做"蓑衣"和"灯草"。[2]在苏州,划灯草以苏州近郊的小镇五龙桥为最有名,"乡民千余,栉比而居,男子尽力田畴,女子则划灯草,以补不足,八口之家,融融如也";在银钉宝烛的时代,照明"莫不藉灯草以为心"[3]。在浒关镇之南,阳山、观山脚下的土壤矿化普遍,泥质可以作为制作瓷砖等的原料,明清时期被列为贡土。明人岳岱《阳山志》:"白石之脂,云滋雪皓,维此厥产,远近称殊。"[4] 20世纪30年代中期,当地每年产这种土2 000余磅。[5]精彩纷呈的特色产品赋予苏州乡村发展以独具特色的内涵。

高超技艺是一种特色产品的基础。吴县浒关"所产草席,尤驰誉遐迩,有浒关名席之称"[6]。此处种草织席的习惯可以追溯到春秋时期,当地农民经过长

---

[1] 小田:《近代江南乡村特种产品经济论》,《近代史研究》1996年第5期。
[2] 吴大琨:《江苏苏州种烂田的农家》,《东方杂志》1935年第32卷第4号。按:苏州乡人称那些专门种茭白、荸荠等的田地为"烂田"。"烂田"含有低湿泥烂的意思,与此对应的"干田",就是普通的稻田。
[3] 汪葆慧:《划灯草》,《妇女时报》1913年第9期。
[4] 殷岩星主编:《浒墅关志》,上海社会科学院出版社2005年,第786页;殷岩星:《浒墅阳山曲》,华夏出版社2001年,第154页。
[5] 封熙卿:《京沪铁路浒墅关站经济调查》,《铁道》1933年第4卷第3期。
[6] 曹棠:《苏州浒墅关地方经济状况调查报告书》,《苏农通讯》1947年第5期。

期的试验,才培育出草质优良的无性分蘖繁殖的"梅里青"草种。[1]因之,"乡村妇女,织席十之八九。……席草之肆、席机之匠唯浒墅有之"[2]。苏州的陆墓、蠡口、光福等地是缂丝的传统产地。缂丝又称刻丝、克丝,以生丝为经、熟丝为纬,所谓"能经断纬",即用小梭子织局部花纹,以经丝贯连通幅作品。缂丝织物精巧细密,色彩丰富;图形明暗清晰,浓淡层次相宜,立体感强;图案正反如一,平整光洁,胜于"双面绣",且能经受摸、揉、折,是刺绣与织锦所不能比拟的,有"织中之圣"之称。[3]20世纪初,技艺较高的缂丝艺人有汤长云、李永福和沈金水等,李永福曾被张謇请到南通女红传习所传授缂丝技艺。

某些特色产品顺应历史的机缘和环境而生。浒关名席的原料是一种草本植物,出于苏州与吴江之间,是由当地乡人在泥塘中用人工培植起来的。席草从泥塘中割刈下来,须经数日的曝晒和整理,方可织席。每塘面积大小约合禾田10亩,可植席草80捆,每捆计重110磅,约可织大号席子30条左右。[4]苏州东山所产枇杷"名闻全国,每年枇杷之产量,达数千担之巨",其品种以"照种白沙"最多。据称,此种最初出现于槎湾,由该地王秋涛家的佣人贺照山以采得的接穗繁殖而成,果实优良,形扁圆,味甘浆多,渐渐植遍东山,20世纪30年代中期种植达千余亩。[5]

当然,不能把特色产品的特殊性等同于唯一性。只此一家、别无分店的特色产品极为少见,更多的情况是,彼地虽有,但此处尤佳,执其牛耳。这里讨论的特色产品也不同于一般所谓的地方特产,它们的存在与否攸关单位社区的经济命脉。在吴县焦山,只要听到"石码头"这一地名,"就可以知道这一地方是如何的靠着石头,才兴盛起来的"[6]。不难看出特色产品的兴衰与乡区经济结构和农民生活息息相关。

特色产品的生命力在于其比较完备的市场体系。枢纽特色产品的商行名目繁多,常熟经营草籽的称"草籽行",浒墅关经营草席的称"席行",焦山经营花岗石的称"石铺"。绣庄也收购乡民们自行购料、自己设计图案花纹的绣品,产品以枕套、被面、门帘等日用品为大宗,戏装、神袍等绣品的销量也颇可观。在这

---

[1] 殷岩星:《浒墅草席历古今》,吴县政协文史资料委员会、吴县工商行政管理局:《吴县文史资料》第9辑,1992年。
[2] 凌寿祺:《浒墅关志·风俗》,道光七年(1826)刻本。
[3] 李涵:《吴地工艺美术》,古吴轩出版社2007年,第131页。
[4] 封熙卿:《京沪铁路浒墅关站经济调查》,《铁道》1933年第4卷第3期。
[5] 赵丕钟:《苏州洞庭东山枇杷生产调查》,《农报》1935年第2卷第18期。
[6] 张潜九:《吴县焦山石宕访问记》,《东方杂志》1935年第32卷第16号。

里,绣庄还保持着纯粹商行的本色。整个民国时代,苏州浒墅关的席行一直维持在50家左右。[1] 据镇上"老南山席行"老板李庆先回忆:

> 家家备有织席木机。每天清早有到镇上市场销售,席市中心在北津桥,由各行家派人收购,看货定价,每天清晨很是热闹(非常),熙熙攘攘,人头攒动,一派繁荣景象。
>
> 各席店收进草席之后,将席子晒干,经过整理后,按质论价。每年三四月间,是浒关席市场最兴旺时期,各地客户商贾纷纷前来采购。当地席草行店家是代客买卖性质,从中收取些佣金。全年的营业数字是相当大的(我店当时有确切统计)。说到席行,其中最著名的有几家老店。像老德润、李南山、倪恒盛、顾聚泰、合兴隆等等。[2]

可见,浒关席行其实是中介行,主要从事代客买卖,收取佣金。若自备资金收购,则为商行。商行与牙行中介并存,在整个苏州乡村特色产品市场是较为普遍的现象。

在特色产品商行众多的乡村社区,为了把全行业团结起来,利用组织的力量规范市场行为,参与市场竞争,相关商行店铺便组织成立了同业公所。民国初年,浒墅关席市秩序混乱,抗日战争中,50多家席行店铺联合组成了席业公所。该公所规定:维护席市场的正常贸易秩序;有仲裁的权利;收取管理费和会费,作为各项开支来源;维护席农、商贩和会员的合法权益。[3]

特色产品以其特殊品质获得了广阔的市场。清中叶以后,苏州城内外的石桥、园林、寺院、宅第、城基等建筑用的石料,几乎都是金焦名石。鸦片战争以后,上海开放为通商口岸,大规模的近代城市建筑对金焦石料的需求量日益扩大,据《木渎小志》称:金、焦两山产区石料遍售江浙,自沪上洋商采办,销路益广。[4] 据统计,1919年至1937年间,洋人在沪建造的商厦、别墅、饭店、剧院等,所用的花岗石大多采自焦山、金山、高景山石料。[5] 民国以来,欧美之来华人士喜购苏州

---

[1] 据2005年殷岩星主编《浒墅关志》第183页:清末民初,浒墅关镇上规模大小不等的席行店铺多达50余家;据曹棠《苏州浒墅关地方经济状况调查报告书》(《苏农通讯》1947年第5期):20世纪40年代,全镇"有席行五十余家"。可见正常情况下,浒墅关镇的席行维持在50家左右。
[2] 李庆先:《浒关旧时草席市场一些见闻》(1983年6月24日),殷岩星:《浒墅关志》,上海社会科学院出版社2005年,第176—177页。
[3] 钱企伟、俞燕棠:《浒墅关席公所及其钱币》,吴县政协文史资料委员会:《吴县文史资料》第7辑,1990年11月,第124页。
[4] 《木渎小志》卷五"物产",苏州观前街利苏印书社1928年。
[5] 胡金楠:《金山石史话》,苏州市吴中区吴地历史文化研究会2003年,第13页。

缂丝工艺品,"除含有地方纪念性意义之外,而实深羡织造之精,技术之巧也"[1]。

销场的大小与社区范围相对应,因而是相对的。常熟鹚山草籽只局限于江南区域市场,但它的产地也仅有两三个乡十数个村;1950年,吴江平望丝网的年产量为6 000条,对于一村来说已相当可观。[2]

特色产品最明显也是最直接的经济效益是:扩大了农民就业机会,提高了农民收入。抗战前,常熟凤凰乡的草籽每两箩可卖到1.5~2元。由于价格看好,经济效益较高,当地人对种植草籽特别重视。当时农户在安排秋播茬口时,种草头籽的面积一般不少于总面积的30%,全乡种植面积不少于8 000亩,每年销往外地的草籽有一万多担。[3]

近代中国许多传统的家庭手工业,在外国资本主义工业的竞争下,逐渐衰落,首当其冲的是棉纺织业,丝织业虽以其特别工艺抵挡了一阵,亦力竭而退,苏州其他许多乡村副业也遭致了大致相同的命运,农民生活水平因此而急剧下降。普遍使用草灯芯的时代过去了,随着外国资本主义的渗透,"油灯洋烛,均用棉纱以点火,灯草实贱若敝屣矣";一位村妇"屏弃家事,专心割划,最速者日可一二么……所得之草肉,可售八九十文,草壳二百文,除去本钱二百文,所得仅八九十文耳"。在苏州五龙桥小镇的调查者感到奇怪,他问一位名为小桃的村姑:"何为而复业此"？小桃回答:"舍此复有何业？幸草壳稍稍值钱,否则我侪只能喝西北风度日矣。"[4]"舍此复有何业",这就是问题的关键:村妇没有机会成本。对此,费孝通认为,如果从衰败的家庭手工业中解除出来的劳动力能用于其他活动,情况还不至于如此严重。[5]从事特色产品生产的农民避免了这一两难选择。20世纪30年代中期在农村危机声中,苏州光福的农民生活之所以还可以转圜,就是因为这里生产的物品不少,比如苗圃经营十分普遍,每户都有数亩,村妇们"很精细的经营着;所以出品的苗本,成绩都很好。……每年销售于苏松太一带,有二十万株以上。"[6]经济分析的出发点和归结点应该在劳动者;大多数劳动者生活水平的提高,是地域发展的重要标志。以此为基点,特色产品的存在具有特别重要的意义。

---

[1]《千钧一发之缂丝工艺在苏州》,《手工艺》1948年第23期。
[2] 小田:《近代江南乡村特种产品经济论》,《近代史研究》1996年第5期。
[3] 谢金良:《名扬沪杭的鹚山草籽》,张家港文史资料委员会:《张家港文史资料》第13辑,1993年,第158页。
[4] 汪葆蕙:《划灯草》,《妇女时报》1913年第9期。
[5] 费孝通:《江村经济——中国农民的生活》,江苏人民出版社1986年,第200页。
[6] 赵丕钟:《苏州光福农民的副业》,《农报》1935年第2卷第27期。

苏州乡村存在着特色产品的产业结构呈现高度化的态势,经济总量为之增加。产业结构的高度化,不但是指乡村由单一种养业向一、二、三产业并存,特别是二、三产业占据主导地位的发展过程,而且也意味着形成更高经济效益的种养业结构。传统农业里存在着大量过剩劳动力,劳动的边际生产率大大低于其平均生产率。1930年,有专家估计,缘于农业生产的季节性,中国"十五岁至五十五岁的农村人口中,每年至少有五千五百万人是失业的"[1]。这是一种隐性失业。特色产品的生命力增强了其劳动力容纳量,实现了农业劳动力的转移。据人民共和国成立初的调查,平望胜墩一村从事手工结网的人员就有300人,甚至八九岁的儿童亦谙此业。[2]这些劳动力的转移,非但不影响农业产出总量,反而因劳动力转入特色产品的生产,还增加了社区经济总量。

从城乡关系的角度观察问题,我们发现,在乡村社会发生的产业结构高度化,也有利于城市的健康发展。城乡关系的改变,城乡差别的缩小,即乡村城市化是社会发展的必然趋势。许多学者,特别是国外发展学理论家,都自觉不自觉地信奉这样一条理论逻辑:乡村城市化必然伴随乡村人口的空间转移,这是一个乡村人口城市化的过程。但是,近代中国城市工业不发达,人口膨胀迅速,无法容纳更多的乡村人口。这种情况只要看看坐在苏州城里"荐头店"等待被雇佣的"乡下大姐"就知道了:她们为了吃饭肚子,逃出穷乡,上城来,真是两眼墨黑,于是终宵枯坐在荐头店里等待雇主。[3]在乡村社会发生的产业结构高度化,实际上减轻了对城市的压力,缓解了城市社会问题。

在传统的农业社会中,江南农民终年劳作于乡间,形成安土重迁的乡土意识。围绕特色产品而形成的产业结构也表现出浓厚的传统色彩,但对于存在着大量过剩劳动力的乡村来说,不失为一种现实选择。这一选择的过程,也是乡土意识逐渐消融的过程。20世纪30年代,在吴县焦山乡镇社会的一个访问者了解到:这些村子里的农人,就向来靠着在农闲的时候到石宕里去做工,将之当作重要副业。他们只晓得这是祖上传下来的老规矩,只要田里不忙,一有空工夫,总想到宕里来赚几个外快,贴补贴补家用。尤其是现在,米麦菜籽,桑业丝茧,样样都不值钱的时候格外想来多赚几文;而同时远至木渎、善人桥,各处乡村里的农人,都到宕里来抢着做工。"铁椎班"(凿石头的雇工)由作头介绍去做工,他们

---

[1] 顾毓泉:《手艺工艺与农村复兴》,《东方杂志》1935年第32卷第7号。
[2] 平望镇志办公室:《平望丝网》,吴县政协文史资料委员会:《吴江文史资料》第7辑,1988年6月,第189页。
[3] 金帆、秉恒:《漫话苏州女》,《万影》1936年第4期。

家里都是种田的,还得照顾田里的事。他们常在上午10时去上工,午饭带上去,或是家里送去的。[1]

诸如此类的亦工亦农家庭,依然处在传统小农经济结构当中,但从乡村发展的视角透视,产业结构已经提高到另一高度,其历史价值不容低估。鉴于此,民国时期致力于乡村发展的专家呼吁,要复兴农村,不能只注意农业本身的问题,对于农村手艺工业,必须投以足够的关注。手艺工业与特色产品并不等同,但这种发展"手艺工业"的思路对我们当有所启迪。

第二节 社会组织的近代功能:以商会为中心

作为近代新型的工商社团组织,苏州商会自1905年成立后,不仅致力于"能官商之邮",促进民族工商业的发展,而且通过各种途径"直接从事或间接参与了当时的其他各项社会活动,可以说在苏州城市社会生活的诸多领域,处处都可以感受到苏商总会的存在及其显著影响"[2]。民初国家权力骤变,民间组织参与社会治理的成绩明显。南京国民政府成立后,随着国家对商会等民间组织控制的加强,这些组织在某些核心领域的权力逐渐消减,但仍旧延续了在社会建设中的强烈责任感。苏州商会在实现自身近代转型的基础上,凭借其自身实力重点扶持乡村产业发展,积极参与市政、文教、卫生以及其他慈善公益事业。苏州商会利用这种"在野市政权力网络",补官治之不逮,造福桑梓民生,在基层社会中发挥了"施惠一方,裨益一乡"的独特作用。

一、苏州商会的近代转型

民国初年,全国各地商会适应世界工业化与民主化潮流,从维护自身生存权出发,组成了"中华全国商会联合会"。但在北洋军阀统治时期,由于南北隔阂,很难发挥它应有的作用,尤其在20世纪20年代以后,商联会很少能聚谋方策,基本处于瘫痪状态。鉴于此,1927年底上海商会召集国民党统治下的各省商会代表来上海开会,倡议成立各省商会联合会,在此基础上,重新成立全国商联会,以谋求全国商会的生存权。大会议决,各地商会迅速自动改组,并加入全国商联会。重整后的商联会构成以各省区商会为会员,总部按委员制从上海、南京和汉

---

[1] 张潜九:《吴县焦山石宕访问记》,《东方杂志》1935年第32卷第16号。
[2] 马敏、朱英:《传统与近代的二重变奏——晚清苏州商会个案研究》,巴蜀书社1993年,第215页。

口总商会中选出常务执行委员。苏州总商会的程干卿被选为执行委员、王介安被选为监察委员。全国商联会的改组通知发出后,苏州商会随即实施改组,由原来的议董制改为委员制。

清末成立之初的苏州商会,其组织机构主要采取权能结构比较简单的议董制,它将所有会员分为五等——会友、会员、议董、协理、总理,构成一金字塔形结构;议董成员参与主要决策,议董会为决策执行机构,不妨称为"议董制"(商会档案中并无这种称谓)。在议董制下,商会设总理1名,为最高领导;设协理1名,为次级领导。总理和协理从议董成员中选举产生,按得票多少分任,任期1年。其资质要求:(1)品行方正,事理通达;(2)热心公益,谙习公牍;(3)在苏有实业;(4)年龄在30岁以上。[1]苏州商会总会历届总理、协理都符合这样的条件。

总理、协理之下为议董。据《苏州商会简明章程》规定,商务总会应设议董(也称会董)30—50人左右。议董规定由各业有选举权的会员产生,任期1年,其资格要求与总理、协理基本相同,依然取决于声望和财产两方面,而且必须是"行号巨东或经理人,每年贸易往来为一方巨擘者"[2]。议董是商会的一个重要层级,商会中各种办事人员主要由议董担任。会员是商会最基本的构成元素,分为三种:一般会员、名誉会员和特别会员。一般会员由各业会友推举,各行帮每年捐会费300元以上得举会员1人,依此递加,以举3人为限。会员须具备下列条件:行止规矩;事理明白;在该地经商;年龄在24岁以上。[3]

会员之下为会友。会友实际上属于商会的外围成员,并不参加商会内部活动,也无直接选举议董权,其数额没有明确限制。按规定,工商业者凡岁捐会费12元,"商家赞成入会者,即为本会会友"[4]。至于经费则可据其财力情况酌量输助。这样,总理、协理、议董、会员构成了商会的实体部分,会友则是其延伸的外围部分。商会之所以有很大的活动空间,与会友的支持不无关系。早期商会议董制由这种民主原则和内在的经济、政治实力原则共同体现商会的总体面貌,但经济实力是起着决定作用的因素。

苏州总商会于1928年上半年推出了《苏州总商会章程草案》《苏州总商会监察委员会规则》《苏州总商会各股委员会组织大纲》《苏州总商会选举规程》和《苏

---

[1] 章开沅等:《苏州商会档案丛编(1905—1911)》(第一辑),华中师范大学出版社1991年,第18页。
[2] 《奏定商会简明章程二十条》,《东方杂志》1904年第1卷第1号。
[3] 苏州商会档案,苏州市档案馆藏,档号I14—1—003/4。
[4] 苏州商会档案,苏州市档案馆藏,档号I14—1—004/9。

州总商会分业选举细则》等一系列改组草案。这些章程、草案构成了总商会改组的纲领性文件。而国民政府直到1929年初才推出了修订后的《中华民国商会法》。苏州总商会组织据此又逐步完善,直到1930年才真正改组完毕。南京国民政府成立后,国民党自身改组成委员制,其组织形式自然成为商会模仿的对象。

改组后的商会权能结构由原来的议董制改为委员制。这种改革只是停留在表层名称的变更,即把总理改称为会长,而议董则改称为监察委员、执行委员。从1928年6月苏州总商会制定的章程可以看出委员制的构成特点。在委员制下,商会的权能机构主要分为执行委员会和监察委员会。执行委员共设49人,同时设置候补执行委员15人;监察委员23人,并设候补监察委员7人。执行委员主要执行会员大会议决的决定,而监察委员则监察执行委员的权力行使。执行委员任期为2年,每年改选其半数;监察委员任期1年。[1]而在议董制下,商会的一切事务由总理和协理总揽;议董原则上可设30~50人,但从苏州商会的实际情况来看,头几届一般只有议董20人左右,其专制色彩较为明显。下面把商务总会时期议董制和总商会时期委员制下的会员资格、领导层级、权能结构列表对比:

表3-3 议董制与委员制领导集体的差异

区　　别	会　董　制	委　员　制
会员资格	品行方正;明白事理,谙习公牍;在苏有实业;年龄30以上	公司本店或支店之正副经理人;独立经营商业而为商店之正副经理者
领导层级	总理、协理、议董、会员	主席委员、常务委员、执行委员、监察委员
权能结构	总理、协理有总理会务,协理会务,筹定经费,裁定会章,密议判断各事之责任。议董有稽核收支,接待宾朋,筹办庶务,监察会务,筹议经费,讨论会章,密议协议判断各事之责任。至于会员只有选举总理、协理、议董之权利	主席委员经常务委员会之议定对外代表商会;常务委员会依章程及执行议决行使职权;执行委员则依章程及会员大会行使职权。会员大会每年召开一次,实际权力由执行委员决定。监察委员依章程之规定监察执行委员会所行使之事务

资料来源:章开沅等主编:《苏州商会档案丛编(1905—1911)》(第一辑),华中师范大学出版社1991年;《苏商总会试办章程》《苏州总商会章程草案》,苏州商会档案:I14—2—293/69。

从两种体制下商会组织结构的对比可以看出,议董制下的权能组织比较简单,权力主要集中在总理、协理手中,议董会成为主要决策的执行机关,专制色彩较浓,对议董的要求以道德和资产两方面为准;而在委员制下,对委员的要求以

---

[1] 苏州商会档案:《苏州总商会章程草案》,苏州市档案馆藏,档号I14—2—293/69。

资产为主,权力行使以集体领导为主,而且还有一定的监察机构,督促委员会的权力行使过程。委员制构成机制也相对复杂,具有较强的近代社团组织气息。

综上,南京国民政府时期苏州商会的组织结构发生了很大的变化,虽是商会主动变革,但明显地带有受到国家权力的压迫而被动变革的特点。1927 年以后,商会不仅面临着商民协会的挑战,而且还受到国民政府的整顿。国民党出于动员民众和控制社会的需要,亟须整顿旧的商人团体,于是动员中小商人组织商民协会,商民协会坐大后竟欲取代商会;与此同时,南京政府亦推出许多整顿商人团体的法规。在这种情况下,商会为图自保不得不改变其组织结构,使之富有"革命"气息。另外一方面,商会组织的变革,更多的是形式的变化,实质内容并无多大变化,显示出商人从权应变的特点。虽然,商会声称实行民主制,但在这些民主制形式的背后还存在着经济实力与社会声望相交织的潜在构成原则,即资财的多寡和纳资的多少。这与清末乃至民初商会领导层的构成原则是一致的。苏州的传统行业为纱缎、绸缎、钱业、典业,商会实权也一直由这几个行业把持。民国以后,苏州商会会长一直由这些行业的领导人担任。所以,南京国民政府时期商会及同业公会组织结构的变化仍是一种现代性制度外衣下的传统组织。

苏州商会的近代化不仅体现在组织结构上,更重要的体现在观念意识方面。传统印象中,商人总是给人以锱铢必较、见利忘义的形象。民国时期,商会借整改之机,亦重视下属同业公会和个别商户近代观念的培养,强调在货物交易过程中务必恪守近代商业道德,杜绝弄虚作假。苏州商会对吴同德商号一案的处理就体现了这样的观念。

吴同德是苏州吴县商会木渎分会下属的经营农资用品的商户。1930 年 5 月,地方士绅张一麐向吴县农村改进会告发称,吴同德赊货物给农民,然后重利盘剥。农村改进会把这一事件在《吴县日报》上曝光,谓:善人桥吴同德等徽帮商号"以重利借给农民,今岁收成不佳,乃各商号提早收账,遇农家未及筹措归还,辄搬取稻谷或猪只等物,农民怨恨极深,本会已调解两起,彰彰在目"。对于吴县农村改进会的指控,木渎分事务所在吴县商会(前身为苏州总商会)的敦促下对此事进行了调查,走访了部分农户,结果发现事实并非如此。木渎分事务所常务委员汪汉文把详细情况向县商会作了汇报;县商会出面澄清事实,为商号辩诬。事实真相如下:吴同德等商号经营米饼杂货业务,本重利轻。平时以信用贷放豆饼给农人作为肥田原料,虽有计值取息二分之要求,但利率较低,而一些顽疲欠户经年不还,屡催不应,会员加紧催讨,最后要求欠户以物抵押,并未搬取稻谷和猪只。[1]木渎分事务所把事实真相上报给吴县商会主席施筠清,由县商会上报吴县县党部。县党部作了最终调解:商人不得年终结账加利,农户亦应体谅商人之艰;农商相互提携,互收利益之效。吴县商会与分事务所共同努力,为商人辩诬,改善了商人的形象,成为商会整体形象工程改观的一个重要组成部分。这些措施大大加快了商会自身观念的近代化,增强了商会的生存力,为商会日后争取权益打下了良好的思想基础。

总之,1928年以后,苏州商会为了生存,"咸与维新",将商务总会时期的"议董制"改成"委员制",使自己富有"革命气息";在思想观念和经营行为上极力改变传统商人的不良形象,而以近代商人形象示人,但商会所背负的传统包袱及其自身的内部矛盾使其终究无法成为中国近代化的领导者。

二、苏州商会与乡村发展

苏州商会向来重视对农业的扶持,在成立之初即以"改良物品,推广畅销"为其追求。民国前期,商会积极参与乡村建设,在促进农产品流通、活跃农村金融、增加农户收入等方面贡献良多。

第一,呼吁政府减税惠农。民国时期在苏州乡村,无论是农业生产资料的获取,还是农家剩余产品的出售,都要通过市场环节,也就是说必须经过商人之手才能实现农业的生产和再生产。苏州商会及其下属的经营农资和农产品的同业公会在这两方面为农业提供了条件,并尽可能地降低利润而施惠于农。

在农资供给方面,商会除了组织供给,还呼吁国民政府减税而惠农。以苏南地区重要的商品性肥料——豆饼为例,苏州商会意识到,豆饼肥料是农业生产的要素之一,营业税增加,必然会加重农民的负担,苏州商会因此再三呼吁国民政府取消豆饼的营业税,以利民生。1931年4月17日,吴县商会在全省商会联合会上提出了"减免豆饼的营业税,以纾民困"的建议,时任吴县商会执行委员程干卿指出:"豆饼为农田肥料,应请呈财政部,免征营业税"[2]。在吴县商会的要求和其他市县商会的共同呼吁下,国民政府财政部最终取消了豆饼的营业税。

此外,对于农民出售的农产品,商会亦要求政府减少税额,以尽可能地增加农民收入。民初农村杂税繁多,且征税之商品大都为农家藉以增收的副业所得。1928年,苏州商会在全国经济会上提出"废除苛捐杂税案",其中指出:"要知捐

---

[1] 苏州商会档案:《各省商联会总事务所通函》,苏州市档案馆藏,档号I14—2—536/5。
[2] 苏州商会档案:《拟请取消油类特税案》,苏州市档案馆藏,档号I14—2—375/36。

税愈重,货价愈高,且苛细繁重,无微不至,无物不捐。敝会调查最苛细之捐税(参见下表)或为贫民赖以充饥之品,或为日用所必需,……现在统一成功,一切施政,均以民意为从,请力争豁免,庶使政府实践前言。"[1]

表3-4 苏州总商会调查苛捐杂税表

类 别	货 别
麻棉纱线类	棉纱线、带头绳、麻绳、络麻、渔网麻、白麻、青麻、黄麻、苎麻
服装类	布靴、毡帽、钉靴、布鞋、耳毡帽、钉鞋
竹类	伞骨、笔杆、干箬、竹扫帚、竹谷、花箬、竹扫把
五金类	大小铁锅
皮毛类	鸡鸭毛、猪毛、牛骨、皮屑
颜料类	栗谷、栲皮、桦树果、槐米、榛谷、拷花、槐花
燃料类	炭屑、杂柴、窑煤、松柴
油饼类	棉花子、麻饼、花饼、菜饼、桐饼、豆饼
蔬果类	大头菜、蒟菇、芋艿、大蒜、老菱、山芋
杂货类	干荷叶、棕荐、蒽蕈、雨伞、破布、磨石、灯笼壳、灯笼盘、毛棕、破絮

资料来源:苏州市档案馆:《苏州总商会调查苛捐杂税表》,苏州商会档案:I14—2—376/55。

上述列举亟待减免税的商品,均为关乎农户日常生活的必需品或者农家副业产品。减少捐税必然增加农家收入;降低农资价格必然减少农家支出。此外,苏州商会要求居于乡镇的商会分会采取灵活措施帮助农民周转农资。木渎镇善人桥地区的徽商吴同德商号在农民缺少资金时把饼肥贷给农民,年底还款,收取一分的利息。商会认为:"以信用贷放豆饼与人作为肥田原料,实具辅助农家生产血忱,虽有计值取息一分之要求,惟因还账时,种种抹零涂尾。考其结果,实不足一分。"[2]这样,商号仅收一分以内的利息,其结果自然是农民受益。

第二,组织抗灾与灾后赈济。苏州农业时常遇到水旱灾害的侵袭。苏州商会在防灾、抗灾及灾后社会救济行动中十分活跃。商会的行动分为三个方面:第一,积极组织、参与当地农民的抗灾行动,汇成抗击自然灾害的合力;第二,赈济远近灾农;第三,未雨绸缪,倡导与谋划水利建设。

1934年长江中下游地区发生了罕见旱灾,苏州地区尤甚,商会积极参与抗

---

[1] 苏州商会档案:《苏州总商会调查苛捐杂税表》,苏州市档案馆藏,档号I14—2—376/55。
[2] 苏州商会档案:《为据称善人桥商店贷放豆饼并无盘剥行为转知县商会》,苏州市档案馆藏,档号I14—2—536/47。

旱保苗的行动。吴县商会动员地方士绅及区乡政府组织"吴县防旱委员会"作为临时性抗旱组织。在抗旱的关键时刻,施筠清、孙丹忱和吴县县长吴企云积极策划引太湖之水进入运河,以灌溉农田。吴县商会执行委员兼行头戏衣同业公会主席张云搏亲赴上海购办了大批戽水电机,分发至苏州各乡抽水灌溉。7月17日,张云搏第二次赴沪,花费两万余元,定购最新式的电机43台,由商会雇船43艘,每船配一机,直接运抵各乡镇戽水入田。另外,吴县商会还命令下属的米业同业公会将行业打米机改造为应急抽水机。

救灾只是权宜之计,根本之道是未雨绸缪,兴修水利工程。苏州商会对水利事业投入的最大举措当推疏浚吴淞江的行动。此项工程由苏州商会和上海总商会统筹协调,由上海商业团体和吴县等八县分任。经过两地商会的协同努力,疏浚工程始克完成。

每次灾害之后,苏州商会都积极参与灾后赈济。1934年旱灾之后,商会根据经验判断米价将要上涨,即向国民党吴县县党部及县政府研究平抑办法:"本会以为,应付目前,一面应将米价核订最低价格,限制抬涨;一面会同地方人士,速筹巨款,购囤米谷,用防恐惶而调市价,否则旱象演成,来源不继,影响所及,治安堪虞。盖食为民天,关系至大。"[1]其后,商会与粮食同业公会一道平籴粮食,作为储存,以备不时之需。为解决灾民冬衣问题,商会动员各同业公会劝募衣物,"凡储有男女破旧棉絮衣服,不论男女大小衣裤等件,务希广为搜集,……迳送县党部核收,以便汇解灾区,早日散放,(俾,作者加)被灾之民得御寒之具"[2]。

第三,改进农业技术,融通资金助农。苏州商会专门成立"吴县农业改进会",向农民推广先进农业技术。农业改进会的第一个行动是向农民推广新的制茧方法。又如昆山莳溪蚕种制造厂一直"以改良蚕种、辅助乡村生产、救济农民经济为职志",吴县商会与县政府捐务处联系,援照国货广告免税成案,为该蚕种厂设立广告牌,以推广新的育蚕制茧方法。[3]

农副业的生产需要一定的资金投入,商会下属的钱业公会此时发挥了重要作用。农民秋收之后,"将款存诸米行,时有亏倒之虞。然若存在家中,又有盗劫之患,每值青黄不接之时,农人借贷糊口,辄复深受奸商刁民之苦。……故农民银行之筹设亟不可缓"[4]。钱业公会章程所确定的宗旨之一即以资金支持农

---

[1]《吴县日报》1934年7月14日。
[2] 苏州商会档案:《为敦促各同业公会捐棉衣案》,苏州市档案馆藏,档号I14—2—462/43。
[3] 苏州商会档案:《莳溪蚕种制造厂致吴县县商会》,苏州市档案馆藏,档号I14—2—272。
[4]《财政金融规章制度》,苏州商会档案:I14—2—533。

家。1931年4月吴县商会向国民政府农矿厅请求筹设农民银行区分行,调节农村资金。因农村缺少银行,商会要求钱业公会在市镇遍设网点,及时为农户提供方便。1935年苏州商会筹办了"小贩贷本所",为乡民提供小额贷款,帮助农民发展家庭副业。小贩贷本所由银行业公会负责兴办,商会则负责:(1)办理信用放款;(2)调查农民经济状况;(3)指导小本经营方法。[1]农具之添设、种子之改良均可向"小贩贷本所"借贷。吴县商会所创办的"小贩贷本所"得到了江苏省实业厅的肯定。[2]

综上所述,民国时期,苏州商会的社会关怀由兼济天下的政治参与转向"裨益于一乡"的社会建设。商会对农业、农村倾注了更多的关怀,既有国家的介入与社会倡导、行业自律的加强及乡村团体的监督等外在的动因,也与商人内在的儒商情结有关。商会为农民利益而呼吁,减轻了农民负担,增加了农户的收入;商会对农业金融的扶助,为农业再生产提供了条件;商会举办的赈灾与兴利稳定了农村的社会秩序。在近代以来农村普遍凋敝的情况下,商会的这些行为缓和了社会矛盾,对社会运行起到了协调作用。

三、苏州商会与地方治理

苏州商会在清末商务总会时期就积极参与地方治安和工商、文教、卫生以及其他公益事业。民国以后,随着国家控制的日渐加强,商会在商事裁判、财政等国家核心权力方面的作用消减,但在市政建设、公益慈善等方面仍发挥着重要作用,从而有力地弥补了政府在社会治理方面的某些缺位,也提升了自己在地域社会中的影响力和知名度。

第一,参与市政建设。市政建设的良窳,对商人的经营环境影响甚大。良好的交通和通讯、整齐划一的街道商铺是商业发展的理想条件。因此,苏州商会积极参与市政建设事业。

民国时期,苏州城区街道狭窄,加之许多商户任意将栏杆、铺板、柜台搭出街道,结果既有碍于市容,也妨碍交通。因此,苏州市政府和商会协商,一方面劝谕商户勿占道经营,另一方面考虑拓宽街道,改善经营状况。1934年9月,吴县县政府致函县商会,要求其负责市区道路的整饬和拓宽工作:"整饬市容,即所以

---

[1] 苏州商会档案:《吴县商会筹办小贩贷本所暂行办法》,苏州市档案馆藏,档号I14—2—454/43。
[2] 苏州商会档案:《江苏省实业厅厅长姜可生致吴县商会主席》,苏州市档案馆藏,档号I14—2—454/56。

繁荣市面。"[1]

在对外通讯方面,便捷的电话联络对于商业信息的传递作用十分明显。因此,苏州商会特别热心于电话线的铺设工作。1934年10月,木渎镇分事务所为此特致函吴县商会,希望与苏州电话局沟通,请求在该镇设立分局:

> 交通部苏州电话局,自扩充业务,在本镇设立分局,办理"苏渎"通话事宜后,话政日见发达;原置苏渎路线,实已不敷应用,故年来用户呼号请求接线者,无论由苏由渎,每次均须经过长时间之守候,始获依号接通,如藉电话以通商市消息,实有感觉接线迟滞,转失时效之虞,拟请函商苏州电话局,加以注意,迅添路线,以资分疏,俾于商市消息之灵通。[2]

吴县商会接函后,随即函请苏州电话局予以资助。[3]

此外,晚清以来由于政局变动频繁,古城保护和日常维修工作很难循序展开。南京国民政府建立后,苏州年久失修的城墙之保护工作被提上了议事日程。1930年初,苏州总商会致函市政府,请求修复已毁古城墙并增建新城墙。市政府在给总商会的复函中告知:"修理城墙一案,已令工务局暨区委员协同办理,并抄送估计表及修理胥门城墙承揽等件到会,查表列坍毁地点及坍毁情形,既经分别勘估,应请即行雇工修理,并将另案拆建之新阊门一并督促,克期完工,以固城坊。"[4]修复阊门时,吴县商会特地通过吴县建设局函请江苏古物保管委员会前来鉴定。江苏古物保管委员会回复:根据"有关名胜之遗迹及古代建筑应商同地方团体筹资随时修葺之规定,可知名胜古迹(、)古代建筑有修葺而无拆毁"[5],明确表示阊门鼓楼不能拆除。后来吴县商会会同箔业同业公会勘验城墙及鼓楼,并最终将之修复。

民国时期水运是商人运输货物的主要方式,因此对于航道整治,商会的投入既是公益也事关自身利益。吴县商会主持的河道疏浚和整治扩及周边县区。他们督促下属商会分事务所予以关照和支持。吴江"地属水乡,一片汪洋,交通都须船只",吴江县商会组织专家勘验后认为:吴江交通工具偏少,尤其先进的火

---

[1] 苏州商会档案:《令吴县商会整饬市容,拓宽东西中市》,苏州市档案馆藏,档号I14—2—532/06。

[2] 木渎镇分事务所:《函为请函商苏州电话局,加添苏渎线路,以利商市消息由》(1934年11月11日),苏州市档案馆藏,档号I14—2—528/56。

[3] 吴县商会:《函为复木渎分所呈请加添苏渎路线以利商市消息由》,苏州市档案馆藏,档号I14—2—528/54。

[4] 苏州总商会:《为修理城墙壁案应请迅施行由的函》(1930年3月1日),苏州市档案馆藏,档号I14—2—526/97。

[5] 马敏、肖芃:《苏州商会档案丛编(1928年—1937年)》(第四辑)上册,华中师范大学出版社2009年,第879页。

轮太少；湖匪出没，旅客不敢出行。吴江县商会与吴县商会会商后提出全面发展吴江和吴县水面交通的两点意见："一，荒僻所在，速从提倡实业，使它成为工商业区，社会上的人，自然有往返各区或各大商埠——苏沪杭湖的需要；二，盗匪充斥的所在，编练自卫团，肃清宵小，地方能够安靖，有钱无钱的人，都胆敢出来'跑码头'了。"[1]后来，吴江的水路交通部门就在两县商会的支持下致力于从以上两方面入手解决问题。

整个民国时期，从城市扩建到通讯建设、古城保护、河道疏浚，无不倾注了商会的力量。商会作为一个民间社会组织在推动城市近代化过程中发挥了明显的作用，成为苏州地方建设中一支不可缺少的辅助力量，有效地弥补了"官府力不能逮"的缺憾。

第二，投身社会事业。公共安全涉及多数人的生命、健康和公私财产的安全，是社会治理的重要环节。城市消防是公共安全的一个重要部分，苏州商会对此着力甚多。早在1913年，就成立了"苏州救火联合会"。救火会的经费来源除了政府资助部分外，其余都来自社会。苏州商会一直是苏州救火会的"东家"；吴县商会主席施筠清一直担任苏州救火联合会的会长。

在火灾发生时，便捷的通讯方式是保证救火队员快速反应的必备措施。苏州商会极力谋划改善救火会的通讯条件。先是，苏州救火联合会为改善火警时电话传递消息起见，与电话局装置了电话专机。救火专机接通后，鉴于经常接到疑似谎报火情电话，救火会又于1930年与电话局磋商，要求在消防队内部装置一部不编列号码的电话专机，报警时，报警人只需以"火警"两个字报告电话局，由局内司务员直接将来电与消防队火警专机接通，即能在杜绝谎报的同时提高出救的速度。此提议得到电话局的同意，并于该年8月27日将电话专机装置完竣。

对于救火来说，水源的重要性自不待言。1934年，旅沪商人朱惠生鉴于大旱时水源的困难，为防患于未然，募得巨款，在苏州开凿深井。他与苏州救火联合会合作，在北局救火会后面开凿一口自流井，建水塔于其上，并在水塔上建一座瞭望台，装置五色电光，以警戒全城的火警。同时，在地下铺设自来水管，并装设两个太平龙头，专用于消防取水。[2]

鸦片毒品是社会安全的重大隐患。为了禁烟，苏州商会做了两项工作：一是成立"禁烟监督委员会"，众推吴县商会主席施筠清为主任；二是配合全国性

---

[1]《商会致力发展吴江水面交通》，《吴江日报》1931年1月19日。
[2]《北局开凿自流井　建筑水塔瞭望台》，《苏州明报》1934年11月9日。

质的"拒毒会"来苏调查宣传工作。"禁烟监督委员会"别出心裁地组织"烟犯自首宣传队",由戒除烟瘾、洗心革面的瘾君子现身说法,痛说毒品的危害,宣传效果良好。此后多年,苏州商会在禁毒问题上做了一系列努力。到1935年,吴县奉令办理烟民自首投戒工作,设第一、第二临时戒烟所,到3月底,戒烟离所者198人,报名施戒者213人。1935年3月1日开始,凡登记烟民由禁烟会分期分批按年龄清戒,至1937年5月,累计共传戒10余批5 764人。苏州在禁烟禁毒方面取得的成绩,无不凝聚着商会的劳动投入。

卫生防疫一直是商会工作的重点。民国苏州有关防疫卫生的社会组织有吴县城厢防疫委员会、红十字会苏州分会等,吴县商会主席施筠清、执行委员张云搏都是防疫委员会委员。防疫委员会的资金来源于公募,在公募的过程中,商会领导人发挥了独特的作用。防疫委员会就情形需要在城厢区域设置了防疫医院,其经费主要来源于公募,商会委员经常代其募款。如,1934年旱象初成,商会就提前为防疫医院募集资金和医药。在募捐启事中,张云搏等写道:"今岁人夏即告亢旱,伏暑尤甚,中热积痢,预计秋后必有患者。自非延展期间,广储药剂,或至捐(措)手不及。……邦人士积庆为怀,尚乞署衔集款,以备不虞。"[1]

城市公厕是公共卫生的重要环节。在清洁秽物方面,甕业公会发挥了重要作用。1929年,苏州甕业公所根据经验要求市政府颁发公厕图样,以便依式建筑。甕业公所指出:"改良公厕事关公众卫生,亟应预为擘画以期建筑完善,……该公所拟请颁发图样系为慎重施工改进业务起见,相应据情函请贵政府查照,希即令知工务局指导办理,俾有依据。"[2]时任苏州市市长陆权旋即把甕业公所的请求转发给苏州商会主席,要求商会会同工务局遵办。后来由商会组织技术人员设计了公厕的式样。

商会的以上诸多行动极大地弥补了政府在相关领域力量的不足,发挥了民辅官治的作用。

第三,商会的公益活动。热心社会公益是传统商人回报社会的重要途径之一,不少商人因此受到社会的广泛赞誉。商人投身公益活动,有的是以个人身份捐资,但就行业而言,商人团体的集体性公益活动更具长期影响力。近代以来,由于政局不稳、战争和自然灾害频繁发生,官方的赈灾功能难以有效发挥。在这

---

[1] 马敏、肖芃:《苏州商会档案丛编(1928年—1937年)》(第四辑)上册,华中师范大学出版社2009年,第985页。

[2] 马敏、肖芃:《苏州商会档案丛编(1928年—1937年)》(第四辑)上册,华中师范大学出版社2009年,第982页。

种情况下,商会组织自觉地发挥了赈济救灾的慈善功能。如1931年,长江流域的江淮地区发生罕见水灾,吴县商会临时成立"筹募水灾急赈会",募得"赈款共银三万五千余元"[1]。吴县商会对各地告赈请求总是有求必应,虽然款数不一,但也体现了商会承担社会赈济责任的精神。

商会还积极参与地方实业改良。南京国民政府建立后,制定并实施了规模较大的实业发展计划,为此必须将全国的经济家底调查清楚。这些调查本应该由各地方政府组织专家进行,但具体到苏州地区,地方政府要求商会主持此事。苏州商会全力支持和配合地方政府的经济调查工作,曾于1930年4月向所属分会及同业公会发出通告:"兹有省委到县调查工商业情形,嘱就苏州特殊环境拟具城厢工商业改良及保护计划,勿照普通原则,广泛立论",应就各业改良计划提出具体规划。最后,各业均就本行业存在的问题写出报告提交给县商会主席施筠清。其中丝织业向为苏州的大宗出口商品行业,在生产、销售上改进空间较大。为提高蚕丝质量,加强技术革新,南京国民政府实业部决定实行蚕丝统制,苏州商会支持这一决定,积极倡导蚕农和茧商革除陋习,以提高蚕农的生产积极性和蚕丝质量。除了关心、支持蚕丝业的陋习革除外,商会对其他行业的陋习也主张革除,以改善商人的社会形象,提高商业信誉。1930年1月,苏州总商会就曾向苏州税务总公所代呈"猪业公会请遵令革除陋习由",表示全市猪行同业公会将尽快废除以往在该行业普遍存在的众多陋习。[2]

总之,民国年间,特别是南京国民政府统治前期,在市政建设和管理方面,地方政府还得依赖商会为其代理。两者通过合作型伙伴关系,对市政建设、社会事务等方面进行规范和管理,成效显著。

第三节　计划变迁:乡村改进

经过60多年的近代递嬗,民国初年的苏州已经与前近代社会明显不同。这一变迁承受着外国资本主义经济的强力渗透,历经了民主政体的制度选择,伴随着思想观念的西风东渐,从而在地方社会留下了向着近代目标奋进的踪迹,但在发生上,基本还是一个自然成长的过程。近代中国的社会变迁至20世纪20年代末30年代初出现了严重的问题,其中"足以影响国本的动摇"者莫过于所谓

---

[1]《吴县商会筹募水灾急赈会会议记录》,《吴县日报》1931年9月20日。
[2] 苏州总商会:《为猪业公会请遵令革除陋习致税所公函》,苏州市档案馆藏,档号I14—2—745/50。

"农村破产"。对于农村破产的原因,时人普遍认为,"大概不外乎贫、愚、私、弱四种主要因素,此四种主要因素之所以造成,无非为帝国主义经济的侵略,地主、土豪、贪官、高利贷者的剥削,和水旱灾荒,风俗恶化,教育幼稚,水利不修,农产物价低落",等等。〔1〕基于这样的认识,政府和一些社会精英高喊"向田间去",积极投身于乡村改进事业。〔2〕与自然的社会变迁过程不同,乡村改进事业在实施主体所具有的问题应对方略、自觉改变意识、具体路径选择和总体目标追求等方面,都显示出预为设计的计划变迁特征。

根据改进工作的实施主体,江恒源将乡村改进事业分为八类,苏州分属其中三类:一类是私人教育团体联络地方领袖创办的,如中华职业教育社所办的昆山徐公桥乡村改进区和吴县善人桥农村改进会;第二类是由宗教信仰团体开展社会改进事务,如苏州基督教青年会所办的吴县唯亭山乡村改进区;第三类是由学校教育机关对学校附近农民施以各种改进工作,浒墅关蚕校开展的丝业改良工作即可视为此类,尽管其改良工作在早些时候就已经开始了。〔3〕以上苏州乡村改进事业在具体实施过程中各具特色。

一、徐公桥:教育的力量

中华职业教育社在成立之初就非常重视农村教育。1926年5月,中华职业教育社联合中华教育改进会、中华平民教育促进会、东南大学教育科在昆山开办徐公桥乡村改进试验区,1928年4月由职教社独立承办。〔4〕在黄炎培看来,乡村教育的办法,"最合理论,最切事实的",无过于在"农村划定范围,来办教育和其他改进农村的事业"〔5〕。

1. 从民族国家到日常共同体

晚清以来,面对日益深重的民族灾难,救亡图存成为最紧迫的时代主题,一

---

〔1〕 王洁人、朱孟乐:《善人桥的真面目》,吴县善人桥农村改进委员会印行1935年,第101页。

〔2〕 此项运动的名称当时有不同的称呼,通常有"乡(农)村建设""乡(农)村改进""乡(农)村改造"等。

〔3〕 储劲:《五年来的唯亭写真》,《教育与民众》1934年第9期。按,其他六类分别为:一、由地方热心人士组织团体从事改进事业的,如河南安阳中山村自治社;二、农民教育机关实施的改进,如江苏省的农民(民众)教育馆;三、由一省行政机关以民众学校为基础实施改进工作,如山东省政府所办的乡村建设研究院;四、由农业教育机关在农业改良种子推广区实施的改进工作,如金陵大学所办的安徽乌江推广区;五、由县级保卫机关兼司改进工作,如河南镇平、内乡等县所办保卫团。

〔4〕 陆叔昂:《三周岁之徐公桥》,中华职业教育社1931年,第1页。

〔5〕 黄炎培:《怎样办职业教育》,《职业与教育》1931年第127期。

群知识人形成"教育救国"之共识:"复兴农村为复兴民族之基础"[1]。在中华职业教育社同仁看来,民族危机不只是表现在军事败北、外交失利等政治层面,也反映在平民百姓难以为继的日常生计中:"吾国最重要、最困难问题,无过于生计",尤其是乡民生计;此问题的"根本解决惟有沟通教育与职业",职教社"认此为救国家救社会唯一方法"[2],是为"职教救国"。1926年前后,他们欲由工商业教育进而试办农业教育,但"以中国农村之衰败,而欲致农业教育之有成,事实上有所不能"[3],于是"特地的转变方向,专从一般农民身上着想,专从一切农村方面用力"[4]。职教社乡村改进事业于此发轫。

1926年秋,中华职教社与国立东南大学农科、中华教育改进社、中华平民教育促进会合组徐公桥乡村改进试验区。但不久,在万分困难的环境中不得已而停顿。[5]至1928年复兴,由职教社独力进行,编成6年计划,预计至1934年试验告一段落,移交地方接管。

徐公桥位于江苏省昆山县,南滨吴淞江,东距县内大镇安亭3里,交通便利。最初划定的试验区是江南水乡一处典型的日常共同体。中心徐公桥,本为一石桥,始建于元至正年间,[6]镇以桥名,环桥而起的"极小市集"发展成了徐公桥镇。[7]桥的东岸躺着一条笔直的长街,桥的西岸横着一条短街,合成一"丁"字形。[8]镇民52户,311人,[9]其中商户约20家,经营茶馆、杂货、米业、染坊等业,[10]"是一个具体而微的小市场","足供村民的需求"[11]。试验初行时,周边大小村落28个,446户,约2 000人。[12]村子由小镇向西、向南、向北三个方向散开:

---

[1] 李宗黄:《考察江宁邹平青岛定县纪实》,(南京)正中书局1935年,"自序"第14页。
[2] 《中华职业教育社组织大纲》,《环球》1917年第2卷第1期。
[3] 姚惠泉等:《中华职业教育社之农村事业》,中华职业教育社1933年,"总说"第1页。
[4] 江恒源:《徐公桥》,中华职业教育社1929年,第10页。
[5] 姚惠泉、陆叔昂:《试验六年期满之徐公桥》,中华职业教育社1934年,"黄炎培代序"第1、4页。
[6] 江恒源:《徐公桥》,中华职业教育社1929年,第7页。
[7] 陆叔昂:《三周岁之徐公桥》,中华职业教育社1931年,第11页。
[8] 周浩如:《回转隔别二年的徐公桥》,《教育与职业》1933年第8期。
[9] 姚惠泉、陆叔昂:《试验六年期满之徐公桥》,中华职业教育社1934年,第15页。
[10] 《昆山县徐公桥乡区社会状况调查报告书》(1926年7月),李文海:《民国时期社会调查丛编》(二编·乡村社会卷),福建教育出版社2009年,第549页。
[11] 周浩如:《回转隔别二年的徐公桥》,《教育与职业》1933年第8期。
[12] 江恒源:《徐公桥》,中华职业教育社1929年,第6页。按,徐公桥后来的试验区范围扩大,至1934年,户口735户,人数达3 597人;见黄炎培:《从六年半的徐公桥得到改进乡村的小小经验》,《五六镜》,上海生活书店1935年,第82页。

> 一湾一湾的绿水,间着一段一段的田亩,划成一个一个的村落。……在每一个住宅旁边,都有一湾绿水,一架板桥,桥面下面泊着小小地〔的〕船,岸旁植着稀疏的柳。每逢夕阳西下,宿鸟还巢的时候……许多上街购物的村民,亦在此时洋洋得意的驾着扁舟,满载而归。[1]

这样一个500户左右的水乡网络,由多种经济和社会的生活纽带相互牵连,乡民们彼此熟识而连为一体。

以日常共同体为单位进行改进试验,基于社会整体观:"社会是整个的。……乡村社会比较简单,不适用分工制,尤须向整个的社会谋全部的改进"[2]。1924年中华平民教育促进会从城市转入乡村时,会长晏阳初也注意到日常共同体对于改进工作的便利:"乡村都是若干家庭聚集的小社会,日常共处,彼此了解,相互间具有强烈家族精神及共同责任意识的维系,这是推行平民教育需要的重要因素。城市环境复杂,人品不齐,这一因素不是缺乏就是非常微弱。"[3]其中所谓"小社会"不是抽象人群的统合,而是具象乡民的聚居。以日常共同体为试验单位,职教社还有另外两个实际考虑:第一,试验从一隅开始,即或失败,损失亦不多,故规模不嫌其小;第二,民间团体跟政权机关不同,就"地位和环境来说,是不能扩大,并且不宜扩大"[4]。

徐公桥试验是职教社乡村改进事业的起始,当时全国从事乡村改进运动的,"也还寥寥,或者可以说绝无仅有"[5],所以他们对成功充满期待,希望在徐公桥取得经验后向全国推广。1929年职教社办事部主任江恒源指出:

> 全国三万五千万农民,假定每二千人为一村,全国当有一十七万五千村,有志救国的同志们,倘能一齐到乡间去,从事于改进工作,把一十七万五千村,在最短期间内,做到"野无旷土,村无游民,人无不学,事无不举"的程度,岂不是一片和亲康乐和平的气象,弥满全国么?到了这样地步,还怕三民主义,不能实现么?求仁不远,爱国有方,同志好友,

---

[1] 周浩如:《回转隔别二年的徐公桥》,《教育与职业》1933年第8期。
[2] 黄炎培:《怎样办职业教育》,《教育与职业》1931年第127期。
[3] 吴相湘:《晏阳初传——为全球乡村改造奋斗六十年》,岳麓书社2001年,第61页。
[4] 黄炎培:《从六年半的徐公桥得到改进乡村的小小经验》,《五六镜》,上海生活书店1935年,第96—97页。
[5] 黄炎培:《从六年半的徐公桥得到改进乡村的小小经验》,《五六镜》,上海生活书店1935年,第89页。

盍兴乎来!〔1〕

从日常共同体开始,以生计教育为中心改进乡村生活,实现民生主义的理想,如果说这样的思路是教育救国,那么,职教社戛戛独辟了一条日常路径,堪称乡村改进的"模范"。〔2〕这一路径从乡村改进的社会动机到实践主体而方式方法而生活理想,具有独特而系统的内涵,需要全面梳理。〔3〕

2. 主客角色的理性定位

徐公桥试验区于 1934 年 7 月 1 日按原定计划移交地方接管。这是职教社"很早注意的结果"〔4〕,所以在试验的 6 年里一直"佐之以农村自治,以谋达到真正自治之目标"。为了将这种自治的"徐公桥之精神"扩大于全县,1933 年夏成立了"昆山县自治实验区"。〔5〕以自治为目标的徐公桥试验计划决定了职教社的角色扮演,对此,黄炎培明确指出:"徐公桥是徐公桥人的徐公桥,我们站在客位上帮助他们建设成功。我们是客卿,是剧场的票友"〔6〕;与职教社的定位相对应,徐公桥乡民在改进事业中当然处于主位。不过在试验开始的头三年,职教社对于相应的角色定位并不清晰:改进会"职员努力做事,而当地农民等参加者极少。盖宣传联络,太欠工夫,农民等根本上未能了解改进宗旨,认为改进会不过一普通慈善机关,故取袖手旁观态度"。后来,分会先后成立,学校从旁协助,"农民等方觉改进意义之重大,乐于参加,于是事业方有突飞猛进之现象"。改进会以此认为,农村工作者应"先唤起农民自觉,使居主动地位,指导机关处辅导地位"〔7〕。因此在 1929 年的《中华职业教育社乡村改进试验实施办法》中,特别强调这样一条原则:"一切设施,以本区人为主体","期使试验期间终了后,

---

〔1〕 江恒源:《徐公桥》,中华职业教育社 1929 年,"叙言"第 3 页。
〔2〕 李宗黄:《考察江宁邹平青岛定县纪实》,(南京)正中书局 1935 年,"自序"第 14 页。
〔3〕 学术界专门对徐公桥改进试验进行研究的成果很少(仅见朱考金、姚兆余在 2007 年第 4 期《中国农史》上发表的"富教合一":徐公桥乡村改进实验初探),但在关于民国乡村建设运动的研究中大都会涉及此论题,如郑大华的《民国乡村建设运动》(社会科学文献出版社 2000 年),祝彦的《"救活农村":民国乡村建设运动回眸》(福建人民出版社 2009 年),朱考金的《民国时期江苏乡村建设运动研究》(中国三峡出版社 2009 年)等,这些成果给我们呈现了徐公桥改进试验的大体框架,研究的深入还有赖于在问题意识的导引下进行专门的考察。
〔4〕 黄炎培:《从六年半的徐公桥得到改进乡村的小小经验》,《五六镜》,上海生活书店 1935 年,第 91 页。
〔5〕 姚惠泉、陆叔昂:《试验六年期满之徐公桥》,中华职业教育社 1934 年,第 6、70 页。
〔6〕 黄炎培:《从六年半的徐公桥得到改进乡村的小小经验》,《五六镜》,上海生活书店 1935 年,第 90 页。
〔7〕 姚惠泉、陆叔昂:《试验六年期满之徐公桥》,中华职业教育社 1934 年,第 6 页。

能以当地人才继续举办为度"[1]。1932年底前去徐公桥指导改进工作的张耀曾也曾发表"应从指导工作而注意自动作用"的"卓见"："自己负责,办自己改进之事,才是农村改进之目标。指导奏效之后,当继以注视的态度,试其已否能看定此目标进行"[2]。在徐公桥试验中,乡村工作者都会注意到这一原则："大凡建设新村最好由本地人领导,切忌聘请言语不通的外乡人。"[3]

中华职教社所倚重的当地人才主要包括两部分,一是乡间领袖,一是地方干部。"地方有领袖人物,可以协同办理"是选择试验地点的一个重要条件,徐公桥之所以被选中是因为："尤其难得的,是地方有许多热心公益的领袖,愿意全力进行。"职教社最初人手少,事务太忙,都是"仗着地方诸位领袖,热心帮助,才能使会务进行不懈"。徐公桥乡间领袖最著者当推蔡氏昆仲。兄蔡望之,世居徐公桥镇,曾担任江苏省议会议员,清刚正直,名震一时。1924—1925年齐卢战争期间,他亲率保卫团持械防御,溃兵屡想来犯,竟不能越雷池一步。[4]1926年6月职教社在昆山实地调查时,遇到这位"乡望素隆,且勇于任事"[5]的领袖,请求"把他的家乡徐公桥为试验区"[6],后来他对于乡村改进事业"无事不予以相当的帮助"。弟蔡蕴之,徐公桥试验时任安亭乡政局局长,"遇事更能为（改进）会帮忙"。职教社"最初敢于放心放手,在这一个地方试办改进事业,可以说完全是因为有蔡先生及其他诸位先生"。徐公桥县立中心小学的校长亦"热心赞助改进事业,遇事皆能合作"[7],职教社的会所就设于该校。徐公桥镇镇长姓蒋,在镇上开有商店,家底颇为殷实,任改进会总务部主任,尽管没有报酬,但他"对于地方改进事业,十分热心"[8]。

徐公桥当地人才中的地方干部是着意训练的成果：

> 曷谓培养人才？乡村改进成功,即地方自治成功,地方事,端赖地方人自觉自动自主,若举办一切,处处借材〔才〕异地,则日久有人亡政息之虑,若重要责任,仅赖少数领袖之主持,则难以推动全局,是以本区

---

[1] 陆叔昂:《三周岁之徐公桥》,中华职业教育社1931年,第5页。
[2] 张耀曾:《从指导到自动》,《教育与职业》1933年第3期。
[3] 凌莘子、徐因时:《参观徐公桥新村记》,《江苏教育通讯》1933年第1卷第4期。
[4] 江恒源:《徐公桥》,中华职业教育社1929年,第10—13页。
[5]《昆山县徐公桥乡区社会状况调查报告书》(1926年7月),李文海:《民国时期社会调查丛编》(二编·乡村社会卷),福建教育出版社2009年,序页。
[6] 姚惠泉、陆叔昂:《试验六年期满之徐公桥》,中华职业教育社1934年,"黄炎培代序"第3页。
[7] 江恒源:《徐公桥》,中华职业教育社1929年,第13页。
[8] 杨开道:《徐公桥考察纪实》(续),《农业周报》1929年第3期。

委员会之委员,完全以本区人为主,绝不借助于外界大人先生之盛名。更设分会,选举当地农友为干事,练习其办事之才能,以谋基本组织之健全。[1]

将一部分热心农友吸收到改进分会组织中,"练习其办事之才能",这是地方人才的培养方式之一。第二种方式是村长谈话会,徐公桥试验区28村,每村有村长一至两人,其人选标准是:能为全村领袖者;热心公益者;具有革新精神者。改进会组织村长谈话会,每两个星期一次,届时请名人演讲或讨论进行事宜,以求革新。[2]据1933年资料,"改进会的办事员已十分之九是本地人"[3]。

需要指出的是,所谓当地人才,更广泛地产生于自觉意识到乡村改进意义的乡民当中。这是一个潜移默化的心理变化过程,离不开改进会成员日常的身体力行,即黄炎培所提出的对于"从事改进农村者的人格"要求:

> 一般民众怎么样会听你话,跟你跑的呢?你要指挥人家的身,先须取得人家的心。人家厌恶你固然不好,惧怕你也是不行。必得使人家敬你,爱你,信仰你。人家心目中从你的平时和临时一切行为,得到一种确切的认识,以为你为人是绝对可靠的。并且确信你一切行为都是为他们,而不是为你自己,从此要他们怎样,他们便怎样。所谓"君子信而后劳其民",就是这个道理。若要做到这点,一大半就靠你人格感化。[4]

1927年、1928年初,黄炎培两赴徐公桥,偶遇村妪,问:为什么新年在"无逸堂"(村内公共礼堂)演戏?答:乡村改进会不许大家新年赌钱,所以请大家看戏。又问:改进会的人干些什么?他们自己赌钱吗?答:他们不赌钱,他们是做好事,劝大家做好人。黄炎培后来还了解到,村里学校教员、改进会干事帮助群众打扫道路,协助清洁卫生工作,给群众留下很好的印象。[5]总之,改进会"自己先做给农民看,到结底农民都自愿来跟随,如筑路哪,造桥哪……都是这样做成功的"[6]。乡间领袖对自己行为的约束,更增强了外来改进者的他助力量。就婚嫁一端,徐公桥中上之家不必说,即贫苦农家,"亦为虚荣心所迷,日趋奢华,

---

[1] 姚惠泉、陆叔昂:《试验六年期满之徐公桥》,中华职业教育社1934年,第70页。
[2] 江恒源:《徐公桥》,中华职业教育社1929年,第38页。
[3] 凌莘子、徐因时:《参观徐公桥新村记》,《江苏教育通讯》1933年第1卷第4期。
[4] 黄炎培:《关于农村改进几个小而扼要的问题》,《五六镜》,上海生活书店1935年,第110页。
[5] 黄炎培:《八十年来——黄炎培自述》,文汇出版社2000年,第119—120页。
[6] 陆叔昂:《三周岁之徐公桥》,中华职业教育社1931年,第133页。

不惜举债以争一时之荣",于是改进会有婚嫁改良会之组织,旨在挽救陋俗,乡间领袖带头"取法"。先前,改进会主席蔡望之为其次子完婚,先后设宴五日,迨1932年长女出嫁、1933年三子结婚、1934年幼女出嫁,正式宴客仅一日。[1]经过这些努力,乡村改进事业中最让人担忧的地方人材问题得以基本解决。1931年职教社农村服务部姚惠泉在日记中写道:

> 子有赤心以供献于农民乎?则至诚所感,从者将风起。子能以身作则,为农民范,利之所在,人将争效之,则人材[才]可无忧也。……虽然,农民之信仰,之感情,子应注意取得,实为先决条件焉。[2]

农民的心理、感情和信仰之所以是乡村改进的"先决条件",乡村革新理论家傅葆琛洞悉其详:

> 乡村人民虽然贫穷的多,但是并非穷得没有饭吃,不过格外节俭朴素而已。他们常说:"人穷志不穷"(。)他们不大欢迎别人拿"钱"、"势"来骄傲威吓他们,把他们看做[作]可怜的人来创慈善事业。他们宁可"闭门不纳",过他们的清闲日子,不肯多找麻烦,来受别人的气。[3]

根据徐公桥改进事业中的主客角色定位,中华职教社自觉扮演起他助的角色。依据《徐公桥乡村改进会农艺部划区试验场章程》,职教社选择试验区内的农家,"特约合作,以改良农作物",并与特约农家事先确定各自的权利和义务:倘试验失败,农艺部以普通农家收获量为标准负赔偿之责,倘试验成功,所得利益完全归合作之农民享受;农艺部为特约农家选购良种和肥料,按市价出售于农民使用;特约农家须依照农艺部规定之种植和管理方法进行试验;试验田发生病虫害时,特约农家应立即报告农艺部,设法灭除;秋收后农艺部举行农产展览会,特约农家应将农产物送会展览。[4]1931年6月举行麦作展览会一周,前后到会参观之农民有300余人。[5]职教社"为补助农民经济,并为养成农民合作习惯起见",1928年初夏拨款500元,交由改进会设法组织借贷合作社。[6]徐公

---

[1] 姚惠泉、陆叔昂:《试验六年期满之徐公桥》,中华职业教育社1934年,第23页。
[2] 陆叔昂:《三周岁之徐公桥》,中华职业教育社1931年,第134页。
[3] 傅葆琛:《乡村生活与乡村教育》,江苏省立教育学院研究实验部1930年,第68页。
[4] 江恒源:《徐公桥》,中华职业教育社1929年,第65—66页。
[5] 陆叔昂:《三周岁之徐公桥》,中华职业教育社1931年,第44页。
[6] 江恒源:《徐公桥》,中华职业教育社1929年,第103页。

桥修建桥梁的经费,改进会任十分之二,请求区公所补助十分之二,蔡望之独力捐助十分之二,就地筹集十分之四,于是群相踊跃兴修,交通从此无碍。[1]

在徐公桥试验中,改进会往往在事业兴起之初采取借拨款项、赔偿损失和物质奖励等方式为其输血,但这些不过是权宜之计,职教社认定,"职业教育机关的惟一的生命"是社会化,[2]相应的,乡村改进者倾力扮演的角色是在社会与乡民之间充当中介人。时人总结徐公桥成功经验时指出,改进会能把徐公桥办好,"一方面果是会里的功劳,另(一)方面是当地人士的功劳。他们不惟经济上予以援助,就是在力量上也有相当的援助。……他们成绩的形成,第一个因子是当地人士的联络了"[3]。这其实就是黄炎培所注意到的主客位角色意识。江恒源在徐公桥试验六年期满总结时,也特别强调这一角色意识的重要性:

> 农村服务人员,……最要紧的,是使他能到各处去贩货,去取方法。比如改良农事罢,一定有一个农学院或农事试验场在他背后,遇有问题发生,便转身去讨教,贩得好货,取得好法,马上回来,就交给农民。……就是关于教育的实施,也要有一个研究机关,立在他的背后。如此,则办理改进的先生,便完全站在学术机关和农民两方中间,做一个介绍者。这样一来,高高学府的文化恩惠,可以下及于胼手胝足的农人;而无知无识的农人,也可沐受文明的日光,渐渐提高地位了。[4]

应该说,乡村改进事业中的主客角色定位并不是职教社的独出己见,而且,徐公桥试验初期,因疏于"组织民众,唤起民众,故进步迟慢,后三年则反从前所为,始有如是之均衡成绩"。改进会以其曾经走过的"黑路"告诫正在进行中的乡村改进者:"惟有协助农村,自行为之,始为真切,始为彻底。"[5]也就是说,职教社以其试验的教训和调整后的经验,贡献于整个民国乡村改进运动。依据徐公桥六年试验的经验,时人将主客角色的明确定位勒为乡村改进事业的一条重要原则:

> 农村事业的实行,如以农村以外的人为主体,总是发生隔膜误会,不能成为纯粹社会上的工作。徐公桥的工作,办理的人处辅导地位,而

---

[1] 姚惠泉、陆叔昂:《试验六年期满之徐公桥》,中华职业教育社1934年,第16页。
[2] 黄炎培:《职业教育机关惟一的生命是怎么》,《教育与职业》1930年第113期。
[3] 陆叔昂:《三周岁之徐公桥》,中华职业教育社1931年,第133页。
[4] 姚惠泉、陆叔昂:《试验六年期满之徐公桥》,中华职业教育社1934年,"江恒源序"第4页。
[5] 李宗黄:《考察江宁邹平青岛定县纪实》,(南京)正中书局1935年,"自序"第13页。

当地人士居领袖地位。所以一切工作均能成为社会生活的一部分,并能引起当地人民对于事业的赞助与努力。这项原则亦可说是任何农村工作者必须遵守的。[1]

3. 生活教育的枢纽地位

20世纪20年代后半期开始的乡村改进运动,虽然各方出发点不同,推行方法各异,主张不一,但他们有一点是共同的:希望乡民能够了解他们所做的工作、实行他们提倡的各种改进事业。但乡民的了解和实行是以其具备"相当的教育程度"和"相当的经济能力"为前提的,换句话说,试验"宁可在农村民众教育程度和经济能力范围之内去做,万不可超过这个范围"[2]。这两个方面实是开展乡村改进的充分必要条件。徐公桥试验以生活教育为乡村改进的枢纽,富有成效地满足了这两个条件。

黄炎培承认,生活教育的关键地位是不断民主化的时代所造就的。职教社非常清楚,"推广平民教育,要从生计问题上着手"[3]。在乡村改进中,平民教育其实就是对乡民的生活教育,其中最重要的是生计教育,因为在乡民眼里,生计"怕要占第一位……要是我们没有法子在他们的生活上,尤其是生产上,增加些利益——至少减少些损害,随你讲多么好听的话,全不中用"[4]。于是,生活教育成为徐公桥乡村改进事业"发动的枢组[纽]……教育目标,以经济生产为惟[唯]一中心,以组织团体完成公民道德,发扬民族精神,训练保卫能力与技术,为重要目的"[5]。

徐公桥所实施的生活教育在江恒源的"富教合一"主义中获得高度概括,事实上,六年的徐公桥试验即"本富教合一的一贯精神"[6]而进行的。所谓"富教合一"便是一面传授致富的方法,同时教授人生的实用知识,训练道德行为;这种教育"是跟着致富方法走的,是以物质为基本的,不是谈空话,强迫人家不吃饭去做好人的。所谓道德行为,要从穿衣吃饭的行为上评价出来,所谓实用知识,要从利用厚生的效验上,证明出来。"[7]分析来说,"富"指基于生计的实用知识以及道德行为,而"教"则是获致这些丰富知识和道德的方法,两者在徐公桥试

---

[1] 姚惠泉、陆叔昂:《试验六年期满之徐公桥》,中华职业教育社1934年,"何清儒序"第1页。
[2] 傅葆琛:《乡村生活与乡村教育》,江苏省立教育部总研究实验部1930年,第201页。
[3] 黄炎培:《我来整理整理职业教育的理论和方法》,《教育与职业》1930年第100期。
[4] 黄炎培:《与安亭青年合作社谈乡村事业》,《教育与职业》1929年第103期。
[5] 姚惠泉、陆叔昂:《试验六年期满之徐公桥》,中华职业教育社1934年,"江恒源序"第3页。
[6] 姚惠泉、陆叔昂:《试验六年期满之徐公桥》,中华职业教育社1934年,第6页。
[7] 江恒源:《"富教合一"主义》,《教育与职业》1930年第108期。

验中"合一",呈现出辩证而统一的关系。

具体地说,"富教"关系的一面体现为,生活以教育为手段。这里的教育不是传统意义上的识文断字,即狭义的"文字教育",而是广义的近代教育,在近代乡村主要是生计培训和道德习得,如教导农事、卫生、建设、娱乐,等等,"皆含有给与[予]知识训练道德训练的功效在内"[1]。近代生活以理性知识的专门学习为要求,与传统社会的经验传承相区别,专业化教育在其中发挥越来越重要的作用。徐公桥乡村改进会认为,农产不能增进,公益无以自谋,就因为乡民智力浅陋。智力何以浅陋呢?就因为他们没有受过适当的教育:"一个没有受教育的人,和一个受过教育的人,立在一块,简直可以说是两个世界";这么说来,再不能怪乡民不明白种种自治事业,也不忍心怪乡民不知道改良一切,唯有"替他设法谋教育"[2]。来到徐公桥的知识人发现,乡民砻谷、戽水、打稻、罱泥等劳作,"都是用很老的方法,很贵的人工——据说农忙时,每工须大银圆五角,平常也要大银圆二角五分。工作一天贵一天,而工具和工作方法,都还没有改良"[3]。于是,他们提倡使用新式农具。但是,乡民最初却不明白这些工具的使用方法,需要告诉他们"构造怎样,装置怎样,实地试验给他们看,效用怎样,用口不足,要继之以手,用言不足,要助之以图,因此,农民分明了,高兴采用了,因采用而人工省赚钱多了,同时他又能得着若干的物理学和制造学上的知识,还不是教他致富,又教他科学常识么?"[4]由此,职教社所秉承的职业教育理念在乡村改进事业中被赋予了近代科学的意义。1929年黄炎培指出,150年来的工业革命起主导作用的,就是科学,"最近高唱职业教育的动机,无论中国、外国都起于承认科学。用科学解决,百业有进步;不用科学解决,便无进步。……职业教育,直接求百业的进步,间接关系民生国计大问题,并不会在科学以外,别有解决的新方法"[5]。

近代中国农民昧于科学潮流,墨守成规而不思改良,大大影响生计。据改进会1928年的调查,在徐公桥种植的主要农作物中,水稻均产量合米一石二斗,小麦均量1石上下,棉花均量70斤左右,依此情形,"农民经济状况,焉得不困难?"从技术推究原因,不外乎:品种之不良;肥料之不足;病虫害之损失;人工之缺乏。其中"人工缺乏"跟农具落后密切相关:徐公桥农家平均种田25亩,农忙时

---

[1] 江恒源:《"富教合一"主义》,《教育与职业》1930年第108期。
[2] 江恒源:《徐公桥》,中华职业教育社1929年,第49页。
[3] 黄炎培:《与安亭青年合作社谈乡村事业》,《教育与职业》1929年第103期。
[4] 江恒源:《"富教合一"主义》,《教育与职业》1930年第108期。
[5] 黄炎培:《我来整理整理职业教育的理论和方法》,《教育与职业》1930年第100期。

人工缺乏,"农作物不能得充分栽培,农产减少,此一大原因也";改进会认为,为弥补人工之缺、改良农产,"非使用改良农具不可"。但农事改良只是改进者的一厢情愿,乡民一般"不能接受他人之指导,故农业机关,每多苦于输入改良新法之困难"[1]。这也难怪,一群知识分子单靠"书本上学理和方法,当然不易折服劳苦一生的老农"[2]。于是,改进会希望以科学的事实折服乡民。中央大学农学院、南京金陵大学农科和其他农校之优良品种颇属不少,改进会给乡民介绍优良种子最多数者为金大二十六号麦种,其次为苏州改良稻种以及江阴白籽棉等,"而更注意于本地优良种之提倡推广";驱除虫害方面,"对于螟虫,则励行掘除稻根,已告绝迹,对于麦作黑穗病,则多用于炭酸铜粉消毒,已减少十之七八"[3]。新式农具方面,"择各村村友有志改良农业之同志,集股购买"[4]。所有这些"大都利用现成"方法。改进会认定:"'利之所在,民尽趋之',只须把有利的事实,给人家看,不怕人家不照办。"[5]如,金陵大学麦种在本区试种,结果颇佳,跟本地麦种相比,"每亩多收三斗,农民甚为信仰"[6]。这就是科学的力量,"与其把空话说给人家听,说多次未必相信,不如做给人家看,做一次两次,大家便哄起来了"[7]。徐公桥试验表明,在乡村改进事业中,当科学的力量转化为实际利益时,生活教育的效验才开始体现;此其一。

其二,生活教育灌注于日常过程。试验开始后的徐公桥一直处于一种改进的氛围中。进入试验区的东境有一座大王庙,庙壁向东一面写有六行大字:"改造农民生活,改良农村组织,发展农民自治,增加农产数量,推广农民教育,改善农民娱乐";庙壁向南又写着三句话:"改良乡村,是救国的根本计划;打破不良环境;建设新徐公桥。"这是徐公桥改进的宣言。在乡村改进会会所的东西两面竹墙上,若干大黑圈内写着斗大的白字:"农村自治,是救国的根本;农产增进,是富国的根本;农民教育,是人类进化的根本。"[8]这被称为徐公桥改进的精

---

[1] 江恒源:《徐公桥》,中华职业教育社1929年,第70、73、72页。
[2] 黄炎培:《从六年半的徐公桥得到改进乡村的小小经验》,《五六镜》,上海生活书店1935年,第94页。
[3] 姚惠泉、陆叔昂:《试验六年期满之徐公桥》,中华职业教育社1934年,第59页。
[4] 江恒源:《徐公桥》,中华职业教育社1929年,第73页。
[5] 黄炎培:《从六年半的徐公桥得到改进乡村的小小经验》,《五六镜》,上海生活书店1935年,第94—95页。
[6] 江恒源:《徐公桥》,中华职业教育社1929年,第70页。
[7] 黄炎培:《从六年半的徐公桥得到改进乡村的小小经验》,《五六镜》,上海生活书店1935年,第95页。
[8] 江恒源:《徐公桥》,中华职业教育社1929年,第2、15页。

神。会所落成时悬挂对联:

> 无旷土,无游民,向一剪淞波影里,小试农桑,乃亦有秋,聊慰治平新梦想!
>
> 出相望,守相助,喜千家劫火光中,时还耕读,毋忘在莒,请看甲子旧烧痕。[1]

这是徐公桥的理想生活。乡村改进会从促进乡民的自觉和向上起见,就日常生活的文明行为和健康心理等,参酌当地情形编订《乡村十大信条》,制成标牌悬挂于路旁,每次开会既毕,必有一人就"十条"诵读一遍,有时且加以简明的解释。据改进会介绍的经验,"凡是能了解十条的人,如再讲授三民主义,便觉得格外容易明白,格外容易吸收"[2]。在徐公桥中心小学念过书的朱耕源,数十年后还记得改进会为他们专门增加的歌谣《好汉歌》:"滴自己的汗,吃自己的饭。自己的事,自己干。靠人,靠天,靠祖上,不算是好汉。"[3]考虑到乡民的一般知识程度,改进会在进行社会教育时着意与日常生活相结合,如通俗演讲,或每月召集附近民众集中进行,或分散定期巡回于各村;分期举办卫生、农事、体育、社会等常识展览;为改良风俗而建立的长寿会"以示尊老敬长",改良婚嫁会、节省会等"以节糜费";通俗格言"揭示于要道,使识字者知所警勉";电影"最为民众所欢迎,影响亦大"[4]。改进会门外及徐公桥桥头两处设有文字通俗、图文并茂的壁报。在徐公桥西塊的改良茶园里,四壁贴有各种富有教育意义的画报和各种格言,早晨上市的农民来园喝茶时,中心校的教师职员也深入到这里和大家打成一片,做一些关于时事和教育的宣传。[5]以上这些"直观教育"的方法不独在近代中国,就是在当时欧美各地,从事乡民教育者亦甚为注重。这是由乡民文化的特点决定的:

> 在乡下做事,不能只靠一张嘴。你虽然说得"天花乱堕",恐怕乡下人还是"充耳不闻"。普通的乡下人,是极顽固的。劝导他们,必须善诱,所谓"诱",不是故意去哄骗他们,乃是要利用他们喜欢的东西和容

---

[1] 抱一:《徐公桥晓行》,《教育与职业》1929年第103期。
[2] 江恒源:《徐公桥》,中华职业教育社1929年,第133页。
[3] 朱耕源等:《徐公桥乡村改进区琐记》,江苏省昆山政协文史征集委员会:《昆山文史》第6辑(内部资料),1987年,第80页。
[4] 姚惠泉、陆叔昂:《试验六年期满之徐公桥》,中华职业教育社1934年,第32—34页。
[5] 阮南田:《徐公桥乡村改进区追述》,江苏省昆山政协文史征集委员会:《昆山文史》第6辑(内部资料),1987年,第68页。

易明白的事物,去宣传我们的事业。中国的乡村人民,多半是没有受过教育的。希望他们听了就会,是不可能的。所以必得使他们不但有机会听,还有机会看。听不懂的,看了自然可以懂。听人说的不信,亲眼看见总可相信了。[1]

"富教"关系的另一面体现为,教育以生计为核心。首先,教育以起码的生计满足为必要条件。江恒源强调,讲乡村教育的人当然要以农民生活为对象,而讲到农民生活,便要"先注意到物质一方面,不要把他们一个最根本的问题——'穷'字忘掉",因此乡村改进的"第一步便当注意农事,以及其他改善生活之事,识字读书,尽可放在第二步"。这并不是说农民读书的事不好,而是说读书"应该在他们物质生活问题,能稍稍解决之后,再去实施"[2]。这一点,徐公桥改进会深有体会:"如是家内没有饭吃,身上没有衣穿,终日啼饥号寒,还能叫他读书么?就是读了书,他们仍是无益。……既富而教,其势自顺。无论如何,农民的子女教育费,是要替他们设法打算出来的。"[3]

其次,教育以不妨碍生计为原则。黄炎培说,从事乡村教育有一句"最要紧的"话是,"万万不可妨害他的农作时间"。在徐公桥,当时60%以上的乡民不识字,学龄儿童仅有三分之一能够就学。成人迫于生计,"万不肯在农作时间以内来受教育",即使儿童,作为"田间助手",能"挣几文钱,便不肯抛这生产的光阴来受教育";住在共同体边缘的儿童,让他到中心学校来读书,在"事实上、心理上都不免有些困难"。于是,职教社采用分区的方法、巡回的制度,在较偏僻的地方指定若干地点,先办露天识字,唤起他们的兴趣,次以补习的方式使他们获得较系统的知识。[4]另外,酌量地方情形,对于年纪大一点的学生,让其半年做工、半年读书;如果因为家庭贫困,要小孩看牛割草,不让他们去读书,"那是万万不可的"[5]。徐公桥观澜义务教育实验小学为了满足附近5个村落学龄儿童的学习需求,采取了非常灵活的学制:一是全日制,容纳那些家道稍丰、其子女预备将来升学者的家庭需求;二是半日制,容纳那些生计困难、需要儿童协助一些农作的家庭需求;三是时间制,农忙时改变半日制的教学时间,一般在晚上七点半

---

[1] 傅葆琛:《乡村生活与乡村教育》,江苏省立教育学院研究实验部1930年,第72页。
[2] 江恒源:《"富教合一"主义》,《教育与职业》1930年第108期。
[3] 江恒源:《徐公桥》,中华职业教育社1929年,第49—50页。
[4] 黄炎培:《与安亭青年合作社谈乡村事业》,《教育与职业》1929年第103期。
[5] 江恒源:《徐公桥》,中华职业教育社1929年,第50页。

后上课。〔1〕这样的学制充分考虑了不同生计状况家庭的儿童教育需求。

生活教育在徐公桥试验中的枢纽地位就是这样。需要明确指出的是,生活教育所枢纽的关系不仅是富与教,也包括了民族国家与日常共同体。对此在徐公桥从事改进工作的陆叔昂非常清楚:

> 农民所最感痛苦的,就是一个穷字,农民所感不到急切,而国家因此受其影响的,就是一个愚字。惟穷于是要谋富,惟愚于是要讲教,富与教,实为今日改进农村两件最急要的宝贝,富了,教了,政治的目的,也随之达到了……富与教,二者并行而不可离,此为建设事业的先决问题。〔2〕

正是在这一意义上,民族国家与日常共同体构成命运与共的整体,乡村改进也因为救国的形势而显得更加迫切。

4. 小康世界的现代设计

改进试验进行仅一年多,徐公桥就声名远播,俨然"全国模范"了。〔3〕慕名而来的参观者每每为徐公桥的改变欣喜不已:"孔仲相鲁,夜不闭户,廉叔治蜀,五袴同歌。徐公桥数十方里之内,总是家给人足,风俗敦庞,才可有这样的成绩,倒不是容易的事情吗〔呢〕。"〔4〕有人留下观后感:"我们一向以为桃源是只有向世外去寻求着的,然而到了这里,就在现实的社会里,竟发见了理论实际化的桃源。"〔5〕陆景宪的《徐公桥:美乡自治也》则描绘了这一桃源世界的整体图景:

> 农村家家能自治,薪新事业成科条。地无旷土游民绝,守望互助苻萑消,茶园先已娱民众,教育不患复无聊。偏处桑麻与鸡犬,好将康乐问刍荛。南朔东西方十里,二十七村共相邀。设会改进立表格,按年程序进行昭,七厘微利合作社,济急堪使田肥饶,农事广场试验□,风景天然四幅描。最好夕阳帆影度,吴淞江映晚来潮。此是乡村新组织,都鄙有章郑国侨,不比桃源空想像,问津无地心徒焦。我爱新村富自治,人无不学乐陶陶。〔6〕

---

〔1〕 陆叔昂:《三周岁之徐公桥》,中华职业教育社1931年,第109页。
〔2〕 陆叔昂:《农村改进之路》,《教育与职业》1933年第2期。
〔3〕 杨开道:《徐公桥考察纪实》,《农业周报》1929年创刊号。
〔4〕 洪殿扬:《到徐公桥去》《教育与职业》1930年第6期。
〔5〕 陆叔昂:《三周岁之徐公桥》,中华职业教育社1931年,第127页。
〔6〕 陆叔昂:《三周岁之徐公桥》,中华职业教育社1931年,第133页。

这是一个怎样的日常世界呢？进而言之，职教社理想中的"自治美乡"是何性质？

这一设计首先显示出浓重的传统社会生活色彩。徐公桥乡村改进会为乡民常常作这样的打算：一个人到了中年以后，仰事俯畜，一年到头，"总要教他能在保持不饥不寒的水平线生活程度以上，还有一些余落，足以供他子女的教育费，能再有余一些，储蓄起来，以备不时之需，并供酬应娱乐之用，那就更好了。"改进后的徐公桥生活秩序情形也让改进会颇感得意："四百多家……可以说没有一个坏人，虽未必真到'夜不闭户，路不拾遗'的程度，可是已经是家家安居乐业，鸡犬不惊了。"对于这样的徐公桥，参观者蔡泽萍很快做出了自己的判断："吾国耕读旧家风，蔚然复兴。参观之余，知不出三十年，天下之秀才，皆能于读书之余，知为乡村以从事耕农之业，天下之平，可期日而待之矣。"[1]徐公桥世界确实很容易使人想到，这正是千百年来中国士大夫的憧憬。这样的理想境界在传统士大夫的笔下曾有过许多相似的表述，比如，小饥不寒、耕读传家、小康之家、王道天地、治平之世、温饱生活、大同世界，等等。江恒源早年确定的乡村教育的最终目的即是："野无旷土、村无游民、人无不学、事无不举；康乐、和亲、安平。"[2]1929年，在徐公桥乡村改进会会所落成典礼上，江恒源为会场题写联语云："何处是神仙？千家鸡犬桑麻，别有天地。无人不耕读，一片和亲康乐，莫羡唐虞！"[3]诗意里盎然着一股传统气息。1930年，黄炎培在《徐公桥秋望三绝》中所表达的也是相似的生活理想：

朝携镰月试新禾．晚跨归牛唱踏歌．鸡犬安闲花自在．回头村外乱云多．

人在诗情画意中．几湾绿水小桥通．秋林云去疎〔疏〕留蜉．补得斜阳一抹红．

农忙过了读书忙．无逸堂前柳未黄．千古田畴我师事．徐无山色接微芒．[4]

在这样的小康社会里，徐公桥的传统共同体关系得到改进会的充分肯定。在职教社看来，改进之前的徐公桥生活程度几近小康水平：五口之家只需耕种

---

[1] 江恒源：《徐公桥》，中华职业教育社1929年，第48、51、145页。
[2] 江恒源：《徐公桥》，中华职业教育社1929年，"目录"第2页。
[3] 江恒源：《徐公桥》，中华职业教育社1929年，第4页。
[4] 黄炎培：《徐公桥秋望三首》（1930年10月），《苞桑集》卷一，上海开明书店1946年，第17页。

20亩即可谋丰足之生活；民国以来虽说生活成本不断上升，"然一切收入相抵，仍是有利之生产事业"；从贫富差距上看，"当地极贫之户绝无仅有，而多数均系小康之家"[1]。说到阶级关系，在这里"很可以令人羡慕"：农功开始的时候，地主一定要办些酒菜，邀请租户到家聚餐一次，将要收租的时候，租户也要同样办些酒菜，邀请地主到家聚餐一次。"彼此礼尚往来，不但情感不相隔阂，而且形式方面，也绝对显不出不平等的样子"[2]。属于同一阶层的乡民之间则"极富于合作互助之精神"：一家有病，则四邻皆来分任看护、延医、购药等事。[3]倘若正值农忙时节，一家主要劳动力生病，他们的邻居一定会争先恐后，合力同心，替他去种去收。这样的情形，"在他们看起来，已成为天经地义，行所当然。受之者固然异常感激，而与之者则并不居功"[4]。遇婚丧喜庆场合，大家互相帮忙，"不取任何物质之报酬"[5]。共同体中的家庭关系也为改进会所称道。在徐公桥珠翠庵之北，有施姓兄弟，自幼同居，不娶家室，耕田自食。母年老失明，卧床10载，兄弟俩侍奉饮食，洗涤秽物，更番看护，惟谨惟诚。1926年母逝，兄弟敬爱，一如母在，同居力耕。"十室之邑必有忠信"，施姓兄弟孝义可讽；改进会函请昆山县政府嘉奖，"以励末俗"[6]。为了保护徐公桥的淳朴民风，来自沪上的"先生们"生怕徐公桥受到上海浮华豪侈风气以及所谓"洋派"的影响，在六年的试验期内，对于"参观上海各种建设的事，虽曾想到，而从来没有做过"[7]。

尽管徐公桥共同体充满着传统色彩，然而20世纪中华职教社所设计的小康世界并不是所谓"亚细亚生产方式"支配下的村落共同体的简单翻版。作为徐公桥小康世界的设计者之一，黄炎培所信奉的乡村教育理念具有明显的近代性。1920年代末他在整理职业教育理论时指出，"最近时期，所称新教育，他所表现的特色，只有两点：一是科学化，一是平民化"，这两个特色与职业教育形成"连锁的形势"，这就是，"一方要用科学解决职业教育问题，一方要用职业教育解决

---

[1]《昆山县徐公桥乡区社会状况调查报告书》(1926年7月)，李文海：《民国时期社会调查丛编》(二编·乡村社会卷)，福建教育出版社2009年，第551页。
[2] 江恒源：《徐公桥》，中华职业教育社1929年，第51—52页。
[3]《昆山县徐公桥乡区社会状况调查报告书》(1926年7月)，李文海：《民国时期社会调查丛编》(二编·乡村社会卷)，福建教育出版社2009年，第553页。
[4] 江恒源：《徐公桥》，中华职业教育社1929年，第51页。
[5]《昆山县徐公桥乡区社会状况调查报告书》(1926年7月)，李文海：《民国时期社会调查丛编》(二编·乡村社会卷)，福建教育出版社2009年，第553页。
[6] 陆叔昂：《三周岁之徐公桥》，中华职业教育社1931年，第123—124页。
[7] 黄炎培：《从六年半的徐公桥得到改进乡村的小小经验》，《五六镜》，上海生活书店1935年，第96页。

平民问题"。就乡村教育来说,无论是农业问题还是农民问题,都应该"用科学来解决"[1]。以科学方法解决乡村问题自然将徐公桥小康世界与传统村落共同体区别开来。

在徐公桥试验期满所取得的成绩中,人们看到,建设方面,"路灯通夜光明,电话达于全县";农事方面,"灌溉、砻谷、打稻、碾米、弹花等用新式机器已见成效",合作社"正式成立者三所,试办者三所,社员四百六十七人,社股金一千七百八十元";卫生方面,"公共医诊所输预防注射防疫血清者一千八百余人,故现无瘟疫,亦无小孩染天花者"[2]。除了物质生活的改进外,在徐公桥试验中,最值得注意的是工业生产关系的改变。黄炎培出生于较早产生近代工业的江苏川沙,其姑丈沈肖韵既具传统文化根基,又有新文化的头脑,清末便购回机器,让"全家和亲邻妇女习织"毛巾,学成后"所有织机都赠给招来的女工,不取机价,让她们每一村庄自己联合经营,漂染工场作为公有。这样一来,川沙毛巾工业,大大发展,贫民都变富有了"[3]。姑丈的思想和行为大大影响了黄炎培。[4] 一般人"大抵一说到工,往往着眼较大的工业,而忘却手工",黄炎培却在手工上大做文章。1931年就"如何办职业教育",他指出,有一些手工业,例如花边、发网、织袜、织巾等等,"技能较易修了,家庭亦可从事",则"别有一种提倡方式":由传习机构作为此项工艺品的中心机关,"生徒传习毕,散归家庭,从事工作,或联合若干家庭,转相传习,而由中心机关担任设计图样,指导改进——或散发原料——及其制成,由中心机关担任整理、装潢、销售和其他必要的工作";至其收益,"最好采用生产合作制度","公平支配,依次推广"[5]。改进会在徐公桥提倡家庭工艺,就是按照黄炎培的思路进行的。据1934年资料,改进会一方面举行土布展览运动会,改良土布的花色,拟集资创办小规模土布厂,另一方面提供家庭新工艺,训练花边女工30人,学习刺绣女工70人,"学成后,每月发给材料工作"[6]。改进会在此扩张了家庭工艺的发展空间,从教习、图样设计、散发原料至销售,这一整套服务不但让散处四乡的农民获得了生计,更重要的是,将独

---

[1] 黄炎培:《我来整理整理职业教育的理论和方法》,《教育与职业》1930年第100期。
[2] 姚惠泉、陆叔昂:《试验六年期满之徐公桥》,中华职业教育社1934年,第67—68页。
[3] 黄炎培:《八十年来——黄炎培自述》,文汇出版社2000年,第45页。
[4] 黄炎培称,姑丈沈肖韵于甲午战争后"锐然以新知授我后进,兼倡实业。今滨海万家,机声互日夕,皆先生所手创。炎培二十五岁前,寝馈于先生(姑丈)书斋,受教最早,印象亦最深"。见黄炎培:《题沈肖韵姑丈毓庆遗像》(1929年1月25日),《苞桑集》卷一,上海开明书店1946年,第13页。
[5] 黄炎培:《怎样办职业教育》,《教育与职业》1931年第127期。
[6] 姚惠泉、陆叔昂:《试验六年期满之徐公桥》,中华职业教育社1934年,第61页。

立经营的小农家庭手工业转换成近代工场手工业,后者作为资本主义家庭劳动的一部分,本为工厂(工场)资本家或商人所控制,而乡村改进会移植了这一近代生产关系,并有意识地采用生产合作制度,促使其向更高形式的生产关系发展。

徐公桥的合作制度在1928年就开始了。当时改进会发现:

> 一般没有力量的农友们,实在痛苦极了;他们自从插秧以后,天天在田里工作,但是他的结果,仍旧生产力很低,除了纳租和一切开支之外,能余几何?至于推究他的原因,就是没有力量购买肥料,以资农产,终为经济所限制。凡较有力量的农友们,不是受高利借贷,就是押当,或者将小麦菓换,所得价钱,亦为奸商所压低。谈到他们的经济,真所谓"入不敷出",困难极了。本会既然负了解除农民一切痛苦的责任,就想到用低利借贷的方法来救济一般农友们,使生产力增高。[1]

于是先后办起了借贷合作社和信用合作社。[2] 合作社的创办旨在减轻乡民贫困,抑制阶级剥削,客观地说,其实际效果非常有限。不过,徐公桥的合作实践昭示了一条克服资本主义弊端的可能途径,让包括职教社在内的一部分知识人在从事乡村改进事业时产生了更多思路。徐公桥试验结束后,江恒源对合作制度表现出很高的期望:

> 关于农村经济问题,如避免高利贷,购入廉价种子肥料农具,联合卖出农产品,不致再有人欺凌剥削。结合经营集团农场,采用科学的新方法等等,皆可凭藉合作社之力以解决之。并且团体生活的练习,互助精神的养成,服务德性的增进,皆可于进行合作社时逐渐得之。[3]

从徐公桥的试验过程不难看出,中华职教社的知识人在初始社会化阶段或许因为受过传统文化的熏陶,对传统中国的社会制度葆有一定程度的留恋,但在时代风潮的洗礼中,经过不断的反思,正在寻找一个切合中国社会实际的关于底层的设计,这样的设计从性质上说应该是现代的。

在与徐公桥同时期的乡村改进运动中,知识人对他们所追求的理想社会或多或少都有一些设计,而尤以梁漱溟的设计最为系统。在梁氏所追求的"乡村文

---

[1] 江恒源:《徐公桥》,中华职业教育社1929年,第104页。
[2] 徐公桥信用合作社成立于1929年6月;见陆叔昂:《三周岁之徐公桥》,中华职业教育社1931年,第46页。
[3] 姚惠泉、陆叔昂:《试验六年期满之徐公桥》,中华职业教育社1934年,"江恒源序"第4页。

明"世界里,"中国的固有精神""从农业引发工业""农民的合作"等主张,人们在徐公桥也能发现一些踪迹,这说明乡村改进运动不论是在理论上还是在实践中,各模式之间都有不同程度的渗透,当然也反映了他们教育救国的共同追求。

笃信"教育救国"理念的中华职教社试图从职业教育入手,凝聚普通民众的力量,抵制帝国主义的经济文化渗透。就普通民众而言,"最有力量的,自然是农民阶级,一旦农民阶级能明了帝国主义的可恨,他们一定会起来把帝国主义推翻"[1]。为徐公桥的试验成绩所鼓舞,时人以为,"提高农民生活,是唯一的救国方法"[2]。不过,职教社并非一开始就准备在农民身上下功夫的,它花了近十年的时间才走到了农民中间。回顾这一段心路历程,黄炎培颇为感慨:

> 中国地面是很大的,情形是很复杂的,譬如一所破坏不堪的大住宅,要刷新起来,固然要有人规定刷新的大方针,提出刷新的大计划;也得要人肯从一间一间小屋子里,一个一个壁角里,用笤帚去一道一道的扫,用粉刷去一撇一撇的刷。……或者一所大住宅,还有全部刷新的一日。可是下手总得有人先把头脑冷静起来,欲望恬淡起来,从荒凉寂寞中间,干这艰苦卓绝的下层工作。[3]

农村、农业、农民,这是三位一体的工作:在实践主体上针对普通民众,改进空间指向乡村共同体,所要处理的事件集中于日常生活;"国家之强盛在此,民族之出路在此"[4]。此路以救国为动机,以教育为枢纽,以当地人为主角,以小康生活为目标,从乡村改进的实践主体、方式方法和生活理想诸方面,拓展出一条教育救国的日常路径。就性质来说,黄炎培后来认识到,徐公桥的试验"只能说是改良主义的尝试"[5]。徐公桥试验只会作这样的尝试;这种必然性可从职教社对于共同体结构的认识中略见一斑。徐公桥农家中的80%系佃户,大多有地而不敷耕作,乃兼租他家之田少许以为补充[6];职教社认为:

> 此80%,实系小地主而兼充佃户者。至于所谓地主,亦非绝对坐食厚利之资本家,而为田地较多之小农。故除将余剩之田地租出外,自家

---

[1] 毅:《徐公桥印象记》,《蚂蚁》1934年第21期。
[2] 江恒源:《徐公桥》,中华职业教育社1929年,第144页。
[3] 黄炎培:《黄墟的背景》,《黄墟》1930年第1期。
[4] 姚惠泉:《中华职业教育社之农村事业》,"总说"第1页。
[5] 黄炎培:《八十年来——黄炎培自述》,文汇出版社2000年,第120页。
[6] 《昆山县徐公桥乡区社会状况调查报告书》(1926年7月),李文海:《民国时期社会调查丛编》(二编·乡村社会卷),福建教育出版社2009年,第551页。

尚留少许耕作,以自食其力。地主既同系居住本乡之农民,所有收租等事均可亲自经理,无须假手于人,故地主与佃户之间感情极融洽,绝无丝毫阶级间之恶感。[1]

照此说来,地主和佃户都是农民,或都是地主,没有本质的区别,而且租佃之间洋溢着温情脉脉的日常关系。不从土地所有制而从日常共同体关系认识问题,自然就会沿着乡村小路,孜孜而求日常生活的改进。然而,沿着日常路径进行教育救国事业的徐公桥试验,并不因此而削弱其重要意义:

> 农民的觉悟,不会徒然而生的,要是没有人去领导,恐怕再停几十年,也不会成为事实,所以也可以说,徐公桥改进会,便是负了这重大使命而成立的。……在未达理想的社会以前,农村的问题本来是极难解决的,徐公桥乡村改进会可说是解决此问题的初步办法。[2]

这样的思路已经引起了时人的关注。徐公桥改进事业进行两年后,前来参观的卢广绩写下了这样的评语:"年来国内有志之士,多从事于政治活动,而能注意到国家基本之农村事业绝少。中华职业教育社诸君,独能有此远见,令人钦佩之至。"[3]即使从更长远的眼光看,中华职教社所拓展的乡村日常改进之路也并非可以越过,即使在社会制度的根本变革完成之后也是如此。或许这是近代知识人的擅长:"从职教社所走的道路,也可以看出中国知识分子的道路。"[4]

二、唯亭山:"社会福音"

在民国乡村改进运动中,涌现出许多令人眩目的实验模式。[5]乡村建设理论家陈序经删繁就简为三:第一种"孔家店式",由梁漱溟所主导的山东邹平实验县为代表,亦称为"邹平模式";第二种"青年会式",由曾经作为中华基督教青年会干事(主持智育部平民教育科)的晏阳初创立,以河北定县实验区为基地,亦称为"定县模式";第三种"都市化式",由青岛市政府主导,似可称为"青

---

[1]《昆山县徐公桥乡区社会状况调查报告书》(1926年7月),李文海:《民国时期社会调查丛编》(二编·乡村社会卷),福建教育出版社2009年,第551页。
[2] 毅:《徐公桥印象记》,《蚂蚁》1934年第21期。
[3] 陆叔昂:《三周岁之徐公桥》,中华职业教育社1931年,第126—127页。
[4] 周恩来:《活到老,学到老,改造到老》(1957年5月26日),中共中央统战部、中共中央文献研究室:《周恩来统一战线文选》,人民出版社1984年,第356页。
[5] 据郑大华《民国乡村建设运动》(社会科学文献出版社2000年,前言):参加乡村建设运动的学术团体和教育机构达600多个,建立各种实验区1000多处。储劲在《五年来的唯亭写真》(《教育与民众》1934年第5卷第9期)中曾按照实施改造机关将乡村建设运动分为八种类型、五种方法。

岛模式"。[1]前两种模式最有影响、最能体现乡村改进的性质,因而最受关注。[2]细究之,1926年晏阳初在定县开始乡村平民教育实验时,已经离开青年会,而以中华平民教育促进会的名义开展工作。[3]疑问随之而来:青年会何时介入中国乡村服务?定县实验能说明和代表青年会式吗?最重要的,何为真正的"青年会式"?事实上,由青年会主导的乡村改进实验以苏州青年会的唯亭山乡村服务处"成立最早(一九二八),工作亦最著成效"[4]。美国青年会研究者邢军指出,苏州唯亭农村服务处"是青年会独立进行农村服务工作的开始,……成为青年会历史上的转折点"[5]。亲历其事的青年会干事唐希贤说,"其时既无成例可援,同工又仅两人……以有限的干事,做此创造的工作"[6],它"对于整个农村改进事业的贡献,也将留下不可磨灭的一页"[7],因此,"研究吾国青年会运动的历史的学者,或许需要参考"[8]。基本可以看出,最能说明和代表青年会式乡村改进事业的,并不是河北定县实验,而是苏州唯亭山服务。但至目前,相关课题研究者对唯亭山服务基本仅止于片言只语的提及。[9]这无论对于青年会史,还是对于近代中国乡村改进运动史,不能不说是缺憾。

当苏州唯亭山被选为"试验改造农村的地点"时,青年会的初衷也与其他"农村改造者"一样,希望在乡村破产的景况下发现"采何种方法以挽救之"[10]。不过,初来唯亭山的干事并"没有一定不易的工作程序",他们抱定所有工作都

---

[1] 陈序经:《乡村建设运动》,大东书局1946年,第27页。
[2] 郑大华:《民国乡村建设运动》,社会科学文献出版社2000年,第466页。
[3] 吴相湘:《晏阳初传——为全球乡村改造奋斗六十年》,岳麓书社2001年,第55页。
[4] 男青年会之设立乡村服务区者,有苏州、宁波、杭州、芜湖、重庆、成都等处;女青年会之设立乡村服务区者,有烟台之福山、广东之台山、上海之大场、江宁县之三墅乡等处,其工作多注重在妇女教育及家事手工方面。见余牧人:《基督教与中国乡村建设运动》,(上海)广学会1943年,第56页。
[5] [美]邢军:《革命之火的洗礼:美国社会福音和中国基督教青年会,1919—1937》,上海古籍出版社2006年,第53页。
[6] 施中一:《旧农村的新气象》,苏州中华基督教青年会1933年,"序言"第12页。
[7] 唐希贤:《唯亭山的改进》,《农林新报》1934年第11卷第20期。
[8] 施中一:《旧农村的新气象》,苏州中华基督教青年会1933年,"序言"第12页。
[9] 左芙蓉在《社会福音·社会服务·社会改造》(宗教文化出版社2005年)的"研究回顾"(第5、11页)中称,关于中国青年会的历史,大陆学者的探讨"仍多处在初期阶段,其研究大多是广而不专或专而不详,很多问题深入不够",而国外学者的研究"多集中在1920年代以前或者抗战以前,内容主要包括社会福音和青年会的社会改革……对地方青年会或者学校青年会的专门研究重视不够"。可能由于左氏所称的上述原因,苏州青年会在唯亭山的服务即使在几种专门的青年会研究论著中也只能见到片言只语的提及,比如,邢军的《革命之火的洗礼:美国社会福音和中国基督教青年会,1919—1937》(上海古籍出版社2006年,第52—53页),赵晓阳的《基督教青年会在中国:本土和现代的探索》(社会科学文献出版社2008年,第54页),刘家峰的《中国基督教乡村建设运动研究(1907—1950)》(2001年华中师范大学博士论文,第74页;此文误以为唯亭山在无锡)。
[10] 储劲:《五年来的唯亭山写真》,《教育与民众》1934年第5卷第9期。

要"照着当地的需要来进行",但"有几条很坚定的信条,和别种机关创办农村事业的思想,不但不同,而且多是相反的"〔1〕。也就是说,唯亭山服务事业颇具独特性,而这种独特性,明显地与青年会所秉持的"社会福音"理念密切相关。作为一份源自西方世界的社会改造思想,"社会福音"必须经由特定文化环境中的当地人进行地方性演绎,或者说只有"经过中国文化的洗礼",才能发挥作用。〔2〕于是,两种异质文化不可避免地相遇了,其间的冲突与调适几乎贯穿了唯亭山服务的整个过程。对于苏州青年会来说,处理"社会福音"与乡民文化之间的关系,成为唯亭山服务的题中应有之义,也正是其中富有特色的关系方式,使苏州唯亭山服务明显区别于当时其他的乡村改进模式,值得我们专门探讨。

1. 异质文化的相遇

中国以农立国,乡村经济之荣枯关乎国计民生。近代以来祸乱相仍,乡村社会愈趋愈下,至20世纪20年代末30年代初,几至崩溃境地,于是朝野协力,共谋改进之道。苏州基督教青年会"秉基督牺牲服务之精神,怀立己立人之志愿,目睹国本之垂危,曷忍坐视。故特尽一份子之责任,联络热心服务人士,兴办农村事业,……期望三万万农民之生活与能力从此逐渐改进"〔3〕。

青年会之乡村服务基于"社会福音"(Social Gospel),这种宗教神学19世纪下半叶在美国盛行一时。其核心思想是,提倡社会秩序的"基督化",以上帝的启示改造社会环境,在现实世界建立上帝天国。19世纪90年代"社会福音"与青年会彼此支撑,随北美"学生志愿海外传教运动"一道降临中国,向中国人展示了经过另一番诠释的基督教面貌,其中最明显的便是,"社会福音""由个人私利而注重社会服务"〔4〕。在中国青年会看来,"服务社会便是爱国,因为国家是社会组织的,替社会服务,比较心里的空爱,还实在一些"〔5〕;"社会福音"致力于将上帝的慈爱和公义化作实际的社会服务,显示它在中国社会的现实价值。与原初福音所欣赏的"私人道德"不同,社会福音更强调通过社会服务将"私人道德"扩散至整个社会。事实上,"社会服务"这个名词"就是由青年会制造出来的"〔6〕。

中国青年会鉴于服务乡民这一事工对于"国家的生命的需要",决计先从局部

---

〔1〕 郑维:《半年农村服务的经验》,《女青年月刊》1929年第8卷第6期。
〔2〕 刘廷芳:《为本色教会研究中华民族宗教经验的一个草案》,《真理与生命》1926年第1卷第7期。
〔3〕 《实行到乡间去》,苏州中华基督教青年会,1928年,第2页。
〔4〕 谢扶雅:《基督教新思潮与中国民族根本思想》,《青年进步》1925年第82期。
〔5〕 《服务社会》,《苏州青年》1922年第6期。
〔6〕 赵晓阳:《基督教青年会在中国:本土和现代的探索》,社会科学文献出版社2008年,第145页。

地方着手实验,"以图渐次发展"[1]。由此,交通便利、"确可代表一般区域较大的纯粹农村"[2]的苏州唯亭山被选为实验区,1928年9月苏州青年会在此设立服务处。唯亭山处于苏昆之中点,西距苏州15公里,东距昆山15公里,北濒阳澄湖,南邻沪宁铁路。青年会的服务范围包含19个自然小村,计500户,约计2 000人,面积3.3平方公里。

这是一个典型的江南水乡日常共同体。[3]它以悬珠集镇为中心,石子街道长400多米,分列着书场、米行、鱼行、棉布、南货、药材和棺材等各种店堂,仅茶馆就有11片;乡民赖此进行商品交换和社会交往。青年会来乡服务时,全乡农民占59%,织缎机户占32%,道士占3%,其他占6%。[4]民国年间,挨近镇子的村落擅做"钱粮"(祭祀用品),通过小镇销往他方,"方圆百里内小有名气";村民来镇购买生产生活用品,或至街上的茶馆喝茶聊天。[5]在以小镇为中心的方圆1公里范围内,乡民们通过经常的互动而彼此熟识。清人周宾《唯亭杂咏四首》云:"风俗犹存古,婚姻半属邻。岁时常馈问,亲串往来频。"[6]反映了太平时代醇浓的共同体关系。

晚清以降,随着国势衰颓,唯亭山共同体渐渐窘迫起来,至20世纪20年代,生产的低落,债累的深重,地痞的横行,风气的恶劣,知识的幼稚,在在足以表示农村崩溃的过程和现象。[7]江南富庶之区的乡村,尚且岌岌不可终日,全国其他乡村的危机情形则更为惊人。"到民间去",改进乡村,成为许多仁人志士的共同选择,不过在当时,"为农民的利益而实施的有系统的具体计划却不多见"[8]。鉴于此,苏州青年会一开始的服务计划便非常明确:"以促成农民美满生活为宗旨,凡农民生活各部分之不完善而有改进之可能者,皆在工作范围之内。务使一般农民,人

---

[1] 郑维:《唯亭农村工作的试验》,《上海青年》1930年第30卷第32期。
[2] 储劲:《五年来的唯亭山写真》,《教育与民众》1934年第5卷第9期;郑维:《农村服务区选地原则之商榷》,《农村服务通讯》1935年第1期。
[3] 水乡而有山之名,只因阳澄湖南滨有一名为"夷亭"的"土阜"。夷亭,一名"夷陵",故老相传,山为吴王夷昧墓,因名。见[清]沈藻采:《元和唯亭志》,方志出版社2001年,第33页。
[4] 储劲:《五年来的唯亭山写真》,《教育与民众》1934年第5卷第9期。
[5] 沈及:《唯亭镇志》,方志出版社2001年,第70页。按,唯亭山原有一更大的市镇作为共同体的中心。据1930年代口传资料(施中一:《旧农村的新气象》,苏州中华基督教青年会1933年,第121页),唯亭山乡本来是个大市镇,在清咸丰十年(1860)遭了兵燹才毁灭的。当时在唯亭山脚下完全是热闹的街道,山南木桥塌从前开过面店,所以现在大家还叫它"面店桥";在邱家浜,北岸"厅场"的旧址是一家大典当;南浜张家在清乾隆、嘉庆年间是一家油坊,油坊老板沈青石是有名的少林门生,当时常挟了黄牛奔驰为戏。
[6] 沈藻采:《元和唯亭志》,方志出版社2001年,第2页。
[7] 施中一:《旧农村的新气象》,苏州中华基督教青年会1933年,第3页。
[8] 郑维:《半年农村服务的经验》,《女青年月刊》1929年第8卷第6期。

格高尚,经济充裕,不但能安居乐业于乡间,且能作国家健全份子。"[1]此为服务宗旨。服务大纲也非常清楚:培养高尚人格,灌输实用常识,提倡健康教育,改良社会生活,改善经济状况。[2]其中,前四项即青年会素来追求的德、智、体、群"四育"工作目标。

满怀一腔服务热忱、带着系统服务计划的苏州青年会服务者来到了唯亭山。令人始料不及的是,服务干事甫至,村子里便弥漫着一股怪异的气氛:

> 有人说,我们是来捉少年去当兵的,所以有许多农民都叫他们的小孩子不要和我们接近;我们拍照相的时候,他们都逃避唯恐不及。有人说我们是政府差来的密探,来预备收人头捐的,所以我们凡有什么事问他们,他们大半都不肯回答。又有人说我们是来诱人"吃教"的,或是说我们是侦探,来捉拿烟犯赌犯的。因为有了这种种猜疑,村民对我们的态度就很不自然,我们用尽力量,解释我们下乡服务,是要帮忙改进他们的生活的意思,但他们总不大相信,常常背了我们说:"天下那〔哪〕有这样的好人,吃了饭没事做,白白儿来为别人帮忙呢?其中定有别的缘故呀!"[3]

这样的经历让唐希贤干事后来一直不能释怀,他意识到了社会实验的特殊性所在:"乡村社会改进的试验工作,其对象为人,活的人,会变动的,有自由意志的人;而非一般的从事于自然科学的研究者在试验室内所用以为试验的物体可比。"[4]其实,这是近代以来世界各地乡村服务者的共同遭遇。从事近现代乡村社会变迁的美国学者指出,在开展指导变迁的过程中,外来服务者首先必须理解当地社会的日常规范。所谓日常规范,即特定社会成员长期形成的稳定的行为模式,它可能促进变迁,也可能阻碍变迁。[5]实在地说,指导变迁毕竟是对一个约定俗成的社会进行"观念的现实干预",在此过程中,往往因为变迁促进者的疏忽而使计划无法开展,"或许最重要的是,忽略了当地文化的模式"[6]。对基督教传播而言,这就是他们一直思考的本土化问题:如何使基督教在东方适

---

[1]《实行到乡间去》,苏州中华基督教青年会1928年,第6页。
[2] 施中一:《旧农村的新气象》,苏州中华基督教青年会1933年,第22页。
[3] 郑维:《半年农村服务的经验》,《女青年月刊》1929年第8卷第6期。
[4] 唐希贤:《对于试验期内乡村改进事业的认识》,《农林新报》1934年第11卷第1期。
[5] [美]埃弗里特·M.罗吉斯等:《乡村社会变迁》,浙江人民出版社1988年,第263—264页。
[6] [美]克莱德·伍兹:《文化变迁》,施惟达、胡华生译,云南教育出版社1989年,第69—70页。

合东方人之需要？如何使基督教事业融洽东方之习俗环境、历史、思想和文化？[1]秉持社会福音理念的青年会虽非教会,也同样需要面对这样的本土化问题,那么,他们将沿循怎样的路径呢？热衷于乡村建设事业的金陵大学马文焕认为,"唯亭山农村服务事业……为宗教信仰所驱使,固无疑义；即其服务社会,辅导人群之方式,较之巷说街谈,声嘶力竭劝人慕道者,则又别开生面者也"；如此富有特色和成效的改进思路,"不仅为政府机关或私人团体从事于各种事业者所不经见之先例,亦颇足为国内热心乡村建设者之模楷矣"[2]。

2. 基督人格的生活灌注

近代中国社会的问题究竟在哪里？曰：人的问题。当时许多乡村改造家皆作此论。晏阳初直接称："中国今日的生死问题……根本是人的问题,是构成中国的主人,害了几千年积累而成的很复杂的病"[3],主要症状表现为愚、贫、弱、私。在青年会看来,此为人格缺陷。所以青年会总干事余日章以"人格救国之主张,号召全国"[4],人格救国一时成为"青年会运动唯一之宗旨"和"一切努力的集中点"[5]。唯亭山青年会服务者亦自呼应："先将乡村'心理建设'建设好,再图物质上之建设。"[6]

健全人格一方面来自上帝的启示,因为"基督教是人格的泉源"[7],是为基督人格；另一方面则体现于日常生活之中,因为宗教信仰并不是一个特殊的行为,而是一种不自觉的"从日常生活表现出来的经常的动作",或称"生活灌注"[8]。总之,基督人格当灌注于日常生活。

当社会福音影响乡村生活、触及乡民文化时,基督人格受到特别重视。首先是对乡村服务者的人格要求。5年之间,在唯亭山服务的干事前后有5人。最初的创办人郑维,美国留学生,1928年9月由上海青年协会派出,经常往来于沪苏之间,至唯亭山"事业基础稳固"才离开。唐希贤,金陵农业专科学校毕业生,与郑维合力创办唯亭山服务处。第一年之开拓工作备尝辛苦,遂至病倒,第二年病愈后又来乡工作,直至1932年8月因病离开。"其间唐君屡病屡起,再接再厉之

---

[1] 诚静怡：《本色教会之商榷》,《中华基督教文社月刊》1926年第1卷第1期。
[2] 施中一：《旧农村的新气象》,苏州中华基督教青年会1933年,"序言"第4页。
[3] 郑大华：《民国乡村建设运动》,社会科学文献出版社2000年,第138页。
[4] 梁小初：《余日章先生对于青年会之贡献》,《同工》1936年第151期。
[5] 丽海：《本杂志十年来之回顾》,《青年进步》1927年第100册。
[6] 《草鞋山畔,盛极一时》,《苏州明报》1929年9月9日。
[7] 余牧人：《基督教与中国乡村建设运动》,广学会1943年,第34页。
[8] 唐希贤：《我对于基督教的见解和认识》,《真光》1934年第33卷第2期。

精神,实为不可多得之热心志士。"[1]施中一,吴县本地人,肄业于上海复旦大学,自1929年9月起,四年未尝间断服务。黄绍复,苏州东吴大学肄业,1932年10月来唯亭山,两年后因为被奉派去北方襄助农赈而离开。前来应聘的这些干事都抱定一颗真诚服务社会之心。唐希贤与郑维原先并不认识,偶然相遇,就"像两个单恋者,一下子就打得火热了",唐希贤来乡服务"比原职月薪要少十元,但为事业与试验个人的主张起见,便不顾亲友的訾议即应聘了"[2]。郑、唐二人"经验湛深,长驻乡间,日与农民为侣,随机指导,以期增进农民之生活,并引导农民"[3]。已经离职的干事们,遇有唯亭山重要集会,仍回乡参加,并继续保存着"和农民热切之情感"[4]。施中一干事后来回忆:

> 前后的同工都是赤诚地相亲爱,宛如手足。各事合作到了最高度;并且富有责任心,因为我们都是志趣相同的结合,大家苦心死干者,只不过求个人理想的实现。我们无时无刻不在用心思想,不论在饭时,睡时,散步时,不论在路上,船中,田间,家里,都以工作为谈话的资料,简直有些"造次必于是,颠沛必于是"了。[5]

1930年,热衷于基督教乡村服务事业的李良鹏见到在唯亭山服务的施中一和陈儒珍时甚为感慨:"二君在年轻的时候,竟能抛弃虚荣心,作刻苦工作,真是不可多得的青年。"[6]根据苏州唯亭山的服务经验,郑维后来提出的"农村事业干事应具之资格"七条,大部分都是关于人格的:须为忠实基督徒;对于改良社会具有坚决之信仰与热忱者;喜爱乡村生活,乐与农民为伍者;对于农村服务具有充分之决心者;生活恬淡,能安于微薄之月薪者;性情活泼,富于创作力与适应性者。[7]凡此种种,都体现了中华基督教青年会所抱持的"基督服务之精神"[8],亦即基督人格。

青年会服务向以德、智、体、群"四育"培养健全的人格,[9]所谓"育",无非

---

[1] 储劲:《五年来的唯亭山写真》,《教育与民众》1934年第5卷第9期。
[2] 唐希贤:《唯亭山的改进》,《农林新报》1934年第11卷第20期。
[3] 《苏青年会组农民观光团莅沪》,《申报》1929年3月7日。
[4] 储劲:《五年来的唯亭山写真》,《教育与民众》1934年第5卷第9期。
[5] 施中一:《旧农村的新气象》,苏州中华基督教青年会1933年,第106—107页。
[6] 沪江大学青年会:《农村公民教育之一试》,刊行者不详,1930年,上海图书馆藏,第4页。
[7] 施中一:《旧农村的新气象》,苏州中华基督教青年会1933年,第149—150页。
[8] 施中一:《旧农村的新气象》,苏州中华基督教青年会1933年,第145页。
[9] 苏州唯亭山服务于此四育之外,还"特别注意改良经济状况之工作"。见《实行到乡间去》,苏州青年会1928年,第10页。

是用环境来陶铸人们(尤其是青年)的品性。他们认为,"工作乃是一种工具,陶铸好人格,才是最后的目标。"[1]在唯亭山,即使是"经济的改善",服务者们也把它"作为一种建设健全人格的方法",因为他们坚信:"健全的人格实为真正快乐的基础。"缂丝业的提倡"是本着团体精神,谋经济改良,励人格改善的主旨进行着的"[2]。对于学习缂丝手艺的乡民,干事们"供给他们以改良的花样,并推广销路",但作为"报答",乡民们须得:讲诚实;发展合作的精神;服务社会当随时随地;节制一切不需要又有害的消费,如吸鸦片、饮酒、赌博、吸纸烟等。倘若乡民不遵守这些规则,服务处便不再管理他们的货物。通过这种约束,意在使乡民体会到:"做一个善良而有用的人是值得的。"[3]服务干事提倡糊火柴盒不只是为了增加地方收入:贫民因为随时有进款而不致偷鸡摸狗,富者因常年有工可做,不致为烟赌所诱,这样,唯亭山"道德的标准也提高起来了"[4]。

因此,在苏州唯亭山服务"工作大纲"中,人格培养被置于特别重要的地位,要求干事们"特别随时随事竭力指引",所谓"人格为人生之大本,犹航海之指南针,火车之轨迹,人若徒有其表,而无人格,则失其所指归,其不臻覆灭者几希矣"。至于具体途径,主要如下:(1)以基督牺牲服务、爱人如己之精神作人格之模范,服务者当以身作则,使农民受感化而效法;(2)以诚恳之友爱,与农民交往,由友谊之途径,作潜移默化之功;(3)随时讲解人格与物质进步之关系,使农民领悟高尚人格为百福之根基;(4)以相当图画提醒农人处世为人之正道。[5]准此,基督人格以积极干预的姿态进入乡村共同体,陶铸服务对象,融入乡民文化,助其臻至美满生活之境。

了解乡民的人格状态、理解其文化是改进生活的前提。依唯亭山服务者的认识,这必须"亲自住在乡间,做农民阶级圈子中的一份子",不然,"简直谈不到去改进"乡村生活。[6]1933年的一个春日,东南大学乡村社会学班的同学来到唯亭山,在巷路村的赵家,他们发现:

> 次媳的两眼病红着,红得怕人,而她们却安之若素。……(一家)七个人中,仅两个孩童受小学的教育而已,一切的书报对于他们是完全没

---

[1] 陈植、张宗象:《青年会的人格教育》,《同工》1933年第119期。
[2] 施中一:《旧农村的新气象》,苏州中华基督教青年会1933年,第35页。
[3] 郑维:《唯亭农村工作的试验》,《上海青年》1930年第30卷32期。
[4] 唐希贤、施中一:《唯亭山乡的糊盒副业》,《农林新报》1933年第10卷第25期。
[5] 《实行到乡间去》,苏州青年会1928年,第23页。
[6] 唐希贤:《唯亭山的改进》,《农林新报》1934年第11卷第20期。

用的。心理状态也幼稚,门上,墙上都贴着不少神符,对于调查,当然免不了有点怀疑。特别是谈到经济情形的时候,答语总是吞吞吐吐的。……农民的心理犹停滞于十八世纪状态。[1]

因为这只是一次观光式的观察,"在服务处畅谈一番以后,……因时间短促,只能每两人到一个村落里去,视察一下"[2],所知自然有限。

青年会人相信,改善乡民生活的"最(重)要一点,在感化农民之心"[3],感化的不二法门是基督人格中的慈心和诚意。时人认为,在青年会办事,"最要紧的是一个'诚'字"[4]。唯亭山服务者从"根本上承认农民与吾等人格之当尊重,毫无差异"[5],试图以"最纯洁的友谊和最诚恳的慈心,去感化农民的心,使他们心中受到激动,发生奋斗精神,起来改造环境"[6]。

感化一方面是身教:"自己必先具有殷勤诚恳谦虚友爱之服务心而后可,盖即以德化人之道也。"[7]唐希贤自称"随时随地以身作则的":

> 我们都不抽香烟;唯亭山副业改进会的公约,也规定不准吸烟。有一次该会会员卢君忽然问我,"唐先生,怎么你们的客人也有许多抽香烟的呢?"我知道他还没有十分知晓吸烟的害处,依旧想要吸;所以就立刻回答他说,"你喜欢学好样呢?还是学坏样呢?"如果我自己也抽烟,我真要无言可答了。我们虽寄居一座大庙里,但却不拜菩萨。唯亭山的少年们比较与我们最为接近,他们读了一点书,又见到我们不拜菩萨,觉得拜菩萨是无意义的,不必要的;于是他们也不拜菩萨了。有时他们的家长要他们来烧香跪拜,他们却仅把香烛往香炉里一掷,就跑出来了。我们并没有劝他们不要拜菩萨,而他们却因知识的增长,与眼见了榜样而不去拜菩萨了。[8]

1933年春假期间,几位来自金陵农大的同工来唯亭山参观,他们品尝着软绵绵的白米饭和时鲜油菜,觉得津津有味,唐希贤说:"他们这么做,的确并没有

---

[1] 沈起炜:《唯亭山的一瞥》,《农村经济》1934年第1卷第5期。
[2] 沈起炜:《唯亭山的一瞥》,《农村经济》1934年第1卷第5期。
[3] 《实行到乡间去》,苏州中华基督教青年会,1928年,第9页。
[4] 吴耀宗:《青年会的精神革命》,《真理周刊》1924年第15期。
[5] 《实行到乡间去》,苏州中华基督教青年会1928年,第9页。
[6] 施中一:《旧农村的新气象》,苏州中华基督教青年会1933年,"序言"第11页。
[7] 《实行到乡间去》,苏州中华基督教青年会1928年,第9页。
[8] 施中一:《旧农村的新气象》,苏州中华基督教青年会1933年,"序言"第13页。

勉强,而暗中对于农民的影响,在工作上实在是很大的。"[1]

感化也需要言传:"欲使乡人去邪归真,以个别谈道,以诚恳的态度,解释迷信之非,渐渐引领其明白真理,访问谈道,可以解除与村友之隔膜,而直接发生人与人间的友谊关系。"[2]乡友们渐渐认青年会服务者们为"自己人"[3]了。最初来到唯亭山的唐希贤,"和蔼可亲,鞠躬尽瘁地为民服务,同农民交接,几个月中已得农民的欢心",他病倒后,村民赶到城里医院看望他的络绎不绝,郑维为之倍受鼓舞:"唐先生的重病,……真所谓是祸中得福。……我不能精确计算从唐君的病所收的益处是多少;但我知道自从他进医院以后,村民对于我们的工作就渐渐表示同情,这种同情心的发长〔展〕,正像种子在土内的萌芽一样。最近的一个月内,更是发展得厉害。"[4]这是苏州青年会服务者来唯亭山半年之后发生的变化:

> 疑念尽释。从前他们有种种猜疑,以为我们别有用意,现在他们看见我们住了半年并没有什么不好的举动,又见我们诚心服务,友爱待人,所以这等猜疑都于无形中渐渐的消灭了,村民对我们的感情,也就没有什么隔阂了。
>
> 赴会人数的增加。从前我们开幻灯演讲等会,每次不过到数十人,一月以前,渐渐增多,最近每次到会者竟有四五百人之多!就是单对他们讲很枯燥的劝勉话,没有什么表演,他们也很愿意聆听了。
>
> 觉悟卫生的重要。山旁有空地一方,历年为穷人安放尸棺,已积有七十余具了;夏天,尸气薰蒸,臭恶难闻,最为卫生的障碍。我们早就提倡,把棺材搬去或掩埋,可是不曾发生效力。近来再一提倡,他们的反应就大两样了。我们的计划,是要请政府正式拨那块荒地,作为公墓,那〔哪〕知政府还没有动作,而村民已经在清明节前后,自动的搬去了三十余具……
>
> 自动欢迎来宾。(1929年)四月七日余日章博士等十六人,来到唯亭山参观。事前我把余先生的生平,向乡村领袖讲了一遍,他们听见这样重要的人物要来参观,觉得非常荣幸,立刻就准备欢迎。他们原要整治筵席的,但恐怕参观的客人嫌乡下的饭菜不卫生,而我又竭力劝他们

---

[1] 唐希贤:《唯亭山的改进》,《农林新报》1934年第11卷第20期。
[2] 李良鹏:《基督教农运的理想和实施》,《言论界》1936年第12卷第7期。
[3] 施中一:《旧农村的新气象》,苏州中华基督教青年会1933年,"序言"第86页。
[4] 郑维:《半年农村服务的经验》,《女青年月刊》1929年第8卷第6期。

千万不要多化〔花〕钱,他们于是才缩小场面,又买了几色曾经看见我自己吃过的点心,来奉敬佳客,又买了许多花爆来燃放,以表示欢迎。所以当余博士才到唯亭山的时候,乡人扶老携幼,都来欢迎,爆竹之声,响彻遐迩,为唯亭山空前未有之盛举。余博士在饱尝乡间风味而辞别时,他们又用花爆送行。素来不识不知的唯亭山民,忽然觉悟地主的责任自动的团结起来,不惜花费如膏如血的金钱,来欢迎一位德高学博的青年会全国总干事,我们服务的人看见农民精神上有这种的动机,当然感觉无穷的快乐了。

义务服务者的增加。我们初到唯(亭)山的时候,村民对于我们的工作,都取观旁〔旁观〕的态度。现在却是不论举办什么事工,他们都高高兴兴的来帮忙,如同自己的事一样。其中和我们的感情最浓厚,事事都自动来帮忙的,已经有十余个人,这班人实在是将来工作发展的要素。[1]

两年后唯亭山又改变了多少? 郑维觉得这"是很难估计的",但他能够说出20个以上的人名来,"这些人都曾彻底的改善了他们的为人之道",经历了"人格的建立"过程。李君和柳君的例子就很生动:

(李君)从前他木〔本〕是一个赌博者,鸦片鬼,酒徒,又是游手好闲者,但现在他已改过为善,日间辛苦作工,晚上则勤读不息。又如柳君,他是一个道士的儿子,他常常狂吸烟草,信口谩骂,游荡终日,为害邻里,然而和我们相交年余之后,他却是谦逊有礼,彬彬然如君子,而且很忍耐地学习一种新的行业,在最近的将来,他是很有希望的人。甚至平素很反对我们事工的他的父亲,现在看到他儿子的进步也很觉得快乐。[2]

这些几乎都是无形的改变。其中,少年人格的改变尤为引人注目。唯亭山的少年约有200人,40人加入了"少年进德团",通过互相策励,他们在人格方面"比较都有改进,有几个人,的确脱离了黑暗而做了新人;有的也受了乡民的器重而能为地方出不少力,做出不少公益的事"[3]。实际上,20世纪30年代中期当青年会服务结束时,唯亭山的外貌并无多大改观,令人欣慰的是,在精神上"充

---

[1] 郑维:《半年农村服务的经验》,《女青年月刊》1929年第8卷第6期。
[2] 郑维:《唯亭农村工作的试验》,《上海青年》1930年第30卷第32期。
[3] 《唯亭山概况》,《乡村建设旬刊》1932年第2卷第7、8合期。

满着生命的意识,处处表现着一种活力,每个农民的内心,都在燃烧着,追求着美满的生活,整个的农村,已从灰黯的气氛中走上了光明的大道了"[1]。在服务者看来,没有比乡民"人格的建立"更"有价值的改进"了。

3. 乡里领袖的先觉

与苏州青年会同时的许多乡村改造家都强调,在社会变迁过程中须注意激发乡民自身的力量。来到唯亭山的服务者亦深信,乡村改进是"当地的事业,应该当地人来做",服务者所宜做的,不过是"暗暗地引起他们需要的感觉,鼓励他们奋进的精神,使他们每个人都有潜伏着的力量,去共同努力谋个人家庭及全乡精神的智能的经济的改进"[2]。问题是,这股力量到底"潜伏"在哪里?

当青年会服务者初到唯亭山的时候,因为天灾人祸的不断摧残和制度环境的压迫,"全乡散漫,一无组织与秩序",乡民们对"一切都表示消极无望,但侥幸的心理却蔓延滋长得很深很快",表现出"一种牢不可破的保守的性格和依赖的心理"。总之,这时的唯亭山"呈着幽暗和恐怖",充满了"一种可畏的悲观而狡黠的空气"。[3]

面对这样的状态,青年会服务者认为,唯亭山的改进如果"没有乡民底觉醒的因子,只是我们一味去卖力死干,结果就免不了苦闷与失望"[4]。也就是说,热情的乡村改进者与冷漠的乡民之间存在着沟通障碍。社会学家指出,这种现象表明的是互动双方在信仰、价值观、教育和社会地位等方面的异质性;近代以来世界各地的乡村社会改造家总是"把自己的主要工作放在意见领袖身上",以便"缩小他们与一般农民的异质性"。所谓"意见领袖",指特定社会系统内部具有"经常地影响他人的态度和行为的能力"的人。[5]唯亭山服务者显然也注意到了这样的乡村领袖。他们认为,改进乡村"最好能使当地的领袖发动起来做,俾能对症发药,否则城里人跑来做,总觉不能切实要"[6]。

在苏州唯亭山,旧有的乡里领袖有三类。第一类是官府代理人,他们构成了一个组织系统:经漕→图董→小领袖→非正式助理人。若干经漕全权负责各图(三图)的田赋征收,在乡里的势力非常大:在官府里是个吏目,在乡间就成了一

---

[1] 唐希贤:《唯亭山的改进》,《农林新报》1934年第11卷第20期。
[2] 《唯亭山概况》,《乡村建设旬刊》1932年第2卷第7、8合期。
[3] 施中一:《旧农村的新气象》,苏州中华基督教青年会1933年,第115、24页。
[4] 施中一:《旧农村的新气象》,苏州中华基督教青年会1933年,第85页。
[5] [美]埃弗里特·M.罗吉斯等:《乡村社会变迁》,浙江人民出版社1988年,第268—269、264页。
[6] 《唯亭山概况》,《乡村建设旬刊》1932年第2卷第7、8合期。

个"小皇帝"。除催征田赋外,其他举凡乡间一切争讼、户籍调查、田地丈量、田产买卖、家产析分、债务纠葛和婚丧喜庆等,无不兼理,"乡民奉之若活佛"。经漕之下有图董,由经漕择聘该图有财有势之长者担任。作为经漕的助理人和代表,图董"上能间接衙门,下能深谙民情",自然成为乡间的"要人"。小领袖"大都为家计宽裕之发起人自任",而设法使图董默认,他们主持乡间演戏、钱会、佛事和赛会等活动,"所有的主张和一切调度",乡民"一样地要绝对服从"。小领袖之下还有各种助理人。[1]第二类是"大家富户"。江南乡民的基本家庭观念是"力求子孙繁昌","使自己的家庭飞黄腾达",所以"乡间对于一个出身于大家富户的人比(对)一个德性好,才识高的人要推重得多,信仰得多"。大家富户与官府代理人有时是二位一体的:"旧领袖如乡董之类也大都出自大家富户",他们在完全被时代淘汰之前,"地位都不会动摇,除非他们自暴自弃"[2]。第三类是耆老:"乡民素来视习惯若法律,一切都以相沿的习惯为最后的判断;所以深历世故的老者自然会被全乡所推重。"在这种"简单的,独裁的,不清明的组织"制度下,民众与领袖"相安无事地共同生活着,……乡民的一种容忍的心理给养成了。乡间一切的不长进甚且退落的原因,多半肇基于此。因此,在民国成立之后,制度上虽有几度的变更,可是在乡间的心理基础上,未见多大影响"[3]。

唯亭山服务者能指望的,自然不是这些旧领袖,而是他们"苦心培养起来的精神觉醒的"新领袖。新领袖"不是什么学校的毕业生,或是什么机关养成出来的人才,不是封建制度传统下来的后裔,——图董,族长,地主之类,也不是豪富之家,更不是仗势之人",他们"是从这群众的觉醒中自然地产生出来的。因此,他们能领导着乡民,指挥着群众,去从事各方面的改造;而乡民也在无意识中跟着这般领袖去应付迎面来的问题,去开展理想中的生活"[4]。

新式乡里领袖具有"一种特殊的长处":

> 横的说来,他们是本地人,一切经历和生活和全乡的乡民相同,因此对于全乡每种情形的一切都是彻底的了解。他们所需要的,就是全乡所需要的;他们所痛苦的,也就是全乡所痛苦的。明白地说:他们就是乡民;他们和全乡的乡民好象〔像〕同在一只船上,船覆了他们也有溺死的危险。纵的说来:他们有同情于乡民的慈心;他们有创造的思

---

[1] 施中一:《旧农村的新气象》,苏州中华基督教青年会1933年,第6—7页。
[2] 施中一:《旧农村的新气象》,苏州中华基督教青年会1933年,第113—114页。
[3] 施中一:《旧农村的新气象》,苏州中华基督教青年会1933年,第7—8页。
[4] 施中一:《旧农村的新气象》,苏州中华基督教青年会1933年,第68—70、85页。

想;他们有引导群众的能力;最主要的,他们有热烈的情绪和精神。他们没有名利、权势的欲念。他们的出发点是一个"爱"字,全乡改造运动的基础也是这个"爱"字。

这般乡里领袖的产生"很觉奇特":

> 有的是靠着不辞劳瘁,为公奔波挥汗而产生的;有的是有了切实的建议,受全乡爱戴而由政府委任的;有的是基于他底人格的改进;有的是由于他的演讲的尝试;有的是只不过因为他学会了几件新的游艺,可以说各有各的引人注意,推重的特长。总之,他们并不是一跃而出来的,更不是特别训练了有人委派来做的。他们都是从无意识中产生出来的,十分自然。有时恐怕连乡民也说不出某件事业的领袖是谁;而实际上他们却的确在指挥着一般乡民了。[1]

青年会干事后来总结道:唯亭山改进事业的创始和推进当然"有许多成因,但是最重要最根本的一点"是"精神觉醒的各种领袖人物"的培育。[2]不过,"这辈乡里的领袖"并非先知,而是先觉:因为"以他们蛰居乡僻的村中的识见而论,那时对于所谓'改进'的意义,不见得会有怎样充分的了解,而他们却在友谊的立场上,本着坦白肫肫的诚意,具有冒险的精神,起来做了全乡改进的先锋"[3]。在这里,牵系唯亭山服务者与乡里领袖的纽带是"友谊"。青年会一开始确定的服务方针之一便是:"以友谊为出发点……推进种种革新事业。"[4]在唯亭山服务了半年之后的干事郑维对此深有体会:"农村服务,必须先从感情上进行,竭力与农民联给〔结〕友谊,引起他们的信仰心,得了他们的信(仰)心以后,各事自然容易进行。"[5]一旦被确定为领袖,干事们便组织他们去沪锡等地观光,乡里领袖"所得之新智识新精神,实非浅鲜"[6],"回乡后能事事革新"[7]。唯亭山服务事业开展三年之后,苏州青年会颇为得意地宣称:"本乡一切社会事业,完全在当地领袖领导之下进行的。"值得注意的是,新领袖的权威既非源于传统,亦非行政的赋予,而是依靠在乡村改进过程中自然产生的"唯亭山之新精神",在

---

[1] 施中一:《旧农村的新气象》,苏州中华基督教青年会1933年,第68—70页。
[2] 施中一:《旧农村的新气象》,苏州中华基督教青年会1933年,第68—70页。
[3] 施中一:《旧农村的新气象》,苏州中华基督教青年会1933年,第25页。
[4] 《实行到乡间去》,苏州青年会1928年,第9页。
[5] 郑维:《半年农村服务的经验》,《女青年月刊》1929年第8卷第6期。
[6] 《唯亭山农民观光团来沪》,《申报》1929年8月24日。
[7] 《唯亭山妇女观光团来沪》,《申报》1930年4月22日。

此精神状态下,"领袖的建议大都能受全乡的赞助而通过,全乡产业出入,必有乡长作中人,尤为尊重领袖的表现"[1]。

在乡里领袖的培育和成长过程中,青少年受到特别的关注。唯亭山服务者"特别注意少年人格之训练,使能养成将来优良之领袖"[2]。在青年会看来:"青年则易于陶融,且富于能力,可为将来改造农民生活之柱石。故本会特别注意于此,各就其性而善诱之。使联络互助以自励,精益求精,务养成良好之农民,而为推行工作之健将。"[3]至于老年人,"就算得有改变,……没有永久的价值。当然对于他们得保持好感,使事业于推行时不致发生阻力,但是少年和青年是农村里的中坚份[分]子"[4]。

"柱石""健将""中坚"云云,说明乡里领袖在青年会推进乡村改进事业中发挥着举足轻重的作用,然而,青年会的服务不过是乡村改进事业的开始。根据唯亭山服务方针,乡村服务以"引导农民自助互助"作为工作准则,要求他们"自己努力,解决问题,不作赈济式之服务"[5],如此数年之后,"将事业作一结束,交还本地人士,以试验民众能否接受"。事实上,"在一地试验农村改进事业,预定若干年限,以达理想之目标,世间原无如此容易之事"[6];移交是必然的。一旦移交,唯亭山的可持续改进力量何在?青年会将唯亭山进一步发展的立乡之本仍然寄托于乡里领袖。

但青年会认为,乡里领袖的最终自立不能仅仅依靠其自身的个人声望,更关键的是,要将领袖的成长与团体的组织结合起来,以稳定的机制保障乡村改进的持续推进。"乡村青年社"应运而生。自1928年秋青年会开始乡村服务时起,唯亭山先后建立了少年团、读书会、农民协会、自卫团和民众夜校等许多团体,并以团体联席会议作为统一议事机构,接着各团体领袖10余人以团体联席会议为基础,联合发起组织了"乡村服务团"。青年会希望等"他们中有了能干和能继续他们事业的基本人才之后,青年会便可把农村服务处全部事业,移交他们办理"[7]。青年会后来提出的更成熟的想法是成立青年社,更强调青年的作用,因为在他们看来,青年就是"乡村社会里的一份子,对于一切乡村里的情形自然

---

[1] 《唯亭山概况》,《乡村建设旬刊》1932年第2卷第7、8合期。
[2] 沪江大学青年会:《农村公民教育之一试》,刊行者不详,1930年,末页(此页无页码)。
[3] 《实行到乡间去》,苏州青年会1928年,第9—10页。
[4] 唐希贤:《唯亭山的改进》,《农林新报》1934年第11卷第20期。
[5] 沪江大学青年会:《农村公民教育之一试》,末页(此页无页码)。
[6] 储劲:《五年来的唯亭山写真》,《教育与民众》1934年第5卷第9号。
[7] 陈济龚:《苏州唯亭山改进农村事业的调查》,《政治评论》1935年第149号。

十分了解。它能真切地感到缺陷所在；同时它能确实地觉得需要之处，所以它一定能采择最有用的资料，因地、因时的做出最适当的工作来"。青年会干事郑维曾有过这样的设想：

> 迨乎农村人民对于青年会服务员，具有相当之友谊与信仰，对于农村生活之改良，发生相当之了解与愿望，兼有适当之领袖人才时，则可成立一"农村青年社"，俾能切实推行青年会之程序，且使青年会之工作，在该农村中造成一巩固之基础。当农村青年社初成立时，一切事工不能不由青年会干事或服务员为之代谋，但宜将其责任逐渐移于当地之领袖，直至此青年社成为农民自主之事业。[1]

根据郑维的思路，青年会对青年社应负指导责任。他建议，"将来有当地领袖组织自主机关，继续进行改进工作时"，仍由城市或学校青年会负责；或者在青年社工作"达到相当成绩后，成立乡村青年会"[2]。看得出，青年会希望一直在乡村改进事业中扮演相对稳定的角色。

4. 地方传统的时代更生

近代中国从事"基督教农民运动"者注意到，有效的乡村服务必须"先找出他们的需要"，否则徒劳无功；[3]"他们"指接受服务的乡民。对此，青年会干事颇有同感：

> 在农村工作中，最重要的是得到农民的信任，但信任是最不容易得到的，研究起来，信任之由来，大半是能适应农民的需要，所以引起农民的需要是件难而重要的事，而适应其需要是件更难而更重要的事，因为农民对你没有需要，你便没有什么工作可做，有了需要而不能去适应，农民对你便没有信任了。[4]

优先考虑受者的需要，不作居高临下的施予，这体现了近代性社会服务理念。一旦将乡民的需要作为考虑问题的出发点，事先的服务计划便常常不合时宜。沪苏青年会本以德、智、体、群四育宗旨作为"创办农村事业"的依据，进驻唯亭山不久他们就发现，素称富庶的江南乡村居然"食不饱，衣不暖，行不便"。"若衣食不足，则其余各事焉遑顾及乎"？服务者为此制定的服务大纲指出："四

---

[1] 施中一：《旧农村的新气象》，苏州中华基督教青年会1933年，第145—146页。
[2] 施中一：《旧农村的新气象》，苏州中华基督教青年会1933年，第138、149页。
[3] 李良鹏：《基督教农运的理想和实施》，《言论界》1936年第12卷第7期。
[4] 施中一：《唯亭山推广改良小麦之经过》，《农林新报》1931年第8卷第31期。

育之外,又必须特别注意改良经济状况之工作,以解其穷困。"[1]

但救穷不是慈善,服务者所能给予乡民的,不是直接的物质赈济,而是立足于地方生态和人文环境,与他们共同寻找一条达到生计自立的可行路径。在这里,根本的困难在于,青年会与乡民社会之间存在着天然的隔膜:对外来的城市服务者而言,乡村传统是陌生的,而不了解传统,他们所拥有的外部资源则无法加以利用。于是唯亭山的乡村服务围绕着地方传统而展开。

首先,确认乡土工艺在传统生计结构中的独特地位。服务干事唐希贤称:

> 近年来绩麻织夏布的副业一败堕地,于是他们一年之中就有五个月的闲暇,我们于稻麦方面曾做过相当的工作,但是后来因为觉得此事受天时影响极大,有时即使能多一些,辗转结果,还是肥了商人与田主。我们看清了这一点后,就从善用闲暇上找到了糊火柴匣的副业。[2]

季候性是农事活动的基本特点,"利用余暇来做一点工作是最合理也是必然的结果"[3],因而有乡土工艺。乡土工艺"在劳力利用上和农业互相配合了来维持农工混合的经济,……给在这种经济里生活的人不饥不寒的小康的生活"[4]。历史上江浙太湖流域富庶的原因之一便是乡村手工艺的发达。[5]在唯亭山附近村落,清前期则有绩苎绻、织夏布、织毛毯、织蓑衣、织缎、纺纱、缫丝、编帘、切纸等许多手工业门类。[6]清人周宾《唯亭咏诗四首》"停耰农抱布,罢饷妇鸣机",即吟其手工艺之盛。至20世纪30年代初,唯亭从事织缎业的机户仍有78家,占职业人口的25.4%。[7]19世纪中叶以来,西方机器工业离间了农工相混的经济配合,"第一个脱栓的齿轮是乡土工业",跟着"脱栓"的便是与"那传统有机配合所维持的小康生活"[8]。唯亭山织缎业机户以前"营业发达的时候,颇能获利"[9],20世纪20年代日渐发达的电力织绸剥夺了他们的生计,1933年机户失业者超过一半。[10]如何将乡村经济的齿轮重新归位?服务者认定,关

---

[1]《实行到乡间去》,苏州青年会1928年,第10—11页。
[2] 施中一:《旧农村的新气象》,苏州中华基督教青年会1933年,"序言"第14页。
[3] 王子建:《中国土布业之前途》,千家驹:《中国农村经济论文集》,中华书局1936年,第138页。
[4] 费孝通:《乡土重建》,上海观察社1948年,第82页。
[5] 费孝通:《芳草天涯——费孝通外访杂文选集》,苏州大学出版社1994年,第26页。
[6] 沈藻采:《元和唯亭志》,方志出版社2001年,第38页。
[7] 施中一:《旧农村的新气象》,苏州中华基督教青年会1933年,第130页。
[8] 费孝通:《乡土重建》,上海观察社1948年,第84页。
[9] 沈起炜:《唯亭山的一瞥》,《农村经济》1934年第1卷第5期。
[10] 施中一:《旧农村的新气象》,苏州中华基督教青年会1933年,第131页。

键还在于乡土工艺,在于对乡民来说"适当"的新式工艺。依青年会干事之意,这样的工艺应具备六个特点:资本小,获利快,学会易,随时可停,原料易得,市场稳定。[1]糊火柴盒由此成为一个选项。在这同时,服务者发现,缂丝业似乎比糊盒业更为"适当":因为其特殊的传统技艺,[2]能"在小小的一长条上,刻出各种风景,颇堪把玩"[3],而"机器永久不能竞争"[4]。至于土布织造传统,在机器工业面前早已一败涂地,一般人对它已不抱希望,但经过一番调查之后的施中一干事却在唯亭山发现了"经营土布之可能性"和"适当"性:以外部市场论,劳农对土布情有独钟,因而销场广阔;从唯亭山乡情看,过剩劳力可资利用,耕牛可以作为动力。[5]

事实上,农工混合是一个世界性的历史现象,近代以来,在日益加速的世界一体化形势下,"人们再不能象〔像〕过去那样,不受其他行业的影响独立地经营自己的行业",由此,包括乡土工艺在内的非农劳作受到社会变迁研究者的关注。在美国,20世纪30年代后从事这种劳作的农民被称为"部分时间农"。部分时间农在应对外部经济环境的变化上具有较强的变通性:当工业经济萧条时,他们可以扩大农业的经营规模,反之亦然。[6]小农获得的变通性其实决定于乡土工艺的特质。

其次,发扬乡土工艺的技艺传统。一部分传统织缎业仍在进行,1933年唯亭山机工"一天可出六尺,每尺四角,计算起来,一天也有二元四角的进账"[7]。面对织缎业的日益败落,服务干事便计划"改织改良土布,以应附近农民需要,而为失业织工开一生路"[8]。织缎业与土布业在技艺上的融通性,是唯亭山服务者选择后者作为替代生计的因素之一:"织缎为细工,改行织布,技艺既精,出口必优";另外,"缎机与布机之构造相同,所用工具亦相仿佛,大约略加更改即可使用"[9]。除土布经营外,为了充分利用织缎业的原有人工与机件,唯亭山服务

---

[1] "资本小"的要求是,最好完全无需有形的资金;"随时可停"主要指农忙时可以随时停工;原料易得,最好为当地所产。见唐希贤、施中一:《唯亭山乡的糊盒副业》,《农林新报》1933年第10卷第25期。

[2] 李涵:《吴地工艺美术》,古吴轩出版社2007年,第131页。缂丝又称"刻丝""克丝",以生丝为经,熟丝为纬,所谓"通经断纬",即用小梭子织局部花纹,以经丝贯连通幅作品,有"织中之圣"之称。

[3] 沈起炜:《唯亭山的一瞥》,《农村经济》1934年第1卷第5期。

[4] 施中一:《旧农村的新气象》,苏州中华基督教青年会1933年,第34页。

[5] 施中一:《建议在唯亭山乡经营土布之初步计划》,《民生》1933年第2卷第2期。

[6] [美]埃弗里特·M.罗吉斯等:《乡村社会变迁》,浙江人民出版社1988年,第42页。

[7] 爱群:《在唯亭山的印象》,《消息》(上海)1933年第6卷第8期。

[8] 《唯亭山农村事业近讯》,《农村新报》1933年第10卷第20期。

[9] 施中一:《建议在唯亭山乡经营土布之初步计划》,《民生》1933年第2卷第2期。

者还曾有织呢之议。[1]缂丝本是苏州西部一个村庄"很可以赚钱"的"旧工业",因为"缺乏自外界来的任何灵敏的帮助,这项事业便寿归正寝了"。服务干事经过半年的细心研究及改良,认为"这项工业对于他们(唯亭山农人)为最相宜",因为农人们"对于丝织很能够熟练,以前曾把它当作他们的副业",于是"决定使它复活"[2]。

第三,借鉴乡土工艺的生产关系传统。近世以来,一部分小农待在家里,加工从商人或"从企业主那里领来的材料以取得计件工资"[3],这种乡土工艺从生产关系性质上说,与旧式独立的小农经济已经完全不同,而被赋予了近代性。

以唯亭山传统织缎业为例。清末,织缎机户大多依附于商家"纱缎庄":"一切材料,都由纱缎庄预备好了,然后发给机户去织,机户则限定日期,织成纱缎,交还纱缎庄"[4],领取工资。20 世纪 20 年代末,机户们由开设于苏州娄门和齐门一带的 20 多家纱缎庄所支配:"机户并不以此为独立经营的手工业,他们的丝是由苏州的主人发下来的。"[5]除了织缎,夏布业"也都操纵在商人、资本家之手"[6]。这样的支配实际上有利于小农生计。在近代市场经济条件下,销售都是整批的、大规模的,而与零散的、小规模乡土工业存在矛盾,要解决这个矛盾,列宁指出,在小生产者孤立和分化的情况下,"就只有由少数富裕者独揽销售,把销售集中起来"[7]。从这个意义上说,包买主如纱缎庄或工厂主充任了外部市场与乡土工艺之间的中介,唯亭山服务者注意到,乡民们很需要这种中介。创立于 1920 年的鸿生火柴厂将生产过程中的糊火柴盒这道工序转移至乡村,成为乡土工业:"材料归该厂送到,工价每做一千只,计钱三百九十文。"[8]糊盒乡民由此成为受雇于火柴厂的编外员工。服务干事为日后推广计,视村之大小,从每村招一两人为"基本人",共 13 人,由厂方派员来乡进行训练,再由基本人在自己村中辗转教授,一个多月,已有 40 余人

---

[1]《机户失业之救济》,《同工》1934 年第 130 期。
[2] 郑维:《唯亭农村工作的试验》,《上海青年》1930 年第 30 卷第 32 期。
[3] 列宁:《俄国资本主义的发展》,《列宁全集》第三卷,人民出版社 1984 年,第 401 页。
[4] 包天笑:《钏影楼回忆录》,中国大百科全书出版社 1984 年,第 112 页。
[5] 沈起炜:《唯亭山的一瞥》,《农村经济》1934 年第 1 卷第 5 期。
[6] 施中一:《旧农村的新气象》,苏州中华基督教青年会 1933 年,第 5 页。
[7] 列宁:《俄国资本主义的发展》,《列宁全集》第三卷,人民出版社 1984 年,第 325 页。
[8] 储劲:《五年来的唯亭山写真》,《教育与民众》1934 年第 5 卷第 9 期。按,施中一《旧农村的新气象》(苏州中华基督教青年会 1933 年)第 45 页称:刘鸿生火柴厂在唯亭山设有"放匦所"发放糊盒材料。

糊起了火柴盒。[1]由乡民组成的"副业改进会"进一步提高了乡土工艺的社会化服务水平：一切收货、装置等手续，概由副业改进会管理；服务处只为代销，兼管一部分账目，供给适当之图样。[2]

唯亭山服务处拟定的土布经营计划明确规定，经营之法"依照纱缎业之账房（即纱缎庄）"进行，厂商在乡租屋作为经理处，办理收发布纱、指导织工、发给工资等事项。[3]服务干事还制订了合作经营计划：由乡民依照政府条例组成土布生产合作社；由厂商与合作社订立合作经营土布生产契约，载明双方之权利与义务，双方契约年限，及不能履行契约或营私舞弊时之处罚等；由布厂贷以低利资金2 000元，规定期限及分期偿还办法；由厂商派员常驻乡间协助指导合作事宜；原料由厂照本批售于合作社，于每次交货时将纱价扣除；推销完全由厂商负责；图样及尺寸由厂商供给。[4]合作经营制度扬弃了乡土工艺的生产关系传统，更具近代性。

综上不难看出，唯亭山乡村改进的基本思路受益于地方传统，但地方传统的价值体现在它完成适应外部环境的更生之后。"传统发生变迁是因为它们所属的环境起了变化。传统为了生存下去，就必须……依据其进行导向的那些环境。"[5]这里的环境即时代。时人指出，乡村改进的适应性"不但指空间的，也是指时间的"[6]，也就是说，适应地方传统只是乡村改进的一方面，另一方面还须使地方传统适应时代；地方传统唯有在与外部环境的互动中完成更生，才能产生价值。而建立起两者的互动关系，对于一直接触外部世界的青年会来说更为擅长。在唯亭山服务处，时常只有一位干事和一位事务员驻乡工作，但"他们仍不觉得太少"[7]，因为他们只是"把自己认作一只渡船，把农友与专家或机关沟通起来，……他们的'独数'便成几何级数的变成'多数'"[8]。在青年会的沟通下，沪、宁、苏等地的大、中学生假期里来乡义务服务，[9]机关或学校也与唯亭山展开了广泛的合作：（见下表）

---

[1] 唐希贤、施中一：《唯亭山乡的糊盒副业》，《农林新报》1933年第10卷第25期。
[2] 储劲：《五年来的唯亭山写真》，《教育与民众》1934年第5卷第9期。
[3] 施中一：《建议在唯亭山乡经营土布之初步计划》，《民生》1933年第2卷第2期。
[4] 施中一：《建议在唯亭山乡经营土布之初步计划》，《民生》1933年第2卷第2期。
[5] [美]E.希尔斯：《论传统》，傅铿、吕乐译，上海人民出版社2009年，第276页。
[6] 傅葆琛：《乡村生活与乡村教育》，江苏省立教育学院研究实验部，1930年，第6页。
[7] 唐希贤：《唯亭山的改进》，《农林新报》1934年第11卷第20期。
[8] 唐希贤：《唯亭山的改进》，《农林新报》1934年第11卷第20期。
[9] 施中一：《旧农村的新气象》，苏州中华基督教青年会1933年，第110—112页。

表 3-5　20 世纪 20 年代末 30 年初唯亭山的经济改进合作单位

机关(或学校)名称	合作事项	起始年月	所在地通讯处
金陵大学农业推广所	农业电影,改良小麦	1928 年 10 月	南京
博习医院	优待诊疗	1929 年 08 月	苏州
诊疗所	种牛痘	1930 年 04 月	苏州青年会
农具制造所	试用新农具	1930 年 10 月	苏州胥门外
农民银行	信用合作社	1930 年 11 月	常熟;苏州
吴县合作事业指导所	信用合作社	1930 年 11 月	苏州
鸿生火柴公司	糊盒工艺	1932 年 12 月	苏州
吴县农业改良场	试用改良稻种	1933 年 05 月	苏州盘门
上海银行农业合作贷款部	农业合作社	1933 年 05 月	上海宁波路
苏州农业学校	试用改良麦种	1933 年 10 月	苏州下津桥

资料来源:施中一:《旧农村的新气象》,苏州中华基督教青年会 1933 年,第 109—110 页。

地方传统在与外部世界的不断沟通中被赋予了近代意义,这样的变迁还发生在经济生活以外的社会生活方面。其一,卫生习惯的养成。传统上,唯亭山人患病依靠女巫,"数十年来屡受其欺,仍不觉悟",延医服药者,百无一二;而且讳疾忌医,生了病只称"小毛病",不肯就医,直至病殁也不认为是病,只当"命该如此"[1]。来乡服务的义务员发现了改变乡民观念的机会。青年会服务处设在重元寺中,1930 年农历年初,来庙进香的人很多。正在唯亭山的全国青年协会公民教育干事王鹏云将随身带来的许多卫生常识图画满贴于庙中的墙壁上,香客们看到五光十色的图画,"莫不动了好奇的心,乐于就问",义务员则"乘机告诉他们图画的意义,使他们注意预防疾病方法及如何清洁身体,谨慎饮食扫除房屋以及灭蝇,清道等等良好举动"[2]。至 1934 年,来乡参观的人发现,唯亭山人到苏州博习医院就医的已不足为怪;"至于喜用新药的农民,也在逐年增加着"[3]。这种新风气还是服务干事"和蔼而不厌烦的态度和医好了几次外科病的本领所造成的"。1932 年,唯亭山西部村落瘟疫炽烈,幸好事前由干事们组织

---

[1] 施中一:《旧农村的新气象》,苏州中华基督教青年会 1933 年,第 38 页。
[2] 沪江大学青年会:《农村公民教育之一试》,刊行者不详,1930 年,上海图书馆藏,第 7 页。
[3] 陈济龚:《苏州唯亭山改进农村事业的调查》,《政治评论》1935 年第 149 号。

打了防疫针,事后大家又都预备了"十滴水",大大降低了死亡率,乡民们众口同声地承认,"讲究一点卫生倒〔到〕底好些",青年会服务者因此而信心倍增:我们何必空空洞洞去铲除迷信,打倒神像,反而遭了乡民的恶感,只看这件小小的医药工作已大杀了求神延巫的风气,以这相同的事实来扩而充之,何尝不能彻底改造社会!"[1]

其二,国家观念的生成。地处吴地的唯亭山乡民喜唱吴歌,但历来"只会唱粗俗的"山歌,对于赞美家乡的歌谣"实在不会唱,就是会唱的也害着羞,不愿唱出声来"[2]。青年会来唯亭山后,每月逢一日或令日佳节,都要组织乡民同乐会。干事们编成爱乡歌数首,让村民在同乐会上欢唱,"以激发其爱乡思想"[3]。有一次同乐会,参加的人突然唱起这爱乡歌,不久便唱遍了全乡,牧牛的,屛水的,拔秧的,罱泥的,都引吭高唱"美哉唯亭山",有几次他们还在会场上向着许多来宾显示他们唱歌的本领,"全乡精神的振作多少也得力于他们一致的欢唱,别小觑了一个歌曲啊"[4]。1930年初,王鹏云来唯亭山的时候又带来一首《美哉中华》,"以激发其爱国思想"。义务员们"先唱其歌调,不去教他们",当乡民"兴趣已极浓厚",便先教他们识字,次教他们歌曲。不到半天工夫,《美哉中华》已能在乡民口中高歌成调了。[5]1931年"九一八"事变发生,乡民每夜主动来到服务处,"听时事讲述,痛恨日本人之强暴,和军阀之压迫",继而"一·二八"之战起,"农家均捐出年糕点心等,周济被难同胞;并且还有几个少年一度去暗自加入过义勇军,想去执戈杀敌"[6]。1934年,人们发现唯亭山的"淫曲小调,于今不闻了。而爱乡爱人的歌曲,随处可以听到"[7]。

其三,团体观念的培育。培育的基本方式是经常在乡村公共空间进行集会。江南乡间并不缺少这样的公共空间,服务干事所住的重元寺就是。青年会服务者第一眼见到的这座古庙,"尘垢堆积,蔓草丛生,鼠蛇杂处",并不宜居,但它位于整个唯亭山的"中心地点",是发展青年会"感化力的理想的场所",事实上,它不久便成为"村人享受社会生活的公共场所"[8]。这里所谓

---

[1] 施中一:《旧农村的新气象》,苏州中华基督教青年会1933年,第38、40页。
[2] 施中一:《旧农村的新气象》,苏州中华基督教青年会1933年,第26页。
[3] 《实行到乡间去》,苏州青年会1928年,第21页。
[4] 施中一:《旧农村的新气象》,苏州中华基督教青年会1933年,第27页。
[5] 沪江大学青年会:《农村公民教育之一试》,刊行者不详,1930年,上海图书馆藏,第7页。
[6] 沈起炜:《唯亭山的一瞥》,《农村经济》1934年第1卷第5期。
[7] 储劲:《五年来的唯亭山写真》,《教育与民众》1934年第5卷第9期。
[8] 郑维:《唯亭农村工作的试验》,《上海青年》1930年第30卷第32期。

社会生活,并不仅仅指人员的聚集,更多地意味着聚集起来的乡民通过彼此互动了解了外部世界,培养起契约精神,建立了平等关系,共谋公共事业。乡村茶馆是另外一个公共空间,在民国江南乡间更为普遍。唯亭山乡人每于闲暇之时,总到茶坊去消遣。服务者便"利用他们好饮茶的习惯",创办茶园一处,由当地乡民自己主持,干事们则"乘机讲述新闻"[1],"联络全体村民之精神,而促进团契生活"[2]。本来,"乡民素来不问外事,……谈不到社会服务",自1932年起,"少长都能排除成见"积极活动了。年初沪战时,乡公所领导乡民组织临时维护会,收容难民,检查客船,招待士兵,协助筑壕,维护治安等,为时三月;平时警钟一鸣,群出救火;其他"领袖与乡民的为公挥汗奔走的事,实不胜枚举"[3]。

5. 民国乡村改进的青年会式

陈序经关于民国乡村改进模式的概括未必完全确切,但其中却包含着一个不争的事实:青年会式乡村改进不但存在而且独树一帜。青年会式乡村改进自然为中华基督教青年会所主导,而苏州青年会开展的唯亭山服务颇具代表性,显示了此种模式的独特性。

青年会式服务将基督人格的灌注作为乡村改进的基石。苏州青年会服务者认为,"帮助农民最(重)要的途径"就是"用潜移默化的方法,来做革心救国的工夫。有了这种基本改造,别的事就都容易举办了"[4]。所谓"革心",即锻铸乡民健全人格。唐希贤干事引用龚斯德博士的话说,"中国原料,人才,劳力各种富源都有,只少人格";乡村改进不必急于擘画什么事业,还是"先把国人自身的人格来建设一下"。何样人格?基督人格。服务者不仅以自身的人格力量感化了乡人,开启了锁闭的乡民文化之门,亦将基督人格源源灌注于乡村改进的全部事业当中。这里的人格建设已不单是个体灵性的涵养,而更多的是通过共同体人际关系的互勉,进而蔚然而成整体的日常环境。郑维干事在服务结束之际所拟的《关于青年会创办农村事业的建议》中明确提出,青年会乡村事业的最终目标便是"造成基督化之农村社会",而达成这一目标的关键在于,"根据基督精神,培养农民健全之

---

[1] 沪江大学青年会:《农村公民教育之一试》,刊行者不详,1930年,上海图书馆藏,第8页。
[2] 《实行到乡间去》,苏州青年会1928年,第21页。
[3] 《唯亭山概况》,《乡村建设旬刊》1932年第2卷第7、8合期。
[4] 施中一:《旧农村的新气象》,苏州中华基督教青年会1933年,"序言"第11页。

人格"[1]。

　　青年会式服务以朝气蓬勃的乡里领袖作为乡村改进的先锋。"作为基督教会创办的、具有宗教性质的社会服务团体",中国基督教青年会创造了一个"以'青年'为主体和主题的运动"[2],不过,这只是他们"所以联合同志、团结精神"的一种形式,实际上,青年会"群贤毕至,少长咸集",之所以冠以青年之名,意在显示"有朝气而无暮气",在"精神上,事业上,常现青春色彩,每觉发荣滋长,陈腐全销……遇事苦干强干,有坚持之操,无枯朽之象"[3]。这样看来,苏州青年会服务者在唯亭山所培育的乡里领袖未必都年轻,但领袖们对于乡村社会改进的热情又确实洋溢着一股青春朝气;服务者对年轻人的青睐则寄寓了青年会对未来社会的期望。

　　青年会式服务以宽容之爱驱动乡村改进。社会改进其实就是应对各种社会问题,爱力的运用是"社会福音"所崇尚的应对之法,而且由于"一贯地坚持爱的态度",所谓"爱仇敌","有人打你的右脸,左脸也转过来由他打","有人强逼你走一里,你就同他走二里"[4],显示出无限宽容。青年会继承了这一"精神遗产",在事工上体现了"包容的性质","使多数宗教信仰不同〔、〕文化背景互殊的人士在实际工作上发生相互的信任与了解"[5]。在苏州唯亭山服务之初,"社会福音"与乡民文化之异在两者宽容之爱中被搁置起来,但持续的爱力实际上正在悄悄地消融着传统乡民文化。青年会的一些服务思路如地方传统的扬弃,也得益于这种宽容之爱,并进一步获得了时代更生。

　　据上可以认为,青年会式乡村改进是基于"社会福音"的宗教性行动。这种宗教性,并不是由其组织形式进行的抽象,因为"青年会不是一个教会",但它具有"某种特殊的旨趣和活动方法",这是"青年会接近宗教的方法"[6]。余牧人明确指出,基督教的乡村改进工作"或由教会倡办,或由各教会学校及青年会等机关分别进行,虽然出发点各不相同,但都是根据基督的信仰立场,以服务农民,改进乡村社会"[7]。

----

[1] 施中一:《旧农村的新气象》,苏州中华基督教青年会1933年,第137页。
[2] 赵晓阳:《基督教青年会在中国:本土和现代的探索》,社会科学文献出版社2008年,第1页。
[3] 赵伯乐:《青年会之顾名思义》,《杭州青年》1935年第18卷第17期。
[4] 吴耀宗:《社会福音》,青年协会书局1934年,第125页。
[5] 林柏德:《青年会的宗教特质》,《同工》(复刊)1947年第2期。
[6] 林柏德:《青年会的宗教特质》,《同工》(复刊)1947年第2期。
[7] 余牧人:《基督教与中国乡村建设运动》,(上海)广学会1943年,第56页。

第三章 近代气象(1927—1937)

常有论者认为,青年会及其社会改进事业"使人感觉宗教因素太稀薄了"[1],之所以有这种感觉,除了由于青年会的"某种特殊的旨趣和活动方法",还应该与青年会的日常指向有关。青年会是一个"平信徒的团体",他们所"特别关切的是把青年从低落的日常生活中拉出来,使他们改变心志,无条件地皈依",因而其活动也多与"日常生活发生紧密的连系"[2],尤其是当他们投身于乡村改进事业中时。另外,青年会所信奉的社会福音在改造世界的立场上也是基督教的,比如平民意识,宗教的生活化表现,个体灵性的解放,亲近民众等,[3]在在指向日常生活。当"社会福音"降临苏州唯亭山时,青年会要直面特定的日常共同体,就必须采取具体的处理日常生活事件的方式,而不是散布抽象的"社会福音"理念。

在日常生活领域,人们总是"根据相关的经验图式来安排和整理自己的经验",这样的经验图式具有一种抵御改变的惰性。[4]郑维和唐希贤两位干事初进唯亭山时,看到乡民的面孔"都有些尴尬的神气,苏州人所谓十八个画师都画不出来的神气,对于我们两个人若接若离,各人头脑中都有一个'?'号"[5]。服务进入第三年,郑维干事高兴地总结:"我们和蔼可亲的态度却渐渐消除他们的疑虑。他们一个个的变为我们的朋友。当我们商供居留的处所时,经过了十次的访问,村中的长者们才很高兴地将他们的庙宇借给我们了。"[6]近代以来,全世

---

[1] 与此相关的问题是基督教乡村改进事业的宗教性,对此学者们存在争议。赵晓阳在《基督教青年会在中国:本土和现代的探索》(社会科学文献出版社2008年,第146页)中认为,"青年会本土化是以宗教式微为代价的"。这是从青年会的全部事工而言的。邢军在《革命之火的洗礼:美国社会福音和中国基督教青年会,1919—1937》(上海古籍出版社2006年,第53页)更明确的看法专门针对唯亭山服务:"他们的事工与福音传教士农村工作最大区别是宗教基本上没有扮演什么角色,一般都认为它们仅是教育、经济和社会事工。"杨念群的《社会福音派与中国基督教乡村建设的理论与组织基础》(香港汉语基督教所编:《道风汉语神学学刊》第8期,1998年春季号)的看法与此相近。杨引用美国宗教社会学家庐克曼(T. Luckman)关于教会世俗化行为取向破坏其自身"意义构造"的说法,认为中国基督教"乡建运动所获得的巨大成功也是以其宗教性的日趋衰微为其价值的"。据刘家峰在其博士论文《中国基督教乡村建设运动研究(1907—1950)》中的介绍,香港学者陈广培博士曾有《"乡建运动"中基督教的意义建构与在农村中角色建构的企图》与其私人交流。该文认为,杨念群引用庐克曼的理论解说乡建运动是不恰当的,因为20世纪二三十年代中国社会的情形并不同于现代西方社会的宗教情况,他不同意杨文中关于世俗化过程"破坏"宗教"意义结构"的论点,认为这一世俗化的过程不单是消极的"意义结构"的破坏,同时也是一种积极的"意义建构"的过程,即,基督教通过乡村建设运动,塑造"农民耶稣"的形象,建构了"基督徒面对中国语境与基督信仰时一个共同的意义世界"。

[2] 林柏德:《青年会的宗教特质》,《同工》(复刊)1947年第2期。

[3] 吴耀宗:《社会福音》,第1、21、24页;唐希贤:《我对于基督教的见解和认识》,《真光》1934年第33卷第2期。

[4] [匈]阿格妮丝·赫勒:《日常生活》,重庆出版社1990年,第134页。

[5] 唐希贤:《真实的改进》,《民生》1933年第2期第4期。

[6] 郑维:《唯亭农村工作的试验》,《上海青年》1930年第30卷第32期。

界指导乡村变迁工作者常常抱怨"农民的不合作",其实是因为他们"对农民缺乏了解";外来服务者"必须知道他们原来的价值观,他们是如何看待世界和他们周围的社会。简而言之,必须知道他们的'认知图示'"[1],因为图示内含破解乡民文化的密码。从"社会福音"与乡民文化的关系看,如果说唯亭山服务显示了青年会式乡村改进的独特性,那么其独特性在于,服务者充分意识到民族文化、城乡文化和雅俗文化之间的巨大异质性,顺势利导,以基督教的慈心诚服了乡民。

我们承认,日常生活的改进与社会制度的根本变革自然不可同日而语,然而一个基本的事实是,无论哪一种改变都不是一蹴而就的,特别是前者。在社会制度的革命完成之前,得过且过的消极态度显然是不可取的,在这一意义上,苏州唯亭山服务者对待乡村改进的努力无疑是值得充分肯定的:

> 我们当然要希望世界经济状况早一天恢复,政治早一天清明,战祸、灾害早一天消弭;但是事实上情形没有什么改变,转有更恶劣的趋势,那么难道大家就坐以待毙吗?现在唯亭山已经可以说是抬了头,正在追求着高尚,丰富,愉快的美满生活,从这种心理基础和初步的社会组织努力上去,总要比普通许多昏聩的农村乐观得多……[2]

当青年会式乡村改进事业的正当性被人们认可后,有论者以为,正当性不是问题,问题在于:

> 这项事业超出了它的承担能力,但在近代中国救亡图存、政府无力的背景下,它又不得不背负部分重任;同时,在乡建运动的实践中,它又不能很好地解决福音传扬与社会重建之间的张力,这两个主要问题,使中国近代基督教乡建运动陷入一种非常尴尬的两难困境,在一定程度上,基督教乡建的困境也代表了社会福音派在近代中国所遇到的困境。[3]

从基督教乡村建设运动的整个场面看,情况或许是这样的,但就青年会来说,他们没有这么多纠结。从服务宗旨上说,青年会也将"农民生活各部分之不完善而有改进之可能者"都视作"在工作范围之内",但在实际的运作中,青年会

---

[1] [美]埃弗里特·M.罗吉斯等:《乡村社会变迁》,浙江人民出版社1988年,第320—321页。
[2] 施中一:《旧农村的新气象》,苏州中华基督教青年会1933年,第116页。
[3] 刘家峰:《中国基督教乡村建设运动研究(1907—1950)》,华中师范大学2001年博士学位论文。

更多地在造成乡民美满生活的"心理基础和初步的社会组织"上努力,因此,最让他们纠结的是如何面对乡民文化,这是由"社会福音"与乡民文化之间的张力所引起的。如果在缓解这种张力方面青年会对乡村改进有所贡献,那么这就是青年会式的价值所在。客观地说,唯亭山经过五年的改进,"物质上虽少建设,而精神上确见进步"[1]。苏州唯亭山服务者认为,后者才是"真实的改进":

> 有汽车路,洋房,花园等物质建设的新村,一般人都爱的,但是这新村的精神,内心,倘使没有物造,依旧是黑暗与无望,这新村是没有生命的啊!搽粉的骷髅,绣花的草枕,爱的人也不少,请问对于我们破产垂亡的中国,究有多少价值呢?[2]

---

[1] 《唯亭山乡举行城乡联谊会》,《苏州明报》1933年7月19日。
[2] 唐希贤:《真实的改进》,《民生》1933年第2卷第4期。

第四章 战争浴火（1937—1949）

第四章　战争浴火(1937—1949)

正当中国社会的近代化事业有所起色之际,战争的灾难全面降临。1937年"七七"卢沟桥事变发生,"华北危急！中华民族危急！"次日,中共中央号召全国同胞、政府和军队"团结起来,建筑民族统一战线的坚固长城,抵抗日寇的侵掠！"7月17日,蒋介石在庐山发表谈话,表示了抗战的决心。南京国民政府不得不暂停全面开展的"国民经济建设运动",投入到事关民族生死存亡的抗日战争中。战争伤害最重的是地方百姓。在日本侵略者的血腥统治下,江南名城苏州成为社会堕落、经济濒于崩溃的畸形世界。苏州人民经历了20世纪最黑暗、最残暴的殖民统治时代。在中国人民抗日战争处于最艰难时期的1942年,"最熟悉"苏皖城乡社会的美国作家赛珍珠(Pearl S. Buck)就断言,"中国人是不会投降的,日本人也不能征服他们",因为,她"不能想象到我们认识的那些健壮实在的农人,那些稳健的中产商人,那些勤苦的劳工,以及那些奋勇热心的学界领袖会向日本降服"[1]。尽管处于沦陷区,但事实上在苏州城乡,无论是前期的"江南抗日义勇军"、新四军"太湖游击支队",或者是后期的"太湖独立救国军",都在热爱自由的苏州百姓支持下,与占据苏州的日本侵略者进行了不屈的斗争,在战争的浴火中得以重生。抗日战争胜利后,渴盼安静生活的苏州人民并没有迎来和平的曙光,在美国的支持下,国民党政府坚持独裁和内战的方针,决意发动新的大规模内战。在民国末年的风云变幻中,苏州又一次经历了战争浴火的特殊洗礼。在国民党政权统治下,苏州百姓的生计几乎走入绝境。在紧接着的数年时间里,随着国共两党的实力消长和社会矛盾渐趋激化,国民党在苏州的统治一直处于风雨飘摇之中,直至最后终结。

---

[1] 赛珍珠:《"致中国人民"的广播讲话》,庐山"老别墅的故事"景区:《大地的女儿——赛珍珠》,江西美术出版社2009年,第78页。

第一节　苏州抗日烽火

1937年7月中旬,日本驻上海舰队司令长谷川清建议东京在江南另辟战场,同时攻取上海和南京,以分散中国兵力,制其死命。七八月之交,部分中国军队开抵上海附近。上海是通商巨埠,日军无多,中国准备在此一挫日军骄气。华北平原利于日本机械化部队驰驱,而江南地区水网密布,地形复杂,复筑有国防工事,对中国比较有利。[1] 8月13日,日军大举进攻上海;次日,国民政府宣布自卫抗战。从此,苏州直接面对日本帝国主义的血腥肆虐,蒙受了最大的历史劫难。在严酷的战火洗礼中,苏州人民始终不屈不挠,英勇斗争,把江南水乡变成了与敌人决死的战场。一直燃烧不熄的抗日烽火,映照着苏州城乡大地,洞烛着各种乱世群奸的丑态,温暖着珍爱生命、积极生活的百姓心灵,也成为最终战胜强敌的不竭动力。

一、苏州的沦陷

苏州自古为兵家必争之地。1932年5月签订的《淞沪停战协定》有如悬顶之剑,时刻威胁着苏州。因此从1935年开始,为应对随时可能从上海西犯的日军,国民政府在苏州境内构筑起从吴江经苏州到常熟福山的吴福国防线,以及昆山青阳港等前线阵地,并新建了用于战时运输的苏嘉铁路。

1937年卢沟桥事变爆发后,由张治中担任司令的京沪警备司令部在苏州成立,其第87师即驻扎在苏州、常熟两地。8月初,中日在上海的对峙态势日趋严峻,苏州各地陆续实施戒严,战备工作也紧锣密鼓地开展起来。11日夜,张治中率各部从苏州、常熟一带向上海秘密挺进并准备抗敌。"八一三"淞沪会战爆发后的第四天(16日),张治中与冯玉祥等高级将领在苏州西善长巷大中旅馆研究抗日事宜。20日,国民政府编定全国战区,京、沪、杭地区划为第三战区,战区司令长官部设在苏州,统一指挥第8、9、15集团军作战,另设前敌总指挥部于昆山。[2]

苏州迅速成为战时交通枢纽和后方基地,遭到日军飞机长达3个多月的狂轰滥炸。8月14日,京沪铁路上的唯亭镇首先遭到了轰炸。16日,苏州城区首度遭到空袭,随后接二连三的轰炸一直持续到11月15日日军地面部队逼近苏

---

[1] 郭廷以:《近代中国史纲》,格致出版社、上海人民出版社2009年,第457—458页。
[2] 中共苏州市委党史工作办公室:《苏州抗日斗争史》,古吴轩出版社2005年,第67页。

州,共有大约 4200 余枚炸弹落入古城,其中以 11 月 13 日至 15 日最为疯狂,3 天内落下千余颗炸弹和燃烧弹,全城着火面积达三分之一。城外的飞机场、交通线以及虎丘、外跨塘、浒墅关、望亭、横塘、木渎等镇也频遭空袭。[1]日军最多时出动飞机一批达 22 架,一天达五六次。11 月 4 日,北平师范大学教授谢冰莹正在苏州,她在《地狱中的天堂》中写道:"这样美丽,这样静穆,这样雅致而富足的苏州,如今却变成像地狱般的凄惨、荒凉、恐怖了。苏州,你这饱受敌机蹂躏的天堂,两个多月来,你已经受够了轰炸,受够了机关枪的扫射,你已成为百孔千疮、奄奄一息的死城了。"[2]

日机对昆山县境内的轰炸始于 8 月 16 日,县城内毁房达百余间,商业区几乎全毁。[3]8—10 月间,太仓县城、浏河、岳王、浮桥、鹿河等镇多次挨炸,浏河情形尤为惨烈。[4]日机对吴江县的轰炸主要集中于苏嘉铁路及其沿线松陵、平望、盛泽各镇,铁路设施被毁,民众伤亡颇重。常熟自 8 月 17 日至 11 月 18 日共遭到 28 次轰炸,城区市心街、寺前街等处被毁 90% 以上,梅李、谢桥两镇成为一片废墟,支塘、古里、福山、港口、塘桥等镇也备受摧残。[5]

在疯狂空袭的同时,日军重演 1932 年淞沪战役时期在太仓浏河口登陆的故伎。8 月 19 日,日军在军舰炮火掩护下乘小艇实施登陆,随即被中国守军第 39 军所部击退。23 日清晨,第 3 师团在浏河口南侧至宝山县境内的沿江各点登陆,企图从侧翼包抄淞沪战场,负责江防的守军第 56 师奋起反击,最终收复浏河镇并将日军赶出太仓地界。此后至 9 月上旬,日军虽然多次来犯江边的新塘口、杨林口等处,但均被一一击退。太仓的抵抗有力地支援了淞沪战场,其中 8 月 28—29 日国民政府军队歼敌共 300 余人。不甘失败的日军从 9 月下旬起调遣军舰炮击常熟境内的白茆口至段山(今属张家港)一线,为其登陆部队提供掩护,10 月中旬后又转回浏河至白茆口一带,中国的江防部队一直严密防守并及时予

---

[1] 中共苏州市委党史工作办公室:《苏州大劫难——侵华日军罪行录》,中央党史出版社 2010 年,第 1—4 页;中共江苏省委党史工作办公室:《江苏见证——抗战时期人口伤亡和财产损失调研》,中央党史出版社 2010 年,第 235—237 页。

[2] 谢冰莹:《地狱中的天堂》,见王稼句:《吴门柳——名人笔下的老苏州》,北京出版社 2001 年,第 415 页。

[3] 中共昆山市委党史研究室:《鹿城之殇——侵华日军在昆山暴行录》,中央党史出版社 2010 年,第 31—35 页。

[4] 太仓市史志办公室:《呜咽娄水——侵华日军在太仓的暴行》,中央党史出版社 2010 年,第 6—9 页。

[5] 中共常熟市委党史工作办公室:《铁证如山——侵华日军在常熟暴行调查》,中央党史出版社 2010 年,第 10 页;中共张家港市委党史地方志办公室:《毋忘国耻——抗战时期张家港地区人口伤亡和财产损失调研实录》,中央党史出版社 2010 年,第 5 页。按,港口、塘桥今属张家港市。

以反击,挫败了日军的数十次登陆,保卫了长江防线和淞沪战场侧翼的安全。[1]

尽管中国军民奋勇杀敌,粉碎了日本"三月亡华"的迷梦,但淞沪战局仍在不断恶化,到11月初,日军已对苏州东部形成压迫之势。在淞沪会战结束前夕的11月7日,日本华中方面军制定了在昆山附近歼灭国民政府军队主力的计划,因此上海战场的日军各部随即向苏州全境袭来,中国军队不得不向吴福国防线阵地撤退,苏州全境便成为南京保卫战外围作战的第一战场,但形势对正在撤退的中国军队而言极为不利。

11月12日上海沦陷当天,日军重藤支队在吴淞附近登船,第一批部队于13日凌晨在白茆口、徐六泾口附近登陆,第11师团一部也加入其中,从华北调来的第16师团则紧随其后并在浒浦镇附近集结。国民政府军第20军先头部队第798团在梅李镇以北地区阻击日军一整天,从浏河撤到福山的独立第34旅702团多次击退江面日军的登陆,驻高浦口一个营伤亡三分之二,但还是无法抵挡住日军的疯狂进攻。

与此同时,日军第101师团主力于13日傍晚抵达浏河南岸,次日在太仓以东地区集结。第3师团和第11师团各一部亦于同日晨击退浏河畔的中国守军,随后侵入太仓城,并将其主力集结于县城附近。第13师团也突破了浏河镇东南方的中国军队阵地,14日拂晓渡过浏河,当晚抵达支塘镇以东地区。第11师团主力则向支塘镇方向侵袭,其独立轻装甲车中队在同日傍晚占领支塘镇。15日下午,该师团"先遣队"已侵入常熟以东地区。

11月5日,在金山卫登陆的日军第10军第6师团主力由南向北长驱直入,12日抵达京沪铁路并向西追击国民政府军队,14日起进攻昆山以东的我方阵地,国民政府军第14师随即在青阳港与日军展开激战,掩护淞沪战场的部队后撤,但在日军的强攻下,青阳港失守。次日晨,昆山沦陷。此外,日军第6师团派出的"平望镇支队"于10日从松江沿水路西进,突破了芦墟、八坼附近的国民政府军第62师等部的阻击,于14日上午占领平望,切断了苏州与嘉兴之间的联系。日军第9师团主力从嘉定沿苏沪公路西侵,于15日紧随第6师团抵达昆山附近,次日该师团两个联队开始由昆山沿京沪铁路向苏州进犯。此时,苏州城内军政官员全部逃离,吴县县政府迁往无锡荡口,成为流亡政府。

撤退到常熟地区的国民政府第15集团军、第21集团军集中10多个师的兵力,从11月15日起沿吴福线与日军展开激战,但由于"退却部署之不适当",加上

---

[1] 中共苏州市委党史工作办公室:《苏州抗日斗争史》,古吴轩出版社2005年,第70页。

敌机跟踪轰炸，我撤退部队异常混乱，士气低迷，而国防工事又"无图可按，无钥开门……故不能阻止敌之前进"[1]。16日，日军第16师团占领了福山镇，并在常熟城东的锡沪公路上集结。次日，日军第13师团在谢家桥镇及其以北地区突破了吴福线，第11师团"先遣队"从常熟东部发起进攻，重藤支队则从城西侵犯。

至17日，常熟县城已深陷在日军的包围中，为此国民政府第15集团军司令罗卓英亲自指挥第11师对进攻虞山的日军发起反攻。第20军主力进入常熟、辛庄、莫城一线，与日军激战两昼夜。第98师占领常熟城东、北两块阵地，迎击日军。18日，重藤支队突破了吴福线，并在半夜时分占领虞山山顶。国民政府军第44师随即投入战斗，与第11师一道夺回虞山，毙敌众多。然而此时，日军第11师团一部为策应其他部队进攻苏州和常熟，于19日横渡昆承湖占领莫城镇，截断了苏常公路。[2]当日，常熟沦陷。

昆山沦陷后，日军第6师团被重新划回第10军，加入以平望为中心，经震泽、吴兴（今湖州）入侵南京的作战中，侵犯苏州的任务转由第9师团的两个联队实施。该部于15日傍晚突破了正仪、唯亭两地中国军队的碉堡阵地，次日遭到阻击后仍继续西侵，18日在城东孙家浜等地与中国军队激战。同日，吴江被国崎支队的一部攻占。[3]19日清晨，向北迂回的日军第9师团一部由苏州平门入城，后续部队从娄门进城。国民政府军队数万战士撤离苏州，仅由第88师一部在平门桥东侧实施阻击，日军随即对苏州城内实施了"扫荡"，国民政府军队损失残部"千余人"。[4]

苏州沦陷前数日，军政官员已经撤退一空。11月16日，市民们发现大小衙门空空如也，城门和监狱门全都洞开，这才慌忙起来，准备逃难。可是所有的水陆交通工具已经被官员带走了。那几天，敌机轰炸得厉害，大家只得扶老携幼奔避四乡。到11月19日日军进城为止，居民十之七八逃出苏州城，以通往西乡太湖口木渎、光福的苏福公路最为拥挤。由于局势紧迫，天又下雨，公路上除了络绎不绝的逃难人群以外，前线撤退的军队也一批接一批地向同一方向走。天空

---

[1]《第三战区淞沪会战经过概要》，中国第二历史档案馆：《抗日战争正面战场》，凤凰出版社2005年，第454页。

[2] 中共苏州市委党史工作办公室：《苏州抗日斗争史》，古吴轩出版社2005年，第88页；《中支那方面陆上作战经过概要》，张宪文：《南京大屠杀史料集》第56册（日军文献 上），江苏人民出版社2010年，第44—49页。

[3]《福山联队史》，张宪文：《南京大屠杀史料集》第57册（日军文献 下），江苏人民出版社2010年，第733页。

[4]《第九师团战史》《步兵第七联队史》，张宪文：《南京大屠杀史料集》第56册（日军文献 上），江苏人民出版社2010年，第108、180页。

中不时有敌机追逐扫射,有些抱着婴孩徒步奔跑的妇女在这泥泞路上无力再走,只得忍心含泪把婴孩丢在路边,自己逃命。那天苏福公路从西跨塘到善人桥一带,被弃的婴孩就有四五个。[1]

与此同时,苏州辖属县城的居民也掀起迁移浪潮。昆城的居民集中到南乡的甪直、茜墩、张浦等偏僻的几个村镇。常熟县政府禁止迁徙,但日机轰炸不止,百姓哪里顾得禁令,纷纷迁出城外。流离失所的岁月开始了。

11月19日下午4时从娄门进城的日寇是海劳原的部队。那天夜半,避难邓尉山圣恩寺的毛羽满登上四宜堂,东望苏城,只见火光烛天。后至镇上,始知阊门外马路自宴月楼京菜馆及长安、福安、啸云天三大茶馆延伸至新舞台京剧场、真光电影院整个一大圈,两侧商店不下七八百家,可怜一炬,悉成焦土。[2]这是苏州烧得最厉害的区域。

有一则令人心惊的资料称,苏州守军在撤离之前曾有过"长期抗战,焦土不惜"的酝酿。苏州沦陷前夕,驻防陆军87师总部设在阊门外花园饭店附近的一所民房内。一天下午,夏声参谋长接到一封公函:

> 奉委座谕,为了执行长期抗战决策,我军最后从苏州撤退时,应先派员向兵站总监部领取火油二十箱、硫磺一百斤,在苏州城厢内外,放置五十把火头,纵火焚烧,使苏州化为焦土。仰即遵办。

夏声认为,这不过是用便笺写的通知,既非公文,也无印信,据此执行,将来谁负其咎?如若向当局请示,拿到了正式军令,再回苏执行不迟,至少可减轻责任。被派出去请示战区副司令长官上官云相的王敬文赶至无锡时,上官已经离开并撤至镇江。王敬文还未赶至镇江,苏州已经兵临城下,夏声将军下令开拔。整装时夏悄悄地说:"苏州城总算可以保全了,好险啊!"

留下这份资料的作者吴琴一也留下了一份感慨:我阅读《洪波曲》,郭沫若所写当年火烧长沙的往事,不禁重有感焉。假使酆悌旁边有一个像夏声那样的参谋长,长沙也不会化为焦土,他也不至于落到枪毙的下场。苏州人好福气!长沙人真倒霉![3]

---

[1] 胡觉民:《抗战时期苏州见闻》,苏州市政协文史资料研究委员会:《苏州文史资料》(第1—5合辑),1990年,第196页。

[2] 毛羽满:《记苏垣爱国耆绅张仲仁先生》(下),苏州市政协文史资料研究委员会:《苏州文史资料选辑》第11辑,1983年,第100页。

[3] 吴琴一:《三月从军记》,苏州市政协文史资料研究委员会:《苏州文史资料选辑》第14辑,1985年,第85页。

入城的日军开始了大规模的屠杀。胡觉民提供了一些具体数据：日寇是在 11 月 19 日下午 4 时由娄门进城的,进城后即到处杀人放火。最初 3 天烧杀得最厉害,从接驾桥、东西中市到阊门、石路,日夜火光烛天。在日寇进城之前,敌机已连续几天来苏轰炸,炸毁房屋虽然不少,但炸死的人还不算多。到了这时,被杀者逾千。一星期后,日寇才逐渐停止滥杀。大约两星期后,才有老画师顾仲华和功德林素菜馆的何桂芳等同"维持会"打了交道,雇人做收尸工作,据估计有百数十具之多。其余尚有一批在家中被日寇闯入后枪杀的尸体,大都是在逃难人回来后才发现的。[1]

樊泱根据所掌握的资料得出结论：在沦陷前后,被日本侵略军在苏州杀害的中国平民(包括外地难民)、被俘的中国士兵和伤兵,总数约有 10 000 多人。这其中,洋泾角惨案颇具典型性。此村地处苏州城北,是个战略要地。日军在进入苏州的同时,第 7 师团第 6 旅团第 35 联队 100 多人驻进了洋泾角。从 21 日上午 9 时开始,日军将抓到的群众分批押到村东陶小和尚家堂屋内集体屠杀。后来从死人堆里爬出来的王木根老人诉说了那一场"恶梦"：

> 日本兵把我们从村西拉到村东,拉到陶小和尚家的里面大屋门前,叫我们站住。一个日本兵把我前面的一个青年人推进大屋的房间里,从背后一枪把他打死。接着,另一个日本兵把我也推进去,也是一枪。我中弹跌倒在地。这时,一扇房门倒了下来,压在我身上。后来又有人被一个个推进房间里来被打死。有四五个死人压在我身上。
>
> 当时,我没有被打死,子弹打偏了,一粒子弹打穿了我的右肩胛骨。子弹从右肩胛进去,从颈项里出来,鲜血从伤口里不断向外流。我的双手还被绑着,倒在地上,一动也不敢动……
>
> 两天来,日本兵在陶小和尚屋里分批集体杀死中国老百姓一百多人。当时那间屋子里,是死人身上堆死人,尸首横七竖八地堆有一人多高,地上、墙上到处都是鲜血和脑浆。[2]

地处苏州之南的平望小镇是苏嘉铁路的中心站,先于苏州沦陷,一镇居民不

---

[1] 胡觉民：《抗战时期苏州见闻》,苏州市政协文史资料研究委员会：《苏州文史资料》(第 1—5 合辑),1990 年,第 197 页。

[2] 樊泱：《日军在洋泾角村大屠杀暴行调查记》,苏州市地方志编纂委员会办公室、苏州市档案局：《苏州史志资料选辑》第 1 辑,1984 年,第 26—27 页;在日本《朝日新闻》编委本多胜一的《通向南京之路》中,也有相类似的描述,参见[日]本多胜一：《日军在苏施暴采访记》,吴县政协文史资料研究委员会：《吴县文史资料》第 11 辑,1995 年,第 10—21 页。

得逃避者均被枪杀,尸体遍地。特别在东溪河石灰窑、北河西街罗家弄堂口、南大街吴会丰花园、石家港水瓶庵旁、北大桥弥陀殿后等处,尸体成堆,被杀400多人。在镇北衮腰桥一带河中,浮尸连接数里,镇与莺湖桥向南1公里、镇西到六里桥两旁公路夹河中,都接连有成堆尸体,惨不忍睹。[1]常熟沦陷当日,日寇屠杀无辜百姓1 500人左右,前后纵火达半月,1/3的房屋被烧毁。[2]

苏州沦陷后,国民政府军为避免决战而向锡澄线和太湖西南撤退。日军第9师团和常熟方面的第16师团、重藤支队遂从20日开始联合向西进犯。他们一路沿京沪铁路与中国军队交战后攻占浒墅关、望亭,随后北犯无锡;另一路22日晨经苏福公路侵抵太湖边,26日自东向西横渡太湖以图在湖西切断中国军队的退路。[3]19日,日军第18师团、第114师团等部从嘉兴侵入吴江南部,随后从太湖南岸发起进攻。常熟北部的第13师团沿羊福公路入侵今张家港地区的港口镇。25日,杨舍沦陷。

至此,苏州境内重要城镇和交通干线均沦入敌手,苦难和抗争的岁月也由此开始。

二、"江抗"在东路

苏州沦陷不久,苏南东路[4]乡村便点燃起抗日的烽火。站在抗日队伍最前列的是大革命时期的共产党员和爱国青年,他们将父老乡亲武装起来,奋起抵抗凶悍残酷的日本强盗。朱松寿,1928年曾赴莫斯科参加过中共六大,他与志同道合的共产党员在江阴东乡(今张家港西部)联合组成的抗日武装达2 000多人,附近的抗日突击队员纷纷投奔朱部。由萧楚女介绍入党的陈震寰,北伐时曾任国民革命军第14军政治部组织科长,他在苏州沦陷后回到家乡常熟,邀请同乡、共产党员周文在在东乡建立抗日队伍,1938年初已达千余人。任天石,常熟塘桥人,出生于中医世家,上海中医学院的毕业生;目睹深重的民族灾难,他痛切认为:做个医生,只能救命,若要救民,必先救国。迨常熟沦陷,遂弃医从戎,

---

[1] 吴国钧:《忆侵华日寇在平望的暴行》,苏州市政协文史资料研究委员会:《苏州文史资料选辑》第14辑,1985年,第156—157页。
[2] 陆孟芙、沈芳眭:《一九三七年常熟沦陷记》,常熟政协文史资料研究委员会:《文史资料辑存》第2辑,1984年重印,第32页。
[3] 《步兵第七联队史》《敦贺联队史》,张宪文:《南京大屠杀史料集》第56册(日军文献 上),江苏人民出版社2010年,第183、209页。
[4] 苏南东路,位于京(宁)沪铁路两侧,大致范围为西到锡澄公路、北临长江、东接上海城郊、南濒太湖的广大地区。

矢志抗日。1938年初,任天石在家乡筹建了一支四五十人的武装,一面维持地方秩序,一面积极寻求党组织的领导。[1]

与此同时,国民政府军队的散兵、地方豪富、帮会头目,以及地痞流氓等也在抗日的旗号下纠集人马,少则二三十人,多亦两三百人。这些人动机复杂,或思保家护财,或想趁火打劫,或为坐吃一方,如盘踞在昆山蓬阆的郭德阳部,太湖程万军部,常熟的杨行方部、曹长金部、吴文信部,太仓的王士兰部,常熟太仓交界处的熊剑东部,等等。胡肇汉就是阳澄湖这块地面上数一数二的角色。胡是湖南人,原在江苏省第一区水上警察队当过中队长,在青浦县水巡队当过队长,"八一三"后流落到太湖,与地方乡绅搭上了关系。阳澄湖泖泾地方有一支陈味之的游击队。1938年秋天,胡肇汉以陈味之涉嫌汉奸之名,将其石沉阳澄湖底,掌握了原陈味之的不足300人的武装,组成1个大队,自封为阳澄湖游击队司令。其大队下辖3个中队,配备1挺机关枪;另有100多人的地方自卫队,半脱产,也归他控制。[2]但胡部纪律松弛,不堪一击。

抗日战争应该是"全国人民总动员的完全的民族革命战争",只有这种"群众战争,才能达到保卫祖国的目的"[3],苏州地区的众多游击武装虽然鱼龙混杂、良莠不齐,但如果加以正确的领导和改造,也是开展"群众战争"的重要基础。从1938年春天开始,中共江苏省委陆续派出干部来到东路,"找到关系,站稳脚跟,开展工作"。1938年5月,应任天石的要求,省委派赵伯华和杨浩庐两名同志来领导塘桥的部队。他们以塘桥部队的名义开办训练班,进行军事训练和抗日救国持久战教育,参加者涉及小市、吴市、浒浦、横泾和梅李等地。训练班结束时,1938年7月1日以任天石的抗日游击队为基础,正式创建了中共直接领导的人民抗日武装"常熟人民抗日自卫队"。[4]常熟"民抗"成为苏州地区第一支由党直接领导的人民抗日武装。

已经被国民党收编为"忠义救国军"的江阴朱松寿部愿意回归共产党的队伍,于8月下旬正式宣布脱离忠义救国军,接受共产党的领导。在阳澄湖地区和胡肇汉一起组建队伍的人中有一位青年人陆步青,他是大革命时期的中共党员,

---

[1] 江苏省常熟市地方志编纂委员会:《常熟市志》,上海人民出版社1990年,第1114页。
[2] 翁迪民:《怀念陆步青同志》,中共吴县县委党史办公室:《吴县党史资料》第2辑,1990年,第103页。
[3] 毛泽东:《上海太原失陷以后抗日战争的形势和任务》(1937年11月12日),《毛泽东选集》(一卷本),人民出版社1967年,第357页。
[4] 陈刚:《常熟人民抗日自卫队成立的前前后后》,常熟市政协文史资料委员会:《文史资料辑存》第8辑,1981年,第1页。

深知如此下去没有出路,于是来到上海,找到共产党的情报系统组织(属中央特科)。此时,特科正陆续派出一部分同志下乡争取地方武装,准备建立苏南东路抗日游击基地。1938年秋,共产党员翁迪民化名"宫岳",以上海抗日救亡知识青年的身份,在陆步青的陪同下,在阳澄湖西岸的太平桥与胡肇汉进行面谈,准备以阳澄湖为依托,开展抗日游击战;为此需要整顿队伍,提高战斗力。胡肇汉表示同意,决定把队伍命名为"苏北抗日义勇军"(苏北,指苏州北部),胡肇汉任总指挥,陆步青任副总指挥,翁迪民任政治部主任兼秘书长。整训后的队伍建立起了政治工作制度,中队有政治指导员负责思想教育,官兵薪饷差别大为缩小,政治部的成员和当兵的一样,每月15元,完全是个新式军队的样子了。[1]翁迪民还四出奔走,想把胡肇汉部队和常熟"民抗"、甘露的杨筱南、湘城北的周嘉禄部联合起来,成立"江南抗日游击队总指挥部",此事初步达成了协议。

1939年5月,新四军六团由叶飞率领,从茅山出发,以"江南抗日义勇军"之名,挥师苏南东路,到达太平桥,与江南特委领导的常熟民抗、第六梯团和苏北抗日义勇军会师。6月初,在中共江南特委组织下,"江抗"等队伍便组织了声势浩大的破路阻击战:

> 本邑(上海)通至常熟之苏常公路,计长四十三公里,……其地位极为重要。自该线被日军占领后,日方即利用该线,运输军火及商品,甚为重视。本月一日夜十二时左右,有华军四五百人,乘船十余艘,分批将该线最大工程之桥梁七座,纵火焚毁,旋仍向原路而去。待翌晨日军发觉,被毁之七座桥梁,已全部化为灰烬。计烧去吴县境内渭泾塘地方二十六号等三座,常熟洞港泾一带三座。[2]

苏常公路瘫痪了3个月。6月24日子夜,"江抗"部队开进苏州门户浒墅关,在几十分钟内,毙伤敌警备队长大丸等20余人,烧毁2座营房,炸断100多米铁轨,沪宁铁路线因此中断了3天。盘踞黄埭的伪江苏水警王海晏部也被连锅而端。7月底,"江抗"总指挥部和江南特委东移至太平桥;太平桥是胡肇汉的驻地,胡部被正式收编为"江抗"四路独立第一支队,胡肇汉成为"江抗"领导下的司令。在苏州地区,其他接受收编、加委和领导的地方武装,包括常熟民抗在内,也都纳入了江抗战斗序列。至1939年8月下旬,在短短三四个月的时间

---

[1] 翁迪民:《怀念陆步青同志》,中共吴县县委党史办公室:《吴县党史资料》第2辑,1990年,第105页。

[2]《苏常公路重要桥梁被毁》,《申报》1939年6月10日。

里,江抗已由东进时的1 000多人迅速发展为5 000多人。[1]

1939年10月底,根据中共中央赋予新四军的"发展苏北"的战略任务,江抗主力奉命撤离东路,阳澄湖畔仅留下了一座后方医院,医院里有36个重伤病员。在反抗国民党忠义救国军摩擦战中受伤的江抗政治部主任刘飞将军就是其中之一,他后来回忆道:

> 所谓"后方医院",是既不在"后方",也不成其为"医院"的。我们经常流动在横泾、陆巷、肖泾、长浜、张家浜、西董家浜一带,最远的敌伪据点离我们不过一二十里,近的只有几里。情况较好时,农家的客堂、厨房、牛棚、猪圈是我们的病房,卸下的门板,是我们的床位。情况不好,就只能常在阳澄湖上漂泊,数叶渔舟,就是我们的一切。这里,药品和医疗器械也非常缺乏,由于敌人的重重封锁,红汞、碘酒、棉花、纱布也不容易买到。[2]

为了不使阳澄湖沦为日伪地痞的天下,1939年11月,江南特委代理书记张英在常熟唐市传达了叶飞关于重组东路抗日武装的通知,会上当即宣布成立"江南抗日义勇军东路司令部",夏光任司令,杨浩庐任副司令兼政治处主任,黄烽任政治处副主任。"新江抗"不久就与日军在洋沟溇村遭遇。战斗发生在1940年春节,驻昆山巴城的日军得到密报后准备组织一次偷袭。据原日军翻译陆再贵陈述,偷袭由日警备队长斋藤率领,计约80人,以4条渔船为掩护,直冲洋沟溇,企图一举消灭"新江抗"。敌我双方均凭借民房在村庄河汊之间背水而战,战斗空前艰苦。直至夜幕笼罩,敌人才撤去。这次战斗,"新江抗"有17名战士牺牲,但斋藤被击毙。[3]

江抗西撤后,一些以发展个人势力为目的的游击首领如胡肇汉、杨忠等,开始蠢蠢欲动。国民党的"江苏省保安团"委任胡肇汉为"支队长";"忠义救国军"放出风声,只要胡肇汉接受收编,就委任他为先遣支队司令。刘飞将军看穿了胡肇汉:此人本质上是反动的,但更突出的是他的投机性。从其特性和处境看,把他从敌人那边拉过来,有一定的可能性;若能争取胡肇汉对我比较友好,则可以阻滞"忠义救国军"从南边进攻我们,对其余一些土顽武装也可以起一定

---

[1] 中共江苏省委党史工作办公室《江抗战史》编写组:《江抗战史》,国家行政学院出版社2006年,第75页。
[2] 刘飞:《阳澄湖畔》,《雨花》1961年第7期。
[3] 黄烽:《新四军六团东进纪实》,中共吴县县委党史办公室:《吴县党史资料》第2辑,1990年,第39—43页。

的影响作用,对整个抗日工作是有利的。[1]

杨浩庐和任天石给胡肇汉写信,劝他以抗日大局为重,出任"江抗东路司令部"副司令;胡置之不理。一日,胡肇汉正在车渡催粮讨税,与夏光的部队"巧遇"了。胡肇汉以为夏光的部队是特地来抓捕他的,十分紧张,次日凌晨便提出愿意把部队拉过来,请夏光、杨浩庐二位司令"训话"。胡肇汉表示愿意再次加入"江抗",接受委任。[2]

1940年3月,在日本帝国主义不断的政治诱降之下,早已公开叛国投敌的国民党副总裁汪精卫在南京成立了效忠于日寇的伪国民政府,苏州成为汪伪江苏省政府所在地。此后高冠吾、李士群、陈群、任援道等先后在苏州接任伪江苏省省长(一度改称省政府主席),各县"县知事公署"被改为"县政府",乡镇保甲也被进一步强化,建立起了一整套为日军殖民统治服务的政权体系。为此,中共中央重新部署八路军和新四军的战略任务:在粉碎日军"扫荡"、坚持游击战争的总任务下,扫除一切投降顽固派的进攻,将整个华北直到皖南、东南打成一片,化为民主的抗日根据地。1940年4月,东南局和新四军军部派谭震林来到苏南东路。23日在常熟徐市召开会议,决定成立东路军政委员会;"新江抗"改组为"江南人民抗日救国军",并成立江抗东路指挥部,谭震林任司令。人们仍习惯简称其为"江抗"。至1940年10月,"江抗"控制了东路近100个大小市镇和200余万人口的广大乡村,基本形成了以苏常太为中心、东至昆嘉(定)青(浦)、西至澄锡虞的东路抗日根据地。

在国民党投降和倒退的时局面前,1940年下半年,胡肇汉公开投向了国民党,被委任为江苏省第二区保安第一团团长。这年年底,江抗东路指挥部宿营于湖桥渡船头,狡猾的胡肇汉闻讯后即派人密报了太平桥日军。江抗为此付出了巨大的代价,90余名战士壮烈牺牲。

1941年初,形势更加严峻。国民党顽固派制造了震惊中外的"皖南事变",蒋介石宣布新四军为"叛军",取消了新四军番号。中国共产党坚决予以回击,1月20日,中共中央革命军事委员会宣布重建新四军军部,不久,"江抗"改编为新四军第三支队;抗日民主政府也建立起来。1月22日,江南抗日救国军政治部通令宣布,东路地区划为三个行政区,苏常太地区为苏南第一行政区,辖常熟、苏州、太仓、洋澄4县。洋澄抗日民主政府在2月10日发表的成立宣言中义正词

---

[1] 刘飞:《阳澄湖畔》,《雨花》1961年第7期。
[2] 席学明、曹炳栋:《吴中烽火》,江苏人民出版社1995年,第64—65页。

严地呐喊：

> 洋澄湖地区盘踞着顽军胡肇汉,勾结敌伪,阻挠抗战;近且奉其主子反共投降派的命令,与西面顽军遥相呼应,企图司〔伺〕机而动。……今天,洋澄县政府成立的今天,是杀人魔王、地方恶霸胡逆肇汉开始灭亡的一天;是我们反胡肇汉斗争开始走入胜利的一天;是洋澄湖10万老百姓开始得到初步解放的一天。[1]

新生的抗日民主政权与胡肇汉完全决裂,斗争趋于白热化。胡肇汉长期混迹于阳澄湖,熟悉地形,耳目众多,洋澄县政府经常遭到他们的"游击"。1941年4月1日清晨,陈鹤县长正在毛家浜村给部队集中上课,巴城伪军突然来袭,部队边打边撤至曹家尖休整。傍晚时分,胡肇汉率200多人围困驻地,陈鹤等13人被捕,两个月之后被害。陈鹤,原名潘承岳,祖上系苏州望族,传至父辈,每况愈下,及至父殁,全家顿陷困境。17岁,母亡,托亲友介绍到上海一家化妆品工业社当职员。抗战全面爆发,工业社停办,陈鹤辗转沪、锡、苏城乡之间,躲避战祸。1939年,陈鹤在上海加入了中国共产党,以"江南抗日义勇军"的身份回到苏州,组成一个党支部,为抗日宣传奔波。他说,抗战总有危险的,可是为了国家,为了民族,要有牺牲的准备。[2]

此后,抗日民主政权与胡肇汉等国民党顽固派以及日伪军展开了更为激烈的斗争。

三、反"清乡"斗争

在国民党顽固派与中共领导的抗日武装不断发生摩擦的同时,日伪势力正在谋划对江南的"清乡"。1941年5月11日,汪伪政权正式成立"清乡委员会",汪精卫亲兼委员长,提出要把"最为富庶""匪化最深"的苏常太地区列为重点,从苏州经常熟福山,沿长江至浏河,经太仓、昆山,沿京沪铁路至苏州,共1 800平方公里的三角地带被划为"清乡实验区";清乡司令部设在苏州。

---

[1] 陈鹤:《洋澄县政府成立宣言》,《大众报》1941年第172号,1941年3月4日;见中共吴县县委党史办公室:《吴县党史资料》第2辑,1990年,第80—81页。

[2] 《陈鹤烈士传略》,中共吴县县委党史资料征集研究委员会办公室:《吴县党史资料》第1辑,1984年,第229页。按,吴县解放前夕,胡肇汉逃往台湾,受训后被派回浙江舟山,委为"江苏省人民反共自卫救国军第二纵队"副总指挥。1950年4月13日潜入上海,发展特务人员近百名。5月21日,苏州市公安局在沪将胡逮捕归案。同年11月30日,胡被苏州专区人民法院判处死刑,于苏州金门外望树墩伏法。见吴县市地方志编纂委员会:《吴县志》,上海古籍出版社1990年,第1149页。

7月1日,第一期清乡开始。日伪出动18 000兵力,进入苏常太昆地区。一时间,整个清乡区顿成牢笼:日伪在京沪铁路沿线及其他重要地段构筑起铁丝网和电网,沿清乡区边沿130公里用200万根竹子扎成篱笆,形成封锁线;在交通要道口,设立检问所、瞭望台、巡逻哨进行盘查、监视,将清乡区与周围地区隔绝;清乡区内,大量设立据点、构筑碉堡,形成网状封锁、分割占领的格局。

与军事清乡相配合的是"政治清乡""经济清乡"和"思想清晰"。伪政权恢复了保甲制度,实行切结连坐,发放"良民证""渔民证""旅行证""归乡证"等,对百姓实行控制,是为"政治清乡";为了摆脱经济窘境,日伪实施"物资统制""运销管理"、苛捐杂税,肆无忌惮地进行经济掠夺,是为"经济清乡";汪伪集团通过集会演讲、散发报刊、媒体娱乐、开办学校等各种手段,大肆兜售"和平反共建国"和"大东亚共荣"等汉奸理论,[1]是为"思想清乡"。

在立体式清乡的滔天浊浪中,苏南东路抗日根据地受到重创。苏常太地区的各级抗日民主政权完全瘫痪,党组织遭到严重破坏,武装力量损失巨大。"清乡清乡,祸从天降,虚张声势,军事扫荡。烧杀奸掠,百姓遭殃,十室九空,倒匮(柜)翻箱。……清劫当头,家破人亡,哀哀小民,灾难一场。"[2]一些人被押解到南京、安徽等地煤场服苦役。1942年农历七月二十八日,苏州长桥蠡墅镇商户沈福寿等19人被日军抓至巴布亚新几内亚的新必利的岛,在日寇的皮鞭和刺刀下做苦工,抗战胜利后,除3人生还外,其余16人均客死他乡。[3]

敌人的清乡看起来不可一世,实际上其内心十分恐惧。这从汪精卫到常熟的"巡视"便不难看出。第一次"巡视"是在1941年7月上旬的第一次清乡结束之后。在汪精卫经过的街道,日伪兵一一相错,面对店铺和住宅,沿街站岗。汪在山景园就餐时,老板周润生被当作人质值桌听差,接近汪精卫的一切杂务,均由指定公署职员负责;每一样菜都要经过化验师的化验才能上席。汪的住宿所在地五福街的汪少卿宅,西、南两面前临小河,东、北两面小街行人稀少,已经够"安全"的了。9月汪进行第二次"巡视"时,住到了"更安全"的"常熟特工

---

〔1〕 华中师范大学中国近代史研究所、苏州市档案馆:《苏州商会档案丛编》第5辑(1938—1945年)下册,华中师范大学出版社2010年,第1324—1350页。

〔2〕 田禾人:《吴县"清乡"时期民谚两则》,吴县政协文史资料研究委员会:《吴县文史资料》第11辑,1995年,第57页。

〔3〕 莫金根等口述,王志强等整理:《长桥劳工案》,中共苏州市吴中区委宣传部:《苦难与抗争——抗战期间的吴中》(内部资料),2007年,第23—24页。

站"。[1]一切如临大敌。

新四军在内线坚持"反清乡"一个多月后,决定撤离苏常太和澄锡虞,渡江北上。经过调整,苏常太地区归苏中四地委领导,四地委成立了江南工作委员会,以与常熟隔江相望的通海游击区为基地,立足江北,面向江南,以地下党工作为先导,进入清乡区。经过一段时间积极、慎重的工作,地下党在苏常昆太地区逐渐形成了由点而线而片的红色堡垒:1941年苏州道前街赵建平的柴行,1942年常熟浒浦王瑞龙的布摊,1942年常熟占文桥王明才的南货店,1944昆山孔巷仲国銮的"夫妻老婆杂货店"……实际上都是地下党的工作站。

在开展秘密工作的同时,1941年5月,为贯彻"向太湖前进"的既定方针,新四军太湖游击支队进入苏西地区。[2]当时,苏州城郊寒山寺以西、光福以东、沪宁铁路以南地方,敌人控制相对较严,被称为"和平模范区",因此,打破所谓的"和平",摘去其"模范"封号,对于打击敌人的嚣张气焰、配合苏常太地区的反清乡斗争具有重要意义。

当时,苏西地区盘踞着西山的伪地方武装蔡三乐部和三山岛的湖匪金阿三部。太湖县委派出许培英、李锐等多人对蔡三乐进行策反,争取其联合抗日。经过一段时间的工作,蔡部配合太湖游击支队捣毁了怙恶不悛的金阿三匪巢。锡南(无锡南三乡)是苏州东路和西路的枢纽,在那里活动的顾复兴原是工人出身,吃过日寇的苦头,也曾与国民党忠义救国军作过对,后来成了帮会头子,拉起了一支约60人的地方武装,号称"太湖游击支队"。顾复兴有个结拜兄弟叫苏振西,是个湖匪,手下也有五六十人,挂的也是"太湖游击支队"的牌子,随顾一起行动。[3]

1941年7月下旬,新四军6师18旅52团团部大部和二营奉命越过京沪铁路,经锡南东渡太湖,进入苏西,先后取得了寺桥、白马涧等战斗的胜利,并正式收编了蔡三乐部和顾复兴部,所有这些武装,包括苏振西部,于8月底被合编为48团。

新四军在苏西完全站住了脚,开始着手对原有的地方武装进行改造。就在这时,受不住纪律约束的苏振西勾结湖匪,拉走队伍,投降了国民党;连顾复兴

---

[1] 汪青萍、季铁城:《汪精卫两次来常巡视"清乡"区》,常熟市政协文史资料委员会:《常熟文史资料辑存》第17辑,1990年,第77—79页。
[2] 苏西地区指,沪宁线以南,京杭运河以西,环绕太湖,包括苏州西部和北部的陆墓、蠡口、东桥、浒关等乡村。
[3] 张鏖:《在反"清乡"斗争中五十二团开辟苏西的情况》,中共吴县县委党史资料征集研究委员会办公室:《吴县党史资料》第1辑,1984年,第38页。

也被裹胁而去。9月初某晚,二营六连奉命去西山,在太湖里与日寇3艘巡逻艇遭遇,30人牺牲。不久,二营奉命返回茅山根据地,留下教导员薛永辉等20余人,与蔡三乐部会合,组成"苏锡人民抗日自卫军"留在苏西继续坚持斗争。

从1942年2月开始,日伪对太湖地区实施"清乡"。在频繁的军事扫荡中,日伪经常夜间出动,循着狗叫方向跟踪搜索,有时包围村庄逐户检查,有时在岭道和桥梁等交通要冲伏击,有时冒充新四军敲老百姓的门,一旦得到确实情报,便集中兵力分头包围奔袭。在日伪政治诱降之下,一些革命意志薄弱者动摇了:"苏锡人民抗日自卫军"司令蔡三乐和副司令许培英、阳东办事处主任吴林枫、苏西办事处副主任朱维贤等叛变投敌,其中有不少人充当了敌人的鹰犬,他们与各地伪职人员以及被收买的地痞流氓、门生喽啰等成为敌人的耳目。苏西的形势一时十分险恶。

为避敌锋芒,苏西地区以短枪为主的武工队英勇灵活地开展了反清乡斗争。1943年秋,阳山武工队化装成送柴草的农民,进入伪保安队观桥据点,全歼一个排,缴获步枪20支以及不少的手榴弹和子弹。不久,他们又化装成丧家去通安桥购买棺材,突然闯入伪警队据点,缴获步枪15支和一批弹药。为了密切军民关系,武工队支持群众减租减息、抗交田赋,反对伪军抓拉壮丁。1943年,武工队提出:谁带领伪军来拉壮丁就同谁算账!伪乡长和伪保长只好选送几个"白粉鬼"(俗称"抽白面",即吸食海洛因毒品者)或游手好闲的二流子去充数,由乡里给予相当数额的补贴,从而稳定了群众的情绪。

经过机智、顽强、艰苦的斗争,至1943年上半年,苏西太湖抗日军民度过了最困难的时期,逐渐摆脱了被动应付的局面。是年5月,苏西抗日武装力量改为"太湖独立救国军",薛永辉任司令。在广大群众的支持下,"太湖独立救国军"一次次地粉碎了日寇在主航道上对东西山实行的粮食封锁,并在东西山与马山之间建立了由刘发财负责的交通船;依仗鬼子势力作威作福的东山伪区长董伟和"铁杆汉奸"蔡阿本被武工队当众击毙;日军密探陆积生在浴室里被"太湖独立救国军"短枪班抓住,送马山公判。[1]这其中,薛永辉的坚强领导尤其让敌人心惊胆战。1944年9月9日,50多名抗日骨干正在太湖冲山岛集训,由于叛徒告密,下午4时,300多名日军突然登上小岛,进行梳篦式搜捕。会水的同志夜里突围出岛,剩下薛永辉等6人。其中5人隐蔽在芦苇荡中、刺藜棚里,挖芦根、

---

[1] 薛利华、周泳逊:《新四军在洞庭东、西山》,吴县政协文史资料研究委员会:《吴县文史资料》第11辑,1995年,第28—29页。

捋稻谷充饥,白天顶着烈日暴晒、水汽闷蒸,晚上强忍蚊叮虫咬、冷风飒飒,躲过了敌人的机枪扫射、烈火烧熏;另一个民兵流动隐蔽在山上和村里,甚至藏到了敌人的阁楼上。他们就这样坚持了 20 多天才突出重围。[1]在实际的斗争实践中,苏西军民进一步认清了敌寇的伎俩,增强了抗敌能力。

1944 年年底,"太湖独立救国军"重建了 70 人的长枪队,至 1945 年发展成有两个连队的太湖县总队。[2]不久又建立起了抗日民主政权。在烟波浩渺的太湖上,中共苏西县委的反"清乡"斗争一直坚持到抗战胜利。与此同时,1945 年 7 月,在苏西北行政办事处的基础上,吴县抗日民主政府在黄桥恢复建制,赵建平任县长。

8 月,随着全国各个主战场的大反攻,中共锡东、苏州县政府根据上级指示,为配合主力收复苏州城,全力动员根据地军民,开展"改造地形,破坏交通,切断通讯联络"的突击运动。苏州县召开千人动员大会,赶制破坏铁路、公路的工具和大刀。各区积极响应,纷纷行动。黄桥区出动数千群众在两天内筑断了宽阔的黄埭荡,漕东区发动数千群众筑断了冶长泾。东桥、黄埭区的干部战士一个晚上就把东桥到浒墅关和黄埭至荡口的电线杆全部砍倒。黄桥区大队还多次出动,炸毁京沪铁路白洋湾桥、齐门洋泾塘公路桥,迫使交通中断,日军只得龟缩进苏州城里。[3]

1945 年 8 月 15 日日本宣布无条件投降。在美军的空运协助下,9 月 29 日刚从广西急送而来的国民政府军第 94 军第 5 师开抵苏州,负责受理苏州至上海间的日军投降缴械事宜。30 日上午 9 时,受降仪式在谢衙前第 5 师司令部举行,师长李则芬主持仪式。日军第 60 师团师团长落合松二郎代表日军宣布投降,参谋长安藤忠雄报告日军情况并递交有关投降文件及兵员、军械等表册。这标志着入侵苏州的日军正式缴械投降。当天,接收部队分组出发,前往常熟、昆山等地进行受降接收。[4]苏州人民和全国人民一道迎来了抗日战争的最后胜利!

---

[1] 袁震:《冲山风云》,吴县政协文史资料征集委员会:《吴县文史资料》第 3 辑,1986 年,第 12—20 页。

[2] 薛永辉:《太湖苏西地区的反"清乡"斗争》,中共苏州市吴中区委宣传部:《苦难与抗争——抗战期间的吴中》(内部资料),2007 年,第 148 页。

[3] 中共苏州市委党史工作办公室:《中共苏州地方史》(第一卷),中央党史出版社 2001 年,第 217—218 页。

[4] 中共苏州市委党史工作办公室:《苏州抗日斗争史》,古吴轩出版社 2005 年,第 317 页。

第二节 窳败不堪的经济与社会

南京国民政府统治后期(1937—1948),在长期战争的煎熬下,苏州的经济与社会在总体上已经窳败不堪:前遭日伪势力的殖民摧残,后有国民党的腐朽统治。这种糟糕的状况决定了日本殖民势力的必然败亡,也说明了国民党统治崩溃的现实基础。

一、日伪势力的摧残

沦陷之初,从苏州逃出的居民集中在西乡光福,一隅之区,数日间聚集了20万人。没几天,便有了传说,日寇限令在光福避难的城内居民于一星期内回城。失魂落魄的逃难人,夜里望着城里通红的火光,又听说日寇在城内的种种烧杀行状,谁也不愿回城。"有来历"的何亚农找到日本派遣军一个叫作市西的少尉参谋,意欲说明情况。起初市西的态度甚为傲慢,何亚农说,在光福的逃难人中,很多是妇孺老弱,要限他们一星期内回到城里有困难,再说,一时也无法弄到运送这七八万人的交通工具,希望展延时日。同时,何亚农把预先写好的一封日文信要求市西代为转给上海日本使馆武官室的原田少将。[1] 由此,难民们在光福才暂时待了下来。

其实,光福一带也不是久留之地。其时,张一麐还在苏州小王山。晚上,那里盗贼四起,住在山村里的逃难者心惊肉跳。小王山中的南竹坞,利用"二老"留下的枪支组织起防夜队,轮班鼓更巡夜,一有动静就鸣枪示威,人们称那里为"小租界",甚至本地乡民也住到了"小租界"。据柳志行老人口述:一天,穹窿山祖师殿江法师接到一封用尖刀戳在门上的恐吓信,要江法师为抗日捐款千元,日内随时来取,否则将不客气云云。法师咨询于张一麐,张一麐分析,这分明是无耻狂徒想敲诈钱财,只要大家认真对付,歹徒绝不敢妄为。山上有道人数十,他们齐心做好防卫准备并约定:盗匪若来,一面马上点灯,悄悄升上旗杆为号,一面鸣锣呼喊,通风报信。山下则组织勇力村民,待旗杆灯亮,敲锣响应,持枪出击,鸣枪助威,围山缉捕,擒获后架送夜防队惩办。[2]

---

[1] 潘家驹:《抗战时期的苏州"自治会"》,苏州市政协文史资料研究委员会:《苏州文史资料》(第1—5合辑),1990年,第205—209页。
[2] 金云良:《张一麐先生轶事》,吴县政协文史资料研究委员会:《吴县文史资料》第4辑,1987年,第62—63页。

动乱年月营造了许多像光福这样的小市镇,因为地不当孔道,难民聚居,一时颇显"繁荣"。常熟金鹤冲老人对避难所在的金村在他的《避难日记》中有这样的描述:

> (1937年)十一月初二日,登茶楼,市上农民多甚。酒肆茶楼人满。市多淮盐,香烟亦多,由沙洲、南通运来,价昂。……福山镇无市集,于是咸往金村。金村旁近农家,都有城中人居住,福山人来者尤多。每晨街市摩肩塞途。有酒店八家,茶馆六家,咸患人满;有豆腐店十家,终日磨腐,尚不暇给。虞山之前,本有豆腐店十余家,至是皆闭。各市集数十里之居民,咸向金村取求需用之物,于是商人利市十倍。[1]

这样的闹市,也只是白天热闹一阵子,一到夜里,犬吠不止,鬼影幢幢,令人长夜难眠。到了1938年的年初,避居乡间的人逐渐回城,几条主要的大街,有几个小店开了门,流动摊贩更多,旧货摊上的东西特别便宜,想必来路不正。要过春节了,乡间土匪越来越多,散处僻远乡镇的逃难人只得回城,也有不愿回城而往上海等处安身的。伪"维持会"趁这个机会到各乡镇张贴了一批布告,让人们回城。

苏州的一批头面人物也来到光福避居,他们每天群集在邓尉茶室,讨论组织"自治会"的事宜。此时,日本宪兵队已经来到光福,找上了顾衡如。顾衡如是光福当地的乡绅,与各方面的关系都熟悉;他掂量下来,认为请张一麐做"自治会"会长再合适不过。苏州沦陷前夕,冯玉祥将军曾命令工兵总指挥特地开车前去接吴中二老离开小王山,到内地避难。张一麐当时正在藏书庙一带安置难民,还有数万难民没来得及疏散,他坚决不肯离开。[2]顾衡如等便邀其至光福镇商谈。时张一麐居穹窿山,收到邀请时正一身方外打扮,见到顾衡如,一口回绝了他们的"请求":"我已出家做和尚,俗话说,出家不问俗,我是决不能做这些事的。……做了和尚,就为要做好人。"当晚,张一麐至邓尉圣恩寺,在还元阁壁上题有二绝,其一曰:"因果循环有佛呵,众生孽力起修罗;何如放下屠刀去,修个慈航海不波。"[3]他关照当家和尚,若有日本军官上山,示之。

次日,在顾衡如家由陈则民主持商组"自治会"。陈则民留学过日本,当过国

---

〔1〕 金鹤冲:《避难日记》(1937年),《苏州杂志》1995年第4期。
〔2〕 金云良:《张一麐先生轶事》,吴县政协文史和学习委员会:《吴县文史资料》第4辑,1987年,第60—61页。
〔3〕 潘家驹:《抗战时期的苏州"自治会"》,苏州市政协文史资料研究委员会:《苏州文史资料》(第1—5合辑),1990年,206—207页。

会议员,娶了个日本妻子,做过苏州电气厂的董事长。据称,当场提出的自治会委员名单是这样 7 人:陈则民、潘经耜、潘子义、潘振霄、程平若、程干卿、顾月槎;后增加冯心支和李楚石,变成 9 名委员。名单上本来有顾衡如的,征求他意见时,其妻破口大骂:"你这么一把年纪,自己是快要死的人了,不过应该想想,你只有一个儿子,是不是还想让这宝贝儿子将来好做人?"于是顾衡如没参加。名单上本来没有冯心支的,他消息灵通,及时赶到顾家,毛遂自荐,要求参加。名单上有了潘振霄,潘突然痛哭流涕:"我从此完了,但你(指陈则民)可放心,我决不反悔!不过先要回山东老家去祭一祭祖宗再来";他是自愿加入的。名单上的程干卿当时在东山,陈则民把他找到光福,告之经过,并说:"你是商会会长,必须参加。"程表示:既然要我"落水",我不反对!参加"自治会"的人要亲笔签名,程先不签,看到李楚石签的名是"李受之",便对李说:"我们向来只叫你李楚石,从来不认识李受之,要签名,还请用真名。"李楚石给他一逼,只得把真名写上。[1]

不久"自治会"在苏州正式成立了:陈则民是委员长,潘振霄、冯心支为正副内务处长,程干卿为财务处长,潘经耜为教育处长,潘子义为农工商务处长,程平若为警察局长,留日之林苏民及顾月槎为外务秘书。会所设于景德路遂园,原日本租界领事市川担任宣抚班班长,是"自治会"的顶头上司。

市川不久便厌倦了陈则民一伙,认为他们不中用,听说刘正康有声于工商界,便希望他出面。刘正康半身瘫痪,行动不便,人很容易就找到了,接触下来,发现刘两耳失聪,常常答非所问,日人终至无计。据资料记载,抗战初期,第三战区司令长官冯玉祥巡视苏州时曾聘刘为第三战区咨议;日寇陷苏,逼其任地方事,正康拒之曰:"我,冯玉祥将军参议也,岂能为人谋!"[2]

1938 年 6 月初,在日军导演下,以"自治会"为班底,成立了伪"江苏省维新政府",陈则民成了伪省长兼财政厅厅长。除苏州城外,附近及铁路沿线 16 个沦陷县城一时在其控制之下。陈则民和伪民政厅厅长潘振霄等开始组织吴县、吴江、常熟、昆山等县的县级政权,并确定伪县长人选,然而各地会长与日军宣抚班沆瀣一气,致使伪政府计划委派的人选都被宣抚班拒绝,最终伪县长均由各"维持会"会长担任,伪省府只好同意并加以"委派"。伪县府成立后,各项事务均秉

─────
[1] 潘家驹:《抗战时期的苏州"自治会"》,见苏州市政协文史资料研究委员会:《苏州文史资料》(第 1—5 合辑),1990 年,第 208 页。
[2] 杨友仁:《刘正康先生生平述评》附记,苏州市地方志编纂委员会办公室等:《苏州史志资料选辑》第 1、2 合辑,1992 年,第 242 页。

承日军旨意,对伪省府的政令常常置若罔闻,伪省长等官员"遂成名副其实之傀儡"。为扭转这种尴尬局面,伪省府于1938年10月在苏召开"县长会议",讨论一些"议而不决、决而不行之事",实际是想用酒肉招待、收买各伪县长。伪常熟县长沈炯在两天的会议期内就花费鸦片费170余元、嫖娼费200余元,(其)他如伪吴县县长郭曾基、吴江朱元直、昆山王佑之等人的放纵程度也不难想见。[1]

伪政权从成立一开始就胡作非为。1939年5月,伪吴县县公署与驻苏日军开始调查各乡各户交纳租赋情况,并出动飞机散发催租传单,借此掠夺财富。伪江苏省禁烟局名为"禁烟",实则替日军推行毒化政策,任何人只要向该局缴纳费用领取执照就能任意吸食鸦片,因此到1938年秋,苏州城内吸食者较战前"骤增数倍,且以二十岁左右之男女青年为多"。时人惊呼:"整个苏州,已在急进毒化中!"[2]

对于任了伪职的这些人,苏州舆情嗤之以鼻。苏州沦陷,潘昌煦杜门不出,有任高级伪职的故友前来辞行,他避而不见,并让夫人回话:"道不同,还是不见为好。"汪伪省长李士群一死,就有爪牙上门请潘昌煦这位前清翰林"点主",被先生严词拒绝。[3]常熟金鹤冲对出任伪职的人几乎不能理解,他在日记中写道:闻城中沈氏父子出任维持会,事事听命于东人,假东人之威搜劫居民。沈某游学东洋,不可谓非读书明理者,乃丧心病狂至此,更村妇所不齿矣。[4]冯英子说:"我们这个民族,一向是痛恨汉奸的,杭州岳庙前的秦桧,跪了近千年了,可是游岳庙的人,至今不肯饶放了他,我们吃的'油炸烩',就是要天天把他放在油锅中炸,使这个汉奸,永世不得超生。"[5]

汉奸的脸面既不光彩,汉奸的内心更为恐惧。"自治会"的头目在苏州城里置备了高宅大院,一时却不敢享用,每天都要赶回光福。1938年4月13日那天,伪民政厅秘书姚绩安乘人力车经过临顿路南显子巷口时,突来一人拦住去路,拔出盒子枪对姚胸口连击三枪,随即扬长而去。日本宪兵队戒严全城,挨户搜查,连续3日,终无所获。不久,上海电台对敌伪广播:"把姚绩安执行死刑的人已经安全回到上海。还有一大批被判处死刑的汉奸,因为苏州闭城,准予延期执行。如果苏州永远闭城,还可以考虑延长执行的时期,你们那(哪)一天开城,我们就那(哪)一天来把该杀的汉奸继续执行。"16日城门开了,汉奸们都收到了警

---

[1] 《伪江苏省召开伪县长会议》,《申报》1938年10月25日。
[2] 《伪江苏省召开伪县长会议》,《申报》1938年10月25日。
[3] 吴趋:《苏州野史》,江苏文艺出版社1992年,第216—218页。
[4] 金鹤冲:《避难日记》(1937年),《苏州杂志》1995年第4期。
[5] 冯英子:《汉奸》,《苏州杂志》1995年第4期。

告信,潘振霄接到的信上说:"怜尔年老,速即自尽。"潘经耘接到的信上说:"枪铳已冷多时,要借汝的头颅作尝试。"汉奸们因此惶惶不可终日。[1]不愿自尽的伪吴县知事郭曾基在两年后的1940年7月底被"执行"了。我们在日人高仓正三的《苏州日记》中读到了有关的记载:

> 正当我在想不知何时会发生什么事的时候,在这个月的最后一天早上听说郭知事在县公署附近遭到三名歹徒的枪击,身负重伤,几乎当场毙命,郭知事是个厚道人,又有威信,最近还被任命为省政府委员,真是令人惋惜。[2]

日人高仓正三对"非其族类"的郭曾基之死如丧考妣,足以说明郭某人在职时的所作所为了。

从1937年8月日军进攻太仓沿江起至1945年9月日本投降的8年间,苏州经济和社会遭受了20世纪最大的劫难![3]

根据苏州市委党史工办关于抗战时期人口伤亡和财产损失的调查,苏州地区有据可查的平民伤亡人数为1 778 796人,其中直接伤亡56 807人,间接伤亡1 721 989人。详情如下表:

表4-1 抗战时期苏州地区平民损失人口统计

地区	直接伤亡				单位:人
	死亡	受伤	失踪	不明	合计
苏州	8 612	2 509	36		11 157
吴江	3 416	1 273	47	24	4 760
昆山	4 351	6 389	66		10 806
太仓	1 818	993	31	200	3 042
常熟	12 590	13 101	262		25 953
张家港	648	270	1	170	1 089
合计	31 435	24 535	443	394	56 807

---

[1] 胡觉民:《抗战时期苏州见闻》,苏州市政协文史资料研究委员会:《苏州文史资料》(第1—5合辑),1990年,第202页。

[2] 《高仓正三〈苏州日记〉摘抄》,《苏州杂志》1996年第3期。

[3] 此节以下关于苏州沦陷时期经济和社会所受损失方面的内容,主要参考苏州市抗战课题组抗战时期人口伤亡和财产损失的调研成果。参见中共江苏省委党史工作办公室编:《江苏见证——抗战时期人口伤亡和财产损失调研》,中央党史出版社2010年,第228—256页。

（续表）

	间接伤亡			单位：人
	被俘捕	劳　工	难　民	合　计
苏州	198	37	388 140	388 375
吴江		15 600	513 386	528 986
昆山	6	4	131 500	131 510
太仓	70	53	32 134	32 257
常熟	421	452	639 329	640 202
张家港	399	25	235	659
合计	1 094	16 171	1 704 724	1 721 989

资料来源：中共江苏省委党史工作办公室：《江苏见证——抗战时期人口伤亡和财产损失调研》，中央党史出版社2010年，第228—256页。

上表中的间接伤亡人员主要包括被俘捕人员、被强征的劳工以及战争造成的难民。苏州地区的被俘捕人员共有1 094人。被俘捕人数较多地发生在日伪"清乡"时期，其中，百余人被送往南洋群岛服役，数十人死于非命；劳工或在本地为日伪军构筑军事设施，或被发配外地充当苦役。

抗战时期苏州地区被毁房屋计92 823间，以1937年最为惨重。被毁房屋最多的是常熟，合计有50 552间；其次是苏州市区，有12 284间。其他居民财产损失包括被毁占土地、被毁树木、被抢被杀家畜、被抢大米、被毁交通工具和生产工具以及生活用品等。

表4-2　抗战时期苏州地区财产损失统计　　　　　　（单位：元）

地区	居民财产损失	社会财产损失			合　计
		直接损失	间接损失	小　计	
苏州	9 716 926.80	522 108 060.80	52 801 261.56	574 909 322.36	584 626 249.16
吴江	7 012 814.30	10 968 000.00	3 950 000.00	14 917 000.00	21 930 814.30
昆山	30 558 706.00	55 505 151.00	8 528 277.00	64 033 428.00	94 592 134.00
太仓	73 601 375.00	7 219 707.00	221 159.00	7 440 866.00	81 042 241.00
常熟	19 653 945.73	179 349 160.02	680 036.54	180 029 196.56	199 683 142.30
张家港	474 399.00	73 308.00	179 186.00	252 494.00	726 893.00
合计	141 018 166.73	775 224 386.82	66 358 920.10	841 583 306.96	982 601 473.76

资料来源：中共江苏省委党史工作办公室：《江苏见证——抗战时期人口伤亡和财产损失调研》，中央党史出版社2010年，第228—256页。

从上表可见,抗战时期苏州地区的社会财产损失更为严重,居民与社会两项合计达 98 260.14 万元。[1] 按年份统计,损失最严重的是 1937 年,为 65 678.94 万元,无法区分年份的财产损失有 31 578.57 万元。

沦入敌手后的苏州经济遭到严重摧残。工业方面,骨干工业企业被日方掠夺或"接管经营"。如苏州最大的工业企业苏纶纺织厂,该厂在沦陷之初即被掠走大量物资,继而又被日本内外棉株式会社强占。1941 年初,原厂主以 9 960 两黄金的价值向日方"赎回",惨淡经营,至 1945 年 1 月被迫全部停工。苏州传统的丝织业遭到沉重打击。日本控制的华中蚕丝股份有限公司在吴县侵占了 26 所蚕场,19 家丝厂、3 656 部织机。1939 年,吴县 26 家丝织厂逐渐复业,产量 4.98 万匹,仅及战前的六分之一,至 1945 年初丝织厂全部停产。华盛造纸厂被日军侵占后,又被日商上海纸业株式会社强租生产以取利。鸿生火柴厂、太和面粉厂等均一度被日军"军管"。苏州电气公司在空袭轰炸中遭到毁坏。1940 年 3 月,日本驻苏州特务机关贴出布告,将苏州电气公司实行军管。随即成立由日伪控制的华中水电公司苏州办事处,接管发电厂。太仓在 1944 年时只剩下碾米厂 5 家、榨油厂 4 家在苦苦挣扎。日军入侵吴江盛泽后,当地的丝织厂全部停工,至 1943 年,开动的电织机仅 229 台,不到战前的四分之一。

苏州境内的交通被日军强占或控制。京沪、苏嘉铁路先受日军"军管",后被华中铁路株式会社霸占经营,境内各条公路和轮船航线也被"华铁"侵占。

商业方面,苏州众多商铺被日商势力强占豪夺。苏州最大的百货公司苏州国货公司被日本大丸洋行接收,更名为"苏州百货公司",由日商统一经营,倾销日货。苏州附近各县商号纷纷倒闭。日伪"清乡"时期,苏州经济遭到封锁,货物禁运,正当的商业经营惨淡,而与官匪勾结的投机商、捐客、跑单帮者应运而生,百姓苦不堪言。

沦陷期间苏州的农业生产水平大大下降。据战后调查,吴县枫桥等 30 个乡农田抛荒达 6 038 亩,失耕农户 2 112 户;吴江黎里等 29 个乡农田抛荒达 4 740 亩,失耕农户 1 397 户。农民屡受日伪的强征暴敛。苏州城郊被划入日军华中派遣军军米收购区,由日本人把持的苏州"米粮统制委员会"对粮食实施统制。棉花是太仓主要的经济作物和农民的重要收入来源。据 1931 年统计,全县植棉 56.3 万亩,占总田亩的 67%,籽棉总产达 1 755.7 万公斤。但在日伪统治时期,由于实行掠夺式粮棉统制政策,造成了粮贵棉贱。1941 年,全县棉田减少到

---

[1] 币值为 1937 年上半年法币,以下未注明者均为此。

39.88万亩,籽棉总产仅为588.5万公斤,产量不到抗战前的三分之一,棉农生活潦倒。

沦陷期间,苏州在文物、园林等方面受到的损失无法估量。富庶人家以及文化部门的书画、文物和古玩等成为日军抢掠的重要目标。日军华中派遣军司令松井石根曾亲自到苏州搜掠文物。省立苏州图书馆馆藏的图书及书版损失惨重。吴县图书馆房屋及藏书均被毁。著名的苏州古典园林在战乱中受到严重破坏。在1937年的敌机空袭中,拙政园主建筑"远香堂"受震破损,"倚玉轩"被焚毁。伪省政府还将拙政园占为办事场所,恣意在园内建造日式木屋、小阁楼供其玩乐。遭受破坏最严重的当数留园,这里一度成为日军养马场。宝带桥南端六孔被日军炸塌,满目疮痍。在常熟,清代两朝帝师翁同龢的归隐之处"瓶庐"毁于日军炮火之下。太仓全县共有14座古建筑及两座牌坊被毁,损失无法估量。昆山马鞍山山顶的华藏寺除两间小屋外,其余全部被毁,凌霄塔被削去西半角。吴江震泽、平望民间损失图书计20 105册,加上机关图书9 000册,学校图书32 467册,共计61 572册。其中珍贵善本如震泽"敦善堂"徐宅藏书楼收藏的古籍清乾隆版《二十四史》计4箱24部,及18省府县的地方志书6箱约1 800册,都随主人房屋在1937年日军入侵时被焚毁。南社著名诗人、吴江芦墟沈氏兄弟收藏的多种古玩字画和孤本、抄本书籍则于1938年被日军焚毁。

苏州的文化教育事业也难逃厄运。沦陷前夕,苏州城区的东吴大学及公立学校纷纷外迁;其余大部分学校停办。日军攻占苏州,城乡各地学校校舍大都被毁被占,破坏损失严重,学校数量锐减,学子无书可读。如吴县到1938年秋季才恢复52所小学,1940秋恢复6所中学。常熟在1938年恢复小学54所,吴江1938年恢复小学36所,均不到战前的四分之一。日伪将中小学校作为进行奴化教育的场所,强行推广日语,向学生灌输"亲日""反共"思想,连西方教会学校也不能幸免。伪政权所办的《苏报》(后改为《苏州新报》《江苏日报》),其他还有常熟《虞报》《新昆山日报》《太仓新报》等汉奸报刊,为敌张目,欺骗和麻醉群众。在日伪控制下出版的《江苏作家》《青复》等刊物,所刊也多属汉奸文学。在苏州仅剩的5家电影院中,苏州电影院、大光明电影院、青年电影院3家被日人霸占,阊门外天平电影院则由汉奸经营。日本基本控制了苏州沦陷区的文化事业,使之成为实施文化侵略和思想奴化的工具,服务其殖民统治。

二、走入绝境的百姓生计

日本投降,人们以为兵革已了,当局能给百姓休养生息,生活可以稍稍安定。

不料这时苏州城里集结了一大批兵痞子,常常一群一群地招摇过市,手持用铁杆弯成的手杖,强赊硬买。这些人有"荣军"的头衔,就觉得老百姓该好好慰劳他们。陆文夫当时在苏州中学读书,三元坊的校舍便被国民党伤兵占据着。他回忆说,伤兵很厉害,看戏不买票,乘车不给钱,开口便是老子抗战八年,动不动便大打出手,没人敢惹他们。[1]后来他们又与当地的地痞引结成伙,到处闹事;看白戏是常事。有一次,他们在北局青年会电影部与人一言不合便大打出手,电影部好几个职工被打伤。[2]

  这样的乱象随着内战的爆发变得更加糟糕。在美国的支持下,国民党政府坚持独裁和内战的方针,决意发动新的大规模内战,以图消灭中国共产党领导的解放区和人民军队。然而国民党军队败绩累累,一些残兵败将撤到长江以南,来到苏州。有的军官携带着家眷到居民家中东张西望,一见有空房,不问宅主愿不愿意就强行占据,宅主只能忍气吞声。金门外靠近南新桥的南浩街口,当时是个菜贩集中地,常有国民党军的伙夫提着大竹篮在菜摊上抢菜,不问价格,任意丢下几个钱便走,菜农也不敢吭声,否则就要吃耳光。张继馨当年打工的煤炭店常遭国民党兵的强要,也不敢吭声。附近小日晖桥堍有一爿炭行,有个小伙计因老板不在,恐无法交代,不让擅取木炭,两士兵便从腰间解下皮带猛抽他,小伙计边逃边讨饶,一直退到后门护城河的码头才得以脱身。[3]

  在常熟东乡,区署借口上面经费不能按月发放,开支浩大,且须供给准备内战的"国军膳食","不得不"向商家百姓摊借,在"接收"常熟的两个月内,这种浮借竟至"每月浮借数千万元"。地方报纸发问道:常熟东乡每一小市镇有多少商家?多少人口?这不是置人民于死地是什么?[4]

  国民党政府的财政开支由于内战军费的空前浩大而逐年剧增。据估计,1945年的实际支出约2万亿元,1946年增为9万亿元,1947年增为100万亿元,1948年上半年更达400余万亿元。在民穷财尽的情况下,政府收入远不及支出之无限扩大,因此,财政赤字与年俱增,1945年为1.7万亿元,1946年为6万~8万亿元,1947年为87万亿元,1948年达900万亿元,历年赤字均占实际支出的80%~90%。弥补财政赤字的基本办法就是滥发纸币。国民党政府将其所发行

---

[1] 陆文夫:《道山亭畔忆旧事》,《苏中教育》1980年第1期。
[2] 尤玉淇:《苏州解放前夕社会面面观》,姚福年:《亲历苏州解放》,广陵书社2010年,第198页。
[3] 张继馨:《百姓都在渴望解放》,姚福年:《亲历苏州解放》,广陵书社2010年,第208页。
[4] 《周报》1945年10月3日。

的纸币定为"法币",亦即由国家法律赋予这种纸币以无限法偿的能力。纸币流通有它自身的规律,它们只有代表金属货币才成为价值符号,过量地发行纸币,只是意味着增加符号,而不能增加符号所代表的价值,每一符号所能代表的金、银铸币的价值按同一比例减少,造成通货膨胀。通货膨胀政策本来就是抗战期间国民党政府解决财政危机的主要手段,全面内战爆发后就完全失控了。至1949年初,国民党政府的纸币发行量比抗战结束时增长了3.8亿多倍!纸币发行愈多,必然引起币值急速下降,物价飞速上涨。[1]以苏州为例,1947年1月份的上白粳米每石最高价为7.7万元,2月份突破10万元,至年底,高达100万元;至1948年8月国民政府推行新经济政策时,中白粳米每石法币已是5 990万元。[2]

在这样的经济政策之下,小民难得一饱,公职人员三餐难继。一份1947年2—6月间的"振华女学校的俸薪收据、特别津贴和领款凭条"显示,在那样一个物价暴涨的年代里,振华学校所有教职员的薪酬3个月里竟没有任何变化;在领款凭条中有一段文字:"先生在校苦干,不计待遇,然目前生活高涨,校方不忍坐视,兹特勉筹薄酬,以答盛情。"连这点薪酬也特地"勉筹"而来,寥寥数语道尽了当年日子的艰难。[3]

在苏州乡村,法币因为币值太不稳定竟被遗弃,而以实物作为估值标准,在某些场合,且以之为支付手段。譬如请一位裁缝缝衣,裁缝不说他的工资是几万元,而说是若干升米;又如询问某人有多少资产时,他决不说有几百万、几千万,而说合值若干担稻。在这种基础上,实物高利贷产生了,因为法币的高利贷固然可以收取相当高额的利息,但是本金和利息都在贬值中。被实物高利贷剥削的对象,大半是农人、小商人、船夫和遭遇意外不幸的人们。乡人把这种高利贷比喻为吸血的蚂蟥。它活活地拆散了许多人家和店铺,压死了许许多多的农民。[4]

法币政策带来的另一重灾难是外货泛滥。抗战刚刚结束时,国民党政府握有9亿美元外汇,价值4亿美元的黄金,10亿美元的敌伪产。行政院长宋子文认为,采取进口外国货物与出口黄金的政策即可改变供应缺乏现象,并使法币回笼,遏止通货膨胀。非必需品亦准进口,外汇由政府供给,奢侈品加征关税

---

[1] 凌耀伦、熊甫、裴倜:《中国近代经济史》,重庆出版社1982年,第439—446页。
[2] 黄守璋等:《苏州米价概况》,苏州市地方编纂委员会办公室等:《苏州史志资料选辑》第11、12合辑,1989年,第155页。
[3] 徐维新:《冷摊上发现的苏州振华女学校资料》,苏州市地方编纂委员会办公室、苏州市政协文史委员会:《苏州史志资料选辑》2009年刊,第199页。
[4] 马东明:《江南农村中的高利贷》,《群众》1947年第28期。

50%。[1]外货因之充斥市场。苏州的地摊生意大走其红运,美国罐头,美国巧克力,美国奶粉,五步一堆,十步一摊,买者不乏其人,卖者皆大欢喜。[2]与地摊生意火爆形成鲜明对比的,是苏城百业的凋零:"沿街地面上有大量美国军援物品在出售,水壶、手套、黄袜子,还有大块巧克力,而商店里的吃、用等物品,日渐稀少,价钱一天里涨几涨。"[3]太监弄和北局一带的商店,到处张贴着"七折""八扣""大倾销"的减价标语,五光十色。[4]时人指出,"民不聊生,哀鸿遍地,固然是战后的普遍现象,而苏城的繁荣,几乎一落万丈"。这只要看看三个去处便知究竟:旅舍,从前是满坑满谷的,现在变成数一数二了;菜馆,从前是座无隙地,现在是座皆隙地了;长期大减价的商店,依然人山人海,不过徒手而入,还是徒手而出,煞是凄惨![5]

随着国民党政府政治危机的加深和军队溃败的加速,法币政策趋于崩溃。1947年2月法币发行额比战前增长3 430倍,年底即增至2.35万倍,1948年8月更增至47万多倍,而相应的物价也跃至7 255 862倍。[6]这时的物价几乎时时刻刻都在涨。法币在人们的心目中已形同废纸,城市一般交易多用银元和其他铸币进行。夏宗保回忆,当时领到一点点薪金就要马上到玄妙观去向银圆贩子买银圆;稍迟一步,便会贬值许多。[7]面对重重危机,国民党政府又一次进行币制改革。1948年8月19日颁布的《财政经济紧急处分令》规定,自即日起,以金圆为货币本位,发行金圆券,限于9月30日收兑法币。以法币300万元兑换金圆券1元;黄金、白银、银币、外币须于12月31日前兑换金圆券,禁止任何人持有;所有物价强制冻结在"八一九"的水平上,如白米每石20元(金圆券)。

国民党政府既不能改变它的通货膨胀政策,当然也就无法保证金圆券不步法币崩溃的后尘。金圆券的发行量在11月10日就已经超出了20亿的限额。国民党政府于11月11日只能自欺欺人,公布所谓"修改金圆券发行办法",宣布金圆券的发行总额将不以20亿为限,而改为"金圆券发行总额另以命令定之",就是说可以随意扩大发行量。此后,金圆券的发行便如决堤的洪水,泛滥成灾。11月底,金圆券的发行量超过了30亿元,12月超过了80亿元。到1949年8

---

[1] 郭廷以:《近代中国史纲》,格致出版社、上海人民出版社2009年,第520页。
[2] 灼灼:《苏州杂写》,《一四七画报》1947年第10卷第2期。
[3] 沈士龙:《金门城口看解放》,姚福年:《亲历苏州解放》,广陵书社2010年,第252页。
[4] 灼灼:《苏州杂写》,《一四七画报》1947年第10卷第2期。
[5] 长生:《市面萧条的苏州:已不是天堂的气象》,《礼拜六》1946年第25期。
[6] 凌耀伦、熊甫、裴倜:《中国近代经济史》,重庆出版社1982年,第448页。
[7] 夏宗保:《我们的一次索薪行动》,姚福年:《亲历苏州解放》,广陵书社2010年,第205页。

月,超过1 900亿元;4月又超过了51 600亿元;5月更超过了679 458亿元。这期间物价的上涨就更为猛烈,创造了国民党统治时期物价上涨速度的新纪录。[1]最初限定为上白粳每石金圆券20元的价格,至1948年12月中旬,苏州中白粳每石已达金圆券317元;1949年米价一路狂飙:中白粳2月份每石金圆券8 500元,3月份为36 000元,4月份380 000元。[2]金圆券发行半月后,苏州跟全国一样,掀起了抢购风潮。各类商品特别是百姓日常生活必需品,俱抢购一空。观前街、石路一带商店半闭半启,无货应市,黑市更为猖獗。当时,由于只出难进,苏城米粮来源顿绝,城市粮荒严重,人心惶惶。平民百姓终日为谋得升斗米粮而奔走争购,由此引发了一次次的抢购风潮。[3]

金圆券流动带来的不仅仅有抢购行动,更可怕的是抢食。在盘门杨家桥发生的饥民抢山芋就跟金圆券流动有关。这一带乡民种有田地50余亩,靠着种山芋为生。一日,一群饥民200余人到山芋地旁抢购山芋,村民不要金圆券,拒绝出售。饥民肚饿难忍,到城里又找不到吃食,于是不分情由就到田地上自动掘取。村民立刻鸣锣求援,附近村民闻声都持了钉耙、扁担、锄头前来殴逐饥民。一阵混战,掘山芋的饥民当场被殴击昏厥4人,轻伤数十人,其他惊慌四散。枫桥镇同样也发生了千余饥民盗掘洋芋的风潮。[4]

苏州人已经对国民党的一再承诺失去信心,既不相信物价会冻结,更不相信金圆券能使经济起死回生。常熟浒浦歌谣云:金圆券,莫留腰,二天不用当纸烧。[5]所以当时的商业交易以及薪水、书画家的润例,都得以黄金和大米计算。币制改革前绝大多数人认为,与其明天去兑换金圆券,不如今天将旧法币花掉,所以人们一拿到钱便急于抢购日用品,以免钱币成废纸。时人在景德路上曾目睹一个人坐在黄包车上,脚边放着一个大麻袋,里面装满法币,到观前街去买服装。[6]

国民党政府的币制改革遭到社会舆论的猛烈抨击。1948年,在常熟的地方报纸上出现了两篇讥讽小文,一篇是讽刺法币的,曰《祭法币文》:

---

[1] 凌耀伦、熊甫、裴倜:《中国近代经济史》,重庆出版社1982年,第449页。
[2] 黄守璋等:《苏州米价概况》,苏州市地方志编纂委员会办公室等:《苏州史志资料选辑》第1、2合辑,1989年,第156页。
[3] 山青:《一场持续半年多的苏城米价骤涨风暴》,苏州市地方志编纂委员会办公室、苏州市政协文史委员会:《苏州史志资料选辑》2010年刊,第276页。
[4] 刘夫:《苏州通讯:饥饿啊!江南》,《经济周报》1948年第7卷第21期。
[5] 朱寅全:《常熟革命民歌》,江苏苏州人民出版社1960年,第73页。
[6] 张继馨:《百姓都在渴望解放》,姚福年:《亲历苏州解放》,广陵书社2010年,第206页;史若平:《忆"通胀":1948年8月在苏州》,《苏州杂志》1994年第3期。

维民国三十七年八月廿四日,松华以可口可乐一瓶,冰淇淋一客,致祭于法币公之前曰:呜呼!法币!生而为英,死而为灵。

当胜利之初,公曾以一夫之勇,而挡伪币二百之众,所向无敌,使天下人心咸望风而归之,上自士大夫而下至贩夫走卒,莫不以一亲左右为荣也,而今,竟屈居于金圆券三百万倍之下,且为人所共怨。竟至于昔日可当三十万倍伪币之千元券弃之于道而无人拾取赐之于丐者,亦遭拱手而却之,不亦怜乎?呜呼!哀哉!法币!法币!昔日雄风,今又安在?视今日金圆券之欢声载道,能不令人兴沧海桑田之叹乎?尔若死而有知,亦当慨然于地下也,实者,公亦乱世之忠臣耳,当外敌方张,内乱又兴之际,烽火漫天之战争费用,创伤遍地之国地重建,皆非公莫助,而公以有限精力,而应付多方之需要,岂能久耶!不得已乃膨胀其通货,以致声望日降,为人所卑视,焉能不有今日耶!公亦可谓"鞠躬尽瘁,死而后已"也。而尚可告慰于君者曰:金圆券亦继汝之职"堪使经济稳固,民生安定,角分即可饱腹,亿万将入冷宫"。公闻之,亦当含笑瞑目双(于,引者注)九泉也。

哀哉,伏维尚飨。

文仿韩愈《祭十二郎文》《祭鳄鱼文》等,极尽戏谑。另一文曰《金圆曲》:

迎来送往一番忙,终古官场如戏场,法币可怜成旧迹,金圆却喜穿新装,铜钱银子多变化,柴米油盐入正常,我是天天来祝祷,官商勿再吊儿郎。

大钞于今勿吃香,何如身畔只把洋,当年士袋里叮当响,此日栈中趾气扬,新券果真姿色好,平民那怕面孔黄,倘然物价还高涨,我要骂声你的娘。〔1〕

金圆券在人们一片骂声中很快寿终正寝。史家郭廷以认为,"不改革财政经济,仅以一种新币制代替旧币制,断难有成。内战不停,又焉能谈到经济改革"〔2〕。处于穷途末路的人们已经对国民党蒋介石政府彻底失望,苏州百姓这样传唱:粒米一百元,寸布十五万,呜呼蒋介石,哪得不完蛋。通货膨胀和财政失措毁坏了千百万中国人的生计,并彻底破坏了政府的信誉。劳苦大众不仅反

---

〔1〕 两文分别载于1948年9月10日的《常熟夜报》和9月8日《常熟青年日报》;转见沈秋农:《长河碎影》,广陵书社2010年,第198—200页。

〔2〕 郭廷以:《近代中国史纲》,格致出版社、上海人民出版2009年,第520页。

对国民党的统治,甚至"还期盼改朝换代,这是不足为怪的"[1]。

第三节　国民党统治在苏州的终结

1945年8月15日,日本无条件投降的当天,远在重庆的蒋介石电令委任伪省长兼伪绥靖主任任援道为南京先遣司令,在苏州成立临时警备司令部,担负沪宁一带的治安工作。国民党政权在苏州的"合法"统治逐渐建立起来,但这种统治在很大程度上是依靠企图控制中国的美国军事强权作为后盾的,缺乏广泛的民主政治支持和稳固的社会基础,因此在之后的数年时间里,苏州社会民怨载道,在人民不断的武装反抗和民主运动中,国民党政权在苏州的统治终结。

一、武装反抗

日本投降初期,苏州乱象丛生。吴县伪县长陈展如在日本主子垮台后不敢露面;8月下旬,国民党忠义救国军淞沪区吴太昆行动总队顾伟部见苏州没人管,便抢占了陆墓镇;9月初,江苏省保安第六纵队乘机占据苏州。其实,国民党省政府早在8月15日就任命逯剑华为吴县代理县长,他从大后方赶到苏州时已是9月9日。逯剑华来到县政府,发现有4个流亡政府的县长都要来"接管"苏州,逯带着江南行署的委任状,其他的县长自然无话可说。无独有偶,常熟也是县长济济。日寇投降前夕,在常熟号称县长的很多:东乡的顾彦儒,西乡的包福岩,南乡的安蔚南,城内的王崐山;安是国民党任命的,王是汉奸。这已经够复杂的了,更有凌元培者发表声明:欲与安县长一决高下。安蔚南因是国民党任命的,抗战一结束,就"从地下钻出来",准备进城接收。不曾想,安还未入城,上海忽有一姓虞的,自称是常熟县长,又说他在安徽一带做地下工作,因与上海方面有联系,行署将派他前来接收常熟。这一来,常熟就有6位"县长";实际上,最受人民拥护的是根据地的钱伯荪县长。[2]安蔚南以"县长"的身份也在昆山出现过,10天之内,昆山又来了个沈霞飞县长。双方都有队伍,互不示弱,僵持不下,直至8月25日国民党"新六军"抵昆,方才确定沈霞飞为县长。[3]常熟、昆

---

[1] 徐中约:《中国近代史:1600—2000,中国的奋斗》(第6版),世界图书出版公司2008年,第515页。
[2] 俞九思:《八年离乱,天亮前后》,常熟市政协文史资料委员会:《文史资料辑存》第4辑,1963年初印,1983年重印,第20页。
[3] 杨馥清:《长夜难眠有尽时——回忆抗战八年昆山情景》,昆山县政协文史征集委员会:《昆山文史》第3辑,1984年,第96页。

山的情形反映了日本投降前后复杂混乱的苏州地方政局。

被国民党政权"接收"了两个月之后,常熟东乡的情形令人非常失望。一帮伪区乡、镇长争先恐后地宴请一班走马上任的"新官",秋波频送,希望大事化小事,小事化无事;一部分汉奸于敌寇投降之初逃避至沪,不久又一一溜回乡间。区署内新旧冠盖云集,简直成了汉奸的庇护收容所。[1]质朴的百姓不干了。当抗战胜利的钟声敲响之时,"每个人民心头的愤怒有了发泄的机会"。苏州城里在高放鞭炮、扎彩牌楼,"欢迎凯旋国军",乡间的农民们则集合起来,拿着镰刀、锄头和绳索,搜寻着每个曾"害过他们的东西","拆毁那些走狗们的房屋,纵火焚烧它们的财产,剖开它们的胸膛。……在思想单纯而直率的他们看来,这是最痛苦而且也是最有意义的事"[2]。

抗日战争胜利后,苏州地区的中共党政军人员 700 多人先后北撤。在苏州城乡广泛张贴的《江南新四军北移告别民众书》中,人们发现了中共北撤的原因:"共产党为了制止反动派的阴谋,为了避免内战,实现全国和平团结,不得不忍痛这样做。"[3]苏州的中共留守人员形成了新的组织形式。在农村,党组织设县、区两级特派员,党员分别编入甲、乙两种组织:面目公开的编入甲种组织,由武工队所属的党组织领导;面目未公开的编入乙种组织,由特派员单线联系。行政机构撤销后,成立新四军地区留守处。留守处挑选立场坚定、熟悉环境、具有军事斗争经验者成立小型武装工作队,散布于广大乡村。

国民党决意挑起内战。1945 年 12 月初,国民党第三方面军司令汤恩伯在无锡召开江南治安会议,决定实施"清剿"。随后,苏州组织起保安团和自卫队,与国民党正规军一道,在重要集镇建立据点,构筑碉堡,设卡盘查,安排特务,四处搜捕中共地下党和武工队。苏州城乡一片白色恐怖。残酷的清剿,叛徒的出卖,致使一些党组织遭到破坏,许多留守人员或被捕或被害。为了不连累群众,武工队员晚上宿在牛棚里或露宿在荒坟中,往往一夜数易住地。天气转冷后,有的就住宿在河浜里的小船上,吃不上饭便以野菜充饥。[4]

面对打击国民党的嚣张气焰,武工队开始了行动。任石区武工队活动于常熟的任阳、石牌、李市以及昆山巴城一线,1946 年 8 月上旬,武工队队员王峰和

---

[1]《周报》1945 年 10 月 3 日。
[2] 越风:《胜利前后的形形色色》,《礼拜六》1945 年第 2 期。
[3] 中共苏州市委党史工作办公室:《中共苏州地方史》(第一卷),中央党史出版社 2001 年,第 223 页。
[4] 中共苏州市委党史工作办公室:《中共苏州地方史》(第一卷),中央党史出版社 2001 年,第 241 页。

俞玉铭来到昆山陆家桥,只见到处张贴着布告:"通匪者杀,窝匪者杀,知匪不报者杀……"二人心想:何不将计就计,自己送上门去?晚上,两人叩开了国民党巴城区乡长陈某家的门,要求借宿。陈乡长的脸一下子白了:答应吧,就是窝匪、知匪,那是杀头的罪;拒绝吧,来者不善。最终他还是想通了,答应借宿。武工队先是对陈乡长进行了一番形势宣传和前途教育,警告他不要胡作非为。那一夜,躺在陈家的床上,王峰和俞玉铭驳壳枪的子弹已经上了膛。接着,武工队又在附近周墅、陆家桥两个乡的乡长家里借了宿。陆家桥王乡长给吓跑了,周墅的蔡乡长转而向武工队及时提供了昆山国民党的"清剿"情报,武工队马上化整为零,转移分散,隐藏到群众中。[1]

更让敌人胆战心惊的是武工队的"锄奸"行动。常熟有个"青年军"情报员陶根兴,绰号"猢狲头",他经常任意扣押上街的农民,追租敲诈,群众视之若虎狼。武工队经过周密侦察,发现他常在小东门街上的一家茶馆喝茶。1947年6月27日早上,常熟任石区武工队钱康元等化装入城,来到茶馆,将"猢狲头"抓获,当众宣布罪状后,将其执行枪决。[2]在险恶的政治形势下,神出鬼没的"锄奸"活动屡建奇功,震慑了敌人,安抚了百姓,保存了力量。

内战进入到第二年,国民党兵源枯竭,给养供应困难,便大量征粮拉夫,摊派苛捐杂税。1947年12月初,中共太湖县特派员薛永辉以"太湖人民自卫总队部"司令兼政委的名义发布告示,号召全体人民"以一切可能之办法,一致抗缴国民党反动派粮赋及一切捐税与拒绝出丁"。一夜之间,苏州城乡出现了1 000多张署名为"太湖农会筹备处"的抗丁、抗粮和抗税标语。在农村,地下党和武工队组织成立了"抗丁小组",挖地洞,筑隔墙,准备隐蔽场所。白天,抗丁小组与农民一起下田劳动,派人放哨,一发现敌人下乡抓丁,就带领青年及时隐蔽。晚上,青年们或者藏在地洞密室内,或者露宿在芦苇坟茔中,或者躲藏在漂泊的小船上。地下党和武工队在苏州西北地区建立的"三抗小组"达到30多个,有力地激发了农民的反抗热情。1948年5月16日凌晨1时,黄埭联合租栈勾结警察、自卫队下乡武装逼租,在倪汇村和港湾里两地开枪打伤农民3人,激起众怒。8时许,四乡农民千余人奔袭黄埭联合租栈,一举将租栈砸烂。次日,湘城农民

---

[1] 王峰:《为了江南的黎明》,《苏州杂志》1991年第2期。
[2] 包厚昌:《胜利的旗帜永远飘扬在苏南的沃土上——忆解放战争中坚持在苏南东路地区的斗争片断》,《苏南日报》1951年7月5日。

500多人冲入该区租栈,救出被拘禁的佃农,将租栈砸毁。[1]

类似的抗租斗争此起彼伏。据对黄埭23个甲371户佃户的统计,1947年有149户抗租,1948年抗租户达340户,占佃户总数的91.67%。自1948年起,吴县的一些永佃土地基本上停止了缴租。地主在木渎收租较多,亦只达应缴租米额的40%,其他如城区收到8%,浒关、望亭只收到2%,外塘区仅0.3%。苏州普遍发生的农民武装抗租让地主发出了哀鸣:

> 自(常熟)何市、辛庄租栈相继被一般无知农民恣意捣毁,并将办事职员凶殴负伤事件发生后,……关于分设其他各乡镇之联合收租处,一些胆怯经征人员,均相率来城,避防不幸波及。昨(指1949年1月11日)据田租执行委员会总干事陆仲康告记者称:"若县府再不设法加派武装保护,短时内殊难推进,更经田粮处发表指佃完粮办法后,尤促各催租人员观望不前,故日来各乡收租处几全部陷入停顿状态"。[2]

常熟何市等地的反抗斗争是在中共地下党的领导下进行的。当时何市自卫队的李队副在接受记者采访时称:何市收租分处成立以来,前因天雨,收租工作颇少进展,近日方在正式推进中,"乃竟发生此惊人暴动事件",他怀疑,可能是"有组织之行动"[3]。事实上,据常熟何市打租栈的当事人徐益初回忆:1947年冬,他在何市和李永生组织了进步青年组织"进修联谊会"(简称"进联"),带领青年学生阅读进步书刊,开展歌咏活动,宣传革命思想,出版"进联"刊物,同时鼓励农民进行反抗。国民党统治的最后两年,常熟农村犹如干柴烈火,在徐益初、李永生与归庄地下党员朱安生的指导下,1949年1月7日,500多农民聚集于何市、归庄,捣毁了设在何市镇上的联合收租栈,暴动既成,震撼乡里。[4]

二、民主运动

新四军北撤后,一部分中共华中局和上海局等系统所属的党组织成员[5],秘密留守在苏州城区。在地下党的领导下,苏州呼应着全国形势,社会各阶层不

---

[1] 中共苏州市委党史工作办公室:《中共苏州地方史》(第一卷),中央党史出版社2001年,第247—250页。
[2] 苏南行署财委、苏南区农协会:《苏南土地改革文献》,苏州档案馆藏,1952年7月,第571页。
[3] 《大批乡农集体暴动》,(常熟)《青年日报》1949年1月8日。
[4] 沈秋农:《长河碎影》,广陵书社2010年,第189页。
[5] 1947年1月,分属两个系统的地下党合并成立中共苏州县委。地下党员们在公开的场合都有各种合法的身份。

断掀起反对国民党统治的人民民主运动。

1946年下半年国共全面内战爆发,随着国民党军队的节节败退,苏州与其他国统区一样,通货膨胀日益严重,经济生活每况愈下。无法生存的苏州民众开始了本能反抗,处于社会最底层的工人首当其冲。资本家为转嫁危机,加重了对工人的剥削。因此从1946年下半年开始,工人反饥饿、求生存的斗争日趋激烈。1947年,苏州城区各业工人开展的各种怠工、罢工、请愿斗争达112次,比上年增加57.74%。[1] 1948年之后,随着经济、政治形势的日益严峻,苏城工人的斗争更趋频繁,其中影响最大的是"自编生活指数"的斗争。

1948年11月,国民党政府被迫宣布"8·19限价"失败,恢复自由贸易,物价整体暴涨,工人工资只能按生活指数发放。吴县政府规定,苏州工人按上海生活指数的九折计算。中共苏州工委认为,上海另有平价物资配给供应,如果苏州的生活指数依上海计算,工人生活将更加困难。苏州工委通过吴县总工会内的地下党员,以合法形式开始了大规模的自编苏州物价指数的斗争。经周密研究,工委指示惠志方(吴县总工会秘书主任)、汪荣生(吴县总工会常务理事)、陆志纯(吴县总工会理事)组织这场斗争。在中共党员的秘密策动下,11月中旬10多名工人骨干向吴县总工会提出自编生活指数的要求,许多行业工会纷纷响应。吴县总工会以工人代表会的名义通过了自编生活指数的决议,并责成总工会理事会执行。县总工会授权常务理事吴鉴生负责测算和编制苏州的生活指数,结果算出1948年8月上半月的生活指数为16.8倍,并抢先于上海社会局公布生活指数的前一天在《苏州明报》发表。见报后的第二天,上海报纸公布的同期生活指数为8.1倍。这使国民党苏州当局非常被动。县长王介佛等到总工会"问罪",工会代表们理直气壮地与之说理,同时丝织业等工会组织1万余名工人实行怠工、罢工,向资方施加压力。工人们群情鼎沸,派出代表近300人,聚集在吴县县政府,声援工会代表。由于工人斗争坚决,丝织业资方首先同意按生活指数的14倍结算工人工资,外加三成。接着机械业等资方也按苏州的生活指数结算工资。其他行业资方还对工人增加实物补贴。中共苏州工委看到这场斗争的基本目的已达到,于是指示吴县总工会中的中共党员以县总工会名义与当局达成协议:今后不再另编生活指数;工资结算按上海指数增加3成,今后如上海生活指数提高,苏州也随之提高。这场斗争的胜利,对常熟、吴江、太仓、昆山等县以及无锡、常州、镇江、南京等城市的工人斗争产生了很大影响,这些地方的工人也

---

[1] 阎志华、董柏年:《苏州市工会志》,江苏古籍出版社1993年,第130页。

开展了类似的斗争。[1]

苏州农民除了武装反抗,在党组织的领导下,还与国民党政权进行着"合法"斗争。1947年5月加入中共的汪荣生按照党组织的布置,在苏州东部的唯亭等乡镇积极组织农民,一方面创造能够掩护同志的地下据点,同时为抗丁、抗租奠定群众基础。组织农民的方法是,利用国民党政权的基层保甲制度,向县里申请成立农会。通过各种社会关系,申请得到了批准。通过分批、分片的细致工作,东乡的农会迅速发展,至1949年年初,由汪荣生直接掌控的农会有11个,会员达四五万人。依靠农会,中共地下党在苏州东乡不断与地方政权周旋,极力维护农民的生存权。跨塘乡农会所在的娄下庙曾经是地方催租武装力量的驻地,如果催逼落空,武装人员便将留在家里拖儿带女的老奶奶抓到娄下庙。在农会看来,这是宣传教育农民的机会。农会劝导农民说:老小在家里也要吃饭,现在任凭他们关押,不要着急;反动政权就像兔子的尾巴,长不了了,只要有耐心,就可以把这些催租武装拖垮。一部分欠租农民被抓、被关,汪荣生等人就利用上层农会等方面的关系,把这些农民保释回家。最终,催租武装只能一无所获地撤走。[2]

在常熟,一些具有进步倾向的地方报纸有意让饱受欺压的乡民发声。在当时的第四区长寿乡,钱××长袖善舞,本来是日伪时期的汉奸,抗战胜利后摇身一变,成了乡长。他一方面自己"随心所欲"地搜刮,另一方面为国民党重开内战筹资摊派,引得民怨沸腾。1947年3月2日,《常熟青年日报》刊登了一首署名"常熟第四区长寿乡全体民众"的歌谣:

> 未做乡长,盐菜薄粥。一做乡长,吃鱼吃肉。手头宽裕,买米买谷。时届冬令,添制衣服,大衣呢绒,皮货毛葛。小学程度,派头十足。汉奸罪行,证据确凿:搜刮军粮,资助敌恶。田亩登记,钞票捞足;掉换壮丁,白米卅斛,划一不二,定此价目。搜刮手段,实在恶毒,今天要米,明天要谷,每亩三升,大斗量足。金钱万能,随心所欲。钱庆辰生,助他作恶,乡民代表,犹如猪猡,一言不发,凭他作恶。县长耳聋,区长联络,长

---

[1] 阎志华、董柏年:《苏州市工会志》,江苏古籍出版社1993年,第130—131页;山青:《一场持续半年多的苏城米价骤涨风暴》,苏州市地方志编纂委员会办公室、苏州市政协文史委员会:《苏州史志资料选辑》2010年刊;惠志方:《在迎接苏州解放的日子里》,姚福年:《亲历苏州解放》,广陵书社2010年,第65页。

[2] 汪荣生:《我在吴县唯亭等地从事地下活动的回忆》,苏州市地方志编纂委员会办公室、苏州市政协文史委员会:《苏州史志资料选辑》2000年刊。

此长寿,民众不服。被罚乡民,日夜大哭,无处伸冤,编此歌曲,请求当局,赶快调查,一个命令,把他出缺。

在编者按中,有"第四区长寿乡乡长,县府昨已委派姚××继任,前任乡长钱××近有具名'常熟第四区长寿乡全体民众'印发传单一纸,编撰钱××'劣迹'歌谣"等语,说明了地方时局的混乱,反映了百姓的愤怒。[1]

为生活所迫的教师也开始了合法斗争。在法币失去信用、物价飞涨的情况下,苏州教师的工薪只能以米价或"生活指数"来结算,但真正实行的并不多。1946年的6月,无法维持基本生活的吴县教师们"总请假"三天。在与当局多次协商后,最后以每月补贴一斗三升米而结束。[2]至1948年,苏州教师的生活更加难以保障,忍无可忍的教师们决定组织起来,向政府请愿索薪。时任大儒中心小学教师的夏宗保被学校同仁公推为代表,于6月7日上午在干将中心小学集会,与各公立小学的教师代表30余人一起商讨索薪办法。接着集结队伍,浩浩荡荡去公园路教育局请愿,局长早已闻风躲避。代表们提出:如果局长不接受我们的要求,我们便罢课罢教,以示抗议。一直拖到下午2时,局长迫于无奈才同意见面,但仍在那里敷衍,代表们告知局长:公立小学当即罢课罢教,何时答应条件,何时复课。在社会舆论的同情和支持下,教育局召集各校校长进行商讨,要求与教师代表进行沟通。两天后,当局同意了教师补发欠薪和今后按月发薪的要求,并表示愿向善后救济总署申请发给面粉。[3]

热血青年特别关注全国形势的发展,自由民主是他们的追求目标。1946年冬,北平发生美军士兵强奸女大学生事件,引发了全国性的抗议美军暴行的怒潮。那年暑假,刚刚从四川迁到拙政园的国立社会教育学院,在地下党员聂瑾琳与学生进步社团"雷社"以及共产党的外围组织"民主青年同盟"的发动下,于12月30日举行抗议美军暴行集会。当时,一些特务学生和"三青团"骨干分子故意转移视线,制造混乱,鼓噪集会通过了"一切外国军队都撤出中国去"的"代电"。当晚,进步学生重新起草"代电",改为"要求美军撤出中国去",在第二天继续举行的抗暴大会上,经过辩论获得通过。会议成立"抗议美军暴行后援会",决定

---

[1] 原文题目为《乡民骂乡长,歌谣一曲颇发噱》,转见沈秋农:《长河碎影》,广陵书社2010年,第198—200页。
[2] 尤玉淇:《苏州解放前夕社会面面观》,姚福年:《亲历苏州解放》,广陵书社2010年,第198—200页。
[3] 夏宗保:《我们的一次索薪行动》,姚福年:《亲历苏州解放》,广陵书社2010年,第203页。

罢课3天，发表《告杜鲁门总统书》《告苏州人民书》等文告。[1]张家港大南中学的一位教师在学校公开发展"三青团"成员，还弄来匣子枪和手榴弹在教室里耀武扬威，威胁进步学生。孙介人等联合全班学生在英语大考时一齐交白卷，以示抗议。[2]

青年学生的生存抗争主要是反饥饿。1947年5月，上海学生掀起的反饥饿、反内战、反迫害斗争，迅速发展成全国性的学生运动。南京中央大学学生自5月13日起举行反饥饿游行，要求国民党当局增加学生伙食费。苏州学生也有同感，"每个学期为了伙食都要闹点小风潮"。陆文夫记得，那时候的伙食费每月五斗米钱。早晨喝稀饭，到了第三节课人人饿得饥肠雷鸣。中午是四菜一汤，名字好听，实际上是一扫便光。所以每桌都有个桌长，先由桌长在菜碗边上敲一下，然后大家便一拥而上，否则吃到第二碗饭时就只能白吞了。所以那时候流行一首打油诗："饭来菜不至，菜来饭已空；可怜饭与菜，何日得相逢！"[3]南京大学生的反饥饿马上得到了苏州的响应。5月17日饭时，国立社会教育学院学生敲着饭碗举行学生大会，高呼"我们要吃饱"等口号，选举产生了15人主席团，决定选派李明杠等4人赴京请愿。与此同时，省立苏州高级工业职业学校也推举出10位赴京学生代表。19日，两校代表冲破校方阻力，前往南京。20日，包括苏州代表在内的江南地区学生在南京举行了"挽救教育危机"的联合游行示威，遭到国民党军警的殴打和逮捕。这就是震惊中外的"五二〇血案"。21日，国立社会教育学院集会控诉国民党政府镇压学生运动的罪行，号召同学们"为了国家的前途，为了人民的生存，为了挽救教育危机，为了免除学生的饥饿"而斗争。

"五二〇"大游行的领导者和组织者之一叶公毅，当时是交通大学地下党的支部委员，也是学生自治会的常委，身份已经明显暴露，根据组织指示，改名为薛杰，转入震旦大学读书。1948年他来到苏州，参加组织苏州学生工作委员会。与薛杰在滚绣坊共住了一段时间的陆亨俊当时觉得，上海学生运动高涨，苏州相对沉闷；薛杰则认为，苏州是个很好的隐蔽地，上海暴露的党员可以转到苏州，苏州暴露的可以转到上海，苏州和上海很近，可以恰当地运用上海的斗争形势推动苏州工作的开展。[4]

---

[1] 中共苏州市委党史工作办公室：《中共苏州地方史》(第一卷)，中央党史出版社2001年，第256页。

[2] 张逸民：《大南中学历史沿革及地下党斗争史实》，张家港市政协文史资料研究委员会：《张家港文史资料选辑》第8辑，1989年，第5页。

[3] 陆文夫：《道山亭畔忆旧事》，《苏中教育》1980年第1期。

[4] 陆亨俊：《一个实实在在的好人——薛杰》，《苏州杂志》1999年第4期。

随着国民党统治区经济危机的加剧,学生的反饥饿斗争更为猛烈。1946年下半年,江苏省教育厅给苏州女子师范学校的学生每月每人拨三斗米和极少的菜金,可到1949年春,当学生在一个月之后得到粮款时,只够买两只大饼了。3月上旬,地下党员得到消息,教育厅厅长洪钧培来到了苏州,便组织苏州女子师范学校和苏州师范两校的学生代表10多人,坚持要洪去苏州女子师范学校与学生对话,要求解决公粮问题。洪钧培来到苏州女子师范学校饭厅,同学们有组织地高呼口号:"反饥饿、反内战、反迫害""我们要吃饭,我们要读书!"大家让洪到台上与总代表谈判;学生代表问:

"过去省厅给我们发公粮,现在为什么改发粮款?"

"这是省政府的意见;发钱下来由学校买米是一样的。"洪钧培答。

"怎么一样呢? 春节时一万多元可以买一斗米,现在只能买两只(张)大饼!"

洪钧培不说话,歪着头,傲慢地看着台下的学生;学生愤怒了,高呼:"拖欠公粮就是克扣盘剥学生!"总代表建议:"我们不要按什么标准发钱了;跟过去一样,每月发三斗米吧!"苏州师范的学生当场以厅长的口气写下保证纸条:今后给苏州两个师范学校学生每月发三斗米;要洪钧培签字,洪不签。双方僵持了很长时间,最后洪钧培口头作了保证,大家才放他回去。[1]

这时已经是1949年的早春了。

三、走向新时代

人民解放战争进行到第二年,国共双方的力量对比发生了巨大变化,解放区的土地改革运动也正在轰轰烈烈的开展当中。由于国民党政权对共产党的歪曲宣传,苏州人民并不了解形势。针对这一情况,中共地下党加强了宣传工作。早在1945年下半年,苏州地下党就形成了这样一个共识:"以图书为媒介,传播革命文化和进步思想"。这一年的10月5日,地下党领导成员徐懋德等6人创建了"文心图书馆"作为党的外围组织。图书馆内既有蒋介石的《中国之命运》等图书作为掩护,也有一些反映解放区新生活的《白毛女》《西行漫记》等作品在读者间流转。一时间,按照文心图书馆模式建立的小型图书馆遍布全城,如职青、行知、大地、蜜蜂和孩子等。[2]

---

[1] 黄冰如:《反饥饿斗争记实》,《苏州杂志》1989年第4期。
[2] 陆秀雅、赵一蓉:《一本书就是一支火炬》,姚福年:《亲历苏州解放》,广陵书社2010年,第103—107页。

1947年陆咸在"文心图书馆"参加了地下党,后接到任务,要求大量抄写和寄发关于中共入城政策的文件,包括《解放军宣言》《入城纪律》《告工商界人士书》以及致一些上层人士的信件等。当时,苏州市民对国民党的统治已经完全失望,但由于国民党长期的反面宣传,有一些人对共产党的政策并不了解,特别是一些上层人士和工商界人士,还有不少顾虑。因此,向广大苏州人民宣传中国共产党的政策,安定人心,成为保卫苏州的一项很重要的工作;而这项工作只能在地下状态中进行。特殊的政治环境要求党员们善于保护自己;陆咸回忆道:"我在写信的时候,努力变更自己的笔迹,学习解放区已习惯使用的简体字,使收信者认为这是解放区来的人写的。投寄信件时也选择夜深人静的时候,防止被敌人发现。"[1]

"群社"是中共的另一外围组织,1948年由程伯皋、沈立人等人创设。私下里,他们刻印《消息与真理》社刊,约半个月左右一期,主要报道解放战争的胜利消息以揭穿国民党当局的谎言。参与其事的朱秉璐回忆说,因为那时国民党搞新闻封锁,收音机还属于奢侈品,消息比较闭塞,《消息与真理》的刊印,有助于苏州市民了解时局真相。[2]从1948年冬天到1949年春天,正在国立社会教育学院读书的顾笃璜和他的伙伴们一起,以刻版、油印、散发的方式,通过一张张红色传单把中国人民解放军的城市政策、部队纪律等传递给苏州的老百姓,这让城里的国民党守军内心充满忐忑。[3]这些宣传工作对于争取和稳定苏州各界头面人物和代表性人士,起了非常重要的作用。

1949年元旦,蒋介石发表求和声明;毛泽东在新年献词中发出伟大号召:将革命进行到底!苏州地下党的宣传工作更加迫切了。据地下党员张英霖后来回忆,文教方面,对于大、中、小学教导主任以上职务的人,都要寄送以中国人民解放军第三野战军司令员陈毅和政治委员饶漱石署名的信件,要求他们各自做好本职工作,保护好人民财产,配合人民解放军的接管;同时附有党的城市政策等文件。这些事先油印的信件用虚假的百货、文教、医药、体育等商店或公司名目的信封,看上去像是推销商品的广告信,由全市的地下党员按照统一布置分片进行投寄。[4]

---

[1] 陆咸:《迎接黎明》,《苏州杂志》1999年第2期。
[2] 朱秉璐:《忆群社》,苏州市地方志编纂委员会办公室、苏州市政协文史委员会:《苏州史志资料选辑》2008年刊(上),第171页。
[3] 杨帆:《红色传单送来春的消息》,姚福年:《亲历苏州解放》,广陵书社2010年,第82页。
[4] 张英霖:《六十年前的那个黎明》,姚福年:《亲历苏州解放》,广陵书社2010年,第72—73页。

从 1948 年底开始,苏州地下党组织得到中共华中工委江南工作委员会的指示,要求地下党员加紧对国民党党政机关、驻军、工厂、企业、商店和学校等方面的情况展开深入调查,以迎接解放、配合接管。调查有专门的提纲。地下党员把全市大小街巷里弄划为许多地段,分给各支部,每个支部负责数个地段,分派党员在每一条街巷彻查,记录下所有单位的名称和方位,编写各单位的概况,汇集后再由地下党领导机关进行整理和补充。[1]中共领导的苏州"新民主主义青年团",也参与了敌情的搜集工作。1949 年,地下青年团指派团员邱隐帆为组长,组成三人调研小组,以齐门内北园的一所破庙作为集合点,绘制苏州城区地图。三人分别到苏州六城门大街小巷进行实地观察,回来分段画出草图,重点标出军警驻地,然后由组长绘制成全市地图,送交太湖游击队领导机关。另外,地下团员袁中丕智取了警察局、各分局和警察所的城防图,详细了解到了警员人数、武器配备等数据。地下青年团的一部分情报是通过对敌策反工作获取的。当时,一些国民党特务和中下层军政人员对国民党当局已经非常失望,想寻找退路,地下青年团便对他们积极策反。邱隐帆有个老朋友叫王声扬,是被中统排斥出来的。闲谈中,王流露出对国民党的失望情绪。经过邱隐帆的多次说服教育,王声扬愿意去做原中统吴县室主任谢经纬的工作,谢经纬也有了悔改之心,便将一份中统组织花名册交给了邱隐帆。另有在抗战时参加国民党军统的何醒国,是苏州军统"蓝衣社"的行动组长,与邱隐帆是小学同学。经多次耐心劝说,何醒国弃暗投明,主动交出军统苏州"蓝衣社"的全部组织名册。这是两份很有价值的情报,地下青年团整理后将之送交太湖游击队,然后转送苏北地委。[2]

军事情报的搜集难度和风险尤其大。《新常熟报》的宋以天和陈通接到搜集敌情的紧急任务后,以记者身份作掩护,差不多每天都到县府军事科和保安团"采访"。一天上午,他们发现军事科的桌上有一份绝密军事通报,正是"调查提纲"上所需要的珍贵情报,中午他们潜入军事科取出那份军事通报,火速抄摘下来,赶在军事科下午上班前放回原处。接着,他们又在粮食部门油印室的纸篓内发现一份常熟驻军每月军粮分配表,上面对各地驻军番号、人数、用粮数都做了记载。得到这些重要敌情,他们突击整理和编写了一个通报,油印一式五份,当日便送至上海。临近长江的各县地下党还完成了国民党江防布局图表的绘制,包括东起太仓浏河、西至江阴护漕港的《长江南岸敌军分布图》,常熟、昆山(包

---

[1] 金重固:《团结起来走向新中国》,姚福年:《亲历苏州解放》,广陵书社 2010 年,第 88 页。
[2] 邱永源:《地下团在苏州解放前后》,姚福年:《亲历苏州解放》,广陵书社 2010 年,第 123—124 页。

括马鞍山美国空军雷达站)、太仓等城市驻军工事位置图,常熟白茆、高浦、徐六泾、浒浦等港口驻军、工事布局和火力情况示意图。[1]

敌情的搜集工作有着周密的安排。王峰当时是江南工委任命的"秘党区特派员",接受在上海的常熟"秘党县特派员"朱文斌的单线领导。1949年1月12日,王峰在崇明联络点同志的护送下到达上海,当天在八仙坊秘密联系点王森元成衣铺与朱文斌接头。王峰回忆道:"朱向我宣布了搜集国民党在苏州常昆太一线军事情报的任务,并交给我五份'敌情调查提纲',还要我们绘出一份敌军事布防图,时间要求很紧。……我接受这一任务后,就分头向在沪宁铁路东线的苏常昆太的城市秘工作了传达和布置,这些同志是:苏州归行肇、常熟宋以天、昆山王志勤、太仓陈有庄,以上同志立即会同其他秘工同志全力以赴,抓紧进行。"[2]沙洲地下党建立了护漕港情报站。可靠的情报员分别以杂货店老板、医生、自卫队教练、三青团区队长的身份为掩护,分段负责搜集沿江一线的敌军情报。沿江一带的地下党员和积极分子也利用各自的有利条件积极搜集情报。这样,我方情报站基本掌握了从江阴黄山到常熟福山沿江一线的敌军主要情报。常熟、太仓等县的秘工系统和武工队也积极行动。苏州及各县的情报很快就搜集起来。[3]1949年2月中旬,苏州各地的"敌情概况"都送交至江南工委,由江南工委"调查工作办公室"整理成《苏州概况》,一部分由中共上海局外县工委副书记周克同志秘密送到苏北。[4]这些情报成为上级党政军组织解放苏州、接管苏州的重要地情参考资料。

根据部分绝密情报汇编而成的《苏州概况》和《苏州城厢图》是最重要的两份资料。《苏州概况》有两本:一本由中共华中工委会调研室在1949年3月印制,铅字印刷;另一本《苏州概况补充材料》于1949年4月油印而成,印刷单位是苏州区工作筹委会。情报准确表述了苏州当时的情况:吴县警察局有警员800余名、枪500支以上,吴县保安团共有步枪1 000多支,可用的占十之六七;苏州纺织厂共有纱锭29 612枚;县立乡村师范校长"右倾";如此等等,写得一清二楚。《苏州城厢图》是一张1949年苏州城区的地图,由苏北军区参谋处测绘队于

---

[1] 宋以天:《秘工纪事》、仲国鏊:《回忆我参加接收常熟的几点情况》,常熟市政协文史资料委员会:《常熟文史资料辑存》第16辑,1989年,第39—40页、第3—4页。

[2] 王峰:《国民党在常熟江防沿线的军事部署》,常熟市政协文史资料委员会:《常熟文史资料辑存》第16辑,1989年,第86页。

[3] 施艳燕:《绝密情报源源不断送过江》,姚福年:《亲历苏州解放》,广陵书社2010年,第173—174页。

[4] 张英霖:《六十年前的那个黎明》,姚福年:《亲历苏州解放》,广陵书社2010年,第72页。

1949年2月印制,包括城内街道、机关、学校的名称,以及精准详尽的苏州城外民居情况等。[1]

与中共并肩进行地下作战的还有其他民主党派,比如中国民主同盟。1947年10月27日,民盟由于反对国民党的一党专制而被宣布为"非法团体",民盟中央解散,各地民盟转入地下活动。深秋,民盟苏州支部建立后,立即与中共地下组织取得联系,开始接受党的指示;通过秘密收听解放区的电台广播,民盟直接听到了来自中共的声音。将迅猛变化的时局告诉人们,将革命的真理传播开去,驱散人们心头的乌云,成了民盟苏州支部开展地下活动的中心内容。从1948年11月初开始,直至1949年4月27日,民盟苏州支部先后印发了《简讯》《民工通讯》和《光明报》3份刊物。刊物获得消息的渠道十分秘密:许宪民捐款购买了两台收音机,放在景德路的"巽庐";黄肇模等每天在那里秘密收听新华社的电台广播,并紧张地加以记录整理。刊物的编辑印刷十分辛苦:陈廉贞自掏腰包买来纸张油墨,负责编辑;金琪白天在从云小学上班,晚上和张毅在寓所刻写蜡纸,常常彻夜不眠;张毅还要负责印刷,油印设备利用从云小学的;从云小学的美术教师程国庆自愿设计版面。刊物的发放,一般通过邮局直接寄给指定对象,或者深夜沿街散发,或者发动亲戚朋友上门投递。[2]

除了通过秘密渠道得到国民党军队的消息外,苏州百姓也能从市面觉察内战形势的变化。1948年年底,常熟大康米行的工人突然发现,行里运进了大量稻谷,两台砻谷机日夜开工,工人加班加点。奇怪的是,米并不碾白,而是糙米直接打包装船,运往上海。县政府还派专人坐镇,从过筛到打包全程监督,不许有任何杂质,打包用的麻袋也特别厚实。工人们后来才知道,原来这是用来空投给被围困在淮海战场上的蒋军食用的,"国民党在北边吃了败仗"[3]。与此同时,沪宁铁路沿线大小市镇的饼馒店都奉令日夜加工大饼,苏州赶制的油盐大饼有如面盆大小、厚约半市寸,俗呼"炝饼",做好后不加包装便由黄包车运向火车站,乱哄哄一片。待到大饼摊上看不见炝饼时,老百姓知道:"淮海战役已经打完了。"[4]日子一天天地过去,及至清明前后,城里的国民党军警有些慌乱起来:先是青年军202师撤退了,接着金门里的警察所也解散了,后来,城门口的宪兵

---

[1] 施艳燕:《绝密情报源源不断送过江》,姚福年:《亲历苏州解放》,广陵书社2010年,第172页。
[2] 民盟苏州市委员会编史小组:《〈光明报〉与民盟组织在苏州解放前夕的地下活动》,苏州市政协文史资料研究委员会:《苏州文史资料选辑》第12辑,1984年,第115—116页。
[3] 朱晋源:《我见到蒋军撤退和解放军进城》,姚福年:《亲历苏州解放》,广陵书社2010年,第246页。
[4] 张英霖:《六十年前的那个黎明》,姚福年:《亲历苏州解放》,广陵书社2010年,第71页。

也不知去哪里了。到4月20日左右,国民党军队、警察几乎全消失了,替代他们的是一帮提着老式枪械的商团,正在撤掉沙包袋工事。[1]

1949年4月20日,国共和平谈判破裂。次日,毛泽东、朱德发出"打过长江去,解放全中国"的号令,人民解放军百万雄师横渡长江,国民党千里防线顷刻瓦解。4月22日,江阴要塞蒋军举行起义,人民解放军第29军浩浩荡荡登上长江南岸,于23日夜解放无锡,向苏州挺进。

苏州解放在即,苏州人民开始了迎接解放的战斗。1949年4月中旬,苏州地下党组织在乔司空巷志成小学内设立临时指挥所,由张云曾、马崇儒和汪荣生三人成立临时指挥组,统一指挥保护苏州的斗争,对外则以商会、总工会名义开展工作。[2]

对于企业来说,保护苏州就是护厂、护店。为防止溃败的军警、流氓、土匪抢劫破坏,中共苏州工委指示总工会组织职工自卫。工商界出钱购买枪支,职工群众出力,工商自卫队迅速成立。[3]

对学校来说,保护苏州就是护校。随着战火的临近,校园内紧张起来,有些同学甚至停学返家了。为了稳定人心,校方与学生自治会一起成立了"应变委员会"。应变会的任务主要有两个,一是保护学生和校产的安全,二是为迎接苏州解放做好准备。具体活动是,安排同学分头在校内各区域值岗巡夜。[4]4月25日,苏州女子师范学校召开大会,成立应变委员会和护校纠察队,纠察队在全校巡逻,水塔上也放了哨。[5]设在拙政园的国立社会教育学院,从1948年下半年起在地下党组织的领导下,选举成立了以进步力量为主体的学生自治会,推动教职员工建立了各自的组织,为建立护校应变委员会做准备。国立社会教育学院是全公费的学校,国民党当局一旦停拨经费,学生将因生活无着而不得不离开学校,护校斗争就无法进行,因此解决学生的吃饭问题成为护校斗争的关键。为此,学生自治会一方面联合教授会向学校当局交涉,迫使他们交出财权,并从中央银行金库提取经费,另一方面则发动组织筹粮义演活动。一时苏州有"拙政园是小解放区"的说法。[6]

对乡村来说,保护苏州就是劝阻逃难,安定民心。在昆山正仪镇,地下党给

---

[1] 沈士龙:《金门城口看解放》,姚福年:《亲历苏州解放》,广陵书社2010年,第252页。
[2] 惠志方:《在迎接苏州解放的日子里》,姚福年:《亲历苏州解放》,广陵书社2010年,第67页。
[3] 惠志方:《在迎接苏州解放的日子里》,姚福年:《亲历苏州解放》,广陵书社2010年,第66页。
[4] 席兴荣:《回忆解放前夕东吴校园内的"应变会"》,王国平:《东吴春秋:东吴大学建校百十周年纪念》,苏州大学出版社2010年,第69页。
[5] 黄冰如:《反饥饿斗争记实》,《苏州杂志》1989年第4期。
[6] 张英霖:《六十年前的那个黎明》,姚福年:《亲历苏州解放》,广陵书社2010年,第69—71页。

镇人讲这么一个道理:如果是富人,总是想逃往上海,但共产党也是要解放上海的;如果是穷人,总是想逃往乡下,但共产党就是保护穷人的,因此没有必要逃。在兵荒马乱的年代,没有一块安宁的土地,所以用不着逃难。逃出去反而可能人财两空,待在家里最安全。经过这样一宣传,镇上逃难的人果然很少,已经逃出去的有的还回来了。[1]

保卫苏州的重点是保护电信局、发电厂等要害目标。早在1948年年底,电信局与中共地下党有联系的报务员陈冠伦在电话中窃听到,国民党准备在溃逃前破坏电信局,于是陈便给代理局长章祖伟写信,规劝他不要跟国民党跑,保护好电信局的设备和物资,防止国民党的拆迁和破坏。章祖伟虽然不太关心政治,也不了解共产党,但具有正义感和爱国心,欢迎工商自卫队驻守电信局予以保护。4月26日,国民党疯狂了,间邱坊电信局冲进了约一个班的荷枪实弹的国民党士兵。为了缠住那些士兵,电信局准备了丰盛的酒菜,由几位科长和股长作陪,"热情招待"他们。夜幕降临,人民解放军已经兵临城下,国民党苏州城防指挥部在电话里向带队的连长发出命令:立即对电信局实施破坏计划,然后向东撤退。报房的员工按照应急计划抢先切断了电源,报房立刻陷入一片黑暗之中。枪声越来越近,国民党士兵仅仅砸坏了一些机器面板和指示灯,抢走了几只计时用的马表,便慌忙向娄门方向逃窜了。[2]

从武装力量上说,苏州解放前夕的国民党势力已经非常虚弱。各地武工队迅速接收、控制了大量国民党地方武装。人民解放军胜利渡江,国民党官员纷纷撤离苏州,国民党第296师仓皇向上海方向撤退,苏州只剩下123军128师及一些地方武装,分别布防于城北和城西一线,掩护其主力东撤。因此,当4月27日那个黎明到来的时候,苏州人并不太紧张。

华明酱园店的学徒汪士辉记得:整个晚上炮声隆隆,枪声不断,好像就在我们的头顶上,觉也不敢睡。我们跑到北寺塔附近原国民党《江东日报》社的大楼阳台上去看,看到城西铁岭关上空一片火光闪闪。[3]在傅承宗的记忆里,这一夜特别宁静,没有了"五香茶叶蛋"的叫卖声和"笃笃笃"卖糖粥的竹梆声,只有偶尔从远处传来的枪炮声。这一夜也特别长,坐在竹椅上几次睡着了又醒,醒了又睡着。终于,曙光从南窗射进屋里,大街上突然一阵啰唆。大家一起拥到三楼,

---

[1] 宋学濂:《解放昆山前奏》,昆山县政协文史征集委员会:《昆山文史》第3辑,1984年,第6—7页。
[2] 戴国兴:《黎明前的战斗》,《苏州杂志》1989年第1期。
[3] 汪士辉:《苏州解放前夜我见到了解放军》,姚福年:《亲历苏州解放》,广陵书社2010年,第243页。

从沿街窗户中看到城东天赐庄方向涌来一群大学生,手里拿着横幅、旗帜,又贴标语,又散传单,又喊口号,又唱歌曲,原来天真的亮了,苏州解放了。[1]在苏州女子师范学校,学校订出纪律,4月26日晚学生一律不准出去。同学们知道南京已经解放,苏州即将解放,大家无限欢欣,都在宿舍里唱歌,既唱《你是灯塔》《团结就是力量》等革命歌曲,也唱《茶馆小调》《小儿郎》《傻大姐》等民间小调,从黑夜唱到黎明,在歌声中迎来了解放。[2]

第二天(1949年4月28日)的《苏州明报》报道:

> 中国人民解放军华东解放军司令陈毅部队,廿五日在无锡开始向苏州攻击后,国民党反动匪军,在苏为图向人民要挟敲诈,顽据苏州市区外围各点,解放军为保全苏州人民生命财产,不使糜烂起见,先行喊话劝降,但蒋匪军并不觉悟,并乱放炮弹,解放军为了解救苏州人民速脱匪军挟制,遂于廿六日晚六时二十五分,向市区攻击,当即歼灭浒墅关蒋匪军二连,彻底占领该地,同时解放军向枫桥、西津桥攻击。蒋匪军被俘一百三十六人,不战而退。遂进逼齐门外公路与黄土桥。匪军负隅顽抗,经一度激战后,纷纷后溃。解放军越火车站,进攻钱万里桥,据守该地之匪军在解放军密集炮火与英勇奋战下,枪炮声终至渐灭。同时李王庙之解放军亦挺进至盘门,至昨晨四时,蒋匪军完全溃灭,从娄门外沿京沪线向东溃退逃遁。解放军遂于昨晨六时二十分,在苏州人民热烈欢迎之情绪下,分自金、阊、平三门入城。[3]

担负解放苏州主攻战斗任务的是人民解放军29军85师、86师和87师之260团、军炮团。张景昌是当时解放军某团三营的营长,1949年4月27日凌晨,他是从阊门进入苏州的:

> 高大的城墙巍巍耸立,映衬在灰蒙蒙的天幕上。我警惕地注意着穹形的宽大城门,战士们都已作好战斗准备。这时,接到上级发来的通知:苏州已在我们地下党的控制之下。于是,我们保持良好的队列,整队从阊门入城。走近一看,城门已经洞开,两侧整齐地站着两行缠着红色臂章的队伍,他们穿着一色草绿色卡其服装,手里都是新式的美国卡宾、汤姆一类冲锋枪,向我们立正行礼致敬。我们心里涌起一阵温馨一

---

[1] 傅承宗:《解放了呼儿嗨哟》,姚福年:《亲历苏州解放》,广陵书社2010年,第228页。
[2] 黄冰如:《反饥饿斗争记实》,《苏州杂志》1989年第4期。
[3] 《苏州解放欢声雷动》,《苏州明报》1949年4月28日。

阵喜悦。[1]

在地下党组织的努力工作下,古老的苏州从容地进入一个新的时代。4月23日,一位"试图体验即将大变的市面形势"的初中学生从外地来到苏州,他发现:市面上各种消息此起彼伏,各种流言不胫而走,物价疯狂飙升,老百姓手中的金圆券形同废纸。如此不同寻常之客观情势,直至苏州解放那一天到来之前足有三四天之久。然而在他的眼里,没有恐慌,更没有混乱;人们心头恐怕只有久旱盼甘霖的那种向往与期盼。1949年4月27日,苏州人民终于在这样一个值得纪念的日子里迎来了解放。[2]

---

[1] 张景昌:《解放苏州亲历记》,《苏州杂志》1999年第3期。
[2] 陈华东:《一九四九年苏州纪事》,《苏州杂志》2008年第1期。

第五章 社会生活（1912—1949）

第五章　社会生活(1912—1949)

从一定意义上说,日常生活是"人类一切问题的中心",而且"在若干世纪内一时没法改变"[1],因此,进行社会观察非日常生活不为功。与其他社会要素稍有不同的是,成长于特定自然生态和人文环境中的日常生活总是显示出浓重的地方色彩,尤其像苏州这般具有两千多年历史的地方,个性更为明显。在本丛书专论《民国以降苏州经济社会发展的传统规定性》中,我们曾经提出,苏州社会无论在经济构成、社会结构和人文景观,抑或在文化环境和大众心态等侧面反映出的乡土特质,在文化意义上体现的自然与人文关系的高度协调,从产业结构、空间格局和日常生活诸侧面显现的共同体特色,在更深层的意义上就是文化资源的稀缺性。这些特质和特色经过晚清数十年风风雨雨的冲刷,在世界经济一体化的进程中,随着人类文明互动的日益加强,至民国时期似乎逐渐褪色,不过,透过历史的表象,无论是时人还是后来者,都能明显感受到苏州社会浓郁的闲适生活气息和传统生活氛围,并以此区别于长江三角洲的其他城市。这样的闲适生活气息在茶馆生涯和庙会生活中表现得尤为充分,这样的传统生活氛围在根深蒂固的宗教信仰和盛行城乡的婚姻俗例中体现得尤为深层。当然,随着经济结构的近代转型和世界一体化进程的不断加深,近代性的地方生活方式也在逐渐成长的过程中。生活方式的近代变迁以其与生活的享受和改善直接相联系,其变化速率在物质生活、休闲生活和公共卫生事业诸方面自然更快一些。这样,在社会生活史视野中,我们既要理解传统日常世界的内在逻辑,又必须同时关注文明大世界的影响。在世界一体化进程不断加深的情况下,两个世界的相遇是必然的。应该清楚的是,来自文明大世界的简单批判和一味取缔对传统小世界的文明化进程无济于事;打破传统的力量,不仅来自大世界的文明程度,也在于缩短两个世界的距离。日常逻辑自然应该在日常世界里进行理解。

---

[1] 黄炎培:《职业教育之理论与实际》,中华职业教育社印行,1923年。

第一节　苏式生活的沿袭与变异

沿袭着传统经济时代的生活样式,苏州人显得潇洒而闲适,生活其中,"没有局促,没有险恶,没有喧嚣;只有静,闲,笑。……这种闲适轻松的生活美,是要有对比才会感觉到。住在上海四马路,久受了商业的烦嚣,或是住在南京,饱经了宦海的险邪,……才觉到苏州人是潇洒温文的可亲近。苏州地方是和平轻松的可留恋"[1]。这样的描述或许有些理想化,但它所强调的苏式生活依然为民国时期的苏州人所沿袭却是不争的事实。

一、茶馆生涯

茶馆普遍存在于近代中国社会,而苏州茶馆以其独特的社会意义格外引人注目:"茶馆简直是苏州的特产;苏州要是一爿商店,那么茶馆就是她的商标。……城里城外不论什么地方,都能找得到茶馆。真是满坑满谷,触目皆是。"[2]据1930年代中期资料,吴县东郊唯亭镇,"全市店铺,大小约二百余家,茶坊酒肆,成数最多"[3]。民国吴江一村落名龙泉,属十九都,近盛泽镇,是桑苗和丝经的集散地,盛时有茶馆十数家。[4]作为苏州的"商标",茶馆沿袭着城市的闲适传统:"提到苏州人,就联想到他们的游惰生活,上茶馆居其一。"[5]苏州茶肆很多,"差不多都有茶肆挂着灯笼,卖茶,坐满喝茶的人。这不是懒散不振,游手好闲人多的表现么?"[6]在苏州,确实有许多城市"闲人",他们终日孵泡茶馆,成为日常生活的固定公式。苏州人的喝茶,"并不是要去喝茶,是去玩玩的,每日去喝,有的两三点钟,有的终日坐茶店里"[7]。其实苏州喝茶的并不都是闲人,"倒是短衫同志占着多数。这也见得吃茶在苏州之如何'平民化'了"[8]。

---

[1] 张思义:《苏州的魔力》,《敬中学生期刊》1933年第2期。
[2] 赵少林:《苏州的业余生活》,《民众生活》1930年第1卷第8号。
[3] 王绍猷:《唯亭印象记》,《农业周报》1934年第3卷第4期。
[4] 张菊生:《古村落龙泉嘴》,吴江市政协文史委员会:《吴江文史资料》第22辑,2008年5月,第136页。
[5] 秋文:《坐茶馆》,《盛京时报》1936年6月21日。
[6] 杰夫:《苏州印影》,《道路月刊》1923年第6卷第3号。
[7] 同兆:《论所谓天堂的苏州社会》,《妇女月报》1935年第1卷第5期。
[8] 金性尧:《苏台散策记》,王稼句:《吴门柳——名人笔下的老苏州》,北京出版社2001年,第484页。

"无论上中下三等人,没有一个不愿意把吃茶当做唯一的生命。"[1]与沪埠茶馆相比,苏城茶馆自有其特色:

> 上海所谓茶寮,大都是一个若干开间的统楼面,茶客聚拢着谈天,喧哗的了不得,若使吾们好静的留在那里半个小时,头脑就要裂痛,苏州的茶寮却不然,往往分屋错列,略栽花木,所以茶寮中,有什么厅唎楼唎居唎山房唎的种种名目,地位既然宽展,那茶客谈话的声浪,也好得多了,这是苏州胜于上海处。[2]

至于乡人,夸张地说,几乎有"一半可以工作的时间,耗费在茶馆生涯"[3],以至"友朋初晤,辄问何处吃茶"[4]。民国以来,苏州乡村手工业与市场的联系更形紧密,市镇茶馆也因此而获得了新的发展动力,同时也就成为地域经济和社会荣枯的晴雨表。20世纪30年代中期正处于农村经济危机之时,来到苏州太湖边前庄镇的城里人在一家茶馆看到:

> 跛足的桌子,乌黑的水壶,还是照旧;吃茶的人是没有从前挤了。本来,春天农闲的时候,种田人唯一的消遣是吃茶,然而现在是少了,茶馆里打小麻将的人,更是没有了。我照例的也要泡一壶茶,休息一会,那茶馆老板同我似曾相识的招呼着。从他的嘴里,我又知道,并不是公安局禁赌,也不是乡下人戒赌,而是大家比从前穷了,不来赌了,所以他的营业也跟着失败了。[5]

苏州茶馆类型之多,令人咋舌。从时间上看,除长年茶馆外,更有季节性茶馆,如暑天里的风凉茶馆、庙会时的茶亭;[6]一天之中,有早茶、午(中)茶、晚(夜)茶。依主人分,有夫妻、社团、帮头等。[7]从功能讲,可分为交易型、休闲型、社会型或综合型。此外,还有所谓清茶馆、荤茶馆之说。[8]茶馆构成了苏州社会生活的染色体。

---

[1] 赵少林:《苏州的业余生活》,《民众生活》1930年第1卷第8号。
[2] 郑逸梅:《上海茶寮不及苏州》,《新上海》1925年第6期。
[3] 陈醉云:《姑苏散曲》,《东方杂志》1933年第30卷第8号。
[4] 沈云:《盛湖竹枝词》卷下,1918年,苏州大学图书馆藏,第7页。
[5] 张潜九:《吴县东山聚村素描》,《东方杂志》1935年第32卷第11号。
[6] 顾友云、缪介夫:《杨舍茶馆史话》,沙洲县政协文史资料研究委员会:《沙洲文史资料选辑》第4辑,1985年,第72—76页。
[7] 社团开设的茶馆,如民国时期民众教育馆附设的茶室;当时的常熟杨舍镇得仙园茶馆就是青帮头子陆瑞庭所开。
[8] 《茶馆儿》,《盛京时报》1936年5月9日。

茶馆是个社交场所。人际交往决定于人的社会性。在苏州城里,"喝茶是苏州人社交上第一件要事,每天早上九至十时,下午四至五时是各界人士不用通知的默契的集会时间。试以最大的吴苑来例罢,到那集会时间,前后各厅各棚,楼上楼下,走廊过道,都挤满了茶客,熙熙攘攘,来来往往,热闹非凡"[1]。喝茶当然不是喝闷茶,报纸可以作为"下茶物",但茶馆里的"多数闲人是与世无争的,报上的国家大事,根本没味去瞧它;至多,望望新闻而已";闲谈是最普遍的消闲法,几个老茶客,日日相见之余,当然厮熟,所以连座位都不含糊;谈笑风生,口渴了有的是茶,开水多用决不加价。上自本城新闻,下至青菜几文一斤,都是他们的资料"[2]。乡村社会,人口分散,交往圈子狭窄,而乡镇,尤其是乡镇茶馆,人员往来相对频繁,信息也集中,满足了乡民的交往需要。昆山千灯人将茶馆里的这些新闻称为"百鸟声",所谓"听了茶馆百鸟声,百样戏文也听劲","一日不听百鸟声,拿起铁锹呒精神",说明老茶客对茶馆新闻产生了依赖。[3]在乡村茶馆中,间或涉及诸如孙中山先生的民生主义、天下为公、棋琴书画等高雅话题,是为清谈;[4]有的讲昨天的赌局,打出了一张什么牌,就赢了两底;有的讲自己的食谱,西瓜鸡汤下面,茶腿丁煮粥,还讲怎么做鸡肉虾仁水饺;有的讲本镇新闻,哪家女儿同某某有私情,哪家老头儿娶了个15岁的侍妾;有的讲些异闻奇事,说鬼怪之事不可不信,不可全信。[5]茶馆老板对此更为津津乐道,比如:"东村李娴子,好轧野汉,昨晚给丈夫双双揪住。西巷的王阿毛,喝醉了烧刀,在坟头上睡了一夜,今天大发寒热,怕是被野鬼迷住了。"[6]

这些社会新闻的传播者擅长使用非语言符号,特别是肢体语言来吸引听众,称为"唱新闻"。[7]从语言的角度分析,这些社会新闻的叙说,推论和判断多,客观报告少,主观性非常强。茶客当然也是姑且听在耳里,随便传播开去。近代人们就在这种传播和交流中获得了莫名的满足。有论者精辟地揭示了茶馆人际交流的社会意义:

> 类如这些不是一个人的,而愿合起众人的会聚,除却他们专有的因

---

[1] 顾仲彝:《喝茶》,《论语》1947年第135期。
[2] 爵士:《苏州的茶馆》,《光芒》1934年第1卷第12号。
[3] 顾雨时:《千灯纪韵》,江苏人民出版社2008年,第63页。
[4] 乘黄:《啜茗趣谈》,《申报》1929年5月10日。
[5] 叶圣陶:《生活》,,叶至善、叶至美、叶至诚:《叶圣陶文集》第五卷,江苏教育出版社1988年,第37页。
[6] 茸余:《小茶馆里》,《申报》1934年5月18日。
[7] 凤子:《消闲》,《申报》1935年5月13日。

素,是音乐的激动,喜怒的表现,谈话的多方趣味,交易的需要,迷信等等之外,我仍然武断的说,他们都多少有点社会意义,假如一个人看戏,一个人在市上选购物品,一个人做赛会的观念,怎么样?……果有这等事,他一定意味索然,赶快向回头跑。世间的一切,"独乐"两字能通用,即在独乐,也觉得有天地茫茫之感。〔1〕

茶馆交往在某些情况下成为阶级关系的日常表达方式。在苏州城里,整日消磨在茶室中的称作"老茶客"。一部分是所谓"少年公子,老封君",他们一年到头闲着,在饱食暖衣之后,不得不想些法儿来消磨岁月,茶馆便成了他们的"安乐窝"。有的甚至爬出了被窝便上茶馆去洗脸,漱口,吃点心;要是有谈话的对象在座,就指手画脚地高谈阔论起来。他们的谈话偏于掌故,因为他们对于现实都是不满的。这些人都自备一套古色古香的茶壶和茶盅,多为宜兴的陶器,一直放在茶馆里。第二种老茶客是一般的商人和工人,他们也天天来,来的时间也都是一定的,因为那儿有茶会,可以打听一切买卖上的状况。〔2〕"吴苑"最阔气,在这里喝茶的"都是苏州一等一的绅士",他们在家打过了牌,吃足了鸦片烟,就坐了包车叮叮咚咚地踏到"吴苑"。〔3〕在吴县乡下甪里小镇上,也有成天坐茶馆的上层阶级:

> 那伙人也曾念过点孔子遗教,守着祖产的田地,他们没有事情可干,就类集到那么一个适宜的地方,谈天说地的无为挨过一天,……你能设想他们的人生观吗? 要说他们的人生观那是不成话的。在那环境里像对于人生的意义是没有人追求过,人只要吃饭,游玩,娶老婆,生儿子,一直糊糊涂涂到死,就完了。〔4〕

交流信息是茶馆社交的主要内容之一。苏州地主多城居或镇居。平时,田主们喜在"吴苑深处"闲谈,这是苏州最有名的茶馆,而租栈的栈友每每在"桂舫阁"茶寮聚集。到了每年农历十二月初的收租时节,租栈热闹起来,而"吴苑深处"和"桂舫阁"的茶客则明显地少了。一个月之后,田主和栈友们开始各自重入茶寮,"闲谈着收租余话,热闹非凡"〔5〕。苏州记者们在茶馆里交流信息称为

---

〔1〕 秋文:《坐谈茶馆》,《盛京时报》1936年1月28日。
〔2〕 沈右铭:《苏州的茶馆》,《西北风》1936年第4期。
〔3〕 赵少林:《苏州的业余生活》,《民众生活》1930年第1卷第8号。
〔4〕 沈圣时:《甪里通讯》,《申报》1934年6月4日。
〔5〕 鹿平:《苏州的收租米》,《农业周刊》1934年第3卷第42期。

"开茶会"。每日午后五六时正是记者茶会的时间,地点就是吴苑茶馆的前楼。届时少壮咸集,群贤毕至,于是高谈阔论,交换新闻,铅笔与茶壶齐飞,稿纸与香烟一色。[1]

商人坐茶馆很大程度上是了解商业信息。茶馆聚合了不同行业的社会角色,所谓"往来三教九流客,进出五湖四海人"[2]。市镇茶馆因此而产生了集聚经济效益,商业信息往往在这里汇聚。在吴江盛泽这样的丝绸大镇,茶馆信息一般是丝绸贸易行情,俗称"临市面"。[3]蚕茧上市、茧行开秤的时节,茧价就是茶馆里的中心议题。[4]吴县洞庭西山盛产梅子,由镇夏街上的山地货行收购。每到梅子上市季节,"桥埂下那爿茶馆里已坐满了一屋子乡下人,在悠闲地喝着茶,高谈阔论一些山地货行市,农村新闻"[5]。茶馆商业信息对农家颇为有用。在苏州市镇茶馆中,人们经常看到被抛入了市场漩涡的乡民为打听商业行情而削尖了脑袋:"中年的叔伯们,探听米价的贵贱,菜价的涨落,正像投机家做'买空''卖空'般一样的关心。"[6]农产品的原始市场和商业资本相结合,肆虐一时,从一个侧面显示出地方市场的落后性。昆山的茶馆类似劳动力市场,"茶坊亦各有以某行当相聚而饮早茶,以例于应事主之聘请召唤,如道士、鼓手、缝纫、泥水木工及当时称脚班之搬运装卸工等,此类人物,聚叙茶会,以应临时雇用,生活实赖之,饮茶者非优闲也"[7]。

茶馆是大众休闲的空间。人们来到茶馆,"全像具有一颗来到此地需要尽情开怀,畅所欲言的心,人都是那样劲儿浓,愉快"[8]。在这种场合,感情上获得了松弛,这是在茶馆之外难以得到的。在民国时期的苏州,茶馆休闲的主要方式是听评弹。评弹与茶馆相伴而生,"历来苏州人有到茶馆喝茶的习俗,随着评弹的兴起,一些茶馆就先后兼营书场"[9];不只在苏州城里,"各市镇的茶馆也有

---

[1] 中人:《苏州"记者茶会"》,《周播》1946年第5期。
[2] 顾友云、缪介夫:《杨舍茶馆史话》,沙洲县政协文史资料研究委员会:《沙洲文史资料选辑》第4辑,1985年,第77—78页。
[3] 周德华:《绸乡话茶馆》,苏州市地方志编纂委员会办公室:《苏州史志资料选辑》第1、2合辑,1992年,第205页。
[4] 《茧行》,《申报》1937年6月7日。
[5] 方舟:《山地货行》,《申报》1936年6月9日。
[6] 茸余:《小茶馆里》,《申报》1934年5月18日。
[7] 庞寿康:《旧昆山风尚录(续选)》,《昆山习俗风情》(内部资料),1994年1月,第37页。
[8] 家人:《茶馆及其主人》,《申报》1936年2月22日。
[9] 曹凤渔:《百余年来苏州市书场设置概况》,《评弹艺术》第9期,中国曲艺出版社1988年,第200页。

书场。听众是士绅以及商人,以及小部分的工人农民"[1]。在号称"江南第一书码头"的常熟,茶馆大都兼作书场,"这是地方特点"[2]。据地方志记载,民国时期常熟较有名的茶馆书场,城区如湖园、仪凤、雅聚楼、长兴、雅集轩和一洞天等,乡镇如梅李的畅园和龙园,浒浦的熙春和芝兰轩,支塘的龙泉,徐市的怡院,吴市的雅园,董浜的涵芬阁,等等。[3]在风气逐渐开放的民国,出入茶馆书场的人相当庞杂:有的是出胡子的老太爷,有的是鸡皮鹤发的老太太,有的是小脚少奶奶,有的是截发的少女,有的是穿西装的同志。[4]据20世纪30年代初吴县政府对城乡的礼俗调查,在茶馆喝茶听书是当时苏州百姓最主要的休闲方式。[5]

作为普通百姓的一种休闲方式,茶馆里的低俗活动经常受到时人的诟病,甚至有人认为,"一切万恶事情,都从小茶馆里做出来",特别是其中炽盛的赌风:"赌博在农民社会中是很盛行的,差不多通年都有,尤其在新年和秋收之后为最甚,赌博的种类普通是麻雀牌九之类,举行的地点,大都在乡村的小茶馆内。"[6]在吴江盛泽,"一般好赌者,以为可以乘机鱼肉,如蝇蚋逐粪,影响所及,为害非浅。……自从有了小茶馆,日以继夜的赌,有几个赌兴方浓,精神疲惫,不得不思抽筒大烟",总之,"好好几个农民,被小茶馆引诱得一丘之貉"[7]。引诱者大都为社会闲杂人员,甚至结帮控制茶馆进行赌博。吴县木渎石码头地方周某将父传家产挥霍一空,之后便入帮收徒,于1921年秋在小茶肆内日夜聚赌,牌九摇摊,无一不备,所抽头钱,除略给茶肆主人及各项执役人外,余均周某独得,开赌将及匝月,"少年子弟入其彀中已不知凡几"[8]。实际上,自民国成立以来,木渎的茶馆赌博"无日无之,大都一班流氓,设计敛钱,乡民无知,以一年汗血之资,作孤注之掷,不旋踵而入若辈之囊中矣"[9]。在20世纪30年代乡村经济不景气的时候,茶馆赌博成为乡村男人麻痹神经的一种手段。在常熟,差不多每一个市集都有一两家茶馆,"在里头,有茶喝,可以谈笑,有麻雀牌、纸牌、扑克牌

---

[1] 叶圣陶:《说书》,叶至善、叶至美、叶至诚:《叶圣陶集》第五卷,江苏教育出版社1988年,第381页。
[2] 叶黎侬:《琴川雅韵:常熟评弹艺术馆》,上海文化出版社2007年,第12页。
[3] 瞿鸿烈:《常熟市志》(修订本),上海辞书出版社2006年,第772页。
[4] 赵少林:《苏州的业余生活》,《民众生活》1930年第1卷第8号。
[5] 吴琛瑜:《晚清以来苏州评弹与苏州社会:以书场为中心的研究》,上海人民出版社2010年,第56—61页。
[6] 周廷栋:《江苏太仓农民的现状》,《社会科学杂志》1930年第2卷第1期。
[7] 焕文:《乡村社会的目睹》,《新盛泽》1924年7月21日。
[8] 《小茶肆聚赌抽头》,《木渎周刊》1921年第190期。
[9] 子羽:《鸣呼"赌"》,《木渎周刊》1924年第212期。

一类的赌具;农民不识字,但无人不懂麻雀牌,更有识扑克牌上的英文字者,那真是个奇点。此外还有纸烟、鸦片、红丸,足以消磨一生"[1]。鉴于赌博之害,民国地方政府多次严行取缔茶馆赌博。1922年,苏州的禁赌文告遍贴通衢,"此固当局应尽之天职,然禁者自禁,赌者自赌"。以西部木渎而论,聚众赌博之所"大有其人,一纸文告有何效力?是殆所谓官样文章者非欤?"[2]

近代以来,人们对乡村社会的理解常常走向极端:或者将其看作世外桃源,或者将之视为人间地狱。对苏州乡村茶馆的实态考察,否定了这种绝对化倾向。在乡村,商行操纵与市场活力同构,自然隔绝与田野风月同在,暴力统治与和平契约并存,终日勉劳与社区娱乐互补。基于事实的这些辩证认识启人深思:"罪恶和纯朴,黑暗和光明,绝不是都市和农村固有的特征,而只是一种社会体制所造成的病态的现象。"[3]这就是近代民主革命的根本依据。

二、庙会生活

庙会生活兼具神圣和凡俗两种性质。宗教(当然包含民间宗教)信仰的特质在于神圣性,神圣是宗教领域特有的解释范畴和评价范畴,[4]与神圣相对应的是凡俗。神圣与凡俗两种性质常常奇异地结合在一个庙会之中,难分彼此。就民国时代的庙会而言,作为民众集合的产物,不论是神圣的宗教信仰或近于宗教的心理,抑或是凡俗世间的观念,常常都是混合性的而不是纯然性的。现实的庙会形式从典型的神圣庙会到典型的凡俗庙会呈现为一个续谱。位于续谱一端的所谓神圣庙会,并不是超然物外的神圣,而是凡俗中的神圣;而位于续谱另一端的所谓凡俗庙会,也显示出神圣的凡俗。更多的庙会都可以在续谱中找到自身的位置。特定庙会在续谱中的位置取决于庙会举行的动机和时机、会众的虔诚程度、活动环境,特别是实际运作过程中产生的相对神圣强度。

1. 凡俗的神圣生活

处于庙会续谱一端的神圣庙会,旨在复苏神圣存在。在生命的大部分时间里,神圣存在蛰伏在人们的思想深处,表现为常态的日常生活。每届庙会,人们便唤醒被弃置于意识角落的神圣存在,为其补充能量,加强对神圣存在的记忆;庙会结束,这一切又渐渐归于沉寂,直至下一次循环。神圣存在便以蛰伏—复

---

[1] 殷云台:《常熟农村土地生产关系及农民生活》,《乡村建设半月刊》1935年第5卷第3期。
[2] 锄奸:《禁赌感言》,《木渎周刊》1922年第129期。
[3] 麦浪:《关于农村电影的一些偏向》,《申报》1924年7月20日。
[4] [德]鲁道夫·奥托:《论"神圣"》,四川人民出版社1995年,第6页。

苏—蛰伏的循环存活于社会生活中。假使神圣存在亢奋不已,人们的日常生活便会受到干扰;但神圣存在无限沉默,长此以往便会离开人们的记忆。庙会常常举行,神圣常常被唤醒。

庙会时节被唤醒的神圣其实是一种神的信仰。根据宗教传统,江南庙会有经典信仰庙会和民间信仰庙会的区别。经典信仰指释道诸教的信奉,民间信仰指民间社会对地方俗神的崇信。

在苏州,因经典信仰而起的庙会主要有财神路头会、茅山真君会、观世音会、真武大帝会、东岳大帝会、释迦诞辰浴佛会、吕祖神仙会、关公大帝会、中元鬼神会、佛寺盂兰盆会和地藏菩萨会等。闻名遐迩的苏城轧神仙可以视为专门的道教庙会,所轧神仙是吕洞宾,也称吕祖会。既云神仙,驾龙乘云,上造天阶,下临人间,便不足为奇。据民间传说,在吕祖诞日,他经常化身为道士、乞丐、小贩等点化世人,"或出入人间而人不识,或陷其身而莫之见"[1]。于是有所谓"轧"。在许多情况下,经典信仰融汇于某次或某种庙会之中。在1934年奇旱之年的求雨会中,大规模的求援教主有道教、佛教、回教、耶教、理教等,各显神通,可谓集求雨术之大成。在此盛会中,难得一见的苏州耶教也发出了求雨韵文。耶教自言求雨是在民间神祇无效情况下的无奈之举:"当局关心民瘼,恭请铜观音来,民众烧香祈雨,无奈少灵木呆。"耶教因此呼吁仿效远古汤王"自责己罪"求雨:"万民齐心认罪,各家宴乐停止,赶快自行忏悔,虔诚共拜真神,求免举国之罪。"在这里,耶教援引的是远古中国的求雨案例:"尝闻古圣汤王,七年大旱奇灾,太史占以人祷,王竟替民自代。自行剪发断爪,身披白茅衣衫,祷于荣林之中,六事自责己罪,德感皇天上帝,立刻甘霖下沛。"耶教的信仰其实贯穿了深意:"上帝有求必应,耶稣救主所谓。诸君如若不信,请观圣经史鉴。"[2]耶教在求雨庙会中的这一态度与其一贯坚持的本土化理念是一致的,从中人们不难发现耶教信仰的通融性和适时的解释力。庙会以此而有了更广泛的信仰支撑。

民国苏州庙会大多由民间信仰而起,最普遍的是纪念地方神的城隍会:或为怀念,或是参与祭厉。怀念性的城隍会指为地方的某位正人直臣,而城隍祭厉本为官方仪注,因民众参与而成为庙会。[3]与城隍会相对应的是土地会:城隍会一般行之于城镇,且为县城以上,而土地会只能在村落间,"村农亦家户壶浆以

---

[1] 乌丙安:《中国民间信仰》,上海人民出版社1995年,第206页。
[2] 《苏州耶教求雨韵文》,《论语》1934年第46期。
[3] 城隍神本为自然的沟渠守护神,从隋唐开始逐渐指为生前正直的地方神。参见吕宗力、栾保群:《中国民间诸神》(上),河北教育出版社2001年,第166页。

祝神厘,俗称田公、田婆"[1],体现了其与草根乡土关联。在苏州,土地会常以其他名称出现。苏城东北相城各村奉当坊土地游行水乡,争先为胜,曰"划龙船会"。[2]"拜土地"见于常熟归感乡:是日,"途间提筐携杖,踵接以前者,盖无非是拜土地之老妪";该乡罗墩庵、柴泾庙等,皆拥挤异常,而庙内之主持香火,亦非常忙碌。[3]比较稀见的是,源自初民社会动物崇拜的庙会仍然存活于民国时的苏州,比如苏州娄门外的蛇王会。吴地传四月十二日为蛇王生日,进香者骈集于蛇王庙,"焚香乞符,归粘户牖","俗传能远蛇毒"[4]。1934年初夏,"一般庸夫愚妇,群往娄门城墙下之蛇王庙内焚香顶礼,大有山阴道上之概"[5]。

民国苏州猛将会所信奉的猛将神,是一位颇具地方特色的俗神。大旱之年常生蝗灾,[6]据调查,吴江芦墟镇4个乡共300多个自然村,每村都有刘王堂,内中立一小孩般大小的刘王塑像,供村人春秋两次"抬猛将"之用。在芦墟镇、城司和庄家圩的刘王庙中,刘王塑像大如成人,留待大规模的集体出会。常熟白茆乡的所有村落都有猛将堂,亦为"小刘王"而建。[7]道光《苏州府志》载:刘猛将军庙有五,一在阊门外江村桥西,一在盘门营内,一在横塘,一在洞庭山杨湾,其在中街路宋仙洲巷者,俗称"大猛将堂",即吉祥庵也。

猛将会祀神为刘猛将,一位刘姓骁将,其人物原型谁?史说纷歧。一曰刘锜。清顾禄《清嘉录》引王鏊《姑苏志》及《常熟县志》皆以为刘武穆锜;清康熙《江南通志》卷三十三亦载:常熟虞山有刘太尉庙,即"北宋名将刘锜"。南宋景定年间在苏州中街路仁风坊北建造的"扬威侯祠"当为刘锜之祠,后改名为刘猛将军庙。一曰刘锐。明正德王鏊《姑苏志》又云:"猛将名锐,乃锜之弟,尝为先锋,陷敌前。"清道光四年《苏州府志》也说:"相传神姓刘名锐,即宋名将刘锜弟,殁而为神,驱蝗江淮间有功。"一曰刘承宗。清同治重修《苏州府志》一改前

---

[1] 顾禄:《清嘉录》卷二,江苏古籍出版社1986年,第35页。按,与城隍神一样,土地神最初也是自然的土地崇拜,后世出现人化现象,在民间形成与普通百姓最亲近、慈祥可亲而神通有限的形象。参见吕宗力、栾保群:《中国民间诸神》(上),河北教育出版社2001年,第180页。
[2] 《湘城镇志》编纂委员会:《湘城镇志》,上海辞书出版社2006年,第410页。
[3] 《归感乡·二月二日拜土地》,《常熟市乡报》1923年3月21日。
[4] 《吴门旧俗志》,《朝报》1936年6月2日。
[5] 《社会怪现象——蛇王诞辰》,《苏州明报》1934年5月24日。
[6] 据人文地理学家陈正祥的研究,作为昆虫纲的代表,东亚飞蝗分布广泛,全国各地都有,但以冀、鲁、豫、苏、皖五省水位涨落不定的滨湖河滩、盐碱荒地、内涝及河泛地区为主要发生地。禾本科杂草茂密而又具有辽阔荒地的地方,是飞蝗最适宜的栖息地。位于蝗虫边缘区的江南,蝗灾亦时有发生。参见陈正祥:《中国文化地理》第二篇第五章,生活·读书·新知三联书店1983年,第50—52页;武汉大学等合编:《普通动物学》,人民教育出版社1978年,第208—209页。
[7] 王水:《从田神向水神转变的刘猛将》,《中国民间文化》第10辑,学林出版社1993年。

志之说,转而引清初《畿辅通志》认为,刘猛将军名承忠,广东吴川人,元末"江淮蝗旱,督兵逐捕。后因元亡而自沉于河,土人祀之"。

以上诸说中出现的刘将军名讳尽管不同,但有一点是共同的:生前骁勇,死后成神,志在驱蝗。猛将之赛当为重温将军的神威,显示抗击自然灾害的力量:由忠实的纪念,而涉于虚无的幻想,想要凭藉他生前的威风、虚渺的阴灵,继续灭蝗的工作,于是驱蝗与抬猛将发生了不可思议的关系。[1]在猛将庙集中出现的吴江芦墟镇,出现了另外一种猛将的传说,"以神盖公刘也,讹为刘姓耳"。公,爵位之称,刘,名也,古周族始祖后稷的曾孙,夏末率族迁至豳地,发展农业生产,安居族人。后世农家视之为神,"虔祀之,《诗》所谓田祖有神也",乃假神以行赛会。[2]在这里,神明和时代的追溯虽说邈远,但还是与农事信仰相关的。

庙会唤醒神圣的主要方式是仪式,仪式通过诉诸行动而使信仰得到强化,但是,不同庙会仪式的神圣强度有着明显的差别。倘若某个庙会年年依时而起,依式而行,按期而终,数十年循环往复,人们的情绪便显得有些淡漠,即使在一定时段实践整个程式,也免不了虚应故事之嫌,人们视之为"常会";与此相对应的"时会"总是在特殊情况下举行的,或者旱涝无序,或者时疫侵袭,或遇"上天好事"。庙会的那些日子,天人之合,其心共颤;这样的庙会其情切切,其意融融,应运而生,应时而作。在苏州,典型的时会有祈雨会、驱蝗会和驱厉会等。在这些庙会上,民间信仰通过不同的神圣表达方式得以充分体现。大体而言,民间信仰有消极的和积极的两种表达方式,而在苏州,几乎只看到消极的祈求,即所谓"软求"。时人认为:"因为我们民族性中有着固有的美德,便是和平和中庸之道,激烈办法,向所不取。所以还是软求来得妥当。"[3]

苏州祈雨会的几大法宝,在1934年苏州大旱之年都用上了。这些法宝都是消极的祈求。一是断屠。古例,祈雨必先由民牧出示禁屠。在苏州城内,断屠七日据说"是和上天的交换条件:'我不杀生,你快降雨'",所以感格上天。[4]二是出会。以下是景德路上的温大天君仪仗:

> 用许多小钩子穿入肉里,在臂膀肉上吊着一个大石锁,或者一个大花盆,香炉的也有。他们说叫"肉身灯",真是"骇人听视"。还有一

---

[1] 甪直民众教育馆:《除虫与抬猛将》,《吴县教育》1934年第2卷第11、12期。
[2] 沈昌眉:《观乡人赛会记》,《芦墟报》1923年3月1日。
[3] 何芳洲:《求雨》,《论语》1934年第146期。
[4] 何芳洲:《求雨》,《论语》1934年第146期。

个吊着一面大锣,一壁走,一壁打,忽的锣身一转,血淋淋寸把长的一块肉连钩给撕了下来。好几条龙灯,十几个大汉抬着;假使路边有人放三个爆仗,他们就献艺一次;"穿龙","滚龙",一套一套地演出。[1]

三是请铜观音。吴县光福乡有铜观音殿,所供观音,颇著灵异。据称,北宋康定元年(1040),志理村民张惠于光福寺旁土层中获铜观音像,"时之旱,士民迎入城,祷雨立应。明正统大旱,知府况钟迎入城,祷之即雨。清道光十二年(1832)大旱,大府迎供天宫寺,十三年久雨又迎,供开元寺祷之,皆验"[2]。既公认灵验,1934年苏州便出动全体仪仗赴光福去恭请。[3]因为一时不雨,"铜观音一住半月,变成'来时容易去时难'"了。[4]

龙王主雨,是中国老百姓强烈而牢固的信仰,释道经典也对龙王的主雨神性予以了确认。天旱连日,江南农民便祈求龙王布云作雨。从神性上说,龙王不是唯一的雨神。关帝、玉皇、雷神、观音、雨师、城隍都有这样的本领。[5]但是,哪位尊神可以当此重任,则因时因地而论。1934年江南大旱,苏州先后出动的显威诸神计有关帝、猛将、马王、周王、春申君等。[6]

大旱往往伴随蝗灾,于是祈雨会之后常有驱蝗会。驱蝗会祈求的也是猛将,但跟平时迎赛的猛将会不同,作为时会的驱蝗会,气氛颇为神圣。1928年7月21日下午10时左右,大批飞蝗进入无锡县境的怀上市、天下市两处,飞蝗停落,沿路有一里之遥,行人受阻,稻田20余亩霎时尽为吃尽。苏州方面闻此心惊。22日,一部分失群飞蝗暂时停留浒关,未几即行飞去,禾苗受损十分有限。这时,田间各猛将庙之香火亦陡然兴盛,农民均往馨香祷祝,窃求蝗虫不要再次光

---

[1] 阿金:《祈雨》,《十日谈》1934年第37期。
[2] 袁震:《苏州地区水稻生产中的信仰现象》,《中国民间文化》第10辑,学林出版社1993年。郑逸梅《祈雨谈》(《申报》1934年7月6日)记铜观音殿逸事一则:巡抚林则徐奏请重建,道光帝敕赐"慈云护佑"匾额。由于官方的支持,铜观音更负盛名。有谓铜观音一至,雨师必随之而来,既霑既足,润禾濡蔬。数日后须以隆崇之礼送之返驾。相传某次接铜观音以祈雨,云霓遂愿,为求省事厅人起见,乃将铜观音交航船带信人送还,不料此后继续大旱,官民以为简慢之余有动观音愠气也,遂拈香叩祷,一再始已。从此不敢再蹈厚迎薄送之覆辙。
[3] 阿金:《祈雨》,《十日谈》1934年第37期。
[4] 何芳洲:《求雨》,《论语》1934年第146期。
[5] 李露露:《妈祖信仰》,学苑出版社1994年,第73—74页;徐华龙:《中国鬼文化》,上海文艺出版社1991年,第254页;乔继堂:《中国崇拜物》,天津人民出版社1991年,第79、103、138、141、161、180、226页。
[6] 《苏人赛会之热烈》,《申报》1934年7月26日;梅雪:《会的预谶》,《申报》1934年7月26日。

顾。[1]相传猛将驱蝗,"祷雨辄应,为福畎亩,故乡人酬答,尤为心悸"[2]。

人们对蝗虫的惧怕,不仅仅在于其危害之大,更重要的是蝗虫行踪的诡秘特征,这是激发宗教情绪的最直接的诱因。蝗灾发生时,一群蝗虫,"飞则俱飞,歇则俱歇,有时飞过空中而不歇下,有时一群歇下,田苗立尽,有时虽歇下而秋毫无犯"。农民缺乏蝗虫"合群"或"封口"的常识,便"以为是神明彰善瘅恶,故使蝗虫实行其赏罚。如该处人民平日作恶,则蝗虫非特歇下,而且田苗必被食尽。如该处人民平日行善,则蝗虫封口,虽全体歇下,而不损一草一木"[3]。乡村人既不知关于蝗虫的科学解释,便只能寄希望于神灵。他们有一颗特别虔诚的心,这是他们战胜蝗灾的精神武器,是生活延续的希望所在。

大灾易滋时疫。1926年6月初苏州"天旱日久","为五十三年以来所未有"。与乡村蝗虫的肆虐相呼应,城内时疫流行,先有烂喉痧,继之以霍乱。诗云:"安乐苏州地,平空降疫魔。城中生佛少,境里死人多。"[4]娄门内北街痢疾司庙之羽士,藉瘟疫盛行,出赛瘟疫会,经过潘儒巷及平江路一带时,"路旁观者甚众,交通几为之塞,虽赤日当空,炎热异常,然观者之兴趣,绝不因之稍减,凡经过之处,一般深信之老妇,并俯首合掌,朗声诵经,虽挥汗如雨,亦不之顾"[5]。笼罩苏州城的森森阴气抑制着阵阵热浪,不寒而栗的人们深切地感受到了瘟神的"真实存在",一切似乎都在噩梦之中。

庙会的神圣性由此建立起来。而实现神圣性的起点是在神圣与凡俗之间开挖一条鸿沟:一方面从空间上隔离神圣—凡俗世界,庙会所依托的祠庙恰为这样的空间:"其地点不是任意选取的,该地所在的一定范围内条件必须完全适合";另一方面,在时间上人们还必须为神圣生活提供确定的日期或时段,并且在这段时期里尽量放除其他的凡俗活动。[6]神圣性最强的苏州庙会一般都在农历七八月份。这是一个特别神秘的时段,不要说难时庙会,就是例行庙会,神圣性也会大大增强。这个神秘的时段,其实就是所谓的鬼节。按照道教的说法,阴间的地狱是最坏之鬼的住所。据称,每年阴历七月初一至十五是鬼魂大节期,届时

---

[1]《农民协会赶制捕蝗袋》,《苏州明报》1928年7月23日。
[2] 顾禄:《清嘉录》卷一,江苏古籍出版社1986年,第26页。
[3] 刘丕基:《蝗虫合群和封口的误解》,《民间旬刊》1931年第28期。
[4] 陈实:《一九二六年吴门大疫记略》,政协苏州市委员会文史资料研究委员会:《苏州文史资料选辑》第11辑,1983年,第174页。
[5] 次孟:《苏州出赛驱瘟会》,《时报》1926年7月30日。
[6] [法]爱弥尔·涂尔干:《宗教生活的基本形式》,渠东、汲喆译,上海人民出版社1999年,第403页。

"地狱中的所有的恶鬼,无论多么丑陋,都被放出过年。这期间,阳间的人也做了特别的准备。……谁敢无视它们的力量,胆敢拒绝供奉而激怒它们呢?"[1]事实上,温软的苏州所遭遇的灾害也多出现在此一时段里。

在此特定时空中,个体生活便不能不有所收敛,庙会中的种种禁忌由此产生而趋于神圣。吴县太平镇人在庙会期间"惟恭惟敬",出会前斋戒沐浴,茹素三日,在路上,即为夫妻,也分别住宿。[2]李亦园认为,庙会中的"斋戒""禁屠"等可以说是属于英国象征派人类学家维多·邓纳(Victor Turner)所称的"中介性仪式"(liminoid ritual)的一种。所谓中介性仪式是指企图把凡俗的事务与神圣的境域分隔开来所做的礼仪,是一种分隔两个不同境界或领域的仪式。在斋戒期中,无论个人或社区的禁屠都象征着有异于平时的生活,一种既非前者又非后者的中介或模棱两可的状态,并企图借这一状态以保证神圣仪式的顺利完满。[3]比如常熟六月二十四日雷祖会,奉雷祖者必持斋断荤,曰"雷斋","斋必二十余日,乃复食肉,持雷斋者不必愚妇也,男子亦多如此"[4]。

个体与凡俗事物的分隔手段突出地包含在禁忌体系之中,尤其是其中的苦行仪式。在某些关键的时期,当某个主体需要在相对比较短的时期内发生重大变化时,通常都要实行苦行主义。那么,要想尽快地把某人引入他必须与之发生联系的神圣领域,就需要强迫他与凡俗世界分离开来,但倘若没有多种禁戒手段以及禁忌体系所独有的重塑作用,就不会实现这个目的。[5]在江南大多数的庙会道子中,"犯人队"几乎是不可或缺的一个组成部分。斯图尔特把这些犯人称为"忏悔者",忏悔者"相信他们的心灵正受着对长辈或对祖先不孝不敬的自我遣责,以苦行方式来赎罪,才有解救的希望"[6]。跟西方人心目中的"原罪"感不同,这里所谓的"罪",源于佛教的"业",是在生命轮回过程中发之于身体语言的邪恶造作。日本社会学家池田大作对佛教"罪"的概念这样诠解:自己做了恶事就要受到报应,这种惩罚并不是由于触怒了谁才遭受的,完全是自己招致的,它是基于"因果报应"法则而产生的概念。[7]扮囚就成为经典佛教中救赎理论

---

[1] [美]J·L.斯图尔特:《中国的文化与宗教》,闵甲等译,吉林文史出版社1991年,第127—129页。
[2] 斯全:《太平庙》,《申报》1924年11月24日。
[3] 李亦园:《人类的视野》,上海文艺出版社1996年,第314页。
[4] 吴双热:《海虞风俗记》,上海小说丛报报社常熟学福堂书庄1916年,第9页。
[5] [法]爱弥尔·涂尔干:《宗教生活的基本形式》,渠东、汲喆译,上海人民出版社1999年,第407页。
[6] [美]J·L.斯图尔特:《中国的文化与宗教》,闵甲等译,吉林文艺出版社1991年,第65页。
[7] [日]池田大作、[英]B.威尔逊:《社会与宗教》,梁鸿飞、王健译,四川人民出版社1991年,第411页。

的凡俗化表现。

"吊肉香"仪式的自残行为令人触目惊心。在盛泽称之为"提香炉",它以前此一系列苦行仪式为铺垫。俗例,凡患痼疾者,须沐浴斋戒,焚香默祷,且须在神前许愿:待他日病痊后再行报答。如是诚心则灵,谓可占勿药。在所许的"愿"中,以在神前"提香炉"为多:以丝线穿诸肉内,尾端系以香炉,虽鲜血淋漓,痛彻心腑,仍怡然自得。[1]

正是通过这类纯粹的苦行方式,"而非通过积极的虔敬行为(如供奉、祭祀、祷告等),而使自己获得特殊的神圣性,高出众人之上的"。一旦把主体的苦行与神圣性的功效联系起来,必然导致苦行程度的加深:既然凡俗世界已经"成为我们自身的一部分",那么,我们就应该对我们的本性有所伤害,一句话,自我磨难。唯其如此,个体才能到达神圣之境。"因为禁忌体系在使人遭受磨难的同时,同样也会自然地使之获得力量和特权。"[2]对于个体来说,这些痛苦是割断其与凡俗环境绳索的必经阶段,由此,他获得了超乎于一般事物的感觉,庙会参与者中的许多人也确信他已经进入这样的境界。于是,由个体构成的整个庙会群体就进入了一个神圣的境界。

综上可以看出,庙会的神圣性是与特定时空和事件联系在一起的。奉祭猛将的庙会有两种基本类型:例会和难会。所谓例会,定期循例而行;而难会则是于蝗灾降临之时的临时出会。两类庙会位于神圣—凡俗续谱的两端。猛将例会,也称"青苗会"。[3]各地时间不一,形式也不完全一样。昆山北庄村通常在农历七八月间,禾稻抽穗时节,村民抬着猛将神在田间辗转吆喝,说是"猛将捍虫"[4];巴城除三月初三的猛将会外,又在七月份"游青苗"。[5]正月十三日苏州城中宋仙洲巷大猛将堂看蜡烛,为新岁吴中著名节物之一。庙中所点大蜡烛,大如小儿臂脯。每逢猛将堂中点大蜡烛,倾城仕女便骈集于猛将堂。[6]年年岁岁,如此这般,亦"日渐萧条";1941年的情形是:"庙场中有零食摊一二,及幼童一群而已。神座前虽红烛高烧,惟拈香顶礼者,口然无

---

[1] 新明:《盛泽童子赛会记趣》,《新盛泽》1929年8月29日。
[2] [法]爱弥尔·涂尔干:《宗教生活的基本形式》,渠东、汲喆译,上海人民出版社1999年,第407—408页。
[3] 袁景澜:《吴郡岁华纪丽》卷七,江苏古籍出版社1998年,第240页。
[4] 顾瑞华:《蓬朗镇志》,上海三联书店1992年,第286页。
[5] 孙德润:《巴城镇志》,上海人民出版社1991年,第225页。
[6] 顾禄:《清嘉录》卷一,江苏古籍出版社1986年,第26—28页。

人。"[1]在这里,既看不到祈求神灵时的虔诚,也没有追求直接功利的过分强求。昆山周庄的猛将会于每年七月举行,已成"农夫之常规",因为习以为常,人们觉得"此系年年惯例,本无足志"[2]。吴江芦墟草里村的庄农圩庙会正值新年农闲,年初五出会,纯粹是纪念(猛将)性质。庙会过程中的各种情状,根本无法与其他庙会区别开来;"最精彩的要算窑港里'拆渡'"[3],就是一场农船比赛。随着"惯例"而来的神圣淡漠,把这种猛将会推向了神圣—凡俗续谱的凡俗另一极。

不仅如此,即使神圣性很强的庙会,从根本上说都不脱凡俗的本质。神圣性涉及人的心理状态,宗教神学可以说提供了自圆其说的解释,但宗教社会学认为,尽管这种信仰从心理学角度来说是可以解释的,但它却不具有任何客观价值。涂尔干指出:"构成宗教经验的各种自成一类的感觉的绝对而永恒的客观原因,其实就是社会。"[4]这一点从民国苏州庙会进行时的社会情绪就可以看出来。

五月十三日是关公诞日,全国各地多有庙会,若逢是日降雨,则谓天降关公"磨刀水"。关羽善耍大刀,磨刀需水,与水有关。1934年夏苏州大旱临时出关帝会,自亦合于常理。苏州关帝不灵,又出猛将会。猛将是驱蝗将军,与降雨之说已经有些距离,不过,蝗虫由亢旱而起,旱即缺水,似乎也有些道理,毕竟猛将面子大,出会以后便洒了一阵毛毛雨。善男信女这般说:关帝闯不进南天门,所以求雨无效,猛将曾封上天王,他是玉皇大帝的外甥,可以直入南天门,嬲着他娘舅降些雨水,所以猛将一出堂,天空便有雨意了。如此下去,有人担心:"苏城的庙宇,马王庙以外,尚有牛王庙、蛇王庙,倘使如法炮制起来,牛王会中可以排一个火牛阵,蛇王会中可以排一个长蛇阵。再者,庙堂巷中,有一座壁虱大王庙,倘使壁虱大王也出来求雨,全苏城的臭虫,只怕没有加入的可能吧!"[5]马王、蛇王、牛王、壁虱王与雨的干系,人们不得而知。不过,干系总是有的,蛇王既然能保佑劳作于水田的农民免遭蛇咬,为什么就不能让水田雨水满溢?推而广之,只要是神,何能无之?众神大概也没有那么细微的分工!灾害降临时,惶怖的人们

---

[1]《猛将堂看大蜡烛》,《苏州新报》1941年2月10日。
[2]《猛将会之盛况》,《新周庄》1923年9月16日。
[3]陈明金:《猛将会》,吴江市政协文史资料委员会:《吴江风情》,天津科学技术出版社1993年,第141页。
[4][法]爱弥尔·涂尔干:《宗教生活的基本形式》渠东、汲喆译,上海人民出版社1999年,第456、551—552页。
[5]梅雪:《会的预谶》,《申报》1934年7月26日。

最为关注的是神的神秘功能的发挥,而不会再斤斤于神格。到底何方高神会当此任,已经不完全取决于神本身,而取决于自然界是否会以及何时给神提供一个创造"奇迹"的机会,剩下来的事情是,人怎样来描述、体验和索解"奇迹"。显然,人在这里的作为不是根据先验排定的神格,而是事后附加的说明;看来人不但对凡俗世界无法控制,对神圣世界更为懵懂。在这里,我们不能把这类行为简单地归结为乡民的"无知",因为这样的"无知"累积至一定程度便提醒人们,这其实是他们的创造,是冲破了神圣世界的"秩序"而进行的创造,这样的勇气和动力来自自然的压迫,来自人的需要,来自实在的世界,而不可能源自不可捉摸的存在。

在靠天吃饭的农耕时代,苏州的气候条件是得天独厚的;温润的生活方式,很大程度上得自自然的造化。但意外总是有的。在水稻生长期内,也常有旱灾发生。雨水对于鱼米江南同样生死攸关。于是,祈雨发生了。日本学者直江广治指出:夏季祭仪的一个显著特点是,从根本上来说是农耕仪礼,与水有密切关系是它的一个显著特点。[1]普通民众谈不上理论建树,但他们感受最直接,祈雨至殷,信之至切。1912年农历八月间,常熟慈町乡金村一带,因天公亢旱,田禾受损,乡民望雨心切,作祈雨之举,将离镇里许永昌庵内龙王神像舁出,假公恒昌木行为公馆,直至九月初,始得滂沱遍布。该乡田禾得雨之后,大有转机之象,秋收有望,金生涯、汤小齐等传齐合镇绅商虔祷拈香,公送龙神像回庙。[2]这样,我们就能理解为什么在庙会续谱中祈雨会最为神圣;从凡俗社会的观念看,原来不过是强大的生存威胁所致。在肯定"膜拜"的宗教地位时,涂尔干对神圣性的社会起源进行了进一步的阐述:

> 因为社会只有在发挥作用时才能让人们感受到它的影响,但是,构成社会的个体如果没有聚集起来,没有采取共同行动,社会也就无法发挥作用。只有通过共同行动,社会才能意识到自身的存在,赢得自身的地位,因而至关重要的是一种积极的合作。我们已经确认,正是因为有了这些外部活动,集体观念和集体情感才有可能产生,集体行动正是这种意识和情感的象征。行动在宗教生活中占有主导地位,只因为社会是宗教的起源。[3]

---

[1] [日]直江广治:《中国民俗文化》,上海古籍出版社1991年,第84页。
[2] 《合镇绅商送龙王》,《常熟日日报》1923年9月9日。
[3] [法]爱弥尔·涂尔干:《宗教生活的基本形式》,渠东、汲喆译,上海人民出版社1999年,第552页。

神圣性源于社会的需要。我们同意这样的解释,不仅因为它与我们所遵循的历史唯物论的解释工具基本一致,更因为涂尔干运用社会学的理论贴切而清楚地说明了庙会的神圣性渊源。

2. 神圣的凡俗生活

在庙会生活续谱上,趋向于凡俗一端的庙会居大多数,因为这样的庙会不但包含了日常生活的市场和消遣元素,而且这些元素成了庙会生活的主旋律。

庙会围绕祠庙而进行。在短时间内,人口爆聚在一个不大的空间,就形成了市场,是为庙市。"轧神仙"形成的市场便在苏城的一个市井。是时,老阊门内,上下塘街一带,人山人海。无锡惠山泥人大阿福,奇花异草,摆满了道旁。儿童玩具,百货纷陈。陈列其间的大小乌龟,被赐以"神仙"之雅号。[1]有许多祠庙在风水清嘉的野外,平时十分清静,庙会时却哄聚一时。苏州西南的上方山,每年中秋后3日,来自苏州城乡、上海、无锡、常熟,远至浙江杭嘉湖等地的善男信女蜂拥而至,焚香膜拜,或求借阴债,或求子求福,或求医求寿,为时达一个礼拜。[2]这样的庙市,完全是墟集性质,它对周边广大区域的吸引力也仅在这个时候。在苏州乡村,祠庙集中于市镇,庙会以此为集聚点,庙市几乎涵盖了整个镇区。跟通常年份一样,1922年的常熟祖师诞例有拜香之举,各乡男女老少先日来到虞山镇,镇上大小旅馆一律客满,而问津求宿者尚络绎而至,竟有许多人无处求宿,只得投奔烟窟、赌场或台基等处娱乐一宵,权借枝栖;至于"大小船只,早被一班赶热闹出风头之流,预日雇尽"[3]。

庙市未必是有形的消费品市场和生产资料市场。在庙会期间的人际互动过程中,市场信息相对集中,不胫而走,为其他要素市场的形成提供了条件。太湖平台山禹王庙会可以说是一个劳动力市场庙市。吴越渔民自古崇奉治水英雄禹王。太湖之中有数处禹王庙,香火不断,其中最隆重者数平台山禹王庙会。该庙会有三个节期,清明时节的一次正处于太湖渔业生产旺季和淡季的重要分界时机:作为汛末,进行结账;作为汛初,重新组织生产。太湖渔船的作业方式是夏秋两船结"对"、冬春四船成"带",每船配备劳动力7至9名。渔民们便利用庙会换找搭档,重新组合姐妹船。"船主招雇渔工,渔工受雇船主",供求关系在庙

---

[1] 骞:《苏州举行若狂之"轧神仙"》,《礼拜六》1934年第557期。
[2] 朱小田:《吴地庙会》,南京大学出版社1994年,第56页。
[3] 《昨天祖师诞之写真》,《常熟日日报》1922年3月31日,常熟档案馆藏。

会期间产生。[1]由于每个渔工的经历和身体状况不同,其具有的劳动技能、熟练程度都有所差别,而船主对劳动力又各有需求,供求双方只有通过庙市接触,才能相互选择达成劳动合同。庙市的存在,为劳动力的交易双方提供了一个互通信息的场所,也促使渔工的流动成为可能。作为劳动力资源的渔工与船主的物质要素通过庙市而联结,渔业再生产得以进行。平台山庙会也为一冬一春在湖上辛劳的渔民们提供了难得的轻松机会。这时的渔民手头宽裕,正需要找一个消费的场所。商人们瞄准了渔民的心理,在庙会期间摆棚摊、开茶馆、开酒店、设赌场、变戏法、玩杂耍,岸上、船上,到处是生意场。[2]这时太湖中的小洲成为庙市。

游走于苏州庙市上的商人主要是小商贩和独立手工业者。庙会一般在农忙之前或秋收之后举行,这时的农民正搁闲,往往利用逛庙会之际买回必要的生活用品,"庙场讯期间,摊贩云集,各种商品应有尽有,平时买不到的、卖不掉的东西,一般都能买到、卖掉,会上商贩们忙得不可开交,营业额为平时的几倍或几十倍"[3]。当然,小商贩和独立手工业者毕竟是小本生意,收入有限得很。但无论如何,总还是有小利可图的。

庙会打断了异化的日常生活的节奏,与麻醉、单调的生活决裂。在愉悦的感觉中度过一段时光,是为消遣。消遣元素促使庙会生活走向凡俗。这时,庙会仪式因为与共同体的利益关系纽带松弛下来,常常显露出"一些很不真实的面目,相应的仪典也会改变自己的性质。这样,人们便进入了一个纯粹幻想的世界,纪念仪式渐渐变成了普通意义上的集体欢腾,它仅仅是一种简单的公共欢闹,不再具有任何宗教性质,所有人都可以毫无顾忌地参加"。在这里,问题的关键是:这些仪式"避开所有功利性的目的,使人们忘却现实社会,把人们送到一个可以自由想象的世界里去,在那里他们可以完全放松自己。从外表来看,这些仪式有时候简直就是一种消遣活动:参加仪式的人尽情欢娱乐,开怀大笑"[4]。这些仪式常常位于庙会续谱的凡俗一极,充分显现出休闲性。苏州的"轧神仙"便为

---

[1] 蔡利民、陈俊才:《太湖渔民的保护神——夏禹》,《中国民间文化》第18辑,学林出版社1995年。

[2] 蔡利民、陈俊才:《太湖渔民的保护神——夏禹》,《中国民间文化》第18辑,学林出版社1995年。

[3] 潘泽苍:《木渎庙会忆旧》,吴县政协文史资料研究委员会:《吴县文史资料》(吴县工商史料专辑),1992年10月,第168—169页。

[4] [法]爱弥尔·涂尔干:《宗教生活的基本形式》,渠东、汲喆译,上海人民出版社1999年,第500页。

我们提供了典型案例。

苏州俗例,"轧神仙"在农历四月十四、八仙之一吕纯阳生日这一天举行。是时倾城空巷,男女老幼相率赴阊门吕祖庙,进香膜拜,企望得遇神仙,以为终身之幸。1941年神仙诞日,油然细雨中往赴神仙庙者依然兴趣盎然。东中市上下塘,真有游人摩肩、雨伞成云之大观。[1]神仙是轧出来的,"吴人谓人众不得出而力附之曰轧"[2]。半个世纪前,有人真正领教了那个轧劲:

> 我在人潮中轧了老半天,鞋后跟被人踩脱都无法俯身拔起,只得趿拉着鞋子,夹紧脚趾,小心翼翼地继续往前轧。终于,我也轧到了吕祖祠的大殿门前,但只见香火弥漫,熏得整座大殿一片乌黑,人们已经难以瞻仰吕祖的仙颜了。
>
> 我站着转身环顾,只见人头济济,大家已经轧成一团。不过,其中仍然还有人挣扎着双手合十,有人高举香火,甚至还有人伏地叩头,真是不可思议。我也在人潮中挣扎,既来之,亦为之,费了九牛二虎之力,我也总算勉强伫立殿前膜拜了一下,接着就回头向人说尽好话,才好不容易地从善男信女们中挤出一条缝隙,脱离了人潮。[3]

究竟有没有人轧到过神仙?[4]没有人顶真;人们追求的是一种休闲的心境。正如杰弗瑞的观点,理想的休闲应该具有这样一种狂欢的心境。[5]"生活在

---

[1]《昨下塘吕祖庙香火融融竟日》,《苏州新报》1941年5月10日。
[2] 紫:《真奇怪,神仙哪有如许之多》,《苏州新报》1941年5月9日。
[3] 翟璟:《我在苏州"轧神仙"》,《苏州杂志》1997年第6期。
[4] 据说,苏州陆润庠轧到了神仙真身,得中状元(见《关于轧神仙》,《苏州新报》1939年6月1日)。吴江芦墟镇也有类似传说:有一年的四月十日,泗洲寺桥堍有一乞丐,衣衫褴褛,席地而卧,头枕两只小钵,身旁有一只化钱破篮。不同于他人的是,他不向行人高声求乞,只是双目注视着向他篮中施舍的善男信女,一般行人则按问路遇行乞略予施舍而过,并不在意。下午时分,一年轻书生在此乞丐面前驻足端详了片刻,向他篮中施舍,突然下跪相求:"求仙师指明小生前程如何!"此丐吐出几句深幻莫测的话:"诚心灵灵,勤学能成,后会有期。"随即收拾篮钵,隐入人群。书生欲趋前询问究竟,惜已无影无踪。观众甚奇,动问书生:"何故跪地?"答道:"他是真正的纯阳仙师化身。"又问:"何以见得?"答道:"二个小钵头为枕,分明是个叠口的'吕'字,不高声求乞而双目只视行人施舍,实是在暗中测试善伪之民。"众人恍然(见朱文华:《轧神仙》,吴江市政协文史资料委员会:《吴江风情》,天津科学技术出版社1993年,第143页)。即使没有这些"轧着神仙"的传说,人们也能自圆其说:下塘的神仙庙里,旧有一座迎神阁,到得四月十四日神仙生日,众仙必聚集于此阁内,所以我们去轧时,神仙极容易轧到。后来有一位不知姓的道士忽把此阁改建为玉皇阁,供奉玉皇大帝大主尊,吕仙是一位落拓不羁的写意神仙,嫌朝参玉皇的麻烦,于是到得自己生日就不再降临到庙中来了,因此我们轧来轧去,遂再也轧不到什么神仙(庆霖:《神仙是轧不到的了》,《苏州新报》1941年5月9日)。
[5] [美]杰弗瑞·戈比:《你生命中的休闲》,康筝译、田松校译,云南人民出版社2000年,第178页。

狂欢之中",就"按照狂欢式的规律在过活,……而狂欢式的生活,是脱离了常轨的生活"[1]。唯其是狂欢日,所以在"轧神仙"庙会里"百无禁忌"。每当拥挤乱轧当儿,青年小伙子看中了小娘们儿生得标致,顺手牵羊,摸一把"神仙奶奶";有人看到气不过,来一记"神仙耳光",一派乱哄哄、浑淘淘。[2]这便是狂欢式生活的一种特殊范畴:人们之间随便而又亲昵的接触。[3]

参与轧神仙的人们可以看到,在神仙庙正殿悬挂的巨匾上写着:"吕祖字洞宾,号纯阳,唐朝河中府永乐县人士,贞元十四年四月十四日诞生"。吕祖似乎实有其人,不过后来成仙了。百姓崇拜吕祖,不会因为他生就一副仙骨,成仙之道颇为离奇,因为这些在神仙是很平常的;吕祖之受到百姓的青睐,主要是因为他虽已成仙,却不失人性。孟子所谓"食色,性也",吕祖两皆有染,因为贪杯,有"酒仙"之雅号。《吕纯阳祖师全传》载其市廛"仙迹"常常留在妓馆,看来,民间所谓"吕纯阳三戏白牡丹"非为空穴之风。[4]苏州青楼女子遂将吕纯阳"也看做为她们的祖师了"[5]。吕祖面南端坐神仙庙中,一派凛然,"与三戏白牡丹之神情"判若两样;倘若触此隐私,与会者实在严肃不起来。时人记下了一个场面:"妙龄女郎,诚心实意,跪叩签决,若容颇憔悴,迨后领得签条,始嫣然一笑,不知渠芳心中有何隐事也。"[6]如此极富人情味的崇拜对象,大大增强了轧神仙的凡俗性,确定了整个庙会的休闲基调。

轧神仙其实也是一个花市。苏城一年的庙会中,就这个神仙生日最为香艳。满街姹紫嫣红。神仙庙前的花市,有好些盆椿,姿态都很古雅,盆中每佐以片石,铺以青苔,虽小小一个盆景,亦使人颇有高山奇木之想。此外尤多种种隐花植物,有的球形,有的鞭形,有的是一片翡翠。置身于香风十里的初夏庙会,"简直心襟为之一爽,犹似去游了一个花园一般"[7]。这便是休闲的"心襟"。更有甚者,还在四月十三日的夜间,苏州人家就将"千年万"叶子剪下来抛在街头,据说

---

[1] [俄]巴赫金:《陀思妥耶夫斯基诗学问题》,白春仁、顾亚铃译,生活·读书·新知三联书店1988年,第176页。
[2] 专诸:《看这民族复兴意味的"轧神仙"》,《苏州新报》1941年5月9日。
[3] [俄]巴赫金:《陀思妥耶夫斯基诗学问题》,白春仁、顾亚铃译,生活·读书·新知三联书店1988年,第176页。
[4] 况且《东游记》还有他的一段振振辩词:"嗜欲之心,人皆有之,而遇美色,犹为难禁。弟子虽已脱胎换骨,遇此绝世佳人,不能自持,不免迷恋。"参见马书田:《华夏诸神》,北京燕山出版社1999年,第213页。
[5] 《关于轧神仙》,《苏州新报》1939年6月1日。
[6] 吴真奇:《轧神仙琐记》,《新闻报》1927年5月16日。
[7] 《吴中花市是今日》,《苏州新报》1940年5月20日。

给神仙踏过了可以得些仙气,因此绿叶满街,蔚成奇观,有人以为这是"古代庙会赶集的遗风"[1]。整个苏城也因此而休闲起来。

庙会休闲性的另一种体现是其间的艺术活动。宗教与艺术是一对孪生兄弟。作为人类文化心理活动中的恒常内容,宗教诉诸幻觉,而艺术则是幻觉的物化和外化。

酬神演戏是庙会艺术形式之一,是为庙台戏;所请的戏班,在庙前广场上临时搭台演出,称为"草台班戏"。年成好的时候,乡村到处锣鼓声声。1919年,常熟耿泾乡因为上年"秋收较丰","于生计上稍减困苦",入春以来"各村落之农人皆狂妄异常,以前数年之凄凉苦况陡然忘怀,于是有掉龙灯焉,演剧焉,不一而足"[2]。常熟唐市春季庙会之后通常会接着演三台戏,有兴还会加演一两台。[3]在沿海朱泾桥兴龙寺,素未闻有演戏情事,亦如法从事,与某戏班预订承揽,择日开演。[4]昆山周庄的三月二十八节讯要做三天好戏,方圆几十里的农人"多会集到镇上来,凑那轧二十八的热闹。男的女的,脱去了犊鼻裤泥短袄,抛弃了蓑衣笠帽,换上蓝棉绸短衫,白竹布裤子,——不见得一律如此——替他们心爱的大毛阿二,带(戴)上老虎头帽子,穿上如意头鞋子,带到镇上来大出风头。镇上的人呢! 也换上新衣,万人空巷,举镇若狂,到戏场上去凑热闹,熙熙攘攘的哄闹几天"。在茶肆中,有人开玩笑道:"三月二十八讯闹过了,一般人叫起喜来,笆斗恐怕还不够用,定要借重栲栳呢。"[5]里巷,戏场,祠庙,茶肆,到处是狂欢的气象。

苏州庙会的剧种首先是昆剧,乡民最爱看武戏,故武戏演得最认真。有几处地方专演昆曲戏。[6]后来,庙会剧班由文班(昆腔)转而为徽班(徽腔)和京班(京腔)。到抗日战争时,就只剩京戏了。[7]与花鼓戏格调相当的苏州滩簧也出现在吴江盛泽童子会中。1924年童子会期间,"每晚开唱,曲调新奇,歌声绕越,听者动容,颇形热闹"[8]。

乡村庙会戏的接洽常由社会化的服务机构一手操办。[9]吴江黎里镇预定京

---

[1]《轧神仙》,《苏州新报》1935年5月15日。
[2]《预志连续演戏·掉龙灯愈掉愈盛》,《常熟日日报》1929年3月14日。
[3] 吴正明主编:《常熟掌故》,江苏文史资料编辑部1992年,第275页。
[4]《预志连续演戏·耿泾乡》,《常熟日日报》1929年3月14日。
[5] 病禅:《民众娱乐问题》,《新周庄》1923年5月16日。
[6] 顾颉刚:《苏州史志笔记》,江苏古籍出版社1987年,第216页。
[7] 吴三观、李子植:《春台戏》,《苏州杂志》1993年第1期。按,其实,春台戏在庙台演出的也不少,即庙台戏。
[8]《童子会略说》,《新盛泽》1924年8月21日。
[9] 顾颉刚《苏州史志笔记》第216页:"每一乡镇,有专管与戏班接洽之人。"

戏班是由"阳春轩"茶馆代办的,经办人称"排话"。各村对订戏都十分重视,由村上的头面人物或耆老带领,组织年轻力壮的"水手",专门摇着快船,旗帜高悬,锣鼓喧天,来到阳春轩茶馆与"排话"洽谈,签订演出合同,交付定金。[1]实在地说,庙会剧目翻来覆去就那么几个,人们也耳熟能详了。所谓艺术水平,也谈不上多高的档次,但这些方面对于乡民来说都在其次。20世纪20年代,江南乡村人直言:"现在的戏剧,说不到什么艺术;但是吾却始终承认为民众娱乐的一种,在现在灰褐色的社会;演剧以娱乐人们,人生总可以得暂时的安慰。"[2]此为休闲意义的真正所在!

"台阁"是江南庙会中颇具特色的艺术形式,所以苏州以台阁著称的迎神赛会经常被称为"台阁会"。台阁,又称"抬阁""掮阁",俗名"地戏",即在特制木座上由儿童扮演戏剧故事和人物。依剧种和剧目的剧情不同,台阁所使用的道具自然各异。吴县东山台阁声闻江南,主要体现为道具的特色明显。1946年城隍会中的台阁计有19座,[3]每座皆由传统传承而来,风格独特,争奇斗艳:叶巷村的《借茶》,下边张文远一手托茶盘,盘中重叠三只茶盖碗,阎惜姣身着五彩戏装,一脚踏在最上面的碗盖上,一脚悬空,罗裙飘拂,手扬绢帕,既像演戏,又酷似杂技中的精彩造型。晚清时节,曹坞村的《十字坡》,下边武松跪着,一脚踏在酒瓮上,左手叉腰,右手举着带链手枷;上边的孙二娘脚踏在手枷上,背插钢刀,两手叉腰,生动别致。渡水桥的《水漫金山》(演者三人,俗称"三跷"),下边法海老僧盘膝而坐,手持龙头禅杖,禅杖上立着白娘娘,白娘娘手中横持木浆,而木浆上再踏着个小青青,新奇独到。西坞村的《比武招亲》,下边是男的手持长枪,上边女的手持长柄大刀,刀枪交加,全身脱空,仅右手持在刀柄上,惊险动人,出奇制胜,乡民誉之为"荡空台阁"。[4]

在这里,与其说台阁的表演富有休闲性,不如说这种艺术形式便于休闲情境的创设。在吴县东山,庙会前一月左右,就有出台阁人员手持锣鼓在街上由西到东敲打一通,意思是让两旁店铺、住户有"凉棚""抢水"的都要拆掉,以利台阁顺利通行。而大家听到要出台阁了,无不喜形于色,乐于拆除。当第一只台阁亮相

---

[1] 平静人:《看春台戏》,吴江市政协文史资料委员会:《吴江风情》,天津科学技术出版社1993年,第69页。

[2] 老钉:《演剧可以已矣》,《新盛泽》1924年7月1日。

[3] 如施巷的"老一百",殿前的《珍珠塔》,叶巷的《借茶》,漾桥的《打渔杀家》,唐股村的《白水滩》,曹坞的《悬空台阁》,渡水桥的《水漫金山》,王舍的《打店》,等等。见看会人:《城隍出巡花絮》,《莫厘风》创刊号,东联出版社1946年(7月1日)。

[4] 严家伟:《东山台阁》,《苏州杂志》1990年第2期。

后,其余各村纷纷响应。于是乎,台阁一天多似一天,每日午后大街上锣鼓喧天,各种台阁川流不息、异彩纷呈,邻近乡人结伴而来。[1]

庙会中的竞技比赛旨在放松身体,与一般的节日休闲别无二致。竞技比赛主要有赛力量和赛技巧两类。利用船作为庙会的道具和竞赛力量,这样的庙会休闲散发出醇浓的水乡生活气息。昆山周庄三月二十八日,四乡派出"小川条""浪里钻"等快船与赛,两岸观者如堵,呐喊助威,节日气氛陡增。[2]吴江平望的网船会是渔民举行的水上赛会,主要活动就是赛船。网船会于农历七月十五日举行,由三老爷庙周围10个自然村(圩)的10坊逐年轮值。届时每坊雇用快船,供奉神像,周游镇界。最后各方网船集中到莺脰湖竞赛快船,名为"踏白浪"。舢板船的船身长,左右安上4至8支档桨,船艄左右两边都有橹。每支桨上有4至5人,加上舱里人,一道划桨,船行如飞,扣人心弦。莺脰阁上,湖边楼廊,人山人海,热闹非凡。[3]吴江芦墟镇春节期间有一个庙会,其间最重要的活动是"抢渡"。庙会所倚之庙为镇北的泗洲古寺,寺前河面开阔,水流湍急,"抢渡"就在这条河上进行。河面设有两道渡口:第一渡口为起点,在泗洲寺前,寺北一华里设下第二渡口。先是,10多条木船在第一渡口搭起一浮桥,赶会的善男信女经过镇上的两条主要街市后,抬着神轿,列队快速通过浮桥,等神轿一过,各船快速起篙摇橹,向第二个渡口进发。前进过程中,渡手还要表演"出跳"等动作。第一名到达第二渡口者,渡船就排列在第一档,这样依次排档停船,相互监督,秩序井然,并很快地又搭成一座浮桥,再次迎接参加庙会的群众和轿子"抢渡"过河。又是在鞭炮齐鸣声中,"抢渡"进入了第二个高潮,重演了第一渡口那惊险、紧张的一幕。"抢渡"比赛便在鞭炮声、锣鼓声和群众的欢笑声中宣告结束。[4]50年前的吴县胜浦镇也有同样的船会,诗云:三橹一桨四出跳,浑似蛟龙劈波涛。百舸竞争会"戈浦",当众夺魁逞英豪。[5]

以竞赛技巧为特征的休闲活动在苏州庙会中比赛力竞技更加刺激。常熟香山地区是武术之乡,[6]三月半香山庙会中,武术成了压台戏。舞马叉的,使齐眉棍、响铜棍的,掷绳镖的,耍九节鞭或流星锤的,对打、单打、双打、边走边舞,其娴

---

[1] 严家伟:《东山台阁》,《苏州杂志》1990年第2期。
[2] 昆山市周庄镇镇志编纂委员会:《周庄镇志》,上海三联书店1992年,第237页。
[3] 周明等:《平望镇志》,江苏科学技术出版社1992年,第457页。
[4] 姚溪顺:《芦墟庙会》,《苏州杂志》1992年第1期。按:出跳就是设置在大、小橹绷绳下端的一块小跳板,两端突出于左右船舷之外,站在两端的两名渡手里应外合,扯动大、小橹棚绳,使渡舟加速前进。
[5] 金文胤:《水乡"船会"》,《姑苏晚报》1995年11月4日。
[6] 瞿涌晨:《武术之乡》,徐祖白:《香山揽胜》,新华出版社1994年,第116页。

熟高超的技艺,引得阵阵喝彩。[1]苏州庙会中不乏杂技表演。常熟南沙镇(今张家港)逢会必有"调狮子灯"节目:"狮子状蚕""狮子滚绣球""狮子登高""狮子同语""狮子称霸""狮母训幼""狮子钻圈""狮子蹬板""双狮摔跤"等,不一而足。"调狮子"是瞿高村的传统技艺,据瞿氏家谱载:清同治年间调狮子灯的好手瞿万钰、张八腊等,在香山庙会连年夺魁。[2]

跟专业性的体育比赛纯粹重视结果的情形相反,庙会活动中的竞技活动具有一些区别于严格意义上的体育的特性:它既不是通过比赛追求成绩,也不以崇拜力量为目的;它既不要求遵守刻板的规则,也不要求进行超越身体极限的训练,而是在体育活动的原始意义上追求身体的放松和适意。庙会创设了一个休闲的环境,一种交往的空间。

需要特别指出的是,不管庙会中的凡俗元素有多少,庙会毕竟起于信仰,而且在一定程度上信仰充当了一种组织元素,所以,如果说庙会是凡俗生活,那么它是神圣的凡俗。

在轧神仙的参与者中,纯粹抱着凑热闹心态的固然很多,但善男信女亦复不少。1934年会日,神仙庙大殿里香烟缭绕,红烛辉煌,吕祖师"默坐在那锦绣半垂的神幕中,香烟熏黄了他的尊容,左右侧殿供奉着××药师大将军者八位",一派肃穆。挤轧在神仙庙大殿里的,有摩登女郎,有青年学子,还有背着朝山进香黄布袋的老妪,各色俱全,他们"都很诚虔的膜拜着,在蒲团上蠕动,嘴里尚不住的噜苏,态度非常正经"[3]。

庙市与一般市集根本的不同之处,在于庙市对庙会的先天附着性。不论庙会的实质内容如何,对神明的崇拜总是一以贯之的,在绝大多数情况下,这是其最重要的内容。附着于庙会的庙市,自然地就笼罩着一片神圣的气氛。庙市商品自然地也就获得了这种神圣特质。

奥托指出,神秘"除了那种令人困惑与惊惶失措的东西外,他还感到某种使他如醉如痴(这种痴迷常常达到极度迷狂的程度)的东西"[4]。思维的理性在苏州狂热的神仙会中失却了市场,而有形的商品市场也充满着不可言传的神秘:"摊子上的东西,不论那(哪)一种,大概多贯上它神仙二个字,神仙花,神仙糕,神仙菩萨,最有趣的连到乌龟也称它神仙起来……我认为最足神仙受之无愧的

---

[1] 冯春法:《热闹的香山庙会》,《香山揽胜》,新华出版社1994年,第122页。
[2] 沙洲县南沙镇人民政府:《南沙镇志》,第244页。按,南沙今为张家港一镇。
[3] 骞:《苏州举行若狂之"轧神仙"》,《礼拜六》1934年第557期。
[4] [德]鲁道夫·奥托:《论"神圣"》,成穷、周邦宪译,四川人民出版社1995年,第36—37页。

只有那金钱乌龟,因为乌龟是长命百岁的,实在真有神仙的风格,世界上任何人,到最后总想修行得道,成仙正果的愿望,古时的秦始皇,也曾经向海外求仙,可是始终没有遇到,大概是仙缘缺少吧?"照道理,神仙仅有吕祖一个,但在熙攘狂热的人群里,他藏在哪一个角落呢?人不可貌相,哪一位都可能是。不确定性给人们提供了足够的想象空间,"也许是天赋给他们的",但人们还是将信将疑:"庙会里这许多点缀品,假使不在这轧神仙的场合里,这神仙二字的称呼,决不会如许的多吧?"[1]无疑的,庙市是笼罩在庙会的神圣光环之下的,庙市商品的神圣性就是这样被沾染上的。

庙会的一些特色商品就在神圣的氛围里存在着。苏州轧神仙"不知道哄动了多少栽植花木的常熟人,虎丘山人,邓尉光福人;哄动了多少无锡惠山脚下,专做泥偶的工人小贩"[2]。"花草、泥偶二大类"成为庙会上的特色商品。神仙庙门外设着临时香烛摊,大批的香烛元宝堆满了临时的木柜,三五少年伙计忙着交易,大有利市三倍、应接不暇之慨。[3]祭品在一般庙会上都有。孙骏毅回忆,儿时家乡的庙会上总少不了专扎纸人、纸马、纸屋的"纸人莫"。"纸人莫"姓莫,会期一到,他就在庙后的旗杆下用草绳围出巴掌大一块地方,堆出竹筋纸面的人、马、屋。民间艺人一般都是祖传,莫氏纸人活灵活现,远近闻名。那纸人好像嘴一张就能同你攀谈,那纸马好像不能脱缰,否则一蹶蹄就会跑了出去,那纸屋美丽得连活人都想搬进去住。[4]跟一般商品不同,庙市特色商品的价值不在于直接功利目的的实现,而往往在于蕴藏其中的信仰含量,因为信仰的存在,会众们才能以之为载体去完成凡俗世界与神圣世界的沟通,获取精神上的满足或解脱。买了一只镇鼠的泥偶蚕猫,增强了人们对蚕茧丰收的信心。焚烧纸品被称为"解钱粮";为过世的祖辈或孤魂野鬼"解"了"钱粮",人们会生活得更加踏实。

3. 庙会传统的近代命运

近代社会环境对于庙会传统的基本态度主要取决于它们对乡村亚文化的了解和理解程度,从而也决定了庙会传统的时代命运。

在近代科学态度面前,民国苏州庙会传统受到理所当然的讥诋。有人蔑视农民的世界观。"受到科学洗礼"的柳亚子认为,"断屠求雨"是原始时代的迷信

---

[1] 紫:《真奇怪,神仙哪有如许之多》,《苏州新报》1941年5月9日。
[2] 专诸:《看这民族复兴意味的"轧神仙"》,《苏州新报》1941年5月9日。
[3] 骞:《苏州举行若狂之"轧神仙"》,《礼拜六》1934年第557期。
[4] 孙骏毅:《庙会》,《苏州杂志》1994年第2期。

勾当,应提倡"科学解决的方法"对付灾害。[1]1934年苏城都在求雨,从上海来的报纸纷纷批评它的落后:"老天不雨,日本鬼子会放炮造雨,俄国长人(于,作者注)用科学方法。'人定胜天',只有咱们老大中华,叩头求神,还道是'诚则灵'。"[2]在批评"落后"庙会的同时,人们对政府也颇有微词:"无知的农民……不知道要求政府做种防旱的工作,他们只是求着渺茫的苍天;他们简单的脑海里,只以为烧了钱粮香烛,神会给他们幸福,他们不会想到,纳了税,他们应当得到什么的?"[3]

实际上,政府对待庙会的态度是非常矛盾的,一方面他们担心庙会引发社会秩序的混乱,另一方面他们对神的力量又将信将疑。在许多场合,政府官员实际上引领了庙会。1926年苏州旱灾严重。6月10日,常熟县署致函各界:"天久不雨,有妨农事,定于本月十一日起迎赛龙神,在老城隍庙虔诚设坛祈求雨泽。业已分函在案。兹于明晨八时恭请龙神出銮,爰再函达,即希执事届临拈香为荷。"[4]6月18日,吴县张知事赴浒墅关白马涧白龙庙拈香祈雨,并令各肉商继续禁屠三天;报载,知事"禁屠祈雨,系为霑足田畴"[5]。1934年7月上旬,常熟县慧日寺:"各界之前往拈香祝祷者颇多,县长周衡为顺民意,亦每日清晨五时,前往叩拜拈香,县府并出示布告,继续禁屠三天。[6]在苏州,"这是一个陈例,每逢天干不雨终得由县长大人,亲往光福镇去请铜观音进城,供在沧浪亭求雨"。只是到了20世纪30年代赶上"破除迷信而县长不躬自迎接了"[7]。自然界的风调雨顺与屠宰杀生和拈香祈拜之间的逻辑关系通过官员的仪式行为在民间社会得以建立,这样一种行为代表了传统社会处理人与自然关系的一般方式。

与此同时,不少知识精英从生活艺术的角度对庙会传统给予了一定的肯定。吴江盛泽南社人士徐蔚南认为,一味"反对赛会,以为赛会乃迷信之一种,与科学相反,不合时宜"的人,不过是"一知半解之徒",仅就庙会中民众艺术来说,便具有"重大意味",因为"艺术并不是智识阶级所能独创,艺术赏鉴的力量并非智识阶级所独具有;赛会这件事,出发点虽在迷信,但同时就是除开智识阶级以外的民众之艺术表现"。观察盛泽的童子会,便不难发现庙会的艺术性:

---

[1] YT:《对于断屠求雨的感想》,《新黎里》1924年8月16日。
[2] 阿金:《祈雨》,《十日谈》1934年第37期。
[3] 吴赞廷:《求雨活剧》,《人言周刊》1934年第1卷第24期。
[4] 《迎请龙神设坛祈雨》,《常熟市乡报》1926年6月11日。
[5] 《通令各市乡一律禁屠》,《苏州明报》1926年6月18日。
[6] 《天时亢旱县长拈香祈雨》,《申报》1934年7月9日。
[7] 阿金:《祈雨》,《十日谈》1934年第37期。

童子会的行列是这样：金罗丝竹队、拜香队、旗伞队、香亭、韦陀轿、观音轿、抬搁、龙船、高脚人等等。我们看这一行列，试问哪一种不是艺术的表现？其中常被世人所忽略的，且以为是最迷信的，最无聊的如拜香队和香亭，就我见来，更却是艺术的。那拜香队是一队男女孩子，穿着一色衣服，嘴里唱着最婉转和谐的赞辞，和着那手中悠扬的钟磬的声音。看到我们的眼里，多么的好看！听到我们的耳中，多么的好听！至于香亭呢，更显示精巧的艺术作品！铜的香炉和雕刻的香亭。童子会除了日间这样美丽的行列以外，夜间还有乡间农民摇一只船到市河里来对唱山歌。死读《桃花源记》、《春夜宴桃李序》的书呆子，自然听不惯这种乡下人的歌曲，可是脱下了你书呆子的面目，张起你的耳朵来，细细地听去，你就可欣赏这种"乡曲"的音节是何等和谐！词句是何等的率真！布局是何等的自然！再就文艺上来说，诗经中的"风"，不就是乡曲吗？德国的"尼勃龙"、法国的"罗来歌"、英国的 Beowulf ，在世界文艺坛上认为宝玉的，不就是戏曲或民间传说吗？这样说来，我们大抵可以同意于赛会同时是艺术的表现罢。[1]

徐蔚南既指出迎神赛会所包含的迷信色彩，又不因此而全盘否定，他为庙会所散发出的幽美的艺术芬芳所陶醉，并充满激情地肯定庙会作为传统休闲生活方式的存在价值。

另外一部分人对庙会传统的肯定着眼于其身体休闲价值。有些人说，"乡村间的迎神演戏是迷信又糜费的事情，应该取缔"，作为苏州庙会亲历者的叶圣陶对此则不以为然："这是单看了一面的说法；照这个说法，似乎农民只该劳苦又劳苦，一刻不息，直到埋入坟墓为止。"从社会机体的修复来说，"一般人为了生活，皱着眉头，耐着性儿，使着力气，流着血汗，偶尔能得笑一笑，乐一乐，正是精神上的一服补剂。因为有这服补剂，才觉得继续努力下去还有意思，还有兴致。否则只作肚子的奴隶，即使不至于悲观厌世，也必感到人生的空虚，要知道迎一回神，演一场戏，可以唤回农民不知多少新鲜的精神，因而使他们再高兴的举起锄头。迷信，果然；但不迷信而有同等功效的可以作为代替的娱乐又在哪里？"[2]

事实上，致力于社会改革的人们已经在寻找可以"代替的娱乐"。20 世纪 40

---

[1] 徐蔚南：《我之赛会观》，《新盛泽》1925 年 9 月 1 日。
[2] 叶圣陶：《倪焕之》，人民文学出版社 1982 年，第 96 页。

年代,吴县东山旅沪同乡醒农认为,对于农村庙会的"根本办法者",唯有实施农民教育,以增进其知识,接着科学观念,在不知不觉之中施以感化,同时提倡正当娱乐,以陶冶其性情,改变其迷信举动。[1]这位东山旅沪乡亲的建设性的考虑立即被付诸实施。1947年6月,洞庭东山旅沪同乡会在沪举办电影联欢时,深感现代传媒在"沟通文化,开发民智"方面的作用,便想"让东山群众也有领略世界上新鲜见闻的机会",经几度联系,首次在东山放映彩色影片13部,其中就有农业科教片《蝗虫的生长与扑灭》等。3个夜晚共有近15 000人观看了影片。[2]看惯了庙台戏的东山人,被外部新奇的世界深深吸引住了。在盛泽,人们拟定了具体的庙会改革方案:迎神赛会用款"果为公众娱乐起见而出,可由各业出款之领袖,立一赛会改良会,集众议此款改充地方公园、公众阅报社、图书馆、音乐室、运动场等经费,此种娱乐场所即永久存立,亦有益身心,又可日日游观,以视一年难逢耗多资而一现之赛会,与公众之损益为何如乎?有识之士当能辨之也。据我调查之所得,江苏各县因赛会每年所耗之款项,迎神次数多者,用款多在数千元,少亦数百元不等,如再添购新物,耗至万元亦有之,倘以此款改充上述公园等事之经费,不出十年,将见江苏各县公众有益娱乐之设备应有尽有矣,吾愿商会工团筹款之机关,共同注意而谋所以改良之方法,以造福于公众,此永久改良之我见也"[3]。

经过讨论,人们逐渐形成了这样的共识:传统庙会如果摒弃其迷信落后的成分,仍有其存在的价值,但根本之道在于现代休闲生活方式的产生。伴随现代文明的节奏,庙会生活也悄悄发生着变异。盛泽每届蚕王生日、清明、上元、中元观音会、盂兰盆会、双杨会等令节讳日总要举行赛会,这种宗教性节日民俗正发生蜕变。原先为了祛鬼酬神而连日演戏,随着时日的推移,迷信的色彩逐渐淡薄。如1923年中元赛会,"在东社庙内陈列名花导卉,歌唱各种名曲,对唱山歌"[4]。有人甚至提倡取法美国之华盛顿纪念会,南洋、菲列宾之嘉年华会,"扮演新奇,暗寓讽劝"[5]。1924年的一次双杨会期间,上演了京剧、昆剧、湖剧、文明戏、木偶戏,并展览了采桑、缫丝、络纬、卖绸的生活场景,还借盛泽绸业公所举

---

[1] 醒农:《东山农村迷信问题之商榷》,《莫厘风》1947年第7期。
[2] 薛利华:《洞庭东山志》,上海人民出版社1991年,第510页。
[3] 周刚直:《设立公共体育场的根本理由》,《新盛泽》1923年12月21日。
[4] 《中元节赛会纪事》,《新盛泽》1923年9月1日。
[5] 蓬:《赛会小言》,《新盛泽》1923年9月1日。

办了农业物产展览会,特别是生丝及丝织成品,各地竞相端出清样,琳琅满目。[1]

对于传统休闲生活方式的变化,时人已经觉察:对于庙会,"不能仅仅看作是乡愚无知,迷信神权的事"[2]。他们认为:"迷信确是一个大原因,不过乡愚无论做什么事,须得张着迷信,其实是给他们苦中行乐罢了。"[3]比如跨省区的双杨会不仅沟通了蚕农、机户和绸商之间的信息交流,联络了感情,而且所办物产展览和物资交流还使农民得到了观摩的机会,收到了他山之石之实效。可以看出,昔日休闲生活方式正日渐徒具形式,而为新的内容所充实和替代。

国家和民族意识的引入是江南庙会富有重要历史意义的变异。置身于1919年5月27日的常熟梅李高神庙夜会之中,面对悬挂于大街小巷的"各种鲜艳之灯彩",人们很容易把它们与"纸醉金迷"联系在一起,但一副悬于西街巷门上的对联却突然给人以另外一种强烈的感官刺激,上联:"卖国贼 丧尽良心 卖我河山 普天动愤";下联:"大学生 首先发难 抵制日货 环海同声"。对联一下子拉近了传统与现代、民族国家与民间社会的距离,给"又是今宵"的传统庙会增添了时代色彩。[4]

三、婚姻俗例

在传统民间社会生活的舞台上,俗例扮演着十分重要的角色,近些年来,引起了社会人文学界的重视:在政治国家—民间社会框架中,俗例被当作"地方性知识"来解读,在大传统—小传统结构中,俗例被作为"小传统"受到关注。但在不同的学科那里,侧重点是不一样的。不少文史研究者习惯于将某个俗例从特定的共同体生活结构中抽取出来,冠以"中国"或"人类",重新组合,以显示一个抽象的礼俗中国形象。事实上,俗例更多地存在于地域生活共同体中。在此,我们以民国时期盛行于苏州的抢亲、逼醮以及早婚、童养媳等婚姻现象为对象,考察地方俗例的日常逻辑,以此说明婚姻俗例所决定的女性命运。

1. 婚姻俗例

俗例是一种盛行于地方社会的习惯行为。在民国苏州城乡,有几种婚姻俗例颇值得关注:一种是婚姻缔结过程中的抢亲,另一种是婚姻突然中断时的逼醮,而此两种俗例又与其他一些婚姻俗例密切相关,尤其是早婚之俗。

---

[1] 周德华:《双杨会》,吴江县政协文史资料研究委员会:《吴江文史资料》第七辑,1988年,第186页。
[2] 公公:《灾工声中双阳会》,《新盛泽》1924年5月1日。
[3] 《吴江报》1925年5月10日。
[4] 《梅李市·赛会盛举》,《常熟日日报》1919年5月28日。

所谓抢亲,是指在已经存在婚姻关系的亲家中,一方违背另一方(女子或父母)的意愿,强抢成婚的行为。[1]近世以来,特别是民国时期,抢亲现象在苏州经常出现;晚清时,人们"见之不足异也"[2]。民国时期常熟河阳山歌《东南风起白洋洋》:东南风起白洋洋,抢亲一只进船浜,桅杆灯点起三盏火,篾台点火亮澄澄。[3]20世纪20年代吴县"乡村间的'抢亲'恶习盛行;……夫家暗中邀约强壮人多者,至女家强抢,获负新妇而归"[4]。抢亲之谓"抢",首在渎礼。以礼仪而论,"六礼"是传统婚姻的基本实践原则。六礼者,纳采、问名、纳吉、纳征、请期、亲迎之谓也;前四个环节属于订婚礼仪,后两个环节属于成婚礼仪,故古来有这样的说法:订婚礼仪是"成妻"节目,而成婚礼仪是"成妇"节目。很明显,抢亲介入了成婚礼仪,简化了婚礼程序,颠覆了婚姻传统,是为渎礼:"古视婚姻意义深远,礼仪遂以庄重为尚,故意纡其进行之程序,藉示民情之不渎,于是六礼兴矣。"[5]以此观之,抢亲当然有失庄重:"抢亲者,均背古礼。"[6]

在苏州,抢亲者有一个冠冕堂皇的理由:依循俗例而行。俗例是社会心理的反映,无论是事件的参与者还是旁观者都习以为常,不以为异。抢亲发生时,常常听之任之。在20世纪30年代的苏州乡间,抢亲的人"一定要带一面小锣,抢到了手,镗镗地敲了几响,表示不是绑票接观音。人家听了,就不用惊疑"[7]。在大多数情况下,女方家庭"格于俗例,事后无可如何也"[8]。就是说,女方家庭接受了这样的俗例。

与寡居现象相关的婚姻俗例更多。丈夫离世,妻子顿成孤孀,近世民众常归之为命数,即无可如何之自然因素,[9]但事实是,传统中国社会中的不少孀妇却为一些俗例所助成。俗尚,男子订婚后忽遘病疾,百药罔效之时尚有最后一着:

---

[1] 陈顾远:《中国婚姻史》(影印本),上海文艺出版社1987年,第78页。按,在某些资料或文章中,偶尔会出现作者不作区别,将"抢"与"抢亲"混用的现象,尤其是将"抢亲"说成"抢婚"。实际上,"抢亲"不同于"抢婚"。抢婚,又称"掠夺婚","男子以掠夺方法娶女子为妻妾,而未得该女子及其亲属同意之谓也"。抢亲因"与聘娶方法混合",而有别于抢婚:抢亲中的双方已经通过订婚确立了婚姻关系,而抢婚则不存在这种关系。
[2] 吴友如等:《点石斋画报》(大可堂版)第14册,上海画报出版社2001年,第319页。
[3] 张家港市文联:《中国·河阳山歌集》,华东师范大学出版社2006年,第60页。按:篾台,用竹篾制作的火把。
[4] 何赓虎:《吴县农民》(未刊),1928年,上海图书馆藏,第10页。
[5] 陈顾远:《中国婚姻史》(影印本),上海文艺出版社1987年,第151页。
[6] (江苏)《江阴县续志》,1921年刻本,丁世良、赵放:《中国地方志民俗资料汇编》华东卷(上),书目文献出版社1995年,第459页。
[7] 烟桥:《抢亲》,《申报》1934年2月9日。
[8] 胡朴安:《中华全国风俗志》(下编),河北人民出版社1986年,第182页。
[9] 一定历史时期,一定医疗卫生水平条件下的致命病症都应视作自然因素。

将病者已聘未娶之妻火速抬到夫家,遵礼成亲,希冀于渺茫之中病者之病机尚可因喜事临门而日见回苏,世称之为"冲喜",意以喜事冲之之谓也。[1]冲喜的结果往往是,女子刚刚踏入夫家之门便成寡居,所以又称"望门寡"。这种婚俗流行颇广,在"民智比较开通一点的苏浙,也还有这样的耻事!……甘心守的,还要行一个死魂的婚礼,自己抱着所谓丈夫的灵牌,或是由死者的姊妹,着男装,抱灵牌,代表死者与新娘子行结婚礼"[2]。至于"童养媳",女子已然生活于夫家,若丈夫突然亡故,"望门"守寡也就势所必然了。20世纪30年代苏州西部的洞庭西山村落间,在"望门"守寡的女子中,"伊们有的是童养媳"[3]。

童养媳是事实上的早婚。如吴江《养媳妇》:"姆妈娘心肠硬,七岁拨俉做个小梅香,早晨吃口隔夜粥,点心吃口饭泡粥,夜里吃口正当粥,一日吃仔三顿粥,饭打钎子粥打印,小菜碗里做记认,早起夜打铺,柴薪戳俉小屁股。"[4]"梅香"即童养媳,其生存状态的主要特征,藉着歌谣所选择的以上这些稀粥、扦子、记认、地铺、柴薪等"代表性的东西"的"综合"而被洞烛。以上诸种婚姻过程中出现的俗例都与民国苏州仍然流行的早婚习俗相关。

在传统中国,婚姻关系之成立,就其大体而言,须经过定婚与成婚两个程序。定婚即男女双方为结婚而作的事先约定,"乃结婚要件之一";在礼法上,"男女因定婚而取得一定身份"[5]。抢亲和望门寡便发生在这种已经确立(定婚)而未最终实现婚姻关系(成婚)的亲家之间。按常理,订婚与成婚前后相续,没有给抢亲和望门寡留下过多的发生空间,但它们竟至发生了,这与民间社会中的"童稚婚约"密切相关。

在中国,"童稚婚约"自古已然,近世以降以至民国,浸成为俗,结果,"如果女孩订婚过晚,她就不能找到好的婚配对象"。费孝通观察到,在吴江,"婚姻大事,在孩子的幼年,经常在6—7岁时就已安排了"[6]。在吴县唯亭,"订婚年龄

---

[1] 《冲喜》,《医学周刊集》1932年第6卷第3期。
[2] 徐明秋:《冥婚》,《民间旬刊》1931年第19期。
[3] 雅非:《洞庭西山的妇女生活》,《申报》1936年11月14日。
[4] 金煦:《中国·芦墟山歌集》,上海文艺出版社2004年,第82页。按:姆妈,妈妈;拨,让;正当:正式;点心,午饭;饭打钎子粥打印,在饭粥上打上记号;记认,标记。
[5] "定婚"一词兴于明清以后。此前,男女各别有称:在女方曰"许聘",在男方,则有"文定""聘定""已纳聘"等;至明清,沿用旧称之外,在律令上,开始以"定婚"一词作为男女双方的通称。民国以后,民法上称之为"婚约"(陈顾远:《中国婚姻史》(影印本),上海文艺出版社1987年,第121页)。另,订婚,又作"订婚",两者的区别见吕廷君:《关于民间订婚习惯的调查报告》,见谢晖、陈金钊:《民间法》第二卷,山东人民出版社2003年,第272页。
[6] 费孝通:《江村经济——中国农民的生活》,江苏人民出版社1986年,第30页。

太早,十之八九,在幼童时期,即由父母作主,确定配偶"[1]。"童稚婚约"在苏州称为"攀小亲"或"配娃娃亲",民国吴县浒墅关人认为,男孩攀不上亲,做父母的感到耻辱;女孩落地就是"外头人",早有婆家早放心,因此孩子在三四岁时就攀成两家亲;[2]有时女方可以向男方提一些要求,一般是一岁一担稻谷。[3]"童稚定婚"企图以一个当前的契约约束数年乃至十几年之后将要发生的行为,其可靠性可想而知:"襁褓联婚不能尊重男女本人之意思,与指腹为婚者,其相去不能以寸。……其后男女长成因不愿意而致悔婚兴讼者亦在所多有。"[4]其实,"个人愿意"倒在其次,在订婚—成婚过程中,亲家之间发生的任何变故都可能成为婚姻的障碍。面对一时无法实现的婚姻关系,如果一方(常常是男方)执着于旧有契约,抢亲行为便可能发生。同样,在订婚—成婚过程中,如果遭遇不可抗拒的变故,比如男方死亡,已有的契约便无法实现了。这时居然就有失去儿子的"夫家"执着于旧契,坚持抱牌成亲;孀妇就这样生生地出现了。

2. 抢亲俗例与女性命运

抢亲之有"抢"名,说明它违背了被抢一方的意愿,一般指的是女方父母的意愿;至于女子本身的意愿是不在考虑之列的,也就是说,在婚姻生活中,女性的命运是任人摆布的。这令人深思。在实行民主共和的民国世界,国家法律制度怎么会任由抢亲肆行呢?或者说,国家能对女性提供保护吗?

抢亲是婚约俗例的一部分,首先得考察婚约的法典合法性。据婚姻家庭法学的研究成果,婚约分为早期型和晚期型:在中国,以清末作为分界线,此前,婚约具有法律效力,未经订婚的婚姻关系无效;一方不履行婚约,必须承担相应的法律责任。如《明律·户律》规定:"若许嫁女已报婚书及有私约而辄悔者,笞五十;虽无婚书但曾受聘财者亦是。"从清末"变法修律"之后,"订婚制度也当然地被排除在了国家制定法之外"[5]。其实,这样的划分只是反映了一个大概趋势,事实上,一直至1931年5月开始实施的《中华民国民法典》"亲属编",仍以旧律及习惯均重视婚约特设专节加以规定[6];至于"将来编纂法律能否容许此

---

[1] 王绍猷:《唯亭印象记》,《农业周报》1934年第3卷第4期。
[2] 殷岩星:《浒墅关志》,上海社会科学院出版社2005年,第682页。
[3] 张瑞照:(浒关)《东桥志》(内部资料),1984年,第302页。
[4] 南京国民政府司法行政部:《民事习惯调查报告录》下册,中国政法大学出版社2000年,第974页。
[5] 吕廷君:《订婚制度的演变及其法理透视》,谢晖、陈金钊:《民间法》第一卷,山东人民出版社2002年,第194页;王丽萍:《婚姻家庭法律制度研究》,山东人民出版社2004年,第65页;杨大文:《婚姻家庭学》,复旦大学出版社2000年,第124—125页。
[6] 谢振民:《中华民国立法史》(下),中国政法大学出版社2000年,第798页。

项习惯之存在,实属待决问题"[1]。这样看来,传统中国社会的婚约作为国家制度法一直是与民间习惯法并存的,换言之,婚约亦具有国家法典意义上的合法性。

但是抢亲所依据的"童稚婚约"不然。传统国家法"只有嫁娶年龄之宣示,包括订婚与结婚而言,别无独立之定婚年龄也",这样,婚龄应该理解为订婚年龄,即一般而言的男性不得早于二十、女性不得早于十五;但在民间,常常"破坏一定年龄之限制",或者童稚许亲,或者指腹为婚。对于这样的订婚,法典持什么态度呢?据陈顾远的研究,此举"仅为世俗所有,在法律上每归否认"。所谓"法律上每归否认",其根据不是明确的条文,而是法理推论:其事存在之本身,亦正因为破坏一定年龄之限制而始然也。也就是说,童稚订婚违背了婚龄,应该理解为非法,不受法律保护。事实上,《大清律例》规定得也很明确:"男女婚姻各有其时,或有指腹、割衫襟为亲者,并行禁止。"[2]民国法律的规定亦大体如此。[3]

既然"童稚婚约"非法,抢亲更是非法:抢亲者以强暴的方式迫使一个非法婚约的当事人接受其意志,不要说在民国,在清代也是违法的。据《大清律例》:"凡女家悔盟另许,男家不告官司强抢者,照强娶律减二等。"[4]由此可见,即使不考虑童稚婚约的非法性,抢亲也是"不告官司(而)强抢"的"强娶"行为,其非法无疑。这样说来,在理论上,女性的人身是受到民国法律保护的。现在的问题是:这种明显背离法典的俗例却通行于底层社会,也就是说,在女性实际生活的社会环境,女性的婚姻自由和人身安全无法得到保护。这需要进入女性生活的日常共同体进行考察。俗例存在的具体环境是日常共同体,理所当然地沿循民间生活逻辑:

其一,抢亲是婚约的履行。尽管童稚婚约有悖于国家制定的法律,但在民间,它与成年婚约具有同等法效,"一经双方主婚者交换婚书,即发生婚姻效力,纵他日配偶者之一方有因事悔婚,亦难撤销婚约"[5]。这种法效来自地方传统。总体来说,在民国苏州,订婚的严肃性依然不可动摇,如果有人试图逾越传统的

---

[1] 南京国民政府司法行政部:《民事习惯调查报告录》下册,中国政法大学出版社2000年,第974页。

[2] 《大清律例》卷十,法律出版社1999年,第205页。

[3] 时人调查1916年安徽高等审判厅受理方斐成与徐友成婚姻涉讼案所得:"男女婚姻各有其时,指腹割衫襟为亲者,现行法律已有禁止之规定。"见南京国民政府司法行政部:《民事习惯调查报告录》下册,中国政法大学出版社2000年,第866页。

[4] 《大清律例》卷十,法律出版社1999年,第305页。

[5] 南京国民政府司法行政部:《民事习惯调查报告录》下册,中国政法大学出版社2000年,第853页。

界限,置婚约于不顾,往往受到舆论谴责。抢亲的合法逻辑就是依据这种传统的力量建立起来的。在他们心目中,既定的婚约就是合法的,至于婚龄,则是无关紧要的事;倘若"赖婚",抢亲就是可以接受的,"习俗如是,(底层社会)不知乃触犯刑律之所为"[1]。这里的"刑律"显然指国家法,而在民间俗例那里,抢亲则被视作履行婚约的行为,得到人们的理解和认可。

其二,仪式是俗例的合法表征。人类学的研究成果表明,任何地方的婚姻关系都必须履行一番符合共同体规范的手续方才成立,相应的婚姻仪式则是符合共同体规范的表征,受到民间社会的特别重视。在传统中国,按照通常的婚礼程序,亲迎是实现婚姻关系的最后仪式,其中,"合卺"是最重要的环节之一,"合卺后,新娘获得了新郎之妻的身份"[2]。抢亲虽说僭越了礼法,但它总是尽可能披上传统的外衣,以表明其合法性。在昆山,面对突然而来的队伍,不知情者根本不知道这是在抢亲:"婿家侦女有所之,潜备采舆及鼓乐伺于涂,婿先遮女,亲族助之纳于舆,鼓乐而归如亲迎。"[3]

既被强抢过门,在稠人广众、众目睽睽之下交拜成礼,女方家庭只能承认既成事实。在民间社会看来,新娘的"妻子"身份是通过特定仪式确认的。如此就意味着新娘已经完成了从"人女"到"人妇"的转变,意味着一个个体被重新置于社群关系之中。国家法律也许可以恢复人际关系的本来面目,却无法逆转人们源自传统的观念;正是传统观念使人们对仪式的意义达到一种不假思索的认同。抢亲就这样依赖民间仪式获得了合法性,契合民间逻辑。

抢亲是集体行为。通常是,男方家庭"邀请戚族乡友多人,由本夫率领"[4],在媒人的导引下,在女方居处,间或在庙会等公共场合,突然劫夺。所谓"戚族乡友",是指血缘、地缘和业缘关系交错重叠的社群团体。在吴江,已经"聘妻,力难迎娶"的乡民,常常"纠同亲族为抢亲之举"[5]。面对"成群结队,突如其来"的劫夺,"被抢的姑娘,有的不哭不闹,以为自己命苦,完了心愿"[6];女家大多

---

[1] 莺雏:《中国婚俗奇谈》,《申报》1920年11月30日。
[2] 费成康:《中国家族传统礼仪》,上海社会科学出版社2003年,第93页。
[3] (江苏)《昆新两县续补合志》,1923年铅印本,丁世良、赵放:《中国地方志民俗资料汇编》华东卷(上),书目文献出版社1995年,第408—409页。
[4] 南京国民政府司法行政部:《民事习惯调查报告录》下册,中国政法大学出版社2000年,第863页。
[5] 丁逢甲:《吴江风俗记》,《妇女杂志》1916年第2卷第2号。
[6] 叶旭明、谢华东:《古今中外婚俗奇谈》,广东旅游出版社1986年,第9页。

"见之不与争"〔1〕。以血缘、地缘或业缘团体构成的共同体力量,梁漱溟先生称之为"礼俗的强霸之力"〔2〕。

需要追问的是,如此赤裸裸的蛮横行为怎么能够轻易得逞?是女家屈于男家人多势众吗?显然不是。如果是这样,一般可能导致男女双方家族的武力相向,但事实上,由于抢亲而出现斗殴的情况很少发生。关键的问题在于:男家得到了共同体舆论的宽容,因而有恃无恐。晚清在苏城阊门外南濠荡口乡,有某甲"作抢亲之举","一时观者莫不鼓掌"〔3〕。在吴县浒关,"抢亲被视为合情合理,旁人也不会干涉"〔4〕。抢亲就出现在这样的共同体环境中:"抢亲这件事,……由于男家无力迎娶,妇家故意为难,不得已只得一抢了事,但求成就了百年姻缘,却不管什么叫做野蛮,什么叫做文明。"〔5〕这是支撑俗例的另外一种力量,梁漱溟先生称之为"理性之力":"人们因其公平合理,虽不尽合自身利益,却允洽舆情而乐于支持拥护。"〔6〕在民间社会,特别是乡村共同体中,当发生利益和关系纠纷时,是否得到亲属集团的支持是至关重要的,但这种支持却不是无原则的,"他们极不愿陷到遭受群队或村落里大多数人反对的境地。换句话说,争吵的人能得到他们亲属多大的支持,是受到公众舆论的影响的。……血亲团体的支持者应当与舆论的倾向取得一致"〔7〕。由此看来,男家与其说是得到亲友集团的支持,不如说是获得了共同体舆论的宽容;共同体舆论原谅了这种僭越行为。

共同体舆论的能量并不局限于一个共同体之内,在上下层社会的联结和沟通中也影响着地方官府的司法决断。在法理上,抢亲是非法的,而这种"非法"的认定,根本不足以构成对抢亲行为人的威慑。日本的一位中国法制史学者注意到:"女家出现悔婚的兆头时,男家聚众抢婚的情况也曾举出不少。而法律认为,对于如此的自力救济,因未告诉官府故只科以极其轻微的刑罚,婚姻本身据此完全有效地成立。"〔8〕在司法实践中,法典更加迁就俗例。在苏州,通常的情况是,一旦抢亲成功,女方家庭也"惟有听之而已,决不能控告女婿的非礼。就是控告,官府也原谅他们。相传即使当场就给官府看见,也假痴假呆,不问询,不干

---

〔1〕(江苏)《昆新两县续补合志》,1923年铅印本,丁世良、赵放主编:《中国地方志民俗资料汇编》华东卷(上),书目文献出版社1995年,第409页。
〔2〕梁漱溟:《人心与人生》,学林出版社1984年,第167页。
〔3〕吴友如等:《点石斋画报》(大可堂版)第14册,上海画报出版社2001年,第319页。
〔4〕殷岩星:《浒墅关志》,上海社会科学院出版社2005年,第682页。
〔5〕凤:《抢亲趣史》,《申报》1928年3月8日。
〔6〕梁漱溟:《人心与人生》,学林出版社1984年,第167页。
〔7〕[美]马文·哈里斯:《文化人类学》,李培茱、高地译,东方出版社1988年,第197页。
〔8〕[日]滋贺秀三:《中国家族法原理》,张建国、李力译,法律出版社2003年,第381页。

涉的"[1]。《吴江风俗记》作者称,被抢家庭"虽诉之官厅,而生米已成熟饭,仅薄惩而和解之"。[2]

这是默认的态度。这一态度可以视为国家法典对民间俗例的反应:当国家法与习惯法出现冲突时,地方官员总是倾向于迁就习惯法,而地方官员的特殊身份在国家法与习惯法的联结中具有重要的意义。费孝通注意到:"在应用法律于实际情形时,必须经过法官对于法律条文的解释。法官的解释对象虽则是法律条文,但决定解释内容的却包含着很多因素,法官个人的偏见,……以及社会的舆论都是极重要的。"[3]在处理抢亲案件时,法官遵循着大体相同的潜规则,尽可能地理解民间逻辑。在这里,左右其砝码的主要不是"个人的偏见",而是社会舆论。

至此,从民间和国家两个层面所再现的俗例存在的社会环境已经回答了一个问题:俗例何以能够存在?明乎此,我们便能理解,在婚姻生活中女性的命运并不决定于自身,而决定于当时的社会环境。

从抢亲俗例人们还可以明白,婚姻生活中的女性命运还决定于历史的沉淀。抢亲以抢的方式存在于民国苏州社会,跟地域社会的人文环境存在着悠远的关联。探幽抉微,约略可见如下隐迹:

首先,民国抢亲是古代前期吴地民风的反映。吴越民间传说或泛云抢亲"由来已久"[4],或称其为"古代遗留下来的掠夺婚俗"[5],总之,近代抢亲是承古代前期抢婚遗绪而来。东晋之前,吴越以民风强悍著称全国。《汉书·地理志》:"吴越之君皆好勇,故其民至今好用剑,轻死易发。"《晋书·华谭传》(卷二五)亦称,吴蜀"殊俗远境,风土不同:吴阻长江,旧俗轻悍","吴人易动也"。这与当时险恶的自然环境有关。《吴越春秋》(卷四)记载春秋晚期吴国的情况时说,"东南之地,险阻润湿,又有江海之害,君无守御,民无所依,仓库不设,田畴不垦"。在这样的自然和人文环境中出现抢婚现象是完全可能和可以想象的。

其次,民国仪式抢亲遗存了古代前期野蛮抢婚的形式。民国苏州存在着两种性质完全不同的抢亲:俗例抢亲和仪式抢亲;后者则是遥远抢婚遗风的程式化表演。在吴江乡下,"也有所谓抢亲的风俗,大多因为男女家想避免正常仪式

---

[1] 烟桥:《抢亲》,《申报》1934年2月9日。
[2] 丁逢甲:《吴江风俗记》,《妇女杂志》1916年第2卷第2号。
[3] 费孝通:《乡土中国 生育制度》,北京大学出版社1998年,第48页。
[4] 《抢亲恶习宜革除》,(绍兴)《越铎日报》1918年11月4日。
[5] 裘士雄:《抢亲》,《绍兴百俗图赞》,百花文艺出版社1997年,第313页。

的耗费,而用的代替的方式。被抢的新娘,浓装艳服在家等候",说是"抢",其实"只表示一点意思而已,没有人认真的"[1]。仪式抢亲隐现着些许"远古的野性",于是,俗例抢亲在仪式抢亲的掩饰下得以存在。

从抢亲俗例可见,在婚姻生活中,女性的命运也决定于急剧变化的时代条件。在考察清代习惯法的生长条件时,梁治平指出:"作为一种社会制度,作为所谓民间社会秩序的自动显现,习惯法的每一步发展都与实际社会生活与社会组织的变化有着密切关联。"[2]这是我们理解"小传统"应该遵循的基本思路。作为俗例,抢亲现象则是近世以来苏州社会生活深刻变迁过程中的伴生物。缕析而论,约为如下数端:

第一,贫富分化日益加剧。门当户对是传统婚姻关系缔结的基本原则。在流动滞缓、相对稳定的时代,从订婚至成婚这段时间,男女双方家庭的经济条件和社会地位不致发生明显的差距,人生历程经过既定仪式即可代代重复下去。即便如此,宋代司马光还是担心:"及其既长,或不肖无赖,……或家贫冻馁,……遂致弃信负约。"[3]近世以降,这种情况在商品经济发展迅速的苏州地区日渐普遍,众多的家庭在价值规律的作用下逐渐拉开了距离。进入晚清,随着外国资本主义经济渗透的加强,自然经济渐趋瓦解,商品经济更加深刻地改变着社会经济结构,加之各种不确定因素,家庭的贫富分化日益加剧,十年八年便可能根本改变一个门户的命运。在这种情况下,门当户对对于时间的要求更加苛刻。小儿女时的门当户对,及至成婚已不相匹,"家道中落"常常成为女家延宕成婚或悔婚的主要口实。

在社会流动缓慢的时代里,"童稚定婚"与"门当户对"大多不会在订婚—成婚这段时间内产生矛盾,"门当户对"的原则被不经意地贯彻于婚姻生活中,人们会因为它理所当然而熟视无睹。从近世至民国时代,社会流动加速,贫富分化日益加剧,"童稚定婚"难以经受时间的考验,"门当户对"也同时受到了挑战。

第二,婚姻礼俗日渐骄奢。大致从明中叶开始,社会风尚由俭趋奢,而在苏州地区的表现最为明显。张翰描述道:"至于民间风俗,大都江南侈于江北,而江南之侈尤莫过于三吴。……是吴俗之侈者愈侈,而四方之观赴于吴者,又安能挽而之俭也。"[4]在地方共同体,贫富差距的存在乃为基本事实,浸染于奢靡风

---

[1] 费孝通:《乡土中国 生育制度》,北京大学出版社1998年,第130页。
[2] 梁治平:《清代习惯法:社会与国家》,中国政法大学出版社1996年,第167页。
[3] 陈顾远:《中国婚姻史》(影印本),上海文艺出版社1987年,第124页。
[4] 张翰:《松窗梦语》卷四"百工记"。

尚中的下层民众往往不能自已。1923年《昆新两县续补合志》的记载,清楚地显示出了骄奢的婚姻消费与抢亲俗例之间所存在的直接因果关联:"婚礼皆如其俗之旧,惟币加丰,费加奢。乡居不能备礼,则有劫婚之事。"且这样的俗例随着时尚的变化得到强化:"旧俗亦有之,今益甚焉。"[1]奢靡婚俗对下层社会形成的压力更大,"婚姻费用,由数百金达数千金,中流社会以下,每视为畏途"[2]。太仓生活谣《娶妇苦》道:野菱花,朵朵开,要个媳妇难得咪;大盘小盘行过去,"咪哩吗啦"吹过来。红毯子,软溜溜,红蜡烛,亮油油;提盘嫁妆塞仔一房头,卖田借债用脱多多少,苦煞老头哉![3]

日渐骄奢的婚姻消费在下层社会所引发的一个现实问题便是婚姻失时。时人担心,如果任凭争索财礼的风气蔓延,"乡村间男子的娶妇,已成了十分困难的一件事了。假使长此以往,乡村将充满旷夫了"[4]。不过人们不会坐视事态的发展,全国各地针对婚姻骄奢消费问题的俗例应运而起,其中之一便是抢亲,"夫家无力任迎娶糜费者"[5]则强抢,所以民国抢亲在苏州"乡镇之间,屡见不鲜"[6]。这种情况下出现的抢亲行为,在地方社会实际上带有自力救济的性质:依靠团体的力量强制相关者履行原有婚约。田峰注意到,由奢侈风气而起的这股婚嫁论财习气对江南社会造成了很大影响,它导致人们惯于用金钱作为个人价值的衡量标准,随之亦产生了诸多社会陋习,主要有溺女之风盛行、早婚现象普遍、抢亲恶习流行,就是说,婚姻论财与上述社会陋习之间存在着历史关联。[7]

第三,社会风气日趋开放。芬兰人类学家韦斯特马克(Westermarck)注意到:"许多民族特别重视新娘的处女性",同时又"危惧成长时难觅配偶",常常将"童订定婚""作为保全处女性的手段"[8]。即使如此,还不能完全让人放心,所以在苏州,已经经过定婚手续的婿家见女子长成,为防止意外,便邀人劫夺。[9]客观地说,随着社会风气的开放,男方家族的担心不是完全没有道理。民

---

[1] (江苏)《昆新两县续补合志》,1923年铅印本,丁世良、赵放:《中国地方志民俗资料汇编》华东卷(上),书目文献出版社1995年,第294页。
[2] 炎:《婚礼奢侈之影响》,《申报》1923年3月26日。
[3] 王鉴清:《古港浏河》,西泠印社2008年,第140页。
[4] 烟桥:《抢亲》,《申报》1934年2月9日。
[5] 何麋虎:《吴县农民》(未刊),1928年,上海图书馆藏,第10页。
[6] 凤:《抢亲趣史》,《申报》1928年3月8日。
[7] 田峰:《近代江南婚嫁论财风及其负面影响》,《福建社会主义学院学报》2001年第2期。
[8] [芬]韦斯特马克:《人类婚姻史》(影印本),王亚南译,上海文艺出版社1988年,第27页。
[9] 吴友如等:《点石斋画报》(大可堂版)第6册,上海画报出版社2001年,第194页。

国吴县发生抢亲的原因之一便是,"未婚妇行为不正,被夫家侦知者"[1]。看得出来,一旦童稚订婚,当事女性的行为常常受到夫家的控制。

民国苏州的俗例无论是就"童稚婚约"而言,还是就"抢亲"来说,不但背离国家法典,更重要的是,它有悖人性解放的现代精神,大大影响了女性在婚姻生活中的命运。

3. 寡居女性的生活环境

在近代中国,影响民众生活最重要的社会关系莫过于亲属关系。这一"根据生育和婚姻事实所发生的社会关系"网络,以"自己"为中心,并作用于其中的"自己";被作用者"自己"是个体,而作用者之一是血缘团体:"从自己推出去的和自己发生社会关系的那一群人"[2]常常以家族为单位介入个体生活。

既已成为"夫家人"的孀妇,一旦失去小家庭"当家人"的依傍,生活常常陷入困境。常熟(其辖区有一部分划归今张家港)河阳山歌《竹》描述:"屋后靠河十亩竹,北风吹竹盈盈哭。……薄田三丘难种熟,小熟吃到知了叫,大熟吃到着棉袄,靠着竹笋度饥荒。"[3]面对孀妇类似的境况,以敬宗收族为旨趣的近世家族有义务提供扶助,事实上,这样的扶助直至近代仍在苏州乡村延续。清光绪二十九年(1904)常熟《丁氏义庄规条》:族中"孀寡给钱一千文,俟其子孙年及二十岁停给,无子孙则常给"[4]。1919年,太仓传德义庄购置五百多亩田产,"岁收租息,除完赋、祭扫、修葺庄祠等用外,余悉以之赡济族中之孤寡贫乏,以仰慰先人敬宗收族之怀"[5]。

必须指出的是,孀妇从夫族那里得到的扶助应该说是十分有限的。首先,狭隘而封闭的族规限制了扶助条件。清道(光)咸(丰)年间《常熟邹氏隆志堂义庄规条》:"寡妇不论年岁,其守节至五十岁,除应给米者外,每日加给薪水银一分。守寡不终出姓者,不给。"[6]守节意味着是夫家的人,而"守寡不终(而)出姓"意味着背离夫族,当然无法再享有夫族的扶助。

其次,家庭扶助的实际覆盖面小,扶助效果微弱。据徐茂明的研究:

> 到了晚清,随着士绅阶层的城居化不断严重,义庄大多设于城镇,

---

[1] 何赓虎:《吴县农民》(未刊),1928年,上海图书馆藏,第10页。
[2] 费孝通:《乡土中国 生育制度》,北京大学出版社1998年,第24页。
[3] 张家港市文联:《中国·河阳山歌集》,华东师范大学出版社2006年,第7—8页。
[4] 《常熟丁氏家谱·义田规条》(光绪二十九年本),费成康:《中国的家法族规》,上海社会科学院出版社1998年,第290页。
[5] 王国平、唐力行:《明清以来苏州社会史碑刻集》,苏州大学出版社1998年,第271页。
[6] 王国平、唐力行:《明清以来苏州社会史碑刻集》,苏州大学出版社1998年,第232页。

农村义庄比例很小。据统计,苏州的义庄,53.5%设置在城市,24.1%在市镇,农村只有22.4%。吴、长、元三县义庄设在城镇的高达89%。常昭二县城镇中义庄也占77%。……再者,苏州是江南义庄最集中的地区,而其他州县有的设置义庄很少,如常州武进、阳湖县,据光绪《武进阳湖县志》卷3记载,二县只有两座义庄,因而对义庄的实际效果不能过于夸大。[1]

家族扶助的有限性渊源于中国特殊的社会结构。来自江南乡间的费孝通对此深有体会:"家庭是中国农村社会结构的基本单位。在这个基础上,形成了较大的组织,但是它们整体上不是强有力的。农民承认亲族。他们在仪式场合上见面,需要时可以互相帮助。然而,农民间没有一种永久性质的广泛的亲族组织,甚至亲族间的互助义务也不明确。"[2]

夫族对孀妇的扶助不必是强制性的,但事实存在的血缘关系却给了族人介入孀妇生活的藉口;这里的介入不是正向的扶助,而是负向的干预。比如,民国苏州经常出现的逼醮、抢醮现象;在吴江:"乡里有新寡,辄遭人逼醮。若寡妇坚不愿从,则出之以抢劫,鞭炮声中,强成眷属。此事率由恶少勾串而成,甚有主醮者即为妇之舅姑或伯叔,洵家族之大变也。"[3]

家族谋夺孀妇利益是发生逼醮、抢醮现象的基本原因。一项关于18世纪末江南乡村社会婚姻论财现象的研究认为,夫族逼醮成功就可以瓜分寡妇原先所继承的财产,并部分收回男方在初婚时所付出的昂贵财礼和婚礼花费。[4]这个结论在追溯民国苏州乡村逼醮原因时可以参考。

与逼醮、抢醮背向而行的"叔接嫂"同样伴随着夫族的利益考量。"叔接嫂"风俗由来已久,曾普遍流行于中国乡村。[5]至文明时代,这风俗在"上流社会,便不通行了,但乡村里,直到如今(民国末年),仍未泯绝"[6]。"叔接嫂"显示了夫族家长的主导地位,在很多情况下并不顾及孀妇的意愿和感受。这是在民初的吴江:"乡民不知伦理,往往兄死而弟占其妻,曰叔接嫂,或由两愿,或由翁姑

---

[1] 徐茂明:《江南士绅与江南社会(1368—1911年)》,商务印书馆2004年,第187页。
[2] 费孝通:《中国绅士》,中国社会科学出版社2006年,第105—106页。
[3] 丁逢甲:《吴江风俗记》,《妇女杂志》1916年第2卷第2号。
[4] 王跃升:《18世纪中国婚姻论财中的买卖性质及其对婚姻的作用》,《中国经济史研究》1999年第1期。
[5] "叔接嫂",即哥哥死后,弟弟和寡嫂结婚,也包括弟弟死后哥哥和寡弟媳结婚的情况,统称为兄终弟及婚。见刘兴唐:《兄终弟及婚》,《东方杂志》1936年第33卷第21号。
[6] 《哥哥送老婆给亲弟弟》,《海晶》1946年第39期。

作主张,乱伦蔑理,莫此为甚。"[1]

类似的惨剧多发生于穷困家族,冠冕堂皇的辩解是为了延续家族的香火。20世纪30年代末,有论者一语揭破所谓承接香火背后的现实动因:"在江浙闽粤沿海诸省,此种家庭喜剧之叔接嫂,率皆为农村中所表演;或由父母作主,或系亲族撮合。窥其症结所在,似尚为一种盲从经济主义,暨教育缺乏也。"[2]冯尔康在论及清代女子贞操问题时指出了其中的利益所在:

> 私有制既要求女子"守节",又破坏妇女贞操。要求妇人守节为私有制所决定。有产者害怕寡妇再嫁,带走丈夫的遗产,所以阻止孀妇再婚,所谓"从一而终"的说教,不过是为这个经济利益辩解而已。但为了财产的继承,又有人强迫有财产继承的孀妇再嫁,则是从事破坏妇女贞操的行为。私有制使得人们对保持妇女贞操问题产生矛盾,从这个矛盾中,看不到它所谓的神圣的贞操的必要和原则,它的原则与其说是保护妇女的贞操,无宁说是以财产的转移破坏妇女的真正贞操。[3]

乡邻关系是影响寡居女性生活的另外一种共同体环境,尤其"对于农民来说,社会关系限于松散的邻里关系"[4]。与家族和乡里的权力结构等因素不同,作为民国孀妇生活的环境,乡邻主要以闲话的方式作用于孀妇。周晓虹指出:

> 闲话是人们日常生活的消遣方式,同样也是对乡村历史和人物的建构方式。从这样的意义上说,我们称其为"闲话",只是因为它是在人们空闲的时间状态中被制造出来的;但闲话的内容、其所负载的乡村信息和生活意义并不是多余的,它是乡民建构自己的生活世界及其意义的途径之一。[5]

从社会建构的意义上说,乡邻间关于孀妇的闲话既影响了孀妇生活,又体现了孀妇生活环境的特征。在总体上,乡邻闲话充满异质性:不同的群体,在不同的时间、不同的场合,就不同的情况,他们可能唠叨着不同的闲话;这些闲话的集合因内在的异质性而充斥悖论。

孀居生活之困苦是乡邻们可以切身体会得到并能理解的:"天浪乌云薄薄

---

[1] 丁逢甲:《吴江风俗记》,《妇女杂志》1916年第2卷第2号。
[2] 张庆霖:《晚晴簃断简·叔招嫂》,《五云日昇楼》1939年第1集第20期。
[3] 冯尔康:《清朝政府的旌表贞节与寡妇再婚》,《清人生活漫步》,中国社会出版社1999年,第139页。
[4] 费孝通:《中国绅士》,中国社会科学出版社2006年,第106页。
[5] 薛亚利:《村庄里的闲话——意义、功能和权力》,上海书店出版社2009年,扉页。

嚣,少年寡妇哭唠叨,独脚墙门呒靠傍,千斤重担呒人挑。天浪乌云薄薄嚣,少年寡妇哭唠叨,砟开茅柴好走路,推开乌云换好天。"[1]甚至有些歌谣,如常熟白茆山歌《小寡妇嫁人趁后生》,以独特的艺术手法表达了乡邻对孀妇再嫁的鼓励:"头朝头跑路趁溇凉,小寡妇嫁人趁后生,吾看嫩俚个大小妹,紧(井)水里箍桩磕磕摇。头朝头跑路趁溇凉,小寡妇嫁人趁后生,吾看嫩枯庙里旗杆独一根,呒鼻头来呒眼睛。"[2]

有论者注意到,在江南底层劳动者中间,包括"接近下层人民的贫儒",认为"寡妇再婚是可以理解的"[3],但是,这样的同情和理解更多地体现在乡邻闲话中的感性层面,一旦进入理性的道德评判,闲话便更多地趋于否定。这些否定大多集中于孀居交往方面,其突出的特点是:

首先,对孀妇的日常交往异常敏感。在近代苏州农家再正常不过的雇工行为,发生在孀妇那里便出现了怪话:"世上孤孀顶顶苦,独守空房泪成河,上有公婆下有小,田里生活呒人做。寡妇门前是非多,飞来雄苍蝇亦有人数,农忙请个麦客来,闲话收子一大箩。"[4]所谓"寡妇门前是非多"真实写照了孀妇的日常交往。

乡村歌谣所述史实虽为"能指",[5]但也约略反映了孀居交往中的为难。更为难孀妇的是在其次:值得同情、可以理解的孀妇情感却受到贬损。在孀居生活中,最为敏感性的话题莫过于男女情感交流。在苏州的洞庭西山,直到20世纪30年代,妇女死了丈夫而再醮,"也要被一般人所不齿的";寡妇再嫁的时候,上轿或举行仪式须在更深人静以后,"在无人的枯庙里,和无主的山地上,倘若被人撞见了,或在人家的地方上了轿,那便要认为不祥,非要替人家'斋利市',及点香烛不会干休。"[6]因为自觉"不誉",苏州乡下的孀妇为了实现再醮的愿望,便常常自导自演一出"抢亲"的把戏,近乎仪式抢亲了。

---

[1]《少年寡妇哭唠叨》,《中国·白茆山歌集》,上海文艺出版社2002年,第148页。按,搜集于1963年的太仓民谣《少年寡妇哭唠叨》与此相类:"东南风起吹竹箫,少年寡妇哭唠叨,三岁孩童有娘叫,千斤重担呒人挑。"见陆健德:《太仓民谣》,西泠印社2010年,第119—120页。

[2]《小寡妇嫁人趁后生》,《中国·白茆山歌集》,上海文艺出版社2002年,第148页。按,头朝头:早晨;溇凉:阴凉;后生:年轻。嫩:你;俚个:这个;箍桩:打桩使牢固。

[3] 冯尔康:《清朝政府的旌表贞节与寡妇再婚》,《清人生活漫步》,中国社会出版社1999年,第136—137页。

[4] 顾全光:《阳澄渔歌》,大众文艺出版社2007年,第94页。按,麦客:麦收时节雇的短工。

[5] "能指"历史是与"特指"历史相对而称的历史真实之一。翟学伟曾就此进行过分辨:一种是"人物—事件事实",即何人、在何地、做过何事,或说过何话;另一种是"符号—行为事实",即一个时代中的人生活在何种文化网络之中,说些什么、做些什么,前者是特指,后者是能指。参见翟学伟:《中国社会中的日常权威——关系与权力的历史社会学研究》,社会科学文献出版社2004年,第56页。

[6] 雅非:《洞庭西山的妇女生活》,《申报》1936年11月14日。

民国苏州的乡邻舆论竟有如此悖谬之处：共同体能够理解孀妇的困境，时代也给孀妇的婚姻自由提供了从舆论到法律方面的支持，然而在实际社群生活中，孀妇却时时受到舆论的拷问。那么，这舆论是什么？凭什么折磨弱者？

折磨孀妇的舆论不是别的，恰是千百年来弥漫于世的忠孝节义。自从宋代理学家程颐说出那句"饿死事小，失节事大"的警句之后，南宋朱熹又强调"其不可易也"，至明清时代此话已是"村农市儿皆耳熟焉"[1]。这样的观念在底层社会主要通过两类群体的互动敷演为社群环境：一类是主导环境的乡绅，他们在社群树立楷模，倡行为孀之道。另一类群体是跟从性的普通百姓，他们在日常闲话中有意无意地充当了乡绅观念的传声筒，并以之评说孀居行为。受到乡邻交口称赞的孀妇，实际上就是乡绅供奉的楷模孀妇。平日里口耳相传于社群中的，大多被地方志条列为"列女"。"列女"们基本上只留下姓氏，但乡人们都清楚她们的丈夫名讳及其家族史，夫家因为有这么一位节妇烈女而显声望。乡绅与乡民的这种主从和互动关系就构成了乡里舆论环境的基本机制。

最后，乡邻的否定性闲话体现为对孀妇异常身份的认定。乡邻们之所以觉得孀居异常，很重要的一方面是，孀居被赋予了一种异常解释：不是孀妇本身的异常，而是解释的异常。近代常熟河阳山歌就有："恨奴命里犯守寡，嫁个丈夫早病故。眼见别人成双对，无人敢与奴说话。"[2]在这样的氛围中，竟有"望门"而寡的媳妇自觉"罪过"，表示愿意"赎罪"。苏州《阳澄渔歌》："男家郎君病勿轻，要奴提早去做亲，冲喜勿到三日天，红头巾换白头巾。公公骂奴丧门星，婆婆话奴克夫命，才（都）怪爷娘贪财礼，害奴一世难做人。"[3]罪愆是克了丈夫的命。据吴县浒关民俗采风者调查，民国年间，木桥圩的一位女子刚进夫家门不久便成了寡妇，闲言碎语一股脑儿向她袭来，尤其是夫家亲眷认定"刚穿红裙罩白裙"的女人有克夫相，是个丧门星。[4]

基于以上解释，孀妇就成了身份异常者，清季苏州百姓认为，异常者命运之悲惨似乎也是意料之中的。1881年的一个夏日，昆山县属之茜墩镇，有某氏寡妇往观其侄，寒暄数语，即行言别。出门仅及百步，但见云气如墨，雷声隐隐，其侄赶上前去，希望速返暂避。正在犹豫之际，突然霹雳鸣空，竟将该妇击毙。这显属意外惨剧，但接着出现了这样的情形：雨霁来观者纷集如蚁，"有蓺烛焚香，

---

[1] 方苞：《方苞集》卷四《〈岩镇曹氏女妇贞烈传〉序》，上海古籍出版社1983年，第105页。
[2] 张家港市文联：《中国·河阳山歌集》，华东师范大学出版社2006年，第51页。
[3] 顾全光：《阳澄渔歌》，大众文艺出版社2007年，第94页。按，才，"都"之意。
[4] 殷岩星：《浒墅阳山曲》，华夏出版社2001年，第163页。

向空膜拜者；亦有剪死者之衣,以谓能治疟者",孀妇家属则"薄置殓具,浅埋于土,不营兆,不号哭,不穿孝"[1]。总之乡人认定,此孀妇应有不为人知的卑劣隐私。[2]至民国时代,随着自由、平等、民主等近代理念的不断渗透,孀妇的传统生活环境出现了些微的变化:道德的束缚渐趋松动,地方习惯更为人性化,物质基础愈加厚实,从而使孀妇生活的现实环境向近代转化,也只有在这样的转化中,孀妇才有可能自主经营自己的生活。

家族和乡邻等群体以血缘和地缘等不同的面目作用于孀妇,构成了近代苏州乡居孀妇生活的基本环境。事实上,在实际共同体生活中,这些环境要素不是孤立存在的,它们或彼此奥援,或相互牵制,以整体的态势作用于孀妇。综观具体的运作过程,不难发现孀妇生活环境的传统性:与孀妇相关的家族尤其是夫族,漠视孀妇的权益,随意介入她们的生活;孀妇的乡邻虽能感觉到寡居生活的艰辛,却总是高悬起传统节操之剑,闲话聒噪,折磨着困窘的孀妇。最能体现孀居生活传统性的是,乡里群体即使给孀妇提供了某些方面的扶助,但扶助的指向与其说是孀妇生活,不如说是对孀妇贞节的积极肯定,这不啻限制了孀妇选择生活的自由度。晚清以来在上层世界不断掀起的人权、自由、平等等近代思潮在乡里社会始终波澜不惊,难以形成普遍宽容的乡里环境而惠及孀妇。面对她们生活的现实环境,我们只能说,孀妇虽说生活于近代世界,但这里是传统的乡土世界。

第二节　根深蒂固的宗教信仰

民国苏州虽则已处于近代文明世界,但仍有相当一部分人沉浸于传统的宗教氛围里。对他们来说,着眼于现实人生追求和尘俗情感抒发的儒家思想并不能完全满足其精神需求,这一缺憾"却给道教、佛教的超自然精神弥补上了",这"超自然精神"自然也包括了"浪漫主义的"基督教。[3]

一、道教的影响力

20世纪之初鲁迅明言:"中国根柢全在道教"[4],可见道教在中国社会的

---

[1]《雷击孀妇》,《益闻录》1881年第113期。
[2] 小田:《晚清大众传媒的社会导向》,《河北学刊》2009年第2期。
[3] 林语堂:《吾国与吾民》,群言出版社2010年,第87页。
[4] 鲁迅:《1918年8月20日致许寿裳》,《鲁迅全集》第11卷,人民文学出版社1981年,第353页。

影响力。周作人在20世纪20年代也称:"平常讲中国宗教的人,总说有儒释道三教,其实儒教的纲常早已崩坏,佛教也只剩了轮回因果几件和道教同化了的信仰还流行民间,支配国民思想的已经完全是道教的势力了。"[1]揆诸民国时代的苏州社会,道教仍然深具影响力。

1. 道教与民间社会

道教的影响力深入苏州民间社会。民国苏州在家道士(俗称伙居道士、赴应、奔赴应等)远比道房道士(俗称出家道士)为多,尤其在乡村地区,他们居住集中。1949年吴县唯亭镇有法师6人,道士20多人,均非出家人。他们主要居住于西市桥角里,少部分散居于后戴、夷陵山、马湾和元珠等村,多子继父业。[2]常熟辛庄吕舍村的方(竹山)家、魏(文虎)家,辛中村的黄家,皆为道士世家。[3]吴县虎丘总管堂一村(今花锦村)民国时就有道士20多个,"道士先生总管堂"即指此。[4]常熟莫城的道士主要居住于斜桥道士巷、湖村平桥头、东始吉家桥和高泾三泾坝。[5]事实上,苏州许多地方都有道士巷。吴县东桥镇金龙村的道士巷,相传是苏城玄妙观一顾姓道士的落脚地,代代相传,以道士为业。[6]

道士在民间的主要活动是设坛做法,通称法事。道观住持接有法事,则发帖邀请素有"来往"的在家道士。一直到20世纪50年代初,住持和赴应每天早晨一般都在城内外固定的茶馆商谈法事,城内多在富仁坊巷,乡村则在市镇。法事称为打醮和做道场。

斋醮为禳灾而设,有公醮和私醮之不同。公醮为保一方平安,城里以分地段进行,乡村一般以村为单位,如太平醮、雷醮、火醮、水醮及各路神仙诞辰之醮事,时间为三天。[7]民国年间最大规模的公醮莫过于1934年的祈雨。是年苏州大旱,7月1日城中玄妙观建醮"八卦阵":

> 三清殿的旷地上摆了八张桌子,每张桌子上再顶一只小桌子,都幔着黑布,小桌子上放一个花瓶,瓶里插着旗,象征着乾坤坎离兑震巽艮八卦;在高的旗杆上,飘荡着一面大杏黄旗,上面写着"九天应元雷声普化天尊"十个字。一百多个道士在火红的太阳下走来走去,说是串八

---

[1] 周作人:《乡村与道教思想》,《周作人经典作品选》,当代世界出版社2002年,第326页。
[2] 沈及:《唯亭镇志》,方志出版社2001年,第389页。
[3] 高荣林:《辛庄镇志》,上海社会科学院出版社2003年,第451页。
[4] 金秀华:《虎丘镇志》,上海社会科学院出版社2003年,第343页。
[5] 邵军:《莫城镇志》,上海科学技术文献出版社2002年,第556页。
[6] 侯楷炜:《东桥镇志》,上海社会科学院出版社2012年,第664页。
[7] 赵红骑:《打田财:节会教事》,上海人民出版社2009年,第168页。

卦阵,锣钹的声响真可以喧天,一个老法师屹立在台顶,一只手里拿着七星旗,一只手里拿着铃,虔诚地祷告着。[1]

接着老法师割股写呈天表:

> 窃维民生急务,首重农功。芒种以时,骄阳可畏,荷锄负耒,望切云霓,播种分秧,实兹稼穑。仰维上帝德在好生,伏念龙神职司行雨,谨诹吉日,敬设法坛,乞佑生灵,立驱旱魃,宏施大泽,渥沛甘霖,四野咸沾,三农有庆。密云在望,膏何恡以旁敷,树德务滋,深不妨于下尺。杨枝遍洒,即是慈悲,桑林有求,于焉降鉴。庶万姓有涵濡之乐,百苗无枯槁之虞。爰率同道,用伸虔祷,神其有灵,来格来歆。尚飨。[2]

1946年8月13日至15日,吴县道教整理委员会响应"救济苏北难民协会",特请江西龙虎山第63代天师张恩溥在玄妙观三清殿建立醮坛、诵经拜忏,"普济群黎"[3]。同时商请张天师亲画灵符,低价义卖,"所得悉数捐赠苏北难胞,赖以救济"[4]。

私醮则因造屋上梁或家宅不宁、家人祝寿等家事而打。在苏州,甚至有人家因为用水较多而自觉"糟蹋水是暴殄天物,是种罪过",请来道士打水醮以求禳解这种罪过。[5]

道场多为丧家超度亡灵而设,一般由5至8位道士组成,从下午一直进行到深夜,然后打着灯笼回庙(家),所以有"鬼火道士夜来忙"之说。[6]道场有释、道联合进行的。1941年"皖南事变"发生,常熟宗教界抗日协会为悼念新四军死难者,邀请僧道近百人在董浜做水陆道场6天6夜,以超度烈士英灵。[7]

苏州乡间法事有规定的区域,称"门图",门图内居民(主客)的法事由相应道士(板头)包揽,他人无由涉足,但可以出让。最大门图有千户之数。每年农历十二月二十日前后,主客可以收到道士印在红纸上的来年节气表或太平符,以便安排

---

[1] 吴赞廷:《求雨活剧》,《人言周刊》1934年第1卷第24期。
[2] 何芳洲:《求雨》,《论语》1934年第146期。
[3] 《三清殿建醮济群黎》,《苏州明报》1946年8月11日。
[4] 《祈祷和平大醮开始》,《苏州明报》1946年8月14日。
[5] 吴凤珍:《胥江水与撑水船》,《苏州杂志》2016年第2期。
[6] 沈学群:《横泾镇志》,古吴轩出版社2007年,第298页。
[7] 叶宏:《我所知道的常熟道教》,常熟市政协文史委:《常熟文史资料选辑》上册,上海社会科学院出版社2009年,第404页。按,常熟宗教界抗日协会成立于抗战期间,是中国共产党领导下的抗日根据地内的宗教组织,主席张光云。

法事。1937年苏州道教公会议决,非道士和无门图者不得从事法事活动。[1]

盛行于民间的道教法事促进了苏州道乐的发展。民国时期苏州的道士受到经济条件的制约,淡于修持炼养和教理研究,而热衷于民间经忏法事。他们彼此互相竞争,促使法事仪式、伴奏和唱念不断更新,这在一定程度上丰富和发展了苏州的道教音乐,使苏州道教音乐形成了自身的风格和特点。[2]

作为正一派的道士,吹笛、弹弦、打鼓和写念是做法事必须具备的基本技能。道徒自幼熟诵工尺谱,苦练多种乐器。据称,弟子习云锣时,先在墙上画圈,圈中设钉,对钉而敲,稍有出入即遭师父责打。[3]经过如此训练,苏州道士中出现了一些著名乐师,尤以赴应为多;民国苏州道教界因此流传着"出一个秀才易,出一个聪明道士难"的说法。特别值得一提的是苏州道乐中的飞钹表演。这是极具地方特色的一项道教绝技。在三弦、提琴、鱼板和锣鼓等多种乐器的伴奏声中,表演者将多只(有时多至7只)铜钹上下左右飞舞旋转,为时长达15分钟。民国是苏州道乐的鼎盛时期,涌现出一批优秀的飞钹表演道士。[4]为了传承道乐,民初曾有道士戴啸霞、曹冠鼎、许吟梅、朱培基、华丽生、钱锭之和赵子琴等开班,招收各道观的小道士和社会上的赴应进行传授。1935年,秦琴鹤等道士曾组织"道教研究国乐会",假百灵电台播音一星期。[5]1948年,昆山巴城沈瑞士成立"道士联谊会",以期"研究学术,修养品性,谋同业福利"[6]。在乡村,兼作堂名的道士以组织乐班的方式传承。常熟辛庄孙家庄吴毓芝"春和堂"广收门徒。[7]1931年在昆山蓬阆,道士严重威与四子及孙辈组成"霓咏堂",广做道场和斋醮,兼作堂名鼓手,声名远播至苏州、太仓、嘉定和青浦等周边地区,民间有"南有葲葭浜鼓手,北有严家班道士"之说。[8]

---

[1] 沈及:《唯亭镇志》,方志出版社2001年,第389页;苏州市地方志编纂委员会:《苏州市志》第三册,江苏人民出版社1995年,第1140页;赵绵行:《正仪镇志》,中国大百科全书出版社1992年,第123页;荣学润:《北桥镇志》,苏州大学出版社2007年,第340页。

[2] 张凤麟:《苏州道教音乐浅析》,《中国道教》1990年第4期。按,除民间道教音乐外,苏州宫观音乐也颇有特色,如玄妙观道乐便久负盛名。它吸收了传统民间音乐与昆曲的元素,将道教的经韵乐章与民间音乐相融合,形成了独具特色的宫观音乐。参见胡军:《中国道教音乐简史》,华龄出版社2000年,第116—117页。

[3] 苏州市地方志编纂委员会:《苏州市志》第三册,江苏人民出版社1995年,第1141页。

[4] 张凤林:《苏州道教音乐特点要述》,《黄钟》1991年第4期。

[5] 黄新华:《民国年间苏州道教考》,《中国道教》2008年第4期。

[6] 孔德润:《巴城镇志》,上海人民出版社1991年,第231页。

[7] 高荣林:《辛庄镇志》,上海社会科学院出版社2003年,第451页。

[8] 赵红骑:《打田财:节会教事》,上海人民出版社2009年,第164页。按,"霓咏堂"后改名"五柳堂"。

道教在苏州社会的影响力从民间信仰热情中可见一斑。令日佳节的神仙朝拜是苏州人信奉道教的基本功课。坐落于苏州阊门下塘街的福济观始建于南宋,数百年来香火旺盛,内塑玉皇、斗姆、文昌和灵官等各类道教神灵,民国以降一方民众总在固定的日期前来朝拜。

表 5-1　民国苏州阊门福济观朝拜

朝拜日期	供奉神灵	主要活动	朝拜日期	供奉神灵	主要活动
正月初五	财神	迎五路财神	六月廿四	王灵官	
正月十三	温元帅	朝拜温元帅	六月廿五	蓝采和	朝拜蓝采和
正月十三	关元帅	朝拜关元帅	七月初六	康元帅	朝拜康元帅
正月十五	天官、地官和水官天神	上元节	七月初十	铁拐李	朝拜铁拐李
二月初一	药师		七月十五	地官天神	普度孤魂,拜三官
二月十五	岳武穆王	朝拜岳元帅	七月廿八	马元帅	朝拜马元帅
二月十九	慈航道人		八月十五	曹国舅	朝拜曹国舅
三月十五	中路财神		九月初九	关元帅	朝拜关元帅
四月初四	太乙救苦天尊		九月十五	赵元帅	朝拜赵元帅
四月初十	何仙姑	朝拜何仙姑	九月十七	财神	
四月十四	吕祖仙师	轧神仙	九月十八	马元帅	朝拜马元帅
四月十五	汉钟离仙师	朝拜汉钟离	九月十九	慈航道人	
四月廿八	药王		九月廿二	太乙真人	
五月初五	温元帅	朝拜温元帅	九月三十	药师	
五月初五、初六	太乙救苦天尊		十月初十	马元帅	朝拜马元帅
五月十三	关元帅		十月十五	水官	
六月十三	太乙真君		十一月十一	太乙救苦天尊	
六月十五	王灵官祖师		十一月初九	韩湘子	朝拜韩湘子
六月十六	灵官		十一月廿三	张果老	朝拜张果老
六月十九	慈航道人		十二月初一	群仙会蓬莱	
六月廿三	马元帅	朝拜马元帅	十二月十五	温元帅	朝拜温元帅
六月廿四	关元帅	朝拜关元帅	十二月廿三	九天采访使等	

资料来源:苏州金阊区宫观管理委员会:《道心——金阊道教概览》,宗教文化出版社2011年,第105页。

2. 道教影响力的衰减

总体说来,民国年间苏州道教在新的历史条件下,随着存在环境的日益困难,衰象明显。主要表现在:

第一,宫观庙宇受到很大的破坏。主要原因有:(1)疏于管理。以玄妙观为例,作为三清殿的副殿,弥罗宝阁是观中最高建筑,阁内神仙群像森列,石刻画像神态逼肖。如此佳构却于1912年8月28日毁于一旦(有的记载为民国元年八月二十八日傍晚失火),81间房屋和300余尊神像等付诸火海。1925年祖师殿圮废,1931年八仙殿坍败拆除。苏州一些道观久行子孙继承制,而子孙不守清规、挥霍庙产者时有所闻,以致败落。穹窿道院便"颇不整饬",故叶恭绰《遐庵汇稿》称:"不论道释,凡子孙制未有不败者。"一些采用传法制的道观,起初在涉及观主和观产变更等事宜时还与地方庙董会商,年长日久即以传徒之名行传子之实。[1]另外,一些宫观仅有庙祝看管,逐渐便为居民侵占,成为民居。如阊门诗巷的火神庙、专诸巷的西关帝庙、官库巷的朱司徒庙、第一天门的玄坛庙等就是这种情况。(2)战争破坏。民国年间战火连绵,特别是日本侵华战争对苏州宫观造成了极大破坏。玄妙观关帝庙1937年被日机轰炸坍塌;福济观迎仙堂在苏州沦陷期间被日军部分拆毁,以致大部房屋倾圮;修真道院1937年有边屋6间被炸毁等。(3)兼作他用。包括玄妙观在内的道宫抵制不住世俗社会的侵蚀和诱惑,将一些宫观殿堂挪作赚钱之用。民国年间,玄妙观机房殿曾开设赌场,神州殿和痘司殿被长期出典,雷尊殿1937年前部分租给"三万昌"和"品芳斋"商铺,太阳宫和观音殿等更是靠房租收入维持生活,而正山门在民国末年已经沦为银圆市场。[2]

第二,宫观庙宇存在的合法性受到质疑。作为管理道教事务的机构,"道纪司"在清末废除,在新的历史情势下,苏州道教于1912年建立了属于教会系统的吴县道教公会,以维护自身的利益,寻求道教发展之路。苏州道教公会下辖县道教分会,[3]经费来源于道众,按承接法事多少计算,名谓"经忏捐",约每场法事缴费大洋4角。为收容教徒子弟,在道教公会的名义下,1913年常熟兴办了华佗小学,1919年吴县兴办了进德小学。进德小学设于玄妙观天后殿后三元阁,学制4年,包括学费在内的开支皆从玄妙观租金收入中拨付。[4]

1927年3月底,吴县临时行政委员会第六次会议认为,"张天师业经取消,道教不能存在,道士应使各谋职业",故议决:"道士观院产业应统筹训练职业之用,由民政局、公益局会同出示布告,并禁止私行抵卖。"布告一出,便引起了广大

---

[1] 苏州市地方志编纂委员会:《苏州市志》第三册,江苏人民出版社1995年,第1136—1137页。
[2] 苏州市地方志编纂委员会:《苏州市志》第三册,江苏人民出版社1995年,第1138页。
[3] 吴正明:《常熟掌故》,江苏文史资料编辑部,1992年,第197页。
[4] 赵亮等:《苏州道教史略》,华文出版社1994年,第113页。

道众的恐慌。4月2日,道教公会会长兼天后宫住持秦琴鹤等率领道士146人赴国民党苏州市党部请愿,请求维持生活,"如必欲执行,请求暂行维持半年,俾各道士于半年期间得以另谋职业"。5日,城乡道士约2 000余人在玄妙观集议后,手执"请愿维持营业""救活生命"等小旗,至国民党苏州市党部和总工会等部门请愿。同时聘请杨荫杭等4位律师向吴县临时行政委员会陈诉。陈诉内容大致谓:(1)道教为中华民族本土宗教,当局对外国来宗教并不取消,而单独取消本国之宗教,实系崇拜外族,显背民族主义;(2)民国法令明言人民有信教自由,今横被侵犯,显背民权主义;(3)道士职业已久,今无端夺其职业,且不代为筹其生活之法,显背民生主义;(4)若天师享有世袭权,世袭道士虽取消,而平民之道士并不取消,不能因为张氏一姓、一隅、一派之事,而推及于全体、全国之道教。[1]后来,秦琴鹤、颜品笙等又两次赴宁具呈江苏省政府,请求保全道士职业,以维持生计。1927年6月9日,吴县临时行政委员会宣告结束,成立吴县县政府,此案遂不了了之。1928年,南京国民政府公布神祠存废标准,称"画符念咒的道教是不善宗教,故应废除"。此规定使苏州道教颇受打击,但一些与原始神灵相关的神庙仍允许存在,道士们多靠斋醮道场以及香火维持生存。[2]

苏州沦陷期间,道教公会会务停顿,直至抗战胜利后的1946年,苏州道教首先成立吴县道教整理委员会,整顿会务,年底吴县道教整理委员会重新改为吴县道教公会。

二、佛教的世俗化

随着中国社会近代化进程的加速,民国时期的苏州佛教经历了一个非常困难的时期。造成困难的重要事件是从清末开始的"庙产兴学"运动,该运动在民国年间呈愈演愈烈之势。1915年10月北京政府内务部公布的《寺庙管理条例》规定:"有庙无僧的,寺产全部征用;有僧而不通晓佛典者,令其还俗,寺产全部征用;有僧而且深通佛典者,寺产大部分征用。"[3]新政既行,苏州很多寺庙或改为学校,或改成乡村议政办公场所。[4]1928年,内政部长薛笃弼在全国教育大会上提议没收寺产,充作教育基金,改寺庙为学校。南京中央大学教授邰爽秋

---

[1] 赵亮等:《苏州道教史略》,华文出版社1994年,第114页。
[2] 王伦:《江苏道教》,江苏文史资料编辑部,1990年,第21页。
[3] 转引自刘纪荣、李伟中:《清末民初"废庙兴学"的历史人类学考察》,《玉林师范学院学报》2007年第6期。
[4] 赵红骑:《打田财:节会教事》,上海人民出版社2009年,第150页。

等人积极响应,联名发表《庙产兴学宣言》。各地遂连续发生毁庙风潮。此举令僧界愤然:"民国肇造共和,奉教自由。以三民主义互相号召,……此种立法,尚得谓之为奉教自由乎。尚有民生,民权,民族之实际乎。尚是共和国之开国政令乎。如此主义,乃实行令民死,夺民权,灭民族耳。"[1]1930年,邰爽秋等人以中央大学为中心,到处成立"庙产兴学促进会",提出"打倒僧阀,解放众僧,划拨庙产,振兴教育"的主张,对"废庙兴学"进行了详细的阐述。1935年南京国民政府全国教育会议议决,将庙产作为教育基金,寺庙全部改为学校。时任中国佛教会理事长圆瑛法师与诸法师和居士同至苏州报国寺叩关请求开示,印光以卫教相勉,相示办法:"诸缁素大德返沪开会,举代表入都请愿。仗师光照,教难解除。"[2]在这样的环境下,苏州佛教开始了自身的世俗化进程。

1. 佛教的商业化气息

商业化是苏州佛教世俗化的基本特征。民国年间苏州200多所寺院大体可分为"禅门"和"堂室"两种基本类型。所谓"禅门",是指较大的寺院,以经忏佛事为主,田地产收入为辅,住10—30个僧尼不等,早晚课诵,"挂单接众",属于十方丛林式的寺院。而所谓"堂室",实际上就是"专以经忏为业"的小庙,俗陋者更是类似于做生意的小地摊——"佛摊"。[3]堂室类寺院的僧尼,虽保持着出家生活方式,但专做经忏佛事。拥有妻室儿女的世俗和尚把经忏佛事作为谋生的手段。当时苏州佛教界流传着这样的顺口溜:"五堂功课饭碗子,三经焰口钱串子。"[4]意谓僧尼只要会念诵五堂功课,熟悉《金刚经》《心经》和《阿弥陀经》,会放焰口,就不愁没饭吃了。常熟梅李镇的僧人生活代表了民国苏州乡村寺庵宗教活动的一般状况:早晚上殿诵经礼佛,为信徒做佛事;每逢诸佛诞辰,举行祝诞仪式;为丧家做佛事,超度亡灵。[5]浓厚的商业化现象一直持续到民国末年:

> 解放前后,苏州经忏花样较多,有"七个半花夜做"之称。这指"应赴"念经用大铙钹和其他乐器,有时拿荷花灯。"禅门"也做,则不用大

---

[1] 印光:《复焦易堂居士书》,《印光法师文钞三编》卷一,福建莆田广化寺编印,1990年仲冬,第120—121页。
[2] 沈去疾:《印光法师年谱》,天地出版社1998年,第289页。
[3] 安上:"苏州佛教概况",戒幢律寺档案:"安上法师著作类:生前著作及文稿",年代号:1999;卷号:2,第47页。
[4] 安上:"苏州佛教概况",戒幢律寺档案:"安上法师著作类:生前著作及文稿",年代号:1999;卷号:2,第47页。
[5] 董匡一主编:《梅李镇志》,古吴轩出版社1995年,第482页。

铙钹,有时大搞派扎。七个半花夜做:① 水陆普灯(放荷花灯);② 祇课忏悔;③ 结介坛经;④ 大斋王;⑤ 斋罗汉;⑥ 荷花祭奠(手持荷花灯);⑦ 破血湖。半个为瑜伽焰口。做这类佛事斋主都须另外加衬钱,数字大,师傅们更出力。[1]

这种经忏佛教构成了民国苏州佛教的特色。据僧人心忏在1952年说:

> 苏州市的佛教徒向来是一盘散沙,过惯了做经忏随缘度日的散漫日子,大有"讨饭三年官不做"的作风。他们唯一的专门本领,有十三个半"花夜作"的新发明——夜里做佛事的变相新名词。说句不客气的话,与清唱的堂名没有差别,不过名称不同罢了。其所以要把做佛事改名"花夜作"的用意,就是专靠唱的好听,跑得起劲(手执荷花灯旋绕室中),博取斋主家的高兴,以广招徕!

就这种商业化现象存在的社会原因,心忏认为:

> 一般官僚、地主、资本家,从事搜刮、剥削得来的现成银财,于吃不尽、用不完的时候,就专在死人身上摆阔派、装场面,做些什么七七四十九日的梁皇忏、水陆大斋、拜忏、放焰口应有尽有的佛事。于是,和尚们的经忏生意利市十倍,确是一度的黄金时代。在日常吃、穿、用三方面,比普通在俗人的生活舒服得多。他们有如此的生财之道,当然对任何生产事业均不高兴去作,而只有专心致志地做死人灵前的装饰品,终其身的大事业都建筑在伴死尸的一条绝径上面![2]

另外,传戒在苏州也出现了商业化气息。安上指出:

> 传三坛大戒(沙弥、比丘、菩萨戒)。这是续佛慧命、为新出家的僧尼授戒。这是和尚本分的事,但有的庙也藉此聚财。除向新戒收戒费外,还向外化缘。"三衣具钵"有的是斋主成全,有的是庙内供养。也有的向新戒收费。苏州的西园寺、承天寺、宝积、北寺等大庙,每年都传戒,少则百八十人,多则三四百人。同时也对在家弟子传菩萨戒。[3]

---

[1] 安上:"有关苏州宗教活动问题",戒幢律寺档案:"安上法师著作类:生前著作及文稿",年代号:1999;卷号:2,第51—52页。
[2] 心忏:《苏州佛教界的新面貌》,《现代佛学》1952年第2卷第11期。
[3] 安上:"有关苏州宗教活动问题",戒幢律寺档案:"安上法师著作类:生前著作及文稿",年代号:1999;卷号:2,第52—53页。

经忏佛事的商业化保障了下层僧尼的衣食来源,而教理教义的研读、传承和传布则体现了苏州佛教的另一种世俗化。与儒学不同,佛教"含有逻辑的方法,含有玄学,更含有知识论",就学术性而言,基督教亦"未能与之颉颃"[1]。1917年,月霞住持常熟兴福寺,创办华严学院,预科3年,正科3年,每期招学僧五六十人,以《华严经》《楞严经》和《唯识论》等佛经为基本教材,并授《古文观止》及史地、算术等课,历时20多年,造就了不少佛学僧才。[2] 1924年,吴江盛泽有佛学研究会之设,在仲家弄敦请嘉兴范古农演讲《大乘起信论》。[3]

佛教事务的商业化和佛教教义的社会传布在一定程度上适应了民国苏州民众的精神需求。据1939—1940年日本满铁调查资料,在常熟,佛教是最为普及、信徒最多的通俗宗教,其信徒约占全县人口的一成。在所有庙宇中,以祈求授儿安产的观音庙为最多。[4] 这是带有某种功利性的宗教信仰,信徒以中老年妇女为多,不过她们"只是参加一些佛会,念念'阿弥陀佛'或茹素斋戒而已"。茹素种类繁多,常见的为朔望素、雷斋素、观音素、六月素、瓜素、十斋素以及长素等诸种。[5] 除此之外,真正入庵为尼者很少。以吴县东桥镇为例,据1930年统计,镇有庵堂8所,住持其中的有竹荟庵尼姑顺道、集庆庵尼姑悟圆、慈云庵尼姑妙清,其余5所仅有人顺便照看香火。[6]

2. 印光法师与净土宗的日常化

面对苏州佛教的商业化和民众信仰的迷茫,来苏"现代净土宗的大师"[7] 印光在某种意义上可以说对佛教进行了改良。印光(1861—1940)为其字,法名圣量,别号"常惭愧僧",俗姓赵,陕西合阳县人。印光幼时"不闻佛名","只知韩欧程朱辟佛之说","奉为圭臬"。10余岁时恹恹多病,在兄长的教导下,"方知前人所说,不足为法"[8]。清光绪七年(1881)出家为僧。从光绪十三年(1887)起

---

[1] 林语堂:《吾国与吾民》,群言出版社2010年,第105页。
[2] 瞿鸿烈:《常熟市志》,上海人民出版社1990年,第1052—1053页。按,华严学院初称华严学堂,后由应慈、密林等续办至1930年,改称法界学院。
[3] 李炳华:《盛泽镇志》,江苏古籍出版社1991年,第435页。
[4] 常熟市档案馆:《江苏省常熟县农村实态调查报告书》,承载译,中央党史出版社2006年,第14页。
[5] 罗汾庆、胡振青:《浒浦志》(内部资料),常熟市浒浦镇政府,1990年,第299页;董匡一主编:《梅李镇志》,古吴轩出版社1995年,第482页。
[6] 侯楷炜:《东桥镇志》,上海社会科学院出版社2012年,第664页。
[7] 叶圣陶:《两法师》,叶至善、叶至美、叶至诚:《叶圣陶集》第五卷,江苏教育出版社1988年,第294页。
[8] 印光:《复邵慧圆居士书》,《印光法师文钞三编》卷二,福建莆田广化寺编印,1990年仲冬,第499页。

他在浙江普陀山法雨寺阅藏念佛30多年,1930年春来苏州,于穿心街报国寺"谢绝一切,专修净土"[1]。1937年冬,苏州沦陷,印光移居吴县灵岩山寺,自此"任何名胜,均不往游,以志期往生"[2]。1940年12月2日(夏历十一月初四日)圆寂于该寺,后由"四众推为莲宗第十三祖"[3]。

印光法师与苏州佛教的机缘主要表现在三个方面:第一,在苏州最终建构了其净土宗的完整思想体系。印光法师自出家得知净土宗起便终身信奉,以为此法门乃"如来普为一切上圣下凡,令其于此生中,即了生死之大法也",专志弘扬。他认为:"如来一代所说一切大小乘法,皆仗自力,故难。唯此一法,全仗阿弥陀佛慈悲誓愿摄受之力,及与行人信愿诚恳忆念之力,故得感应道交,即生了办也。"[4]净土法门"以信愿行三法为宗",可谓至简至易:

> 信,则信我此世界是苦,信极乐世界是乐。信我是业力凡夫,决定不能仗自力,断惑证真,了生脱死。信阿弥陀佛,有大誓愿。若有众生,念佛名号,求生佛国,其人临命终时,佛必垂慈接引,令生西方。愿,则愿速出离此苦世界,愿速往生彼乐世界。行,则至诚恳切,常念南无阿弥陀佛,时时刻刻,无令暂忘。[5]

1932年,在苏州的印光法师从净土宗的理论出发,联系社会生活实际,提出了"念佛之人"普遍应当遵行的诸条原则,这些原则融通儒释,弥隙宗派,出入凡俗,纵横社会,辨证知行,呈现了净土宗的基本纲领。其一,念佛之人须"孝养父母,奉事师长,慈心不杀,修十善业。又须父慈子孝,兄友弟恭,夫和妇顺,主仁仆忠,恪尽己分。……能于家庭,及与社会,尽谊尽分"[6]。不难看出,这些方面与儒家处理家庭和社会关系的原则是基本一致的。印光法师曾说,儒家与佛法"二者本一致,无非教人父慈子孝兄友弟恭等等。不过儒家说这是人的天职,人若不守天职就没有办法。佛家用因果来说,那就深奥得多。行善就有福,行恶就

---

[1] 印光:《苏州报国寺关房题壁偈》,《印光法师文钞三编》卷三,福建莆田广化寺编印,1990年仲冬,第827页。
[2] 印光:《大师自述》,《印光法师文钞三编》卷一,福建莆田广化寺编印,1990年仲冬,第1页。
[3] 罗鸿涛:《印光法师文钞三编序》,《印光法师文钞三编》卷一,福建莆田广化寺编印,1990年仲冬,序页。
[4] 印光:《福州佛学图书馆缘起》,《印光法师文钞续编》下,灵岩山寺弘化社2008年,第657页。
[5] 印光:《一函遍复》,《印光法师文钞续编》上,灵岩山寺弘化社2008年,第22页。
[6] 印光:《一函遍复》,《印光法师文钞续编》上,灵岩山寺弘化社2008年,第23页。

吃苦。人谁愿意吃苦呢?"[1]其二,念佛之人所积种种功德"皆须回向往生西方",切不可祈求"来生人天福报,一有此心,便无往生之分";念佛之人"当吃长素","不可效愚人做还寿生、寄库等佛事","不可涉于禅家参究一路"[2],因为参禅一事,"非小根行人所做得到。即做到大彻大悟地位,而烦恼未能断尽,生死仍旧莫出"[3]。若此云云,谓净土为不二法门,而与其他佛教宗派相区别。其三,念佛之人最要紧之事是:"敦伦尽分,闲邪存诚,诸恶莫作,众善奉行。存好心,说好话,行好事。力能为者,认真为之";"若虽常念佛,心不依道,或于父母、兄弟、妻室、儿女、朋友、乡党,不能尽分,则心与佛背,便难往生。以自心发生障碍,佛亦无由垂慈接引也"[4]。也就是说,佛心应当外在地体现在行为上,只有知行合一,才能往生净土。

第二,将苏州灵岩山寺辟为十方专修净土道场。1926年夏,印光法师首次卓锡苏州,是年秋,吴县崇报禅寺住持真达和尚就寺务商请于印光法师,印光建议将该寺辟为十方专修净土道场,并于1932年题额"灵岩寺",恢复唐时旧称。同时印光为灵岩山寺制订五条规约:

> 一,住持不论是何宗派,但以深信净土,戒行精严为准。只传贤,不传法,以杜法眷私属之弊。二,住持论次数,不论代数,以免高德居庸德之后之嫌。三,不传戒,不讲经,以免招摇扰乱正念之嫌。堂中虽日日常讲,但不招外方来听耳。四,专一念佛,除打佛七外,概不应酬一切佛事。五,无论何人,不得在寺收剃徒弟。[5]

以此奠定了苏州灵岩寺新净土宗风。

第三,推动苏州社会归趋净土宗。印光法师勉力向整个社会宣传净土教义:"对一切人,皆以信愿念佛,求生西方为劝。无论出家在家,均以各尽各人职分为事。……并不与人说做不到之大话"[6]。在印光法师闭关报国寺期间,苏州信

---

[1] 叶圣陶:《两法师》,叶至善、叶至美、叶至诚:《叶圣陶集》第五卷,江苏教育出版社1988年,第296页。
[2] 印光:《一函遍复》,《印光法师文钞续编》上,灵岩山寺弘化社2008年,第24—25页。
[3] 印光:《致广慧和尚书》,《印光法师文钞续编》上,灵岩山寺弘化社2008年,第328页。
[4] 印光:《一函遍复》,《印光法师文钞续编》上,灵岩山寺弘化社2008年,第27—28,23页。
[5] 印光:《灵岩寺永作十方专修净土道场及此次建筑功德碑记》,《印光法师文钞续编》下,灵岩山寺弘化社2008年,第531页。按,据沈去疾《印光法师年谱》第253页称,印光手订此五条规约之时间,当在1932年之前,1926年或1926年之后。1933年,灵岩寺监院将此规约呈报吴县政府立案,勒石立碑。
[6] 印光:《大师自述》,《印光法师文钞三编》卷一,福建莆田广化寺编印,1990年仲冬,第1—2页。

众得地利之便,前来皈依者甚多。住持明道商请印光大师特辟每月朔望接受苏州人的皈依。从1930—1936年,六年间,约有6 000多人成为皈依弟子,而直接聆听过其开示的苏州信众实难统计。[1]因此在苏州佛教徒中,"这位老人的地位崇高极了":

> 一般信徒觉得那个"佛"太渺远了,虽然一心皈依,总不免感觉空虚;而印光法师却是眼睛看得见的,认他就是现世的"佛",虔敬崇奉,亲接謦咳,这才觉得着实,满足了信仰的欲望。故可以说,印光法师乃是一般信徒用意想来装塑成功的偶像。[2]

皈依净土,未必得出家。印光"绝不赞成"随意出家的做法,他认为:"修行还是在家好。何以故?以一切无碍故。"[3]当时江南地区"一班在家居士,群起而提倡念佛。虽似占僧之佛事财利,然其为佛法之屏藩,不在小处"[4]。在苏城,先后成立在家居士组织——莲社12处,如下表:

表5-2 民国苏城莲社

名 称	地 址	人 数	负 责 人
觉 社	天王井巷下塘药师庵内	60余人	季圣一、叶伯良
净 心	绿(菉)葭巷	100余人	周幼眉
净 行	阊门石塔头	100余人	孔莲川
净 业	唐家港	70余人	余宗如
净 莲	西贯桥善信庵	80余人	路根林
香 光	西北街天妃宫	90余人	许洪、德庄
清 心	铁瓶巷	50余人	池莲邦
圆 修	葑门阿太堂	50余人	彭智锦
普 仁	施林巷观音堂内	60余人	唐进培
菩 提	饮马桥关帝庙内	70余人	心传
圆 觉	西麒麟巷	40余人	唐通乐
七 襄	七襄下河刘家浜	30余人	石少英

资料来源:李尚全编著:《明开法师:生平与著述》,甘肃人民出版社2009年,第134页。

---

[1] 孙勇才:《印光大师与现代苏州佛教》,《河南师范大学学报》2008年第5期。
[2] 叶圣陶:《两法师》,叶至善、叶至美、叶至诚:《叶圣陶集》第五卷,江苏教育出版社1988年,第297页。
[3] 印光:《复唐大圆居士书》,《增广印光法师文钞》上,灵岩山寺弘化社2008年,第238页。
[4] 印光:《致广慧和尚书》,《印光法师文钞续编》上,灵岩山寺弘化社2008年,第327页。

上表所列 12 个莲社,除觉社在 1945 年停止活动以外,其他 11 个莲社,总计有正式社员 600 余人。[1]各县乡亦有莲社之设。1930 年年初,吴江盛泽成立"舜湖觉善念佛林",佛教徒每月于朔望日以及逢八日定期集会念经,谓之佛期。[2]1934 年,昆山曹亚伯等人创设"佛教莲社",信徒众多。次年华藏寺住持性坚组建"西方莲花会",会员有 60 余人。1939 年,昆山巴城开设"明心净坛",传布佛教,信从者号为千人,大部分为求庇护的村妇。[3]即使一些乡下小庙也组织了莲社,如在吴县香山,草庵住持清禅大师与地方诸居士兴起香光莲社,"社结缁素,定期举行。备具净典,随人读诵。每于月之十五,大家齐集,念佛一日。随便讲演净土法门之宗旨,俾修持者,彻了于心"[4]。不过印光指出,"莲社乃提倡之所,不宜常常在此",平常还是以居家诵念为宜,特别对于年轻女性居士,"只许午后来念一进,听听讲演即去",即来亦"不许说家常是非";如果成天在社念佛,难免无事生事,或者"坏人瞎造谣言"[5]。从中不难看出,印光虽为出家人,但其思考问题总是力求在神圣世界与凡俗社会之间均衡利害关系,进行全面的考量。这也从一个侧面体现了他融会儒释的努力。

三、基督教的渗透

从明万历年间就传入苏州的基督教,[6]伴随着中国政治社会格局的变迁,沉浮数百年,至民国年间,继续着在苏州社会的渗透历程。

1. 教会事工的发展

民国年间来到苏州的耶稣教派别众多。据 1946 年资料,民国苏州耶稣教共有卫理公会、长老会、圣公会、浸礼会、安息日会、使徒信心会、基督徒聚会处和灵粮会 8 个宗派。[7]单是常熟也有卫理公会、圣公会、真耶稣教会、浸礼会和中华基督教会等教派。[8]1921 年,美国长老会、圣公会等教派相继来昆山传教,数年

---

[1] 李尚全:《明开法师:生平与著述》,甘肃人民出版社 2009 年,第 134 页。
[2] 李炳华:《盛泽镇志》,江苏古籍出版社 1991 年,第 435 页。
[3] 昆山政协文史资料委员会:《昆山文史资料》第 12 辑(昆山习俗风情),1994 年 12 月,第 370 页。
[4] 印光:《吴县香山草庵香光莲社创修西方三圣殿碑记》,《印光法师文钞续编》下,灵岩山寺弘化社 2008 年,第 541 页。
[5] 印光:《复施元亮居士书二》,《印光法师文钞三编》卷二,灵岩山寺弘化社 2008 年,第 413 页。
[6] 本节基督教包括耶稣教和天主教。
[7] 郁永龙:《苏州百座寺观教堂》,宗教文化出版社 2014 年,第 388 页。
[8] 瞿鸿烈:《常熟市志》,上海人民出版社 1990 年,第 1054 页。

之后则形成浸礼会一枝独盛的局面。[1]

耶稣教采取多种方式向苏州社会渗透。苏州圣约翰堂主任牧师李仲覃1923年在陆军监狱布道,42名犯人受洗。协助李仲覃工作的监理会牧师毛吟槎1924年在苏州发行《福音光》杂志,《福音光》在传播宗教理念的同时针砭社会时弊,其中不乏进步爱国思想。[2]吴江盛泽卫理公会利用民间节日在镇大行布道。1923年中元赛会期间,耶稣堂日夜宣讲福音,并特雇军乐队,教徒各执旗帜,游行街市。[3]常熟乡人生病常归之为鬼祟纠缠,而教会医院的医生能够帮助他们"摆脱"这种纠缠,因而吸引了不少病家对耶稣的信仰。1924—1934年常熟耶稣信仰盛行时,信徒达千人。[4]他们主要是中产阶级和下层百姓,以非知识阶层居多。[5]在民初来常熟的传教士中有称"三小姐"者,美国人,会讲吴侬软语,每年都会到浒浦、梅李等圣公会教堂两三次,随带图片、糖果等分赠儿童,以吸引乡民的兴趣。[6]

苏州乡村一些集中信奉耶稣教的信徒是在城乡人口流动中出现的。常熟冶塘率先信仰耶稣者是平湖村的顾海福、顾海全兄弟,20世纪30年代初他们在沪做工,跟随厂主去做礼拜,因此受到影响。抗战爆发后,沪上工厂倒闭,已经信教的顾家兄弟回家后影响了不少村人。[7]吴江平望西成滩的孙秀道1935年在苏州帮佣时信了耶稣,回家时便向邻里传教。同村一位信了教的老太又让女儿在灶家扇夫家动员全家人入教。一年里,信徒在此两地迅速增加。应信徒们的要求,苏州信心会牧师孙树本差遣潘从道与妻子潘雪贞、舅弟潘恩源一起至平望,以西成滩为中心进行布道,1936年在此设布道所。1937年,由信徒们奉献、苏州教会补助在鑫斯港南岸建造教堂,1940年10月信徒达到800多人。1937年平望信徒张爱娜出嫁至盛泽,又在盛泽发展信徒近百人。[8]

苏州天主教教徒比耶稣教信徒要多。民初吴县有天主教教徒2 000多人,主要分布在东山、杨家桥、湘城、唯亭、胥口、木渎、甪直、田泾和河底等地,1949年

---

[1] 王道伟:《昆山县志》,上海人民出版社1990年,第813页。
[2] 郁永龙:《苏州百座寺观教堂》,宗教文化出版社2014年,第392—393页。
[3] 李炳华:《盛泽镇志》,江苏古籍出版社1991年,第436—437页。
[4] 凌惠民:《常熟基督教圣公会近百年概况》,常熟市政协文史委编:《常熟文史资料选辑》上册,上海社会科学院出版社2009年,第401页。
[5] 常熟市档案馆:《江苏省常熟县农村实态调查报告书》,中央党史出版社2006年,第14页。
[6] 罗汾庆、胡振青:《浒浦志》(内部资料),常熟市浒浦镇政府,1990年,第299页;董匡一主编:《梅李镇志》,古吴轩出版社1995年,第483页。
[7] 陈耀明:《冶塘镇志》,上海科学技术文献出版社2002年。
[8] 周明等:《平望镇志》,江苏科学技术出版社1992年,第457—458页。

达4 880人。[1]民国时在常熟冶塘,前后有百余户家庭从奉天主教。[2]昆山天主教教徒在民国时期一度达6 000余人。[3]太仓1922年天主教徒达2 914人,[4]1946年减为1 738人。[5]据1949年资料,仅吴江黎里就有天主教信徒300余人。[6]至1949年中华人民共和国成立前夕,苏州城乡(包括所属五县)有教徒26 981人。[7]苏州乡村的天主教教徒基本上是渔民,[8]且全家信教。渔家往往在小孩出生3天内即举行付施仪式,由父母或其他信徒用手指在其头部画上十字,以示入教。信教家庭的婚姻缔结也限于教徒圈内。[9]

苏州教堂在民国时期增加较多,尤以乡村面广量大。下列1930年的一份调查表反映了吴县教堂的基本情况:

表5-3　1930年吴县教堂调查表

教堂类型	所在地	隶属关系	成立时间	备注
基督堂	浒关镇下塘寺桥弄	北长老会	1907年	主持人诸新生牧师,办事人陈企明
耶稣堂	浒关镇下塘南大街	信心会	1928年	主持人沈菊初牧师,办事人金杏生
耶稣堂	木渎镇东街	江南区会	1907年	附基督教小学校;主任康福安(美籍),牧师华树人
基督堂	光福镇孙家弄	长老会	1914年	主持者康福安,办事者王蒙新

---

[1]　詹一先:《吴县志》,上海古籍出版社1994年,第1108页。
[2]　陈耀明:《冶塘镇志》,上海科学技术文献出版社2002年,第410页。
[3]　郁永龙:《苏州百座寺观教堂》,宗教文化出版社2014年,第371—372页。
[4]　郁永龙:《苏州百座寺观教堂》,宗教文化出版社2014年,第366页。
[5]　龚乃光:《太仓县志》,江苏人民出版社1991年,第843页。
[6]　杜培玉、陆廉德:《黎里镇志》,江苏教育出版社1991年,第246页。
[7]　施国铭、宋炳良:《苏南地区渔民信仰天主教问题初探》,《宗教学研究》1987年第00期。
[8]　民国时期,包括苏州在内的苏南渔民之所以普遍信奉天主教,是缘于晚明清初遗留下来的历史传统,而这一传统的形成则与当时的政治形势有关。晚明天主教传入中国之初,遭到了以儒家思想为意识形态的中国社会的普遍抵制,身为朝廷高官的上海人徐光启(1562—1633)从其天主教信徒的立场出发,开始为教会"筹划永久坚固之基础"。1625年回乡后的徐光启注意到,倘若发生教难,江南星罗棋布的湖沼和四通八达的河港是迅速转移教徒的便利条件,灵活机动的渔船是教徒隐居匿藏的良好场所,于是便与在江南的传教士李玛诺共同制订了发展渔民教徒的计划。经常航行于水网中的神父船,与常年生活于水上的渔民频繁接触,为传教士宣传教义、劝人入教提供了方便,许多受儒家思想影响较小、与外界来往较少的贫苦渔民逐渐接受了他们的说教。此后100年里便逐步形成了江南渔民多数信仰天主教的局面。清代前期和清末"教难"发生时,一些传教士便匿藏于渔船之中。参见施国铭、宋炳良:《苏南地区渔民信仰天主教问题初探》,《宗教学研究》1987年第00期;魏雪耿:《跨塘镇志》,方志出版社2001年,第358页。
[9]　王复耕:《蠹口镇志》,苏州大学出版社2006年,第326页;周民森:《甪直镇志》,文汇出版社2013年,第696页。

(续表)

教堂类型	所在地	隶属关系	成立时间	备注
基督堂	横泾镇下塘	长老会	不详	原有学校一所；主持刘彦和
耶稣堂	陆墓镇中桥	洋泾塘福音医院	1919年	主持刘道生
天主堂	河底村	常熟县	光绪初年	主持朱爱堂
天主堂	前弄堂	常熟县	光绪初年	主持唐莲峰
天主堂	唯亭镇大桥头	上海天主教堂	1915年	附小学校一所；主持章忍彰
耶稣堂	甪直镇北里巷	苏城圣约翰堂	1914年	附初级小学一所；主持蒋复如
耶稣堂	甪直镇上塘街	苏州平花桥耶稣堂	1919年	主持何世培
耶稣堂	周庄镇	苏州养育巷思杜堂	1912年	主持管云和
耶稣堂	陈墓镇	苏州思杜堂	1916年	主持包少芳
基督堂	黄埭寺前弄	苏州	1916年	主持吴子荣
耶稣堂	东山西街镇	南浔监理公会	1907年	男女小学各一所；主持韩文伯
天主堂	李陈乡下陈村	苏州白莲桥浜教堂	清末	主持者陈姓，不常在堂
耶稣教堂	西山东宅河镇	湖州海岛监理公会	光绪末年	吴牧师
耶稣教堂	西山东蔡镇	由东宅河镇分出	光绪末年	张牧师

资料来源：吴县县政府社会调查处编印：《吴县》，1930年。

天赐庄耶稣堂被称为苏城"首堂"，因为不适应教会迅速发展的形势，于1915年被拆除。新建的教堂定名为"圣约翰堂"，以纪念卫理公会创始人约翰·卫斯理。圣约翰堂建筑面积1 855平方米，可同时容纳800人做礼拜。1910年，美国基督教南长老会到苏州开教并曾发起禁烟运动的著名传教士杜步西去世。杜的遗孀和儿子杜翰西、女传教士高夫人一起在美国募得巨款，在苏州养育巷建立教堂。1925年4月3日教堂落成，定名为"思杜堂"，以怀念杜步西。思杜堂的钟楼高约10余米，教堂为两层，可容700人礼拜。城区其他有名的耶稣堂有：1913年基督教浸礼会在齐门外大街建造的崇道堂；1921年监理会改建原来在宫巷的教堂，取名为"乐群社会堂"；1924年监理会在慕家花园口新建教堂，命名为"救世堂"。

耶稣堂的礼拜活动与当地生活融为一体,尤其在苏州乡村,一至圣诞日,教堂张灯结彩,信徒们祷告、读经、见证,唱赞美诗,听讲道报告,聚餐吃面。除信徒外,附近乡民及儿童亦到教堂分享快乐,牧师向他们分赠糖果及耶稣图片等礼品。[1]

天主教苏州教区[2]堂口数一直维持在50座上下。其中最为著名的是建于1887年、位于苏州城西南郊的杨家桥七苦圣母堂,民国年间非常兴盛。作为苏州教区的本堂,该堂下辖东山、湘城、唯亭、胥口、木渎、甪直、田泾及河底8个分堂。一部分耶稣会信众也附属于杨家桥堂做礼拜。[3]陆家浜和小横塘是昆山天主教徒活动的一方中心。1946年圣诞节期间,陆家浜天主堂到船千余艘,小横塘则有600多艘。[4]陆家浜本堂历史悠久,民国时建筑规模宏敞,教友分布甚广,昆山各乡镇信徒大半至陆家活动,[5]青浦、嘉定、太仓、常熟等地均有至者。[6]周市僻处昆山东北角,陆家浜教堂神父季福祥每两个月去周市渔村举行一次弥撒。[7]千灯镇渔民多信教,当地无教堂,逢圣母月前往青浦佘山天主堂,过复活节和圣诞节则至陆家浜天主堂。[8]初建于18世纪的小横塘天主堂1914年改建,命名为"圣母圣心堂",可容千余人。小横塘天主堂本为陆家浜的分堂,1935年设立本堂后,与陆家浜分开。[9]1949年苏州教区建立后,小横塘由本堂升为总本堂,辖昆山、太仓和吴县教务,所属小堂口甚多。[10]

黎里是吴江天主教徒活动的一方中心。黎里天主堂为吴江本堂,仅在吴江就有同里、盛泽、芦墟、金家坝、平望和震泽等众分堂,民国年间徐顺甫神父一度

---

[1] 周民森:《甪直镇志》,文汇出版社2013年,第696页;赵绵行:《正仪镇志》,中国大百科全书出版社1992年,第123页;魏雪耿:《跨塘镇志》,方志出版社2001年,第358页。
[2] 天主教苏州教区成立于1949年夏,管辖范围包括吴县、吴江、昆山、太仓、常熟、江阴和苏州6县一市。晚清苏州有总铎区,1922年总铎区属新建的上海教区。1949年另建苏州教区时,辖管苏州、常熟、太仓3个总铎区,10个本堂区,其中苏州总铎区辖吴县、吴江、昆山3县,下有大新巷、杨家桥、陆家浜、小横塘和黎里5个本堂区。参见郁永龙:《苏州百座寺观教堂》,第346页。
[3] 王志强:《长桥镇志》,苏州大学出版社2003年,第452页。
[4] 郁永龙:《苏州百座寺观教堂》,宗教文化出版社2014年,第371—372页。
[5] 昆山政协文史资料委员会:《昆山文史资料》第12辑(昆山习俗风情),1994年12月,第371—372页;赵绵行:《正仪镇志》,中国大百科全书出版社1992年,第123页。
[6] 沈正萍:《陆家镇志》,中国大百科全书出版社1992年,第300—301页。
[7] 郁永龙:《苏州百座寺观教堂》,宗教文化出版社2014年,第381页。
[8] 曾惠元:《千灯镇志》,上海人民出版社1991年,第290页。
[9] 郁永龙:《苏州百座寺观教堂》,宗教文化出版社2014年,第375页。
[10] 郁永龙:《苏州百座寺观教堂》,宗教文化出版社2014年,第371—372页;赵红骑:《打田财:节会教事》,上海人民出版社2009年,第187页。

每月都来周庄主持礼拜。[1] 1926年4月中旬,黎里天主堂神父沈凤冈做大瞻礼3日,开祈祷大会,各处教友雇舟莅会者千人,现场帆樯林立,盛况空前。[2]

太仓张泾天主堂位于沙溪镇张泾村,清初在苏南地区已有较大影响。19世纪末水陆教徒分布于太仓与邻县,约13 000余人。1937年太仓沦陷后,张泾堂被日军焚毁,1938年在广大教友的努力下在原址重建。1949年苏州教区建立前张泾天主堂管辖15个堂口。苏州教区成立后,下辖苏州、常熟、太仓3个总铎区,张泾天主堂为总铎区之一。[3]

社团组织是基督教社会事工的重要组成部分。民初,苏城宣教会成立了多种社团,广泛传播西方文明,培植教会人才。先是倡设禁烟会,宣传鸦片的危害,希望社会合力禁止;组织天足会,提倡已缠足妇女放足,未缠者天足;继之成立基督教青年会、乐群社、普益社和益德社等,广泛征求会(社)员,由名绅牵头,组织慈善捐款,10多年不辍。圣约翰堂于1925年开设益德社,在濂溪坊成立夜校,包括丝竹、京剧和卫生等组。有报告称,苏州"教会势力之发展,可算江浙间诸城市中第一……亦以苏州基督教宣传为最佳"[4]。

在基督教社会事工中,开办学校和医院是通常事项。苏州城东南隅的天赐庄集中了基督教监理会的大中小学,构成了近代教育的完整体系。1918年,景海女子师范学校在天赐庄创设小学部,以供学生实习。这是民国年间苏州教会小学的代表。民国时期苏州共有8所教会中学,分别是美国监理会举办的东吴大学第一附属中学、美国圣公会举办的苏州桃坞中学、美国圣公会举办的苏州显道女子中学、美国南浸礼会举办的苏州晏成中学、美国南浸礼会举办的苏州慧灵女子中学、美国监理会举办的苏州英华女中、美国北长老会举办的苏州萃英中学以及天主教有原中学。另外还有美国监理会举办的相当于中学程度的景海女师,即1917年,由基督教监理会主办的景海女塾更名的景海女子师范学校。1928年从美国留学归来的江贵云出任校长后,调整办学方针,以幼稚教育为重点,以美国幼稚师范教育为范本,多方筹募资金,扩建校舍,美化环境,购置设备,引进名师,向全国广招优质生源,添设附属幼稚园和小学,形成了包括幼稚园、小学、初中、高中(师范)在内的完整的办学体系。辛亥革命特别是新文化运动之后,中国文化知识界风貌丕变,进入一个开放包容、积极融合的新时期。东吴大

---

[1] 庄春地:《周庄镇志》,上海三联书店1992年,第244页。
[2] 杜培玉、陆廉德:《黎里镇志》,江苏教育出版社1991年,第246页。
[3] 郁永龙:《苏州百座寺观教堂》,宗教文化出版社2014年,第367页。
[4] 郁永龙:《苏州百座寺观教堂》,宗教文化出版社2014年,第391—392页。

学顺应时代变化,进入稳定发展时期,扬名海内外。[1]苏州所属各县教会也开办了一些学校。如民国时期昆山耶稣会创办的健安学校,该校设木工、园艺和手工三门课程,帮助青年掌握生产和生活技能;开办圣经学校,设立语言、医药和常识以及与基督教有关的科目;开设夏令儿童义务学校,在传播知识的同时渗透宗教思想。[2]著名的昆山陆家浜和小横塘天主堂均开设小学,培植教徒。[3]常熟鹿苑、塘角和大义三本堂皆附设小学,招收学生多为教友子女,也包括少数教区内的渔民子女。[4]

苏城教会医院积极服务社会。1919 年,美国基督教南长老会医生惠更生(James R. Wilkson)从美国教会筹得款项,又得地方士绅陆鼒双、杨翼之等人慷慨赠地,在苏州四摆渡(现苏州广济医院所在地)建立更生医院,该院拥有 X 光机等现代检验设备,以外科、产科著名。1932 年,更生医院又建洋楼两座,专收精神病人,成为当时继广州、北京之后全国第三家精神病专科医院。1937 年 11 月,日军侵占苏州后,更生医院的 90 余名精神病患者在荣梅生医生等的带领下,避难于吴县光福乡间。1938 年,这些病人被安全转移到上海闵行疯人病医院。

经过清末 30 余年的发展,民国初年的苏州博习医院已经成为国内一流的西式医院。1913 年,美国护士福耳门(Forman)主持开办了博习护士学校。1917 年,医院装备全套 X 光仪器,并添置显微镜、膀胱镜和验眼电镜等设备。1922 春在天赐庄原址建成新医院,5 年后全部投入使用。1934 年,医院开始推行乡村卫生工作,每月深入苏南水乡一两次,为农夫、渔民提供治疗服务。1932 年上海"一·二八"抗战和 1937 年"七七"卢沟桥事变后,博习医院一面收治抗日士兵,一面派员参加中国红十字会,救治伤兵难民。

2. 教会对时局的应对

民国政府明确承认宗教信仰自由,中国基督教事业以此获得进一步发展。然而,基督教的外来宗教性质,与中国本土文化之间的差别,加上它或多或少与近代西方侵华势力相联系,必然导致彼此的矛盾与冲突。民国年间的"非基"运动就是近代中国华洋、教俗之间矛盾与冲突的典型。对彼此矛盾与冲突的化解,对中国政治社会时局的应对,以及在此过程中的事业推进,等等,这些成为基督

---

[1] 详细内容参见本书第 6 章第 2 节"教育事业的更新"部分。
[2] 赵红骑:《打田财:节会教事》,上海人民出版社 2009 年,第 180 页。
[3] 郁永龙:《苏州百座寺观教堂》,宗教文化出版社 2014 年,第 371—372 页。
[4] 曹家俊:《常熟天主教史》,常熟市政协文史委员会:《常熟文史资料选辑》上册,上海社会科学院出版社 2009 年,第 393 页。按,大义桥本堂添设于 1940 年。

教会当时的重要事务。

　　甲午战败,近代民族精神觉醒。1915 年开始的新文化运动及其后的五四运动促使近代民族观念向整个社会大众普及,从而推动了中国反帝爱国运动的蓬勃发展。1922 年,世界基督教界学生同盟在清华学校召开第十一届大会,500 余名国内外基督教学生领袖云集北京。这刺激了中国社会本已高涨的反帝情绪。大会甫一结束,中国社会主义青年团机关刊物《先驱》随即出版《非基督教专号》,多所大中学校学生会亦成立了中国非基督教学生同盟,由此开启了 1922 年的第一次非基督教运动。非基督教运动的宗旨是,要求中国基督教徒能够独立自主地领导和建设自己的教会,摆脱西方帝国主义势力的干涉和控制,激进者甚至质疑宗教存在的必要性,要求取消基督教在中国的活动。非基运动的主要对象是教会学校,要求中国教会学校为中国所有,结束美国教会控制的状态。因此这场运动又被称为收回教育权运动。第一次非基运动持续到 1925 年,受"五卅"反帝爱国运动的鼓动,再次掀起了高潮。1926 年开始的北伐战争进一步鼓舞了全国人民的反帝热情,掀起了非基运动的第三次高潮。面对社会呼声,1925 年 11 月 16 日北洋政府教育部发布《外人捐资设立学校请求认可办法》,规定外国人在华开办教育机构应向中国政府登记注册。1927 年 12 月 20 日,国民政府颁布《私立大学及专门学校立案条例》。1928 年 2 月 6 日,国民政府又颁布《私立学校条例》,规定私立学校的校长必须是中国人,校董会董事长和半数以上成员必须是中国人,校董会和学校必须分别向中国政府注册立案。

　　面对声势浩大的非基运动,中国基督教教会领导人主张中国教会应该顺应潮流,推进中国教会的本色化。所谓本色化,是使中国基督徒自负责任,自理自养自传,在经济、行政和事工上都以中国信徒为主体,建立独立自主的中国化教会,摆脱西方教会的控制。事实上中国基督徒自 19 世纪末便开始探索教会的本色化,20 世纪 20 年代的非基运动加速了教会的本色化进程,其关键内容是中国教会以及教会所属学校、医院等社会事业机构应该改组董事会,向中国政府注册立案,改由中国人担任领导,实现中国人对中国教会的领导权。

　　1922 年,神学教授赵紫宸出任东吴大学第一任华人教务长(1901—1919)和教授会主席,成为首位进入东吴领导层的中国人。1923 年,经赵紫宸和圣约翰堂代理牧师毛吟槎倡议,东吴大学正式停止学生的宗教必修课和强制性宗教活动,率先在全国教会大学实行宗教自由。同年,东吴大学开始考虑改组校董会。1924 年,江长川和另一位东吴校友、中央银行秘书胡贻谷进入校董会,成为最早的两名中国董事。同年,在上海的东吴法科率先向北洋政府教育部呈请立案,

1925年获正式批准。1925年4月,中华基督教教育会董事会表示,"基督教学校应即速向地方政府或中央政府注册立案"。1927年秋,东吴大学组建新的校董会,江长川任董事会会长。15名校董中,9名中国人,6名美国人,华籍校董占3/5,东吴由此完成了校董会的中国化改组。1927年10月3日,东吴校董会正式决议,由东吴1909届毕业生杨永清担任东吴大学校长(在此之前,曾由东吴校友潘慎明代理校长)。10月28日,杨永清到校履新,正式成为东吴大学第一任中国籍校长。

在东吴大学中国化的同时,苏州其他基督教教育和医疗机构也齐头并进,推动基督教的本色化进程。1926年,博习医院董事部推选该院李骏德医生担任副院长。1927年,医院董事部推举该院李广勋医生担任院长,李广勋因此成为博习医院的首位华人院长。1927年,景海女子师范学校改由江贵云担任首任华人校长,向中国政府注册立案。苏州的慧灵女中、晏成女校、英华女校等教会学校也分别改由华人任校长,改向中国政府注册立案,完成中国化转型。

在非基运动和教会自立自养思想的影响下,1927年,监理会在苏州的早期传道者李子义的长子、东吴大学提调(后改称学监,相当于教务长)李伯莲牧师作为苏州基督教信徒的领袖,雇佣小船前往各地教堂,考察促进教会自养。李子义次子李仲覃在1910年即被教会任命为圣约翰堂首任华人主任牧师,后又担任监理会苏州传教区的教区长、监理会会督,推动基督教会的本色化。经过数年考察探索,监理会正式决定,自1933年开始实施十年自养计划,加速基督教会中国化。20世纪30年代东吴大学首位神学毕业生、校董事会会长江长川牧师被推举为监理会华东教区会督。

1932年上海"一·二八"抗战开始后,苏州博习医院作为后方重地接受了数百名官兵伤员,"致病床全部满员,过道走廊几无隙地"[1]。1941年珍珠港事件发生后,苏州教堂被日军或者毁坏或者占领,教士遭到驱逐,甚至枪杀(如天主教会金文祺神甫),教会活动停止,教会事业受到严重摧残。在极其困难的情况下,毛吟槎等牧师仍然坚持工作,以巨大的勇气延续教会活动。东吴大学、景海女校等教会学校则毅然汇入全国学校内迁的洪流,由苏州而上海,由上海而浙江、福建,历尽艰辛,最后迁到成都,在抗日烽火中坚持办学,弦歌不绝。慧灵女中等教会中学亦撤至苏州周边农村,艰苦办学。1941年冬,常熟鹿苑镇(现属张家港

---

[1] 杨瑞兰执笔:《博习医院简史》,苏州市地方志编纂委员会办公室、苏州市档案局:《苏州史志资料选辑》第六辑,1986年,第120页。

市)天主教会的滩里小学初中部迁至苏州城内东北街苏州天主教总堂办学,定名有原中学,于右任为其书写"震旦大学附属有原中学"校牌,延续了沦陷时期的苏城教会教育。博习医院在内迁计划受阻后,部分人员辗转到南昌、汉口等地,参加了中国红十字会第37、38医疗小分队,为难民看病,为抗日战争做出了贡献。博习医院的天赐庄院部被日本同仁会占领,改作军队医院。随着抗日战争结束,1945年10月12日博习医院被教会收复。

1948年,苏州解放在即。基督教卫理公会10个教区长在镇江集会,商讨教会和教会医院、学校的应变措施,决定各教会机构接受政治和社会变动,维持正常活动。其中,苏州博习医院制定了5项应对措施:(1)推中国人担任院长;(2)成立5人小组;(3)向上海教会司库领取黄金60两作为应变费用;(4)购买大米200担和菜、油、食品和药物等物品,以应急需;(5)宗教活动仍由原来两位传道人员负责。[1]

1949年4月27日,苏州解放。苏州基督教会以及博习医院、东吴大学等教会机构都保持了正常秩序,配合新生人民政权的管理,融入新的时代。

第三节 近代生活方式的成长

在社会生活变迁的过程中,各种文化要素的变化速率是不同的,最先的变化常常发生在器物生活层面。"人民的生活,有四大端,曰衣、食、住、行。到了现在,除了四大端外,还要添出许多来,如艺术、娱乐、交际、游观之类,也是人生所不可缺的",此亦为这里所论及的所谓社会生活的基本含义。随着15世纪开始于西方世界的一体化进程的不断深入,一个不争的事实是,人类社会生活随着资本主义经济的不断发展而彼此相互影响,在500年后的民国苏州,近代社会生活的印痕已经非常清晰,尤其在物质生活方面,"确是近百年变迁得最迅捷、最复杂、最神奇、最荒诞的"[2]。

一、物质生活的洋化

所谓物质生活,"无非就是人和物,物和人。研究物——包括食物、住房、衣

---

[1] 杨瑞兰执笔:《博习医院简史》,苏州地方志编纂委员会办公室、苏州市档案局:《苏州史志资料选辑》第六辑,1986年,第122—123页。
[2] 包天笑:《衣食住行的百年变迁》,第1—2页。按,包天笑的这本著述登载于香港《新晚报》1973年7月5日到10月6日;苏州市政协文史编辑室另行编印成一册,无日期。

服、奢侈品、工具、货币、城乡设施,总之,人使用的一切——并不是衡量人的日常生活的唯一方法"[1]。法国年鉴学派史家布罗代尔在这里提醒人们,物质生活包括人与物,或者说是物质生活资料与物质生活资料使用者的结合方式。在民国苏州,这样的结合呈现出明显的洋化倾向。苏州作家包天笑注意到,衣食住行等物质生活方面"确是近百年变迁得最迅捷、最复杂、最神奇、最荒诞的",而最明显的标志便是洋化:"一自欧风东渐,由中国的沿海侵入内陆,便糅杂了许多夷风洋派",个中的原因非常简单:西方"科学发达,技艺日精,人民还是固守旧习吗?推陈出新,争奇炫异,也是人之情常"[2]。

服饰关乎一个民族的形象。晚清中国人的某些装扮,如女子缠足、男子蓄辫等恶习"长期供给了那些制造滑稽的漫画家以题材"[3],于是,受欧美文化影响,中国人在服饰上"乃大起革命"[4]。戊戌变法时期,中外新进人士就开始设立"不缠足会",提倡天足。苏州著名的女性社会活动家王谢长达,以52岁的年龄以身作则,先自放足,并发起组织"放足总会",亲赴苏州乡村宣传,劝导放足,组织分会。[5]民国成立后,政府明令禁止缠足,"明达的文化界人,大家都提倡妇女要放脚了。先从自己的家庭里,以身作则",但是,面对既成事实,许多女子"从小缠得尖尖的,无论怎样总是放不大的",于是便出现了有趣的现象:"扯去了脚带,制成了宽袜,平底鞋,鞋头里塞了许多棉花,要大踏步走路吧?总觉得趑趄不前。"缠足废除,"鞋袜一切,都要改变了。如何改变呢?世界大同化,欧美各国商人,最能博女人的欢心,于是高跟皮鞋来了,玻璃丝袜来了,千奇百巧,斗丽争华"。思想保守的人视之为奇装异服:"一般自谓现代妇女,每以招摇其肉体,为唯一之职志,既极诱惑之能事,复尽妖媚之意态。"[6]微词之间透出当时风气之开放。

剪辫是"革命"的标志。民国临时政府成立后颁布剪辫易服法令,各地遵照执行。常熟支塘有一个保正叫王顺卿,他剪了辫又重新装上,但"在官人役,万应

---

[1] [法]布罗代尔:《十五至十八世纪的物质文明、经济和资本主义》第一卷,顾良、施康强译,生活·读书·新知三联书店1992年,第28页。
[2] 包天笑:《衣食住行的百年变迁》,苏州市政协文史编辑室编,无日期,第1—3页。
[3] [英]呤唎:《太平天国革命亲历记》上册,王维周译,上海人民出版社1985年,第51页。
[4] 《时髦与卫生》,《申报》1934年6月11日。
[5] 王晓红:《清末民初苏州的妇运》,苏州市政协文史资料研究委员会:《苏州文史资料》(第1—5合辑),1990年,第242页。
[6] 《现代妇女》,《苏州明报》1934年7月24日。

为之表率",王因而被革除保正职,并布告各乡。[1]民国元年,吴江盛泽西庙门口贴出一张剪辫劝文,很多人簇拥观看,"不少老年人摸摸身后的花白辫子,似有不愿割掉的样子,而年轻的则……显得兴高采烈"。[2]

经过从"头"到"脚"的革命,男女精神面貌焕然一新。辛亥革命之后,中等以上商店的店主和掌柜身着制作华美的绸缎服装,尤其青年人外出社交时更是如此。20世纪20年代,"自毛织品之哗叽、直贡呢风行一时,而丝织品遂受一打击。吴中时髦少年之夹袍、夹褂,恒以哗叽、直贡为表,以绸缎为里。美恶倒置,成为风气",被戏称为"外国面子"。[3]"欧化"的女子"御单夹时多穿短袖旗袍;遇夏时则时装,女子间有赤足登革履者;至冬季服色材料多取呢绒"。[4]当时盛行一种"电气烫发","一般醉心摩登之女子,趋之若鹜"[5]。女用化妆品种类繁多,"面霜""生发水""指甲丹""指甲水""除斑香脂""花露水""生发油""爽身粉""雪花膏""千日香水""保发香水""脂粉",等等,不一而足。[6]

应该指出,引领服饰时尚者多为中产阶级及以上阶层。他们生活舒适,渴望"与跟在他们后面的大众相区别",但这时已经不能再寄希望于传统时代的区别手段了——比如等级森严的礼制,他们便另辟蹊径,利用自身的金钱优势,通过"炫耀性的消费"来区别,并以此引领整个社会的消费风尚。因为有闲阶级"在社会结构中是居于首位的;因此其生活方式,其价值标准,就成了社会中博得荣誉的准则。遵守这些标准,力求在若干程度上接近这些标准,就成了等级较低的一切阶级的义务……每个阶层的成员总是把他们上一阶层流行的生活方式作为他们礼仪上的典型,并全力争取达到这个理想的标准"。[7]

各地饮食习惯是与特定生态环境长期调适之后形成的,变化稍慢。不过民国苏州的饮食开始有了一些洋味。比如牛奶,1833年西方传教士将奶牛引入苏州,1895年苏州出现私人创办的张公兴牛奶场,至20世纪30年代,苏州共有8

---

[1] 李炎焊:《民国元年常熟之一瞥》,常熟市政协学习和文史委员会:《常熟文史》第29辑,2001年,第249页。
[2] 仲老虎口述,周德华整理:《"剪辫子"告示》,吴江县政协文史资料委员会:《吴江文史资料》第11辑,1991年,第136页。
[3] 程瞻庐:《吴侬趣谈》,王稼句:《吴门柳——名人笔下的老苏州》,北京出版社2001年,第6页。
[4] 卢文炳纂、金菊林录:《吴县乡土小志》,苏州市政协文史资料研究委员会:《苏州文史资料选辑》第1、2合辑,1989年,第118页。
[5] 《苏州:请求取缔电汽烫发》,《申报》1935年1月6日。
[6] 参见《苏州明报》1932年12月16日、1934年6月28日、1934年8月3日、1934年8月10日之《广告》。
[7] [美]凡勃伦:《有闲阶级论——关于制度的经济学研究》,蔡受百译,商务印书馆2002年,第64页。

家牧场或农场,日产鲜奶约 500 公斤,大多向市民提供上门送奶服务。[1]苏州小吃以其浓郁的地方特色本来不易变迁,但即使在这一方面,也因为外来的影响而很少保持着"真正的苏州味"了。1947 年,有人从苏州买了一包松子糖,发现糖的外面"竟裹上了一重十分坏的巧格力浆",为此,他感叹不已:"今日的苏州的一切,都已在外来的影响下渐渐失去了(被迫放弃了)他们自己的原来的形态与性质。但这不是更可以说明了苏州的弱点么?如果不是因为苏州原来的确不好,就必然因为苏州人根本已经失去了对于苏州的自信力。"[2]不管说明了什么,随着社会联系的世界性潮流,变化事实上已经发生了。

苏州住宅的洋化开始于一些西式建筑元素的渗入。20 世纪 30 年代后期,苏州一些具有古典园林风格的新式住宅显现出一些洋式特征。这些住宅一般不采用立帖式木架构,而用砖混柱承重,木架屋面,铺盖红色或青黑色平瓦,外墙为扁砌清水墙面,多用水泥勾缝;层次多为一两层,地面饰有地板,设有晒台或外挑阳台,或设仿石库门;部分住宅内部装饰讲究,采光、通风比传统民居有了一定改善。[3]一些住宅区的广告登上了报纸。[4]

苏州旧式住宅多好场面,宅之大者有大厅、花厅、女厅、轿厅等,而上房或反而局促。这是与传统家庭制度相联系的。过去多聚族而居,近代以来渐形分化;民国时代,"男女成婚后,亦有别组小家庭者",自然改变了居住模式;同时,住房结构不断讲求实际功能,"新建筑多合实用者,且自旧式官绅淘汰,新式礼堂遇事均可租借,故居室成规一变,其富有者则有改建洋房之趋势"[5]。这其中,有机会接触西洋文明的"富有者"往往得风气之先。据俞崇音回忆:

> 太外公邓邦述是邓廷桢的曾孙,光绪三十一年(1872)曾随端方出使欧洲,历时近一年,西方的物质文明给他留下了深刻印象;清政府垮台后,太外公定居苏州,盖了一栋小楼,配了电灯、电话、冰箱、浴缸……[6]

以机械为动力的新型交通工具体现了苏州人出行方面的洋化。晚清出现于

---

[1] 苏州市地方志编纂委员会:《苏州市志》第二册,江苏人民出版社 1995 年,第 699 页。
[2] 姚苏凤:《苏州闲论——社会透视之一》,王稼句:《吴门柳——名人笔下的老苏州》,北京出版社 2001 年,第 409 页。
[3] 苏州市地方志编纂委员会:《苏州市志》第一册,江苏人民出版社 1995 年,第 630—631 页。
[4] 《花园住宅召典》,《苏州明报》1934 年 11 月 11 日。
[5] 卢文炳纂、金菊林录:《吴县乡土小志》,苏州市政协文史资料研究委员会:《苏州文史资料选辑》第 1、2 合辑,1989 年,第 117 页。
[6] 俞崇音:《群碧楼忆旧》,《苏州杂志》2004 年第 2 期。

苏州的轮船业在民国时期继续发展,覆盖面不断扩大。1918年,苏州轮船局登记经营的航运企业有21家。此后轮船航运业步入兴盛期。至抗日战争全面爆发前,以苏州为中心,东至上海市,南达杭州,西抵镇江,北接长江,以至偏乡僻野,都有固定小轮航线,而且已形成网络,规模居苏南各地之冠。[1]

苏州铁路交通始于1906年通车的沪宁铁路苏沪段。自此,苏州与周边城市特别是上海洋场的联系频繁了许多,既而铁路逐渐延展至南京。"一·二八"淞沪抗战后,由于运输日益繁忙,该路一再提速。以沪宁特快列车为例,1933年行车时刻为7小时48分钟,至1936年缩短为4个多小时。[2]沪宁路沿线乡镇密集,三等车上便"以农人居多数;向来以肩挑背负上市场的,现在有了火车,省力得多了"。二等车里是所谓中产阶级,"有的带着家眷,有的携着友朋,笑语喧哗"。有了卧铺,沪宁车上还出现了专门适应新婚夫妇的"蜜月车","路局中为了人情味和生意眼,要把这卧车厢,装饰得花团锦簇。"[3]与此同时,该路不断改进设备,增添机车,增加开行车次,使得苏州火车站的旅客、货物吞吐量不断增大,由建站初期每天仅有到发客车2对、货车1对,至1937年初,增加到客车22对、货车6对,上下车旅客5 000余人。[4]1936年7月,苏嘉铁路建成通车,每日在苏州、嘉兴间各对开客货混合列车4次,[5]使得苏州铁路交通规模有所扩大。

苏州的公路建设始于1920年前后。抗战前10年,苏州境内的公路建设取得了突飞猛进的发展。至1936年底,形成了包括国道、省道、县道、乡道在内的公路网络,计干、支线15条的公路交通网络,长达708公里强,[6]并与其他省市联网。随着公路的兴建,苏州至周边地区乃至全国的汽车运输日渐发达,开行的长途班车以及区间车不断增多,"旅客拥挤,营业至为发达"[7]。随着公路运输业以及苏州市政建设的不断发展,20世纪30年代,一些途径苏州的长途汽车纷纷在城内多处设立分站,发展业务,使得这些长途汽车部分承担了苏州市内公共

---

[1] 郭孝义:《江苏航运史》(近代部分),人民交通出版社1990年,第96—99页;《无锡区汇览·杂录》,苏州东吴书局1937年1月,第178—180页。

[2] 《首都特快筹备就绪——即可定期实行》,《申报》1936年12月5日。

[3] 包天笑:《衣食住行的百年变迁》,苏州市政协文史编辑室编,无日期,第135—138页。

[4] 阮根兴:《苏州火车站今昔》,苏州市地方志编纂委员会办公室、苏州市政协学习和文史委员会:《苏州史志资料选辑》2002年刊。

[5] 秦孝仪:《中华民国史料丛编——十年来之中国经济建设(1927—1937)》,(台北)"中国国民党中央委员会党史委员会"1976年影印再版,第24页。

[6] 苏州市城市建设博物馆:《苏州城市建设大事记》,上海科学技术文献出版社1999年,第88页。

[7] 《苏嘉路车票实行减价》,《苏州明报》1934年8月11日。

汽车的功能。

自行车主要用于市内交通。据1931年统计,苏州共有自行车1 000辆,其中营业用自行车280辆,自用自行车320辆,公用自行车400辆。[1]营业用自行车主要由一些租赁车行出租给市民使用;公用自行车主要为邮政、公安等部门使用。

1921年,苏州城内出现了人力车,因为来自日本,苏州人称之为"东洋车";车商为招揽生意,将车篷漆以黄色桐油或黄漆,故又称"黄包车"。1933年苏州共有4 100辆,为苏南各地之冠。[2]

民国苏州居民出行方式的多样化,从一个侧面反映了此一时期城市化的发展。一方面,它满足了居民对于交通工具时效性和舒适性的需求,另一方面则扩大了居民交往的空间和频率,而社会关系的扩大表明了城市现代化程度的提高。

民国苏州的通讯事业日益发达。始设于1897年的苏州邮政局,1913年改称苏州一等邮局。初期几任主管人员全由外籍人士充任,1925年始由华员担任。1926年改称吴县一等邮局。[3]20世纪30年代,随着业务的拓展,邮局先后在城区护龙街等10多处设立邮政支局,还在石路、中街路口等24处以及火车站、马大箓巷口等23处设立邮政信箱,[4]形成了包括办理邮件、汇兑、邮政储蓄以及代理业务的邮政业务体系。为提高邮件送达时效,1934年12月,各支局收寄的本城邮件"均互相直封,且交由乘自行车之邮夫运送",寄件人交寄本埠邮件,"如适与邮局封发时间衔接","最快一二小时可送达,较向时增快二三小时"[5]。

出现于1881年的苏州电报业务,至1928年,已形成三条经过苏州的电报线路主干线,分别为:自上海达天津、北京的北方线;自上海经苏州、杭州、福州以达广州的南方线;自上海经南京、九江、汉口,而至重庆、成都的东西线。[6]此外,苏州还有至常熟以及至浙江南浔、嘉兴、平湖和乍浦的电报线路。[7]20世纪

---

[1]《吴县城区摘要》,乔增祥主纂、梅成分纂:《吴县》(城区附刊),吴县县政府社会调查处,1931年10月。

[2] 朱世平:《话说黄包车》,《苏州杂志》1994年第5期。

[3] 苏州电信局《苏州邮电志》编纂委员会:《苏州邮电志》,古吴轩出版社2001年,第47页。

[4]《苏州邮电历史资料选编》,苏州市地方志编纂委员会办公室、苏州市档案局:《苏州史志资料选辑》第4辑,1985年,第105—106、114页。

[5]《本城邮件改善投递》,《苏州明报》1934年12月22日。

[6]《苏州邮电历史资料选编》,苏州市地方志编纂委员会办公室、苏州市档案局:《苏州史志资料选辑》第4辑,1985年,第129页。

[7] 苏州电信局《苏州邮电志》编纂委员会:《苏州邮电志》,古吴轩出版社2001年,第140页。

30年代初期先后在观前街等近10处设立电报收发处。[1]至1947年,其营业半径囊括今苏南大部、上海及浙江部分地区。

苏州电话事业开始于1898年由马伯亥创办的"德律风公司",[2]最初装机用户仅10余家,主要为官署衙门及苏州商务总会和电报局,私人装机的只有盛宣怀一家。最初的用户不编号,通话时只需报对方户名即可接通;通话时间为上午7时至下午7时,夜间不营业。[3]1922年苏州电话用户为892户,[4]1923年发展到1122户,至1936年6月达2 305户,规模处于全国前列。[5]1926年5月,苏州与上海、吴淞、南翔、无锡、南京等地开通了长途电话业务。[6]1928年9月实现与江宁、无锡等8县互通长途电话,1934年初又与常熟、江阴两县互通长途电话。[7]此后,苏州长途电话线开通的范围日渐扩展。自1929年年初至1930年年底,苏州与吴县各城镇之间均架设了城乡电话。[8]电话用户逐渐形成了商号、工厂、银行以及家庭等多种对象并存的格局。

苏州公用电话最早出现于1923年。[9]1930年,吴县建设局在观前街和阊门外设长途公共电话处。[10]1934年,苏州电话局在阊门外大马路等7处设立邮局公用电话。[11]1935年设公用电话零售处,以优惠条件鼓励商铺店家"经手管理公用电话及长途电话",又于阊门外石路口等10多处分别装设公用电话。[12]

便捷的现代通讯加强了苏州与外部世界的交流。一方面,周边的上海、南京以及世界各地的新思想、新风气、新潮流得以更快地传播到苏州,这不但有力地促进了苏州人口、生产力等各类要素的集聚,而且有力地推进了苏州近代生活方

---

[1]《苏州邮电历史资料选编》,苏州市地方志编纂委员会办公室、苏州市档案局:《苏州史志资料选辑》第4辑,1985年,第125—126页。
[2] 苏州电信局《苏州邮电志》编纂委员会:《苏州邮电志》,古吴轩出版社2001年,第189页。
[3] 张直甫:《苏州最早的电话局》,苏州市政协文史资料研究委员会:《苏州文史资料》(第1—5合辑),1990年,第168页。
[4]《江苏省苏州电话局概况》(1922年9月6日),《电话局改装电线案卷》,苏州市档案馆藏,档号I14—1—601。
[5] 松:《一年来之电话业务》,《申报》1935年12月16日;俞飞鹏:《十年来的中国电信事业》,《十年来的中国》,商务印书馆1937年,第369页。
[6]《苏州邮电历史资料选编》,苏州市地方志编纂委员会办公室、苏州市档案局:《苏州史志资料选辑》第4辑,1985年,第137、145页。
[7]《苏省长途电话概况》,《苏州明报》1934年2月1日。
[8]《苏州邮电历史资料选编》,苏州市地方志编纂委员会办公室、苏州市档案局:《苏州史志资料选辑》第4辑,1985年,第147页。
[9] 苏州电信局《苏州邮电志》编纂委员会:《苏州邮电志》,古吴轩出版社2001年,第197页。
[10]《城区设立公共电话处》,《苏州明报》1930年9月2日。
[11]《电话局装设公用电话》,《苏州明报》1930年9月14日。
[12]《城厢各处装设公用电话》,《苏州明报》1935年2月15日。

式的生成:

> 自清季与外国开埠通商以来,迄今数十年间,苏沪内地社会,受商埠繁华奢侈之风,影响所及,其情景变迁大足注意。盖乡僻小邑,在昔日交通未便之时,比较的不容易随大都会风尚以转移,故庶民各安其业,只知因循旧习,以度生活;是以数千年来,虽变也渐。

但民国以来变化甚巨,其中一个重要原因是"交通之便捷":"国家种种新交通建设,如邮政、铁路等次第兴起,内地各处,亦更有轮船、航船等,以相交通;商埠、城镇、乡村间之往来即频,风气之传染遂易。"[1]另一方面,便捷的信息交流,也使得苏州更进一步地为外界特别是为国外所了解,提高了苏州的知名度,有力地推进了苏州的城市化。

二、休闲生活的新趋向

体育与休闲关系密切。苏州现代体育运动兴起于清末民初,最初主要在学校,20世纪20年代后期扩展到社会,成为人们的休闲娱乐方式之一。当时,体育是各级学校的必设课程,所授内容由清末民初的"兵操"转变为侧重发展学生个性、爱好,以田径、球类等运动项目为主的体育。[2]各种类型的体育活动成为校园生活的潮流。

群众性体育运动渐次兴起。当时,苏州有苏州体育会、银星运动会等10多个群众性体育团体,这些体育团体纷纷组建各种球队,组织各类比赛。一些工厂,如苏纶、鸿生等厂还分别组织了足球队。参加各种运动的市民由此日益增多,甚至一些从事体力劳动的普通居民也参加到体育运动中来。在1932年10月吴县第三届民众业余运动会上,出现了"剃头司务掷标枪第一,纸店店伙总平均第二,成烈校工推铅球第四"[3]的现象。

吴县公共体育场是群众性体育运动的重要空间。20世纪30年代体育场发起组织的"早晨健身队",使得"一辈民众,锻炼体魄,咸得问津之处"[4]。每年元旦举办的越野赛跑,"参加竞赛者之踊跃,成绩之优良,以及民众热烈之状况,实为三吴体育界之可喜现象"[5]。为了推广体育运动,公共体育场还与苏州各

---

[1] 钱咸:《苏沪间乡镇社会妇女的生活》,《妇女生活》1929年第15卷第4期。
[2] 苏州市地方志编纂委员会:《苏州市志》第三册,江苏人民出版社1995年,第640页。
[3] 《业余运动会开幕》,《苏州明报》1932年10月17日。
[4] 《早晨健身队》,《苏州明报》1933年2月2日。
[5] 《县行政会议第三日》,《苏州明报》1934年1月28日。

电影院合作,请求他们"代播体育标语玻璃片,以广宣传";并印刷各种标语,"张贴各街巷,俾使一般民众注意体育"。[1]

运动竞赛蔚然成风。抗战前10年,在吴县公共体育场和各体育团体的主办或合办下,苏州先后举行了多种类型的运动会或竞赛会,包括女子田径运动会、全苏运动会、民众业余运动会、全苏足球联赛、男女排球赛、乒乓球锦标赛,等等。[2]观看体育比赛逐渐成为人们新的休闲方式。如,1932年举行的吴县第三届民众业余运动会吸引了大批市民,整个体育场"车水马龙","挤动万分"[3]。1934年11月"国府篮球队"与东吴大学篮球队的一场比赛,竟有千余人前往观战。[4]由于市民关注,体育比赛成为苏州各报争相报道的内容。以《苏州明报》为例,20世纪30年代,几乎每隔数天就会辟出大半个版面报道苏州所发生的各类体育新闻。

电影于清末民初传入苏州,最初为"影戏"(无声电影短片)。1918年9月,苏州第一家营业性影戏院——飞云影戏公司在阊门外开设。1927年7月,程小青等人创办苏州公园电影院,这是苏州第一家正规电影院。1929年,苏州试映有声电影。20世纪30年7月苏州东方大戏院开设,是为苏州第一家有声电影院。此后,电影逐渐在苏州普及。据统计,20世纪30年代初,苏州约有10处娱乐场所可放映电影,[5]至抗战前,增加至30余处。[6]为追求轰动效应,放映新片时往往在有影响的报刊上刊登海报,用具有诱惑性的图文进行宣传,以吸引市民。在节假日,各影剧院"到处拥挤着大量的观众,热闹得异乎寻常"[7],以致一些影剧院"第一次电影尚未映完,即开始发售第二次戏券,片刻即尽,因观众麋集,要求买票,至第三次戏券亦同时售罄"[8]。

随着电影的普及,20世纪30年代苏州一度有电影制片厂之设。1934年7月,苏州观前吉星摄影公司"特创办苏州影片公司"[9],专营"摄制发行电影片

---

[1]《宣传体育》,《苏州明报》1932年9月16日。
[2] 苏州市地方志编纂委员会:《苏州市志》第三册,江苏人民出版社1995年,第1095页。
[3]《业余运动会开幕》,《苏州明报》1932年10月17日。
[4]《国府篮球队不虚此行》,《苏州明报》1934年11月20日。
[5]《吴县城厢区域内公共娱乐场所一览表》,《吴县》(城区附刊),吴县县政府社会调查处1931年10月;庞遮鸣:《最新苏州游览指南》,大东书局1930年3月印行,第87—88页。
[6] 苏州市地方志编纂委员会:《苏州市志》第三册,江苏人民出版社1995年,第759页。
[7] 朱娥:《苏州的废历新年》,《申报》1936年2月18日。
[8]《争看电影》,《苏州明报》1933年1月29日。
[9]《苏州影片公司筹备处将成立》,《苏州明报》1934年7月9日。

子,编辑发行本厂电影刊物"[1]。该电影制片厂以"提倡儿童教育为主旨"[2],为拍摄电影《儿童之光》,曾在苏州"招考男女演员",有50多人前去应考。[3]

一些影剧院不时演出戏剧。剧种除京剧、昆曲外,还有歌舞剧、新式文明剧等。为制造声势,开演之时往往在报纸上作密集宣传。一些戏院邀请上海演艺界人士来苏演出,一些商家邀请电影明星为其促销。如1935年8月商人娄郁生"发起举办国货展览大会",特请电影皇后胡蝶来苏"举行揭幕典礼"[4]。由于有观众"追星",一些印刷商便翻印电影明星画册售卖。如大苏印刷所即于1934年初用铜版纸精印了一本名为《电影皇后》的画册,将电影明星胡蝶"幼年时代及家庭之玉照"以及"一生之历史"翻印出来,并在报上连续刊登广告促销。[5]

20世纪30年代后,逛公园逐渐成为苏州居民的休闲方式之一。1927年8月苏州公园初步建成开放,成为苏州第一个现代意义上的公园。此后经过不断建设,逐渐成为一个包含图书馆、茶室及各种休闲空间在内,占地面积达64亩的大型公共游憩地。[6]普通市民将其作为展演日常生活的舞台:"若夫园林点缀,则有茅亭小舍,河池古墓。回想五六年前,皇废基正一片荒凉,今也火树银花,城开不夜,是市民之福。"[7]公园内的电影成为男女新式交往的场所。据称,电影院最初实行男女分座,但往往等到电影开映,电灯熄灭,便有人走到女宾座内去交头接耳。为适应市民的要求,公园影院也就取消了男女分座的禁令。有论者指出,苏州公园为苏州市民体验和想象现代性提供了场所。各种新式社会活动、娱乐与休闲活动以及社交活动在公园中集中呈现,使苏州公园成为当时日常生活的关注中心,而出没其中的社会名流、摩登女郎、交际花等新式人物,电影、咖啡、汽水等新鲜事物,以及各种新式观念和新潮生活方式以此为据点渗入市民日常生活之中。正是在各种新型公共空间的潜移默化中,苏州的城市生活悄然发生着改变。[8]

民国以来,公共图书馆的出现改变了人们的阅读方式。20世纪30年代,苏州有两所公共图书馆,一为始建于1914年的江苏省立苏州图书馆,一为始建于1925年的吴县县立图书馆。经过多年建设,至抗战前,这两所图书馆都有了一

---

[1]《江鲁公所内设电影厂》,《苏州明报》1934年8月1日。
[2]《苏州电影制片厂》,《苏州明报》1934年8月11日。
[3]《苏州影片厂应考踊跃》,《苏州明报》1934年9月18日。
[4]《国货会请胡蝶揭幕》,《申报》1935年8月18日。
[5]《苏州明报》1934年2月4日,第二张第5版。
[6] 苏州市地方志编纂委员会:《苏州市志》第一册,江苏人民出版社1995年,第684—685页。
[7] 垂露:《游园小记》(上),《苏州中报》1927年8月4日。
[8] 张笑川、路仕忠:《政治性、日常性与现代性:民国苏州公园与城市生活》,《城市史研究》第34辑,2016年。

定的藏书量,其中省立图书馆有藏书12.79万册,县立图书馆有藏书4.6万册。图书馆所藏书目除了国学经史、地方文献外,还有现代科学技术、文化艺术以及各种期刊,[1]丰富的藏书吸引了大量读者。

20世纪20年代后期,伴随着企业化运作和报业竞争的加剧,报刊开始重视对社会新闻的报道,副刊所发表的文章"多趋向软性与小品的记载",特别是一些所谓的"小报","流氓居士的趣闻,花国闻人的逸事,名伶女优的照片,以及专谈女人的小品和连载几年的长篇章回小说,便是他们的主要内容"[2];读报成为市民日常休闲娱乐的方式之一。以《苏州明报》为例,它不但报道国内外以及苏州本地的重大新闻,而且还特别重视犯罪、情变、绯闻、体育、电影明星以及各类名人的逸闻趣事等的报道,以满足人们的猎奇心理。

收听广播是苏州市民闲暇生活中的新现象。1930年,苏州出现无线广播电台。1932年后,民营性质的久大、百灵和苏州3家无线广播电台先后创办。为推广业务,他们附设修理处或门市部,维修和组装收音机及无线电零件。[3]一些爱好者成立"无线电研究会","积极编著刊物,及调查播音台播音时刻"[4],从而扩大了无线电广播的收听面。电台播出时间较为固定,节目门类也较丰富。如百灵广播电台,根据1934年的一份节目单,其播音时间为上午8时30分至夜间11时15分,播出节目主要有唱片、评弹、滑稽、歌唱和中西唱片等。[5]

欣赏音乐开始在苏州居民中流行起来。20世纪30年代,大中学校开始在结业、新年、校庆以及重大节日举办音乐会或文艺演出,一些社会团体举办音乐会"演剧筹款"或推广音乐。除了严肃的音乐会,由于电影和无线电广播的普及,苏州居民开始传唱通俗音乐、流行音乐以及欧美乐曲,如《五四纪念爱国歌》《渔光曲》《毕业歌》《大路歌》以及流行歌曲《天涯歌女》《何日君再来》和《毛毛雨》等都曾风靡一时。1935年,东吴大学还有20多名学生组织了"泰山爵士乐团",在广播电台演播欧美乐曲。[6]

近代城市公共空间的扩大,在一定程度可以消解居民之间的疏离感,形成新的人际交往模式。民国苏州休闲娱乐的大众化与公共空间的发展同步,反映了苏州较快的近代城市化水平。

---

[1] 苏州市地方志编纂委员会:《苏州市志》第三册,江苏人民出版社1995年,第849、851页。
[2] 《小报年》,《申报》1935年10月6日。
[3] 苏州市地方志编纂委员会:《苏州市志》第三册,江苏人民出版社1995年,第794页。
[4] 《无线电研究会——加入者颇形踊跃》,《苏州明报》1932年9月12日。
[5] 《苏州百灵广播电台节目单》,《苏州明报》1934年12月20日。
[6] 苏州市地方志编纂委员会:《苏州市志》第三册,江苏人民出版社1995年,第747页。

三、公共卫生事业的提倡

近代以降,随着西学东渐的进程,西方近代卫生观念传入中国并逐渐为民众所接受。民国苏州的公共卫生事业日益受到政府和民众的重视。

在物质生活逐渐改变的基础上,政府方面进一步谋求苏州市政的发展。1927年南京国民政府成立不久即成立苏州市政筹备处,下半年,筹备处便出台了苏州历史上第一个系统的现代意义上的城市规划,对街道、河道、公园、菜场、建筑物的整理提出了详细规划。尽管限于财力,上述规划未能尽付实施,但其所涉及的现代城市格局蓝图与功能发展思路,对于苏州日后城市生活的指导性变迁,颇有启发。比如,1927年的苏州城建规划特别提出:"吾苏古称泽国……无如民利斯土,日久侵占河道变为房屋,是以宽者窄,流者塞,驯至今日,所有城市河道几尽成纳垢藏污之沟渠,不亦良可叹耶?……非从速整理不可。"[1]此后,苏州城市水质问题一直受到人们的关注。有人担心:"一旦发生传染病流行时,加之当地习惯的影响,如通过河道运输病人,在河里洗涤马桶等,因而使用河水就可能产生危机。从防疫上考虑,限制河水饮用,完善给水设施甚为重要。"[2]事实上,1929年市政府便开始将"筹办自来水"列入年度施政计划,但不久随着市的建制被撤销,这一计划被束之高阁。此后,虽有官商多次倡议,却一直未见付诸实施。[3]习惯成自然,民国末年的苏州人依然安之若素。当时一首竹枝词道:"家家屋后一条河,上涮马桶下洗锅。与君同饮姑苏水,彼此何需计清浊。"[4]因此,公共卫生始终是苏州现代生活需要解决的问题。

为改善饮水卫生,苏州地方当局一方面对城内河道进行清理整治,另一方面则积极"开凿自流井"。20世纪30年代以后,为"清洁水源",苏州先后开挖了多口公井,其中有些还颇具规模,部分解决了居民的饮水卫生问题。[5]政府管理部门还采取诸多措施,加强环境卫生管理。一方面劝告公众不可随地吐痰、便溺,特别是劝诫警示居民铺户不可随便倾倒垃圾,而要求倒在垃圾箱中并盖上盖子,或按照规定

---

[1] 陈启东:《一九二七年苏州城建规划与实施》,苏州市政协文史资料研究委员会:《苏州文史资料选辑》第1、2合辑,1989年,第136页。
[2] 尤毅平:《对苏州公共水井的一次调查》,苏州市政协文史资料研究委员会:《苏州文史资料选辑》第2辑,1990年,第124页。
[3] 苏州市地方志编纂委员会:《苏州市志》第一册,江苏人民出版社1995年,第379页。
[4] 牛钊:《老苏州竹枝词》,《苏州杂志》2002年第6期。
[5] 方旭红:《集聚·分化·整合:1927—1937年苏州城市化研究》,合肥工业大学出版社2011年,第171—176页。

时间倒入收集垃圾的垃圾车中,否则将受到惩罚;[1]另一方面,改良厕所,改善沿街巷之便池,广设垃圾箱,添置垃圾清运设施,增雇垃圾清运人员,以清洁街道。[2]关于垃圾设施,1927年底,苏州市政筹备处在城内主要街巷统一设置水泥垃圾箱67只,以代替原有零星放置的木制垃圾箱。[3]至1935年,苏州垃圾箱数目增至1089只,并雇佣清道夫130人,配置垃圾车42辆,于每日上午5时至12时、下午1时至6时清扫城区沿街垃圾。[4]关于厕所,1929年8月苏州成立"整理公厕委员会",对全市610处公厕进行了调查,并将其中240处"污秽不堪"的厕所予以"堵塞",其他各处则予以"改造"。[5]1934年6月,吴县建设局对公共厕所"依次改建"[6],并列出1994.96元预算作为改造费。[7]

现代公共卫生事业的开展在一定程度上得益于西医的引入。1883年美国基督教监理会柏乐文在天赐庄开办苏州博习医院。民国以后,苏州近代医疗进一步发展。至1935年,苏州有西药房26家,[8]各类医院32家,其中外国医院5家,中国医院27家;[9]1937年西医治疗机构增至44家。[10]医务人员的数量也达到一定的规模。至1935年有注册中西医609人(内有西医82人),其中内科440人,[11]助产士34人。[12]

西医的最初引入存在着观念上的障碍。民初,基督教南长老会在齐门洋泾塘建立"福音医院"。初创时,中户以上人家均不信西医,唯附近村农或者无告之民愿意一试。院长惠更生医生临症诚挚,病者辄霍然而愈,求治者甚众。[13]如

---

[1] 李忠萍:《近代苏州公共卫生研究(1906—1949)》,苏州大学博士论文,2014年,第107页。
[2] 《社会行政》,《一年来吴县县政概要》,吴县县政府,1935年,第2页。
[3] 苏州市城市建设博物馆:《苏州城建大事记》,上海科学技术文献出版社1999年,第70页。
[4] 《吴县城厢内外垃圾统计表》,《一年来吴县县政概要》,吴县县政府,1935年,第2页;《吴县城区清道状况一览表》,《一年来吴县县政概要》,吴县县政府,1935年,第3页。
[5] 苏州市城市建设博物馆:《苏州城建大事记》,上海科学技术文献出版社1999年,第74页。
[6] 《建设局拟具廿三年度施政大纲》,《苏州明报》1934年6月9日。
[7] 《建设局在本年内应兴重要建设计划》,《苏州明报》1934年8月14日。
[8] 《吴县公安局城区药房一览表》,《一年来吴县县政概要》,吴县县政府,1935年,第3—4页。
[9] 《吴县城区外国医院调查表》,《一年来吴县县政概要》,吴县县政府,1935年,第3页;《吴县城区医院一览表》,《一年来吴县县政概要》,吴县县政府,1935年,第4页。按,医院总数为笔者据上述两表累加所得。
[10] 苏州市卫生局:《苏州市卫生志》,江苏科学技术出版社1995年,第3页。
[11] 《吴县已领执照中医分科人数比较》,《一年来吴县县政概要》,吴县县政府,1935年,第1页;《吴县城区西医一览表》,《一年来吴县县政概要》,吴县县政府,1935年,第1—2页。其中,中西医人员总数为笔者据该表累计而得。
[12] 《吴县城区助产士接生婆一览表》,《一年来吴县县政概要》,吴县县政府,1935年,第7页。
[13] 虞立安:《百年来苏州西医事业概况》,苏州市政协文史资料研究委员会:《苏州文史资料选辑》第2辑,1990年,第104页。

果说西医的显著效果还容易让人接受,而对于人体解剖,即便医界人士也需要过人胆识。1913年11月13日,苏州"江苏省医学专门学校"进行了第一次人体解剖,死者为一具路毙男尸。为扩大社会影响,特举行尸体解剖仪式,邀请江苏省省长代表、教育司长黄炎培和各界人士参加。黄炎培在讲话中称:"因为研究生理、病理而实行解剖,牺牲一死人之躯壳,以此代价购求诸生学业之进步;今日牺牲一死人,他日救活无数人。"同年10月,该校周教务长志愿将他早产夭折的孩子交与学校解剖。不久,蔡校长一不足两岁之幼女意外死亡,亦志愿解剖。[1]应该说,这些非常之举,在当时是需要很大勇气的,对于解放人们的思想,其作用不可小视。

民国以后,苏州的疫病防治取得了一定进展,形成了常规预防和临时救治措施并行的局面。常规预防主要是建立了预防接种、传染病月报制度等。预防接种,清末民初就零星存在。当时苏州有6所牛痘局主持牛痘接种,[2]苏州警察厅曾聘请医生筹设牛痘局免费施种。[3]西医尤其注意公共卫生。1916年,柏乐文去监狱给犯人看病,针对犯人普遍患有脚气症的情况,提出了改进管理、调整伙食等防治办法。民国时期传染病流行,1919年苏州民间即有时疫医院之组织;博习医院提出,清洁街道,疏通沟渠,摒绝蝇虫,勿使孳殖为染疾媒介等预防措施。[4]南京国民政府成立后,预防接种逐渐成为一项按例举行的常规举措。种痘事宜"由公安局发给市民免费券"[5],委托各公私立医院及诊所实施布种。霍乱预防注射亦相继由有关方面商请医师协(公)会以及时疫医院按夏秋常规开展。

1926年苏州发生过一次较大的瘟疫,先是流行"烂喉痧",继之以"霍乱"蔓延,百姓谈虎色变。8月7日仅华岩寺时疫医院一天门诊即100余人。当年,苏州城厢设临时时疫医院3处和分院6处,各乡区亦设时疫医院8处;地方绅士、医务界和民间团体筹募第二个时疫医院,经费达7 000余元。[6]此次大疫期间成立的苏州警察厅附设临时防疫事务处,要求辖区各地逐日上报疫情,开始了疫

---

[1] 陈实:《苏州最早的尸体解剖纪略》,苏州市政协文史资料研究委员会:《苏州史志资料选辑》第1辑,1988年,第72—73页。
[2] 《各县医院及种痘检疫局所表》,江苏内务司:《江苏省内务行政报告书》(下编),1914年印,第422页;江苏省长公署统计处:《江苏省政年鉴》"内务",1922年,南京图书馆藏,第214页。
[3] 参见《牛痘施种局实行开种》,《苏州明报》1926年3月15日。
[4] 陈珍棣:《柏乐文与博习医院》,《苏州杂志》2004年第2期。
[5] 《春季种痘》,《苏州明报》1936年5月27日。
[6] 虞立安:《民国时期苏州时疫医院演变概况》,苏州市政协文史资料研究委员会:《苏州文史资料选辑》第11辑,1983年6月,第177页。

情报告工作。1930年要求按月汇编传染病疫情,至1932年疫情报告成为常态。[1]

苏州公共卫生事业的发展,在一定程度上改变了人们的生活陋习,传播了现代健康观念,提高了人们的生活质量。公共卫生行政的推行,使过去由社会力量主导的慈善性、随机性活动逐步演变为当局主导、社会参与的行政化、日常化行为,换句话说,公共卫生的实施,使苏城当局初步建立了一套公共卫生管理机制。当然,公共卫生事业的推行也改变了整个城市的形象,推动了苏州社会的近代变迁。

---

[1] 李忠萍:《近代苏州公共卫生研究(1906—1949)》,苏州大学博士论文,2014年,第91—92页。

◎ 第六章 文化教育（1912—1949）◎

第六章 文化教育（1912—1949）

苏州文化是吴文化的核心和代表。近代以降，随着西学东渐，"吴文化中趋利重商、重视实际、灵活、开放的特性，得到了发扬和升华，吴文化与西洋文化交汇交融，助推了海派文化的产生"[1]。上海无疑是海派文化的中心。与海派的"洋气"不同，苏州多了一些"土气"。时至民国，苏州基本的经济结构和文化环境并没有发生根本性的改变，无论是外来的寓公还是土著的地主，依然坚守着数百年来"苏州人"的生活模式，从文化上表露出一种乡土心理。有论者谓："苏州人的乡土心理，文雅一些，也可以说是苏州人的土风；通俗一些，就是苏州人的脾气。"[2]这样的文化脾性既表现在苏州人对传统艺术的坚守，比如昆曲的传习、评弹的教化和宝卷的宣讲等方面，也潜藏于闻名全国的旧书交易活动中，延传于维系风雅文脉的文人结社以及传承中医命脉的"国医学社"这样的苏州社团里。从思想性上看，苏州的文化性格也许不是特别近代，然而它受制于地方传统，是地方社会的自然变迁。同时必须看到，苏州社会的传统元素在逐渐一体化的民国世界里也在发生变异，除了传统文化的坚守和沿袭，苏州社会正以革命的文化思潮回应着近代中国的民族关切。前者更多地体现着地域社会特色，而后者则散发着地域文化的时代气息，与近代中国民族民主革命的节奏相适应。苏州文化的时代气息在民国教育领域得到了充分的反映。从清末科举废除之后，苏州各层次的学校教育迅速发展，形成了比较完整的近代教育体系。从中所体现的教育对象的平民性、教育理念的近代性和教育理想的民族性，在在与时代息息相关，或者说它决定于近代以来中国社会的性质以及由此而生的社会使命。

---

[1] 熊月之：《吴文化与海派文化》，徐静：《纪念苏州建城2530周年学术研讨会文集》，古吴轩出版社2016年，第64页。

[2] 味之：《苏州人的乡土心理》，《吴县教育批判》1928年第2期。

第一节 传统艺术的坚守

进入民国,活跃于传统时代的一些艺术门类,最典型的如昆曲和评弹等,在苏州日趋式微。然而,艺术与生活是息息相关的,近代生活方式替代传统生活方式总是有一个过程的,尤其在苏州这样工业化程度不高的城市,传统生活方式连同其艺术依然生生不息。这是一种生活的坚守,也是一种最有力的艺术守望。时人认为,在民国苏州,这样的传统艺术,"'昆曲'或'说书'确可以代表"[1]。除此之外,宣卷、年画、灯彩等等,不一而足。

一、昆曲的传习

在苏州文化传统中,民国昆曲的命运具有典型性。在中华文明的苏州时代,活跃杏坛300年的昆曲与后期农业文明交相辉映,追入民国,却又无可奈何地走向了衰落。1908年,光绪皇帝和慈禧太后先后死去,因为国丧,苏州城里停止了各种文娱活动,坐城的"全福班"不得已与"鸿福班"一道沦落江湖。太湖东面的苏松太(苏州—松江—太仓)是"全福班"落脚的重要区域。另外一个"四六班"(亦称"文武班",四成文戏,六成武戏,故称)常在浒墅关外一带城乡演唱,内中艺人,文班全属苏州人,而武班全属绍兴人。[2]"全福班"走码头有两句口诀:一是"菜花黄,唱戏像霸王",二是"七死八活,金九银十"。第一句口诀的意思是,从新年一直唱到田地里盛开了油菜花,菜花黄的时候达到高潮,大有楚霸王的气概。后一句口诀说,七月里农事忙,下乡唱戏"死"路一条;八月中秋一过,桂子飘香,农事已毕,唱戏就活泛了。九月、十月庆祝丰收,酬神谢佛,这时候唱戏准能赚钱,故有"金九"月、"银十"月之说。"全福班"每到一个码头,就有人群聚集在桥头岸边欢呼:"全福班来了,唱一台戏吧!"他们总是高兴地停下来,满足乡镇人群的愿望,一个码头接着一个码头唱下去。他们在吴江和甪直最受欢迎。吴江连傀儡戏都唱昆曲,甪直从来只唱昆曲,不演别的戏。事实上,昆曲本来就来源于江湖,重新回归江湖的昆曲灵动一时也不足为奇。"最后的闺秀"张允和曾经问"全福班"的徐惠如先生:"昆曲的唱词,像《琵琶记》那样文绉绉的,乡村人不一定听得懂。是不是《荆钗记》靠做工,乡村里比较欢迎吧?"徐惠如大不以

---

[1] 王庸:《苏州闲话》,《时代公论》1930年第10号。
[2] 贝晋美:《苏州昆剧传习所和曲社》,苏州市政协文史资料研究委员会:《苏州文史资料》(第1—5合辑),1990年,第131页。

为然:"不是这么回事,还是《琵琶记》最受乡村欢迎。我在全福班吹得最多的就是《琵琶记》,它连台一唱好几天,……别瞧乡村人不懂昆曲,他们才会挑毛病呢!"[1]

事实上,曾经沧海的昆曲这时确实已不是乡村人所能完全理解的了。进入20世纪20年代,走江湖的堂会班便经常出现在婚丧喜庆场合。在丧家吃豆腐饭时,他们吹弹几只曲牌,如"雨夹雪""哭皇天"之类,接着便唱曲,选的戏文多是悲情的,如"六月雪""卧龙吊孝""吊奠"之类。办喜事的人家请他们列于迎亲花轿之前,一路吹打,来到女家,吹了"蝶穿花""鸳鸯拍",再来"春日景和""细三六";筵席时,他们围坐在专门的演唱台里,弹唱助宴,"赐福""上寿""请郎""花烛""珠圆"和"醉归"几折是每会首先必唱的。[2]期间,昆班和沪苏两地的文人雅士也做过努力,企图重铸昔日辉煌。从1920年年初起,"全福班"曾应邀赴上海新舞台献艺,不过昙花一现;1921年8月,曾有相关人士创办"昆剧传习所"以期传承,但亦不过10年光景,"光荣而短促的黄金时代"很快结束,之后就一蹶不振。昆剧传习所学员5年毕业后,成立"仙霓社",遍游江浙各城镇,鬻艺谋生。后来到上海大罗天、大世界、小世界演唱,卖座不够开支,他们的生活是很艰苦的,而且时演时辍。有一部分学员因生活困难,为票友们拍曲踏戏谋生,有的只好改业。[3]仙霓社辍演后,部分"传"字辈演员在各剧团为演员排练身段,或在各曲社充任笛师,或转业,或他往,某些"传"字辈几乎步"全福班"老师的后尘,潦倒困苦,陷入穷途。[4]这样的命运是时代的必然选择。时代变了,人们对于昆曲的看法自然就不同了。1927年有人指出:

> 我们苏州城里,虽然有许多先生们,对于中西的音乐尽力的提倡,已经有昆曲班……等种种组织,有时也有音乐会的举行,然而这种工作只能算是一部分的;因为现在所有各团体组织的宗旨,恐怕都含一种少数人自己研究或享乐的性质,对于社会上多数的民众,还不能予以普遍

---

[1] 张允和:《最后的闺秀》,生活·读书·新知三联书店1999年,第150页。
[2] 俞明:《姑苏烟水集》,上海人民出版社1990年,第110页。按:演唱台是用木栏圈起的活动房子,四周挡板上雕刻一些戏文,涂饰得金碧辉煌,正面的门面上除了木刻花纹,还镶嵌一些光彩耀眼的假宝石,正中一块红底洒金的堂名匾。
[3] 贝晋美:《苏州昆剧传习所和曲社》,苏州市政协文史资料研究委员会:《苏州文史资料》(第1—5合辑),1990年,第132页。
[4] 吴迪刚:《昆剧琐谈》,苏州市政协文史资料研究委员会:《苏州文史资料》(第1—5合辑),1990年,第136页。

〔遍〕的安慰和娱乐。[1]

民国苏州开始提倡能给普通民众"以普遍的安慰和娱乐"的艺术,而昆曲不是这样的艺术形式,但这也并不妨碍少数人"所独擅"的昆曲继续存在,所以到了20世纪30年代,苏州"还有人在那里传习。苏州地方,曲社有好几个。退休的官僚,现任的善堂董事,从课业练习簿的堆里溜出来的学校教员,专等冬季里开栈收租的中年田主少年田主,还有诸如此类的一些人,都是那几个曲社里的社员。……昆曲彻头彻尾是士大夫阶级的娱乐品,宴饮的当儿,叫养着的戏班子出来演几出,自然是满写意的。……听昆曲先得记熟曲文;自然,能够通晓曲文里的故实跟词藻那就尤其有味。这又岂是士大夫阶级以外的人所能办到的?"[2]

1942年春,昆曲黯然退出历史舞台,就连下里巴人的饮宴上也没有了昆班的身影。但昆曲以另外一种方式在民间遗存下来。20世纪30年代末至40年代初,正当专业性的昆曲剧团奄奄一息之时,在苏州城区以及昆山、太仓一带城镇的士绅阶层中,业余性的"拍曲子"方兴未艾。贝晋眉"爱唱昆曲、唱得很好这是众所周知的",他的女儿回忆说:

> 他的学生众多,我们高师巷的家里,……来请他看身段,听唱腔的,不知其数。父亲一口京片,音色脆亮,他又吹笛又教唱,家里热闹得像开堂会。……抗日战争期间,父亲留了长胡子,对外说"我封哉",不愿意唱曲。但到家里求教的人还是给予指点的,在家里也唱唱。抗战胜利后,父亲是不仅唱曲,还要演戏,越唱越兴。[3]

20世纪30年代初,吴江盛泽绅商丁趾祥认定昆曲"是吴江社会的艺术",便创办了昆曲社团"吴歈集"。"吴歈集"不单研究昆腔词曲,还着重研究其表演技巧。社员们粉墨登场,多次在苏州和盛泽目澜公园、民众教育馆会唱昆曲,培育了一大批昆曲戏迷和观众。"吴歈集"与昆曲"传"字辈艺人有交往,有赖"传"字辈艺人的精心指导,使昆曲吴江派成为民众艺术并继续流传。[4]

---

[1] 戴逸青:《音乐和人生》,《苏州艺术》,1927年第2号。
[2] 叶圣陶:《昆曲》,叶至善、叶至美、叶至诚:《叶圣陶集》第五卷,江苏教育出版社1988年,第382—383页。
[3] 贝织芸口述,张伟应访录整理:《贝晋眉的家人家事》,苏州市地方志编纂委员会办公室、苏州市政协文史委员会:《苏州史志资料选辑》2011年刊,第380—381页。
[4] 丁紫冠:《丁趾祥与盛泽丝绸业》,吴江政协文史委员会:《吴江文史资料》第25辑,2010年,第110页。

"拍曲子"既与昆曲自身的特点关联,也与特定历史环境相关。俞明先生指出:"有些有身份的人们又不屑与贩夫走卒同坐于茶馆书场,自娱性质的昆曲活动便应运而生,它们因高雅脱俗而见弃于舞台,又因同样原因在舞台以外受到社会知识阶层的青睐";另一方面,"四十年代前后正当日寇侵华时期,知识阶层苦闷彷徨,拍曲子不仅能解忧消愁,而且戏中各式人物在特定场景中抒发的感情,往往给予参加者们以极大的满足。再说,民间集会当时不能见容于日伪,而自娱性质的古典戏曲活动似可点缀升平,是日伪所能放心的。这也是昆曲在民间一度得以生存发展的客观条件。"[1]

二、评弹及其教化

苏州评弹自明末清初形成之时起,[2]就与日常生活紧密相联,成为地方传统的一部分。直到民国年间,评弹的中心虽然已经转向上海,苏州也已经出现了诸如电影等新的娱乐方式,但作为日常生活的一部分,这种传统曲艺仍然在其中得到坚守。

1. 评弹的活力

与昆曲不同,评弹以始终如一的平民身份与苏州人的生活紧密相连。苏州人包天笑说,除戏剧而外,苏州最流行的是说书。[3]"因为听说书成了苏州上下中三等人的日常功课,所以大家嘴里都会哼几句弹词,把开篇当作歌谣唱。"[4]除了在露天广场偶尔一见外,一般地,"书场设在茶馆里。除了苏州城里,各乡镇的茶馆也有书场"[5]。民国之后,苏州的书场如雨后春笋般涌现。据1921年朱楫文《游苏备览》:当时苏州的书场有10家,位于城内的是桂芳阁、吴苑、彩云楼、茂苑、凤翔春、胥苑,位于城外阊门的是福安、长安、怡苑、啸云天;至1922年,又增加了3家;1930年,苏州书场竟有49家之多,仅仅一条临顿路便有金谷、顺兴园、九如、中央楼、同羽春、群贤居、方园、壶中天、望月楼9家。书场之兴

---

[1] 俞明:《姑苏烟水集》,上海人民出版社1990年,第115页。"拍曲子"又称"拍桌台",是昆曲教唱的一种基本方法:乐声起,教师在桌上拍着板眼唱曲,学生紧跟拍唱,借以增强乐感。"拍曲子"在昆曲鼎盛时期就存在。20世纪20年代,苏州教育家张冀牅及其亲友组成文艺爱好者社团"水社"和"九如社",社友们都热衷于此。见张岫云:《补园旧事》,古吴轩出版社2005年,第93页;左弦:《听张定和谈往事》,《苏州杂志》1996年第1期。
[2] 徐珂:《清稗类钞》第10册"音乐类",中华书局1984年,第952页。
[3] 包天笑:《钏影楼回忆录》,中国大百科全书出版社2009年,第45页。
[4] 顾颉刚:《苏州近代乐歌》,《顾颉刚民俗学论集》,上海文艺出版社1998年,第350页。
[5] 叶圣陶:《说书》,叶至善、叶至美、叶至诚:《叶圣陶集》第五卷,江苏教育出版社1988年,第381页。

盛可见一斑。其间,以太监弄内的吴苑、汤家巷的茂苑、临顿路的金谷为著名。[1]1937年前,吴县浒墅关的南津苑茶馆每日下午、晚间两场评弹演出,有400壶以上的听客,约500余人。[2]吴琛瑜的研究指出,民国时期苏州城区(包括木渎、枫桥、浒关等)先后存在过的比较大的茶馆书场达170家之多;20世纪30年代是苏州茶馆书场发展的转折期:大体上,抗日战争全面爆发前,苏州书场按照自身规律发展,从茶馆中逐渐独立出来;抗战爆发后,苏州书场正常的发展进程被打断,新式专业书场迅速发展。[3]

作为日常生活一部分的苏州评弹具有恒久而深远的活力。俞明分析道:

> 评弹,素为苏人喜爱,评弹堂会又是安排在宴后,听众注意力集中,自然吸引人,特别是请到"响档",届时左邻右舍闻风而至,坐不下,立着听,听者如堵,给婚事平添了几分热闹而喜庆的气氛。再说,评弹一般只是双档演出,比起十几个人的昆曲堂会和苏滩堂会,自然要简易得多,所费代价自是低廉,所以,评弹堂会兴起以后,富有竞争力,颇受办喜事的中小户人家欢迎。[4]

评弹的平民定位使其在民国时代令人眼花缭乱的新式娱乐中仍然占据着不可撼动的地位。叶圣陶在七八岁就开始听书,几年间听了不少"书",对"小书"之慢颇有感触。《珍珠塔》里陈翠娥听说表弟方卿来访,一副唱"道情"的穷道士打扮,料想必有蹊跷:下楼去见他呢还是不见他?踌躇再四,下了几级楼梯就回上去,上去了又走下几级来,这样上上下下有好多回,一回有一回的想头。这段情节在名手有好几天可以说,其时听众都异常兴奋,彼此猜测,有的说"今天陈小姐总该下楼梯了",有的说"我看明天还得回上去呢"[5]。书说得细腻,听众也有耐心。书场设在茶馆里,两者共同宣示着城乡生活的慢节奏。

20世纪40年代的苏州,"除戏院、电影院外,又有音乐咖啡茶座之新流行,其销(消)费较省而不失为高尚娱乐者,则以书场之评话、弹词为最,若摊簧场则

---

[1] 吴趋:《姑苏野史》,江苏文艺出版社1992年,第412页。
[2] 殷岩星、莫节根:《史说浒墅关》,现代出版社2009年,第112页。
[3] 吴琛瑜:《晚清以来苏州评弹与苏州社会:以书场为中心的研究》,上海人民出版社2010年,第56—61页。
[4] 俞明:《姑苏烟水集》,上海人民出版社1990年,第111页。
[5] 叶圣陶:《说书》,叶至善、叶至美、叶至诚:《叶圣陶集》第五卷,江苏教育出版社1988年,第380页。

为下流所争趋,俗而非雅矣"[1]。整个民国时期,苏州的茶馆书场仍然活跃,哪怕在20世纪40年代的战争岁月。

表6-1　1941年苏城书场阵容

书场名	说 书 人	篇 目
吴苑	黄兆麟、张云亭、蒋少琴、陈瑞麟、陈晋伯	三国、蜻蜓、宏碧缘、果报录、倭袍、五虎平西
龙园	陈瑞麟、潘伯英、汤康伯、陈晋伯	果报录、刺马、水浒、倭袍、义侠传、平西
胥苑	陈瑞麟、潘伯英、陈晋伯	倭袍、刺马、换太子、九丝绦、平西
齐苑	王畹香、田怡良、曹汉昌、莫天鸿、陈瑞麟	三笑、七侠五义、岳传、金台、倭袍
云苑	田怡良、魏钰卿、唐效飞	七侠五义、珍珠塔、征东
声苑	魏钰卿、王再亮、邹虹霞、潘伯英、陈士林、张少伯、王如松	珍珠塔、岳传、白蛇、倭袍、五义图、倭袍、隋唐、水浒
双凤	邹虹霞、陈瑞麟、陈晋伯、王畹香、吴小舫、许筱峰、徐玉祥	白蛇、倭袍、狸猫换太子、三笑、描金凤、金枪
梅园	王畹香、王再亮、潘伯英、唐效飞、凌文君	三笑、岳传、刺马、凤凰救驾、描金凤
大观园	黄兆麟、张云亭、汤康伯、徐剑痕	三国、蜻蜓、水浒、七侠五义
德仙楼	黄兆麟、张云亭、钟月樵、黄兆麟	三国、蜻蜓
四海楼	陈瑞麟、曹汉昌、陈晋伯、吴筱舫、徐剑痕	倭袍、岳传、狸猫换太子、白蛇传、七侠五义
龙泉楼	蒋少琴、朱耀庭、罗笙、朱琴香、吴筱舫	宏碧缘、珠凤、双金锭、白蛇
椿沁园	姚荫梅、蒋少琴、吴均安	樊沈缘、宏碧缘、隋唐
同羽春	倪玉麟、王宏声、杨筱亭、莫天鸿	双珠凤、蜻蜓、双珠球、金台传
一乐天	倪玉麟、丁冠羽、王再亮、吴均安、丁冠羽、黄兆麟	双珠凤、英烈、岳传、隋唐、三国
福安居	王宏声、田怡良、莫天鸿、凌文君	珠塔、七侠五义、神怪剑侠传、描金凤
怡鸿馆	丁冠羽、魏钰卿、杨筱亭、莫天鸿	英烈、珍珠塔、双珠球、金台传
群贤居	王再亮、汤康伯、王畹香、吴均安	岳传、水浒、三笑、隋唐
三景园	曹汉昌、朱琴香	岳传、双金锭

---

[1] 卢文炳纂、金菊林录:《吴县乡土小志》,苏州市政协文史资料研究委员会:《苏州文史资料选辑》第1、2合辑,1989年,第119页。

(续表)

书场名	说 书 人	篇 目
万仙楼	赵秉章、王灿峰	珠塔、金枪传
春和楼	邹凤祥、王耕香、张震伯	(不详)、三笑、隋唐
万鹤楼	陈晋伯、吴筱舫	狸猫换太子、白蛇
凤苑	丁冠羽、姚荫梅、王耕香、许筱峰	英烈、啼笑因缘、三笑、描金凤
悦来	朱春帆、王士祥	三国志、金台

资料来源：陈瑞麟：《苏州各书场阵容表》，《弹词画报》1941年第63卷第4期。

评弹的强劲生命力更在于其植根特色鲜明的吴文化。这从著名评弹艺人徐云志的成名历程可见一斑。在20世纪20年代初期的苏州书坛上，纤巧甜糯的"徐调"唱腔风靡一时。作为"徐调"创始人，徐云志在40年后回顾这一创新过程时深有感触地说：艺术源于民间生活之活水。清末时节，徐云志自小成长的苏州棉花弄集中了无数手工业作坊。机房工人来自附近村落，在繁重单调的劳作中，他们一边射梭织绸，一边哼唱山歌。徐云志则让织工们教他唱民谣："正月梅花阵阵香，螳螂叫船游春场；蜻蜓相帮来摇船，蚱蜢挡篙把船撑。"[1]14岁时他跟人学评弹，多年不见长进，听客中有人抱怨：说书人不是马调，就是小阳调，或者俞调，听来听去，让人腻烦！可改什么调呢？这一年夏天，徐云志回苏州歇夏，回到了棉花弄。机房工人问他："还唱山歌吗？"无意中的一问触发了徐云志的心弦：我为什么不能把山歌的调门化为唱腔呢？苏州街头各式各样的小贩叫卖，旋律不是同样动听吗？[2]徐云志从小惯见金山石工造桥、打夯，惯听他们粗犷磅礴的"夯歌"。"吴苑"茶馆里卖闲食小贩的"太仓盐金花菜"的吆喝，太湖瓜农的"喷香喷喷香的黄香瓜"的叫卖，丝竹声中玄妙观三清殿"拜斗"道士们的念念有词……都深深地沉积在徐云志的脑海里。18岁那年，他用俞调在苏州乡村茶馆说书的时候，老听客们提出要听听"新调头"，令他一下子陷入了沉思。山歌、夯歌、吆喝声、叫卖声、"拜斗"声，这些民间天籁经过徐云志的多年回味，熔于一炉锻淬而脱胎出一个新调头——徐调。

苏州评弹用吴语。江南说书业团体起源于苏州，说书人登台献艺，除去为书中生、旦、净、末等角色代言，所有说明书中事物之表白纯用吴语，"纵非苏州人，亦必

---

[1] 谷苇：《艺术来自民间》，《解放日报》1962年4月22日。
[2] 吴趋：《姑苏野史》，江苏文艺出版社1990年，第428—429页。

强作吴侬软语,方觉得体"[1]。方言的使用,使评弹显示出鲜明的地方特色。

进入民国,随着城市生活的近代推进,苏州城乡居民的生活方式日渐散发出新的气息。从前,茶馆书场是苏州大众生活的"安慰娱乐品","男女老幼,都有听书成迷的,有钱的人家请到家里来,没钱的化(花)几个铜圆到茶楼里去听"[2],从20世纪20年代中期开始,电影"固定一个场所,排日开演",成为苏州人除茶馆之外"一种生活沉闷的安慰"[3]。差不多同时期,"带有大众色彩的地方艺术"的苏州评弹,其传播方式也发生了变化,书场从城市茶园"设到无线电播音室里去了。听众不用上茶馆,只要旋转那'开关',就可以听到叮叮咚咚的弦索声或者海瑞、华太师等人的一声长嗽。"[4]20世纪30年代电台盛行,评弹借助现代传媒影响更广泛,"无线电的传播,使得弹词成了每个人的必要的精神食粮,比了北平的戏剧还要普遍。苏州如此,太湖一带的城市乡镇也莫不如此。"[5]与此变化相伴随的,苏州评弹的乡土气息更浓了:

> 近一二年来(30年代初),无线电盛行,几位光裕社头儿脑儿,顶儿尖儿的人物,都舍掉了书场,改往播音台。只不过要有产有闲的阶级,才置备得起无线电收音机,至于乡下茅草屋的小茶馆里,聚集了许多黄泥腿的乡下人,静悄悄地恭候着说书先生上台,一块醒木,一只弦子,是安慰劳苦大众的恩物;那里的说书,才是大众艺术,说书先生的报酬虽然菲薄,可是价值却超出专在播音台上侍候有闲的太太小姐们的所谓说书名家。[6]

评弹与女性的关系变化,颇能反映地方传统的时代性。清末开始风行"女说书",与男弹词无分轩轾。抗战前组成男女合档的"普余社",如同男弹词的行会"光裕社"。一时人们喜欢新奇,多去改听女说书。[7]女说书群里,"出了几个角儿,几乎都压倒男性"[8];就说《啼笑因缘》,樊家树和凤喜有时唱京韵大鼓,有

---

[1] 横云阁主:《乡谈》,《茶话》1946年第3期。
[2] 永庆:《记苏州之电影》,《影戏生活》1931年第1卷第29号。
[3] 永庆:《记苏州之电影》,《影戏生活》1931年第1卷第29号。
[4] 叶圣陶:《说书》,叶至善、叶至美、叶至诚:《叶圣陶集》第5卷,江苏教育出版社1988年,第381页。
[5] 顾颉刚:《苏州近代乐歌》,《顾颉刚民俗学论集》,上海文艺出版社1998年,第350页。
[6] 恂子:《在乡下听书回来》,《申报》1935年1月29日。
[7] 顾颉刚:《苏州近代乐歌》,《顾颉刚民俗学论集》,上海文艺出版社1998年,第349页。
[8] 范烟桥:《弹词论》,苏州市政协文史资料研究委员会:《苏州文史资料选辑》第11辑,1983年,第124页。

时又讲北京官话,与单口相声有相似之处,但依然保持着说书艺人的风采。[1]光裕的生意"竟为之低落",乃以"男女弹唱,风化攸关"状告县党部,要求禁绝,"因中华民国男女平等,官厅没法取消女子的说书职业"[2],女子始得继续弹唱,"亦吴中女界之新生活也"[3]。"女说书"的出现也引起了受众的变化:"从前上等妇女,不上书场,但也并不禁止,偶有一二,大都年老妇女,男女座位,也是要分开的。"[4]自从有了"女说书",书场开放女禁了,"听者云集,女客尤多"[5]。

2. 评弹的教化功能

曲艺的社会教化功能历来为人们所重视。民国知识人认为,作为"斯文之流"的评弹艺人,社会地位虽说不高,但亦"肩有维持风教之任",所谓"世溺矣,吾醒之;世邪矣,吾正之"[6]。充溢着浓重地方腔韵的评弹,以其独特的民间技艺深深地介入苏州生活,潜移默化着民国苏州人的知识、观念、信仰乃至审美世界,形成了特定时代对特殊群体的教化样态。

民国时代,苏州社会从评弹艺人那里获得了关于另一世界的影像。20世纪20年代末至30年代初,评话家所说书目主要是《三国》《水浒》《英烈传》《岳传》《金枪传》《金台传》《东西汉》《隋唐》《绿牡丹》《五义图》《西游记》《彭公案》《施公案》《济公传》和《封神榜》等,而弹词家所唱者,大多限定在《珍珠塔》《三笑姻缘》《倭袍传》《白蛇传》《玉蜻蜓》《描金凤》《双珠凤》《落金扇》《双珠球》《玉夔龙》《文武香球》《绣香囊》和《双金锭》等类书上。[7]就题材而言,这些书目不外史实类、武侠类、民事类和言情类等;[8]以内容别之,评话多涉及英雄义士、朝代兴废和金戈铁马之类的重大事件,故称"大书";而弹词所演者,不外才子佳人之艳遇、春花秋月之心绪等,大多为日常生活琐事,故亦称"小书"。[9]对于苏州人来说,评弹所描画的,是与他们的日常生活完全不一样的历史天地:

> 假如大书说《岳传》,至秦桧夫妻东窗设计,以金牌十二矫诏班师,风波亭三字狱成,武穆父子授命,全座听书者,莫不恨秦桧夫妻切齿、痛

---

[1] 《高仓正三〈苏州日记〉摘抄》,《苏州杂志》1996年第3期。
[2] 顾颉刚:《苏州近代乐歌》,《顾颉刚民俗学论集》,上海文艺出版社1998年,第350页。
[3] 阿英:《女弹词小史》,《小说三谈》,上海古籍出版社1979年,第46页。
[4] 包天笑:《钏影楼回忆录》,中国大百科全书出版社2009年,第46页。
[5] 金孟远:《吴门新竹枝》,苏州文化局:《姑苏竹枝词》,百家出版社2002年,第383页。
[6] 海角秋声:《说书取材论》,《申报》1925年5月31日。
[7] 陈汝衡:《说书小史》,(上海)中华书局1936年,第59页。
[8] 胡积蕊:《从说书讲到民众教育》,《民众园地》1932年第1卷第2期。
[9] 陈汝衡:《说书小史》,(上海)中华书局1936年,第58页。

岳飞父子垂泪也。……假如小书唱《珍珠塔》方卿见姑娘,写人情冷暖、世态炎凉,不禁为天涯沦落王孙洒一掬酸心血泪。及至表姊赠塔,雪途遇救,独占鳌头,荣归拜母,扮仙翁伪作痴癫,一曲道情,冷嘲热讽,使薄情忘恩人闻之无地容身,听书者恨不能随方卿助口痛骂。[1]

这本是一个远离乡民生活的他者世界。20世纪30年代末至40年代初,当苏州光裕社艺人跑到城郊小镇码头时,黄志良喜不自禁,因为书中有"许多学校课本上读不到的历史文化知识",在思想道德方面,评弹让他"从小崇敬尽忠报国的岳飞和清廉爱民的包公、海瑞,钦佩除暴安良的梁山好汉,懂得分辨是非善恶的道理。"[2]跟黄志良的儿时感受一样,书场成为百姓接受教化的重要课堂。大体而言,这一课堂给他们带来的教化集中在三个方面:

第一,历史文化知识。历史知识的传授主要在历史演义类大书中,这类书的开讲一般延续时日长,艺人们会使出多种技法来保持听众的注意力;从书目内容入手,主要是两类技法:以细节和情节的细腻刻画诱发听众一时的兴趣,而以历史脉络和格局的梳理来维持听众长时间的关注。前者固然也包含了一些历史知识,但大多语焉不详,因此一些老道的艺人十分重视历史脉络和格局的补充交代。民初曹仁安在演述历史类评话时始终掌握一个原则:有书则说,无书则表。在每回书的开头,他先交代故事的时代背景和人物的来龙去脉,理出头绪之后,抓住某个关键历史人物及其在某一重大历史事件中的作为,组织成一个故事,然后抽丝剥茧、娓娓道来。曹仁安在做引言式的背景交代时尊重史实,不啻在进行历史授课。比如《东周列国志》的第一回书,他这样开头:

> 公元前11世纪,周武王姬发,灭掉商朝,创立周朝,建都镐京。镐京就是后来的陕西长安,历史上称为西周。到了公元前770年,周平王姬宣臼,为了避开犬戎的骚扰,迁都到雒邑。雒邑,在东汉改名雒阳,也就是现在的河南洛阳,称为东周。从此出现了诸侯争霸的局面,历史上称为春秋战国时期。[3]

依此书路,能够把曹仁安的《封神榜》《东周列国志》《吴越春秋》《隋唐》和《明末遗恨》听下来的听众,几乎就掌握了大半部中国古代史。擅长《三国》的唐耿良在说到诸葛亮借东风时穿插道:"诸葛亮之所以会借东风,倒勿是他真的会

---

[1] 饭牛翁:《论说书宜改良》,《小说新报》1932年第8卷第7期。
[2] 黄志良:《重续评弹情》,周良:《评弹艺术》第38集,2007年12月,第1页。
[3] 彭本乐:《评弹名家录》,周良:《演员口述历史及传记》,古吴轩出版社2011年,第154页。

借天上的东风,而是他平时懂得一点天文知识。所以,他算定那个辰光先是刮北风,然后而会起东风,因此,他才有把握'借'这个东风的。"[1]这一讲解将历史与科普结合起来,既说明了诸葛亮的智慧,又向听众普及了科学知识。事实上,听众的文化知识不少是从历史类大书和弹词中获得的。在历史文化知识传授的意义上,评弹艺人堪称先生。

第二,社会伦理。《珍珠塔》唱本"为弹词中最脍炙人口者"[2],近世以来在江南家喻户晓,人称"唱不坍的珍珠塔"。《珍珠塔》如此受欢迎的原因,从内容上看,主要是其集中反映了传统农业经济时代的社会伦理,尤其是其中的势利和反势利、因果报应等观念。[3]缘于自身的社会地位,评弹艺人对《珍珠塔》的思想主题感同身受。比如马如飞传奇中最励人心志之处就在于反势利,[4]所以近代评弹家认为,马如飞整合了他耳闻目睹的势利人形象,艺术地塑造了书中一个个人物,成就了《珍珠塔》。[5]尝遍世态炎凉的乡村艺人讥刺势利得心应手,也容易引起受教百姓的共鸣。

第三,民族—国家观念。近代平民囿于日常共同体视野,少有民族—国家意识,深入民间的评弹在这里发挥着特别的作用:"彼田夫野老闻操、莽而眦裂,听关、岳则起敬。其一片忠义之心,得油然而激发者,非此之功,其谁与归?"在此意义上,时人认为,评弹"虽称小技,然能深入人心,有裨世教"[6]。

精忠报国的观念多包含在评弹大书中,典型者如《岳传》。清末程鸿飞所说《岳传》因无业师传授,又与光裕社演员的脚本不同,被称为"野《岳传》",但其演述别开生面,达至出神入化之境。他曾在常熟湖园书场开讲此书,说至滑车阵中高宠战死,"听客竟有下泪者"。听客有诗云:"抗金报国誓精志,屈指鸿飞说最工。赚得场中听客泪,华(滑)车阵里死高冲(宠)。"但这位听客另有一诗:"冷门一部铁冠图,廿五年来说者无。莫怪此书难叫座,汉人头脑未模糊。"《铁冠图》评话是一部冷门书,之所以受冷落,据知情者称,是因为民国时期一位吴姓艺人曾在常熟说过此书,此人说表极佳,脚色亦好,起始卖座不错,

---

[1] 周继康:《小议评弹中的"穿插"》,苏州评弹研究会:《评弹艺术》第9集,中国曲艺出版社1988年,第134页。
[2] 陈汝衡:《说书小史》,(上海)中华书局1936年,第35页。
[3] 周良:《试论弹词〈珍珠塔〉》,《论苏州评弹书目》,中国曲艺出版社1990年,第22页。
[4] 仁:《马如飞轶事》,《上海生活》1939第3卷第6期。
[5] 徐玉泉:《艺人录》,周良:《演员口述历史及传记》,古吴轩出版社2011年,第99页。
[6] 平襟霞:《光裕社同人建立纪念幢序》(1927年),周良:《苏州评弹旧闻钞》(增补本),古吴轩出版社2006年,第50页。

后来逐渐下跌,以至听客寥寥,他只得剪书他去。知情者尝问一老听客:"书艺极好,为何不听?"答曰:"书说亡明兴满,倒尽汉人胃口,不愿听也。"[1]"不愿听"此类书是乡人民族意识的特殊表达方式。清朝统治者推行的民族征服和歧视政策,在江南社会留下了难以抹去的历史印痕,当说书人津津于"亡明兴满"话题时,不期然而唤回了民众痛楚的集体记忆,反而激发了他们的民族意识。教化从来都不是单向的;民族意识的萌生是其既往生活经验与艺人演述交互作用的结果。

在20世纪近代民族—国家观念形成时期,除了精英—知识阶层利用报刊等近代传媒大肆宣传外,一部分评弹艺人亦肩负起时代担当,将国家—民族意识杂糅于书路中,只不过囿于认识水平,还有一部分艺人们不能清晰地将忠君报国意识与近代民族—国家观念进行性质的区别,并在区别中弘扬后者,引领近代思想潮流。这样的状况从一个侧面反映了评弹教化的"非现代性"。

评弹艺人施行的社会教化在近代文化日益光大的时代更多地显示出传统性。听客在欣赏说书艺术的同时得到种种人生经验:"公子小姐的恋爱方式,吴用式的阴谋诡计,君师主义的社会观,因果报应的伦理观,江湖好汉的大块分金,大碗吃肉,超自然力的宰制人间,无法抵抗……也说不尽这许多,总之,那些人生经验是非现代的。"[2]所谓"非现代",表明评弹所展现的事件和生活"去时代太远"[3],也不妨说,"这是时代的一个反动"。苏州民众"因为对于现实的生活太生疏了,感到情意无处顿放的苦闷,于是乞灵于空竦的武侠思想和不可能的迷信故事来麻醉自己,藉此在疲惫的现实生活里找一个慰情胜无的兴奋"[4]。

三、宝卷的宣讲

灌输非现代人生经验的另一种曲艺——苏州宣卷,在民国年间发生了新变化。所谓宣卷,宣讲宝卷之谓也;宝卷者,说唱文学的文本。宣卷最早可追溯至唐代的"俗讲",僧侣们变更了佛经的文本(变文)而通俗地讲唱:讲的部分用散文,唱的部分用韵文。宋初禁止寺庙讲唱变文,但"民间是喜爱这种讲唱的故

---

[1] 左畸:《书场杂咏》,苏州市评弹研究室1981年编印,第22页。
[2] 叶圣陶:《说书》,叶至善、叶至美、叶至诚:《叶圣陶集》第5卷,江苏教育出版社1988年,第381页。
[3] 健帆:《弹词中的付丑》,《申报》1945年12月9日。
[4] 胡积蕊:《从说书讲到民众教育》,《民众园地》1932年第1卷第2期。

事的",变文便衍生出后来的"嫡派子孙"——宣卷。[1]苏州宣卷在清末民初十分兴盛,20世纪20至40年代达到全盛。[2]20世纪20年代前后,吴江窑上出现杨秀德的班子,30年代初昆山周庄龙庭蟠、徐士英、郭兆良等也组织起丝弦班子,影响所及,同里、八坼一带涌现出13副丝弦宣卷班子,其中以许维均声名最著。许氏不但提高了木鱼宣卷调的音乐性,而且模仿说书人"起角色",创造了一种新的"书派宣卷"样式。吴语宣卷流传于整个苏州,其中,吴县的里市、甪直、胜浦,吴江县的同里、八坼、金家坝,昆山的周庄、大市、陆墓等乡镇宣卷艺人尤其活跃。[3]从事丝弦宣卷表演的艺人大都是农民,他们常在农闲时出外演出,补贴家用,也有少数人以此为营生,常年在外演出。专业演出的艺人常摇着一条小船,既当交通工具又供夜晚歇宿。船行水乡江河,一路橹声欸乃,丝竹盈盈,别有一番情趣。一地演完,翌日再去他乡。[4]民国时期吴江宣卷形成了四大流派:

表6-2 民国吴江宣卷流派

流派名称	代表人物	社团名称	流派特征	代表作
许派	许维均(1909—1991)	宣扬社	吸收苏州评弹表演艺术,创"韦陀调",典雅细腻	良贤记、林子文、村姑救夫、红楼镜、败子回头金不换
徐派	徐银桥(1890—1968)	凤仪阁	创"弥陀调",通俗诙谐	包公、八宝山、张四姐大闹东京、药茶记、山阳县
吴派	吴仲和(1902—1968)	棣尊社	精通佛曲,佛调味道浓厚	妙英宝卷、城隍卷、八仙卷、刘天王卷、目莲救母
褚派	褚凤梅(1909—1989)	咏梅社	乡味、乡情浓郁	刘王出世、孟姜女、珍珠塔、林子文、游地府

资料来源:张舫澜:《同里宣卷漫记》,吴江县政协文史资料委员会:《吴江文史资料》第25辑,2010年,第98—100页。

按宣唱乐器的不同,苏州宣卷可分为木鱼宣卷和丝弦宣卷。早期的宣卷都是木鱼卷,一般由3人表演,一人主宣(上手),两人附宣(下手)。主宣人把宝卷

---

[1] 郑振铎:《中国俗文学史》(插图本)(1938),上海人民出版社2006年,第447、154—155页。按,仅以文本论,苏州宣卷的"势力"亦不可小觑。据高国藩称,"收藏于世界各地图书馆中的宝卷一共只有1579种,而苏州常熟的河阳宝卷则占了十分之一强"。见梁一波:《中国·河阳宝卷集》,上海文化出版社2007年,"序"第1页。
[2] 俞前:《中国·同里宝卷集》,凤凰出版社2010年,"郑土有序"第2页。
[3] 苏州市文化局修志办:《苏州宣卷》,苏州市政协文史资料研究委员会:《苏州文史资料选辑》第1、2合辑,1989年,第163—164页。
[4] 程锦钰:《民间曲艺一枝花——丝弦宣卷》,昆山市政协文史征集委员会、昆山市文化局:《昆山习俗风情》,1994年,第310页。

本中的故事情节通过唱、表、扮、噱等方式传达给受众,附宣陪衬帮腔,重复演唱主宣的末尾落调,以烘托气氛。主宣面前置左大右小两只木鱼,附宣人手持磬子和碰铃,按节律伴奏。丝弦宣卷出现于民初。1921年,苏州艺人王兰生、朱观宝鉴于木鱼卷的乐器和唱腔都比较单调,增加了弦子、胡琴、箫、笛等伴奏乐器,吸收多种民间小调,丰富宣卷唱腔,创为丝弦宣卷。[1]丝弦卷有7至8人,有时甚至多达10余人。丝弦宣卷形式与当时盛行的滩簧相似,谓"文明宣卷";"妇女们既喜摊(滩)簧的洋洋盈耳,又喜宣卷的好说吉利话"[2]。据载,朱观宝还率先招收女弟子,并与她们合作挂牌宣唱,由此吸引了不少新观众,其他宣卷艺人也纷纷仿效。有的还在台面摆设上添置了一些五色电灯,故又有"女子宣卷""灯担宣卷"等名目。[3]抗日战争时期,乡下在"青苗会"和"堂会"等集体性的聚会场合,为免受日本鬼子的骚扰,改用柔缓的丝弦宣卷替代喧闹的唱戏锣鼓,文明宣卷在那个特殊的历史时期获得了特别的发展。

宝卷多在喜庆场合宣唱。翻盖房子、小孩满月、老人祝寿、嫁娶喜庆、迎神赛会,宣卷班子常常赶做堂会,农闲时节尤为热闹。在民国时期吴县浒墅关乡村,每到初秋庄稼成熟之前,村民们齐集于一处大屋里听宣卷,门前竖起一杆旗帜,上书"五谷丰登""五子登科"等字样,晚上在旗杆上挂起灯笼,招徕远近的听众。[4]

苏州宣卷具有重要的社会教化功能。苏州宣卷艺人将其宣唱的宝卷分成两类:一类称"老爷卷",多涉及释道内容;一类称"凡卷",即凡人修行的经历。[5]这些卷本都在宣讲劝人为善、因果报应、惩恶扬善的故事。常熟河阳宝卷中有一本凡卷《男延寿》,是根据明代发生在常熟支塘的一则真实故事改编神化而成。明沈德符《万历野获编》曾载,支塘少年良吉曾割肉救母。在这个卷本中,故事主人公叫金本中,除了割肉救亲外,还做了许多善事,"阴功积德,恩布利民……人人感念,个个称扬",因此得获玉皇大帝9次延寿,本来命中注定仅只9个月寿命,最后延至百岁而升天。[6]与《男延寿》题材相似的是《郭三娘割股卷》,一卷

---

[1] 马觐伯:《乡村旧事——胜浦记忆》,古吴轩出版社2009年,第9页。
[2] 顾颉刚:《苏州近代乐歌》,《顾颉刚民俗学论集》,上海文艺出版社1998年,第349页。顾颉刚认为,"文明宣卷"为"曹少堂始倡"。
[3] 桑毓喜:《苏州宣卷考略》,《艺术百家》1992年第3期。
[4] 殷岩星、莫节根:《史说浒墅关》,现代出版社2009年,第115页。
[5] 虞永良:《河阳宝卷概述》,梁一波:《中国·河阳宝卷集》,上海文化出版社2007年,"概述"第3页。按,苏州民间把儒释道崇拜对象通称为"老爷"。
[6] 梁一波:《中国·河阳宝卷集》,上海文化出版社2007年,第374—375页。

全唱本,498句,河阳山歌体,讲的是淮安府郭三娘割股(实际上割臂)和药救治婆婆的故事。可谓好人有好报:"后来三娘养三子,榜眼探花状元郎;寿高九十另三岁,百日升天到西方。"这些宣卷的用心是明显的,"传与世上男和女,总像贤良郭三娘"[1],传扬的是永恒的孝道主题。

与讲唱弹词不同,艺人在宣讲宝卷前常常要焚香请佛。请佛一般在事主的堂屋进行,届时布置得肃穆庄严。在苏州北桥,堂屋正中壁上(坐北朝南)挂着正堂画,做寿时悬挂寿星轴,两边配挂相应对联。若是婚庆则换成"和合轴",两边同样配挂相应对联。中堂画下纵向摆放2张八仙桌,宣卷行话里叫"星倌台",因在台上靠着中堂画排列星倌马和诸多神像"纸马"。"纸马"前供上8—16个酒盅,还上供三干三湿、三荤三素12个盘子。在星倌台两边还放着两盘糕;若是做寿,还要两盘米粉做的寿桃和两盘长寿面。星倌台前红烛(做寿即用寿烛,婚庆即用喜烛)高燃,清香袅袅。[2]请佛仪式非常庄重。宣卷人双手拿一股或三炷清香,主宣人先说四句对白:"清香炉内焚,香烟九霄云。斋主勤礼拜,请佛下山临",接着唱:"点起清香炉内焚,香烟直透九霄云。……"共80句,每唱两句就要对中堂北面百寿图轴虔诚礼拜,整个过程约20分钟。[3]即使不是堂会式宣唱,而是简单的"念佛偈"(木鱼卷),氛围一样的庄重。吴江盛泽竹枝词云:"俚词入耳便分明,音节中含佛号声。环听豆棚瓜架下,王祥唱罢又方卿。"[4]其中,"王祥卧冰"和"方卿(《珍珠塔卷》主人公)从前身落难,后来到底有收成"[5]都是乡人耳熟能详的故事,"不知有多少妇人女子曾被他们所感动,曾为'卷'中的女主人翁落泪、叹息、着急乃至放怀而祈祷着"[6]。其间所包含的观念不一定是什么意识形态,但它们通过各种民间艺术形式已经为广大民众所接受则是不争的事实。千年的故事在民国苏州依然葆有旺盛的生命力。

第二节 民国文化的苏州性格

民国苏州的文化性格由特定时空的文艺要素交织而成。从空间要素上看,

---

[1] 梁一波:《中国·河阳宝卷集》,上海文化出版社2007年,第1033—1037页。
[2] 府玉良:《撷彩北桥》,百花文艺出版社2012年,第58页。
[3] 史琳:《苏州胜浦宣卷》,古吴轩出版社2010年,第34页。
[4] 沈云:《盛湖竹枝词》(1918),沈莹宝:《沈云〈盛湖竹枝词〉新注》,古吴轩出版社2012年,第131页。
[5] 梁一波:《中国·河阳宝卷集》,上海文化出版社2007年,第476—489页。
[6] 郑振铎:《中国俗文学史》(插图本)(1938),上海文化出版社2006年,第447页。

民国苏州较多地遗存了数千年来累积的地域传统,以鲜明的乡土个性显示出浓郁的农业社会的文化色彩。以时代要素而言,苏州社会的传统元素在逐渐一体化的民国世界里,也悄悄地发生着变异,一方面衍生为闲适的市民文化,另一方面则以革命的文化思潮回应着近代中国的民族关切。所有这些文学和艺术要素与民国苏州人的生活密切相关。

一、闲适的市民文化

近代以来,城市被视为一个地域发展无与伦比的温床,而在近代世界中,城市的个性总是面目模糊的,人们在描述以此为结点的地域社会特质时更是含糊其词。但是,对于以苏州为结点的中观地域区别于其他中观地域的本质属性,即其地域特质,民国时代的人们却有着相对一致的感受:来到苏州,纷纭复杂的人物声色,扑面而来的吴越古风,让人们对她的鲜明个性再不能漠然置之。

1. 闲适文化的基础

直到20世纪20年代,苏州城"竟还是一个浪漫的古都",诗人郁达夫描画道:"街上的石块,和人家的建筑,处处的环桥河水和狭小的街衢,没有一件不在那里夸示过去的中国民族的悠悠的态度。"[1]生活在这里的人们自然神闲气定:

> 苏州是一个静的城市,什么都有一种安闲,从容的气氛,我们是到街坊上就可以感觉得,不像上海那么急急忙忙,好似要抓住一分一秒的时间,不肯放松的。并且苏州的屋舍比较宽舒,所占的空间有回旋余地,所以走到家里,也没有窒息的苦闷,因此苏州的女儿总是静穆而幽娴的。[2]

这样的从容和安闲与周边城市有很明显的不同。比如上海,其"经济制度建立于资本主义的,凡是从工商业得来的金钱,总看得轻易平常一面(些),而多数的苏州人家,经济制度建立于祖产,究竟要重视一点"[3]。具体考察苏州的经济—社会结构,则可以发现:"苏州人的阶级差别,大概和城镇与乡村之别约略相合。地主,资本家以及小资产阶级,大部住在城里及四乡的市镇上,而纯粹的乡村里,大部分是农民,工人,和小贩。常州无锡似乎不如苏州那么分得清。"[4]

---

[1] 郁达夫:《苏州烟雨记》,袁盛勇编注:《郁达夫集·散文卷》,花城出版社2003年,第187页。
[2] 留华:《苏州女儿》,《新女性》1944年创刊号。
[3] 留华:《苏州女儿》,《新女性》1944年创刊号。
[4] 王庸:《苏州闲话》,《时代公论》(南京)1932年第10期。

这样的社会结构存在于特定的自然生态环境之中。苏州的土地最得太湖地利："雨多时靠它涵蓄,雨少时靠它灌溉,不愁水灾不愁旱灾,农业遂有所赖,稻麦蚕桑,即提供了美食锦衣;而水泽宜于养鸭,湖中饶有鱼虾,也正是肴馔的资源所在,再加沿湖河道复杂,舟楫往还无阻,产物的交换自更便利,文化的构成也就更易。"水乡苏州的物质文化景观由此铺开伸展:"周围三四十里的苏州城,四面都有河道环绕,除了流贯城内,更是远通四境。……定时开行的航船,藉以装货载客的,也有百数,城市与乡镇可通。"处于这种生态环境中的近代苏州便以别样的乡土气象区别于长江三角洲的其他城市:上海的繁荣,依仗工商业;杭州的繁荣依仗游客;苏州的繁荣,却是依仗农业。[1]以一般而论,"苏州人都是潇洒闲适的",处在这样的环境里,人们"丝毫不会感觉到紧张"[2]。

这正是苏州的魔力所在:特定的人群吸附于特殊乡土,特殊的乡土滋养了特定人群。这特定的人群主要有两类:一类是地方土著,另外一类是外来寓公。土著们"惟一的收入——收租米……其实收的是钱"。每当朱红漆黑字的收租牌挂起来的时候,"农人开始一串一串的走进这田主的大门,等到减少了他们所怀着的金钱,换到了一张批过'收讫'的'租籤'之后,又一批一批的跑出来"[3]。与此同时,在苏州各市镇的市梢上,"每有黑色墙垣的巨厦门上挂着'周囗囗堂栈'或'王囗囗堂栈'等牌子,……原来就是地主们征收田租地租的场所"[4]。实际上,"苏州城里的土著怕不很多",一些所谓"英雄豪杰"之士干过了一番"为国为民"的"大事业"之后,多跑到苏州来"退隐"和"韬晦"。[5]比如,一般政客武人,名流学士,以至于逊清遗老,等等,都纷纷来做吴门寓公。[6]另外,"一大批的用各种名义,同各种手段致富的资产阶级的一群,均迁移到这天堂城内作寓公了,于是这天堂里逐年的继续的新陈代谢的增加了一些(老爷),(少爷),(太太),(小姐)有闲高贵的角色,度着有闲舒适的岁月,在苏州城里好像寻找不出人生的苦痛,同悲愁的事件的"[7]。

以地主和寓公为中心的苏州便造就了古城邑的闲适生活:"那些以田租为生的人,生活自然颇为闲暇,于是适于消闲的东西,就随着产生。同时又因农业

---

[1] 陈醉云:《姑苏散曲》,《东方杂志》1933年第30卷第8号。
[2] 张思义:《苏州的魔力》,《敬中学生期刊》1933年第2期。
[3] 鹿平:《苏州的收租米》,《农业周刊》1934年第3卷第42期。
[4] 陈醉云:《姑苏散曲》,《东方杂志》1933年第30卷第8号。
[5] 王庸:《苏州闲话》,《时代公论》(南京)1932年第10期。
[6] 郑逸梅:《苏州居住谈》,《味灯漫笔》,古吴轩出版社1999年,第241页。
[7] Q:《苏州的娘儿们》,《沙乐美》1937年第2卷第3期。

都市的收益,还停滞在手工生产的阶段,不像工商业都市用机器生产那样饶有巨大的进益,高度的浪费势有所不能,所以物价也受相当的限制了。"[1]顾颉刚对于"乡土苏州"的文化根底进行过鞭辟入里的剖析:"从前苏州人生活于优厚的文化环境,一家有了二三百亩田地就没有衣食问题,所以集中精神在物质的享受上,在文学艺术的创造上,在科学的研究上。一班少年人呢,就把精力集中到科举上,练小楷,作八股文和试帖诗,父以此教,兄以此勉。"[2]时至近代,基本的文化环境并没有发生根本的改变,无论是外来的寓公还是土著的地主,如果住在苏州城里的,祖传的房子很大,动辄五六进,有轿厅、大厅、女厅、花厅等种种的排场。后面往往还有个园圃,莳蔬种竹,植木养鸡,异常舒展。主人拥有的田地,"多的二三千亩,少的也有几百亩。……每亩除去粮税,可净收八九元。那么有二三千亩的,便有万元以上的进款。就是几百亩的,也有数千元可得",除去日常开销,余款"还可以存到庄上去放拆息"[3]。具有苏州地域特色的休闲生活情调便涵化于这样的经济—社会结构之中。

2. 闲适文化的表征

作为文献之邦,苏州的闲适文化自然地与书籍的收藏和研究相关。吴中文风,素来称盛,鸿儒硕彦,代不乏人,故吴下旧家,每多经、史、子、集四部书之储藏,虽寒俭之家,亦往往有数百册;至于富裕之室,更连椟充栋,琳琅满目。"大江以南,藏书之事,首推吾吴。"[4]

表6-3 民国苏州藏书家

藏 书 家	藏 书 楼	藏 书 特 点
邓邦述	群碧楼	搜集宋元精椠、旧钞、名校,积至数万卷
莫棠	铜井山房	精刊、佳印、旧钞、名校,积聚甚富,大都均经重加装潢,签题整饬,莫不手加以识语,以志原委
胡玉缙	许庼	卜宅苏之光福,俯事著述,拥书万卷
吴梅	奢摩他室	传奇、杂剧、原稿、孤本、明刻、精钞,收藏近600种
江标	灵鹣阁	多宋元旧椠

---

[1] 陈醉云:《姑苏散曲》,《东方杂志》1946年第30卷第8号。
[2] 顾颉刚:《苏州的历史和文化》,苏州市地方志编纂委员会办公室、苏州市档案局:《苏州史志资料选辑》第2辑,1984年9月,第5页。
[3] 郑逸梅:《苏州居住谈》,《味灯漫笔》,古吴轩出版社1999年,第240页。
[4] 潘圣一:《苏州的藏书家》,苏州市政协文史资料研究委员会:《苏州文史资料》(第1—5合辑),1990年,第139—143页。

(续表)

藏书家	藏书楼	藏书特点
叶昌炽	奇觚庼	采购至勤,于乡邦文献,尤多加意搜求
曹元忠	笺经室	收藏书帙,大都皆精善之本,即寻常通行者,亦莫不经其手自批校,详加勘点
王颂蔚	写礼庼	笃好版本目录之学,尤喜购求古椠,昕夕纂校
金天翮	天放楼	藏书数万卷,多有关水利及近人著述

资料来源：潘圣一：《苏州的藏书家》，苏州市政协文史资料研究会：《苏州文史资料》（第1—5合辑），1990年。

旧书业，与其说是古城生活情调的元素，不如说是一种文化符号。民国年间在一向被称作文化古城的苏州，旧书店、古玩碑帖、裱画等店的设立，"除了北平与上海，的确可以说苏州是甲于其他的地方，全城旧书店不下十余家，多数开设于横卧城中最长的护龙街上"，所以护龙街可以称为"文化街"。四面八方的访书客，是"必来拜访这一段文化街的"[1]。抗战之前，苏州书市有三个中心：自察院场至饮马桥一段护龙街，为旧书肆集中地；自察院场至玄妙观，为新书书场；自玄妙观广场折入牛角浜，为小书摊。护龙街东段、东大街、大华路、阊邱坊巷，亦各有一两家。有时，书籍非书肆所有，而出自故家，须经书商往返接洽，所以访书人须极有耐心地等待。[2]苏州沦陷的时候，一些藏书人家出亡，屋子给贫穷的邻舍破门而入。劫掠者注意的是那些金钱首饰、绫罗绸缎以及其他值钱的东西，对于书籍，"还不垂青眼，所以有许多小藏书家，收拾劫余，倒并未散失多少"；所痛惜者，东吴大学图书馆"散失了十之六七"。最难能可贵的是，在苏州沦陷前一个多月，江苏省立苏州图书馆的孤本善本早由馆长蒋吟秋督同馆员运到洞庭西山去，借着一个地方，用砖头砌成了库房，把书籍安放在里面，一直至抗战胜利都未曾遭殃。[3]论者谓："买书藏书是需要在顺平的时代，有着多余的钱，才能享受到这种清雅之福的，旧书业的兴衰正可以象征着国家的升平与乱时。"[4]民国乱时不少，苏州的旧书业却以顽强的生命力始终给世人昭示着承平的光景和希望。

发达的苏州书业潜藏着文化人维系风雅文脉的特别用心。大约在1918年冬，吴江柳亚子与里人薛公侠等发起组织"吴江文献保存会"。沈昌直《吴江文

---

[1] 张益林：《苏州的旧书店》，《新学生月刊》1944年第4卷第2期。
[2] 阿英：《苏州书市》，《文汇报》1938年5月9日。
[3] 含凉：《苏州藏书》，《七日谈》1946年第17期。
[4] 张益林：《苏州的旧书店》，《新学生月刊》1944年第4卷第2期。

献保存会序》有云:"吾吴江地钟具区之秀,大雅之才,前后相望。振藻扬芬,已非一日。……下逮明清,人文尤富,周、袁、沈、叶、朱、徐、吴、潘,风雅相继,著书满家,份份(纷纷)乎盖极一时之盛矣。且也一大家之出,同时必有多数知名之士,追随其间,相与赏奇析疑,更唱迭和。而隔世之后,其流风余韵,又足使后来之彦,闻风兴起,霑其膏馥,而雅道于以弗替。用是词人才子,名溢于缥囊;飞文染翰,卷盈乎缃帙,斯固我乡里之光也。"[1]然观艺文所志,累遭兵燹,"百不存一",即存者亦"零落殆尽"[2]。吴江柳氏自高祖起就致力于地方文献的收藏,颇有声名。受先辈影响,柳亚子"自束发受书"时起,即有志于里中文献。[3]"文献保存会"成立后,他辞去南社主任之职,蛰居黎里家中,集中进行吴江文献的收集、整理和刊印。其原则是:"保持其故有,而更搜求其未有。其在大家名章巨制,炳炳烺烺,固当薰以名香,装之异锦。即以小家一卷一首之丛残,吉光片羽,亦当掇拾收藏,俾无放失。"[4]根据搜集所得,柳、薛合编《吴江文献保存会书目》四卷。此后数年间,柳亚子"狂胪乡邦文献,购书万余卷。资用不足,则举债以继之"[5]。这一豪举影响很大,附近地区的书商纷纷闻风而动,一得吴江人著作,甚或残编断简,便直接走告,或托人送交。苏沪等地的书肆冷摊,一时洛阳纸贵。[6]

20 世纪 20 年代"星社"在苏州的活动,虽说仅涉及部分文人,却充分呈现了苏州闲适的生活方式。1922 年七夕夜,星社第一次集会于留园拥翠山庄,与会者有范君博、范烟桥、范菊高、顾明道、赵眠云、郑逸梅、姚苏凤、屠守拙 8 人。留园宛如一轴工笔山水的长卷,在那里吃茶谈天是很相宜的;深藏在卷心里的拥翠山庄,更是幽静得像深山萧宇。他们的这一次集会,有意无意留下了"文艺交流的种子"[7]。闲谈中,大家觉得这种集会很有趣味,就结成了一个社。范烟桥提议,七夕是双星渡河之辰,社名可以题为"星社",[8]取义是,星星象征着微小而发着灿烂的光芒,正和他们"不贤识小"的襟怀相吻合。后来星社竟然星斗满

---

[1] 柳亚子:《分湖诗钞》,江苏人民出版社 2009 年,"张明观·前言"第 4 页。
[2] 柳亚子:《陈巢南先生五十寿叙》,柳亚子文集编辑委员会:《磨剑室文录》(上),上海人民出版社 1993 年,第 704 页。
[3] 柳亚子:《潘节士力田先生遗诗序》,柳亚子文集编辑委员会:《磨剑室文录》(上),上海人民出版社 1993 年,第 313 页。
[4] 柳亚子:《分湖诗钞》,江苏人民出版社 2009 年,"柳光辽·序"第 4 页。
[5] 柳无忌、柳无非:《柳亚子文集——自传·年谱·日记》,上海人民出版社 1986 年,第 18 页。
[6] 张明观:《柳亚子传》,社会科学文献出版社 1997 年,第 229—230 页。
[7] 天命:《星社溯往》,《万象》1943 年第 3 卷第 2 期。
[8] 范烟桥:《星社感旧录》,《宇宙》1948 年第 3 期。

天,蔚成东南一隅的文艺集团。[1]

苏州人是喜欢吃茶的,其实并非认真吃茶,不过借此作为不期之会,各就其事业性情而合群,散布在城市里几家茶坊里,三三两两围坐着一个桌子,上自国家大事,下至米盐琐屑,远至五洲万邦,近至饮食男女,无所不谈,无所不话,破钞有限,而乐趣无穷。[2]星社常作不定期的茶会,所谈无非文艺而已。同声相应,同气相求,自然陆续有人来参加。他们并无成文的章则,只要大家话得投机,也就认作朋友。[3]一时在苏的同人纷纷加入,隶籍星社。那时苏州"喜欢掉弄文墨的文人",居住条件较好,大都有些斋轩书室,于是就轮值在家作东道主,备着香茗,佐以佳点,且饮且啖,又复随意看看图籍书画,以及家藏的文物,大小的报刊,并在文艺上作交换探讨,觉得很有意味。[4]茶点大都是自制的。苏州人家的主妇大半能够做些点心,盐的甜的,干的湿的,各尽其长,各擅其美,比之茶坊里的点心则有上下床之别了。到了后来,茶话所费超过了一席酒的价值,有人主张索性改为酒集,每月一次,照聚餐办法,奢俭定于公议。苏州有着不少的园林可以假座,凡是有林泉亭榭之胜的星社都到过,次数最多的是鹤园。[5]

苏州星社前后存在了10年。其间有两次船集,一次坐着苏州画舫到天平山去,一次到东郊黄天荡去。探梅邓尉,赏荷莳塘,极诗酒之乐,尽盍簪之欢。[6]上海的文友也来参与,因了这个因缘,星社也渗入了上海分子。战前苏州的物价比上海低得多,尤其是饮食,在这里闹了一整天,有吃有玩,摊到每人身上不超过十几块钱,因此上海的文友最喜欢到苏州来,而星社的社友也乐于尽地主之谊。[7]

10年之间,星社出版了25期的周刊《星》、70期的三日刊《星报》、小说杂文的汇刊《星光》和《小说家言》,"在一向沉静枯燥的苏州文坛,燃起一点星星之火,而使苏州芜杂肤浅的报纸副刊,知所警觉,提高了一些水准"[8]。最具特色的是,"这种萧闲如六朝人的生活,无论那〔哪〕一个文艺团体望尘莫及的"[9]。

类于星社者,还有不少。常熟历来亦喜结诗文社,"原系无聊文人消闲遣兴的一种组织,吟风弄月,陶淑性情,广联翰墨之缘,借结苔岑之谊,以消磨岁月而

---

[1] 天命:《星社溯往》,《万象》1943年第3卷第2期。
[2] 天命:《星社溯往》,《万象》1943年第3卷第2期。
[3] 范烟桥:《星社感旧录》,《宇宙》1948年第3期。
[4] 郑逸梅:《具有悠久历史的星社》,《味灯漫笔》,古吴轩出版社1999年,第165—166页。
[5] 天命:《星社溯往》,《万象》1943年第3卷第2期。
[6] 郑逸梅:《具有悠久历史的星社》,《味灯漫笔》,古吴轩出版社1999年,第167—168页。
[7] 天命:《星社溯往》,《万象》1943年第3卷第2期。
[8] 范烟桥:《星社感旧录》,《宇宙》1948年第3期。
[9] 天命:《星社溯往》,《万象》1943年第3卷第2期。

已"。民国以后,吟事渐不为里人所注重。常熟东张市郑北野纠集海内吟朋,创立"铁花吟社",发行《铁花》期刊;金病鹤、季辛庐等一班耆老组织"梅社",发行《梅社》月刊。其中维持最久、声名最著者,当为1920年春月俞鸥侣、陆醉樵、钱南铁和朱轶尘等人主办的"虞社",迄至1937年11月常熟沦陷,历时17年。虞社诗文无非祝嘏伤逝之章,山川揽胜之词,花月闲吟之句,其中尤多兴怀投赠之作。所以有评论称:虞社"徒然无补于时艰。……但是,在雅道凌夷,旧学日见衰落的时候,能够将不绝如缕的诗文一道保存下来,使后之学者还知道吟咏一事,未始非当时原创办人的一点小小贡献"[1]。

闲适的苏州给了诗文社文人难得的栖息地。德国社会学家马克斯·韦伯(Max Weber)注意到:中国人自秦统一以来,属于相对清醒的民族;这在某种程度上也许与中国的宗教信仰中完全没有"酒神"成分有关,这是官僚制有意识地使祭祀保持清醒的结果。[2]生活于专制主义之下,逸出于官僚体制之外的传统文人,以诗酒沉醉的方式获得了精神的超脱、人性的伸张,尽管它是短暂的。不管人们对此如何评价,文人们从传统思想逻辑中衍生而出的诗酒精神对现实生命的悲剧意识起了极大的消释作用,而文人社团则为他们营造了一个消释空间。这样的社团,文人们对它怀有了强烈的归属感和投入感。星社和虞社也有类似的吸引力:画地为牢,自我认同,自我实现,自我呈现。这是文人世界的生活呈现。在此旨在促进社员自我实现和道德选择的领域,诗酒雅集是他们独具特色的活动方式。在承平岁月里,不仅仅是这些文人,相当多的苏州中产阶级都极力保持这样的雅致。穆藕初在谈及昆曲时即称:"我国自宋词变为元曲,大盛于清初,而中衰于清季。今者社会复知趋重,人不可无娱乐,而昆曲确为高尚之娱乐,其文字之优美,尤为特长。"[3]

时过境迁,当民族灾难降临之时,私密性文人社团就失去了承平时代的氛围。1932年,星社在苏州鹤园举行10周年纪念会,范烟桥感慨万端:"苏州的鹤园,和文起八代之衰的韩昌黎祠、文学家俞曲园先生的故居春在堂,都很近。我们向主人——庞鹤缘借了来作苏州文艺种子的集会,大概也算是人地相宜了吧。"那天恰为"九一八"一周年,所以他又说:"九一八是中华民国受着巨创的纪念,我们努力于文化救国,去雪此奇耻大辱。"[4]继星社而起的是另一种不同

---

[1] 程瘿鹤、陆孟芙:《虞社小史》,常熟政协文史资料研究委员会:《常熟文史资料辑存》,上海社会科学院出版社2009年,第738—739页。按,虞社诗文中偶尔也有愤世嫉俗之士感慨民生的作品,如郑北野的《花欷收歌》,不过"为数也不多"。

[2] [德]马克斯·韦伯:《儒教与道教》,王容芬译,商务印书馆1999年,第284—285页。

[3] 穆藕初:《昆曲谈》,《申报》1922年2月8日。

[4] 范烟桥:《星社感旧录》,《宇宙》1948年第3期。

意味的革命文化思潮。

闲适文化的另一表征是部分市民文学面向普通民众,市民味十足。以报纸为例,民国苏州的报纸数量可谓"发达",但在内容上"很难使人满意",特别是副刊令人失望,"风花雪月的文章,痰迷的诗词,充满着篇幅,谈不到意识"[1]。民初苏州的四开报纸"一般着重于低级趣味":

> 满纸时调歌曲,内容都是黄色的,谈不到通俗教育。而且那时阊门外妓院特多,好几张四开报竟辟了"花界广告"专栏,划分许多狭长小格,刊载所谓"校书"的花名,旁注地点与简短赞语,为妓女作宣传,每格月收刊费二、三元,很象抗战前上海各报盛行的"经济广告",但都是长期刊户。这中间,"吴语"是一张典型的报纸。[2]

时人将此情形称为天堂中的"布尔乔亚的风度",充斥其间的是"麻醉的肉与欲的享受"[3]。常熟的报纸同样"被吟风弄月的像张恨水样的文人,占据着权威,发表些'人约黄昏后,月上柳梢头'样的文章,以适合小姐少爷的心理"[4]。至民国末年,报业的颓落更明显了。消息操纵在"官方"那里,"新闻要顾到地方恶势力的不可侵犯性,副刊文章,就只能畅谈风月,甚至还公开刊登描写性欲的小说,黄色文化的嚣张,完全反映了当时社会的肮脏堕落"[5]。

不仅是报纸,其他适应市民口味的文艺形式也相继出现。比如滩簧,约从民初开始成为卖艺生涯。滩簧有"前滩"和"后滩"的分别,"前滩"叙正经事,说正经话,好像生旦戏,"后滩"是调笑的,好像丑角戏;市民们觉得听滩簧是寻快乐的事,谁也不愿意正襟危坐,所以前滩的演唱愈来愈少。[6]对于戏剧和电影,20世纪30年代常熟有人批评道:

> 中国底戏剧的领域,差不多还被奸臣当道忠臣被害的脸谱主义的旧剧与公子落难小姐偷情的公式化了的文明剧所占有,普遍的欣赏程度还在水平线下,还倾向于低级趣味的变态心理的满足,自从电影剧流

---

[1] 兰:《杂记苏州》,《评论与通讯》1934年第1卷第1期。
[2] 胡觉民:《苏州报刊六十年简史》,苏州市政协文史资料研究委员会:《苏州文史资料》(第1—5合辑),1990年,第36页。
[3] 里尼:《苏州的剧运》,《文化列车》1933年第4期。
[4] 《写在前面》,《勇进》1935年第1卷第1期。
[5] 胡觉民:《苏州报刊六十年简史》,苏州市政协文史资料研究委员会:《苏州文史资料》(第1—5合辑),1990年,第46页。
[6] 顾颉刚:《苏州近代乐歌》,《顾颉刚民俗学论集》,上海文艺出版社1998年,第347—348页。

到中国来以后,一方面霍莱坞的色情文化变成了二十世纪中国都市的才子佳人,于是恋爱的罗曼史在银幕上活跃起来了;一方面火烧红莲寺一类的神怪加果报的小说迎合了小市民恐惧黑暗逃避现实所构成的传奇式的幻想,于是武侠的英雄故事在银幕上活跃起来了。但是,不管它是旧剧,是文明戏,是电影,都逃不出英雄与美人的狭隘的范围。[1]

批评者称,这样的作品是在给青年男女打着"性的堕落的吗啡针"。民国末年,黄色刊物风行一时,苏州电影院门前的大广告更不惜以巨资绘制大腿女郎为号召,观众便像潮水一般涌进影院。[2]

这同样是闲适文化,一种与雅趣的苏州文人不同的闲适文化。

3. "礼拜六派"的苏州气息

"礼拜六派"也称为"鸳鸯蝴蝶派"[3],这是在清末民初上海洋场出现的一个新的通俗文学流派,与民国相始终。在创作上,他们宣称为趣味而趣味、为娱乐而娱乐,惯用的题材也十足地市民:言情、黑幕、宫闱、武侠、侦探、滑稽之类。"礼拜六派"及其作品从一个独特的侧面映现了苏州闲适文化。

"礼拜六派"与苏州的关系主要表现为,作者大都为苏州人,此其一;这并非偶然的巧合。范伯群详论渊源:

> 一、写鸳鸯蝴蝶派的作品,大抵要一点旧学根基,这在苏州那个所谓"人文荟萃"之地,出身于书香门第的才子是不乏其人的;二、苏州……原是个地主官僚纸醉金迷的安乐享用之乡,这些才子从小耳濡目染,对鸳鸯蝴蝶派所要求的题材,有相当的了解;三、苏州在地域上与上海为邻,这些才子跑到洋场上去的机会,比其他地域的人来说算是得天独厚;四、上海洋场上的名妓,苏州人很多,一口吴侬软语,简直是爬上名妓宝座的必备条件之一,这样,苏州才子们又以同乡之谊,更容易对沦落风尘的女子滥用自己的感情,俨然以才子佳人自居,这是言情、哀情之类的绝好素材;五、……苏州才子中产生的鸳鸯蝴蝶派作者多,除了其

---

[1] 金易:《从戏剧说到社会教育》,《常熟教育》1933年刊。
[2] 灼灼:《苏州杂写》1947年第10卷第2期。
[3] 茅盾在《复杂而紧张的生活、学习和斗争》(见《新文学史料》1979年第4辑)中认为,因为他们创办的最有影响的刊物是《礼拜六》,故人们又称其为"礼拜六"派。五四运动之后,该派中有不少人也来"赶潮流"了,他们不再老是某生某女,而居然写家庭冲突,甚至写劳动人民的悲惨生活了,因此,如果用他们那一派最老的刊物《礼拜六》来称呼他们,较为"合式"。

它各种原因之外,同乡亲友的相互影响大概也是一个原因。[1]

但是,"礼拜六派"作家毕竟不是真正由近代上海都市文明培养起来的都市儿女。他们多数来自苏州或来自一个类似于苏州的江南古城,他们不可能在短期内改变由那个"苏州"式的江南古城所塑造成的气质、情趣、爱好以及思维习惯和价值观念。因此,他们虽然在上海的文学市场中谋生存,并且在上海的市民社会中获得了名与利,但他们并没有在精神上真正认同上海。[2]

其二,苏州的生活和文化给"礼拜六派"以创作的灵感。徐枕亚,1889年出生在常熟的虞山脚下,历来被目为"礼拜六派"的鼻祖。常熟是孔门弟子言子的故乡。徐枕亚的祖父鸿基,为邑中鸿儒;父亲懋生,劬学励行,治举业有声。枕亚幼承家学,5岁入馆,8岁填词,少年时大量阅读古典名著,承继了诗礼之家的遗绪。1912年,徐枕亚来到上海,经其兄天啸介绍,出任《民权报》新闻编辑。编辑之余,徐枕亚开始编写言情小说《玉梨魂》,在《民权报》的副刊上连载。《玉梨魂》的故事非常简单:年轻才子何梦霞在无锡富绅崔家做家庭教师,与崔家守寡媳妇白梨影互相倾慕,但为避瓜李之嫌,他们发乎情,却止乎礼,不肯越礼犯分。为了医治梦霞的"情病",梨娘僵桃代李,将小姑筠倩许配与梦霞,自己以身殉情。思想新派、向往自由的筠倩却因不满包办婚姻,郁闷而逝。历经爱情磨难的何梦霞东渡日本求学,辛亥革命时回国参加武昌起义,以身殉国。临死前,还念念不忘为情而殇的梨影。

读到这样的故事,有的读者感到很遗憾:为什么一个绝妙的具有反传统礼教意义的题材,却被处理成一部卫道说教的作品呢?然而,这哪里是背负感情重债的徐枕亚所能写得出来的呢?《玉梨魂》其实是一部纪实性文学,是作者在叙述自己的一段悲情。徐枕亚情感自诉固然是软弱的,但在五四新文化运动之前,这样的自诉与其说是软弱,不如说是有力的声讨,一种对禁锢人性的吴地传统文化的声讨,当然也是对中国传统文化的反抗。对此,范烟桥先生说得很清楚:

> 辛亥革命以后,"父母之命、媒妁之言"的传统婚姻制度,渐起动摇,"门当户对"又有了新的概念,新的才子佳人,就有新的要求,有的已有了争取婚姻自主的勇气,但是"形隔势禁",还不能如愿以偿,两性的恋爱问题,没有解决,青年男女,为此苦闷异常。从这些社会现实和思想

---

[1] 范伯群:《试论鸳鸯蝴蝶派》,《礼拜六的蝴蝶梦》,人民文学出版社1989年,第10—11页。
[2] 刘铁群:《现代都市未成型时期的市民文学——〈礼拜六〉杂志研究》,中国社会科学出版社2008年,第188页。

要求出发,小说作者就侧重描写哀情,引起共鸣……徐枕亚的《玉梨魂》,就是当时的代表作。[1]

苏州给予"礼拜六派"作家以创作资源的,更多的是其闲适生活。在他们眼里,苏州的居民"似乎多半是小布尔乔亚,他们生活得那么宁谧、闲散、整日价孵在茶馆里或是浴堂中,他们无所事事,聊聊天,打打牌,一种优然自得,与世无争的样子,享受着人间的清福。"[2]郑逸梅称,"苏州是我的故乡。我虽旅居上海数十年,每逢岁时令节,兀是怀系着邓尉梅花、灵岩塔影,以及天平的钵泉、枫桥的古寺,几乎无时或释"。郑逸梅童年时卜居宫巷,与玄妙观近在咫尺,课余,经常到那儿瞻偶像、观杂耍、逛旧书摊、听盲人弹唱,种种印象,盘旋脑际。后来迁居胥门外谱弟赵眠云宅,赵家有怡寿堂、心汉阁,壁间书画琳琅满目,加以商彝周鼎、拳石盆花,都足耐人玩赏。在郑逸梅看来,"明踪之乐,盍簪之欢,真是个良好的环境"。可是为了生活,他抛弃了清嘉的故乡,"投向尘嚣的沪市"[3]。那里与苏州的生活存在很大的差异,在心理上郑逸梅依然系念着苏州。对此,刘铁群分析道,《礼拜六》作家对苏州的怀念并不是一种简单的游子思乡的感情,它实际上体现了这批文人在一个繁华、喧嚣的近代都市和一个恬静、安逸的江南古城之间的情感倾向和价值选择。为了生存,他们不得不留在上海,但在审美情趣和价值观念上,他们认可的还是古风沁人的苏州。[4]

其三,闲适的苏州传统文化给"礼拜六派"作家提供了与营扰的上海近代文化进行对比的样本。与上海的"洋气"不同,苏州多了一些"土气"。这么一个"一向被称为天堂,而静的古城,更可以使紧张匆忙的上海人,得到一点安慰与调节",于是在民国末年,苏州平门内有好几幢新型的房屋被叫做"周末新村"的,都是在"上海生活的,有钱的人"租赁的,他们"到了周末趁(乘)火车来盘桓一天两夜,星期一早车再到上海,和到吴淞真茹(如)浦东差不多,而物质的享受,或许更可以满足些"[5]。苏州以此与上海区别开来:

> 从洋楼大厦高耸入云的帝国主义者的东方商场——上海,骤然地

---

[1] 范烟桥:《民国旧派小说史略》,魏绍昌、吴承惠:《鸳鸯蝴蝶派研究资料》(上),上海文艺出版社1984年,第272页。
[2] 越风:《胜利前后的形形色色》,《礼拜六》1945年第2期。
[3] 郑逸梅:《我在故乡的居址》,《味灯漫笔》,古吴轩出版社1999年,第245页。
[4] 刘铁群:《现代都市未成型时期的市民文学——〈礼拜六〉杂志研究》,中国社会科学出版社2008年,第191—192页。
[5] 范烟桥:《周末新村》,《礼拜六》1946年第15期。

走入了这依然笼罩着封建遗传的苏州来,一种病态美的爱好余味,就一古脑儿的涌现在面前。不过,一些达官贵人们的别墅,专等游客光临的饭店和为时代所洗礼过的商店,却零星地散布了些新的模型。[1]

于是苏州成了一部分上海人的心灵栖居地。喧腾的上海让默默无闻的程小青成了侦探小说作家,成了名的程小青却有些消受不了上海的喧闹。1915年,当苏州东吴大学聘请程小青担任附属中学教员时,他便欣然应聘,举家迁苏,投入了一个梦想的天地。附中为西人所设,附吴语科,程小青与美籍教师许安之相约:互教互学中(吴语)英文。上海的程小青把奶声奶气的苏州话,连同山温水软的苏州城,传达给了一对年轻的域外夫妇;从许安之夫妇那里,程小青也学到了道地的英文,大大提高了阅读英语文学作品和翻译侦探小说的能力。外国作品原汁原味的吮吸,把程小青对西方侦探小说的理解带入了一个新境界。1923年,程小青在葑门望星桥北堍筑新居,自题"茧庐"。茧庐完全是苏州庭院风格,雅致小巧。临窗墙外,一片沃野,风送土香,炊烟袅袅,农夫耕耘,妻女馌饷。人们无法想象,惊险恐怖的《霍桑探案》就流淌在这小桥之间。程小青办了一份《太湖》杂志,文友见面,常常问:"近来强盗捉得怎么样?"其实太湖还真有强盗的:

> 他们没有壁垒,没有山寨,甚至没有固定的帮伙。住在太湖山上、湾上的许多客民,平时藉耕种打渔艰苦过活的,都有加入的可能。只须有大头目发起,再由小头目分头活动,在村间的小茶馆里接洽一下,就可由小股结成中股,由中股合成大帮,把预先埋藏着的枪械分配使用,其势不难攻掠大镇,岂仅拦袭轮船。等到劫罢,把赃物一分,除开大头目,仍留都市作"阔人"外,其余均各散归原地做"良民",又好像其他安分的人一样了。[2]

原来,错落在太湖洞庭七十二峰之间的渔村水乡并不只是菱塘、菰田、桑堤连成的"世外桃源",作为侦探小说家的程小青也想揭开葭苻太湖的罪恶谜底,但更多地,这是市民们热衷的话题;包括程小青在内,苏州人只是将太湖强盗当作闲适生活的点缀品。

叶圣陶曾经在《礼拜六》上发表过文言小说,虽不是"礼拜六派",但他同样

---

[1] 黑人:《苏州的印象》,《礼拜六》1936年第637期。
[2] 《太湖强盗》,《申报》1933年3月12日。

浸润于苏州水乡文化之中,文章也充满了苏州味道,而这样的味道在异乡变得特别浓烈。1923年新秋在上海,叶圣陶与朋友喝着酒,嚼着薄片的雪藕,眼前便浮现出一幅浑凝的画境:或许那是在产藕的池塘里,或许那是在城外弯曲的小河边,乡民们把涂满污泥的藕一再洗濯,洗得如雪洁白。那正是故乡苏州。比雪藕更让人系念的是莼菜。晋时吴人张翰的"莼鲈之思",成为后世恋乡的代名词。在故乡的春天,叶圣陶几乎天天吃莼菜。嫩绿的颜色与丰富的诗意,无味之味真足令人心醉。在每条街旁的小河里,石埠头总歇着一两条没篷的船,满舱盛着莼菜。叶圣陶说,"所恋在哪里,哪里就是我们的故乡了"〔1〕。

另一位"礼拜六派"作家周瘦鹃1943年5月曾回苏州小住9日,期间,他目不睹报章,耳不闻时事,足不涉名利之场,似与尘世相隔绝。所居在万绿中,看花笑,听鸟歌,日夕与自然界接;所过从者多雅人墨客,或园丁花奴;所语均关花木事,不及其他。于是作《紫兰小筑九日记》,表达了对闲适苏城的无限留恋:"此九日为时虽暂,固宛然一无怀氏葛天氏之民也。嗟夫!吾安得抽身人海,物化逍遥,长为无怀氏葛天氏之民耶?"〔2〕民国苏州与传说中的无怀氏、葛天氏时代相距不啻霄壤,但与尘嚣的十里洋场形成了鲜明的对比。"礼拜六派"作家对故乡苏州的依恋实际上是对传统文化的部分肯定。

二、革命的文化思潮

如果说闲适文化更多地体现了苏州地域文化特色,那么民主革命文化思潮则反映了苏州社会的时代气息,这种思潮基本上与近代民族民主革命的节奏桴鼓相应。

清末,南社的骨干陈去病便在上海《二十世纪大舞台》力陈改良戏剧的社会影响:"其奏效之捷,必有过于劳心焦思,孜孜矻矻以作《革命军》、《驳康书》、《黄帝魂》、《落花梦》、《自由血》者殆千万倍。"〔3〕1913年,陈去病在"二次革命"失败后回乡小住,适遇日本留学返乡的任连城。任是我国最早的新剧组织"春柳社"的成员,正在同里组织新剧社,名"桐花社"。陈去病为桐花社撰写征求社员小启,以示赞同与号召。任连城后人任传济勾勒过这一段轶闻:1916年以后,桐花社渐有起色,用方言演出《一缕麻》《空谷兰》等社会家庭剧,通俗易

---

〔1〕 叶圣陶:《藕与莼菜》,叶至善、叶至美、叶至诚:《叶圣陶集》第五卷,江苏教育出版社1988年,第89页。
〔2〕 周瘦鹃:《紫兰小筑九日记》,《紫罗兰》1943年第4期。
〔3〕 杨天石、王学庄:《南社史长编》,中国人民大学出版社1995年,第33页。

懂,乡人颇感兴趣。在松陵、黎里和盛泽等地有识之士赞助下,桐花社得以在这些镇巡回公演,轰动一时。1932年同里小学30周年校庆,范菊高、叶得露把甲午战争左宝贵血战平壤玄武门的故事编成剧本《左宝贵平壤喋血记》,这已经是当时所谓的"文明戏"了。已经辞职里居的陈去病对此表示赞赏。[1]

1917年春,叶圣陶来到甪直第五高等小学任教。他深知,"五四"新文化的传播自非一日之功。在乡村小学的几年里,叶圣陶踏踏实实地进行着传统教育的改革。他把自己购买的中外名著、南社诗人的诗集以及《新青年》《新潮》等刊物陈列在百览室,以期学生"博学多闻"。在那里,他指导学生皇甫墫将都德的《最后一课》和莫泊桑的《两渔夫》等小说改编成话剧排演,又指导钱乎恒将《荆轲刺秦》等历史故事改编成戏剧演出。每逢学校里演戏,镇上男男女女都赶来看,"那情景,比到乡下看草台戏还热闹"[2]。在1923年春天迁居上海之前,叶圣陶虽然没有久离过苏州,却常常出入于苏州。1921年暑假后,叶圣陶离开甪直"五高",先后到上海中国公学、杭州第一师范和北大预科短期任教,期间接触了许多当时或后来成为名流的文化人,其中包括周建人、蔡元培、郑振铎、郭绍虞、杨贤江、朱自清、柔石、冯雪峰等。即使在苏州,他也时刻与外部世界保持紧密的联系。1918年前后,北京新文化运动兴起,叶圣陶与在北大读书的顾颉刚、俞平伯书信往来频繁,深受其影响。1919年3月,由顾颉刚介绍,叶圣陶加入以北大学生为主体的文学团体"新潮社"。"新潮"的英文Renaissance,意为"文艺复兴"。叶圣陶是新潮社中唯一的非北大师生。1920年,美国实验主义哲学家杜威来苏州演讲,叶圣陶欣然往听。1921年年初,叶圣陶与沈雁冰、郑振铎等10多人一起发起成立文学研究会,这是中国第一个现代新文化社团。作为小学教师的叶圣陶是在甪直小镇通过郑振铎的函约,成为文学研究会12名发起人之一。直到1921年暑假离开甪直之前,作为小学教师的叶圣陶,虽远离新文化运动中心阵营,但时刻保持着与新文化中坚人物的声气相应,进而把新的文化思潮传达给苏州社会。

在甪直的5年,叶圣陶以许多文学体裁表现了乡镇社会的美丑哀乐;小说是最重要的方式,而小说所关注的是作为乡村主体的农民。20世纪30年代中期,中国农民陷入了"丰收成灾"的怪圈。在风调雨顺的年头,一亩田多收了三五

---

[1] 任传济:《陈去病与家乡戏剧活动》,吴江县政协文史资料研究委员会:《吴江文史资料》第4辑,1985年,第95—97页。

[2] 商金林:《访叶圣老的第二个故乡——甪直》,吴县政协文史资料委员会:《纪念叶圣陶文集》,1988年,第41页。

斗,却因为米行商人的操纵、洋米洋面的涌入,农民们受到了极大的伤害。不朽名篇《多收了三五斗》在这个特定的背景下诞生了:自然经济瓦解之后,被抛进了市场的农民本能地感到恐慌,于是,离村的问题产生了,抢米风潮出现了。

不难看出,经过"五四"新文化洗礼的叶圣陶所扮演的已经不是地方文化传统传输者的角色,其作品不但没有迎合市民口味,反而以引领和改造的姿态,反映底层人民的生活,表达他的理想和追求,而与"礼拜六派"明显区别开来。叶圣陶的作品及其活动体现了民国时期发生在苏州文艺领域的另一种变迁:新的民族民主革命文化思潮的涌现。

"五四"新文化运动期间,富有革命文化气息的地方报纸在吴江、常熟等地大量涌现。作为乡土精英的柳亚子会同黎里区教育会等9个团体,于1923年年初成立《新黎里》报社,在此之后,吴江报纸如过江之鲫,"若《新黎里》,若《新盛泽》,若《新吴江》,若《新震泽》,若《新同里》,若《新莘塔》之流,纷纭并起,霞焕云蒸,读者至目不暇给(接),盖蔚然一时风气矣!"[1]外部世界愈掀愈猛的新文化风潮以强劲的势头吹向苏州乡村社会。从《新黎里》发刊词中可见文化精英对各种革命思潮正在进行选择:"今者旧礼教已破产,而新文化犹在萌芽。青黄不接,堕落实多。旧染污俗,孰为当铲除者?思潮学理,孰为当提倡者?"[2]在这种情况下,致力于创造新文化的常熟报纸自承双重使命:一方面揭露社会黑幕,以"表现现在";另一方面倾听多方声音,以"创造未来"。前者如创刊于1922年3月10日的《爱克司光》,其在《发刊词》中直陈办报宗旨:

> 今日之世界,非黑暗之世界乎?上自政府,下及社会,罔不仁义其面,狡猾其心。上焉者,将国利民福,号召于众,以济其争权夺利之私。下焉者,将热心公益,纠合党徒,以成其创业发财之计。于是而皂白不分,是非颠倒……惟临之以照妖镜,则魑魅魍魉,无所遁其形。亦惟威之以闪电光,则鬼蜮人情,悉将暴于外。而本报记载,尤甚于照妖之镜,闪电之光。无以名之,名之曰爱克司光。[3]

后者如创刊于1921年6月20日的《虞阳晚报》宣言道:

> 《申报》的总理史量才说:他的志愿,要想把《申报》做成一面大镜

---

[1] 柳亚子:《〈学习词典〉叙》,柳亚子文集编辑委员会:《磨剑室文录》(下),上海人民出版社1993年,第1623页。
[2] 《新黎里》1923年4月1日。
[3] 爱神:《发刊词》,《爱克司光》1922年3月10日。

子,把社会上形形色色的真相,完完全全照出来……照史君的说法,我们还总觉得不大满意……因为他只能"表现现在",不能"创造将来"……美国某新闻家有句名言:"新闻记者不应单单张开眼睛向社会上看,并且应该侧着耳朵向社会里听。"要使各方面的舆论,在我的报纸上充分发表,非静着心、侧着耳,去把潜伏的舆论完全听他出来,是做不到的。这种潜伏的舆论,往往比显著的舆论力量大得真多。要想"创造将来",必须把他完全发表出来。[1]

五卅运动期间,东吴大学学生徐雉(1899—1947)经常在民众集会上高声朗读他的战斗诗篇。这是一位热情的革命诗人,在东吴大学一份名为《醒》的传单上,我们可以读到他这样的诗作:

> 列强张牙舞爪欺压我们/我们不能再忍受了,不能/沉睡的东方雄狮觉醒了/我们不能当奴隶,不能/朝着光明的中国行进/谁也不能阻挡我们/打倒列强,还我主权/我们忍无可忍/同胞们,大家团结起来/团结的中国一片光明![2]

20世纪20年代后期,激进文艺团体的活动是新的民族民主革命文化思潮的另一突出表现。五四运动之后,在科学与民主思想的冲击下,各种各样的文艺社团如雨后春笋般地出现。较有影响的如"莳菲"文学社、"霞光"艺术(美术)社、"丙寅"国乐社、"今琴"琴社和"吴平"乐团等。其中,成立于1926年元旦的"丙寅"国乐社吸收西洋音乐的营养,致力于民族音乐的创新,是"苏州先进之音乐团体……颇受各地人士热烈之欢迎"。1927年年底该社公演时,《苏州明报》报道:"沉闷的苏州艺术界,这几天忽然虎虎生气,居然把苏州人的眼光,引到了艺术途上。"[3]

20世纪30年代,在与国民党右派斗争中诞生的左翼文艺深深影响了苏州现代文化的发展方向。《吴县日报》副刊《吴语》是"近代苏州报刊在读者中影响最大的一种副刊",来稿十分踊跃,作品充满朝气,上海左翼文学作品在苏州广大青年读者中的影响颇为深刻。[4]1931年夏,苏州成立"阿波罗艺术社",该社声称

---

[1] 镜我:《宣言》,《虞阳晚报》1921年6月20日。
[2] 李纪福:《古城火种——文化沧浪的红色记忆》,上海文艺出版社2011年,第38—39页。
[3] 晓柯:《清音长存——丙寅国乐社记略》,《苏州杂志》1989年4月。
[4] 诸家瑜:《胡觉民先生传略》,苏州市地方志编纂委员会办公室、苏州市政协文史委员会:《苏州史志资料选辑》2006年刊,第214页。

"负有改造社会和启迪民众之使命",提倡无产阶级文学和左翼戏剧。九一八事变爆发后,"阿波罗"投身抗日救亡运动,假座北局东方大戏院,公演抗日话剧《活路》《不抵抗》《马占山》等。1932年12月,以"阿波罗艺术社"为主体的"苏州戏剧联合社"成立,并与上海的"中国左翼戏剧家联盟"建立了组织联系,且促成"三三社"和"光光剧社"等中国共产党领导的文艺团体来苏演出。此时"可算是苏州戏剧运动的极盛期……苏州的剧运空气真是十二分的紧张,人才也非常的多,戏剧运动有史以来的第一页"。苏州戏剧联合社曾做过"农村戏运"和"学校戏运",又在"工人区域"和"小市民区域"各公演3天,剧本有《活路》《工场夜景》《放下你的鞭子》《战友》《太阳》和《到明天》等。参加苏州戏剧联合社的剧团可以记下来的有"阿普罗""银河""晏成""一致""卒(平)安"等7个。[1]

1934年年初,受到上海左翼思想影响的戏剧活动家郑山尊回到苏州组织了"艺社"。在文学方面,艺社由姜逸萍负责主编《文艺旬刊》,与当时所谓的"为文艺而文艺"的文学主张相对峙,编辑反"鸳鸯蝴蝶派"专号;借助《早报》副刊《平旦》撰写进步作品和抗日救亡文章,推动了"苏州的文运从此普遍和深入"。1936年冬创办的地下刊物《铁轮》,勇敢地提出了"不抗战的是卖国政府"的口号。艺术方面,1934年4月,艺社在左翼剧联的领导和支持下,在观东大戏院公演话剧3天,"给这死水般的古城投下了一块石子,引起了应有的波圈"。1936年秋天,艺社辗转于城区和乡间的光福等地,演出《铁蹄下的歌女》等抗日话剧。[2]

20世纪30年代中期,"每一个不愿做亡国奴的中国青年,几乎毫无例外地选择了一条抗日救亡的道路;这时……每一支进步的歌曲,都获得青年们的好感"[3]。九一八事变后,苏州学生到南京向蒋介石政府请愿,蒋介石在接见学生时仍在空谈"读书救国论"。当时的苏州中学学生吴大琨认为死读书救不了民族,便与同学公开出版《文学旬刊》,发表抗日的小说和诗歌。他与同学项志逖(胡绳)、振华女中的彭雪珍(彭子冈)等一批倾向于"文学救国"的青年被称为"中学生作家"。1932年下半年,国民党政府为了防止学生闹事,在学校里发起"复古运动",唱起"读经救国"的论调,吴大琨带头在学校的壁报上贴出反对"读

---

[1] 里尼:《苏州的剧运》,《文化列车》1933年第4期。
[2] 程宗骏:《左翼剧运与苏州》,苏州市政协文史资料研究委员会:《苏州文史资料选辑》第13辑,1984年,第17页;陶萱忆:《抗战前后苏州青年抗日救亡活动一瞥》,苏州市地方志编纂委员会办公室、苏州市政协学习和文史委员会:《苏州史志资料选辑》2007年刊,第49—50页。
[3] 冯英子:《吴门忆旧》,《吴宫花草》,古吴轩出版社1999年,第15页。

经救国"的文章,得到师范科同学的响应,反对复古的舆论在校园内占了上风。1933年,学生们还利用壁报纪念马克思逝世50周年。当时苏州的"世界语学会"是一个党的外围组织,该组织除讲授世界语外,常利用课余时间进行党的宣传活动。在世界语学会里,学生们经常可以看到一些党的宣传品,因而深受影响。[1]1935年5月常熟报纸《勇进》创刊,撰稿者多为当时的革命进步青年。在发刊词中,编者按语:"常熟是个黑暗的古城,封建色彩之弥漫,民族意识的消沉,在这大动摇的时代里,社会不仅停止进展而日趋于没落之途,少爷小姐们依旧酣睡在被骚人墨客称谓温柔的乐园——虞山福地里,他们不知道温柔的乐园,世外的桃源,会被历史的车轮辗碎时代的高潮淹没",而"我们看到了常熟的危机",出版这份刊物,是希望"以我们的批评我们的创作来扫除一切阻止常熟社会进展的恶势力,把走向墓门的常熟的人们拖回来,使他们知道自己已在刺刀上了,使他们知道除个人外还有社会国家与民族,引导他们在黑暗中前进以达光明之途,这是我们负着的使命,也是我们办刊的目的"[2]。苏州著名报人仇昆厂思想激进,富有强烈的民族正义感,1934年9月他自筹资金创办《大华报》,立志"站在光明一面向黑暗的恶势力作殊死搏斗"。在1935年元旦增刊上,一篇《国难》的言论直指国民党政府的卖国行为:"仿佛那四省地方,已经到了人家手,成为过去的一页,喊亦无益,索性来他一个不闻不问。"[3]1935年,在苏州的著名报人冯英子与音乐家杨天锡、"戏迷"曹孟浪组成"苏州民众歌咏团",北局救火会门前的空地成了他们教歌的场地,《大路歌》《毕业歌》《渔光曲》和《热血歌》一直到后来的《义勇军进行曲》飘荡在苏州的上空。[4]

1936年西安事变发生后,为适应新的形势,以"苏州戏剧联合社"和"艺社"为基础,组成了"苏州戏剧联谊社";1937年6月,"苏州实验剧团"成立,在玄妙观中山堂演出《放下你的鞭子》《扬子江暴风雨》等剧,剧团的"流动演剧队"还分赴许多乡镇演出,进行抗日宣传,直到淞沪战场失败,才随西撤的部队向后方流亡。[5]

抗战文学饱蘸民族的情怀,有如掷向侵略者的匕首,显示了坚定的革命性。

---

[1] 吴大琨:《回忆三十年代初期苏州的革命斗争》,苏州市地方志编纂委员会办公室、苏州市政协文史委员会:《苏州史志资料选辑》2002年刊,第86—88页。
[2] 《写在前面》,《勇进》1935年第1卷第1期。
[3] 诸家瑜、章立聿、仇正:《"苏民铎音"〈大华报〉》,苏州市地方志编纂委员会办公室、苏州市政协文史委员会:《苏州史志资料选辑》2007年刊,第93页。
[4] 冯英子:《吴门忆旧》,《吴宫花草》,古吴轩出版社1999年,第15页。
[5] 冯英子:《回忆苏州实验剧团》,吴县政协文史资料委员会:《吴县文史资料》第3辑,1986年,第35—37页。

在抗击日寇最激烈的常熟,沦陷时期产生了一大批抗战文学作品,集中体现了苏州抗战文化的革命性。1939年,中共东路特委成立苏锡各界抗日联合会出版社,出版《江南》半月刊。次年,谭震林奉命来常熟全面领导东路工作,成立了作为党的喉舌的江南社,编辑出版《大众报》和《江南》期刊。《大众报》专辟"江南文艺"和"大众园地"两个专版,发表抗战文学作品;《江南》"所载文章大多是对抗战理论的研究和各项抗日工作的交流和研讨,也发表文学作品"。据沈秋农考察,在江南社文学园地上发表的文学作品有这样几类:烈士的纪念;对新四军官兵的歌颂;抗日战斗实录;革命斗争记述;民众生活素描。以文体而言,以散文为主,涵盖报告文学、特写、速写、通讯、书信、日记、回忆录、随笔、小品等;从作者看,虽说其中也有白丁、曹白、蒋锡金等一些文坛知名人物,但大多数是新四军中一些"粗通文墨、喜爱文学"的青年,他们或许"缺少文学创作的专门知识",但有抗战的经历,有创作的激情,有深切的感受,因此,他们的作品深受读者欢迎:"它们的内容充满了革命的战斗性,它们会像火一样的使读者的内心燃烧起来"[1]。

常熟是抗日的敌后战场,产生在这里的抗战文学也是战地文化。与来自抗日前线的作品一样,常熟的抗战文学将"江抗"儿女的战斗场面忠实地加以记录,成为民族革命的永久记忆。这是农民队长在发布战斗宣言:

> 各位热心格同志,今朝格事体,大家才晓得哉,就是要去破坏公路!我俚老百姓吃仔东洋人交关苦头,才是为仔格条公路!房子末烧脱,人末杀脱,今朝是我俚报仇格机会,我俚要让赤佬勿能够利用格条公路运兵来骚扰我俚……赤佬好像一只横行不法的蟹,我俚要吃大石蟹,先要凹(折)脱蟹脚,勿让他行动,今朝我俚就是要凹脱赤佬格蟹脚,慢慢我俚再要吃赤佬格蟹黄……[2]

这里是1940年5月30日晚,一万多抗日军民破坏锡沪公路的场景。在整个抗日战争史上,这样的战斗很难说有多高的地位,以至于一般历史教科书都不会提及它,而这正是地方抗日文艺所重视的题材。作品不加修饰,其间夹杂着方言俚语,让吴语区以外的读者几乎难以卒读,然而在《大众报》流行的范围内,民众从中发现了自身的伟大力量,正所谓"战争的伟力之最深厚的根源,存在于民众之中",这是1938年5月毛泽东在《论持久战》中的预言。毛泽东曾分析:"日本敢于欺侮我们,主要的原因在于中国民众的无组织状态。克服了这一缺点,就

---

[1] 沈秋农:《常熟抗战文学作品选》,广陵书社2013年,第4—6页。
[2] 洪钟:《农村的红光》,沈秋农:《常熟抗战文学作品选》,广陵书社2013年,第143页。

把日本侵略者置于我们数万万站起来了的人民之前,使它象一匹野牛冲入火阵,我们一声唤也要把它吓一大跳,这匹野牛就非烧死不可。"[1]中共领导的敌后战场,根据怎样的具体情况和现实条件,依靠什么样的力量,采取什么的战术打击日寇,所有这些,既需要抗日的革命理论进行阐发,也需要来自战地的革命文化进行演绎和印证。

敌后战场的战地文化又是别样的。这里生活着和平百姓,千百年来他们一直生活在这里。日本强盗打破了他们生活的宁静,却不能扼杀他们对于生活的希望。洛明记下了1941年的一日清晨:

> 一月二十日的清早,太阳刚在东方吐出媚人的红光,照例,一群二群的乡下佬,拖着沉重的辛苦的脚步到镇上去吃早茶,三个二个头上披着雪白毛巾的小细娘到镇上去拿"花边"做活的当儿。[2]

农夫上茶馆,村妇"做生活",再通常不过的日子延续着,就像什么也没有发生,什么也不会发生。"即便在抗日战争这样战火纷飞的艰难岁月,我们的人民依然创造和享受着生活的乐趣。有滋有味的生活是自尊,是自信,是对邪恶的蔑视。这样的人民怎么能被征服呢!"[3]

抗战胜利后的苏州文化界有感于亡国奴的耻辱,极力张扬民族精神。诞生于抗战胜利前夕的"艺声"歌咏团,是学校师生组织的音乐团体。艺声成员们对曾经弥漫于沦陷区的《满洲姑娘》《何日君再来》等靡靡之音强烈不满,大力提倡健康的高格调的音乐。1946年春节期间,他们假座青年会剧场演唱,曲目包括"五四"以来的优秀学校歌曲,以及黄自的《山在虚无缥缈间》《旗正飘飘》《抗敌歌》,赵元任的《海韵》,李叔同的《夜思》《渔翁曲》《西湖》等。7月之后,艺声歌咏团改变原先讲究高格调的艺术倾向,致力推进"新音乐"。所谓新音乐,一方面是激昂的抗日歌曲,如《保卫黄河》《太行山上》和《游击队之歌》等,另一方面则是揭露社会黑暗的歌曲,如《垦春泥》《插秧谣》《你这个坏东西》和《茶馆小调》以及一些苏联歌曲等。[4]总之,艺声发出了革命之声。

---

[1] 毛泽东:《论持久战》,《毛泽东选集》(一卷本),人民出版社1964年,第478—479页。
[2] 洛明:《三八枪与机关枪的哭泣》,沈秋农:《常熟抗战文学作品选》,广陵书社2013年,第154页。
[3] 金曾豪:《悲壮与崇高》,沈秋农:《常熟抗战文学作品选》,广陵书社2013年,"序"第5页。
[4] 汪毓莘:《我与苏州艺声歌咏团》,苏州市地方志编纂委员会办公室、苏州市政协文史委员会:《苏州史志资料选辑》2006年刊,第281—283页。按,"艺声歌咏团"的组建者为苏州教育学院附属师范的音乐教师范艺。

国共内战时期,面对国民党的独裁统治,一部分青年学生们颇为苦恼。1948年冬,苏州出现了以青年学生为主体的进步团体"青年笔谈会",并创办了会刊《青年灯塔》。刊名来源于之前曾在国统区流行的歌曲《你是灯塔》:"你是灯塔,年青的中国学生们!"由此刊名,可以看出笔谈会追求真理和向往光明的宗旨和愿望。在《青年灯塔》上,宋林章、朱墨、刘吴仁等人纷纷撰文揭露资本主义制度的本质,指出资本主义向帝国主义发展的必然趋势,他们相信,只有通过无产阶级革命,打倒帝国主义,才能从刽子手手中夺取政权,使广大百姓获得经济上的平等和政治上的民主。徐伯良的《知识青年到农村里去》极力主张知识青年到农村去,与农民打成一片。每期《青年灯塔》还根据当时青年学生中存在的热点问题,如考试制度、社会制度、读书方法和时事政治等论题,开展讨论。第5期上刊载的《知识份子怎样应付现实》是青年笔谈会的开会发言,内容涉及认清时局、提高觉悟、迎接解放等。[1]

抗日战争胜利后,苏州地下党致力于"以图书为媒介,传播革命文化和进步思想",于是苏州民间涌现出了一批读书会和图书馆。其中最有影响的是文心图书馆和大地图书馆。1949年3月,原野图书馆还创办了《原野》文学月刊。在《原野》发表作品的大多是中学生。刘旗明在新诗《别以为你是个少爷》中写道:"你,生长在臭钱眼里的少爷,难怪你把金钱当作万能,你对国家有什么贡献?你对人民有什么福利?"这是对少数纨绔子弟畸形人生观的批评。张松林在《猛将会》中为贫穷的农民抱不平:"他们一年到头象牛马一样工作着,就不应当有心情快乐的一天?"《原野》也转载其他报刊的一些作品,如方成的漫画《如此军人》《如此人生》,马凡陀(袁水拍)的山歌等。这些作品在思想艺术上虽说比较稚嫩,但其蕴涵的"拓荒垦植原野"的刊物旨趣,充分体现了新民主主义文化的革命生机。[2]

第三节 教育事业的更新

进入民国,南京临时政府规定,学堂一律改称学校,初等小学可以男女同校,小学废止读经。事实上,自清季兴学以来,苏州各类学校已有170余所。整个民

---

[1] 施用:《解放前创办笔谈会与〈青年灯塔〉始末》,苏州市地方志编纂委员会办公室、苏州市政协文史委员会:《苏州史资料选辑》2009年刊,第178页。按,在成立之初,青年笔谈会的成员以苏州工专机械科二年级和东吴附中高二年级的学生为主,后来发展到社会青年,成为沟通学校与社会的进步青年团体。

[2] 潘传春、郁乃尧、顾建国:《回忆原野图书馆》,苏州市地方志编纂委员会办公室、苏州市政协学习和文史委员会:《苏州史志资料选辑》2003年刊,第183—185页。

国时期,尽管私塾教育一直存在,但学校教育已经成为教育事业的主体,完整的体系基本形成,并已进入了近代发展的轨道,呈现出新的气象。

一、近代苏州教育体系

经过民初10多年的发展,1927年苏州教育进入稳定发展时期。据统计,至1937年,吴县有县立小学210所,私立小学37所;普通中学有省中、县中各1所,私立中学12所;大专院校7所。随着近代工商业的发展,中等职业学校也迅速增加。[1]具体地说,整个苏州地区,大学有东吴大学、中山体育专科学校和苏州美术专科学校,各种类型和性质的中等教育在全国可称"发达"[2],其基本情况如下:

表6-4　1937年苏州中等学校概况

类 型	性 质	名 称	备 注
普通中学	省 立	苏州中学	
	县 立	（吴县等县立）中学	每县各1所
	私 立	吴县初中	7所（含女校2所）
		吴县高中	5所（含女校1所）
		常熟初中	2所（含女校1所）
师范学校	省 立	太仓师范学校	
		苏州女子师范学校	
		吴江乡村师范学校	
		石湖简易乡村师范学校	人数少,经费少
	县 立	吴县师范学校	
		常熟师范学校	
	私 立	吴县成烈体育师范	
		景海女子师范学校	
职业学校	省 立	苏州工业学校	
		苏州农业学校	
		苏州女子蚕业学校	

---

[1] 徐世仁:《苏州教育志》,生活·读书·新知三联书店上海分店1991年,第6页。
[2] 兰:《杂记苏州》,《评论与通讯》1934年第1卷第1期。

(续表)

类　型	性　质	名　称	备　注
职业学校	县　立	昆山女子刺绣科职业学校	
	私　立	苏州艺术科职业学校	
		苏州商科职业学校	
		苏州女子职业学校	

资料来源：王绍棠编著：《江苏乡土志》，(出版者不详)1937年，第203-204页。

小学设立非常普遍。以吴江小学教育为例，宣统二年(1910)，全县高小毕业生总计只有12名；民国之后，学校发展速度之快非常明显：

表6-5　民国吴江小学教育概况

年份	学校数	在校学生数
1912	64	2 180
1916	120	7 241
1926	150	19 781

资料来源：王秩泉：《吴江县近代小学教育纪略》，苏州市地方志编纂委员会办公室、苏州市档案局：《苏州史志资料选辑》1988年第1期。

但民国时期苏州私塾教育始终存在。抗战之前江苏省教育厅便将改良私塾视为"整顿初等教育亟要之图"，但"恐骤加取缔，顿失儿童读书之所"，故对于私塾，"特注重改良一途"[1]。据1947年第一学期的统计，吴县有私塾89所，私塾儿童1 213人，塾师89人；昆山有私塾135所，私塾儿童1 890人，塾师135人。[2]

苏州基础教育人数的迅速增加，说明苏州学校教育的覆盖面不断扩大，特别是普通民众受教育的机会增多，教育对象日趋广泛。依据学校类型而论，教育对象的广泛性更为明显。从办学主体上看，除政府、团体举办的学校外，苏州私立学校的发展状态一直不错，尤其是教会学校蔚为大观。苏州教会学校的创办早于官立学校，民国时期苏州中等以上学校中，教会学校数和学生数都占大多数。据相关资料，至1921年，苏州教会学校各层次齐备，大学、中学、小学以及职业学校，达28所之多。这些学校全是美国教会所办，其中属监理公会办的有东吴大学及附中、景海女子师范及附小、振声中学及小学、乐群中学及小学、英华女中、

---

[1] 王绍棠：《江苏乡土志》，出版者不详，1937年，第206页。
[2] 唐秀平：《论民国时期江苏私塾教育》，《南京社会科学》2000年第10期。

博习护士学校、尚德小学等;属中华基督教会办的有崇道女中及小学、萃英中学及小学、妇孺医院附属护士学校、思杜小学、普益小学、益民小学、启明女子小学等;属浸礼会办的有晏成中学、慧灵女中及附小、新民小学、苹花小学等;属圣公会办的有桃坞中学及小学、显道女子小学等。至1949年国民党政权终结之时,苏州仍有23所教会学校。[1]总体说来,教会学校的办学条件相对较好。如萃英中学的内部经费,半取于学费,半由美国教会津贴,所以很为充足。[2]

这里可以特别提到的是富有地方特色的吴语学校。该校为西人学习吴语和中文而设,隶属于东吴大学,故称"东吴大学吴语科"。最初在东吴大学对面的原妇孺医院旧址办学,后来曾迁至宫巷乐群社内。开办的时间是在1921年间,到1937年抗战开始时告终,前后持续了约十六七年。吴语科负责人最初是上海传教士潘慎文,后由东吴大学校长文乃史兼任。学生是美、英等国基督教会派来中国的传教士、教会所办医院和学校里的医师、教师、护士、行政领导、秘书、职员等。除了苏州的各教会(如天赐庄的卫理公会、谢衙前的浸礼会、桃花坞的圣公会、上津桥的长老会)送学生来学习以外,上海方面英国的伦敦会,浙江方面嘉兴、湖州等地的教会,也经常把新来中国的人员送到这里来学习。经过两年的课程学习,学生一般能识1 000多个汉字,能作简单的中文(吴语)会话,能写简短的中文书信字条,也能阅读白话书报和圣经。[3]

二、教育对象的平民性

近代教育家黄炎培指出,平民教育的关键地位是时代所造就的:"自工业革命,而劳资阶级分明,社会不公平的现象显著,自然而然的发生尊重劳工观念。因劳工占社会大多数,一切问题,皆以大多数的平民为总目标。"如此情形之下,"其在教育,安得不重平民教育?"[4]

在民国苏州,不同的办学主体利用自身资源积极兴学,有利于教育规模的迅速扩大,从而增加平民受教育的机会。民初规定,官办、公办中等以上学校教育经费由政府和团体出资,城区初等小学则以紫阳、正谊、平江等书院田亩房屋租息拨充,乡区以田赋、附加税和教育捐拨充,由区公所自县具领。县立高等小学

---

[1] 徐世仁:《苏州教育志》,生活·读书·新知三联书店上海分店1991年,第29页。
[2] 王传本:《苏州萃英中学参观记》,《学校生活》1934年第82期。
[3] 程小青:《苏州吴语学校概况》,苏州市政协文史资料研究委员会:《苏州文史资料》(第1—5合辑),1990年,第336—337页。
[4] 黄炎培:《我来整理整理职业教育的理论和方法》,《教育与职业》1930年第100期。

经费亦动用附加税和教育捐,由县公署二科直接拨给。1927年,教育经费的稳定来源为,六成田赋附税、亩捐、契约属屠宰附税、房捐、筵席捐、特捐、杂捐、学宿费等,年收入52.985万元。[1]据地方人士称,民初吴江学校发展较快的重要原因是"教育经费有较大幅度增加":民国开始划五成至七成县附税(又称"忙漕附税")以充县教育经费,年10万元以上。当时,实行乡、市自治,乡、市教育费超过县费。以1913年为例,县费为16 268元,乡、市费67 028元,另有私费25 008元,合计在10万元以上。[2]地方贤达在筹措教育经费的过程中常常发挥着独特的作用。著名的黄埭乡师(吴县县立乡村师范学校)最初设于苏州城南沧浪亭,由于黄埭乡钱介一与横泾乡俞梦如两先生力争,1929年迁至黄埭,由钱介一、李根源、张一麐、丁南洲等热心教育事业的人士组成校董会,负责筹措建校经费总额的三分之一,除由黄埭几家殷实米行借垫外,还用茶捐等收入集资,总计15 000元。[3]振华女校第二任校长王季玉曾在美国蒙特豪里尤克学院(Mount Holyoke College)学习四年(1912—1916),与母校结下深厚情谊;母校也一直关注着振华的发展。1927年,在振华女校中学部校舍改建过程中,蒙特豪里尤克学院捐款3 521.48美元,占全部捐款数的76%。1927—1933年,该校学生自治会慈善委员会先后捐助3笔款项,合计250美金。[4]应该说,在苏州,这样的经济和社会资源相对丰富,通过有识之士的积极努力,更多地惠及广大的受教育者。

以教育之专门目的而论,包括师范教育在内的中等职业技术教育对于扩大教育对象厥功甚大。职业教育家陶行知先生说,教育应以"生利"为主义;生利有两种:"一曰生有利之物,如农产谷,工制器是;二曰生有利之事,如商通有无,医生治病是。"[5]近代苏州工商经济的发展,对于"生利"人才的需求大大增加,职业技术教育应运而生。创办于清末的苏州府官立农业学堂,1912年改名为江苏省立第二农业学校,1919年设立园艺科,成为近代中国最早培养园艺人才的摇篮。在"农工相辅"的农家经济结构中,蚕丝业非常重要,而蚕丝业向以乡村妇女为主力,她们世代相传的生产经验在近代历史条件下已经无法适应市

---

[1] 徐世仁:《苏州教育志》,生活·读书·新知三联书店上海分店1991年,第5—6页。
[2] 王秩泉:《吴江县近代小学教育纪略》,苏州市地方志编纂委员会办公室、苏州市档案局:《苏州史志资料选辑》1988年第1期,第55—56页。
[3] 朱恶紫:《回忆黄埭乡师的有关史料》,吴县政协文史资料委员会:《吴县文史资料》第6辑,1989年,第27页。
[4] 柳袁照主编:《振华之路·苏州十中百年纪程》,古吴轩出版社2006年,第24—25页。
[5] 陶行知:《生利主义之职业教育》,《中国教育改造》,安徽教育出版社1990年,第7页。

场竞争的需要,蚕业科技人才的培养迫在眉睫。1903年史量才先生在上海创立的女子蚕业学堂于1913年迁至苏州浒墅关,定名为"江苏省立女子蚕业学校"。据费达生回忆,当年史量才邀请郑辟疆担任女蚕校长时曾寄语:"希望女蚕毕业生为蚕丝界服务";郑辟疆明确提出:"女蚕的宗旨是培养蚕丝界之技术人才,以改进我国之蚕丝业。"[1]当时的师范教育更直接地以培养近代师资、扩大教育对象为目的。

苏州中等职业和师范学校在20世纪20年代后期至30年代前期得到较快发展。据统计,1936年苏州共有中等师范学校和中等职业学校15所,学生2 318名。这类学校的发展,究其原因,除社会经济发展需要之外,还有两个重要的方面,一是女子就业理念的推动:1936年苏州全部招收女生的师范和职业学校就有7所,约占此类学校总数的50%;二是生活实践教育专家的促进:中华职业教育社社长黄炎培于1920年7月曾在江苏女子职业学校举办的成绩展览会上发表演说,听讲者六七百人,影响颇大。从20世纪20年代初至30年代,该社多次在苏州开办农村改进区,召开专家会议,并举办职业教育展览会等。1929年,教育家陶行知曾亲自带领晓庄师范剧团来苏演出,宣传乡村教育;1933年,又到苏州女子师范学校等校演讲。[2]

如果直接考察受教育者,民国时期对于社会弱势群体的重视,更明显地体现了苏州教育的平民性。这些社会弱势群体主要是两类,一是女性,二是平民。

辛亥革命推翻了君主专制,倡行男女平等;基督教会亦致力于将西方民主思想和近代生活方式引入中国,女子教育因之受到特别关注。据统计,1913年,苏州城区公立小学学生2 966人,其中女生277人,占7.7%;私立小学28所,学生1 497人,其中女生744人,占50%。城区公立女子小学学生291人,私立女子小学学生727人。五四运动后,各级公立小学普遍扩招女童,苏州女子小学教育逐渐推广。[3]以女学比较发达的吴江县为例,早在清末吴江就出现了一批女子小学堂,民初经过整合和扩大,县立女子小学校相继成立了3所。吴江县内最早的教会学校便是女学,即1923年由美国娄丽兰女士开办的盛泽华美女校。[4] 1915年,同里丽则女学拟改办女子中学,由于生源不足作罢。[5]但在苏州城区,

---

[1] 沈伟东:《苏州近现代人物》,古吴轩出版社2002年,第183页。
[2] 徐世仁:《苏州教育志》,生活·读书·新知三联书店上海分店1991年,第139页。
[3] 徐世仁:《苏州教育志》,生活·新知·读书三联书店上海分店1991年,第60页。
[4] 吴江县地方志编纂委员会:《吴江县志》,江苏科学技术出版社1994年,第646页。
[5] 王秩泉:《吴江县近代小学教育纪略》,苏州市地方编纂委员会办公室、苏州市档案局:《苏州史志资料选辑》1988年第1期,第55页。

女子中学艰难地出现了。1917年开始介入振华校务的王季玉认为,先前创办的振华女子学校仅有小学和简易师范科,这样的规模在当时已经不能满足社会发展的需要。女子不能只受初等教育,女子要独立,要有一技之长,就应该进中学,进大学。当时小学毕业生虽然多了,然而苏州还没有一所中国人自己创办的女子中学,许多女生小学毕业以后只能辍学在家,准备嫁人,重复着千百年来妇女们普遍的命运。振华应该及早建立中学部。[1]但这并非易事。当时"女子无才便是德"的旧思想还很有市场,因此,招生以后,应者寥寥。王季玉只好亲自到一些人家去劝说动员,最后总算来了3名学生。[2]但就是从这3名学生开始,振华女中很快发展起来。除了专门的女学外,男女同学的风气也在一些学校兴起。1922年成立的苏州美术专科学校在第二次招生时,新生中来了自愿学画的女生。这在苏州是一件新鲜事,它打破了古老苏州的保守风气。[3]

民初从合肥迁居苏州的张冀牖之所以很快成为姑苏名人,主要在于其对女子教育的重视。张冀牖女儿张寰和回忆,父亲一生专事教育,有两个原因:"一是在辛亥革命以前,看到在家乡我们住的圩子里(清末淮军将领建造的庄园称'圩子'),人们基本上都是吃喝嫖赌娶姨太太,一事无成。他逐步接受了'五四'新思想,感觉不对。所以他后来创办乐益就觉得要在外面比较好,在家乡那种环境下不行。第二,他认为中国妇女受压迫,没有办法翻身,他要提倡女权,所以要办女学。"乐益女学的学费收入微薄,为此,张家每年要贴5 000元以上。另外,乐益女校每年有10%的学额用于招收家境贫困的学生;对交不起学费的学生,除减免学费外,还补贴生活费,毕业后资助其入高等学府深造。从创办到抗战爆发的16年中,乐益前后投入25万元以上,没有一丝一毫是受惠于第三方捐赠。可以毫不夸张地说,张冀牖是倾其所有家产致力于教育,所以有人在《申报》上称他为"忏悔型的最后一代贵族"。[4]

总体说来,苏州女性受教育的机会在不断增加,尤以乡村明显。以下是1925

---

[1] 柳袁照:《振华之路·苏州十中百年纪程》,古吴轩出版社2006年,第26页。

[2] 袁敏事:《母女双杰——王谢长达先生和王季玉先生》,柳袁照:《百年流响》,古吴轩出版社2006年。

[3] 尤玉淇:《爱国人士的美术教育家、画家颜文樑先生》,苏州市政协文史资料研究委员会:《苏州文史资料选辑》第10辑,1983年,第81页。按,实际上,苏州男女同学这不是首例。据新编《苏州教育志》第61页,1913年苏州大同女子小学校166人中就有10位男生,而该校分校35人中男生亦达10位,其他女子小学亦有数量极少的男生。

[4] 李纪福:《古城火种——文化沧浪的红色记忆》,上海文艺出版社2011年,第21—24页;郭静洲:《张冀牖的传奇人生》,苏州市地方志编纂委员会办公室、苏州市政协文史委员会:《苏州史志资料选辑》2009年刊,第104—105页。

年所调查的 10 岁以上受教育女子的教育程度比例情况:

表 6-6　1925 年苏沪乡镇女子教育程度

教育层次	人数	比例(百分比)
初级小学	517	70.1
高级小学	104	14.1
中学校	32	4.3
师范学校	8	1.1
简易师范	46	6.2
职业学校	8	1.1
高等师范	1	0.1
大学及专门	5	0.7
其他	17	2.3
人数总计	738	100

资料来源:钱咸:《苏沪间乡镇社会妇女的生活》,《妇女生活》1929 年第 15 卷第 4 期。

从上表可见,苏州乡镇女子受教育的机会仍然很少,特别是经过中等以上学校之教育者更属无几,但与之前相比,则识字女子"已算是大见增加了"。

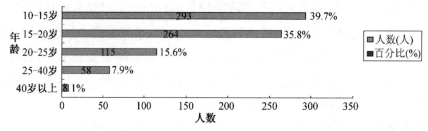

图 6-1　1925 年苏沪乡镇识字女子年龄分配示意图

资料来源:钱咸:《苏沪间乡镇社会妇女的生活》,《妇女生活》1929 年第 15 卷第 4 期。

据上示,22 岁以下的识字女子几占全数的四分之三。可见 20 世纪 20 年代末乡镇的小学教育已较之前发达,女小孩入校的机会也增多了。

平民教育,特别是乡村民众教育,是社会教育的一部分,它极大地得益于包括黄炎培、晏阳初、陶行知、俞庆棠在内的许多乡村改造思想家的努力。最初的民众教育采取民众学校形式。民初开办的通俗夜校大多由小学或师范兼办,平民入学以识字为主。1923 年秋天,平民教育家晏阳初来到苏州,发起平民教育运动。1924 年,吴县成立平民教育促进会,附属于全国平民教育促进会。促进会开办第一届平民夜校13处,学生1 545人。苏州全城共分13区,每区设立一个平民学校,经费由促进会供给,教学大都由大中学校的学生和少数学校教员担任,教材用《平民教育千字课》。教授法分两类:一类是影灯教授,即把字和图画制成玻璃片子映在布上,一位正式先生再有几位助教负责教学,一个教室可容纳一两百个学生;另一类是分级教授,即把全校学生分成几个班级进行教学,每班可容纳二三十个学生。教授法的不同,多根据情况而定。13校的基本情形如下:

表6-7　1924年春季苏州平民学校一览表

校名	校址	教员数	学生数	班级数	上课时间
第一平民学校	小日晖桥弄胥二校	1	69	1	5:00—6:00
第二平民学校	盘门新桥巷二女师	27	136	3	5:00—6:00
第三平民学校	宫巷乐群社	15	140	6	7:00—8:00 男 5:30—6:30 女
第四平民学校	东中市新民社	3	79	2	7:30—9:10
第五平民学校	平江路浸会堂	1	34	1	7:00—8:00
第六平民学校	天赐庄迪新女校	42	90	2	5:00—6:00
第七平民学校	谢衙前晏成中学	31	415	10	5:00—6:00 儿童 7:00—8:00 成人
第八平民学校	阊门外马路普益社	1	99	1	7:30—8:30
第九平民学校	红板桥南区六校		60	2	7:30—9:00
第十平民学校	齐门路尚智学校	1	69	1	7:30—8:30
第十一平民学校	剪金桥巷女子高小	2	173	2	4:00—5:00
第十二平民学校	齐门外福音堂	2	88	2	5:00—6:00 女 7:00—8:00 男
第十三平民学校	混堂巷桃坞中学	2	93	2	7:30—8:30

资料来源:张涵初:《苏州平民教育运似》,《景海星》1924年第5期。

平民学校的开办颇得力于地方士绅的操持。苏州平民教育运动领袖姚铁心

"是有精神的干事,其余各界代表,也是极热心的为着这事奔跑"[1]。在地方士绅的支持下,据统计,1925年苏州城区共有平民夜校29处,就学者达2 000人以上。[2]在吴江盛泽,绅商丁赳祥在《盛泾》上呼吁:"注重平民教育,使得教育渐渐普及,以增进社会一份幸福。"他先后赞助平民识字运动的开展,资助创办丝织职业学校和私立盛湖初级中学。[3]

从事革命活动的领袖也都重视平民教育。有着孤儿院成长经历的汪伯乐是早期中共党员,深知平民缺少教育的痛苦,他在反抗军阀统治的过程中,有意识地将革命道理的传播与文化知识的传授结合起来,与刘铭九等人于1925年前后在旧学前文山小学和菉葭小学等地点创办平民夜校,而以宫巷基督教堂乐群社的"大苏平民学校"规模较大。当时,为生计而奔波的底层民众认为,夜校未必能改善自己的生活困境,因而对上夜校很不热情。为此,汪伯乐起草了《大苏平民学校招生启事》:

> 列位最不便益的是什么?就是讲了写不得,写了认不得,有数算不得,给列位生活带来诸多不便。所以,大家要求点知识,写得几个字,认得几个字,算得几笔数,方才是便益的。列位是做工的人、做生意的人,又要劳动,又无人教授,怎么办呀?不要着急,现今有个最好的法子,就是我们在宫巷里办了一个平民夜校。这个夜校是专为列位开办的,从礼拜一起至礼拜五止,每夜上课两点钟。教的是识字、写信、算账,都是列位每天都用得上的。讲义归我们发给,并不要钱。夜间上课又于列位工作并无妨碍。[4]

1928年之后,平民教育被纳入了社会教育的轨道,由民众教育馆具体管理。1928年,苏州城内旧学前开办第一所民众教育馆。民众教育馆深入到苏州较大乡镇,具有普遍性。常熟县自1930—1934年推进分区办理民教中心区制,全县先后成立海虞、沙洲、练塘、梅李、支塘、河阳6个区,后逐渐扩展到塘市、老吴市、福山、大河等10个区。[5]民众教育馆因地制宜,以各种形式开展针对性的社会

---

[1] 张涵初:《苏州平民教育运动》,《景海星》1924年第5期。
[2] 徐世仁:《苏州教育志》,生活·读书·新知三联书店上海分店1991年,第192—193页。
[3] 丁紫冠:《丁赳祥与盛泽丝绸业》,吴江市政协文史委员会:《吴江文史资料》第25辑,2010年,第108—109页。
[4] 李纪福:《古城火种——文化沧浪的红色记忆》,上海文艺出版社2011年,第45—46页。
[5] 陈君谋:《常熟民众教育史略(1927—1949)》,常熟政协文史资料委员会:《常熟文史资料》第19辑,1991年,第147页。

教育。如1929年开办的木渎民教馆,内辟阅报室、图书室、展览室等;在下沙塘创设的演讲厅,专供演戏及每星期日一次的定期演讲之用;在山塘街底方家村创建农事试验场;在光福、香山两处增设实验区(小型的民教分馆),设有流动宣传队,利用自备民船,自制图画、标本,在木渎、光福、香山附近各乡村巡回宣传,并备有巡回书库,专供各乡村农民及小学生阅读。在灵岩山麓仇家木桥开办民众夜校,刻制千字木刻章1 000枚,招收不识字的农民读书识字。[1]这些活动有效地满足了广大乡村民众的求知欲,一定程度上提高了他们的劳动技能和基本素质。

对苏州民众教育具有很大示范作用的昆山"徐公桥乡村改进试验区"。试验区成立于1928年4月,这是民国时期著名的"中华职业教育社"最早举办的乡村改进事业机构。试验区以教育为中心,推进乡村改革。除全日制学校教育外,试验区通过讲习所、公共阅报处、民众演讲厅、民众体育场、民众改良茶园、通俗演讲、壁报、悬挂通俗格言、常识展览会等各种切合乡村实际的教育形式,培养服务人才、提高农民素质。以全区成人识字人数为例:

表6-8　1928—1934年昆山徐公桥成人识字人数

年份	男性	女性	合　计
1928—1931年			"成人识字的还不多"
1931年	836人	76人	912人
1932年	946人	95人	1 041人
1934年			1 524人

资料来源:阮南田:《徐公桥乡村改进区追求》,《昆山文史》第6辑,1987年。

当时,试验区总人口3 595人,扣除在校儿童,成人识字率几近半数。这在当时是一个不小的成就,为乡村改进区其他事业的开展奠定了基础。在后来的民族民主革命斗争中,改进区民众有着特别出色的表现,"这就是平常加强社会教育的作用"。[2]

苏州有些学校也担负着社会教育的责任。20世纪30年代中期苏州振华学校为了提倡社会教育,曾有调查苏州乡民生活之举。当来到南园的学生问

---

[1] 黄裳吉:《木渎民教事业的始末》,吴县政协文史资料委员会:《吴县文史资料》第10辑,1993年,第83—84页。
[2] 阮南田:《徐公桥乡村改进区追述——黄炎培手创的第一块实验园地》,昆山政协文史征集委员会:《昆山文史》第6辑,1987年,第74页。参见本书第3章第2节。

及乡民的读书意愿时,乡民们的回答是:经济条件不够;没有时间;读了书似乎"没有好处"。调查的学生告诉他们:"在城里织造府里或者在南园的近处的庙里,我们的校长先生预备开设一只平民学堂,凡是来读书的人,都不要钱,你们来好么?"乡民们觉得"不要钱而可以得到知识的便宜是不可以不享了",就非常惊奇地答应了,并且问:"年长一些的人是否也可以来念书?"调查者告诉他们,当然可以的,并且读书的时间在每天下午四时到六时,与他们的工作时间是不冲突的。[1]从乡民们的态度可见,从事社会教育首先得改变平民的思想观念。

特别值得一提的是,民国苏州出现了最早的专门以社会教育为职志的教育机构。1927年,时任第四中山大学(后改为中央大学)扩充教育处处长、江苏省教育厅社会教育科科长的俞庆棠建议,筹办劳工学院、劳农学院、民众学校等,训练师资,培养人才,开展工农教育。1928年夏,由江苏各县保送高中或师范毕业生数名,经考试,择优录取100多人,在苏州留园成立第四中山大学民众教育学校,俞庆棠兼任校长。开学两个多月,学校就开始成人教育实验,发起成人识字运动,在阊门外四个地方开办了识字班。后该校迁至无锡,改名为"江苏省立教育学院"。[2]

经济条件常常是影响平民进行教育消费的关键因素。在苏州,教会学校的学费比较昂贵,大概一个初中学生每学期须缴费80元左右,高中学生90元左右,加上每人的零用等,几与国立大学的费用相等。所以不是资产阶级和"党国"要人的子女,休想踏进教会学校的大门。[3]另外还有其他费用,如1920年代中期,桃坞中学每学期膳宿生缴55元,供午膳的学生缴39元。这样的费用当然不是月薪仅数元的一般职工所能承担得了的,更不要说农民了。一方面是教会学校收费高,另一方面公立学校又无法接纳平民子弟。当时苏州的公立中学只有3所:江苏省立苏州中学(原一师)、苏州女子中学和吴县县立初级中学。这三所学校师资过硬,设备完善,学费也低,可是政府所投入的经费有限,学额不多。这样平民子弟既读不起教会学校,也挤不进公立学校。1927年春创立的伯乐中学以英烈(汪伯乐)命名,致力于发展平民教育。该学校名曰私立,实际上

---

[1] 曼明:《调查南园住民生活报告》,《振华季刊》1935年第1卷第4期。
[2] 甘豫源:《忆俞庆棠老师》,太仓县文史资料委员会:《太仓文史资料辑存》第3辑,1985年,第21—22页;甘兰经:《江苏省立教育学院创办琐闻》,苏州市政协文史资料委员会:《苏州文史资料选辑》第11辑,1983年,第138—141页。
[3] 虹霓:《苏州的教会学校(下)》,《社会周报》1934年第1卷第24期。

得到当局和社会名流的大力支持。抗战前,负笈入伯乐者除苏州城乡外,"遍及邻县乡镇"。抗战胜利后,伯乐中学扩为完全中学。1948年学校有6级12班,走读的学生分布于整个苏城乃至城郊农村,住宿生约占全校学生的1/4,分别来自吴县、吴江、昆山、太仓、常熟、江阴、无锡、常州、宜兴等。学生家庭属劳动者的占3/4强,其中有城内外的农民、小手工业者、店员和比重较大的产业工人。当时仅有的几家大厂,如苏纶纺织厂、苏经丝厂、鸿生火柴厂等职工的子弟,都整批报考伯乐中学。[1]

不过类似于伯乐中学这样的平民学校还是太少了。这主要是因为政府教育经费的投入不足。时人有评论称,苏州学校办得都很好,在管理方面、在学生课业方面都有很好的成绩,但是"感觉困难的,教育经费太缺乏,公立学校教职员的薪金常拖欠,拖欠有三四个月的"[2]。在偏僻的农村地区,经费的缺乏严重制约了教育的发展。1947年在苏州西乡横泾,"校舍十九借用人家的祠堂或庙宇……教室光线太暗,有损学生目力,台凳缺损,学生挤轧,运动器具没有,图书设备没有,都影响了学生的身心",但"在在都要钱"[3]。其实问题不仅仅在钱,而是教育的公平性问题。

三、教育理念的近代性

逐渐融入外部世界的苏州教育,民国时期更快地从传统迈向近代。"五四"新文化运动是苏州教育走向近代的一个转折点。在此前后,美国哲学教育家杜威对苏州教育思想的近代性方向影响较大。这位风靡一时的实用主义哲学大师,通过胡适、陶行知等时代健将的绍荐,在中国各地宣传其思想。1921年6月21日,杜威在苏州演讲时,叶圣陶亦欣然前往。从叶圣陶的小说《欢迎》中,我们还能听到杜威演讲的大意:我知道你们这里是历史上文化先进的地方,所以很愿意到这里来。你们能根据这一点,使文化永远持续、进步,才是你们的光荣,也是我的私愿。这时的叶圣陶正在用直乡下"实验"着杜威式的"学校即社会"的教育思想。校长吴宾若在制定学校工作计划时确定了"教学与生产劳动相结合"的方针,根据甪直镇学生就业的具体情况,在学校里开办了"利群商店",由孙鉴屏先生教学生学珠算、记账册、经营计算;在农业教育方面,决定在学校西郊龙

---

[1] 蔡贵三:《伯乐中学追记》,苏州市地方志编纂委员会办公室、苏州市政协文史委员会:《苏州史志资料选辑》2007年刊,第19页。
[2] 兰:《杂记苏州》,《评论与通讯》1934年第1卷第1期。
[3] 金监:《乡村教育》,《莫厘风》1947年第2卷第2期。

坟一带的荒地上开辟"先生、学生劳动基地",简称"生生农场"。[1]"他们学校里,立农场,开商店,造戏台,设博览馆,有几课不用书本,用语体文教授……几年内一步步的做法,到如今都告成功了。这固是圣陶的一堂同事都有革新的倾向,所以进步如此其快,但圣陶是想象最敏锐的,他常常拿新的意见来提倡讨论,使全校感受到他的影响,这是无可疑的。"[2]1919年夏,叶圣陶聚集了六七位同道,"暇时共同研究,更想编一种周刊……更想买一架印字机,将这周刊自排自印"。是年冬天,《直声》文艺周刊创办,亦出版数期。[3]从《倪焕之》中我们也能发现,叶圣陶还曾经有过更为积极的、以学校改造社会的设想:对于一个两万人的乡镇,你要是有理想有计划的话,把它改变成一个模范的乡镇也不见得难。

叶圣陶在用直乡村进行的教育改革并不顺利。这在他的小说《倪焕之》中略有反映。"生生农场"的出现便在乡村社会里惹起了轩然大波。什么垦荒移坟,拆散骸骨,颠荡了浪鬼,则群鬼合作,横冲直撞,瘟疫降临云云,改革者们一下子成了全镇公敌! 极善于窥测并利用乡村亚文化的劣绅蒋老虎乘机兴风作浪,于是讥讽、指责、哄骂、控告等等劈头而来。[4]叶圣陶说过:"我的小说,……把它当作文艺作品看,还不如把它当作资料看适合些。"[5]虽说《倪焕之》的描述毕竟不能当作史实看待,但它从另一视角反映出在乡村社会进行近代改进的艰难。

人民教育家陶行知将杜威的实用主义思想与中国国情相结合,提出了"社会即学校"的教育时空观和"教学做合一"的教育方法论,并于1927年创办了南京"晓庄师范学校",其影响所及,十分深远。1943年创立的苏州黄埭启新中学也是一所"晓庄式"的学校。学校先后开辟了下堡和婀娜渡两个农场,分别种上了麦子、大豆、山芋、蕃茄、土豆等作物与蔬菜。学校规定每周星期三下午为全校师生的劳动日,通过劳动收获庄稼和知识。[6]

由此可以看出,杜威实用主义教育思想在近代苏州的实践,并不是简单的观念平移,而是由苏州教育家将之具体化为可操作性的教育方法,并以之指导教育实践。1914年,江苏省立第一师范附属小学校(今苏州市实验小学校)校长杨月

---

[1] 方子庆:《董志尧在用直"五高"》,吴县政协文史和学习委员会:《吴县文史资料》第12辑,2000年,第189页。
[2] 顾颉刚:《〈隔膜〉序》,叶至善、叶至美、叶至诚:《叶圣陶集》第一卷,江苏教育出版社1987年,第198页。
[3] 叶圣陶:《人的生活》,《时事新报》1919年7月30日。
[4] 叶圣陶:《倪焕之》,人民文学出版社1962年,第90—97页。
[5] 转引自刘增人:《叶圣陶传》,江苏文艺出版社1995年,第129页。
[6] 吴县《教育志》办公室:《"启明星"在黑夜里闪烁》,吴县政协文史资料研究委员会:《吴县文史资料》第6辑,1989年,第25—26页。

如与黄炎培合编《实用主义小学教育法》,系统介绍了美国教育家杜威的实用主义教育思想。1920年,杜威来校考察、讲学。从此,杜威的教育思想逐渐在该校占了主导地位。根据杜威"教育即生活,学校即社会"的观点,学校参照社会建立了"市政府",名"三尚市",学生自任市长和警察。"市府"下设巡察团、学艺馆、卫生局、体育场、图书馆、周报社、测候所、商店和银行等9个机关,由教师指导学生练习"自治",以达到"寓教育于生活"的目的。1913年和1921年,美国教育家孟禄也曾两度来校考察,称赞学校管理和学生精神面貌堪与欧美各国小学"并驾齐驱"[1]。

"五四"新文化运动倡导者所号召的"文学革命"主张以白话文代替文言文,成为推动新文化、推进教育改革的有力武器。在旧学传统深厚的苏州,白话文的推行并不顺利。1920年,周文在在太仓县第四中学读书的时候,改革旧文学的呼声已经很高,但学校里新旧势力的斗争十分激烈。保守的教师要求学生写文言文作文,而周文在和部分同学偏以白话作文。[2]1924年之后,全国小学校已经推行白话语体文教材,但遭到一部分守旧势力的反对,吴江某些人将语体文讥为"粗词俚语",将学生学国音(普通话)讥为"东施效颦",并上书教育局,请愿取消语体文教材。素以"旧学根底深厚,诗文才气横肆"自负的金松岑见报后,未作深入调查,即于1925年1月以教育局长的名义连发两件通告,明令在全县范围内取消新教材,恢复旧教材。通告称:"夫语言之道,根乎水土,成乎环境,师生不出里门,强令破弃方言,以国音会话,效颦腾笑,曾俳优之不如";又称:"学生将来毕业,耳闻目睹,如新闻报纸、普通尺牍、文书契约,谁为语体?即家庭亲戚,社会交际,又岂能以国语相酬酢?"通告发布后,街谈巷议,莫衷一是。南社人士徐蔚南立即发文批驳:"人们为什么要主张国语,废弃文言?要使语言与文学统一。为什么要使语言、文字统一?我可以直捷爽快地回答:只为了经济……至于说语体文在交际上无用,那也不见得,北京的《晨报》《京报》,上海的《民国日报》《时事新报》等都主张用国语,写信也普遍推行写语体文了。"因此,徐蔚南呼吁:"有人说中国文字与中国民众的隔离,比了万里长城还要坚固,这句话说得真的。国音国语正是图谋民众与文字的接近,奈何我县的教育当局偏偏要反对呢?"金松岑随后辩称:所谓经济有"时间的经济"和"脑力的经济"两种;以前者而言,语体文最不经济,"因为它用的字数多",以后者而言,"鄙人要说句不中

---

[1] 徐世仁:《苏州教育志》,生活·读书·新知三联书店上海分店1991年,第74页。
[2] 沈伟东:《铁骨冰姿亦骄——周文在的革命生涯》,苏州市地方志编纂委员会办公室、苏州市政协学习和文史委员会:《苏州史志资料选辑》2002年刊,第94页。

听的话,我们简直不要文字,照上古结绳的办法,那么(是,引者加)最经济的。"对于这种故意混淆"经济"概念的说辞,徐蔚南进一步驳论道:"我说的经济,乃是指以最小的力量而获得最大的效率。语体文虽然字数多一点,但省去了读者许多时间,是经济的。结绳是文字的初步,在古代不知节省了多少人的脑力,可是现在已过时了。故今日若要还到上古结绳的办法是不经济的。"在这场论战中,柳亚子是站在徐蔚南一边的:"松岑君前次这篇捞什子,我看了非常的不佩服,很想痛痛快快驳他一下;……蔚南君的文章,我当然十二分的欢迎。"[1]实际上,对于白话文,柳亚子最初并不接受。1917年年初,胡适在《新青年》上发表《文学改良刍议》,揭橥"文学革命"旗帜。在4月23日的《与杨杏佛论文学书》中,柳亚子称:胡适"所作白话诗,直是笑话……《新青年》陈独秀,弟亦相识,所撰非孔诸篇,先得我心……窃谓文学革命,所革当在理想,不在形式。形式宜旧,理想宜新,两言尽之矣"[2]。但这种对立是暂时的,柳亚子"诚心诚意,情愿呼吸一点新鲜空气"[3],很快也使用起作为文学新工具的白话体。柳亚子态度的转变正与新文化、新教育的改革同步。到1930年代初,白话文已经为教育界和社会普遍接受。苏州中学高中的入学考试要求以文言作文,但有一位叫诸荣恩的考生写了白话文也被录取了。入学后国文老师对他说:"你语体文写得不错,但文言文也要学好,这是有关吃饭的本事,'等因奉此'这一套要学会。"[4]可见当时教育的近代化与传统文化的保存已经并行不悖。

民国推进教育近代化的一项重要举措是对传统私塾的改良。私塾改良开始于清末新政,民国政府的改良力度较之于清末大为加强。根据民国教育部及江苏省私塾取缔、管理和改进以及塾师的登记和检定等规定,苏州教育部门拟定了相应的私塾改进及取缔办法。1932年《太仓私塾改进及取缔办法》规定:塾舍,须空气流通,光线充足;私塾之课程,至少应有国语、算术(笔算珠算均可)、常识等科目之一种;私塾之课本,须用已经审定之教科书;私塾教法,可用分堂授课,特别注重讲解。[5]规定所涉及的这些方面,正是传统私塾与学校教育的主要差距所在。"学校是改造社会的工具,能使社会迅捷的突进,发生新时代所需要的必然事物。他方是继续不断的将前人所已获得的经验绵延的传续下去,使其能

---

[1] 李炳华:《绸都赋》,古吴轩出版社2005年,第194—196年。
[2] 柳亚子:《与杨杏佛论文学书》,《民国日报》1917年4月27日。
[3] 《沈昌眉复徐蔚南信附语》,《新黎里》1923年6月1日。
[4] 诸荣恩:《一个基督教医师的回忆》,苏州市地方志编纂委员会办公室、苏州市政协学习和文史委员会:《苏州史志资料选辑》2001年刊,第194页。
[5] 太仓县教育局:《太仓县私塾改进及取缔办法》,《江苏教育》1932年第1卷第7/8期。

根据旧经验创造新事物,间接的推动时代的车轮旋转创造一个合于群众生活的新时代。这便是学校的重大使命。"[1]如果说学校教育代表近代发展的方向,那么私塾改良"实际上就是初等教育的近代化,同时也是中国社会变革的重要组成部分。没有私塾改良的不断深入,中国初等教育近代化的历程就不可能完成"[2]。民国新式学校教育不能完全满足教育普及的需要,私塾一时并不能完全取缔,但通过改良,私塾教育的近代性逐渐得到强化。在吴江,民国建立后,新式学堂逐渐推广,少数私塾开始效仿学校教学。1912 年,同里费氏私塾有学生 32 名,开设修身、国文、算术、英语等科,使用商务印务馆课本。1916 年,震泽施氏义庄所设家塾聘两名教习,仿初等、高等两类小学章程,分堂讲授。[3]

近代性的教学理念最明显地体现在课程设置上。近代课程常常与工业化社会的需求相适应,而与传统农业社会中的经验传递相区别。西方色彩浓厚的教会学校在这方面当然更明显。葛赉恩(1868—1955)于 1911 年成为东吴大学第二任校长,在其任期内(1911—1922),东吴大学基本形成了综合性大学格局,而理科,特别是生物、化学、物理三个专业的发展尤为迅速。这反映了"中国基督教大学的高等教育值得注意的现象之一……很早就一直强调自然科学";至 1949 年,东吴大学已拥有能与西方那些规范学校相媲美的学科,并且"在受到世界科学出版界所承认的中国科学家群体中占有领导地位"[4]。理科课程设置除文理共同必修课外,悉照欧美大学规定,这与教会大学外籍教师的知识结构相一致。东吴初期,老师人数不多,美籍教师比重颇大,其中以祁天锡(N. G. Gee)、龚士(E. V. Jones)、司马德(R. D. Smart)等对生物、数理、化学、体育等科目的初创贡献最为明显。从 20 世纪 30 年代苏州萃英中学的部分硬件设施也可见教会学校的近代教育理念。理化室的仪器、生物室的标本,就初中所需,可谓应有尽有;学生都能分组实习,自制化学用品和各种简单标本。图书室和藏书室是分别设置的,书籍很丰富,英文的书籍特别多,充分地呈现着教会学校特有的色彩。打字室是预备着训练学生课外职业技能用的。工艺室内藏有简单的马达,使学生初步明了马达的构造及机能,引起他们对于工业的兴趣。[5]

在近代西方教育理念涌入的同时,主动走出苏州的"近代派"对于近代教育

---

[1]《一个私塾化的学校》,《吴县教育批判》1928 年第 2 期。
[2] 田正平、杨云兰:《中国近代的私塾改良》,《浙江大学学报》(人文社科版)2005 年第 1 期。
[3] 韩铎、沈春荣:《吴江县志》,江苏科学技术出版社 1994 年,第 641 页。
[4] 王国平:《博习天赐庄——东吴大学》,河北教育出版社 2003 年,第 45—49 页。
[5] 王传本:《苏州参观记》,《学校生活》1934 年第 82 期。

理念的形成作用很大。20世纪中叶以降,苏州不少知识界人士出国留学、游历和考察。据姚永新先生统计,从1912年至1949年间,苏州留学生967人,其中去美国的最多,达390人,所学专业相当广泛,涉及自然科学各门类以及人文艺术领域。[1]作为后起的工业化国家,美国经济科技发达,思想活跃。在美国学习的苏州学生,不但掌握到最新专业知识,同时深受美国教育方式的熏陶,包括渗透其中的实用主义教育理念。实用主义由美国哲学家詹姆斯创立,体现了典型的美国价值,而杜威则成功地将其运用到教育领域,形成了近代美国教育的核心理念。

1925年王季玉再度来到美国,在哥伦比亚大学进修教育学。这时的杜威正执教于哥大。王季玉亲聆杜威的思想传播,感受深切,这"在某种意义上成为她归国后推动振华女子中学教育改革的原动力"。1926年,回到振华的王季玉便开始推进教育的近代化。其中特别值得注意的是,振华女中的"校长负责制"是相当成熟的行政管理机制,从1936年制作的学校"行政组织系统表"可以看出,校董会是决策机构,校董会选任校长,由校长执行管理职能。校长通过行政大会负责日常管理,下辖教导处、事务处、教职员代表、文牍(秘书处)部门、各学科首席。同时,校长直接面向全体学生和代表学生的学生自治会。另设有特别委员会和教职员全体大会。这样的体制,既有校长的集中管理,又有校董会的集体智慧决策和教职员的意见表达,可以说是具有"民主集中制"精神的管理模式[2],有利于教育事业发展。

近代各国的多元发展模式和不同特色自然吸引着具有不同追求的苏州学子。中国是丝绸古国,但日本自明治维新之后通过发展近代科学,在蚕业技术方面远远超过了中国。民初日本"出口之生丝已抵我两倍有余矣",所以开放办学,学习和借鉴西方和日本的先进经验,成为女子蚕业学校校长郑辟疆办学的重要主张。他利用自己留学日本的经历和人脉,在女蚕校与日本蚕丝业界之间建立了良好的互动关系,在借鉴西方和日本先进教育理论和教材的同时,通过派出教师进修学习和邀请日本蚕丝教育家来校讲学等方式,切实提高学校的教学质量,保证学校在蚕丝理论知识和生产技术领域始终与世界先进水平保持同步发展。[3]

---

[1] 姚永新:《苏州留学生名录》,苏州市政协文史资料委员会:《苏州文史资料》第15辑,1986年,第179页。
[2] 柳袁照主编:《振华之路·苏州十中百年纪程》,古吴轩出版社2006年,第37页。
[3] 朱跃:《郑辟疆高等蚕桑教育思想与实践研究》,苏州大学博士论文,2012年,第46页。

当然,远赴异域的艺术家们则更多地追随近代欧洲的足迹。1928 年,苏州美术专科学校校长颜文樑怀抱着一颗向往近代之心,毅然离开创办才 6 年的学校去欧洲游学:在巴黎罗浮宫临摹古典名画,进入巴黎高等美术学校交流,到比利时参观惠灵顿打败拿破仑的作战遗址,赴伦敦写生议会大厦与海德公园,在罗马、佛罗伦萨、威尼斯和米兰参观文艺复兴时期大师们的名作,写生油画;在德国、波兰和苏联参观美术馆和博物馆。浸润于近代西方艺术三年之后,颜文樑回到了苏州。20 世纪 30 年代前期,当尤玉淇进入"这列柱拱廊罗马式的艺术之宫"苏州美专学习绘画时,心中充满了兴奋:当我在陈列室里看到颜老从巴黎带回来的临摹日凡的《罗拉》、蓬那的《善勃》、安奈的《泉水》等巨幅作品时,真被那一种磅礴气势所震惊和拜倒了。[1]

从根本上说,健康全面发展才是人才培养的本旨所在。在近代教育理念之下,学生得到自由健康的发展。著名的黄埭乡师首任校长沈炳魁锐意改革传统的教学模式,吸取西方民主教育经验,反对"填鸭式"的灌注,为苏州学校输送了许多具有近代意识的师资。[2]有原中学是苏州唯一的天主教会所办的学校,张希斌校长为将学校办出特色,在招收了高中学生之后,举办"有原篮球杯"邀请赛,"有原篮球队"在苏州各项篮球赛事中连年夺冠,在很大程度上影响了苏州学风。[3]郑辟疆校长鉴于女生体质柔弱的状况,一至女子蚕业学校便把体育课列为必修课,开辟运动场,设置秋千、浪木等运动器材,鼓励学生加强锻炼,并修建了医务室、浴室等设施,关心她们的健康成长。[4]

四、教育理想的民族性

民国时期,不论是作为一种社会心理和社会行动,或者是作为一种意识形态,民族主义都对苏州教育产生了很大的影响。这是由近代以来中国社会的性质以及由此而生的社会使命所决定的。

20 世纪 20 年代的非基督教运动对包括苏州在内的教会学校发生了直接的影响。"五四"运动前后,在反对帝国主义压迫的政治浪潮中,一部分新进知识

---

[1] 尤玉淇:《爱国人士的美术教育家、画家颜文梁先生》,《苏州文史资料选辑》第 10 辑,1983 年,第 85 页;郑逸梅:《味灯漫笔》,古吴轩出版社 1999 年,第 129 页。
[2] 朱恶紫:《回忆黄埭乡师的有关史料》,吴县政协文史资料委员会:《吴县文史资料》(六),1989 年,第 28 页。按,黄埭乡师全称为"吴县县立乡村师范学校",初设苏州城内沧浪亭畔,1929 年秋迁吴县黄埭镇。
[3] 侯元璋:《有原中学的简略回顾》,苏州市政协文史资料委员会:《苏州文史资料》第 11 辑,1983 年,第 148 页。
[4] 沈伟东:《苏州近现代人物》,古吴轩出版社 2002 年,第 184 页。

分子以重估一切价值的气概,以唯物主义和科学信仰为出发点,对包括基督教在内的外来文化发起冲击,由此发生了1922年开始的以"非基督教学生同盟"为主体的"非基督教运动"。"非基运动"事实上与民族主义紧密联系在一起:"反基督教的基本观念,就是反帝国主义,认基督教为帝国主义的工具。"[1]教会学校便成为非基运动的重要对象。

苏州的教会学校,除了上海,也"可算得上最多的了"[2]。在教会学校中,基督教信仰往往带有强制性。教会学校的教学宗旨主要是"修道为教",圣经是学校的必修课,宗教活动极为频繁;在英华女校,校务完全由美国监理公会女布道会委派的戴美丽(Marry Tarrangt)负责,"中国人校长不过是傀儡而已";学校规定:星期日上午,学生无论是否信仰基督教,均须跟随级任教师到教堂去做礼拜,听牧师讲经。教师每周举行一次祈祷会。[3]在教会学校里是"很难见到党国旗和总理遗像的,代替物是耶稣的遗像和十字架;开会时用不着唱党歌和读总理遗嘱,却不可以不唱颂主圣诗和念祈祷词"。时人觉得,"民族意义"的"荡然无遗"于此已可窥见一斑了![4]

1922年至1926年间,中国文化教育界发起了三次大规模的非基运动,并从反文化侵略角度要求收回教育权。国民政府鉴于舆论压力和教育统制的需要,由教育部对教会学校布告:"凡外人捐资设立各等学校,向教育行政官厅请求认可。学校校长,应为中国人,为请求认可之代表人。校董会应以中国人占过半数。学校不得以传布宗教为宗旨。"[5]这样,苏州教会学校的外籍校长均换为中国人,作为教会亲信的中国人常常成为校长的人选。1927年以后,苏州教会学校将宗教课列为选修,宗教活动改为自由参加,但学校仍多方使学生选修此课。收回教育权之令也并没有得到认真贯彻。至1934年,单说苏州的许多教会学校,结果就"很令人失望":向主管机关呈请立案的,竟"寥若晨星";"校长尽管让中国人做,但校长当然也是基督徒,他既须受教会的节制,更须一'洋顾问'的监督"[6]。

抗日战争期间反抗日本帝国主义的奴化教育突出反映了教育的民族性。苏

---

[1] 王治心:《中国基督教史纲》,上海古籍出版社2004年,第239页。
[2] 虹霓:《苏州的教会学校(上)》,《社会周报》1934年第1卷第24期。
[3] 万以智、李明珠:《振声中学和英华女校》,苏州市政协文史资料委员会:《苏州文史资料》第11辑,1983年,第152页。
[4] 虹霓:《苏州的教会学校(下)》,《社会周报》1934年第1卷第24期。
[5] 王治心:《中国基督教史纲》,上海古籍出版社2004年,第241页。
[6] 虹霓:《苏州的教会学校(下)》,《社会周报》1934年第1卷第24期。

州沦陷后,日伪在苏州中等学校强令施行日语教育。[1]吴县县立中学日语教师是特务机关派来的日本人,一边教日语,一边监视其他教师的言论和行动。[2]常熟沦陷后,城区学校被迫使用"亲日课本","自治委员会开设经营日语学校……特务班乃利用公务之暇加以指导,向320名在校学生教授日语"[3]。在日寇控制下的常熟教育"退化数十年":

> 初时由蒋子范任伪"教育处"长,先办日语训练班及教师训练班,受业者各六十余人,前者多为伪机关职员,后者系年老者及平时无资格教员,正式师范生占其少数。现(1938年10月,引者注)改组后,由前任教育委员潘懋修任"教长",设立学校二百所,每年限办一级。每校(即每级)规定校长一人,月薪十八元,助教一人,月支十元。但开学迄今,因经费无着,只支得八月份薪俸半月。校中课桌椅残缺,无开办费与经常办公费,一切开销,俱向学生征收,故每一小学生,缴费多至七八元不等。所教科目,并无正式课本,选用十余年前文言教科书中材料,作为讲义。教员、校长须由地方人士担保,不有抗日思想为合格,因是师资缺乏。开学者仅限于城郊附近,其在乡间者,诚恐游击队之反对,至今未能开学。关于高中部分,有接近于"维持会"之归为滨、朱孟常、沈焜等,设立私立初中一所,但学生寥寥也。[4]

吴江沦陷期间,日寇规定各校一律使用日伪教育部门审编的教科书,不少小学被迫开设日语课,有的直接由日本军人担任日语教师。城区原三多桥小学被改名为"吴江县立模范小学",作为推行奴化教育之样板,校长被派"访日考察"。因此,全县许多小学停办,一些地方恢复了旧的私塾教学,以抵制日本帝国主义的文化侵略。[5]吴县黄埭启新中学的创建,就是为了对沦陷区的青少年进行抗日救亡教育,联络、团结广大教师,坚持并扩大抗日教育区域。学校里的音乐教材大多是聂耳、冼星海的作品,以激发同学们的爱国热情。为了保证和扩大苏锡边境地区的抗日教育,学校还拿出部分经费,以启新中学的名义补贴给各中心小

---

[1] 中共苏州市委党史工作办公室:《苏州抗日斗争史》,古吴轩出版社2005年,第103页。
[2] 陆景宣:《我所知道的吴县县立中学》,苏州市政协文史资料委员会:《苏州文史资料》第11辑,1983年,第129页。
[3] 常熟市档案馆:《江苏省常熟县农村实态调查报告书》,承载译,中央党史出版社2006年,第11页。
[4] 《常熟沦陷后傀儡登场办学校》,《申报》1938年10月15日。
[5] 王秩泉:《吴江县近代小学教育纪略》,苏州市地方志编纂委员会办公室、苏州市档案局:《苏州史志资料选辑》1988年第1期,第57页。

学。这样,逐渐形成了一个以启新为中心的抗日教育辅导学区。1944年暑假开学时,征得各地负责学校的人士同意,由启新中学出面,调整了各中心小学校长人选,进一步巩固了该地区抗日教育区的工作成果。[1]

民国时期苏州大中学校的学生积极投身于历次反帝反专制的斗争,以勇敢的行动表明了中国学生鲜明的民族革命立场,民族性的教育理想在其中得以伸张。从民国前期的"五四"运动、"五卅"运动,至民国中期的抗日救亡,再到后期的民族解放战争,在唤醒民众的革命斗争中,青年学生常常走在运动的最前列。凡百功绩,前文已述,在此不赘。可以一提的是,反动军阀孙传芳1926年杀害汪伯乐和柳成烈后,1927年以他们的名字为校名的学校苏州就出现了两所:伯乐中学和成烈体育专门学校。伯乐中学"30年间始终未有勒令更名或停办的举措,足见汪烈士之反帝反封建功勋不可磨灭"[2]。在1930年前后的《成烈校刊》等资料中,有作者写道:"平地霹雳,震醒了东亚睡狮;黎明晨鸡,唤起了华夏病夫。山水明漪兮郁郁金阊,烈士先觉兮知国强在乎民强。"[3]字里行间可见"成烈人"对于先烈所追求的对于教育民族理想的缅怀。早在1903年东渡日本考察蚕丝业期间,郑辟疆一方面目睹他国蒸蒸日上的蚕丝业在国际市场上的优势,另一方面想到中国的蚕丝业由于墨守成规而每况愈下,为此他深感痛心,立志要振兴中国的蚕丝事业。被蚕校派到日本学习蚕业科技的费达生,同样感受到了弥漫于日本学校中的竞争意识。有一次,费达生到一个研究室去找老师。推开门,看到几位老师正围着一辆新式缫丝车在讨论。一位老师见费达生进来,忙把她带到门外,不让她看缫车。这给她以很大的刺激。东京高等蚕丝学校校歌中有这样的歌词:"蚕丝出口乃我国致富关键,胜过竞争对手之国以报皇恩浩荡"。江苏女子蚕校的校歌同样充满着民族意识:"经纶天下,衣被苍生,古文明,功业创西陵!意法日本,继起竞争,挽回权利,谁之任?阳山之阳,我校辉张,孜孜兮,乐育一堂。"1923年4月,费达生在日本以优异成绩毕业。福本福三老师知道她是苏州人,说苏州有个日本人开的瑞丰丝厂,如果她愿意去工作,可以帮助介绍。费达生断然谢绝:"我是江苏女蚕校送来留学的,我要回女蚕校服务!"[4]而女蚕校是服务于中国农民的。

---

[1] 吴县《教育志》办公室:《"启明星"在黑夜里闪烁》,《吴县文史资料》第6辑,1989年,第24—26页。

[2] 蔡贵三:《伯乐中学追记》,苏州市地方志编纂委员会办公室、苏州市政协文史委员会:《苏州史志资料选辑》2007年刊,第18页。

[3] 王小商:《回忆苏州私立成烈体专》,苏州市政协文史资料研究委员会:《苏州史志资料选辑》第12辑,1984年,第202页。

[4] 余广彤:《蚕魂——费达生传》,苏州大学出版社2002年,第16、24、31页。

教育理想的民族性还体现在对传统文化的保护和传承上。昆剧传习所的出现便凸显了当事人的这种理想追求。作为传统士大夫的"玩物",在民初新文化运动的"价值重估"中,昆曲自然是没有分量的,但苏沪两地热爱昆剧的曲友们却视之为珍宝,并为之忧心忡忡:当时昆剧的文武班演员,大多已届高龄,势难持久,青年实居少数,"如不急速培养,恐有难乎为继之虞"[1]。1921年8月,苏州"禊集"和"道和"两曲社的名曲家张紫东、贝晋眉和徐镜清等,以民间之力创办了"昆剧传习所"。[2]这是一所培养昆剧演员的新式学堂式科班,招收9至14岁的贫家子弟,规定学习3年,帮演2年,5年满师。主教者全为全福班著名艺人,学员各有所长,但生、旦、净、末、唱皆学,均必须学会笛子及其他乐器的演奏。半年后,传习所由上海实业家穆藕初协助接办。1927年"传"字辈学员满师,昆剧传习所结束;期间,传习所曾多次在苏沪等地公演,"嘉宾满座,蜚声扬溢"[3]。顾笃璜提醒我们注意,昆剧传习所的创办人"并不是应该划入旧文人之列的人,他们偏偏都是接受过新思想洗礼的人,其中还有接受新思想比较多的,从美国留洋归来的人",他们在倡导"实业救国"和"教育救国"的同时,"又深刻地认识到传统文化的价值"。据穆藕初自己说,在他听到俞粟庐唱曲之后,"始憬悟昆曲之关于国粹文化之重要"[4]——"昆曲一道,盛于逊清乾嘉时代。迨光绪末造大雅云止矣!顾至今日骎骎乎由衰而盛,歆动一时之耳目者,则俞先生粟庐之力也。"[5]在穆藕初看来,昆曲不只是娱乐小技,而是"关乎国运隆替"[6]。因此,

---

[1] 贝晋眉:《苏州昆剧传习所和曲社》,苏州市政协文史资料研究委员会:《苏州文史资料》(第1—5合辑),1990年,第131页。
[2] 张充和特别提到吴梅在昆曲传承中的作用:"早在民国初年,昆曲已到了濒临失传的边缘,后来幸而在吴梅先生等人的努力之下,才使穆藕初、张踵来(张紫东)等先生创办了昆剧传习所,而直接促成了苏州昆曲的复兴。"(张充和口述,孙康宜撰写:《曲人鸿爪》,广西师范大学出版社2010年,第39页)。王卫民《吴梅评传》(河北教育出版社2002年,第243—244页)称:吴梅在南京任教时,每逢假期回到苏州,必去传习所参观指导。他为了提高学生的演唱技巧,常常给他们讲解四声阴阳、出声吐字、收音归韵等方法。《博望访星》和《湖州守》两剧的唱念就是他亲口传授。同时还介绍一位古典文学造诣颇深的老先生教他们读书、写字、讲解曲文大意。学生毕业前夕,吴梅把自己创作的《湘真阁》分出场次并亲自教唱排练。传习所学生学习和演出的都是旧戏,唯《湘真阁》是新排练的。此外,吴梅还是一位业余昆曲社的积极分子。当时苏州共有道和、幔亭等3个曲社,每个曲社的活动他都参加。作为一个学者,能够收艺人为徒并亲自动口动手向他们传授技艺的现象并不多见。吴氏的这一做法不仅打破了学人与艺人的门户之见,而且促进了二者的结合。其影响也是不言而喻的。
[3] 张岫云:《补园旧事》,古吴轩出版社2005年,第107页。
[4] 顾笃璜:《说昆剧传习所》,苏州昆剧传习所等:《苏州昆剧传习所纪念集》(内部资料),2006年6月,第5页。
[5] 昆曲保存社:《〈度曲一隅〉跋》(1921年4月),穆藕初:《穆藕初文集》,上海古籍出版社2011年,第174页。
[6] 穆藕初:《昆曲谈》,《申报》1922年2月8日。

他坚持"斯道宜显不宜晦,宜行不宜藏。虽曰音韵末艺,然而陶情淑性,亦足以挽颓风而励末俗也。"[1]

在新文化运动处于高潮阶段的1923年,常熟就有"斐社"同人组织,创刊《斐社》报,以"以研究国学"。在他们看来,"国粹之存亡,邦家之兴废系也"[2]。存在于20世纪30年代初的章氏国学讲习会对于赓续民族文化有着更特殊的意义。1932年秋,章太炎应苏州士绅金松岑之邀来苏州讲学。一周一次的讲学,颇有少长咸集、群贤毕至的气氛;李根源、张一麐等建议,可在苏州创立一讲学组织,使各地研究国学者有听讲学术的机会。章太炎认为,要拯救衰败的祖国,绵续民族的文化,可效法顾炎武"读经会"成例,组织学会,所谓"深念扶微业、辅绝学之道,诚莫如学会便",这样的使命,"于他州或不能举,苏州则有能举之者也"。在"世风日下"的时代,晚年章太炎所要追求的,似乎就在苏州。当时,有人非议他的读经主张,其实只看了表面现象。曾经陪侍章太炎来苏州讲学的王仲荦认为,"章先生的主张读经,和保守势力的提倡读经在内容上显有距离":第一,章先生继承了浙东学派"六经皆史"的说法,认为讲经学就是提倡史学;第二,认为经学也好,史学也好,多多研究,可以作借鉴,"保国性",也就是发扬爱国主义,提倡民族主义精神,严夷夏之防,劝人不要当汉奸。章太炎的学生钱玄同当时复旧名钱夏,他称赞其改得好,显示了爱国主义精神。章太炎的学问是双轨并进的。他有纯学术的著作,也有和国家民族息息相关的著作。从这一点看,也就懂得了章太炎为什么这样向往顾亭林了。[3]从章太炎在1933年1月写的《国学会会刊宣言》里,我们能够体味到章太炎特殊的苏州情结:"顾念文学微眇,或不足以振民志,宜更求其远者。昔范公始以名节励俗,顾先生亦举'行己有耻'为士行准。此举国所宜取法,微独苏州,顾沐浴膏泽者莫苏州先也。"[4]

中医可称"中华国粹之精英",其师徒相传或家族传递的教育方式已经不适应时代,特别是在西医快速发展的形势之下,"我昌明最早之国医,反而瞠乎其后"。究其原因,时人指出:"盖医学之兴衰,以教育为关键。彼西医之所以发展者,上由政府之提倡,下有社会之组织,校有专科,学有系统,教有程序,习有实验。政府既筹给以经费,复加之以优奖,于是学者奋起,日新月异,此西医

---

[1] 冯超然、谢绳祖、穆藕初:《敬告提倡国粹之韵学家》,《申报》1921年3月23日。
[2] 《发刊词》,《斐社》1923年4月5日。
[3] 高增德、丁东:《世纪学人自述》,十月文艺出版社2002年,第447页。
[4] 章炳麟:《国学会会刊宣言》,《章太炎全集》(五),上海人民出版社1985年,第158—159页。

之所由兴也。然国医则不然,政府不负护持之责任,各方又多摧残之言论,既无公立学校,又无教育系统,学者各承师传,各分派别,课程既未画一,成绩不免参差。"[1]于是,苏州中医教育在民国之后逐渐向近代学校教育转变,具体见下表:

表6-9　民国苏州中医学校教育

创立时间	学校名称	创办者	地点	备注
1926年	苏州女科医社	王慎轩	吴趋坊	1933年改称"苏州国医学社"
1926年	中医伤科学研究社	于甘仁等	接驾桥	
1929年	中国针灸学研究社	承淡安	望亭镇	后迁无锡、四川,于1948年迁回苏州
1946年	中医讲习所	吴县中医公会		

资料来源:苏州市卫生局编志组:《民国时期苏州的中医教育》,苏州市地方志编纂委员会办公室:《苏州史志资料选辑》第2辑,1984年,第124—130页。

中医学校的建立颇为艰难。国民政府规定,医师开业,无论中西,须凭学校文凭。有着一技之长的中医人,便兴办学校培养后继。但政府歧视中医文化,曾通过决议予以废止,教育部亦禁止设立中医学校。1933年前后,中央政府提倡中医,设立"中央国医馆",明令全国,暂设国医学社"不受教学规程之限制,而有自由发展之机会,关于此项学社,尽可呈报国医馆备案"[2]。"苏州国医学社"采取的实际上是近代学校教育的方式:

> 延聘名医,分科教授,所编讲义,融合古今,参贯中西,撷精华而去糟粕,理明辞达,俾阅者一目了然,此其一;每月开演讲会一次,医理之奥窔,症象之变化,各有发明,得以集思广益,交换学识,此其二;社内附设国医图书馆,广集古今各种书籍图书,以便学生参考,不烦购诸市肆,书中遇有疑义,由教员随时讲解,此其三;从前医生,有只能书方而不能辨识药物者,社中设国医实验所,学生得以认识各药之形象,及真实之品质,此其四;植物土性,虽各不同,然亦有出诸本省者,如薄荷、佩兰、紫苏之类,竞可试种,以资实验,社中另开药园,选择土性相宜,易于滋长者,按时种植,将来品类增多,颇足以资研究,此其五;学生每日所习讲义,仅凭理论,而望闻问切,须经实验,社中附设诊疗所,医生由

---

[1] 唐慎坊、王慎轩:《创办苏州国医学社宣言》,《国医学社纪念刊》1934年第一学期。
[2] 唐慎坊、王慎轩:《创办苏州国医学社宣言》,《国医学社纪念刊》1934年第一学期。

> 教员兼任,学生得以随同教师,练习临诊方法,此其六;上课听讲,整齐静肃,成绩优劣,考核严明,此其七;苏沪毗连,风气繁华,青年意志薄弱,易染时习,社中训育綦严,学生非有正当事故,经管理主任核准,不得外出,俾屏绝外务,专心肄业,此其八。[1]

苏州中医以这样的形式在民国时期不但得以保存,且有一定的发展。1946年,"中医讲习所"上呈江苏省卫生处称:"吴县在抗战以前,曾设有中医学校,成绩斐然,社会称誉,后以倭寇侵扰,遂致停止。兹因强敌受降,胜利告成,仍拟追随前规,筹设讲习所以增进会员学理,而谋社会福利。"[2]有此成果,与苏州中医人的孜孜努力是分不开的。

时人注意到,中医文化的真正生命力在于与时俱进。"近代的进化,已由文明进而科学,所以一切真知特识,都要运用有系统有条理的科学去分析去求知,才能使凡百事业,日进于发达进步之途",中医也是这样。因为"默守成法,不去深求其知,于是我中医药学遂鲜有发明的机能"[3],苏州有识之士因之呼吁加强研究。民国初建,全国各地创办了许多医报,"声气交通,学问渐进",宁波、江西、山西、上海等地鼓吹中医尤力。常熟中医同人于1922年9月创办《常熟医学会月刊》,希望"与沪越晋赣诸同志,互相切磋;俾成系统之学,唤醒聋聩之徒"[4]。经过数年发展,常熟中医学界已经形成这样的共识:"欲求此道能生存发展于现时代者,惟有急起直追,共同努力……要用科学方法去分析先圣贤的遗教而改进中医学。"[5]因此,民国时期虽不时有取消中医之说泛起,而中医最终依然能保存下来,与其本身的改进亦不无关系。

---

[1] 杨梦麒:《苏州国医学社之概况》,《国医学社纪念刊》1934年第一学期。
[2] 苏州市卫生局编志组:《民国时期苏州的中医教育》,苏州市地方志编纂委员会办公室、苏州市档案局:《苏州史志资料选辑》第二辑,1984年,第128页。
[3] 《常熟县医学会第二届执监委员补行宣誓典礼敬告》,《常熟县医学会书刊号》1929年4月22日。
[4] 《发刊词》,《常熟医学会月刊》1922年9月11日。
[5] 《常熟县医学会第二届执监委员补行宣誓典礼敬告》,《常熟县医学会书刊号》1929年4月22日。

结　语

民国时期(1912—1949)的苏州态势既彰显了地方社会特色,也着上了外部影响的时代烙印,是内外彼此互动的状态和过程。鼎成这一态势的历史维度主要有如下数端:

从空间上说,原清代苏州府辖之长洲、元和两县和太湖、靖湖两厅并入吴县,震泽并入吴江,昭文并入常熟,故这一阶段苏州历史的基本涉及区域包括吴县、常熟、昆山、吴江和太仓等县的城乡社会。演绎于此一空间中的民国历史,既留下了城乡各自的演变轨迹,也包括了它们的互动过程,以此区别于苏州城市史。

从地域传统分析,任何一个地域的经济社会发展都是在一定的传统规定之下进行的,这种传统规定性既为一定地域的发展提供了可资利用的资源,更重要的是,它暗涵了未来发展的现实道路。以苏州中观地域社会为案例的研究表明,在影响民国以降地方经济社会发展的传统规定性中,地域特质和共同体特色是至关重要的两个方面。

千百年来,最得太湖生态之利的苏州社会成就了颇为发达的乡土经济,奠定了地域发展的经济基础,催生出特定的人文—社会结构,充溢着温婉休闲的生活情调。时至民国,这样的经济社会环境并没有发生根本的改变,无论是外来的寓公还是土著的地主,依然重复着传统苏州人的生活模式。匠心独运的古典园林、品位高雅的昆曲、古色古香的书业、遍布城乡的茶馆、雅俗共赏的评弹等,在在以其顽强的生命力始终给世人昭示着承平世道的光景和希望,成为地域生活情调的基本元素。从经济—社会结构、人文景观、文化环境和大众心态等侧面反映出的乡土特质,在深层的文化意义上、整体上体现为自然与人文关系的高度协调,所谓"天人合一"的古老原则在这里表现得淋漓尽致。

共同体特色是地方社会"自律地进行创造"的基本依据:近世以来勃兴的市镇是共同体的中心,饶有水乡资源的"乡脚"(村落)是市镇的腹地,镇—村之间存在着紧密的生活联系。从产业结构、空间格局和日常生活诸侧面显现的特色,单从共同体而言,只是一个生活状态的优质性,而在更深层的意义上则体现了经济社会资源的稀缺性。

地域经济社会的发展呈现为一个连续不断的纵向过程,而传统规定性就隐含其中。事实上,民国以降苏州社会的近代变迁,诸如新生产方式的产生,家庭劳作形式的沿袭,传统特色产业和生活方式的近代坚守,等等,正是传统苏州合乎逻辑的近代延伸。

就时代维度看,晚清以来,资本—帝国主义破坏了传统中国的自然经济结构,处于东南沿海、背倚上海的苏州商品经济在民国时期更为发达,客观上为现代经济的发展创造了条件,为社会文化生活的现代成长提供了动力和机遇。然而,与现代发展并存而阻碍这一发展的同样是资本—帝国主义势力:列强侵入中国的目的,决不是要把传统的中国变成资本主义的中国,而是要把中国变成它们的半殖民地和殖民地,为此,他们凭借经济、政治优势不断地侵略中国。而与此同时,积弱不振的专制统治者又不能有效地领导人民抵御外来侵略。在这样的时代背景下,近代地域经济和社会发展步履维艰,社会情势纷繁复杂。因此应该从经济、政治、社会多个视角展示苏州的历史变迁,以体现时代特征。

以政治维度考察,面对一次次的历史劫难,苏州人民与反动势力展开了激烈的政治搏斗,尤其在挽救民族危亡的抗日战争中,苏州以不屈不挠的抵抗显示了英勇的民族气概;无论是在北京政府时期还是在南京国民政府时期,苏州人民与全国人民一道,为争取自身的民主权利,书写了一页页动人的篇章。在这一部分,政治时段的划分(北京政府时期和南京国民政府时期)明显地与革命史相异,对历史事件的叙述在宏观上显示中国革命的节奏,在中观上展开地域事件,在微观上体现苏州特色。

以经济维度考察,第一次世界大战之后,苏州棉纺织、火柴和丝织等行业先后从手工织造过渡到机器生产,完成了技术和劳动组织的巨大革命,实现了工业的近代化,但苏州近代工业摧毁手工业的历史作用十分有限,他们与中小民族工业、工场手工业以及个体手工业共同分占市场,相互补充,形成一个多层次的工业结构;资本主义家庭劳动和小农经营也在这一工业—市场经济结构中占有一席之地。在这一部分,我们将经济内容进行合理的分割,体现多层次的地域经济结构,即小农经济、现代工业、资本主义家庭劳动;从各种经济成分与市场的密切关系体现时代特征;从经济成长中出现的死结说明近代中国民主革命的必要性。

考察社会维度可见,一方面,体现吴文化特色的庙会、茶馆、曲艺等地方传统,仍然保持着旺盛的生命力;另一方面,伴随着近代市场经济的发展和西方文化的输入,苏州社会发生了全方位的变化,日常生活和文化教育事业较快地向现代迈进。在这一部分,我们致力于从传统与现代的传承与扬弃过程,从地域(民族)与世界的密切关系,从各种社会文化元素的消长,说明地域特色和时代特征。

总之,政治上的沉沦与反抗所呈现的战斗性,经济上的发展与落后所体现的层次性,文化上的现代与传统所反映的庞杂性,共同存在于民国苏州社会,由此展现了一幅色彩斑斓的近代地域历史画卷。

大 事 记

1911年1月14日,中国社会党苏州支部召开成立大会,陈翼龙被委派为苏州支部主任干事,1913年夏末秋初被害。

1912年3月,袁世凯在北京就任中华民国临时大总统,建立起北洋军阀在中国的统治。

1912年下半年,苏州云锦公所建立"中华国货维持会"(总部在上海)苏州支部。

1912年8月28日,苏州玄妙观弥罗宝阁失火,81间房屋和300余尊神像等付于火海。

1912年,谢瑞山发起创设"苏经绸厂"。

1913年3月宋教仁在上海火车站被暗杀,4月8日国民党苏州支部在沧浪亭集会追悼宋教仁,声讨袁世凯的恐怖活动。

1913年11月13日,苏州"江苏省医学专门学校"进行首次人体解剖。

1913年,上海女子蚕业学堂迁至苏州浒墅关,定名为"江苏省立女子蚕业学校"。

1913年,苏州成立"救火联合会"。

1914年5月,以原苏州、常州两府辖区设苏常道,道尹公署驻苏州。

1914年之后数年间为苏州花边业全盛时代。

1914年起至1917年间,常熟各乡镇先后兴办"锦华"等40多家布厂。

1915年5月9日,袁世凯接受日本提出的灭亡中国的"二十一条";此日被定为"国耻纪念日",此后每逢此日,苏州多举行活动,借以警励。

1916年2月14日,苏州商务总会更名为"苏州总商会"。

1917年,常熟北乡问村季根仙在上海从外国修女处学得花边工艺,回乡转授乡人,常熟乡村受到很大影响。

1918年9月阊门外开设的"飞云影戏公司"是苏州第一家营业性影戏院。

1918冬,吴江柳亚子与里人薛公侠等发起组织"吴江文献保存会"。

1919年2月24日,吴县县署布告,取缔私塾。

1919年3月,华盛造纸厂开工投产。

1919年3月,叶圣陶加入以北京大学学生为主体的文学团体"新潮社"。

1919年5月6日,苏州学界向全国发出通电,声援北京学生的五四爱国运动。

1919年5月10日,"苏州学生联合会"在声援北京五四运动过程中成立。

1919年6月初后数月,苏州学、商两界联合发动苏州人民抵制日货。

1919年下半年,汪伯乐创办苏州义务平民学校,向工人们宣传新思想,普及新文化。

1919年至1937年间,西人在沪建筑所需花岗石大多采自苏州西郊之焦山、金山和高景山等地。

1920年元旦,刘鸿生与人合资成立"华商鸿生火柴无限公司",10月1日正式开始生产。

1920年5月,叶圣陶在苏州编辑出版《妇女评论》,转载《新青年》论文,并就妇女解放问题组织充分讨论。

1920年5月27日,"苏州电气股份有限公司"成立。

1920年6月15日,苏州10 000余名丝织木机工人为抗议资方拒不增加工资而举行罢工。

1920年,苏州成立"国货维持会",打算以市场经济法则作为维持国货之法。

1920年创办的"华章造纸股份有限公司",设于浒墅关镇,开苏州机器造纸工业先河。

1921年2月7日,苏州电气公司(苏州电气厂)正式发电。

1921年6月,美国教育家杜威来苏州演讲实用主义思想。

1921年秋,张紫东、贝晋眉、徐镜清等发起成立苏州昆剧传习所。

1921年,苏经绸厂首先试装电力机。

1921年,常熟强华等布厂把铁木脚踏机改为动力机;动力机的使用表明近代棉织业在苏州真正诞生。

1922年9月,郑逸梅、范烟桥等发起成立文艺团体"星社"。

1923年8月21日,直系军阀齐燮元和皖系军阀卢永祥签订《江浙和平公约》。

1923年冬,顾容川、费青和毛吟槎等人在濂溪坊创办"苏州第一工人俱乐部"。

1924年2月19日,振兴电灯公司(日资)归入苏州电气公司;苏州绅商借助民族革命的力量取得电业自办权。

1924年4月1日,吴江《新黎里》发刊,接连推出旅大问题、婚姻问题和劳动纪念问题等特刊,反映农民困苦。

1924年7月,中共党员叶天底至乐益女校任教,以国民党员身份团结了一批追求进步的青年知识分子。

1924年9月初,江浙战争爆发,苏州被灾,地方士绅张仲仁等泣吁和平。

1924年,吴县成立"平民教育促进会",开办平民夜校。

1924年,在常熟碧溪,"条条巷埭做花边"。

1925年1月初,苏州第一个中共支部成立,叶天底为支书。

1925年1月9日,第二次江浙战争爆发。

1925年4月3日,苏州养育巷教堂落成,定名为"思杜堂",以纪念美国基督教南长老会传教士杜步西。

1925年4月4日,苏州各界3000多人在公共体育场集会追悼孙中山。

1925年5月24日,在张仲仁等一批江浙开明士绅的赞助下,"太湖流域联合自治会"在上海成立,以期息内争、谋自卫、保和平、筹休养。

1925年5月25日起至1926年12月28日,苏州城区发生工人罢工51次,并形成"减尺加薪"工潮。

1925年5月31日,上海五卅惨案发生次日,中共党员、国民党江苏省党部秘书长姜长林从上海来到苏州,与乐益中学教师叶天底(中共党员)等取得联系,决定发动苏州人民,扩大反帝爱国运动。

1925年6月7日,苏州学联组织三四千人大游行,声援五卅运动。

1925年6月30日,在苏州公共体育场为五卅烈士募捐,后以上海退回之余款筑"五卅路"。

1925年9月,中共苏州独立支部在乐益女子中学成立,叶天底任书记兼组织工作,张闻天负责宣传工作。

1925年11月22日,苏州学联从上海延请对于关税问题素有研究之萧楚女和姜长林,来苏州进行专题演讲,呼吁关税自主。

1925年12月26日,苏州学联致电段祺瑞执政府称:"关税自主与否,实我国民族经济解放之第一重要关键。"

1925年,苏州宫巷天主教堂乐群社办起"大苏平民夜校",向工人、店员和失业青年宣讲革命道理。

1925年,上海资本家严裕棠租办苏纶纱厂,自此该厂进入稳定发展期。

1926年元旦,苏州"丙寅国乐社"成立,致力于民族音乐的创新。

1926年年初,叶圣陶与王芝九等人创办《苏州评论》,以期唤起普通民众,革新苏州社会。

1926年年初,五省联军总司令孙传芳秘密处决澄锡虞地区农民运动领袖周水平。

1926年3月8日,《吴江妇女》创办,旨在唤醒一般劳动妇女。

1926年3月21日,国民革命军进入苏州;北洋军阀在苏州的统治终结。

1926年4月中旬,吴江黎里天主堂神父沈凤冈做大瞻礼三日,各处教友雇舟莅会者千人。

1926年5月,中华职业教育社联合中华教育改进会、中华平民教育促进会和东南大学教育科在昆山开办徐公桥乡村改进试验区,1928年4月由职教社独立承办。

1926年6月下旬,常熟农民运动领袖谢恺被国民党右派分子王北山等人诱骗杀害。

1926年夏,苏州发生大规模瘟疫。

1926年12月16日,中共苏州独立支部书记汪伯乐在南京被害。

1926年,振亚绸厂使用电力织绸获得成功,成为真正意义的近代丝织工厂。

1926年,苏州有新式绸厂49家,拥有电力织机800台。

1927年3月底,吴县临时行政委员会第六次会议议决:"道士观院产业应统筹训练职业之用",引起广大道众恐慌。4月5日,苏州城乡道士2 000余人至国民党苏州市党部和总工会等部门请愿,同时向吴县临时行政委员会陈诉。后又两次赴宁具呈江苏省政府,请求保全道士职业。6月9日,吴县县政府成立,此案遂不了了之。

1927年3月31日,苏州总工会成立,舒正基任委员长。

1927年4月,常熟县总工会成立后,组织和发动18家布店职工开展"争权利"罢工,持续10天,工人的要求基本得到满足。

1927年4月,日商瑞丰纱厂工人抗议日商欺压,要求收回日租界。

1927年4月下旬至7月底,苏州城区发生工人斗争45起。

1927年7月,程小青等人创办的公园电影院是苏州第一家电影院(无声)。

1927年下半年,苏州市政筹备处出台现代城市规划。

1927年下半年的苏州铁机丝织工潮是南京国民政府时期苏州规模最大的工人斗争。

1927年8月,苏州大公园初步建成开放,成为苏州第一个现代意义上的公园。

1927年10月3日,东吴校董会正式决议,杨永清担任东吴大学校长。10月28日杨永清正式履新,成为东吴大学第一任中国籍校长。

1927年底,上海成立全国商联会,苏州总商会程干卿被选为执行委员,王介安被选为监察委员。按全国商联会要求,苏州商会由原来的议董制改为委员制。

1928年4月,昆山"徐公桥乡村改进试验区"成立,致力于民众教育。

1928年9月,苏州基督教青年会在东部乡村唯亭山设立农村服务处。

1928年9月起,上海基督教青年协会派出服务者指导苏州唯亭山乡村改进事业。

1929年8月,苏州成立"整理公厕委员会",对全市数百处公厕进行调查及改造。

1929年,吴江盛泽美丽绸厂用柴油引擎发电、驱动织机取得成功。

1930年年初,吴江盛泽成立"舜湖觉善念佛林",佛教徒定期集会念经,谓之"佛期"。

1930年年初,苏州总商会致函市政府,请求修复已毁古城墙,并增建新城墙。

1930年,吴江盛泽郎梅春开办"郎琴记绸厂",装置电力丝织机,此为盛泽近代工厂之始。

1930年春,印光法师来苏州,闭关于穿心街报国寺,专修净土宗。

20世纪30年代前期发生在苏州东乡针对催租人的"打催甲",是民国时期苏州规模最大、持续时间最长的农民斗争。

20世纪30年代前期世界经济不景气之时,茶馆赌博成为苏州农夫麻痹神经的一种手段。

1930年7月开设的"东方大戏院"是苏州第一家有声电影院。

1930年刘鸿生正式合并鸿生、荧昌、中华3家火柴厂,成立"大中华火柴有限公司"。

1931年4月17日,苏州商会在全省商会联合会上提出"减免豆饼的营业税,以舒民困"的建议,得到国民政府采纳。

1931年4月,苏州商会向国民政府农矿厅请求筹设农民银行区分行,调节农村金融。

1931年9月21日,苏州各界成立"反日救国会",庄严声明:"与海内外同胞共赴国难。"

1932年"一·二八"上海抗战时,苏州21所大中学校学生组成战地服务团,为十九路军提供后勤和战地救护等服务。

1932年2月22日,美国飞行员肖特(Robert Short)在苏州车坊殉难。

1932年"一·二八"上海之战,十九路军伤亡惨重,李根源等在苏州西部善人桥马冈山东麓建"英雄冢",营葬烈士忠骨。

1932年12月,"苏州戏剧联合社"成立,这段时期"可算是苏州戏剧运动的极盛期"。

1933年3月7日,在苏的章太炎与张仲仁、李根源等联名通电全国军民,呼吁共御外侮。

1933年夏,"昆山县自治实验区"成立,以推广徐公桥之自治精神。

1934年初,戏剧活动家郑山尊在苏州组织"艺社"。

1934年夏,江南大旱。吴县商会执行委员张云搏赴上海购办大批戽水机,分发至苏州各乡抽水灌溉。

1934年夏,江南大旱,苏州举行大规模祈雨会。

1934年9月,苏州国货商场创办。

1934年10月,苏州木渎镇分事务所致函苏州商会,希望与苏州电话局沟通,在该镇设立分局。

1934年前后,销行于上海市场的顾绣,大多出自苏州村妇之手。

1935年年初,苏州评弹艺人组织"普余社"成立,会长钱锦章。该社成员从1929年起以男女双档形式在苏南等地演出,为地方当局所禁止,1934年底赴南京向国民党党部申诉并胜诉,遂成立该社。

1935年3月1日开始,苏州"禁烟监督委员会"分批清戒烟民,至1937年5月,累计共传戒10余批5764人。

1935年前后,苏州西部乡村几乎家家刺绣。

1935年前后,苏州东山种植枇杷千余亩,"产量达数千担之巨",名闻全国。

1935年,苏州商会筹办"小贩贷本所",为乡民提供小额贷款,以发展家庭副业。

1936年6月,苏州电话用户达2305户,居全国前列。

1936年6月14日,近代民主革命家、国学大师章太炎在苏州逝世。

1936年7月,苏嘉铁路建成通车,每日在苏州、嘉兴间各对开客货混合列车4次。

1936年12月4日,全国各界救国联合会沈钧儒等"六君子"被押解苏州;12

30日,史良到苏州向江苏省高院投案。史良与"六君子"被合称为抗日"七君子"。

1937年6月11日,七君子案在苏州公开开庭审理。

1937年6月25日,七君子案第二次开庭。当日,宋庆龄等16人在上海发起"救国入狱运动"。

1937年6月,"苏州实验剧团"成立,在苏州城乡进行抗日宣传。

1937年下半年,日寇逼近苏州,苏纶厂停产遣散。1941年太平洋战争爆发后,严氏"赎回"苏纶厂,勉强维持到日寇投降。

1937年7月5日,宋庆龄等人赶往苏州,请求与七君子同受羁押审讯。

1937年7月31日,七君子获释。

1937年冬,印光法师移居吴县灵岩山寺,1940年12月2日(夏历十一月初四日)圆寂于该寺,后由"四众推为莲宗第十三祖"。

1937年8月14日,苏州唯亭镇首先遭到日寇轰炸。

1937年8月19日,日寇在太仓浏河口登陆,随即被国民政府军第39军所部击退。

1937年8月20日,国民政府第三战区司令长官部设在苏州,统一指挥第8、9、15集团军作战,另设"前敌总指挥部"于昆山。

1937年8月下旬,张仲仁和李印泉等地方士绅倡议组织"老子军","愿六十岁以上老人,视其力之所能者为之,咸来从戎",抵抗日本强敌。

1937年11月13日凌晨,日寇重藤支队第一批部队在常熟白茆口、徐六泾口附近登陆。

1937年11月15日,昆山沦陷。

1937年11月19日,苏州沦陷,同日常熟沦陷。

1937年到11月21日,日寇在苏州城北洋泾角村对群众进行集体屠杀。

1937年到12月3日,伪"苏州地方自治委员会"(俗称"苏州维持会")成立,陈则民任会长。

1938年6月初,伪"江苏省维新政府"成立,陈则民任伪省长兼财政厅厅长。

1938年7月1日,以常熟任天石的抗日游击队为基础,创建了中共直接领导的"常熟人民抗日自卫队"。

1939年5月,新四军一部进入苏南东路,称"江南抗日义勇军",简称"江抗"。6月,"江抗"夜袭浒墅关车站。

1939年10月底,"江抗"主力奉命撤离苏南东路。

1940年3月,国民党副总裁汪精卫在南京成立伪国民政府,苏州成为汪伪江苏省政府所在地。

1940年3月,苏州电气公司由日寇实行军管,随即由日伪控制的华中水电公司苏州办事处接管。

1940年4月,东南局和新四军军部派谭震林来到苏南东路,决定成立"江南人民抗日救国军",简称"新江抗",谭震林任司令。

1940年5月30日晚,10 000多抗日军民在"新江抗"领导下破坏锡沪公路。

1940年7月底,伪吴县知事郭曾基被刺杀。

1941年1月22日,"新江抗"政治部通令宣布,苏常太地区为苏南第一行政区,辖常熟、苏州、太仓和洋澄4县。

1941年4月1日,洋澄县县长陈鹤被捕,两个月后被害。

1941年5月11日,汪伪政权正式成立"清乡委员会",汪精卫任委员长,司令部设在苏州。

1941年5月,为贯彻"向太湖前进"的方针,新四军太湖游击支队进入苏西地区。

1941年7月1日,日伪势力对苏州的第一期清乡开始。

1941年冬,有原中学在东北街苏州天主教总堂成立,延续了苏城教会教育。

1942年2月起,日伪对苏州太湖地区实施"清乡"。

1943年5月,苏西抗日武装力量改为"太湖独立救国军",薛永辉任司令。

1944年9月9日,50多名抗日骨干正在太湖冲山岛集训时被300多名日军包围,坚持20多天后突出重围。

1944年年底,"太湖独立救国军"长枪队成立,至1945年发展成有两个连队的太湖县总队。不久又建立起抗日民主政权。

1945年7月,吴县抗日民主政府在黄桥恢复建置,赵建平任县长。

1945年9月30日,苏州至上海间的日军受降仪式在谢衙前国民政府军第94军第5师司令部举行,这标志着入侵苏州的日军正式缴械投降。

1945年10月初,地下党员徐懋德等6人创建了"文心图书馆",作为党的外围组织,积极"传播革命文化和进步思想"。

1946年6月,吴县教师罢教3天。在与当局多次协商后,以每月补贴1斗3升米而结束。

1946年8月13—15日,吴县道教整理委员会响应"救济苏北难民协会"号召,特请江西龙虎山第63代天师张恩溥在玄妙观建醮、诵经、拜忏,"普济群黎"。

1946年8月23日,大汉奸陈公博和褚民谊在苏州被执行死刑。

1946年12月30日,国立社会教育学院举行集会,抗议北平美军士兵强暴女大学生事件,次日成立"抗议美军暴行后援会",决定罢课3天,发表《告杜鲁门总统书》《告苏州人民书》等文告。

1947年5月,中共党员汪荣生在苏州东部的唯亭等乡镇积极组织农民抗丁、抗租,发展农会,至1949年初,由汪直接掌控的农会有11个,会员达四五万人。

1947年5月19日,省立苏州教育学院等校学生赴南京请愿,20日遭到国民党军警镇压,是为"五二〇血案"。

1947年12月初,中共太湖县特派员薛永辉以"太湖人民自卫总队部"司令兼政委名义发布告示,号召全体人民抗丁、抗粮和抗税。

1948年5月16日,农民千余人砸烂吴县黄埭联合收租栈。

1948年6月7日,苏州公立小学教师代表30余人赴教育局请愿,两天后,当局同意补发教师欠薪和按月发薪的要求。

1948年下半年起,国立社会教育学院在地下党组织领导下,先后成立"学生自治会"和教师"护校应变委员会",迎接解放。

1948年11月初开始,民盟苏州支部先后印发《简讯》《民工通讯》和《光明报》3份刊物,传播革命真理。

1948年11月中旬开始,吴县总工会要求资方按其工人的自编苏州生活指数结算工资。

1948年年底开始,苏州地下党组织得到中共华中工委江南工作委员会的指示,要求地下党员加紧对苏州的国民党党政机关、驻军、工厂、企业、商店和学校等方面的情况展开深入调查,以迎接解放、配合接管。

1949年1月7日,500多位农民捣毁了常熟何市联合收租栈。

1949年2月中旬,江南工委调查工作办公室整理的《苏州概况》,成为解放和接管苏州的重要地情参考资料。

1949年4月中旬,苏州地下党组织在乔司空巷志成小学设立临时指挥所,由张云曾、马崇儒和汪荣生等三人成立临时指挥组,统一指挥保护苏州的斗争。

1949年4月27日,苏州解放。

民国末年,吴江平望年产丝网6 000条,胜墩一村从事手工结网的人员达300人,八九岁儿童亦谙此业。

1949年中华人民共和国成立前夕,苏州城乡(包括所属五县)有天主教教徒26 981人。

1949年12月,国民党政权终结之时,苏州有教会学校23所。

参考文献

阿金：《祈雨》，《十日谈》1934年第37期。

阿英：《女弹词小史》，《小说三谈》，上海古籍出版社1979年。

阿英：《苏州书市》，《文汇报》1938年5月9日。

爱群：《在唯亭山的印象》，《消息》（上海）1933年第6卷第8期。

爱神：《发刊词》，《爱克司光》1922年3月10日。

安上："苏州佛教概况"，戒幢律寺档案："安上法师著作类：生前著作及文稿"，年代号：1999；卷号：2。

包厚昌：《胜利的旗帜永远飘扬在苏南的沃土上——忆解放战争中坚持在苏南东路地区的斗争片断》，《苏南日报》1951年7月5日。

包天笑：《钏影楼回忆录》，中国大百科全书出版社1984年。

包天笑：《衣食住行的百年变迁》。按，包天笑的这本著述登载于香港《新晚报》1973年7月5日到10月6日；苏州市政协文史编辑室另行编印成一册，无日期。

抱一：《徐公桥晓行》，《教育与职业》1929年第103期。

《北局开凿自流井建筑水塔了望台》，《苏州明报》1934年11月9日。

贝晋美：《苏州昆剧传习所和曲社》，苏州市政协文史资料委员会：《苏州文史资料》（第1—5合辑），1990年。按，以下《苏州文史资料》《苏州史志资料选辑》等苏州以及下辖各县、市文史资料辑录皆省略编者；贝晋美，即贝晋眉。

贝织芸口述，张伟应访录整理：《贝晋眉的家人家事》，《苏州史志资料选辑》2011年刊。

皕诲：《本杂志十年来之回顾》，《青年进步》1927年第100册。

病禅：《民众娱乐问题》，《新周庄》1923年5月16日。

卜鉴民：《拂去岁月的封尘：苏州市区民族工商业旧迹（上）》，文汇出版社2013年。

"财政金融规章制度"，苏州档案馆：苏州商会档案I14—2—533。

蔡贵三：《伯乐中学追记》，《苏州史志资料选辑》2007年刊。

蔡利民、陈俊才：《太湖渔民的保护神——夏禹》，《中国民间文化》第 18 辑，学林出版社 1995 年。

曹凤渔：《百余年来苏州市书场设置概况》，《评弹艺术》第 9 期，1988 年。

曹家俊：《常熟天主教史》，《常熟文史资料选辑》下册，上海社会科学院出版社 2009 年。

曹师柳：《淞沪之役大军云集常熟时的片断回忆》，《文史资料辑存》第 2 辑，1984 年重印。

曹棠：《苏州浒墅关地方经济状况调查报告书》，《苏农通讯》1947 年第 5 期。

曹喜琛、叶万忠：《苏州丝绸档案汇编》（上、下），江苏古籍出版社 1995 年。

《草鞋山畔，盛极一时》，《苏州明报》1929 年 9 月 9 日。

《茶馆儿》，《盛京时报》1936 年 5 月 9 日。

梅李镇志编纂委员会：《梅李镇志·梅李卷》，上海辞书出版社 2006 年。

梅李镇志编纂委员会：《梅李镇志·赵市卷》，上海辞书出版社 2006 年。

梅李镇志编纂委员会：《梅李镇志·珍门卷》，上海辞书出版社 2006 年。

江苏省常熟市福山镇人民政府：《福山镇志》，东南大学出版社 1992 年。

《常熟沦陷后傀儡登场办学校》，《申报》1938 年 10 月 15 日。

常熟农民协会：《常熟农民》（未刊），1928 年，上海图书馆藏。

常熟市档案馆：《江苏省常熟县农村实态调查报告书》，承载译，中央党史出版社 2006 年。

《常熟之经济状况》，《中外经济周刊》1927 年第 214 期。

超麟：《苏州铁机工潮之悲愤》，《布尔什维克》1927 年第 2 期。

陈碧云：《农村破产与农村妇女》，《东方杂志》1935 年第 32 卷第 5 号。

陈刚：《常熟人民抗日自卫队成立的前前后后》，《文史资料辑存》第 8 辑，1981 年。

陈顾远：《中国婚姻史》（影印本），上海文艺出版社 1987 年。

《陈鹤烈士传略》，《吴县党史资料》第 1 辑，1984 年。

陈华东：《一九四九年苏州纪事》，《苏州杂志》2008 年第 1 期。

苏州市地方志编纂委员会：《苏州市志》（共三册），江苏人民出版社 1995 年。

陈济龚：《苏州唯亭山改进农村事业的调查》，《政治评论》1935 年第 149 号。

陈君谋：《常熟民众教育史略(1927—1949)》，《常熟文史资料》第 19 辑，1991 年。

陈辽：《叶圣陶传记》，江苏教育出版社 1986 年。

陈明金：《猛将会》，《吴江风情》，天津科学技术出版社 1993 年。

陈启东：《一九二七年苏州城建规划与实施》，《苏州文史资料选辑》第 1、2 合辑，1989 年。

陈汝衡：《说书小史》，(上海)中华书局 1936 年。

陈实：《苏州最早的尸体解剖纪略》，《苏州史志资料选辑》第 8 辑，1988 年。

陈实：《一九二六年吴门大疫记略》，《苏州文史资料选辑》第 11 辑，1983 年。

陈惺轩：《"己未俭德社"纪事》，《文史资料辑存》第 11 辑，1984 年。

陈序经：《乡村建设运动》，上海大东书局 1946 年。

陈耀明：《冶塘镇志》，上海科学技术文献出版社 2002 年。

陈珍棣：《柏乐文与博习医院》，《苏州杂志》2004 年第 2 期。

陈正祥：《中国文化地理》，生活·读书·新知三联书店 1983 年。

陈植、张宗象：《青年会的人格教育》，《同工》1933 年第 119 期。

陈醉云：《姑苏散曲》，《东方杂志》1933 年第 30 卷第 8 号。

诚静怡：《本色教会之商榷》，《中华基督教文社月刊》1926 年第 1 卷第 1 期。

《城区设立公共电话处》，《苏州明报》1930 年 9 月 2 日。

《城厢各处装设公用电话》，《苏州明报》1935 年 2 月 15 日。

乘黄：《啜茗趣谈》，《申报》1929 年 5 月 10 日。

程锦钰：《民间曲艺一枝花——丝弦宣卷》，《昆山习俗风情》，1994 年。

程瘿鹤、陆孟芙：《虞社小史》，《文史资料辑存》第 3 辑，1982 年重印。

程小青：《苏州吴语学校概况》，《苏州文史资料》(第 1—5 合辑)，1990 年。

程瞻庐：《吴侬趣谈》，王稼句：《吴门柳——名人笔下的老苏州》，北京出版社 2001 年。

程宗骏：《左翼剧运与苏州》，《苏州文史资料选辑》第 13 辑，1984 年。

《冲喜》，《医学周刊集》1932 年第 6 卷第 3 期。

锄奸：《禁赌感言》，《木渎周刊》1922 年 129 期。

储劲：《五年来的唯亭山写真》，《教育与民众》1934 年第 5 卷第 9 期。

垂露：《游园小记》(上)，《苏州中报》1927 年 8 月 4 日。

《春季种痘》，《苏州明报》1936年5月27日。

次孟：《苏州出赛驱瘟会》，《时报》1926年7月30日。

《催租激成民变》，《生活知识》1936年第1卷第7期。

《大批乡农集体暴动》，(常熟)《青年日报》1949年1月8日。

戴国兴：《黎明前的战斗》，《苏州杂志》1989年第1期。

戴逸青：《音乐和人生》，《苏州艺术》1927年第2号。

[德]鲁道夫·奥托：《论"神圣"》，成穷、周邦宪译，四川人民出版社1995年。

[德]马克斯·韦伯：《儒教与道教》，王容芬译，商务印书馆1999年。

《电话局装设公用电话》，《苏州明报》1930年9月14日。

丁逢甲：《吴江风俗记》，《妇女杂志》1916年第2卷第2号。

丁紫冠：《丁趾祥与盛泽丝绸业》，《吴江文史资料》第25辑，2010年。

杜培玉、陆廉德：《黎里镇志》，江苏教育出版社1991年。

段本洛、张圻福：《苏州手工业史》，江苏古籍出版社1986年。

段本洛：《历史上苏南多层次的工业结构》，《历史研究》1988年第5期。

段本洛：《中国资本主义的产生和早期资产阶级》，苏州大学出版社1996年。

[俄]巴赫金：《陀思妥耶夫斯基诗学问题》，白春仁、顾亚铃译，生活·读书·新知三联书店1988年。

《发刊词》，《常熟医学会月刊》1922年9月11日。

《发刊词》，《斐社》1923年4月5日。

[法]爱弥尔·涂尔干：《宗教生活的基本形式》，渠东、汲喆译，上海人民出版社2006年。

[法]布罗代尔：《十五至十八世纪的物质文明、经济和资本主义》第1卷，顾良、施康强译，生活·读书·新知三联书店1992年。

樊泱：《日军在洋泾角村大屠杀暴行调查记》，《苏州史志资料选辑》第1辑，1988年。

饭牛翁：《论说书宜改良》，《小说新报》1932年第8卷第7期。

范伯群：《试论鸳鸯蝴蝶派》，《礼拜六的蝴蝶梦》，人民文学出版社1989年。

范烟桥：《弹词论》，《苏州文史资料选辑》第11辑，1983年。

范烟桥：《民国旧派小说史略》，《鸳鸯蝴蝶派研究资料》(上)，上海文艺出版社1984年。

范烟桥:《星社感旧录》,《宇宙》1948年第3期。

范烟桥:《周末新村》,《礼拜六》1946年第15期。

方旭红:《集聚·分化·整合:1927—1937年苏州城市化研究》,合肥工业大学出版社2011年。

方舟:《山地货行》,《申报》1936年6月9日。

方子庆:《董志尧在甪直"五高"》,《吴县文史资料》第12辑,2000年。

房龙:《苏州农民暴动的经过与前瞻》,《劳动季报》1935年第4期。

房龙:《天堂的毁灭》,《劳动季报》1936年第9期。

费成康:《中国家族传统礼仪》,上海社会科学院出版社2003年。

费成康:《中国的家法族规》,上海社会科学院出版社1998年。

费孝通、[日]鹤见和子等:《农村振兴和小城镇问题》,江苏人民出版社1991年。

费孝通:《1936—1938留英记》,《芳草天涯——费孝通外访杂文选集》,苏州大学出版社1994年。

费孝通:《江村经济:中国农民的生活》,戴可景译,江苏人民出版社1986年。

费孝通:《乡土中国 生育制度》,北京大学出版社1998年。

费孝通:《乡土重建》,上海观察社1948年。

费孝通:《中国绅士》,中国社会科学出版社2006年。

[芬]韦斯特马克:《人类婚姻史》(影印本),王亚南译,上海文艺出版社1988年。

枫隐:《一个催甲的写真》,《新声》1921年第3期。

封熙卿:《京沪铁路浒墅关站经济调查》,《铁道》1933年第4卷第3期。

封熙卿:《京沪铁路唯亭站之经济调查》,《铁道》1933年第3卷第16期。

"苴溪蚕种制造厂致吴县县商会",苏州市档案馆:苏州商会档案I14—2—272。

冯超然、谢绳祖、穆藕初:《敬告提倡国粹之韵学家》,《申报》1921年3月23日。

冯春法:《热闹的香山庙会》,《香山揽胜》,新华出版社1994年。

《冯达关于省立苏州中学学生参加五四运动的回忆》,《苏州史志资料选辑》第1辑,1984年。

冯尔康:《清人生活漫步》,中国社会出版社1999年。

冯筱才:《劳资冲突与"四·一二"前后江浙地区的党商关系》,《史林》2005年第1期。

冯英子:《汉奸》,《苏州杂志》1995年第4期。

冯英子:《回忆苏州实验剧团》,《吴县文史资料》第3辑,1986年。

冯英子:《吴宫花草》,古吴轩出版社1999年。

凤子:《消闲》,《申报》1935年5月13日。

《服务社会》,《苏州青年》1922年第6期。

府玉良主编:《撷彩北桥》,百花文艺出版社2012年。

傅葆琛:《乡村生活与乡村教育》,江苏省立教育学院研究实验部刊行,1930年。

傅玉符:《苏州农民暴动》,《妇女共鸣》1934年第3卷第10期。

甘兰经:《江苏省立教育学院创办琐闻》,《苏州文史资料选辑》第11辑,1983年。

甘豫源:《忆俞庆棠老师》,《太仓文史资料辑存》1985年第3辑。

冈:《不断的轰雷》,《妇女生活》1936年第3卷第1期。

《高仓正三〈苏州日记〉摘抄》,《苏州杂志》1996年第3期。

高荣林:《辛庄镇志》,上海社会科学院出版社2003年。

高增德、丁东:《世纪学人自述》,十月文艺出版社2002年。

《哥哥送老婆给亲弟弟》,《海晶》1946年第39期。

"各省商联会总事务所通函",苏州市档案馆:苏州商会档案I14—2—536/5。

《各县医院及种痘检疫局所表》,江苏省内务司:《江苏省内务行政报告书》(下编),1914年印。

更生:《五卅惨案的追想》,(吴江)《大分湖》1925年8月1日。

公公:《灾工声中双阳会》,《新盛泽》1924年5月1日。

龚乃光:《太仓县志》,江苏人民出版社1991年。

龚振黄:《青岛潮》,《苏州史志资料选辑》第1辑,1984年。

古蓨孙:《甲子内乱始末纪实》,中华书局2007年。

谷苇:《艺术来自民间》,《解放日报》1962年4月22日。

顾笃璜:《说昆剧传习所》,苏州昆剧传习所等:《苏州昆剧传习所纪念集》(内部资料),2006年6月。

顾鸿希等:《常熟评弹史话》,《文史资料辑存》第12辑,1985年12月。

顾颉刚:《〈隔膜〉序》,叶至善等:《叶圣陶集》第一卷,江苏教育出版社1987年。

顾颉刚:《顾颉刚自传》,北京大学出版社2012年。

顾颉刚:《苏州的历史和文化》,《苏州史志资料选辑》第2辑,1984年9月。

顾颉刚:《苏州近代乐歌》,《顾颉刚民俗学论集》,上海文艺出版社1998年。

顾颉刚:《苏州史志笔记》,江苏古籍出版社1987年。

顾颉刚:《我辜负了陈翼龙烈士的重托》,政协全国委员会文史资料研究委员会:《文史资料选辑》第75辑,1981年。

顾美珍:《张应春传》,《张应春纪念集》,江苏文史资料编辑部1999年。

顾庆中:《国破山河碎,师生爱国情》,《昆山文史》第9辑,1990年。

顾友云、缪介夫:《杨舍茶馆史话》,《沙洲文史资料选辑》第4辑,1985年3月。

顾雨时:《千灯纪韵》,江苏人民出版社2008年。

顾毓泉:《手艺工艺与农村复兴》,《东方杂志》1935年第32卷第7号。

顾仲彝:《喝茶》,《论语》1947年第135期。

《寡妇叹》,《阳澄渔歌》,大众文艺出版社2007年。

《关于轧神仙》,《苏州新报》1939年6月1日。

《归感乡·二月二日拜土地》,《常熟市乡报》1923年3月21日。

郭大力:《生产建设论》,经济科学出版社1947年。

郭静洲:《张冀牖的传奇人生》,《苏州史志资料选辑》2009年刊。

郭廷以:《近代中国史纲》,格致出版社、上海人民出版社2009年。

郭孝义:《江苏航运史》(近代部分),人民交通出版社1990年。

《国人纷起营救救联七领袖》,《救国时报》1937年7月20日。

海角秋声:《说书取材论》,《申报》1925年5月31日。

含凉:《苏州藏书》,《七日谈》1946年第17期。

韩铎、沈春荣:《吴江县志》,江苏科学技术出版社1994年。

《合镇绅商送龙王》,《常熟日日报》1923年9月9日。

何芳洲:《求雨》,《论语》1934年第146期。

何赓虎:《吴县农民》,苏州光福迁里农民夜校,1928年。

黑人:《苏州的印象》,《礼拜六》1936年第637期。

横云阁主:《乡谈》,《茶话》1946年第3期。

虹霓:《苏州的教会学校(下)》,《社会周报》1934年第1卷第24期。

洪殿扬:《到徐公桥去》1930年第6期。

洪瑞坚:《苏州抗租风潮之前因后果》,《地政月刊》1936年第4卷第10期。

侯楷炜:《东桥镇志》,上海社会科学院出版社2012年。

侯元璋:《有原中学的简略回顾》,《苏州文史资料》第11辑,1983年。

忽戈:《谈妇女职业》,《申报》1936年5月16日。

胡积蕊:《从说书讲到民众教育》,《民众园地》1932年第1卷第2期。

胡觉民:《抗战时期苏州见闻》,《苏州文史资料》(第1—5合辑),1990年。

胡觉民:《苏州报刊六十年简史》,《苏州文史资料》(第1—5合辑),1990年。

胡金楠:《金山石史话》,苏州市吴中区吴地历史文化研究会,2003年。

胡军:《中国道教音乐简史》,华龄出版社2000年。

胡耐秋:《女革命战士张应春》,中国人民政治协商会议江苏省委员会文史资料研究委员会:《江苏文史资料选辑》第10辑,江苏人民出版社1982年。

胡朴安:《中华全国风俗志》(下编),河北人民出版社1986年。

胡子婴:《回忆"一二八""七七"上海抗日救亡运动的发展》,《党史资料丛刊》1981年第1辑。

胡子婴:《七君子狱中反诱降斗争》,全国政协文史资料委员会:《文史资料选辑》第82辑,文史资料出版社1982年。

《沪公团对苏州铁机工潮之反响》,《申报》1927年10月21日。

沪江大学青年会:《农村公民教育之一试》,刊行者不详,1930年。

《花边业复兴》,《申报》1937年4月23日。

《花边业重遭败颓》,《申报》1937年6月8日。

华东军政委员会土地改革委员会:《江苏省农村调查》(未出版),1952年12月。

焕文:《乡村社会的目睹》,《新盛泽》1924年7月21日。

黄冰如:《反饥饿斗争记实》,《苏州杂志》1989年第4期。

黄烽:《新四军六团东进纪实》,《吴县党史资料》第2辑,1990年。

黄裳吉:《木渎民教事业的始末》,《吴县文史资料》第10辑,1993年7月。

黄守璋等:《苏州米价概况》,《苏州史志资料选辑》第11、12合辑,1989年。

黄新华:《民国年间苏州道教考》,《中国道教》2008年第4期。

黄炎培:《八十年来——黄炎培自述》,文汇出版社2000年。

黄炎培:《五六镜》,上海生活书店1935年。

黄炎培：《题沈肖韵姑丈毓庆遗像》，《苞桑集》卷一，上海开明书店 1946 年。

黄炎培：《我来整理整理职业教育的理论和方法》，《教育与职业》1930 年第 100 期。

黄炎培：《徐公桥秋望三首》，《苞桑集》卷一，上海开明书店 1946 年。

黄炎培：《与安亭青年合作社谈乡村事业》，《教育与职业》1929 年第 103 期。

黄炎培：《怎样办职业教育》，《职业与教育》1931 年第 127 期。

黄炎培：《张仲仁先生传》，张一麐：《古红梅阁笔记》，上海书店出版社 1998 年。

黄炎培：《职业教育机关惟一的生命是怎么》，《教育与职业》1930 年第 113 期。

黄炎培：《职业教育之理论与实际》，中华职业教育社 1923 年。

黄炎培：《黄墟的背景》，《黄墟》1930 年第 1 期。

黄志良：《重续评弹情》，周良：《评弹艺术》第 38 集，2007 年 12 月。

《机户失业之救济》，《同工》1934 年第 130 期。

《茧行》，《申报》1937 年 6 月 7 日。

骞：《苏州举行若狂之"轧神仙"》，《礼拜六》1934 年第 557 期。

《建设局拟具廿三年度施政大纲》，《苏州明报》1934 年 6 月 9 日。

剑平：《我对于沪案之观察并告公正外人——六日苏州东吴大学讲演》，《苏州史志资料选辑》第 1 辑，1984 年。

健帆：《弹词中的付丑》，《申报》1945 年 12 月 9 日。

江恒源：《"富教合一"主义》，《教育与职业》1930 年第 108 期。

江恒源：《徐公桥》，中华职业教育社 1929 年。

《江南农民大暴动之开始》，《布尔什维克》1927 年第 4 期。

（江苏）《江阴县续志》，1921 年刻本。按，以下除特别注明外，此类地方志皆见丁世良、赵放：《中国地方志民俗资料汇编》（华东卷上），书目文献出版社 1995 年。

（江苏）《昆新两县续补合志》，1923 年铅印本。

江苏省档案馆：《江苏农民运动档案史料选编》，档案出版社 1983 年。

《江苏农民运动计划》，《中央政治通讯》1927 年第 18 期。

江苏省常熟市文化局：《中国·白茆山歌集》，上海文艺出版社 2002 年。

江苏省江阴市地方志编纂委员会：《江阴市志》，江苏人民出版社 1992 年。

"江苏省实业厅厅长姜可生致吴县商会主席",苏州市档案馆:苏州商会档案 I14—2—454/56。

《江苏省苏州电话局概况》,苏州市档案馆:苏州商会档案 I14—1—601。

《江浙大战记》,上海共和书局 1924 年。

《江浙各界对于沪案之援助·苏州》,《申报》1925 年 6 月 13 日。

《江浙和平公约成立》,中国第二历史档案馆:《中华民国史档案资料汇编》第 3 辑,江苏古籍出版社 1991 年。

姜长林:《深切悼念张应春烈士》,《吴江文史资料》第 1 辑,1983 年。

杰夫:《苏州印影》,《道路月刊》1923 年第 6 卷第 3 号。

金帆、秉恒:《漫话苏州女》,《万影》1936 年第 4 期。

金鹤冲:《避难日记》,《苏州杂志》1995 年第 4 期。

金霁虹:《农村破产后的春蚕》,《苏州乡村通讯》1934 年第 1 卷第 11 期。

金监:《乡村教育》,《莫厘风》1947 年第 2 卷第 2 期。

金孟远:《吴门新竹枝词》,苏州市文化局:《姑苏竹枝词》,百家出版社 2002 年。

金文胤:《水乡"船会"》,《姑苏晚报》1995 年 11 月 4 日。

金性尧:《苏台散策记》,王稼句:《吴门柳——名人笔下的老苏州》,北京出版社 2001 年。

金秀华:《虎丘镇志》,上海社会科学院出版社 2003 年。

金煦:《中国·芦墟山歌集》,上海文艺出版社 2004 年。

金易:《从戏剧说到社会教育》,《常熟教育》1933 年。

金云良:《饮水思源忆印公》(内部资料),1998 年。

金云良:《张一麐先生轶事》,《吴县文史资料》第 4 辑,1987 年。

镜我:《宣言》,《虞阳晚报》1921 年 6 月 20 日。

《救国入狱运动宣言》,中共苏州市委统战部等:《七君子在苏州狱中》,1986 年。

爵士:《苏州的茶馆》,《光芒》1934 年第 1 卷第 12 号。

孔德润:《巴城镇志》,上海人民出版社 1991 年。

昆曲保存社:《〈度曲一隅〉跋》(1921 年 4 月),《穆藕初文集》,上海古籍出版社 2011 年。

《昆山县徐公桥乡区社会状况调查报告书》,李文海:《民国时期社会调查编》(二编·乡村社会卷),福建教育出版社 2009 年。

兰:《杂记苏州》,《评论与通讯》1934年第1卷第1期。

老钉:《演剧可以已矣》,《新盛泽》1924年7月1日。

《雷击孀妇》,《益闻录》1881年第113期。

李炳华:《绸都赋》,古吴轩出版社2005年。

李炳华:《盛泽镇志》,江苏古籍出版社1991年。

李涵:《吴地工艺美术》,古吴轩出版社2007年。

李纪福:《古城火种——文化沧浪的红色记忆》,上海文艺出版社2011年。

李良鹏:《基督教农运的理想和实施》,《言论界》1936年第12卷第7期。

李露露:《妈祖信仰》,学苑出版社1994年。

李尚全:《明开法师:生平与著述》,甘肃人民出版社2009年。

李炎锟:《民国元年常熟之一瞥》,《常熟文史》第29辑,2001年。

李亦园:《人类的视野》,上海文艺出版社1996年。

李忠萍:《近代苏州公共卫生研究(1906—1949)》,苏州大学博士论文,2014年。

李宗黄:《考察江宁邹平青岛定县纪实》,(南京)正中书局1935年。

里尼:《苏州的剧运》,《文化列车》1933年第4期。

《利用赛会演讲》,《申报》1919年5月25日。

梁漱溟:《人心与人生》,学林出版社1984年。

梁小初:《余日章先生对于青年会之贡献》,《同工》1936年第151期。

梁一波:《中国·河阳宝卷集》,上海文化出版社2007年。

梁治平:《清代习惯法:社会与国家》,中国政法大学出版社1999年。

列宁:《俄国资本主义的发展》,《列宁全集》第1卷,人民出版社1984年。

列宁:《民粹主义的经济内容》,《列宁全集》第1卷,人民出版社1984年。

列宁:《我们究竟拒绝什么遗产?》,《列宁全集》第2卷,人民出版社1959年。

林柏德:《青年会的宗教特质》,《同工》(复刊)1947年第2期。

林语堂:《吾国与吾民》,群言出版社2010年。

灵修:《苏州农民暴动》,《现代新闻》1934年第1卷第3期。

凌惠民:《常熟基督教圣公会近百年概况(公元1858—1958年)》,《常熟文史资料选辑》上册,上海社会科学院出版社2009年。

凌莘子、徐因时:《参观徐公桥新村记》,《江苏教育通讯》1933年第1卷第4期。

凌寿祺：《浒墅关志·风俗》，道光七年（1826）刻本。

凌耀伦、熊甫、裴倜：《中国近代经济史》，重庆出版社1982年。

刘保洞：《火烧"阎王殿"》，《张家港文史资料选辑》第8辑，1989年。

刘飞：《阳澄湖畔》，《雨花》1961年第7期。

刘夫：《苏州通讯：饥饿啊！江南》，《经济周报》1948年第7卷第21期。

刘鸿生：《我为什么拥护共产党》，《新闻日报》1956年10月4日。

刘纪荣、李伟中：《清末民初"废庙兴学"的历史人类学考察》，《玉林学院学报》2007年第6期。

刘家峰：《中国基督教乡村建设运动研究（1907—1950）》，华中师范大学博士论文，2001年。

刘俐娜：《顾颉刚自述》，河南人民出版社2005年。

刘丕基：《蝗虫合群和封口的误解》，《民间旬刊》1931年第28期。

刘铁群：《现代都市未成型时期的市民文学——〈礼拜六〉杂志研究》，中国社会科学出版社2008年。

刘廷芳：《为本色教会研究中华民族宗教经验的一个草案》，《真理与生命》1926年第1卷第7期。

刘锡龄：《社会迷信之一斑》，《大常识》1930第148期。

刘兴唐：《兄终弟及婚》，《东方杂志》1936年第33卷第21号。

刘增人：《叶圣陶传》，江苏文艺出版社1995年。

留华：《苏州女儿》，《新女性》1944年创刊号。

柳静（柳均权）：《忆同窗好友张应春烈士》，《吴江文史资料》第1辑，1983年。

柳无非：《我们的父亲柳亚子》，中国友谊出版公司1989年。

柳亚子：《〈学习词典〉叙》，柳亚子文集编辑委员会：《磨剑石文录》（下），上海人民出版社1993年。

柳亚子：《陈巢南先生五十寿叙》，柳亚子文集编辑委员会：《磨剑室文录》（上），上海人民出版社1993年。

柳亚子：《对于上海大惨剧的感想》，柳亚子文集编辑委员会：《磨剑石文录》（上），上海人民出版社1993年。

柳亚子：《南社纪略》，上海人民出版社1983年。

柳亚子：《秋石女士传》，柳亚子文集编辑委员会：《磨剑石文录》（下），上海人民出版社1993年。

柳亚子：《汪大千传略》，柳亚子文集编辑委员会：《磨剑石文录》(下)，上海人民出版社1993年。

柳亚子：《致徐梦鸥》，《书信辑录》，上海人民出版社1985年。

柳无忌、柳无非：《柳亚子文集——自传·年谱·日记》，上海人民出版社1986年。

柳亚子：《分湖诗钞》，江苏人民出版社2009年。

柳袁照：《振华之路·苏州十中百年纪程》，古吴轩出版社2006年。

娄东等：《江苏兵灾调查纪实：太仓县》，江苏兵灾各县善后联合会1924年编印。

卢文炳纂、金菊林录：《吴县乡土小志》，《苏州文史资料选辑》第1、2合辑，1989年。

鲁迅：《1918年8月20日致许寿裳》，《鲁迅全集》第11卷，人民文学出版社1981年。

鲁迅：《关于太炎先生二三事》，《鲁迅全集》第6卷，人民文学出版社1981年。

甪直民众教育馆：《除虫与抬猛将》，《吴县教育》1934年第2卷第11、12期。

陆传镛：《忆一九二七年昆山农民协会》，《昆山文史》第3辑，1984年。

陆亨俊：《一个实实在在的好人——薛杰》，《苏州杂志》1999年第4期。

陆健德：《太仓民谣》，西泠印社2010年。

陆景宣：《我所知道的吴县县立中学》，《苏州文史资料》第11辑，1983年。

陆孟芙、沈芳畦：《一九三七年常熟沦陷记》，《文史资料辑存》第2辑，1984年重印。

陆叔昂：《农村改进之路》，《教育与职业》1933年第2期。

陆叔昂：《三周岁之徐公桥》，中华职业教育社1931年。

陆泰：《太仓人民革命斗争史(1919—1949)》，南京大学出版社1991年。

陆文夫：《道山亭畔忆旧事》，《苏中教育》1980年第1期。

陆咸：《迎接黎明》，《苏州杂志》1999年第2期。

鹿平：《苏州的收租米》，《农业周刊》1934年第3卷第42期。

罗汾庆、胡振青：《浒浦志》(未出版)，常熟市浒浦镇政府1990年。

吕泉根、沈泾潜：《分湖长忆碧血花——张应春烈士六十周年祭》，《苏州杂志》1991年第3期。

吕廷君：《订婚制度的演变及其法理透视》，谢晖、陈金钊：《民间法》第1卷，山东人民出版社2002年。

吕宗力、栾保群：《中国民间诸神》，河北教育出版社2001年。

马东明：《江南农村中的高利贷》，《群众》1947年第28期。

马觐伯：《乡村旧事——胜浦记忆》，古吴轩出版社2009年。

马克思：《资本论》第1卷（上），人民出版社1975年。

马敏、肖芃、肖芃：《苏州商会档案丛编》第4辑，华中师范大学出版社2009年。

马敏、祖苏、肖芃：《苏州商会档案丛编》第2辑，华中师范大学出版社2004年。

马敏、朱英：《传统与近代的二重变奏——晚清苏州商会个案研究》，巴蜀书社1993年。

马书田：《华夏诸神》，北京燕山出版社1990年。

马毓泉等，《迟来的纪念》，《苏州史志资料选辑》2000年刊。

麦浪：《关于农村电影的一些偏向》，《申报》1924年7月20日。

曼明：《南园生活调查报告》，《振华女学校季刊》1935年第1卷第4期。

毛啸岑：《我在大革命中》，《吴江革命史料选》（内部资料），1988年。

毛羽满：《记苏垣爱国耆绅张仲仁先生》（上），《苏州文史资料选辑》第10辑，1983年。

毛羽满：《记苏垣爱国耆绅张仲仁先生》（下），《苏州文史资料选辑》第11辑，1983年。

毛泽东：《论持久战》，《毛泽东选集》（一卷本），人民出版社1964年。

毛泽东：《上海太原失陷以后抗日战争的形势和任务》，《毛泽东选集》（一卷本），人民出版社1964年。

毛泽东：《新民主主义论》，《毛泽东选集》（一卷本），人民出版社1964年。

毛泽东：《怎样分析农村阶级》，《毛泽东选集》（一卷本），人民出版社1964年。

毛泽东：《中国的红色政权为什么能够存在?》《毛泽东选集》（一卷本），人民出版社1964年。

毛泽东：《中国革命和中国共产党》，《毛泽东选集》（一卷本），人民出版社1964年。

毛泽东：《中国社会各阶级的分析》，《毛泽东选集》（一卷本），人民出版社

1964年。

茅盾：《复杂而紧张的生活、学习和斗争》，《新文学史料》1979年第4辑。

《梅李市·赛会盛举》，《常熟日日报》1919年5月28日。

梅雪：《会的预谶》，《申报》1934年7月26日。

[美]E.希尔斯：《论传统》，傅铿、吕乐译，上海人民出版社2009年。

[美]埃弗里特·M.罗吉斯等：《乡村社会变迁》，王晓毅、王地宁译，浙江人民出版社1988年。

[美]凡勃伦：《有闲阶级论——关于制度的经济学研究》，蔡受百译，商务印书馆2002年。

[美]杰弗瑞·戈比：《你生命中的休闲》，康筝译、田松校译，云南人民出版社2000年。

[美]克莱德·伍兹：《文化变迁》，施惟达、胡华生译，云南教育出版社1989年。

[美]马文·哈里斯：《文化人类学》，李培茱、高地译，东方出版社1988年。

[美]托马斯·哈定等：《文化与进化》，韩建军、商戈令译，浙江人民出版社1987年。

[美]邢军：《革命之火的洗礼：美国社会福音和中国基督教青年会，1919—1937》，上海古籍出版社2006年。

《猛将会之盛况》，《新周庄》1923年9月16日。

《猛将堂看大蜡烛》，《苏州新报》1941年2月10日。

孟晖：《苏州散记——农业都市的剪影》，《民间》（北平）1936年第3卷第2期。

民盟苏州市委员会编史小组：《〈光明报〉与民盟组织在苏州解放前夕的地下活动》，《苏州文史资料选辑》第12辑，1984年。

莫金根等口述，王志强等整理：《长桥劳工案》，中共苏州市吴中区委宣传部：《苦难与抗争——抗战期间的吴中》（内部资料），2007年。

《木渎小志》，苏州观前街利苏印书社1928年。

木渎镇分事务所："函为请函商苏州电话局，加添苏渎线路，以利商市消息由"，1934—10—11。苏州市档案馆：苏州商会档案I14—2—528/56。

穆藕初：《昆曲谈》，《申报》1922年2月8日。

《闹荒风潮之损失调查》，《苏州明报》1934年11月2日。

《闹荒风潮昨已平静》，《苏州明报》1934年10月24日。

"拟请取消油类特税案",苏州市档案馆：苏州商会档案 I14—2—375/36。

《牛痘施种局实行开种》,《苏州明报》1926 年 3 月 15 日。

牛钊：《老苏州竹枝词》,《苏州杂志》2002 年第 6 期。

《农民协会赶制捕蝗袋》,《苏州明报》1928 年 7 月 23 日。

潘传春、郁乃尧、顾建国：《回忆原野图书馆》,《苏州史志资料选辑》2003 年刊。

潘家驹：《抗战时期的苏州"自治会"》,《苏州文史资料》(第 1—5 合辑),1990 年。

潘圣一：《苏州的藏书家》,《苏州文史资料》(第 1—5 合辑),1990 年。

《潘月樵请用国货》,《申报》1912 年 3 月 4 日。

潘泽苍：《木渎庙会忆旧》,《吴县文史资料》(吴县工商史料专辑),1992 年 10 月。

庞寿康：《旧昆山风尚录(续选)》,《昆山习俗风情》(内部资料),1994 年 1 月。

庞遮鸣：《最新苏州游览指南》,大东书局 1930 年 3 月印行。

佩珊：《荒僻的乡镇(同里通讯)》,《人言周刊》1934 年第 1 卷第 7 期。

彭本乐：《评弹名家录》,周良：《演员口述历史及传记》,古吴轩出版社 2011 年。

平襟霞：《光裕社同人建立纪念幢序》,周良：《苏州评弹旧闻钞》(增补本),古吴轩出版社 2006 年。

平望镇志办公室：《平望丝网》,《吴江文史资料》第 7 辑,1988 年 6 月。

浦鉴初：《鸿生火柴厂简史》,《苏州史志资料选辑》第 6 辑,1986 年。

浦亮元、徐鹤亭：《苏纶纱厂的回顾》,《苏州文史资料选辑》第 9 辑,1987 年。

《祈祷和平大醮开始》,《苏州明报》1946 年 8 月 14 日。

《千钧一发之缂丝工艺——在苏州》,《手工艺》1948 年第 23 期。

原南京国民政府司法行政部编：《民事习惯调查报告录》(下),中国政法大学出版社 2000 年。

钱乘旦：《现代化研究的理论与实践》,《光明日报》2016 年 7 月 6 日。

钱企伟、俞燕棠：《浒墅关席公所及其钱币》,《吴县文史资料》第 7 辑,1990 年。

钱咸：《苏沪间乡镇社会妇女的生活》,《妇女生活》1929 年第 15 卷第 4 期。

钱志超：《苏州的农潮》，《生活知识》1936年第2卷第2期。

《抢亲恶习宜革除》，(绍兴)《越铎日报》1918年11月4日。

乔继堂：《中国崇拜物》，天津人民出版社1991年。

乔增祥主纂、梅成分纂：《吴县》(城区附刊)，吴县县政府社会调查处，1931年10月。

秦邦宪：《病榻琐记——五卅惨案苏州运动中之几节片段回忆》，《苏州史志资料选辑》第1辑，1984年。

秦孝仪：《中华民国史料丛编——十年来之中国经济建设(1927—1937)》，(台北)"中国国民党中央委员会党史委员会"1976年影印本。

琴章：《苏州之刺绣》，《国货评论刊》1928年第2卷第7期。

[清]方苞：《方苞集》，上海古籍出版社1983年。

[清]沈藻采：《元和唯亭志》，徐维新点校，方志出版社2001年。

[清]袁景澜：《吴郡岁华纪丽》，江苏古籍出版社1998年。

《请愿学生抵昆苏后昨晚有一部学生返沪》，《申报》1935年12月26日。

庆霖：《神仙是轧不到的了》，《苏州新报》1941年5月9日。

邱槭：《关于齐卢之战的诗稿一束》，《昆山文史》第1辑，1983年。

秋文：《坐茶馆》，《盛京时报》1936年6月21日。

秋文：《坐谈茶馆》，《盛京时报》1936年1月28日。

瞿鸿烈：《常熟市志》(修订本)，上海辞书出版社2006年。

瞿鸿烈：《常熟市志》，上海人民出版社1990年。

瞿涌晨：《武术之乡》，《香山揽胜》，新华出版社1994年。

蘧：《赛会小言》，《新盛泽》1923年9月1日。

仁：《马如飞轶事》，《上海生活》1939第3卷第6期。

任传济：《陈去病与家乡戏剧活动》，《吴江文史资料》第4辑，1985年。

任祖述：《农民"抗租"地主"欠赋"问题(吴江通讯)》，《国讯》1935年第96期。

[日]本多胜一：《日军在苏施暴采访记》，《吴县文史资料》第11辑，1995年。

[日]池田大作、[英]B.威尔逊：《社会与宗教》，梁鸿飞、王健译，四川人民出版社1991年。

[日]直江广治：《中国民俗文化》，王建朗等译，上海古籍出版社1991年。

[日]滋贺秀三：《中国家族法原理》，张建国、李力译，法律出版社2003年。

茸余:《小茶馆里》,《申报》1934年5月18日。

荣学润:《北桥镇志》,苏州大学出版社2007年。

阮根兴:《苏州火车站今昔》,《苏州史志资料选辑》2002年刊。

阮南田:《徐公桥乡村改进区追述》,《昆山文史》第6辑(内部资料),1987年9月。

《三老宣言》,《申报》1933年4月2日。

《三清殿建醮济群黎》,《苏州明报》1946年8月11日。

《三星纺织厂停止纠纷记》,《吴县市乡公报》1927年10月6日。

桑毓喜:《苏州宣卷考略》,《艺术百家》1992年第3期。

沙千里:《漫话救国会》,张启宗、许九星整理,文史资料出版社1983年。

山青:《一场持续半年多的苏城米价骤涨风暴》,《苏州史志资料选辑》2010年刊。

《商会致力发展吴江水面交通》,《吴江日报》1931年1月19日。

商金林:《访叶圣老的第二个故乡——甪直》,吴县政协文史资料委员会:《纪念叶圣陶文集》,1988年。

商金林:《叶圣陶年谱》,江苏教育出版社1986年。

邵军:《莫城镇志》,上海科学技术文献出版社2002年。

《社会怪现象——蛇王诞辰》,《苏州明报》1934年5月24日。

沈白:《常熟县合作事业概述》,《江苏合作》1937年第18期。

沈昌眉:《观乡人赛会记》,《芦墟报》1923年3月1日。

《沈昌眉复徐蔚南信附语》,《新黎里》1923年6月1日。

沈芳畦、陆孟芙:《二次革命时期的常熟》,《文史资料辑存》第5辑,1964年初印,1982年重印。

沈关宝:《一场悄悄的革命》,云南人民出版社1993年。

沈桂祥:《昆山县合作事业概况》,《农行月刊》1936年第3卷第9期。

沈慧瑛:《军阀混战谋自治》,《苏州杂志》1991年第2期。

沈及:《唯亭镇志》,方志出版社2001年。

沈钧儒纪念馆:《沈钧儒家书》,群言出版社2008年。

沈起炜:《唯亭山的一瞥》,《农村经济》1934年第1卷第5期。

沈秋农:《常熟老报刊》,广陵书社2007年。

沈秋农:《长河碎影》,广陵书社2010年。

沈秋农:《常熟抗战文学作品选》,广陵书社2013年。

沈去疾：《印光法师年谱》，天地出版社 1998 年。

沈圣时：《甪里通讯》，《申报》1934 年 6 月 4 日。

沈叔羊：《爱国老人沈钧儒》，浙江人民出版社 1981 年。

沈伟东：《铁骨冰姿亦骄——周文在的革命生涯》，《苏州史志资料选辑》2002 年刊。

沈伟东：《苏州近现代人物》，古吴轩出版社 2002 年。

沈学群：《横泾镇志》，古吴轩出版社 2007 年。

沈延国：《章太炎先生在苏州》，《苏州文史资料选辑》第 12 辑，1984 年。

沈莹宝：《沈云〈盛湖竹枝词〉新注》，古吴轩出版社 2012 年。

沈右铭：《山游拾得》，《十日谈》1934 年第 29 期。

沈右铭：《苏州的茶馆》，《西北风》1936 年第 4 期。

沈正萍：《陆家镇志》，中国大百科全书出版社 1992 年。

《圣约翰大学驻苏学生会为创办苏州电灯公司募股的传单》，《苏州史志资料选辑》第 1 辑，1984 年。

《盛泽区要闻》，《新盛泽》1926 年 9 月 21 日。

《盛泽丝绸亟宜改良之管见》，《新盛泽》1925 年 8 月 1 日。

《师范学校之国耻纪念》，《申报》1919 年 5 月 12 日。

施国铭、宋炳良：《苏南地区渔民信仰天主教问题初探》，《宗教学研究》1987 年第 00 期。

施用：《解放前创办笔谈会与〈青年灯塔〉始末》，《苏州史志资料选辑》2009 年刊。

施中一：《建议在唯亭山乡经营土布之初步计划》，《民生》1933 年第 2 卷第 2 期。

施中一：《旧农村的新气象》，苏州中华基督教青年会 1933 年。

施中一：《唯亭山推广改良小麦之经过》，《农林新报》1931 年第 8 卷第 31 期。

《时髦与卫生》，《申报》1934 年 6 月 11 日。

《实行到乡间去》，苏州中华基督教青年会 1928 年。

史琳：《苏州胜浦宣卷》，古吴轩出版社 2010 年。

史若平：《忆"通胀"：1948 年 8 月在苏州》，《苏州杂志》1994 年第 3 期。

《市党部奉令停止工作》，《苏州明报》1927 年 10 月 31 日。

《市政府发表李公朴等被捕经过》，《申报》1936 年 11 月 26 日。

《首都特快筹备就绪——即可定期实行》，《申报》1936年12月5日。

斯全：《太平庙》，《申报》1924年11月24日。

松：《一年来之电话业务》，《申报》1935年12月16日。

宋琨：《江苏兵灾调查纪实——太仓、昆山》，《苏州史志资料选辑》1990年第2辑。

宋学濂：《解放昆山前奏》，昆山政协文史资料委员会：《昆山文史》第3辑，1984年。

宋以天：《秘工纪事》《常熟文史资料辑存》第16辑，1989年。

《苏常公路重要桥梁被毁》，《申报》1939年6月10日。

《苏城铁机工潮成相持状态》，《申报》1927年10月28日。

《苏城铁机工潮全部解决》，《申报》1927年11月29日。

苏纶纺织厂：《苏纶纺织厂建厂一百周年纪念册》（内部资料），1997年。

苏南行署财委、苏南区农协会：《苏南土地改革文献》，1952年，苏州档案馆藏。

《苏青年会组农民观光团莅沪》，《申报》1929年3月7日。

《苏人赛会之热烈》，《申报》1934年7月26日。

《苏垣严防共党》，《申报》1927年11月5日。

《苏州：请求取缔电汽烫发》，《申报》1935年1月6日。

《苏州百灵广播电台节目单》，《苏州明报》1934年12月20日。

《苏州的农民暴动》，《华年》1934年第3卷第43期。

苏州电信局《苏州邮电志》编纂委员会：《苏州邮电志》，古吴轩出版社2001年。

《苏州各界联合会关于抵制英日货致苏州总商会函》，《苏州史志资料选辑》第1辑，1984年。

《苏州各界联合会为敦促商界切实抵制仇货致苏州总商会函》，《苏州史志资料选辑》第1辑，1984年。

《苏州各界联席会议关于主张取消领事裁判权为根本解决的声援代电》，《申报》1925年6月10日。

《苏州解放欢声雷动》，《苏州明报》1949年4月28日。

《苏州农潮》，《申报周刊》1936年第1卷第26期。

《苏州农民暴动详记》，《农业周刊》1934年第3卷第42期。

《苏州农民闹租风潮》，《申报》1937年1月14日。

章开沅等:《苏州商会档案丛编(1905—1911)》,华中师范大学出版社 1991 年。

苏州市城市建设博物馆:《苏州城市建设大事记》,上海科学技术文献出版社 1999 年。

苏州市地方志办公室、岳钦韬:《日军入侵苏州图证》,广陵书社 2015 年。

苏州市委宣传部:《苏州抗日斗争史》,古吴轩出版社 2005 年。

苏州市卫生局:《苏州市卫生志》,江苏科学技术出版社 1995 年。

苏州市卫生局编志组:《民国时期苏州的中医教育》,《苏州史志资料选辑》第 2 辑,1984 年。

苏州市文化局修志办:《苏州宣卷》,《苏州文史资料选辑》第 1、2 合辑,1989 年。

《苏州铁机工潮发生变化》,《申报》1927 年 10 月 25 日。

《苏州铁机工潮尚未了》,《申报》1927 年 10 月 26 日。

《苏州铁机工潮愈演愈剧》,《申报》1927 年 10 月 20 日。

《苏州铁机丝织厂全体紧要启事》,《吴语》1927 年 10 月 13 日。

《苏州新建电灯厂》,《电气》1920 年第 27 期。

《苏州学界声援北京学生五四爱国游行致全国的通电》,《民国日报》1919 年 5 月 8 日。

《苏州学生联合会关于罢课的通知》,《苏州史志资料选辑》第 1 辑,1984 年。

《苏州学生联合会为纪念五卅一周年的通电》,《苏州明报》1926 年 5 月 26 日。

《苏州耶教求雨韵文》,《论语》1934 年第 46 期。

《苏州邮电历史资料选编》,《苏州史志资料选辑》第 4 辑,1985 年。

苏州总商会:"为修理城墙壁案应请迅施行由的函"1930 年 3 月 1 日。苏州市档案馆:苏州商会档案 I14—2—526/97。

苏州总商会:"为猪业公会请遵令革除陋习致税所公函",苏州市档案馆:苏州商会档案 I14—2—745/50。

《苏州总商会收到光裕书社会书募款至苏州学生联合会函》,《苏州史志资料选辑》第 1 辑,1984 年。

"苏州总商会调查苛捐杂税表",苏州市档案馆:苏州商会档案 I14—2—376/55。

《苏州总商会为抵制日货召开紧急会议》,《苏州史志资料选辑》第 1 辑,

1984年。

《苏州总商会为解送苏州募捐款项致上海总商会函》,《苏州史志资料选辑》第1辑,1984年。

《苏州总商会为力争关税自主致北京段祺瑞执政府电》,《苏州史志资料选辑》第1辑,1984年。

"苏州总商会章程草案",苏州市档案馆:苏州商会档案I14—2—293/69。

素人:《催租》,茅盾:《中国的一日》,生活书店1936年。

孙骏毅:《庙会》,《苏州杂志》1994年第2期。

孙逊群:《十哭周水平》,徐泉法:《金港镇发现"十哭"唱本及史料价值》,中共江苏省委党史办:《党史资料与研究》2013年第2辑。

孙勇才:《印光大师与现代苏州佛教》,《河南师大学报》2008年第5期。

太仓市史志办公室:《呜咽娄水——侵华日军在太仓的暴行》,中央党史出版社2010年。

太仓县教育局:《太仓县私塾改进及取缔办法》,《江苏教育》1932年第1卷第7/8期。

《太湖强盗》,《申报》1933年3月12日。

《谈苏州农民事件与民众教育》,《教育与民众》1934年第6卷第3期。

谭金土:《觅渡青旸》,苏州大学出版社2009年。

唐慎坊、王慎轩:《创办苏州国医学社宣言》,《国医学社纪念刊》1934年第一学期。

唐希贤、施中一:《唯亭山乡的糊盒副业》,《农林新报》1933年第10卷第25期。

唐希贤:《对于试验期内乡村改进事业的认识》,《农林新报》1934年第11卷第1期。

唐希贤:《唯亭山的改进》,《农林新报》1934年第11卷第20期。

唐希贤:《我对于基督教的见解和认识》,《真光》1934年第33卷第2期。

唐希贤:《真实的改进》,《民生》1933年第2卷第4期。

唐秀平:《论民国时期江苏私塾教育》,《南京社会科学》2000年第10期。

陶行知:《生利主义之职业教育》,《中国教育改造》,安徽教育出版社1990年。

陶景瑗:《反帝爱国革命运动中的苏州工商业界》,中国人民政治协商会议江苏省委员会文史资料研究委员会:《江苏文史资料选辑》第10辑,江苏人民出版社 1982 年。

陶景瑗：《记东吴丝织厂》，《江苏文史资料》第 31 辑，1989 年。

陶萱忆：《抗战前后苏州青年抗日救亡活动一瞥》，《苏州史志资料选辑》2007 年刊。

滕固、友惠、公敢等：《战场北部兵祸记》，《孤军》(临时增刊) 1925 年第 2 期。

天命：《星社溯往》，《万象》1943 年第 3 卷第 2 期。

《天时亢旱县长拈香祈雨》，《申报》1934 年 7 月 9 日。

田峰：《近代江南婚嫁论财风及其负面影响》，《福建社会主义学院学报》2001 年第 2 期。

田禾人：《吴县"清乡"时期民谚两则》，《吴县文史资料》第 11 辑，1995 年。

田涛、邓秦点校：《大清律例》，法律出版社 1999 年。

田正平、杨云兰：《中国近代的私塾改良》，《浙江大学学报》(人文社科版)，2005 年第 1 期。

《铁机工人总罢工(三)》，《苏州明报》1927 年 10 月 10 日。

《铁机工人总罢工》，《苏州明报》1927 年 10 月 8 日。

《铁机工友总罢工(八)》，《苏州明报》1927 年 10 月 16 日。

《铁机工友总罢工(二十三)》，《苏州明报》1927 年 10 月 31 日。

《铁机工友总罢工(二十四)》，《苏州明报》1927 年 11 月 1 日。

《铁机工友总罢工(十六)》，《苏州明报》1927 年 10 月 24 日。

铁道：《苏州农村杂写》，《申报月刊》1935 年第 4 卷第 7 号。

《通令各市乡一律禁屠》，《苏州明报》1926 年 6 月 18 日。

同兆：《论所谓天堂的苏州社会》，《妇女月报》1935 年第 1 卷第 5 期。

童友仁：《回忆抗战后援会》，《昆山文史》第 7 辑，1988 年。

《童子会略说》，《新盛泽》1924 年 8 月 21 日。

万以智、李明珠：《振声中学和英华女校》，《苏州文史资料》第 11 辑，1983 年。

汪葆慧：《划灯草》，《妇女时报》1913 年第 9 期。

汪存志：《葵盦年谱》，《苏州史志资料选辑》第 2 辑，1984 年。

《汪巨川为商店张贴标语致苏州总商会函》，《苏州史志资料选辑》第 1 辑，1984 年。

汪青萍、季铁城：《汪精卫两次来常巡视"清乡"区》，《常熟文史资料辑存》

第 17 辑,1990 年。

汪荣生:《我在吴县唯亭等地从事地下活动的回忆》,《苏州史志资料选辑》2000 年刊。

汪疑今:《江苏的小农及其副业》,《中国经济》1936 年第 4 卷第 6 期。

汪毓苹:《我与苏州艺声歌咏团》,《苏州史志资料选辑》2006 年刊。

王传本:《苏州参观记》,《学校生活》1934 年第 82 期。

王传本:《苏州萃英中学参观记》,《学校生活》1934 年第 82 期。

王道伟:《昆山县志》,上海人民出版社 1990 年。

王峰:《国民党在常熟江防沿线的军事部署》,《常熟文史资料辑存》第 16 辑,1989 年。

王峰:《为了江南的黎明》,《苏州杂志》1991 年第 2 期。

王复耕:《蠡口镇志》,苏州大学出版社 2006 年。

王国平、唐力行:《明清以来苏州社会史碑刻集》,苏州大学出版社 1998 年。

王国平:《博习天赐庄——东吴大学》,河北教育出版社 2003 年。

王鉴清:《古港浏河》,西泠印社出版社 2008 年。

王洁人、朱孟乐:《善人桥的真面目》,吴县善人桥农村改进委员会 1935 年。

王丽萍:《婚姻家庭法律制度研究》,山东人民出版社 2004 年。

王伦:《江苏道教》,江苏文史资料编辑部,1990 年。

王绍棠:《江苏乡土志》,出版地不详,1937 年。

王绍猷:《唯亭印象记》,《农业周报》1934 年第 3 卷第 4 期。

王水:《从田神向水神转变的刘猛将》,《中国民间文化》第 10 辑,学林出版社 1993 年。

王卫民:《吴梅评传》,河北教育出版社 2002 年。

王翔:《民初"服制改革"对苏州丝织业的影响》,《历史研究》1986 年第 4 期。

王翔:《中国传统丝织业走向近代化的历史过程》,《中国经济史研究》1989 年第 3 期。

王翔:《中国丝绸史研究》,团结出版社 1990 年。

王小商:《回忆苏州私立成烈体专》,《苏州文史资料》第 12 辑,1984 年。

王晓红:《清末民初苏州的妇运》,《苏州文史资料》(第 1—5 合辑),1990 年。

王庸:《苏州闲话》,《时代公论》1930 年第 10 号。

王跃升：《18世纪中国婚姻论财中的买卖性质及其对婚姻的作用》，《中国经济史研究》1999年第1期。

王志强：《长桥镇志》，苏州大学出版社2003年。

王治心：《中国基督教史纲》，上海古籍出版社2004年。

王秩泉：《吴江县近代小学教育纪略》，《苏州史志资料选辑》1988年第1期。

王子建：《中国土布业之前途》，千家驹：《中国农村经济论文集》，(上海)中华书局1936年。

韦布：《追忆张奇友》(上)，《苏州杂志》1995年第2期。

"为敦促各同业公会捐棉衣案"，苏州市档案馆：苏州商会档案I14—2—462/43。

"为据称善人桥商店贷放豆饼并无盘剥行为转知县商会"，苏州市档案馆：苏州商会档案I14—2—536/47。

《唯亭山妇女观光团来沪》，《申报》1930年4月22日。

《唯亭山概况》，《乡村建设旬刊》1932年第2卷第7、8合期。

《唯亭山农村事业近讯》，《农村新报》1933年第10卷第20期。

《唯亭山农民观光团来沪》，《申报》1929年8月24日。

《唯亭山乡举行城乡联谊会》，《苏州明报》1933年7月19日。

《伪江苏省召开伪县长会议》，《申报》1938年10月25日。

味之：《苏州人的乡土心理》，《吴县教育批判》1928年第2期。

魏雪耿：《跨塘镇志》，方志出版社2001年。

翁迪民：《怀念陆步青同志》，《吴县党史资料》第2辑，1990年。

乌丙安：《中国民间信仰》，上海人民出版社1995年。

邬西濠编著：《大革命时期苏州丝织工人的大罢工》，江苏人民出版社1958年。

《无锡区汇览》，苏州东吴书局1937年。

《无线电研究会——加入者颇形踊跃》，《苏州明报》1932年9月12日。

吴琛瑜：《晚清以来苏州评弹与苏州社会：以书场为中心的研究》，上海人民出版社2010年。

吴大琨：《国难声中别忘记我们的劣根性》，蔡大镛、张昕：《道山情怀——苏州中学千年传奇故事》，古吴轩出版社2010年。

吴大琨：《回忆三十年代初期苏州的革命斗争》，《苏州史志资料选辑》2002

年刊。

吴大琨:《江苏苏州种烂田的农家》,《东方杂志》1935年第32卷第4号。

吴大琨:《最近苏州的农民闹荒风潮》,《东方杂志》1935年第32卷第2号。

吴迪刚:《昆剧琐谈》,《苏州文史资料》(第1—5合辑),1990年。

吴凤珍:《胥江水与撑水船》,《苏州杂志》2016年第2期。

吴根荣、徐友春:《吴江蚕丝业档案资料汇编》,河海大学出版社1989年。

吴国钧:《忆侵华日寇在平望的暴行》,《苏州文史资料选辑》第14辑,1985年。

吴江区档案局、区方志办:《吴江抗战纪事》,广陵书社2016年。

吴江县地方志编纂委员会:《吴江县志》,江苏科学技术出版社1994年。

吴觉农:《农民运动的意义与方针》,中国茶业学会:《吴觉农选集》,上海科学技术出版社1987年。

吴竞:《五四运动在苏州东吴大学》,周建屏、王国平:《苏州大学校史研究文选》,苏州大学出版社2008年。

《吴门旧俗志》,《朝报》1936年6月2日。

吴琴一:《三月从军记》,《苏州文史资料选辑》第14辑,1985年。

吴趋:《姑苏野史》,江苏文艺出版社1990年。

吴三观、李子植:《春台戏》,《苏州杂志》1993年第1期。

吴泰昌:《忆"五四",访叶老》,《文艺报》1979年第5期。

吴县《教育志》办公室:《"启明星"在黑夜里闪烁》,《吴县文史资料》第6辑,1989年。

《吴县党务概况》,《江苏党声》1928年第9期。

《吴县教育会为提倡国货致苏州总商会函》,《苏州史志资料选辑》第1辑,1984年。

吴县商会:"函为复木渎分所呈请加添苏浒路线以利商市消息由",苏州市档案馆:苏州商会档案14—2—528/54。

《吴县商会筹募水灾急赈会会议纪录》,《吴县日报》1931年9月20日。

"吴县县商会筹办小贩贷本所暂行办法",苏州市档案馆:苏州商会档案I14—2—454/43。

吴县政府:"令吴县商会整饬市容,拓宽东西中市",苏州市档案馆:苏州商会档案I14—2—532/06。

吴县政协文史办公室:《美国飞行员肖特在吴县殉难前后》,《苏州文史资料选辑》第 14 辑,1985 年。

吴相湘:《晏阳初传——为全球乡村改造奋斗六十年》,岳麓书社 2001 年。

吴耀宗:《青年会的精神革命》,《真理周刊》1924 年第 15 期。

吴耀宗:《社会福音》,上海青年协会书局 1934 年。

吴友如等:《点石斋画报》(大可堂版)第 6、14 册,上海画报出版社 2001 年。

吴赞廷:《求雨活剧》,《人言周刊》1934 年第 1 卷第 24 期。

吴真奇:《轧神仙琐记》,《新闻报》1927 年 5 月 16 日。

吴正明主编:《常熟掌故》,江苏文史资料编辑部 1992 年。

《吴中花市是今日》,《苏州新报》1940 年 5 月 20 日。

希益:《改进乡村的具体办法》,《常熟教育》1932 年刊。

席兴荣:《回忆解放前夕东吴校园内的"应变会"》,王国平:《东吴春秋:东吴大学建校百十周年纪念》,苏州大学出版社 2010 年。

《相城小志》,1930 年上艺斋活字本。

《小报年》,《申报》1935 年 10 月 6 日。

《小茶肆聚赌抽头》,《木渎周刊》1921 年第 190 期。

小田:《江南乡村妇女职业结构的近代变动》,《历史档案》2001 年第 3 期。

小田:《江南乡镇社会的近代转型》,中国商业出版社 1997 年。

小田:《近代江南乡村特色产品经济论》,《近代史研究》1996 年第 5 期。

小田:《论近代性江南村落女红》,《中国经济史研究》2010 年第 3 期。

小田:《晚清大众传媒的社会导向》,《河北学刊》2009 年第 2 期。

晓柯:《清音长存——丙寅国乐社记略》,《苏州杂志》1989 年 4 月。

《写在前面》,《勇进》1935 年第 1 卷第 1 期。

谢冰莹:《地狱中的天堂》,王稼句:《吴门柳——名人笔下的老苏州》,北京出版社 2001 年。

谢扶雅:《基督教新思潮与中国民族根本思想》,《青年进步》1925 年第 82 期。

谢金良:《名扬沪杭的鸷山草籽》,《张家港文史资料》第 13 辑,1993 年。

谢振民:《中华民国立法史》(下),中国政法大学出版社 2000 年。

心忏:《苏州佛教界的新面貌》,《现代佛学》1952 年第 2 卷第 11 期。

新明:《盛泽童子赛会记趣》,《新盛泽》1929 年 8 月 29 日。

醒农:《东山农村迷信问题之商榷》,《莫厘风》1947 年第 7 期。

[匈]阿格妮丝·赫勒:《日常生活》,衣俊卿译,重庆出版社 1990 年。

熊月之:《吴文化与海派文化》,徐静:《纪念苏州建城2530周年学术研讨会文集》,古吴轩出版社2016年。

徐华龙:《中国鬼文化》,上海文艺出版社1991年。

徐珂:《清稗类钞》第10册,中华书局1984年。

徐茂明:《江南士绅与江南社会(1368—1911)》,商务印书馆2004年。

徐明秋:《冥婚》,《民间旬刊》1931年第19期。

徐蘧轩:《盛泽人今后的新生机》,《新盛泽》1925年7月11日。

徐蘧轩:《时事感言》,《苏州杂志》1993第2期。

徐仁官:《南国之花 誉满全球——记苏纶纺织厂的历史进程》,《江苏文史资料》第31辑,1989年。

徐社白:《毛泽东和沙洲农民运动》,《江苏政协》2000年第3期。

徐世仁:《苏州教育志》,生活·读书·新知三联书店上海分店1991年。

徐维新:《冷摊上发现的苏州振华女学校资料》,《苏州史志资料选辑》2009年刊。

徐蔚南:《国货商店》,《新盛泽》1925年9月21日。

徐蔚南:《送旧迎新》,《新盛泽》1926年1月1日。

徐蔚南:《我之赛会观》,《新盛泽》1925年9月1日。

徐新吾:《近代江南丝织业工业史》,上海人民出版社1991年。

徐因时:《各区通讯》,《新黎里》1923年6月1日。

徐玉泉:《艺人录》,周良:《演员口述历史及传记》,古吴轩出版社2011年。

徐云:《收回日租界的斗争》,《苏州杂志》1998年第4期。

徐中约:《中国近代史:1600—2000,中国的奋斗》(第6版),世界图书出版公司2008年。

许涤新、吴承明:《中国资本主义发展史》第2卷,人民出版社2003年。

薛利华、周泳逊:《新四军在洞庭东、西山》,《吴县文史资料》第11辑,1995年。

薛利华:《洞庭东山志》,上海人民出版社1991年。

薛亚利:《村庄闲话——意义、功能和权力》,上海书店出版社2009年。

薛永辉:《太湖苏西地区的反"清乡"斗争》,中共苏州市吴中区委宣传部:《苦难与抗争——抗战期间的吴中》(内部资料),2007年。

《学生联合会第四次会议》,《申报》1925年6月2日。

恂子:《在乡下听书回来》,《申报》1935年1月29日。

雅非：《洞庭西山的妇女生活》，《申报》1936年11月14日。

亚子：《劳工与劳农》，《新黎里》1923年5月1日。

烟桥：《抢亲》，《申报》1934年2月9日。

严家伟：《东山台阁》，《苏州杂志》1990年第2期。

严中平：《中国棉纺织史稿》，商务印书馆2011年。

炎：《婚礼奢侈之影响》，《申报》1923年3月26日。

阎志华、董柏年：《苏州市工会志》，江苏古籍出版社1993年。

杨步伟：《一个女人的自传》，岳麓书社1987年。

杨大文主编：《婚姻家庭学》，复旦大学出版社2000年。

杨馥清：《长夜难眠有尽时——回忆抗战八年昆山情景》，《昆山文史》第3辑，1984年。

杨开道：《徐公桥考察纪实》（续），《农业周报》1929年第3期。

杨开道：《徐公桥考察纪实》，《农业周报》1929年创刊号。

杨梦麒：《苏州国医学社之概况》，《国医学社纪念刊》1934年第一学期。

杨念群：《社会福音派与中国基督教乡村建设的理论与组织基础》，香港汉语基督教所编：《道风汉语神学学刊》第8期，1998年春季号。

杨其民：《甲子风云忆鹿城》，《昆山文史》第1辑，1983年。

杨瑞兰执笔：《博习医院简史》，《苏州史志资料选辑》第4辑，1986年6月。

杨天石、王学庄：《南社史长编》，中国人民大学出版社1995年。

杨友仁：《刘正康先生生平述评》"附记"，《苏州史志资料选辑》第1、2合辑，1992年。

《洋澄县政府成立宣言》，《大众报》1941年3月4日。

姚福年：《亲历苏州解放》，广陵书社2010年。

姚惠泉、陆叔昂：《试验六年期满之徐公桥》，中华职业教育社刊行，1934年7月。

姚惠泉：《中华职业教育社之农村事业》，中华职业教育社刊行，1933年7月。

姚苏凤：《苏州闲论——社会透视之一》，王稼句：《吴门柳——名人笔下的老苏州》，北京出版社2001年。

姚溪顺：《芦墟庙会》，《苏州杂志》1992年第1期。

姚心垂：《常熟县农民生活特写》，《江苏时事月刊》1937年第6卷。

姚永新：《苏州留学生名录》，《苏州文史资料》第15辑，1986年。

叶宏：《我所知道的常熟道教》，《常熟文史资料选辑》上册，上海社会科学院出版社2009年。

叶黎侬：《琴川雅韵：常熟评弹艺术馆》，上海文化出版社2007年。

叶绍钧：《浏河战场》，《小说月报》1924年第15卷第11期。

叶圣陶：《纪念侯绍裘先生》，《解放日报》1950年4月9日。

叶圣陶：《昆曲》，叶至善、叶至美、叶至诚：《叶圣陶集》第五卷，江苏教育出版社1988年。

叶圣陶：《两法师》，叶至善、叶至美、叶至诚：《叶圣陶集》第五卷，江苏教育出版社1988年。

叶圣陶：《甪直高小国民学校宣言》，叶至善、叶至美、叶至诚：《叶圣陶集》第五卷，江苏教育出版社1988年。

叶圣陶：《倪焕之》，人民文学出版社1982年。

叶圣陶：《藕与莼菜》，叶至善、叶至美、叶至诚：《叶圣陶集》第五卷，江苏教育出版社1988年。

叶圣陶：《人的生活》，《时事新报》1919年7月30日。

叶圣陶：《生活》，叶至善、叶至美、叶至诚：《叶圣陶集》第五卷，江苏教育出版社1988年。

叶圣陶：《说书》，叶至善、叶至美、叶至诚：《叶圣陶集》第五卷，江苏教育出版社1998年。

叶圣陶：《汪伯乐烈士传略》，叶至善、叶至美、叶至诚：《叶圣陶集》第五卷，江苏教育出版社1988年。

叶圣陶：《吾人近今的觉悟》，叶至善、叶至美、叶至诚：《叶圣陶集》第五卷，江苏教育出版社1988年。

叶圣陶：《辛亥革命前后——日记摘抄（二）》，《新文学史料》1983年第2期。

叶天底：《苏州特〔独〕支报告———般政治状况及群运情况》，《吴县文史资料》第8辑，1991年。

《一个私塾化的学校》，《吴县教育批判》1928年第2期。

毅：《徐公桥印象记》，《蚂蚁》1934年第21期。

殷岩星、莫节根：《史说浒墅关》，现代出版社2009年。

殷岩星：《浒墅草席历古今》，《吴县文史资料》第9辑，1992年。

殷岩星：《浒墅阳山曲》，华夏出版社2001年。

殷岩星:《浒墅关志》,上海社会科学院出版社 2005 年。

殷业成:(常熟)《碧溪镇志》,百家出版社 1995 年。

殷云台:《常熟农村土地生产关系及农民生活》,《乡村建设半月刊》1935 年第 5 卷第 3 期。

印光:《复唐大圆居士书》,《增广印光法师文钞》上,灵岩山寺弘化社 2008 年。

印光:《印光法师文钞三编》卷 1、2、3,福建莆田广化寺编印,1990 年仲冬。

印光:《印光法师文钞续编》(上、下),灵岩山寺弘化社 2008 年。

[英]呤唎:《太平天国革命亲历记》上册,王维周译,上海人民出版社 1985 年。

英:《苏州农潮之因果及其途径》,《农业周报》1936 年第 5 卷第 16 期。

莺雏:《中国婚俗奇谈》,《申报》1920 年 11 月 30 日。

《迎请龙神设坛祈雨》,《常熟市乡报》1926 年 6 月 11 日。

雍文涛:《回忆上海各界救国会等的抗日救亡活动》,《党史资料丛刊》1981 年第 1 辑。

永庆:《记苏州之电影》,《影戏生活》1931 年第 1 卷第 29 号。

尤毅平译编:《对苏州公共水井的一次调查》,《苏州文史资料选辑》第 2 辑,1990 年。

尤玉淇:《爱国人士的美术教育家、画家颜文梁先生》,《苏州文史资料选辑》第 10 辑,1983 年。

余广彤:《蚕魂——费达生传》,苏州大学出版社 2002 年。

余牧人:《基督教与中国乡村建设运动》,(上海)广学会 1943 年。

俞崇音:《群碧楼忆旧》,《苏州杂志》2004 年第 2 期。

俞飞鹏:《十年来的中国电信事业》,《十年来的中国》,商务印书馆 1937 年。

俞九思:《八年离乱,天亮前后》,《文史资料辑存》第 4 辑,1963 年初印,1983 年重印。

俞明:《姑苏烟水集》,上海人民出版社 1990 年。

俞前:《毛啸岑》,《吴江文史资料》第 19 辑,2000 年。

俞前:《中国·同里宣卷集》,凤凰出版社 2010 年。

《俞钰关于苏州学生参加五四运动的记述》,《苏州史志资料选辑》第 1 辑,1984 年。

虞立安:《百年来苏州西医事业概况》,《苏州文史资料选辑》第 2 辑,

1990年。

虞立安：《民国时期苏州时疫医院演变概况》，《苏州文史资料选辑》第11辑，1983年6月。

《与王宏先书》，《苏州文史资料选辑》第12辑，1984年。

郁达夫：《苏州烟雨记》，《奇零集》，上海开明书店1928年。

郁永龙：《苏州百座寺观教堂》，宗教文化出版社2014年。

《预志连续演戏·掉龙灯愈掉愈盛》，《常熟日日报》1929年3月14日。

《预志连续演戏·耿泾乡》，《常熟日日报》1929年3月14日。

元：《苏州农民又发生抗租风潮》，《现世界》1937年1卷第12期。

袁敏事：《母女双杰——王谢长达先生和王季玉先生》，柳袁照：《百年流响》，古吴轩出版社2006年。

袁震：《冲山风云》，《吴县文史资料》第3辑，1986年。

袁震：《苏州地区水稻生产中的信仰现象》，《中国民间文化》第10辑，学林出版社1993年。

越风：《胜利前后的形形色色》，《礼拜六》1945年第2期。

《轧神仙》，《苏州新报》1935年5月15日。

曾惠元：《千灯镇志》，上海人民出版社1991年。

翟璟：《我在苏州"轧神仙"》，《苏州杂志》1997年第6期。

翟学伟：《中国社会中的日常权威——关系与权力的历史社会学研究》，社会科学文献出版社2004年。

詹一先：《吴县志》，上海古籍出版社1994年。

张鏖：《在反"清乡"斗争中五十二团开辟苏西的情况》，《吴县党史资料》第1辑，1984年。

张充和口述，孙康宜撰写：《曲人鸿爪》，广西师范大学出版社2010年。

张舫澜：《同里宣卷漫记》，《吴江文史资料》第25辑，2010年。

张凤林：《苏州道教音乐特点要述》，《黄钟》1991年第4期。

张凤麟：《苏州道教音乐浅析》，《中国道教》1990年第4期。

张涵初：《苏州平民教育运动》，《景海星》1924年第5期。

张翰：《松窗梦语》，上海古籍出版社1986年。

张家港市文联：《中国·河阳山歌集》，华东师范大学出版社2006年。

张家良：《江苏农村崩溃之原因及其解决途径》，《苏声月刊》1935年第2卷第3期。

张景昌:《解放苏州亲历记》,《苏州杂志》1999年第3期。

张菊生:《古村落龙泉嘴》,《吴江文史资料》第22辑,2008年5月。

张君劢:《我所向往之仲仁先生》,张一麐:《古红梅阁笔记》,上海书店出版社1998年。

张明观:《柳亚子传》,社会科学文献出版社1997年。

张农:《葫芦吟草》,大众文艺出版社2007年。

张圻福、韦恒:《火柴大王刘鸿生》,河南人民出版社1990年。

张潜九:《吴县东山聚村素描》,《东方杂志》1935年第32卷第11号。

张潜九:《吴县焦山石宕访问记》,《东方杂志》1935年第32卷第16号。

张庆霖:《晚晴簃断简·叔招嫂》,《五云日昇楼》1939年第1集第20期。

张思义:《苏州的魔力》,《敬中学生期刊》1933年第2期。

张溪愚:《旱荒声中的农民暴动》,《华年》1934年第3卷第44期。

张笑川、路仕忠:《政治性、日常性与现代性:民国苏州公园与城市生活》,《城市史研究》第34辑,2016年4月30日。

张岫云:《补园旧事》,古吴轩出版社2005年

张耀曾:《从指导到自动》,《教育与职业》1933年第3期。

张益林:《苏州的旧书店》,《新学生月刊》1944年第4卷第2期。

张逸民:《大南中学历史沿革及地下党斗争史实》,《张家港文史资料选辑》第8辑,1989年。

张应春:《国际妇女纪念日与吴江妇女》,《吴江妇女》1926年创刊号。

张允和:《最后的闺秀》,生活·读书·新知三联书店1999年。

张直甫:《苏州最早的电话局》,《苏州文史资料》(第1—5合辑),1990年。

章百:《七君子案的律师辩护团》,《苏州杂志》1990年第4期。

章炳麟:《国学会会刊宣言》,《章太炎全集》(第5集),上海人民出版社1985年。

《章太炎等为国事发指》,《苏州明报》1933年3月7日。

《章太炎电宋哲元坦怀对平学生》,《申报》1935年12月24日。

章有义:《中国近代农业史资料》第2辑,生活·读书·新知三联书店1957年。

长生:《市面萧条的苏州:已不是天堂的气象》,《礼拜六》1946年第25期。

赵伯乐:《青年会之顾名思义》,《杭州青年》1935年第18卷第17期。

赵承祖:《任传薪与同里丽则女学》,《苏州史志资料选辑》第1辑,1996年。

赵红骑:《打田财:节会教事》,上海人民出版社2009年。

《赵介文昨被逮捕解宁》,《吴语》1927年11月14日。

赵亮等:《苏州道教史略》,华文出版社1994年。

《赵陆被捕缘因如是我闻》,《吴语》1927年11月18日。

赵绵行:《正仪镇志》,中国大百科全书出版社1992年。

赵丕钟:《苏州洞庭东山枇杷生产调查》,《农报》1935年第2卷第18期。

赵丕钟:《苏州光福农民的副业》,《农报》1935年第2卷第27期。

赵如珩:《江苏省鉴》(下册),成文出版社有限公司1935年。

赵少林:《苏州的业余生活》,《民众生活》1930年第1卷第8号。

赵晓阳:《基督教青年会在中国:本土和现代的探索》,社会科学文献出版社2008年。

《浙江平湖织袜工业之状况》,《中外经济周刊》1926年第147号。

《浙省桑蚕茧丝绸状况调查录》,《中外经济周刊》1926年第185号。

郑大华:《民国乡村建设运动》,社会科学文献出版社2000年。

郑维:《半年农村服务的经验》,《女青年月刊》1929年第8卷第6期。

郑维:《农村服务区选地原则之商榷》,《农村服务通讯》1935年第1期。

郑维:《唯亭农村工作的试验》,《上海青年》1930年第30卷第32期。

郑逸梅:《祈雨谈》,《申报》1934年7月6日。

郑逸梅:《上海茶寮不及苏州》,《新上海》1925年第6期。

郑逸梅:《味灯漫笔》,古吴轩出版社1999年。

郑振铎:《中国俗文学史》,上海人民出版社2006年。

中共常熟市委党史工作办公室:《铁证如山——侵华日军在常熟暴行调查》,中央党史出版社2010年。

中共江苏省委党史工作办公室:《江抗战史》,国家行政学院出版社2006年。

中共江苏省委党史工作办公室:《江苏见证——抗战时期人口伤亡和财产损失调研》,中央党史出版社2010年。

中共江苏省委党史工作委员会、江苏省档案馆:《江苏革命斗争纪略(1919—1937)》,档案出版社1987年。

中共昆山市委党史研究室:《鹿城之殇——侵华日军在昆山暴行录》,中央党史出版社2010年。

中共苏州市委党史工作办公室:《中共苏州地方史》第1卷(1919—1949),

中央党史出版社 2001 年。

中共苏州市委党史工作办公室：《苏州大劫难——侵华日军罪行录》，中央党史出版社 2010 年。

中共苏州市委党史工作委员会等：《苏州革命烈士传》（选编），1991 年。

中共吴江县委党史工作委员会：《吴江人民革命斗争史（1919—1949）》，中央党史出版社 1991 年。

中共张家港市委党史地方志办公室：《毋忘国耻——抗战时期张家港地区人口伤亡和财产损失调研实录》，中央党史出版社 2010 年。

《中国国民党历次代表大会及中央全会资料》（下册），光明日报出版社 1985 年。

中国科学院上海经济研究所、上海社会科学院经济研究所：《大隆机器厂的发生发展与改造》，上海人民出版社 1958 年。

《中国实业志》（江苏省）第二编，实业部国际贸易局 1933 年。

《中华国货维持会为分发誓用国货办法及誓书致苏州总商会函》，《苏州史志资料选辑》第 1 辑，1984 年。

《中华职业教育社组织大纲》，《环球》1917 年第 2 卷第 1 期。

中人：《苏州"记者茶会"》，《周播》1946 年第 5 期。

《中元节赛会纪事》，《新盛泽》1923 年 9 月 1 日。

仲：《论苏州佃农之暴动》，《农业周报》1934 年第 3 卷第 42 期。

仲国鎏：《回忆我参加接收常熟的几点情况》，《常熟文史资料辑存》第 16 辑，1989 年。

仲老虎口述，周德华整理：《"剪辫子"告示》，《吴江文史资料》第 11 辑，1991 年。

周德华：《绸乡话茶馆》，《苏州史志资料选辑》1992 年第 1、2 合辑。

周德华：《双杨会》，《吴江文史资料》第七辑，1988 年。

周德华：《吴江丝绸志》，江苏古籍出版社 1992 年。

周恩来：《活到老，学到老，改造到老》，中共中央统战部、中共中央文献研究室：《周恩来统一战线文选》，人民出版社 1984 年。

周刚直：《设立公共体育场的根本理由》，《新盛泽》1923 年 12 月 21 日。

周浩如：《回转隔别二年的徐公桥》，《教育与职业》1933 年第 8 期。

周继康：《小议评弹中的"穿插"》，苏州评弹研究会：《评弹艺术》第 9 集，中国曲艺出版社 1988 年。

周良：《试论弹词〈珍珠塔〉》，《论苏州评弹书目》，中国曲艺出版社1990年。

周民森：《甪直镇志》，文汇出版社2013年。

周明等：《平望镇志》，江苏科学技术出版社1992年。

周瘦鹃：《紫兰小筑九日记》，《紫罗兰》1943年第4期。

周廷栋：《江苏太仓农民的现状》，《社会科学杂志》1930年第2卷第1期。

周贤：《苏州的女轿夫》，《申报》1936年4月11日。

周作人：《乡村与道教思想》，《周作人经典作品选》，当代世界出版社2002年。

朱秉璐：《忆群社》，《苏州史志资料选辑》2008年刊(上)。

朱娥：《苏州的废历新年》，《申报》1936年2月18日。

朱恶紫：《回忆黄埭乡师的有关史料》，《吴县文史资料》第6辑，1989年。

朱凤：《苏绣》，教育科学出版社1993年。

朱耕源等：《徐公桥乡村改进区琐记》，《昆山文史》第6辑(内部资料)，1987年9月。

朱公亮：《"救国会"案在苏州审判经过的回忆》，《苏州文史资料选辑》第11辑，1983年。

朱红：《话本苏州简史》，古吴轩出版社2006年。

朱宏涌：《近代苏州丝绸生产的沿革与发展兴衰》，《苏州文史资料选辑》第18辑，1988年。

朱宏涌：《严裕棠先生事略》，《苏州文史资料选辑》第17辑，1987年。

朱考金、姚兆余：《"富教合一"：徐公桥乡村改进实验初探》，《中国农史》2007年第4期。

朱考金：《民国时期江苏乡村建设运动研究》，中国三峡出版社2009年。

朱世平：《话说黄包车》，《苏州杂志》1994年第5期。

朱维明：《苏州天平山下的抬轿妇女》，《申报》1934年8月11日。

朱文华：《轧神仙》，《吴江风情》，天津科学技术出版社1993年。

朱小田：《吴地庙会》，南京大学出版社1994年。

朱寅全：《常熟革命民歌》，江苏苏州人民出版社1960年。

朱跃：《郑辟疆高等蚕桑教育思想与实践研究》，苏州大学博士论文，2012年。

诸家瑜、章立荦、仇正：《"苏民铎音"〈大华报〉》，《苏州史志资料选辑》2007

年刊。

诸家瑜:《胡觉民先生传略》,《苏州史志资料选辑》2006年刊。

诸荣恩:《一个基督教医师的回忆》,《苏州史志资料选辑》2001年刊。

祝彦:《"救活农村":民国乡村建设运动回眸》,福建人民出版社2009年。

专诸:《看这民族复兴意味的"轧神仙"》,《苏州新报》1941年5月9日。

庄春地:《周庄镇志》,上海三联书店1992年。

灼灼:《苏州杂写》,《一四七画报》1947年第10卷第2期。

子羽:《呜呼"赌"》,《木渎周刊》1924年第212期。

紫:《真奇怪,神仙那如许之多》,《苏州新报》1941年5月9日。

宗瑞元:《"五四"时期的吴县〈木铎周刊〉》,《吴县文史资料》第10辑,1993年。

《总商会之特别会议》,《申报》1919年5月17日。

《总商会致中央党部电》,《苏州明报》1927年10月20日。

邹韬奋:《经历》,王稼句:《吴门柳——名人笔下的老苏州》,北京出版社2001年。

邹志一、吴根生:《异国英魂——美国飞行员肖特在吴县殉难记实》,《苏州杂志》1989年第5期。

《奏定商会简明章程二十条》,《东方杂志》1904年第1卷第1号。

《昨天祖师诞之写真》,《常熟日日报》1922年3月31日。

《昨下塘吕祖庙香火融融竟日》,《苏州新报》1941年5月10日。

左芙蓉:《社会福音·社会服务·社会改造》,宗教文化出版社2005年。

左弦:《听张定和谈往事》,《苏州杂志》1996年第1期。

《□□□□殴伤公安局长》《西山农民聚众抗租二志》,《苏州明报》1929年12月28日。

Q:《苏州的娘儿们》,《沙乐美》1937年第2卷第3期。

YT(柳亚子):《〈新黎里〉周年纪念宣言》,《新黎里》1924年4月1日。

YT(柳亚子):《报纸是给什么人看的》,《新黎里》1924年8月16日。

YT(柳亚子):《什么叫帝国主义》,《新黎里》1925年8月1日。

后 记

民国苏州史涉及内容广泛,或因为某些方面已有比较成熟的成果而本人缺乏研究,或因为当时催稿有些急,我邀请了几位学有专长的朋友提供初稿。因此,本卷凝结了许多人的心血。具体情况交代如下:

第一章

第一节第一目:汪建红

第一节第二、三目:汪建红、朱小田

第二节第一目:汪建红、朱小田

第二节第二目:汪建红

第三节:汪建红、朱小田

第四节第一目:汪建红、朱小田

第四节第二目:汪建红

第二章

第一节:朱小田

第二节:汪建红、朱小田

第三章

第一节第一目:汪建红、朱小田

第一节第二、三目:朱小田

第二节:王仲、汪建红(具体情况说明:此节由上海华东理工大学王仲授权提供相关论文和著作,汪建红改写)

第三节:朱小田

第四章

第一节第一目:朱小田、岳钦韬、汪建红(具体情况说明:此目共6 491字,由朱小田、汪建红整理、撰写,其中上海师范大学岳钦韬提供5 683字初稿,被使用文字约3 600字)

第一节第二、三目:汪建红、朱小田

第二节第一目:朱小田、岳钦韬、汪建红(具体情况说明:此部分共6 960

字,由朱小田、汪建红整理和撰写,其中岳钦韬提供 8 639 字初稿,被使用文字近 3 000 字)

第三节：汪建红、朱小田

第五章

第一节第一目：汪建红、朱小田

第一节第二、三目：朱小田

第二节第一目：汪建红、沈骅(具体情况说明：此部分共 5 375 字,由汪建红整理、撰写,其中苏州科技大学沈骅提供 1 734 字初稿,被使用文字约 700 字)

第二节第二目：朱小田、李尚全、汪建红(具体情况说明：此部分共 6 318 字,由朱小田、汪建红整理、撰写,其中李尚全提供 3 076 字初稿,被使用文字约 3 000 字)

第二节第三目：杨大春、汪建红(具体情况说明：此部分共 6 703 字,由汪建红整理、撰写,其中常州大学杨大春提供 13 266 字初稿,被使用文字约 3 300 字)

第三节：方旭红、汪建红(具体情况说明：此部分共 10 214 字,由汪建红整理、撰写,其中福建华侨大学方旭红提供 8 756 字初稿,被使用文字约 7 000 字)

第六章

第一节第一目：汪湛穹(挪威卑尔根大学学院)、汪建红

第一节第二目：汪湛穹、朱小田

第一节第三目：汪湛穹

第二节第一、二目：汪建红

第三节：朱小田、汪建红

"大事记"和"主要征引文献"由汪建红整理。

全书由朱小田定稿。

朱小田
2018 年 7 月 17 日